Der strategische Einsatz von Patenten

Schriften zum Unternehmens- und Wirtschaftsrecht

Herausgegeben von Marcus Bieder, Andreas Fuchs, Lars Leuschner, Markus Stoffels und Dirk A. Verse

Band 32

PETER LANG

Jean Pascal Slotwinski

Der strategische Einsatz von Patenten als möglicher Missbrauch aus patent-, lauterkeits-, zivil- und kartellrechtlicher Perspektive

PETER LANG

Bibliografische Information der Deutschen Nationalbibliothek
Die Deutsche Nationalbibliothek verzeichnet diese Publikation in der Deutschen Nationalbibliografie; detaillierte bibliografische Daten sind im Internet über http://dnb.d-nb.de abrufbar.

Zugl.: Osnabrück, Univ., Diss., 2020

D 700
ISSN 2364-0863
ISBN 978-3-631-85132-6 (Print)
E-ISBN 978-3-631-86550-7 (E-PDF)
E-ISBN 978-3-631-87135-5 (EPUB)
DOI 10.3726/b19288

Peter Lang – Berlin · Bern · Bruxelles · New York · Oxford · Warszawa · Wien

Diese Publikation wurde begutachtet.

www.peterlang.com

Meinen Eltern

Vorwort

Die vorliegende Arbeit wurde von der juristischen Fakultät der Universität Osnabrück im Sommersemester 2019 als Dissertation angenommen. Die Disputation fand am 12. August 2020 statt. Literatur und aktuelle Rechtsprechung wurden für die Druckfassung im Wesentlichen bis Ende 2020 berücksichtigt.

Mein Dank gilt zunächst meinem Doktorvater Herrn *Professor Dr. Andreas Fuchs, LL.M. (Michigan)*, der das Thema der Arbeit angeregt hat und mir im Rahmen der Anfertigung des Manuskripts stets alle Freiräume ließ. Frau *Professorin Dr. Mary-Rose McGuire, M. Jur. (Göttingen)* danke ich für die Anfertigung des Zweitgutachtens.

Darüber hinaus möchte ich mich bei den weiteren Menschen bedanken, die diese Arbeit in unterschiedlicher Form begleitet, mit ihrem ganz eigenen Anteil unterstützt und so zu ihrem Gelingen beigetragen haben. In erster Linie danke ich *Joseph Hübner* für die begleitende, mehrfache Durchsicht und Korrektur des Manuskripts. Deine stets hilfreichen und klugen Anmerkungen haben die Arbeit an wesentlichen Stellen besser gemacht. Darüber hinaus möchte ich mich für die tiefe Freundschaft seit dem ersten Semester bedanken, die für den stets offenen und ehrlichen Umgang miteinander so wesentlich ist.

Dr. Fabian Mumme danke ich ebenso für die Durchsicht und Korrektur des Manuskripts sowie die gemeinsam verbrachte Zeit in und außerhalb der Bibliothek während der Anfertigung unserer Dissertationen. Des Weiteren gebührt *Dr. Patrick Hauser* großer Dank für die unzähligen gemeinsamen Stunden in der Bibliothek und die vielen Gespräche, die den manchmal so notwendigen objektiven Blick von außen gebracht und über die ein oder andere „Blockade" hinweggeholfen haben.

Ganz besonderer Dank gilt meiner Ehefrau, *Dr. Saskia Michel*, die den größten Anteil an der erfolgreichen Fertigstellung dieser Arbeit hat. Neben akribischem Korrekturlesen hast Du mich trotz Deiner eigenen anspruchsvollen Projekte in allen Phasen der Erstellung des Manuskripts sowie weit darüber hinaus fortwährend unterstützt und mir den notwendigen Halt gegeben. Du machst mich zu einem glücklicheren Menschen. Dafür danke ich Dir von ganzem Herzen.

Abschließend möchte ich mich bei meiner Familie bedanken. Zunächst bei meiner Schwester, *Dr. Ann-Luiz Slotwinski, LL.M. Eur.*, die immer ein offenes Ohr für mich hat und mir in vielen Situationen mit klugem Ratschlag zur Seite stand und steht. Deine Unterstützung bedeutet mir ungemein viel. Ferner danke ich meinen Eltern, *Lucyna Slotwinski* und *Dr. Tadeusz Slotwinski*, die mich stets bedingungslos auf jede erdenkliche Weise gefördert und dadurch den Grundstein für diese Arbeit gelegt haben. Für Eure liebevolle Unterstützung in jeder Lebenslage bin ich Euch zutiefst dankbar. Euch ist diese Arbeit gewidmet.

Jean Pascal Slotwinski
Düsseldorf im April 2021

Inhaltsverzeichnis

Abkürzungsverzeichnis

a.A.	andere Ansicht
ABl.	Amtsblatt
Abs.	Absatz
AcP	Archiv für die civilistische Praxis
AEUV	Vertrag über die Arbeitsweise der Europäischen Union
a.F.	alte Fassung
AG	Aktiengesellschaft
allgM	allgemeine Meinung
Anm.	Anmerkung
AöR	Archiv des öffentlichen Rechts
Art.	Artikel
Az.	Aktenzeichen
BB	Betriebs-Berater
Bd.	Band
BeckRS	Beck-Rechtsprechung
Begr.	Begründung
BGB	Bürgerliches Gesetzbuch
BGBl.	Bundesgesetzblatt
BGH	Bundesgerichtshof
BGHZ	Entscheidungen des Bundesgerichtshofes in Zivilsachen
BioPatRL	Richtlinie 98/44/EG des Europäischen Parlaments und des Rates vom 06. Juli 1998 über den rechtlichen Schutz biotechnologischer Erfindungen
BlPMZ	Blatt für Patent-, Muster- und Markenamt
BMJV	Bundesministerium der Justiz und für Verbraucherschutz
BT-Drucks.	Drucksache des Bundestages
BPatG	Bundespatentgericht
BPatGE	Entscheidungen des Bundespatentgerichts
BVerfG	Bundesverfassungsgericht
BVerwGE	Entscheidungen des Bundesverwaltungsgerichts
bzgl.	bezüglich
bzw.	beziehungsweise

C.A. Fed.	United States Court of Appeals for the Federal Circuit
CIPReport	Newsletter des Zentrums für Gewerblichen Rechtsschutz der Heinrich-Heine-Universität Düsseldorf
Cir.	Circuit
CISG	United Nations Convention on Contracts for the International Sale
ders.	derselbe
DesignG	Designgesetz
dies.	dieselbe, dieselben
DÖV	Die Öffentliche Verwaltung – Zeitschrift für Öffentliches Recht
DOJ	Department of Justice of the United States of America
DPMA	Deutsches Patent- und Markenamt
DRL	Richtlinie 2004/48/EG des Europäischen Parlaments und des Rates vom 29. April 2004 zur Durchsetzung der Rechte des geistigen Eigentums
EC	European Commission
EEC	European Economic Community
EG	Europäische Gemeinschaft
EG-UntVO	EG-Unterhaltsverordnung
EGV	Vertrag zur Gründung der Europäischen Gemeinschaft
EinfG	Einführungsgesetz
endg.	endgültig
EPA	Europäisches Patentamt
EPO	European Patent Office
EPÜ	Europäisches Patentübereinkommen
EPÜ-AusfO	Ausführungsordnung zum Europäischen Patentübereinkommen 2000
ErwG	Erwägungsgrund
etc.	et cetera
ETSI	European Telecommunications Standards Institute
EU	Europäische Union
EuErbVO	EU-Erbrechtsverordnung
EuG	Gericht erster Instanz der Europäischen Union
EuGH	Gerichtshof der Europäischen Union
EuR	Zeitschrift Europarecht

EUR	Euro
EUV	EU-Vertrag
EuZW	Europäische Zeitschrift für Wirtschaftsrecht
e.V.	eingetragener Verein
EWS	Europäisches Wirtschafts- und Steuerrecht
FamFG	Gesetz über das Verfahren in Familiensachen und in den Angelegenheiten der freiwilligen Gerichtsbarkeit
Fed. Cir.	Federal Circuit
ff.	folgende
Fn.	Fußnote
FRAND	Fair, Reasonable and Non-Discriminatory
FS	Festschrift
FTC	Federal Trade Commission
FuE	Forschung und Entwicklung
GebrMG	Gebrauchsmustergesetz
gem.	gemäß
GG	Grundgesetz
GmbH	Gesellschaft mit beschränkter Haftung
GmbHR	GmbH-Rundschau
GmbH & Co KG	Gesellschaft mit beschränkter Haftung und Compagnie Kommanditgesellschaft
GRUR	Gewerblicher Rechtsschutz und Urheberrecht
GRUR Ausl.	Gewerblicher Rechtsschutz und Urheberrecht Auslands- und Internationaler Teil
GRUR Int.	Gewerblicher Rechtsschutz und Urheberrecht Internationaler Teil
GRUR-Prax.	Gewerblicher Rechtsschutz und Urheberrecht Praxis im Immaterialgüter- und Wettbewerbsrecht
GRUR-RR	Gewerblicher Rechtsschutz und Urheberrecht Rechtsprechungs-Report
GWB	Gesetz gegen Wettbewerbsbeschränkungen
HGB	Handelsgesetzbuch
Hrsg.	Herausgeber
Hs.	Halbsatz
IAS	International Accounting Standards
IFRS	International Financial Reporting Standards
IIC	International Review of Intellectual Property and Competition Law

InstGE	Entscheidungen der Instanzgerichte zum Recht des geistigen Eigentums
IntPatÜG	Gesetz über international Patentübereinkommen
IP	Intellectual Property
IPR	Intellectual Property Right
i.S.d.	im Sinne des
i.V.m.	in Verbindung mit
JA	Juristische Arbeitsblätter
JherJb	Jherings Jahrbücher
JuS	Juristische Schulung
JZ	Juristenzeitung, Fachzeitschrift
Kap.	Kapitel
KG	Kommanditgesellschaft
KG	Kammergericht (Ortsangabe)
Lfg.	Lieferung
LG	Landgericht
lit.	littera (lat. Buchstabe)
LLP	Limited Liability Partnership
MarkenR	Zeitschrift für deutsches, europäisches und internationales Kennzeichenrecht
MDR	Monatsschrift für deutsches Recht
Mio.	Million(en)
Mitteilungen	Mitteilungen der deutschen Patentanwälte
MMR	MultiMedia und Recht
Mrd.	Milliarde
MüKo	Münchener Kommentar
m.w.N.	mit weiteren Nachweisen
NebenG	Nebengesetz
NJOZ	Neue Juristische Online Zeitschrift
NJW	Neue Juristische Wochenschrift
NJW-RR	NJW-Rechtsprechungs-Report
No.	Number (engl. Nummer)
NPE	Non-practicing-entity
Nr.	Nummer
NZG	Neue Zeitschrift für Gesellschaftsrecht
NZKart	Neue Zeitschrift für Kartellrecht
OLG	Oberlandesgericht
PAEs	Patent Assertion Entities
PatG	Patentgesetz

PCT	Patent Cooperation Treaty
PharmR	Pharmarecht – Fachzeitschrift für das gesamte Arzneimittelrecht
PVÜ	Pariser Verbandsübereinkunft
R&D	Research and Development
RegE	Regierungsentwurf
RFID Journal	Radio Frequency Identification Journal
RG	Reichsgericht
RGBl.	Reichsgesetzblatt
RGZ	Entscheidungen des Reichsgerichts in Zivilsachen
RIW	Recht der internationalen Wirtschaft, Fachzeitschrift
Rn.	Randnummer
Rs.	Rechtssache
Rspr.	Rechtsprechung
S.	Satz
	Seite
s.	siehe
Slg.	Sammlung
sog.	sogenannte, sogenannter
SSNIP-Test	Small but significant and non-transitory increase in price-Test
SSO	Standardsetzungsorganisation
StGB	Strafgesetzbuch
st. Rspr.	stetige Rechtsprechung
TRIPS	Agreement on Trade-Related Aspects of Intellectual Property Rights
TT-GVO	Verordnung Nr. 316/2014 der Kommission vom 21. März 2014 über die Anwendung von Artikel 101 Absatz 3 des Vertrages über die Arbeitsweise der Europäischen Union auf Gruppen von Technologietransfer-Vereinbarungen
u.a.	und andere
	unter anderem
UFITA	Schriftenreihe des Archivs für Urheber- und Medienrecht
UK	United Kingdom
UMTS	Universal Mobile Telecommunications System
UrhG	Urhebergesetz
US/U.S./USA	United States of America

US-GAAP	United States Generally Accepted Accounting Principles
USPTO	United States Patent and Trademark Office
u.U.	unter Umstände
UWG	Gesetz gegen den unlauteren Wettbewerb
v.	versus
vgl.	vergleiche
VO	Verordnung
Vor.	Vorbemerkung
VPP	Vereinigung von Fachleuten des Gewerblichen Rechtsschutzes
WIPO	World Intellectual Property Organization
WRP	Wettbewerb in Recht und Praxis
WTO	World Trade Organization
WuW	Wirtschaft und Wettbewerb
z.B.	zum Beispiel
ZEuP	Zeitschrift für Europäisches Privatrecht
ZGE/IPJ	Zeitschrift für Geistiges Eigentum/Intellectual Property Journal
ZGR	Zeitschrift für Unternehmens- und Gesellschaftsrecht
ZHR	Zeitschrift für das gesamte Handels- und Wirtschaftsrecht
ZPO	Zivilprozessordnung
ZUM	Zeitschrift für Urheber- und Medienrecht
ZWeR	Zeitschrift für Wettbewerbsrecht

Einleitung

Der Ursprung des Begriffs „Patent“ lässt sich vom Lateinischen „*litterae patentes*“[1] ableiten. Hiermit wurde die Urkunde bezeichnet, welche im Mittelalter die Erteilung hoheitlich gewährter Privilegien kennzeichnete und ihrem Inhaber eine monopolartige Stellung für neu eingeführte Produktionsweisen oder technische Vorrichtungen gewährte.[2] In erster Linie dienten solche Privilegien aber nicht der Förderung des technischen Fortschritts oder dem Erfinderwesen, sondern vor allem der Förderung einer dynamischen Wirtschaftspolitik des erteilenden Herrschers.[3] Die übergeordnete Rolle von Privilegien als merkantilistische Steuerungselemente wird vor allem im Hinblick auf die schwache Rechtsstellung des Privilegieninhabers und der fehlenden Rechtssicherheit deutlich, da die Vergabe weder auf Grundlage eines förmlichen Erteilungsverfahrens erfolgte noch auf einer originären Rechtsposition basierte.[4] Die Gewährung eines Privilegs stellte vielmehr einen Gnadenakt des Herrschers dar und war in seinem Bestand stets dessen Willkür ausgesetzt.[5] Angesichts der sonstigen Abstinenz kodifizierter Statuten zu diesem frühen Zeitpunkt nahm das venezianische Patentgesetz von 1474[6] eine exponierte Stellung im mittelalterlichen Privilegienwesen ein. Erstmalig wurde einem Erfinder zumindest die gesetzliche Möglichkeit eröffnet, durch eine Anmeldung bei der zuständigen Behörde, ein ausschließliches Recht an einer erfinderischen Vorrichtung zu erlangen.[7]

---

1 Dies bedeutet übersetzt „offener Brief“, vgl. *Kurz*, Weltgeschichte des Erfindungsschutzes, 2000, S. 15.

2 *Kraßer/Ann*, Patentrecht, 7. Auflage 2016, § 4, Rn. 1 ff.

3 *Kohler*, Handbuch des Patentrechts, 1904, S. 16.

4 Ausführlich *Pohlmann*, GRUR 1960, 272.

5 *Bussmann/Pietzcker/Kleine*, Gewerblicher Rechtsschutz und Urheberrecht, 3. Auflage 1962, S. 160, die darauf hinweisen, dass es im 15. Jahrhundert in Deutschland ein Privilegienwesen gab, welches im Gegensatz zu anderen vergleichbaren Systemen nicht rein von der willkürlichen Entscheidung des jeweiligen Herrschers abhing, es vielmehr einen gewohnheitsrechtliche Anspruch auf Patenterteilung gab, vgl. auch *Dölemeyer/Klippel*, in: Beier/Kraft/Schricker/Wadle (Hrsg.), FS GRUR Band I, 1991, S. 185, 191 ff.

6 Das sog. „Parte“ vom 19. März 1474. Eine abgedruckte Übersetzung findet sich bei *Kurz*, Weltgeschichte des Erfindungsschutzes, 2000, S. 54.

7 Vgl. zu den Grundlagen des Schutzes nach dem venezianischen Patentgesetz von 1474 ausführlich *Berkenfeld*, GRUR 1949, 139.

Trotz der Bedeutung des Privilegiensystems für die Geschichte des Erfindungsschutzes im Allgemeinen, beruht unser heutiges Verständnis von einem modernen Patentrecht nicht unmittelbar auf dem absolutistisch geprägten Herrschaftssystem einer willkürlichen Erteilung von Nutzungsrechten, sondern gründet sich auf die politischen und gesellschaftlichen Umwälzungen des 17. und 18. Jahrhunderts.[8] Den Grundstein legte allen voran das durch Widerstand gegen das Privilegienwesen geprägte England, das unter *Jakob I.* im Jahr 1624 das *Statute of Monopolies9* erlies und nunmehr die Erteilung von Patenten für den ersten und wahren Erfinder vorsah.[10] Solchen Erfinderpatenten wurde eine Schutzdauer von 14 Jahren gewährt. Sie dienten als Belohnung für den Dienst an der Allgemeinheit, den der Erfinder durch die Offenbarung des neuen Wissens geleistet hat.[11] Der nunmehr in ganz Europa aufkeimende Widerstand gegen das Privilegienwesen mündete im Nachgang der Französischen Revolution schließlich auch in Frankreich in dem Erlass des Patentgesetzes von 1791, welches gewissermaßen den Beginn des modernen Patentschutzes markiert.[12] Die für die damalige Zeit wohl bedeutendste Erkenntnis bezüglich des Patentrechts war die Anerkennung des Menschen als Erfinder und die hieraus resultierende Schlussfolgerung, dass die Erfindung als erfinderische Tätigkeit ein Ausfluss der als Menschenrecht geschützten Freiheit sei (sog. Naturrechtslehre).[13] Hiernach steht dem Erfinder auch ohne behördliches Erteilungsverfahren ein natürliches Eigentumsrecht an der Erfindung per se zu,[14] was eine Patentanmeldung in Frankreich lange Zeit entbehrlich machte.[15] Eine für die damalige Zeit eher zweitrangige, für die heutige Zeit hingegen wesentliche Erkenntnis war die Einsicht, dass dem Patentwesen eine wichtige Steuerungsfunktion für den technischen Fortschritt innewohnt.[16] Dieser Paradigmenwechsel hinsichtlich der

---

8 *Beier*, GRUR 1977, 282, 282 ff.; *Kraßer/Ann*, Patentrecht, 7. Auflage 2016, § 4, Rn. 17 ff.

9 Siehe einen Auszug des *Statute of Monopolies* bei *Kurz*, Weltgeschichte des Erfindungsschutzes, 2000, S. 169.

10 *Kraßer/Ann*, Patentrecht, 7. Auflage 2016, § 4, Rn. 19; *Schneider*, Menschenrechtlicher Schutz geistigen Eigentums, 2006, S. 42.

11 *Kohler*, Handbuch des Patentrechts, 1904, S. 19.

12 Siehe einen Auszug des französischen Patentgesetzes von 1791 bei *Kurz*, Weltgeschichte des Erfinderschutzes, 2000, S. 242–250.

13 *Kraßer/Ann*, Patentrecht, 7. Auflage 2016, § 4, Rn. 23; *Klostermann*, Die Patentgesetzgebung aller Länder, 2. Auflage 1876, S. 323.

14 *Osterrieth*, Patentrecht, 5. Auflage 2015, Rn. 82.

15 *Kurz*, Weltgeschichte des Erfinderschutzes, 2000, S. 241.

16 *Jestaedt*, Patentrecht, 2. Auflage 2008, Rn. 27; *Kurz*, Weltgeschichte des Erfinderschutzes, 2000, S. 239.

volkswirtschaftlichen Bedeutung von Patenten für den technischen Fortschritt mündete 1883 in der Unterzeichnung der PVÜ, welche letztlich den Grundstein eines modernen Patentrechts legte.

Anhand dieser rudimentären Entwicklungslinien lässt sich bereits die wesentliche Feststellung treffen, dass der Erfindungsschutz in Form von Patenten weitaus länger existiert als das Wirtschaftsmodell des Kapitalismus.[17] Dennoch sind Themen wie das allgemeine Patentmanagement oder der strategische Einsatz von Patenten in Anbetracht der jahrhundertelangen Existenz des Patentschutzes vor allem im kapitalistisch geprägten Europa noch recht junge Themen.[18] Gemeinhin galten Patente in der westlichen Welt für eine lange Zeit als Domäne technischer Spezialisten[19] und wurden mehr als juristische Instrumente, denn als Unternehmens-Assets angesehen.[20] Dies änderte sich erst rund hundert Jahre nach Unterzeichnung der PVÜ Anfang der 1980er-Jahre mit der sog. Pro-Patent-Ära, welche auf mehrere miteinander korrespondierenden Entwicklungen zurückzuführen ist und maßgeblich auf dem gesellschaftlichen Wandel hin zu einer Wissensökonomie fußt.[21] Allen voran die wirtschaftlichen Erfolge japanischer Unternehmen zu Beginn der 1980er führten letztlich weltweit zu einer anderen Sichtweise auf technische Schutzrechte.[22]

Die frühe Bedeutung von Patentstrategien als wesentlicher Teil japanischer Unternehmensstrategien macht sich bereits an den vergleichbar hohen

---

17 Einen guten Überblick über die Entstehungsgeschichte des Kapitalismus sowie der Industrialisierung ab dem 19. Jahrhundert findet sich bei *Kocka*, Geschichte des Kapitalismus, 2013, 77 ff.

18 Ausführlich dazu *Berthold*, Evergreening, 2011, S. 88 ff.

19 Vgl. *Oppenländer*, in: Oppenländer (Hrsg.), Patentwesen, technischer Fortschritt und Wettbewerb, 1984, S. 47, 58 ff.

20 *Rivette/Kline*, Rembrandts in the Attic, 2000, S. 37–38, die das Patent mit einer Nuklearwaffe in Zeiten des kalten Krieges vergleichen, welches vor allem zur Abschreckung gegenüber Wettbewerbern dient.

21 Siehe zu diesem Themenkomplex *Ewing*, Hastings Science & Technology Law Journal, Winter 2012, 1 ff.; ETAN Working Paper – Strategic Dimensions of Intellectual Property Rights in the context of Science and Technology Policy, Final Report – Juni 1999, S. 14 sowie *Häußer*, GRUR 1993, 211.

22 Japanische Unternehmen erkannten als erste die wettbewerbliche Bedeutung von Patenten und führten bereits 1958 die Rangliste mit den meisten Patenten weltweit an, vgl. *Granstrand*, Corporate Innovation Systems, Paper submitted to the EU Dynacom project, Januar 2000, S. 51 ff.; für die Entwicklung des traditionellen Patentverständnisses als Domäne von Juristen und technischen Spezialisten, siehe *Berthold*, Evergreening, 2011, 88 ff.

Zahlen von Patentanmeldungen sowohl in Japan selbst als auch durch japanische Anmelder im Ausland fest.[23] Ein weiteres Indiz für die gehobene Wichtigkeit von Patenten als Unternehmens-Asset lässt sich auch in den mannigfaltigen Fachpublikationen zum Thema Patentstrategien und Patentmanagement festmachen, die zu diesem Zeitpunkt in der westlichen Welt vergleichsweise gering waren.[24] Aufgrund der noch fehlenden Kapazitäten der japanischen Industrie fokussierte sich das japanische Patentierverhalten zu Beginn der Pro-Patent-Ära jedoch noch nicht auf die Erlangung von Basispatenten im Kernbereich einer Technologie.[25] Vielmehr wurde eine „*Strategie der kleinen Schritte*“[26] verfolgt, bei der die Patentierung minimaler Weiterentwicklungen systematisch verfolgt wurde, um dadurch ganze Technologiebereiche zu beherrschen und auf lange Sicht zu dominieren.[27]

Vor dem Hintergrund der hierauf basierenden wirtschaftlichen und wettbewerblichen Erfolge Japans, gepaart mit der Tatsache, dass die eigenen FuE-Investitionen durch die Ubiquität gewerblicher Schutzrechte zum weltweiten Aufkommen des *free-ridings* führte, änderte sich insbesondere in den USA die Haltung gegenüber Patenten, was sich an mehreren Entwicklungen zu Beginn der 1980er Jahre festmachen lässt.[28] 1982 wurde der *Court of Appeals for the Federal Circuit* gegründet, welcher unter anderem auf Patentstreitigkeiten spezialisiert ist, bereits früh in dem Ruf stand, besonders patentinhaberfreundlich zu entscheiden und dadurch maßgeblich zu einer Stärkung des Patentsystems beitrug.[29] Zusätzlich dazu initiierte die US-Regierung eine Neuausrichtung der Behandlung von Patenten im Rahmen des amerikanischen Kartellrechts, was ebenfalls zu einer Stärkung der Rechteinhaber führte, da die

---

23 In Deutschland wurde dieses Patentierverhalten zuweilen als Bedrohung empfunden, vgl. *Häußer*, GRUR 1993, 211, 212 ff. sowie *Berthold*, Evergreening, 2011, 90.

24 Siehe dazu *Rahn*, GRUR Int. 1994, 377, 378.

25 Die japanische Industrie verfügte schlichtweg nicht über die notwendigen Kapazitäten, um große Innovationen anzustoßen, vgl. *Granstrand*, The Economics and Management of Intellectual Property, 2000, S. 164.

26 *Häußer*, GRUR 1993, 211, 215.

27 Siehe zum Ganzen *Häußer*, GRUR 1993, 211 und *Kraßer/Ann*, Patentrecht, 7. Auflage 2016, § 3, Rn. 51, der die japanischen Strategiebemühungen etwas defensiver formuliert.

28 Eine dezidierte Darstellung dieser Entwicklung findet sich bei *Jaffe*, Research Policy 2000, 531 ff.

29 Die Bedeutung des *Court of Appeals for the Federal Circuit* für das Patentwesen wird eingehend bei *Merges/Nelson*, Columbia Law Review 1990, 839 besprochen.

Schutzrechtsdurchsetzung nun nicht mehr per se unter die strengen Vorgaben des Kartellrechts fiel.[30] Parallel hierzu kristallisierte sich zusätzlich eine äußerst starke Pro-Patent-Bewegung unter amerikanischen Politikern und Industriellen heraus, die massiv für den globalen Ausbau gewerblicher Schutzrechte eintrat.[31] Sie mündete letztlich in der Unterzeichnung des TRIPS-Abkommens in den neunziger Jahren.

Die in den neunziger Jahren aufkeimenden Patentkriege zwischen den USA und Japan resultierten wiederum auch in Japan in einem Strategiewechsel. Zunehmend wurde in die Entwicklung und Erlangung von Basispatenten investiert, da japanische Unternehmen häufig in Gerichtsverfahren gegenüber den amerikanischen Inhabern von Basispatenten unterlagen.[32] Die unternehmensstrategische Neuausrichtung von zwei der größten Industrienationen nahm zwangsläufig auf die Weltwirtschaft Einfluss. Der Wandel hin zu einer Wissensökonomie bedarf notwendigerweise der Förderung technischen Fortschritts mittels Innovationen, um wirtschaftlichen Erfolg in der voranschreitenden Globalisierung zu garantieren.[33] Im Ergebnis führte somit vor allem die amerikanische Sorge vor einer zunehmenden japanischen Dominanz in der Weltwirtschaft zu der sich global wandelnden Haltung im Hinblick auf Patente.

Als Antwort auf die teils aggressive Durchsetzung von Schutzrechten durch japanische und amerikanische Unternehmen entdeckten europäische Unternehmen das Potential des strategischen Schutzrechtseinsatzes erst Mitte der neunziger Jahre.[34] Der verstärkte Fokus auf eigene FuE und den hieraus resultierenden Patentanmeldungen war zudem notwendig, sofern europäische Unternehmen ihre technologische Handlungsfreiheit nicht aufgeben wollten.[35] Die mit der

---

30 *Jaffe*, Research Policy 2000, 531, 532; *Ewing*, Hastings Science & Technology Law Journal, Winter 2012, 1, 2; *Granstrand*, Corporate Innovation Systems, Paper submitted to the EU Dynacom project, Januar 2000, S. 51.

31 ETAN Working Paper – Strategic Dimensions of Intellectual Property Rights in the context of Science and Technology Policy, Final Report – Juni 1999, S. 14.

32 *Rahn*, GRUR Int. 1994, 377, 380 ff.; *Berthold*, Evergreening, 2011, 91 ff.

33 Gleichsam führte dies zu diversen Patentkriegen zwischen Japan und den USA, vgl. *Rahn*, GRUR Int. 1994, 377, 380 ff.

34 *Blind/Edler/Frietsch/Schmoch*, Erfindungen kontra Patente, 2003 S. XIII.

35 Vgl. aber auch den ehemaligen Präsidenten des Deutschen Patentamtes *Häußer*, GRUR 1993, 211, 215, der bezogen auf Deutschland feststellte: „*Wann wachen endlich auch die deutschen Unternehmen auf und wagen wenigstens den Versuch, in einer Zeit noch vorhandenen Wohlstands sinnvolle Maßnahmen zur Sicherung ihrer Zukunft in Bewegung zu bringen? [Es] ist immer wieder festzustellen, daß die Bedeutung des Patentwesens und die in den Patentabteilungen geleistete Arbeit vom Management falsch eingeschätzt*

Globalisierung einhergehende Auslagerung vieler klassischer Industriebereiche, wie etwa der Textil-, Auto- und Stahlindustrie in kostengünstigere Länder, führte außerdem zu einer veränderten Schwerpunktsetzung westlicher Industrieländer auf hoch technisierte Geschäftsfelder, wie etwa Telekommunikations-, Informations-, Bio-, Nano- oder Medizintechnologien.[36] Erfolgsdeterminanten sind in diesen Sektoren nicht die Fähigkeit der massenhaften Produktion, sondern vielmehr die Erlangung von neuem Wissen und Innovationen.[37]

Im Zusammenhang mit der kontinuierlich wachsenden Bedeutung des Patents als Investmentobjekt warf *Osterrieth* die Frage auf, ob sich das technische Schutzrecht des Patents mittlerweile nicht zu einem reinen „*Wertpapier*“ wandelt bzw. bereits gewandelt hat.[38] Eine nicht unberechtigte Frage, vergegenwärtigt man sich die Aussagen des damaligen Vorstandsvorsitzenden der *Siemens AG, Heinrich v. Pierer*, in einem aufschlussreichen Beitrag zum Ende des 20. Jahrhunderts, in dem er ausführte, dass: „*für global operierende Unternehmen in stark innovationsgetriebenen Branchen [*haben*] Patente daher eine sehr große strategische Bedeutung*“[39]. Diese Aussage lässt sich vor allem damit erklären, dass die Pro-Patent-Ära bei vielen Unternehmen dazu geführt hat, dass immaterielle Vermögenswerte mindestens genauso bedeutsam wurden wie materielle Vermögenswerte.[40] An diesem Umstand hat sich bisweilen wenig geändert. Vielmehr scheint sich die allgemeine Bedeutung von Patenten als marktstrategisches Instrument im Wirtschaftsverkehr nur noch verstärkt zu haben, was die weltweit kontinuierlich ansteigende Zahl von Patentanmeldungen belegt. Die

---

werden. Patentabteilungen werden in aller Regel als Kostenfaktor betrachtet, dem allenfalls die direkten Lizenzeinnahmen eines Unternehmens gutgebracht werden, während der für das eigene Unternehmen durch Schutzrechte entstehende Nutzen außer Acht gelassen wird.“

36 *Simensky/Bryer/Wilkof*, Intellectual Property in the global marketplace, 1999, S. 1.

37 *Rivette/Kline*, Rembrandts in the Attic, 2000, S. 2–3; *Granstrand*, The Economics and Management of Intellectual Property, 2000, S. 10 ff. mit Unternehmensbeispielen, deren größten Werte ihre Innovationen darstellen.

38 *Osterrieth*, GRUR 2009, 540, 540 ff.

39 *v. Pierer*, GRUR 1999, 818, 819.

40 Siehe dazu *Mittelstaedt*, GRUR-Prax. 2014, 220. 1997 war der Anteil am Gesamtvermögen immaterieller Vermögenswerte der zehn höchstbewerteten Unternehmen größer als die der materiellen Vermögenswerte, vgl. *Granstrand*, The Economics and Management of Intellectual Property, 2000, S. 11.

nachfolgende Darstellung einiger aktueller Entwicklungen soll dazu dienen, den Blick für die hier zu behandelnde Thematik weiter zu schärfen.[41]

Die Vergabe eines Patents stellt mitunter Anerkennung sowie Belohnung für den Erfinder dar und schafft überdies Anreize für andere, innovativ zu arbeiten.[42] Aus einer wirtschaftlichen Perspektive dienen Patente insbesondere dazu, sich durch die Verwertung der Erfindung einen Vorsprung vor der Konkurrenz am Markt zu verschaffen. Von diesem Grundgedanken des Erfindungsschutzes scheinen sich Unternehmen mittlerweile vielfach entfernt zu haben. Es ist zu beobachten, dass Marktteilnehmer unterschiedlichster Wirtschaftsbranchen ihren Fokus verstärkt auf den Aufbau strategischer, häufig hunderte Patente umfassende Portfolios richten,[43] mittels derer verschiedene Ziele verfolg werden: Gegenüber Nicht-Konkurrenten signalisieren große Patent-Portfolios in stark innovationsabhängigen Industriebranchen in erster Linie Marktstärke. Eine aktive und starke FuE-Abteilung wird nicht selten als Indiz für wirtschaftlichen Erfolg angesehen und kann im besten Falle das Unternehmensimage positiv beeinflussen. Gegenüber Konkurrenten hat ein großes Patent-Portfolio den positiven Effekt als Verhandlungsmasse zu fungieren, etwa wenn es um gegenseitige Kreuz-Lizenzierungen geht, die einen notwendigen Bestandteil innovativer FuE-Arbeit in vielen Technologiebranchen darstellen. Gleichsam baut ein starkes Portfolio eine Drohkulisse mit abschreckender Wirkung gegenüber der Konkurrenz insofern auf, als dass von einer möglichen Geltendmachung potentieller Patentrechtsverletzungen abgesehen wird, da ansonsten ein Gegenangriff

---

41 Zu der gesteigerten Relevanz von gewerblichen Schutzrechten als Unternehmens-Assets etwa *Wurzer*, GRUR 2008, 577.

42 Für die Rechtfertigung des Patentschutzes und dessen ökonomische Analyse, siehe unter Kapitel 1, § 1, A-C.

43 Am Beispiel führender Mobilfunkanbieter wird deutlich, wie stark in den Aufbau von Patent-Portfolios investiert wird. In den USA sind 2018 an *Samsung* 5850, an *Qualcomm* 2300, an *LG Electronics* 2474 und an *Apple* 2160 Patente erteilt worden. Das IT-Unternehmen *IBM* verzeichnete mit 9100 erteilten Patenten den höchsten Wert. Für Europa bietet sich ein ähnliches Bild. 2015 wurden an *Samsung* 704, an die *LG Electronics Group* 701, und an *Qualcomm* 479 Patente erteilt. *Apple* taucht wiederum nicht in der Statistik der Top-50 Patentinhaber auf, was damit zu erklären ist, dass *Apple* ihren angestammten Markt in Amerika sieht und den mit Abstand größten Anteil von Neuanmeldungen in den USA tätigt. Zwar erscheinen diese Zahlen auf den ersten Blick marginal im Hinblick auf die Daten aus den USA, vergegenwärtigt man sich jedoch, dass die *Robert Bosch* GmbH mit 1142 erteilten Patenten der Spitzenreiter ist, werden die Dimensionen deutlich, vgl. die Statistik hierzu auf der offiziellen Homepage des EPA unter Annual Reports and Statistics.

droht. Diese Wechselwirkung tritt insbesondere in stark innovativ geprägten Industrien auf, in denen ein hoher Grad an gegenseitiger technischer Abhängigkeit besteht. Im Ergebnis verbessern große Patent-Portfolios somit die eigene wirtschaftliche Position auf Innovations-, Technologie- und Produktmärkten.

Kritischer hingegen ist eine ebenfalls verstärkt zu beobachtende Zielsetzung, die mit dem Aufbau von Patent-Portfolios einhergeht: die gezielte Blockade des technischen Fortschritts und die Behinderung wirtschaftlicher Aktivitäten von Konkurrenten. Die Patentanmeldung bzw. der rechtsgeschäftliche Patenterwerb dient in solchen Konstellationen nicht mehr nur dem Erfindungsschutz, sondern darüber hinaus vor allem als Mittel zur Generierung von Ausschlussrechten, um diese gezielt als Instrument im Wettbewerbskampf einzusetzen. So etwa, wenn Sperrpatente zum Einsatz kommen, deren Zweck in der bloßen Blockade Dritter begründet ist, ohne ein existierendes Eigeninteresse an der Technologie zu haben. In einigen Technologiebereichen kann darüber hinaus mittlerweile von einer regelrechten Patentflut gesprochen werden, die unter anderem zu der Entstehung von Patentdickichten[44] führt. Diese sind besonders gut geeignet, den Bestand an geschützten Erfindungen gegenüber anderen Marktakteuren zu verschleiern und ebenfalls eine blockierende Wirkung auf Dritte auszuüben. Im heutigen Informationstechnologiesektor existieren beispielsweise unzählige sich überlagernde Patente, die häufig nur geringste technische Fortschritte zum Gegenstand haben; gleichzeitig werden fortwährend komplexere Produkte hergestellt und vertrieben, die eine große Zahl verschiedenster geschützter Erfindungen verwenden.[45] Dies steigert das Risiko, Schutzrechte zu übersehen, verleiht mitunter schon kleinsten erfinderischen Neuerungen einen erheblichen „Wert“ und kann einen entscheidenden Einfluss auf die Handlungsfreiheit von Wettbewerbern ausüben. Die gezielte Blockade von Konkurrenten durch Sperrpatente und Patentdickichte sowie der Geltendmachung dieser Patente bergen das Potential innovationshemmender Wirkungen und können den technischen Fortschritt in nicht unerheblicher Weise beeinträchtigen. Eine solche Strategie

---

44 Ähnlich bereits *Buxbaum*, WuW 1966, 193, 194 ff.; der Begriff wurde von *Shapiro*, in: Jaffe/Lerner/Stern (Hrsg.), Innovation Policy and the Economy, 2001, 119, 120 geprägt.

45 *Lemley/Shapiro*, Texas Law Review 2007, 1991, 1992 und 2009 schätzen, dass ein Mikroprozessor bis zu 5.000 Erfindungen nutzen kann; vgl. auch die Studie über Technologietrends für den Bereich der künstlichen Intelligenz, die den rasanten Anstieg patentgeschützter Erfindungen im Bereich der Künstlichen Intelligenz beleuchtet, *WIPO*, Künstliche Intelligenz, 2019, S. 4 ff.

wird vorliegend mit dem Oberbegriff der defensiven Patentstrategie beschrieben und stellt den ersten Untersuchungsgegenstand der Bearbeitung dar.

Mit Überschriften wie: „*Die ‚Patenttrolle' blasen zum Sturm auf Deutschland*"[46], „*Finanzhaie zerfressen das Patentrecht*"[47] oder „*Freibeuter und Trolle bedrohen unsere Smartphones*"[48] wird seit einigen Jahren in überregionalen journalistischen Politik- und Wirtschaftsmedien gegen eine häufig als „neu" bezeichnete Form der Patentverwertung Stimmung gemacht. Diese populistischen, unscharfen und wertungsbehafteten Begriffe versuchen, vereinfacht gesagt, den folgenden strategischen Schutzrechtseinsatz zu beschreiben: Unternehmen, deren geschäftliche Betätigung sich rein auf den Erwerb von Patenten zum Zwecke der Verwertung im Wege der Lizenzierung beschränkt, ohne selber erfinderisch tätig oder produktionstechnisch aktiv zu sein.[49] Das Geschäftsmodell solcher Verwertungsgesellschaften kann dahin gehend beschrieben werden, dass mittels geschickter Handlungsformen solche Schutzrechte erworben werden, durch deren Lizenzierung sich ein hoher finanzieller Gewinn erzielen lässt, wobei im Rahmen der Lizenzverhandlungen bewusst der patentrechtliche Unterlassungsanspruch als Druckmittel eingesetzt wird. Die wachsende Bekanntheit des beschriebenen Phänomens rührt von aufsehenerregenden Gerichtsverfahren aus den USA her.[50] Paradigmatisch wird in diesem Zusammenhang stets der Rechtsstreit *RIM*, der Entwicklungsfirma der Blackberry-Telefone, gegen *NTP*[51] zitiert, der für viele Kommentatoren das Paradebeispiel eines Patent *Troll* Verfahrens darstellt.[52]

---

46 *Fuest*, Die Welt, Artikel vom 10. Februar 2014.

47 *Schultz*, Spiegel-Online, Artikel vom 05. Februar 2008.

48 *Doerfer*, Huffington Post, Artikel vom 17. Februar 2015.

49 Einen instruktiven Einblick in die Thematik bieten *Ohly*, GRUR Int. 2008, 797; *Osterrieth*, GRUR 2009, 540; *Uhrich*, ZGE 2009, 59 sowie *Reitboeck*, GRUR 2013, 419.

50 Namentlich geht es um die Verfahren *NTP Inc. v. Research in Motion, Ltd.*, 418 F.3d 1282 (C.A.Fed., 2005); *Eolas Technologies Inc. v. Microsoft Corp.*, 399 F.3d 1325 (Fec. Cir. 2005) sowie *MercExchange LLC v. eBay Inc.*, 275 F. Supp. 2d 695 (District Court) und *MercExchange LLC v. eBay Inc.*, 402 F.3d 1323, 1325 (Fed. Cir. 2005).

51 *NTP Inc. v. Research in Motion, Ltd.*, 418 F.3d 1282 (C.A. Fed. 2005).

52 In diesem Zusammenhang *Uhrich*, ZGE/IPJ 2009, 59, 63 (sowie Fn. 18), der zumindest die Frage aufwirft, ob der Rechtsstreit zwischen *RIM* und *NTP* wirklich als Archetyp eines „Troll"-Verfahrens angesehen werden könne, da der Erfinder der involvierten Technologie, *Thomas Campagna*, Teilhaber von *NTP* war und lediglich versuchte hätte, seine Erfindung gegenüber den „Großen" zu verteidigen.

NTP ging aus mehreren, relativ allgemein umschriebenen Erfindungen für die drahtlose Übertragung von E-Mails mittels eines Funknetzwerkes gegen *RIM* gerichtlich vor. Der angerufene *District Court for the Eastern District of Virginia* erließ nach einem fünf Jahre andauernden Rechtsstreit gegen *RIM* ein Unterlassungsurteil, welches einen Verkaufstopp der Blackberry-Telefone nach sich gezogen hätte.[53] In Ermangelung substituierbarer Produkte, die durch *NTP* hätten angeboten werden können, wären durch den drohenden Verkaufsstopp unmittelbar auch unzählige Verbraucher beeinträchtigt worden, da sich das Blackberry-Telefon zu jenem Zeitpunkt gerade unter Geschäftsleuten größter Beliebtheit erfreute. Die darauffolgenden Verhandlungen zwischen den Parteien führten zu einer Streitbeilegung nach Zahlung einer Lizenzgebühr von 612,5 Mio. US-Dollar von *RIM* an *NTP*. Erwartungsgemäß haben dieser und die weiteren noch darzustellenden Rechtsstreitigkeiten zu intensiven rechtspolitischen Diskussionen in den USA geführt, welche mittlerweile auch in Handlungen der Legislative mündeten.[54]

Trotz des Auftretens solcher Verwertungsgesellschaften auch in Europa und insbesondere in Deutschland, hält sich die Kenntnisnahme der deutschen patentrechtlichen Diskussion bezüglich dieser Entwicklung im Vergleich zur anglo-amerikanischen Rezeption verhältnismäßig in Grenzen.[55] Für das Auftreten von Patentverwertern in Deutschland sind die seit Jahren andauernden Rechtsstreitigkeiten zwischen dem Patentverwerter *IPCom* gegen *Nokia* und weiteren Unternehmen aus der Telekommunikationsbranche exemplarisch zu nennen. Hierbei ging bzw. geht *IPCom* in einer Vielzahl von Verfahren u.a. gegen *Nokia* aus Patenten vor, die *IPCom* von der *Robert Bosch GmbH* im Jahre 2007 erworben hat. Nach zahlreichen Rechtsstreitigkeiten erstritt die

---

53 *NTP Inc. v. Research in Motion, Ltd.*, 418 F.3d 1282 (C.A.Fed., 2005).

54 Alleine in den letzten sechs Jahren wurden in den USA die folgenden – nicht abschließenden – Rechtsakte erlassen, welche allesamt in einem Zusammenhang mit Verwertungsgesellschaften stehen: *The Innovation Act* (H.R.3309); *The Targeting Rogue and Opaque Letters* (TROL) Act (H.R.2045); *The Patent Litigation Integrity Act* (S. 1612); *The Patent Litigation and Innovation Act* (H.R.2639); *The Stopping the Offensive Use of Patents* (STOP) Act (H.R.2766).

55 Deutschsprachige Beiträge finden sich bei *Ohly*, GRUR Int. 2008, 787; *Osterrieth*, GRUR 2009, 540; *Uhrich*, ZGE 2009, 59; *Reitboeck*, GRUR 2013, 419; *Schickedanz*, GRUR Int. 2009, 901; *Haedicke*, Patente und Piraten 2011, S. 145; *Frick*, *Patent-Trolling*, 2014 sowie bei *Stierle*, Das nicht-praktizierte Patent, 2018; *Sonnenberg*, Der Unterlassungsanspruch, 2014 sowie der Beitrag von *Sergheraert/Marques*, Mitteilungen 2019, 9 ff. der zwar in englischer Sprache, aber in einer deutschen Zeitschrift veröffentlich wurde.

Patentverwertungsgesellschaft vor dem LG Mannheim im Jahre 2011 erstmalig eine Unterlassungsverfügung gegen *Nokia*.[56] Diese wurde zwar vom OLG Karlsruhe mangels nachgewiesener Patentverletzung durch *Nokia* wieder aufgehoben, jedoch wurde die Revision zum BGH vom OLG wegen grundsätzlicher Bedeutung für eine Vielzahl weiterer Fälle zugelassen.[57] Ironischerweise bedingt die defensive Patentstrategie in Form der Schaffung von Patentdickichten nicht selten die Aktivitäten von Verwertungsgesellschaften, da diese mitunter gezielt versuchen, Schutzrechte aus Dickichten zu akquirieren, um sie für die eigenen Zwecke fruchtbar zu machen.

Verwertungsgesellschaften machen sich vor allem das Drohpotential des patentrechtlichen Unterlassungsanspruchs zunutze, der für Unternehmen mit irreversiblen Schäden verbunden sein kann, wie der Fall *NTP* gegen *RIM* zeigt. Die geleistete Zahlung von 612,5 Mio. US-Dollar wäre höchstwahrscheinlich ohne die Folgen der drohenden Unterlassungsverfügung in dieser Höhe nicht zustande gekommen, da das Blackberry-Telefon das wirtschaftlich bedeutendste Produkt von *RIM* war.[58] Der zweite Untersuchungsgegenstand behandelt daher die Strategie des *Trolling*, die vielschichtiger ist, als dass sie mit dem einfachen Schlagwort Patent „*Troll*" hinreichend beschrieben werden könnte.

---

56 LG Mannheim, Urteil vom 18. Februar 2011 – 7 O 100/10, zitiert nach *juris*.

57 OLG Karlsruhe, Urteil vom 09. Juli 2014 – 6 U 29/11, zitiert nach *juris*; eine höchstrichterliche Entscheidung wird jedoch nicht mehr erfolgen, da der Patentschutz der streitgegenständlichen Patente (bzw. Patentfamilien) von *IPCom* zu Beginn des Jahres 2020 ausgelaufen ist, vgl. dazu die Mitteilung auf der unternehmenseigenen Homepage, unter https://www.ipcom-munich.com/post/how-ipcom-kept-the-mobile-phone-industry-on-tenterhooks-for-13-years.

58 Vgl. die ausführliche Darstellung des Verfahrens unten, Kapitel 3, § 1, B, I, 1.

Fragestellung und Gang der Untersuchung

Die vorangestellten patentrechtlichen Entwicklungslinien werfen somit ein Schlaglicht auf die hier zu behandelnde Fragestellung:

> *Inwieweit stellt der strategische Einsatz von Patenten einen möglichen Missbrauch aus patent-, lauterkeits-, zivil- und kartellrechtlicher Perspektive dar?*

Die Ausarbeitung rechtlicher Grenzen des strategischen Schutzrechtseinsatzes beansprucht dabei nicht nur akademische Relevanz, sondern betrifft unternehmerische Handlungsformen überall dort, wo Patente rechtlichen Schutz genießen und als Teil einer Unternehmensstrategie zur Verfolgung bestimmter Ziele eingesetzt werden. Trotz des grundsätzlich globalen Kontextes von Patentstrategien, kann sich die vorzunehmende Untersuchung nur auf die Möglichkeit beschränken, potentielle Grenzen im Rahmen des nationalen Rechts zu ermitteln. Denn selbst umfangreiche Harmonisierungsbestrebungen[59] haben kein einheitliches internationales Patentrecht geschaffen, welches auf einem einzelnen Gesetzestext fußt.[60] Ausgangspunkt muss demnach die nationale Rechtsordnung und insbesondere das PatG sein,[61] welches für alle Patentanmeldungen sowie die bereits erteilten Patente seit dessen Inkrafttreten Geltung beansprucht.[62] Die Beantwortung der Fragestellung hängt wesentlich davon ab, ob und wann die ausgewählten strategischen Handlungsformen als missbräuchlich angesehen werden müssen und ob nach zugrunde liegender Strategie, der Erwerb, die Verwertung oder aber gerichtliche Geltendmachung von der Rechtsordnung zu missbilligen sind.

---

59 Die Geschichte des Patentrechts wird bei *Kurz*, Weltgeschichte des Erfindungsschutzes, 2000 umfassend dargestellt.

60 Eine umfassende Analyse bezüglich der Komplexität des internationalen gewerblichen Schutzrechts findet sich bei *Dinwoodie/Dreyfuss*, Houston Law Review 2009, 1187.

61 Patentgesetz in der Fassung der Bekanntmachung vom 16. Dezember 1980, BGBl. 1981 I S. 1, das zuletzt durch Artikel 8 Absatz 4 des Gesetzes vom 3. Dezember 2015, BGBl. I S. 2178, geändert worden ist. Ein Überblick über die Novellierungen des PatG findet sich bei *Osterrieth*, Patentrecht, 5. Auflage 2015, Rn. 108–121.

62 Ergänzt wird das deutsche Patentrecht zusätzlich durch weitere Gesetze, wie beispielsweise dem Arbeitnehmererfindungs- oder Erstreckungsgesetz.

Die nachfolgende Untersuchung gliedert sich in vier Kapitel, wobei das erste Kapitel als allgemeiner Teil anzusehen ist, der die für die Bearbeitung wesentlichen patentrechtlichen Grundlagen zum Gegenstand hat. Im Rahmen dessen sollen die wesentlichen Entwicklungen des Patentrechts, das eigentliche Schutzgut des Ausschließlichkeitsrechts sowie die rechtliche und ökonomische Rechtfertigung für die Erteilung des Patents beleuchtet werden. Hieran anknüpfend wird im zweiten Kapitel das Augenmerk auf den Untersuchungsgegenstand der defensiven Patentstrategie gelegt. In einem ersten Schritt bedarf es der Herausarbeitung der wesentlichen Merkmale der defensiven Patentstrategie, um in einem zweiten Schritt eine umfassende rechtliche Bewertung dieser Strategie anhand der patent-, lauterkeits-, zivil- und kartellrechtlichen Rahmenbedingungen *de lege lata* vornehmen zu können. Abgeschlossen wird das zweite Kapitel mit einer Untersuchung, ob der defensiven Patentstrategie möglicherweise Schranken nach deutschem Recht *de lege ferenda* gesetzt werden sollen. Das dritte Kapitel widmet sich sodann der Patentstrategie des *Trolling*. Auch im Rahmen dieser Untersuchung bedarf es in einem ersten Schritt der Herausarbeitung der konkreten Wesensmerkmale des *Trolling*, um in einem zweiten Schritt erneut eine rechtliche Bewertung dieser Strategie anhand der bestehenden patent-, lauterkeits-, zivil- und kartellrechtlichen Rahmenbedingungen *de lege lata* vornehmen zu können. Das Kapitel schließt wiederum mit einer Untersuchung, inwieweit das deutsche Recht dem *Trolling* Schranken *de lege ferenda* entgegengehalten halten kann. Abschließend werden die erzielten Erkenntnisse im vierten Kapitel zusammengefasst, um die Bearbeitung mit einem Gesamtergebnis zu beschließen.

Kapitel 1 – Grundlagen

Im Mittelpunkt der hier zu untersuchenden Strategien steht das technische Schutzrecht des Patents. Ausgangspunkt für eine umfassende Bewertung der einzelnen strategischen Handlungsformen auf ihre Vereinbarkeit mit der Rechtsordnung ist demnach das geltende Patentrecht. International operierende Unternehmen verfügen zwar meist über internationale Patent-Portfolios und melden technische Neuerungen in der Regel flächendeckend an. Im Ergebnis erfolgt aber jeder Patenteinsatz auf Grundlage national wirkender Schutzrechte, was mit der schutzrechtsinhärenten rein territorialen Auswirkung des Patentschutzes zusammenhängt.[63] Jegliche Fragen im Zusammenhang mit dem strategischen Einsatz eines Patents sind somit in erster Linie anhand des Maßstabs der Rechtsordnung zu beantworten, für die Schutz beansprucht wird.[64]

In einem ersten Schritt muss auf die Rechtfertigung des Patentschutzes selbst eingegangen werden, um aufzuzeigen, dass einer möglicherweise missbräuchlichen Ausübung des Patents nicht mit radikalen Lösungsansätzen begegnet werden kann, wie etwa der gänzlichen Abschaffung des Patentrechts. Anhand der darzulegenden rechtlichen und ökonomischen Begründungsansätze wird die Notwendigkeit des Patentschutzes für den technischen Fortschritt deutlich, von dem nicht nur die aktiven Teilnehmer des wirtschaftlichen Wettbewerbs profitieren, sondern die Allgemeinheit in Gänze. Der mögliche Missbrauch eines Schutzrechts wie dem des Patents muss sich aber auch stets an der Rechtfertigung des Schutzrechts selbst messen lassen.

---

63 Trotz bestehender Uneinigkeit im Hinblick auf dessen dogmatische Herleitung, ist das Territorialitätsprinzip bis heute für das internationale Recht gewerblicher Schutzrechte von ausschlaggebender Bedeutung und im Patentrecht seit jeher anerkannt, vgl. dazu nur bereits die Rspr. RGZ 30, 52, 55; RGZ 46, 14, 16; BGHZ 49, 331, 334 – *Voran;* BGHZ 126, 252, 254 ff. – *Folgerecht bei Auslandsbezug* zum Urheberrecht sowie exemplarisch *Ahrens*, Gewerblicher Rechtsschutz, 2008, Rn. 32; *Fähndrich/Ibbeken*, GRUR Int. 2003, 616, 619; *Haupt*, GRUR 2007, 187, 187 ff.; *Scharen*, in: Benkard (Hrsg.), Patentgesetz, 11. Auflage 2015, § 9, Rn. 8; *Lichtenstein*, NJW 1964, 1208, 1209 m.w.N.

64 Sinn und Zweck der vorliegenden Bearbeitung erfordert es nicht, die Geschichte und Entwicklung des Patentrechts nachzuzeichnen, vgl. dazu die umfassende Darstellung bei *Kurz*, Weltgeschichte des Erfindungsschutzes, 2000, S. 17–72; vgl. überdies *Yu*, Michigan State University Legal Studies Research Paper No. 02–12, 2004, S. 5–19, der die Entwicklung der Harmonisierungsbestrebungen des Patentrechts hinreichend darlegt.

In einem zweiten Schritt wird aufzuzeigen sein, dass der strategische Patenteinsatz bereits deshalb einer rechtlichen Kontrolle bedarf, da die Erteilung des Schutzrechts zu einer rechtlichen Monopolisierung der zugrunde liegenden Erfindung für den Patentinhaber führt. Auch ohne mit der Patenterteilung eine wirtschaftliche Monopolisierung der Erfindung herbeizuführen, wird die Attraktivität des Schutzrechts als Unternehmens-Asset dargelegt und unterstreicht dadurch die Notwendigkeit, in bestimmten Sachverhaltskonstellationen über rechtliche Grenzziehungen nachzudenken.

§ 1. Rechtfertigung des Patentschutzes und dessen ökonomische Analyse

Durch die Erteilung eines rechtlichen Ausschließlichkeitsrechts entsteht für die Allgemeinheit eine künstliche Verknappung bezogen auf den jeweiligen Schutzgegenstand des konkreten Rechts. Vor dem Hintergrund, dass es sich bei dem Schutzgegenstand eines Patents um eine technische Erfindung handelt, welche von grundlegender Relevanz sein kann, eine lebenswichtige Technologie beschreibt oder einzeln betrachtet keine wirkliche technische Neuerung beinhaltet, aber durch eine Überlagerung mit einer Vielzahl von Patenten einen wirtschaftlichen Wert generiert, stellt sich im Hinblick auf Patente stets die Frage nach der Legitimation bezüglich der Gewährung einer solchen ausschließlichen Rechtsposition.

Dem möglicherweise missbräuchlichen strategischen Einsatz von Patenten könnte folglich auch mit radikalen Lösungen begegnet werden, in dem man beispielsweise für eine gänzliche Abschaffung des Schutzes oder zumindest für wesentliche Veränderungen der Schutzausgestaltung, etwa in Form einer stark verkürzten Schutzdauer, votiert.[65] Allein aufgrund der Ubiquität von gewerblichen Schutzrechten kann es zwar grundsätzlich keinen Zweifel daran geben, dass es für eine vor allem auch auf Wissen fußende Marktwirtschaft zwingend notwendig ist, irgendeine Form des Schutzes für technische Innovationen zu gewährleisten. Gleichzeitig führen jedoch gerade der bestehende Patentschutz und dessen Ausgestaltung dazu, dass Patente zumindest in diskussionswürdiger Weise, unter Umständen aber auch in rechtlich zu missbilligender Weise eingesetzt werden, was die Frage nach der Rechtfertigung eines starken Patentschutzes umso deutlicher werden lässt. Das Verständnis von den rechtlichen

---

65 Kritik an der ökonomischen Rechtfertigung des Patentschutzes findet sich etwa bei *Karbowski/Prokop*, Procedia Economics and Finance 2013, 393.

und ökonomischen Begründungsansätzen birgt überdies nicht nur den Vorteil die grundsätzliche Bedeutung des Patentschutzes kenntlich zu machen, sondern ermöglicht es auch die eingangs aufgeworfenen Entwicklungslinien noch besser nachvollziehen zu können und schärft vor allem den Blick für die spätere Würdigung der einzelnen Untersuchungsgegenstände.

A. Interessenlage

Innovative Erfindungen durchlaufen nicht selten lange Versuchszeiträume, welche stets von unsicheren Erfolgschancen begleitet sind und in denen erhebliche zeitliche und finanzielle Investitionen getätigt werden müssen.[66] Folglich ist dem *Erfinder* allem voran an einem möglichst umfassenden Schutz durch die Rechtsordnung gelegen, welcher die optimale wirtschaftliche Verwertung in Form der Ausschließbarkeit Dritter, der uneingeschränkten eigenen Verwendung sowie der uneingeschränkten eigenen Verwertung durch den Verkauf oder aber die Lizenzierung gewährleistet.

Für den *Anwender* einer Erfindung vermittelt das Patent auf einem Markt einen Wettbewerbsvorteil gegenüber seinen Konkurrenten. Mittels des Patents können Produkte oder Dienstleistungen angeboten werden, die ohne den rechtlichen Schutz gleichsam von der Konkurrenz erbracht werden könnten. Wettbewerbliche Vorteile in Form von erhöhter Nachfrage und steigender Gewinne wären ohne den rechtlichen Schutz nicht zu erwarten. Dem Anwender kommt es vor allem auf transparente Regelungen bezüglich des Erwerbs und der Veräußerung von Erfindungen sowie der Ausschließbarkeit Dritter an. Zusätzlich ist es für den Anwender wichtig, auf ein austariertes System von Abwehr- und Verteidigungsansprüchen zurückgreifen zu können, die die Erfindung vor Missbrauch und unberechtigter Nutzung durch Dritte schützt.

Das *Interesse der Mitbewerber* richtet sich in erster Linie auf die Möglichkeit, eine neue Erfindung schnellstmöglich selbst nutzen zu können. Potenziert wird dieses Interesse insbesondere dann, wenn die Erfindung eines Dritten und die hieraus resultierenden Neuerungen die eigene Marktposition negativ beeinflussen. Ein Gegengewicht zu dem Interesse, welches sich aus marktwirtschaftlichen Gründen gegen den Patentschutz richtet, stellt die eigene Innovationstätigkeit

66 In keinem anderen Industriesektor wird dieser Umstand so deutlich wie im pharmazeutischen Bereich, wo das Investitionsrisiko sowie die Kosten nicht selten mehrere 100 Mio. US-Dollar betragen können, vgl. *Imam*, IIC 2006, 245, 249, der davon ausgeht, dass sich die Kosten für ein neues Medikament auf rund 500 Mio. US-Dollar belaufen. Dazu auch *Haedicke*, JuS 2002, 113, 114.

dar. Sind Mitbewerber selber in der Lage durch FuE innovative Erfindungen zu machen, besteht auch hier das Verlangen nach patentrechtlichem Schutz. Mit Blick auf FuE-Tätigkeiten ist Mitbewerbern an rechtlich verbindlichen Abgrenzungen von erlaubten und verbotenen Tätigkeiten gelegen.

Im Gegensatz zu dem Vorangestellten ist das *Interesse der Allgemeinheit* auf eine stetig steigende Befriedigung der Bedürfnisse gerichtet.[67] Ausschlaggebend ist in diesem Zusammenhang stets die Frage der Kosten-Nutzen-Relation des Einzelnen. Von diesem Standpunkt aus kann die Beschränkung der Nutzung in Form privater Rechte auf Einzelne nicht wünschenswert sein, sondern vielmehr die sofortige Verfügbarkeit der technischen Neuerung für jedermann. Geht man überdies von einer Wirtschaftsordnung aus, in der grundsätzlich Wettbewerbsfreiheit besteht, wird diese Sichtweise zusätzlich gestützt, da die Zuteilung der Anwendung an Einzelne einer solchen Freiheit widerspräche. Dennoch wäre in diesem Zusammenhang aus Sicht der Allgemeinheit zu fragen, ob eine sofortige freie Verfügbarkeit technischer Innovation den gleichen Grad an Bedürfnisbefriedigung gewährleisten würde oder ob ein solcher Umstand nicht zu einem Rückgang innovativer Tätigkeiten und somit auch zu einer Minderung der Gemeinwohlfahrt führen würde.

Ein Überblick über die Interessenlage zeigt, dass zwar bestehende Interessen sowohl der *Allgemeinheit* als auch der *Mitbewerber* gegen den Patentschutz angeführt werden können. Hiergegen bestehen aber auf der einen Seite weitaus überwiegende Interessen der *Erfinder* sowie *Anwender* für das Bestehen des Patentschutzes. Auf der anderen Seite wird deutlich, dass auch mögliche Nachteile für *Mitbewerber* und insbesondere die *Allgemeinheit* durch die Existenz eines starken Patentschutzes aufgewogen werden können.[68]

B. Patentrechtstheorien

In Bezug auf das Patentrecht haben sich eine Reihe immer wiederkehrender Argumente herausgebildet, um die Gewährung des Ausschließlichkeitsrechts zu rechtfertigen. Die heute vorherrschende Kategorisierung geht auf *Fritz Machlup*[69] zurück, welcher in einer Studie für den amerikanischen Senat versuchte, den Patentschutz zu rechtfertigen und die hierfür sprechenden Argumente als Erster derart prägnant formulierte, dass nunmehr eine Einteilung in vier

---

67 *Burghartz*, Technische Standards, Patente und Wettbewerb, 2011, S. 63.

68 *Kraßer/Ann*, Patentrecht, 7. Auflage 2016, § 3, Rn. 6; zum Ganzen auch *Bernhardt*, Die Bedeutung des Patentschutzes, 1974, S. 4 ff.

69 *Machlup*, GRUR Ausl. 1961, 373–390; 473–482 und 524–537.

Erklärungsansätze vorgenommen wird: der Naturrechtslehre, die Belohnungstheorie, die Ansspornungstheorie und die Offenbarungs- oder Vertragstheorie.[70]

I. Kategorisierung nach *Machlup*

Die **Naturrechtslehre**[71] stellt darauf ab, dass jede geistige Schöpfung von Natur aus das absolute Eigentumsrecht des Menschen sei, der sie hervorgebracht hat. Kraft natürlichem Menschenrecht gehöre eine technische Erfindung alleine ihrem Schöpfer, ihm gebühre die alleinige Nutzung seiner Erfindung sowie gleichsam die Befugnis Dritte hiervon auszuschließen. Dies habe die Allgemeinheit anzuerkennen und zu schützen.[72]

Die **Belohnungstheorie**[73] fußt auf Gerechtigkeitserwägungen und sieht es als geboten, demjenigen, der der Allgemeinheit einen Dienst erweist, nach seiner Nützlichkeit zu belohnen. Dem Erfinder stehe für die Offenbarung seiner geistigen Leistung und der damit einhergehenden Mehrung des technischen Wissens eine finanzielle Belohnung zu, welche am besten durch die Gewährung eines zeitlich befristeten Monopols auf die wirtschaftliche Verwertung der geistigen Erfindung garantiert werden könne.[74]

---

70 *Machlup*, GRUR Ausl. 1961, 373, 377.

71 *Machlup*, GRUR Ausl. 1961, 373, 377; *Kraßer/Ann*, Patentrecht, 7. Auflage 2016, § 3, Rn. 8; *Jestaedt*, Patentrecht, 2. Auflage 2008, Rn. 11; *Osterrieth*, Patentrecht, 5. Auflage 2015, Rn. 15; *Beier*, GRUR Int. 1970, 1, 2; *Rogge/Mellulis*, in: Benkard (Hrsg.), Patentgesetz, 11. Auflage 2015, Einl., Rn. 3; *Dölemeyer/Klippel*, in: Beier/Kraft/Schricker/Wadle (Hrsg.), FS zum hundertjährigen Bestehen der Deutschen Vereinigung für gewerblichen Rechtsschutz und Urheberecht und ihrer Zeitschrift Band I, 1991, S. 185, 196 ff.

72 *Keukenschrijver*, in: Busse/Keukenschrijver (Hrsg.), Patentgesetz, 8. Auflage 2016, Einl., Rn. 66; *Obenland/v. Samson*, in: Büscher/Dittmer/Schiwy (Hrsg.), Gewerblicher Rechtsschutz, Urheberrecht, Medienrecht, 3. Auflage 2015, § 1 PatG, Rn. 2.

73 *Machlup*, GRUR Ausl. 1961, 373, 377; *Kraßer/Ann*, Patentrecht, 7. Auflage 2016, § 3, Rn. 9; *Jestaedt*, Patentrecht, 2. Auflage 2008, Rn. 11; *Osterrieth*, Patentrecht, 5. Auflage 2015, Rn. 16; *Keukenschrijver*, in: Busse/Keukenschrijver (Hrsg.), Patentgesetz, 8. Auflage 2016, Einl., Rn. 67; *Obenland/v. Samson*, in: Büscher/Dittmer/Schiwy (Hrsg.), Gewerblicher Rechtsschutz, Urheberrecht, Medienrecht, 3. Auflage 2015, § 1 PatG, Rn. 2; *Mes*, Patentgesetz, 5. Auflage 2020, § 1, Rn. 2.

74 *Beier*, GRUR Int. 1970, 1, 3; *Schatz*, GRUR Int. 1968, 273, 273; *Rogge/Mellulis*, in: Benkard (Hrsg.), Patentgesetz, 11. Auflage 2015, Einl., Rn. 3.

Die **Anspornungstheorie**[75] verweist vornehmlich auf das (insofern vorausgesetzte) bestehende Bestreben der Allgemeinheit nach größtmöglichem industriellem technischem Fortschritt. Nur durch die Aussicht auf einen gesicherten Ertrag bestehe ausreichend Anreiz für den Menschen erfinderisch tätig zu werden und den technischen Fortschritt voranzutreiben. Ohne die Möglichkeit des Erfinders seine schöpferische Leistung innerhalb einer zeitlich begrenzten Dauer ausschließlich nutzen und dadurch die Ertragserwartungen zumindest stabilisieren zu können, fehle der Anreiz für neue technische Problemlösungen Kapital und Mühe einzusetzen. Das Risiko, das Dritte oder Konkurrenten die Erfindung schnellstens übernehmen können, sei für das Aufkommen von Innovationen grundsätzlich abträglich.[76] Daher schaffe das Ausschließlichkeitsrecht selbst den notwendigen Anreiz erfinderisch tätig zu werden.

Die **Offenbarungs- oder Vertragstheorie**[77] geht von einer Art Austauschvertrag zwischen dem Erfinder und der Allgemeinheit aus, der die Aufgabe des geheimen Wissens gegen die zeitliche Gewährung des Ausschließlichkeitsrechts zum Gegenstand hat. Auch im Rahmen der Offenbarungstheorie wird stillschweigend von dem Wunsch der Gesellschaft nach technischem Fortschritt ausgegangen, welcher durch die Offenbarung des Wissens schneller vorangetrieben werden könne. Hierdurch wird das Patent gewissermaßen als Gegenleistung der Allgemeinheit verstanden, weswegen auch häufig von der Vertragstheorie gesprochen wird.[78]

II. Kritische Würdigung

Der naturrechtliche Rechtfertigungsansatz stößt in vielerlei Hinsicht auf Bedenken. Ausgehend von der Prämisse, dass dem Erfinder ein ewiges Recht

---

75 *Machlup*, GRUR Ausl. 1961, 373, 377; *Kraßer/Ann*, Patentrecht, 7. Auflage 2016, § 3, Rn. 10; *Jestaedt*, Patentrecht, 2. Auflage 2008, Rn. 11; *Osterrieth*, Patentrecht, 5. Auflage 2015, Rn. 17; *Beier*, GRUR Int. 1970, 1, 4; *Schatz*, GRUR Int. 1968, 273, 273; *Rogge/Mellulis*, in: Benkard (Hrsg.), Patentgesetz, 11. Auflage 2015, Einl., Rn. 3; *Keukenschrijver*, in: Busse/Keukenschrijver (Hrsg.), Patentgesetz, 8. Auflage 2016, Einl., Rn. 68; *Bußmann*, GRUR 1977, 121, 128 ff.

76 *Fisher*, Intellectual Property Quarterly 2005, 1, 12–20; *Godt*, Eigentum an Informationen, 2007, S. 519 ff.

77 *Machlup*, GRUR Ausl. 1961, 373, 377; *Bernhardt*, Lehrbuch des Patentrechts, 3. Auflage 1973, S. 2; *Jestaedt*, Patentrecht, 2. Auflage 2008, Rn. 11; *Bußmann*, GRUR 1977, 121, 128 ff.; *Beier*, GRUR Int. 1970, 1, 5; *Hirsch*, WuW 1970, 99, 101; *Keukenschrijver*, in: Busse/Keukenschrijver (Hrsg.), Patentgesetz, 8. Auflage 2016, Einl., Rn. 69.

78 Siehe im Ganzen auch *Godt*, Eigentum an Informationen, 2007, S. 520–523.

an der wirtschaftlichen Ausbeutung der technischen Lehre zusteht, würde eine Realisierung der Naturrechtstheorie in letzter Konsequenz zum Erliegen des technischen Fortschritts führen.[79] Auch vermag der Ansatz, dass bereits der Erfindungsakt als solcher die Zuordnung begründen solle, nicht mit der Realität übereinzustimmen, da diese – nach überwiegend anerkannter Ausgestaltung des Patentschutzes – einen öffentlich-rechtlichen Erteilungsakt voraussetzt, vom Vorliegen bestimmter Schutzvoraussetzungen abhängt und letztlich zeitlich begrenzt ist.[80] Dennoch beansprucht die Naturrechtslehre im Hinblick auf die Tatsache, dass sie dem Erfinder das Recht an der Erfindung zuspricht, auch heute noch Geltung.[81]

Der Belohnungstheorie ist entgegen zu halten, dass die aus ethisch-moralischen Gründen begrüßenswerte Belohnung des Erfinders nicht zwangsläufig aus einem Patentsystem mit der Gewährung eines Ausschließlichkeitsrechts resultieren muss. Gleichsam könnte dem Erfinder ein Vergütungsanspruch gegenüber dem Staat erwachsen, der die Mehrung des Wissens der Allgemeinheit belohnt.[82] Überdies verliert dieser Ansatz an Überzeugungskraft in Systemen, bei denen staatliche Eingriffe in die Bedingungen des freien Wettbewerbs durch beispielsweise Preiskontrollen für patentierte Erfindungen vorgenommen werden. Grund hierfür ist der Umstand, dass die Belohnungstheorie auf einem System des freien funktionierenden Wettbewerbs sowie freien Marktzugang fußt, was gleichsam die freie Preisbildung sowie Anerkennung des frei erzielbaren Gewinns beinhaltet.[83] Zwar ist der Patentschutz für eine Erfindung nicht der einzige gangbare Weg, um eine angemessene Belohnung des Erfinders gewährleisten zu können. In einem System marktwirtschaftlicher Ordnung wäre

---

79 *Rogge/Mellulis*, in: Benkard (Hrsg.), Patentgesetz, 11. Auflage 2015, Einl., Rn. 3.

80 *Beier*, GRUR Int. 1970, 1, 2; *Bernhardt*, Bedeutung des Patentschutzes, 1974, S. 9; *Koikkara*, Der Patentschutz und das Institut der Zwangslizenz in der Europäischen Union, 2010, S. 19.

81 *Rogge/Mellulis*, in: Benkard (Hrsg.), Patentgesetz, 11. Auflage 2015, Einl., Rn. 3; *Kraßer/Ann*, Patentrecht, 7. Auflage 2016, § 3, Rn. 14.

82 Vgl. hierzu *Dietz*, GRUR Int. 1976, 139, der die Patentgesetzgebung der osteuropäischen Länder darstellt, sowie *Beier*, GRUR Int. 1970, 1, 3. In diesem Zusammenhang wären jedoch Folgeprobleme zu erwarten, wie etwa die konkrete Vergütungsbemessung, da jede Erfindung für sich genommen individuell ist und eine schematische Berechnungsmethode nicht realisierbar wäre, vgl. auch *Bußmann*, GRUR 1977, 121, 131 ff., m.w.N. für weitere alternative Belohnungsmodelle für den Erfinder, siehe *Hirsch*, WuW 1970, 99, 114 ff.

83 *Rogge/Mellulis*, in: Benkard (Hrsg.), Patentgesetz, 11. Auflage 2015, Einl., Rn. 3.

sie jedoch gleichsam die effektivste und einfachste Weise, da das Patentsystem in aller Regel für eine Belohnung sorgt, die in der Höhe des Marktwerts der Erfindung liegt.[84]

Die Anspornungstheorie stellt nicht die Erfinderinteressen selbst in den Vordergrund, sondern vielmehr das Interesse der Allgemeinheit an stetig steigendem technischen Fortschritt, mithin die wirtschaftspolitischen Zwecke des Patentsystems.[85] In diesem Zusammenhang bleibt jedoch unklar welcher technische Fortschritt im „Interesse der Allgemeinheit" liegt und worin dieser bestehen soll.[86] Der Rechtfertigungsansatz der Anspornungstheorie beruht auf der Annahme, dass mögliche Ertragsaussichten, gepaart mit der rechtlich gewährten Ausschlussmöglichkeit Dritter sowie der Möglichkeit, FuE-Kosten zu amortisieren, die Investitionsbereitschaft erhöhen.[87] Idealerweise führt dieser Umstand zu einem „Dominoeffekt", der andere Wettbewerber ebenfalls dazu motiviert, um die technische Lehre herum zu erfinden, sodass hierdurch der technische Fortschritt stetig weiter vorangetrieben wird.

So wie die vorgenannte Anspornungstheorie stellt die Offenbarungstheorie das Interesse der Allgemeinheit in den Vordergrund. Dieser Theorie ist entgegenzuhalten, dass durch die Gewährung eines zeitlich begrenzten Ausschließlichkeitsrechts, als Belohnung für die Offenbarung an die Allgemeinheit, die Nutzung des Wissens zunächst gehemmt ist, da Dritte sich das neue Wissen nicht ohne Weiteres zu eigen machen dürfen.[88] Ungeachtet dessen wird die Allgemeinheit in die Lage versetzt, auf Grundlage dieses neuen Standes der Technik

---

84 *Kraßer/Ann*, Patentrecht, 7. Auflage 2016, § 3, Rn. 18; *Ulmer*, GRUR Int. 1966, 253, 255; *Rogge/Mellulis*, in: Benkard (Hrsg.), Patentgesetz, 11. Auflage 2015, Einl., Rn. 3; *Koikkara*, Der Patentschutz und das Institut der Zwangslizenz in der Europäischen Union, 2010, S. 20.

85 *Prahl*, Patentschutz und Wettbewerb, 1972, S. 71; *Rogge/Mellulis*, in: Benkard (Hrsg.), Patentgesetz, 11. Auflage 2015, Einl., Rn. 3.

86 Siehe hierzu *Koikkara*, Der Patentschutz und das Institut der Zwangslizenz in der Europäischen Union, 2010, S. 21, die die Frage nach der eigentlichen Bedeutung des *„Interesses der Allgemeinheit"* aufwirft.

87 *Bernhardt*, Bedeutung des Patentschutzes in der Industriegesellschaft, 1974, S. 15; *Kraßer/Ann*, Patentrecht, 7. Auflage 2016, § 3, Rn. 17; *Bußmann*, GRUR 1977, 121, 131 ff.; *Prahl*, Patentschutz und Wettbewerb, 1969, S. 72; *Rogge/Mellulis*, in: Benkard (Hrsg.), Patentgesetz, 11. Auflage 2015, Einl., Rn. 3.

88 Vgl. die Nachweise zu der Kritik an dieser Theorie bei *Machlup*, GRUR Ausl. 1961, 373, 379 und 383 sowie *Straus/Moufang*, Hinterlegung und Freigabe biologischem Material für Patentierungszwecke, 1989, S. 30 ff.

weiter zu forschen oder diese im Wege der Lizenzierung selber zu nutzen. Die Offenbarung des geheimen Wissens stellt darüber hinaus eine essentielle Grundlage für den Technologietransfer im Wirtschaftsverkehr dar und transformiert die Erfindung in ein verkehrsfähiges und handelbares Gut.[89]

III. Zusammenfassende Betrachtung

Keine der vorgenannten Theorien vermag für sich genommen eine stichhaltige Begründung für das Patentsystem zu liefern.[90] Jede einzelne Theorie enthält grundsätzlich überzeugende Motive für die Rechtfertigung bzw. die Erklärung von einzelnen Entwicklungen und Funktionen des Patentschutzes: das Individualinteresse des Erfinders nach der Naturrechtstheorie, der Anspruch auf gerechte Belohnung des Erfinders nach der Belohnungstheorie sowie der technische Fortschritt und die Mehrung des Wissens der Allgemeinheit nach der Anspornungs- bzw. Offenbarungstheorie.[91] Gleichsam sieht sich jedoch jede Theorie berechtigter und teils erheblicher Kritik ausgesetzt. Im Kern geht es stets um die Herausforderung, die Interessen des Erfinders an den Erträgen seiner schöpferischen Leistung zu wahren sowie mit dem berechtigten Anspruch der Allgemeinheit an einem kontinuierlichen technischen Fortschritt in Einklang zu bringen. Im Hinblick auf diesen angestrebten Ausgleich sind die verschiedenen Theorien folglich kumulativ heranzuziehen und stehen nicht in einem Alternativverhältnis zueinander.[92]

Für die Rechtfertigung des Patentschutzes erscheint jedoch am überzeugendsten die Heranziehung der Anreiztheorie, welche als einzige Theorie sowohl unter Juristen als auch unter Ökonomen Zuspruch findet.[93] Bereits die geschichtliche Entwicklung des Patentschutzes in Deutschland und Europa zeigt, dass die in der Belohnungstheorie und Naturrechtslehre angelegten ideellen und personalethischen Gesichtspunkte eher eine untergeordnete Rolle spielten.[94] Auch das

---

89 *Hirsch*, WuW, 1970, 99, 101; *Kraßer/Ann*, Patentrecht, 7. Auflage 2016, § 3, Rn. 20.

90 So auch *Uhrich*, Stoffschutz, 2010, S. 106.

91 Im Hinblick auf die Terminologie siehe *Säger*, GRUR 1991, 267, 269 ff.

92 *Kraßer/Ann*, Patentrecht, 7. Auflage 2016, § 3, Rn. 12; *Osterrieth*, Patentrecht 5. Auflage 2015, Rn. 14; *Bacher*, in: Benkard (Hrsg.), Patentgesetz, 11. Auflage 2015, § 1, Rn. 1a.

93 *Landes/Posner*, The Economic Structure of Intellectual Property Law, 2003, S. 5; so bereits schon *Machlup*, GRUR Int. 1961, 373, 384; *Horn/Horn*, GRUR 1977, 329, 329.

94 *Ann*, GRUR Int. 2004, 597, 601; *Uhrich*, Stoffschutz, 2010, S. 107; *Ohly*, GRUR Int. 2008, 787, 790 (Fn. 31).

neuere Schrifttum verweist zunehmend darauf, dass dem Patentsystem wirtschaftspolitische Zweckmäßigkeitserwägungen zugrunde liegen.[95] Der utilitaristische Ansatz der Anreizfunktion findet sich auch in Art. 7 TRIPS-Abkommen[96] wieder und wird zunehmend sowohl vom nationalen als auch europäischen Gesetzgeber verstärkt favorisiert.[97] Zudem muss konstatiert werden, dass die Anreiztheorie gerade auch deswegen in den westlichen Ländern die am meisten verbreitete Patentrechtstheorie darstellt, da sich in ihr der Wunsch zur Förderung technischen Fortschritts am stärksten manifestiert.[98]

C. Ökonomische Analyse des Patentrechts

Neben den „klassischen“ Erklärungsansätzen der Patentrechtstheorien, bemühten sich gleichsam Vertreter der ökonomischen Analyse des Rechts um eine empirische Überprüfung der verschiedenen Rechtfertigungsversuche.[99] Im Hinblick auf die ökonomische Analyse des Patentrechts[100] lassen sich grundsätzlich

---

95 *Landes/Posner*, The Economic Structure of Intellectual Property Law, 2003, S. 13 ff. und 294 ff.; *Ohly*, GRUR Int. 2008, 787, 790; *Schmidtchen*, in: Oberender (Hrsg.), Wettbewerb und geistiges Eigentum, 2007, S. 9, 13 ff.

96 Instruktiv *Correa*, Trade Related Aspects of Intellectual Property Rights. A Commentary on the TRIPS Agreement, 2007, S. 91 ff.

97 Für den nationalen Gesetzgeber, siehe BT Drucks. 15/4417, S. 2 und 15/2657 sowie für den europäischen Gesetzgeber ErwG 46 der Richtlinie 98/44/EG des Europäischen Parlaments und des Rates vom 6. Juli 1998 über den rechtlichen Schutz biotechnologischer Erfindungen, L 213/13.

98 *Heinemann*, Immaterialgüterschutz, 2002, S. 12; *Beier*, GRUR Int. 1970, 1, 3. Dass die Gewährung des Patents den technischen Fortschritt vorantreibt, stellte bereits unter den Vätern der französischen Revolution eine weite verbreite Auffassung dar, vgl. dazu etwa *Neumeyer*, GRUR Ausl. 1956, 241, 246 ff.

99 Vgl. zur ökonomischen Analyse des Rechts im anglo-amerikanischen Raum *Posner*, Economic Analysis of Law, 9. Auflage 2014; *Landes/Posner*, The Economic Structure of Intellectual Property Law, 2003; *Cooter/Ulen*, Law and Economics, 6. Auflage 2012; *Polinsky*, An Introduction to Law and Economics, 5. Auflage 2018; deutschsprachige Literatur findet sich bei *Schäfer/Ott*, Lehrbuch der ökonomischen Analyse des Zivilrechts, 5. Auflage 2012; *Bechtold*, GRUR Int. 2008, 484; *Pretnar*, GRUR Int. 2004, 776; *Fezer*, JZ 1988, 223.

100 Siehe hierzu den Überblick bei *Oddi*, Notre Dame Law Review 1996, 267, 273 ff. Eine umfassende Auseinandersetzung mit den verschiedenen ökonomischen Ansätzen, bezogen auf das Patentrecht, bietet auch *Dam*, in: Ott/Schäfer (Hrsg.), Ökonomische Analyse der rechtlichen Organisation von Innovationen, 1994, S. 283; siehe ferner auch *Fisher*, Fundamentals of Patent Law, 2007, S. 119 ff. und 137 ff.

zwei verschiedene Denkrichtungen identifizieren. Die erste Denkschule stellt die Anreizwirkung zur Schaffung neuen technischen Wissens in den Vordergrund und nimmt eine *ex-ante*-Betrachtung vor, welche den klassischen ökonomischen Begründungsansatz vor der Patentvergabe darstellt. Dem entgegen nehmen die Vertreter einer jüngeren Denkschule eine *ex-post*-Betrachtung vor, indem sie die Rolle des Patentrechts in der Kontrolle bestehenden Wissens hervorheben, mithin die Funktion eines Patents nach dessen Erteilung als Grundlage veranschlagen.[101]

I. Ökonomischer Begründungsansatz aus der *ex-ante*-Betrachtung

Für die Vertreter des klassischen ökonomischen Ansatzes steht die Anreizfunktion für die Schaffung von Schutzrechten klar im Vordergrund.[102] Technologisches Wissen und Informationen als genuin immaterielle Güter stellen öffentliche Güter[103] dar, welche sich durch Nicht-Exklusivität und Nicht-Rivalität auszeichnen.[104] Dieser Umstand berge für Erfinder insbesondere die Gefahr der unberechtigten Nachahmung durch Dritte (sog. Trittbrettfahrer-Problematik)[105] sowie den Verlust der Möglichkeit, die Kosten für die Erfindung ausreichend zu amortisieren.[106] Ein solcher Umstand könne im schlimmsten Fall zu einem

---

101 Grundlegend zu der Einteilung in eine *ex-ante-* und *ex-post*-Beurteilung *Lemley*, Chicago Law Review 2004, 129, 129 ff. und *Uhrich*, Stoffschutz, 2010, S. 110 ff. sowie *Zech*, ZWeR 2011, 312, 316.

102 Instruktiv *Ohly*, in: Ohly/Klippel (Hrsg.), Geistiges Eigentum und Gemeinfreiheit, 2007, S. 1, 3, vgl. auch *Prosi*, WuW 1980, 641.

103 Unter einem öffentlichen Gut versteht man solche Güter, die sich in ihrer Nutzung weder durch Ausschließlichkeit noch durch Rivalität kennzeichnen. Zum einen kann niemand an der Nutzung gehindert werden und zum anderen wird durch die Nutzung des Einzelnen die Nutzungsmöglichkeit anderer nicht geschmälert. Beispielhaft kann hierfür ein Deich genannt werden. Bei Überschwemmungen schützt der Deich die gesamte Bevölkerung gleichermaßen. Zusätzlich bedeutet der Schutz des Einzelnen keine Verringerung im Schutz des anderen (Nicht-Rivalität), vgl. dazu *Heertje/Wenzel*, Grundlagen der Volkswirtschaftslehre, 7. Auflage 2008, S. 354.

104 *Schäfer/Ott*, Lehrbuch der ökonomischen Analyse des Zivilrechts, 5. Auflage 2012, S. 600; *Landes/Posner*, The Economic Structure of Intellectual Property Law, 2003, S. 13 ff.; *Guellec/van Pottelsberghe*, The Economics of the European Patent System, 2007, S. 49.

105 Instruktiv *Lemley*, Texas Law Review 2005, 1031, 1033 ff.

106 *Schmidtchen*, in: Oberender (Hrsg.), Wettbewerb und geistiges Eigentum, 2007, S. 15.

Marktversagen führen,[107] da der freie Markt nur unzureichende Anreize für das Aufbringen von Ressourcen in die Schaffung neuen Wissens biete.[108] Um einem solchen Marktversagen zuvorzukommen und dem Interesse der Allgemeinheit an technischem Fortschritt zu dienen, müsse der Staat intervenieren. Hierzu würde durch die Schaffung von Verfügungsrechten im Sinne der Schutzrechte das öffentliche Gut der Information in ein privates Gut transformiert, welches nunmehr handelbar sei.[109] Erst die staatliche Intervention in Form der Vergabe des Schutzrechts führe zu der Anreizwirkung, Innovationen zu produzieren.[110] Kritiker des klassischen Begründungsansatzes halten diesen für zu einfach[111] und ungeeignet im Hinblick auf die Lösung komplexer Probleme.[112] Auch wird argumentiert, dass eine staatliche Intervention nicht notwendig sei, da ein freier liberaler Markt selbst ausreichend Anreize schaffe.[113]

II. Ökonomischer Begründungsansatz aus der *ex-post*-Betrachtung

Die neuere Betrachtungsweise aus einer *ex-post*-Sicht fußt im Wesentlichen auf der von *Edmund W. Kitch* formulierten *Prospect Theory of Patents* (kurz: *Prospect-Theory*), welche über die klassische Anreizfunktion hinaus- und auf die Rolle von Patenten nach ihrer Erteilung eingeht.[114] Vereinfacht gesagt führt nach der *Prospect-Theory* ein Verfügungsrecht an technischen Erfindungen zu einer effizienten Ressourcenallokation im Hinblick auf die Verwaltung, Entwicklung und Kommerzialisierung einer Erfindung.[115] Der Schutzrechtsinhaber kontrolliere

---

107 Grundlegend *Gordon*, in: Ott/Schäfer (Hrsg.), Ökonomische Analyse der rechtlichen Organisation von Innovationen, 1994, S. 328.

108 *Ohly*, in: Ohly/Klippel (Hrsg.), Geistiges Eigentum und Gemeinfreiheit, 2007, S. 1, 3 ff.; *Uhrich*, Stoffschutz, 2010, S. 112.

109 *Ullrich*, in: Schricker/Dreier/Kur (Hrsg.), Geistiges Eigentum im Dienste der Innovation, 2001, S. 83, 91 ff.

110 *Gordon*, in: Ott/Schäfer (Hrsg.), Ökonomische Analyse der rechtlichen Organisation von Innovationen, 1994, S. 328, 329.

111 Vgl. bereits *Prosi*, WuW 1980, 641, 642 ff.

112 Siehe dazu ausführlich *Landes/Posner*, The Economic Structure of Intellectual Property Law, 2003, S. 11.

113 *Engel*, in: Ohly/Klippel (Hrsg.), Geistiges Eigentum und Gemeinfreiheit, 2007, S. 19, 19 ff.; *Pretnar*, in: Prinz zu Waldeck und Pyrmont/Adelmann/Brauneis/Drexl/Nack (Hrsg.), FS Straus, 2009, S. 841, 844 ff.

114 *Kitch*, Journal of Law & Economics 1977, 265; siehe dazu auch die rechtstheoretische Weiterentwicklung bei *Duffy*, Chicago Law Review 2004, 439, 440 ff.

115 *Kitch*, Journal of Law & Economics 1977, 265, 266.

die weitere Entwicklung seiner technischen Lehre, die Notwendigkeit der Geheimhaltung sei nicht mehr gegeben und nicht amortisierungsfähige Parallelforschungen werde verhindert.[116] Zusätzlich existieren noch weitere Unterströmungen, die die ökonomische Rechtfertigung gewerblicher Schutzrechte auf eine *ex-post*-Betrachtung stützen, die einerseits auf die Minimierung von Transaktionskosten durch Patente abstellen[117] oder andererseits die Kommerzialisierung von Erfindungen hervorheben.[118] Hauptkritikpunkt an der Heranziehung der verschiedenen *ex-post*-Betrachtungen ist das Fehlen empirischer Belege sowie der Vorwurf der theoretischen Unzulänglichkeiten.[119]

III. Lehre von den Verfügungsrechten und ihre Anwendung auf gewerbliche Schutzrechte

Einen ähnlichen Ansatz wie die *Prospect-Theory* verfolgte *Harold Demsetz*, der die These aufstellte, dass Verfügungsrechte durch die Intention entstehen, sich an positive oder negative Auswirkungen menschlichen Handelns anzupassen (sog. Externalitäten).[120] Diese auch als Lehre von den Verfügungsrechten (*Property-Rights*-Lehre) bekannte These sieht die Aufgabe von Schutzrechten darin, Anreize für eine effiziente Ressourcenallokation zur Schaffung und Verwaltung von immateriellen Gütern zu gewährleisten[121] und ist fester Bestandteil der neuen Institutionsökonomik.[122] Hiernach entstünden *property-rights* im Sinne von Schutzrechten, um die Internalisierung von Externalitäten zu ermöglichen, sofern die hieraus entstehenden Kosten niedriger lägen als der Nutzen, der durch Internalisierung hervorgerufen werde.[123] Die Lehre von den

---

116 *Ders.*, 265, 276 ff.

117 *Merges*, Berkeley Technology Law Journal 2005, 1477, 1519.

118 *Kieff*, Minnesota Law Review 2001, 697, 707 ff.

119 Vgl. dazu die ausführliche Auseinandersetzung mit der *prospect-theory* sowie der fundierten Kritik an dieser bei *Lemley*, Chicago Law Review 2004, 129, 135 ff. und 142 ff.

120 *Demsetz*, The American Economic Review 1967, 347.

121 *Gäfgen*, Entwicklung und Stand der Theorie der Property Rights: Eine kritische Bestandaufnahme, 1984, S. 2 ff.; siehe ferner die Darstellung bei *Meyer*, in: Schüller (Hrsg.), Property Rights und ökonomische Theorie, 1983, S. 1 ff. sowie *Schüller*, in: Schüller (Hrsg.), Property Rights und ökonomische Theorie, 1983, S. 145 ff.

122 *Richter/Furubotn*, Neue Institutionenökonomik, 4. Auflage 2010, S. 126 ff.; *Erlei/Leschke/Sauerland*, Institutionenökonomik, 3. Auflage 2016, S. 283 ff.

123 *Gäfgen*, Entwicklung und Stand der Theorie der Property Rights: Eine kritische Bestandaufnahme, 1984, S. 7 ff.; *Schüller*, in: Schüller (Hrsg.), Property Rights und

Verfügungsrechten unterscheidet traditionell zwischen absoluten und relativen Verfügungsrechten und sieht Schutzrechte hiernach als absolute Verfügungsrechte an.[124] Ziel der Lehre von den Verfügungsrechten ist, durch eine richtige Definition der Schutzrechte solche Externalitäten zu vermeiden, um dadurch das Hervorbringen weiteren Wissens zu begünstigen.

Hierbei übersieht diese Lehre jedoch, dass es dem Begriff der Externalitäten an Trennschärfe mangelt. Grundsätzlich wäre nämlich jegliches Hervorbringen von Fähigkeiten oder Wissen als positiver externer Effekt anzusehen, da Dritte in der Lage sind, diese dem Grunde nach jederzeit nachzuahmen.[125] Alleine hieraus die Begründung für die Schaffung von Verfügungsrechten zu erblicken, erscheint zumindest fragwürdig.

IV. Weitere ökonomische Begründungsansätze

Eine weitere Methodik der ökonomischen Analyse stellt eine Untersuchung des Kosten-Nutzen-Verhältnisses dar. Aus einer patentrechtlichen Betrachtungsweise stellt sich zuvorderst die Frage, in welchem Verhältnis der soziale Nutzen einer patentierten Erfindung zu den hiermit verbundenen sozialen Kosten steht – wobei oberste Priorität stets die Maximierung der möglichen Nutzungsziehung im Vergleich zu den entstehenden Kosten sei.[126] Im Hinblick auf den Schutzgegenstand des Patents, der Erfindung, liege der soziale Nutzen in der Schaffung von Anreizen, durch innovative Arbeit neue technische Lösungen zu entwickeln.[127] Dieser Anreiz könne nur dann ausreichend sein, wenn es dem Erfinder gelinge, sich zumindest einen Teil des Wertes der Erfindung selber zu eigen zu machen, ohne dabei Gefahr zu laufen, dass Dritte die Innovation sogleich nachahmen können.[128] Dem gegenüberstehen die sozialen Kosten, welche durch den Ausschluss von der Innovationsnutzung sowie der hieraus (möglicherweise)

ökonomische Theorie, 1983, S. 145 ff.; *Schmidtchen*, Property Rights, Freiheit und Wettbewerbspolitik, 1983, S. 9 ff.

124 *Kirchner*, in: Ott/Schäfer (Hrsg.), Ökonomische Analyse der rechtlichen Organisation von Innovationen, 1994, S. 157, 166 ff. und *Lehmann*, GRUR Int. 1983, 356, 360 ff.

125 *Lemley*, Chicago Law Review 2004, 129, 149.

126 Zur Allgemeinen Zielsetzung einer Kosten-Nutzen-Rechnung siehe *Schäfer/Ott*, Lehrbuch der ökonomischen Analyse des Zivilrechts, 5. Auflage 2012, S. 22 ff.

127 *Heinemann*, Immaterialgüterschutz, 2002, S. 17.

128 Grundlegend *Arrow*, in: National Bureau of Economic Research (Hrsg.), The Rate and Direction of Inventive Activity: Economic and Social Factors, 1962, S. 609; *Schmidtchen*, in: Oberender (Hrsg.), Wettbewerb und geistiges Eigentum, 2007, S. 15.

resultierten Erschwerung der Verbreitung entstünden. Paradigmatisch stünden hierfür die Innovationskosten im Falle von Parallelerfindungen, welche ersatzlos verloren gingen, sofern es Dritten gelänge, für dieselbe (neue) technische Lehre früher ein Patent anzumelden. Ein solcher sogenannter Patentwettlauf könne im suboptimalsten Falle dazu führen, dass die aufgewendeten Investitionen den wohlfahrtsökonomischen Bestwert übersteigen würden.[129]

Ein weiterer Ansatz ökonomischer Analysebemühungen ist die Frage, inwieweit der Gegenstand des Schutzrechts auch auf den abgeleiteten Nutzen der Erfindung zu erstrecken wäre. Eine derartige Ausweitung des Schutzumfangs würde unter normalen Umständen wohl zwangsläufig zu einer Erweiterung der Anreizwirkung führen, innovativ tätig zu werden und möglicherweise eine zeitigere Veröffentlichung der neuen technischen Lehre Vorschub leisten, da der Erfinder keine Sorge tragen müsse, dass Dritte ihm mit der Entwicklung abgeleiteten Nutzen zuvorkommen.[130] Im Gegensatz zu dieser Entwicklung würde jedoch auch eine engere Fassung des Schutzgegenstandes durchaus positive Effekte nach sich ziehen, etwa dadurch, dass Dritten so ein größerer Anreiz gegeben werde, weitere Anwendungen bzw. abgeleitete Nutzbarkeiten zu entwickeln.[131] Besonders plastisch seien solche Überlegungen im Bereich der Grundlagenforschung, bei der in bestimmten Konstellationen ein besonders eng gefasster Patentschutz eine eher abträgliche Wirkung auf die Anreizwirkung solcher Forschungsbestrebungen ausübe. Dies sei etwa dann der Fall, wenn die eigentlich grundlegende Innovation für sich genommen selbst keinen besonderen Wert schaffen könne, eine hieran anknüpfende Anwendung jedoch hohe finanzielle Erträge oder Wertigkeiten generiere. Dieser unbefriedigende Zustand verstärke sich, je höher die Differenz zwischen den Innovationskosten der Grundlagenforschung und den Kosten des nachfolgenden Anwenders sei, der eine neue (finanziell erfolgreiche) Anwendung entwickelt.

V. Zusammenfassung

Dieser kurze Überblick zeigt bereits die Stärken und Schwächen einer ökonomischen Analyse des Patentrechts auf. Die klassischen Begründungsversuche in Form der Patentrechtstheorien werden durch die Möglichkeit der

---

129 Für einen solchen Fall könnten Forschungskooperationen Abhilfe schaffen, siehe *Schäfer/Ott*, Lehrbuch der ökonomischen Analyse des Zivilrechts, 5. Auflage 2012, S. 674.

130 *Landes/Posner*, Journal of Legal Studies 1989, 325, 353 ff.

131 *Heinemann*, Immaterialgüterschutz, 2002, S. 18.

Berücksichtigung von sozialen Kosten und sozialen Nutzen erweitert und ermöglichen es dadurch, zu untersuchen, unter welchen Umständen das Patentrecht zur Steigerung der Wohlfahrt berühren kann. In diesem theoretischen Ansatz liegt jedoch gleichsam auch das bis jetzt ungelöste Problem der realen Anwendbarkeit. Zwar lassen sich die Begrifflichkeiten „Kosten und Nutzen" in Berechnungsmodelle einfügen, deren konkrete Bezifferung ist jedoch schwer bis unmöglich und bietet, sofern dies gelingen würde, lediglich eine Betrachtung des Einzelfalles.[132]

Mit der gleichen Problematik der mangelnden reellen Anwendung sieht sich auch die Lehre der Verfügungsrechte konfrontiert. Etwaige Internalisierungsformeln sind aufgrund der komplexen Zusammenhänge nicht in der Lage, in Form eines mathematisch-wirtschaftlichen Modells eine praktikable Ausschließlichkeitsrechtsdefinition hervorzubringen. Auch die Lehre der Verfügungsrechte lässt die Notwendigkeit allgemeiner Abwägungsmechanismen nicht hinfällig werden.[133] Verbindliche Regeln, welche abstrakt-generell Anwendung finden könnten, erwachsen folglich aus den vorgenannten Ansätzen nicht.

Etwas anders verhält es sich bei der Auseinandersetzung mit der Rechtfertigung des Patentschutzes aus einer *ex-ante-* bzw. *ex-post-*Betrachtung, da beide Begründungsansätze andersgeartete Implikationen für den Patentschutz mit Blick auf die Dauer und den Umfang des Schutzes mit sich bringen.[134] Vom Blickwinkel der *ex-post-*Betrachtung ist ein möglichst weiter und umfangreicher Schutzumfang wünschenswert, da die Funktion des Patents sich in dem effizienten Management der Erfindung niederschlägt.[135] Ein besonders weiter und umfassender Schutzumfang korrespondiert mit der Annahme, dass auch die Dauer des Schutzes lange, unter Umständen sogar unendlich dauern kann,[136] da die *ex-post-*Betrachtung kein wirkliches Argument für eine Begrenzung des Schutzumfangs hervorbringt.[137]

Dem entgegen geht die *ex-ante-*Betrachtungsweise davon aus, dass der Anreiz zur Schaffung von Schutzrechten mit der hieraus zu erwartenden

---

132 *Heinemann*, Immaterialgüterschutz, 2002, S. 22.

133 Siehe am Beispiel einer Marke *van den Bergh/Lehmann*, GRUR Int. 1992, 588, 598.

134 *Lemley*, Chicago Law Review 2004, 129, 131 ff. Für den Versuch, anhand einer Kosten-Nutzen-Analyse ein Modell für die optimale Schutzdauer eines Patents zu ermitteln, siehe *Cooter/Ulen*, Law & Economics, 6. Auflage 2012, S. 118 ff.

135 *Oddi*, Notre Dame Law Review 1996, 267, 287; *Merges/Nelson*, Columbia Law Review 1990, 839, 842.

136 *Uhrich*, Stoffschutz, 2010, S. 115.

137 *Lemley*, Chicago Law Review 2004, 129, 133 ff.

Amortisierungsmöglichkeit am Markt korreliert und Ersterer umso höher ist, je höher die zu erwartenden Marktvorteile prognostiziert werden.[138] Dies führt zu einem sog. *trade-off* zwischen Kosten und Nutzen:[139] Die dynamische Effizienz hinsichtlich der Forschung und Entwicklung wird auf Kosten des mit Opportunitätskosten verbundenen Nachahmungswettbewerbs in Form statischer Ineffizienz geführt.[140] Dies bedeutet für den Schutz von gewerblichen Schutzrechten, dass sowohl Dauer und Umfang des Schutzes so gewählt sein müssen, dass für den Erfinder stets ein optimaler Anreiz zu den geringstmöglichen Kosten besteht.[141] Zwar vermag die *ex-ante*-Betrachtung für das Patentrecht dem Grunde nach zu überzeugen,[142] jedoch liefert auch dieses rein auf ökonomischen Berechnungsmethoden basierende Modell keine belastbaren Antworten auf essentielle Fragen wie die Dauer und den Umfang der Schutzrechtsausgestaltung.[143]

Wie eingangs angeführt, leidet selbst die Fülle an ökonomischen Analysen an dem Problem, keine konkreten Ergebnisse auf grundlegende Fragestellungen zu liefern. Bei dem Versuch, allgemeinverbindliche Aussagen für die Rechtfertigung des Patentschutzes zu treffen, können die ökonomischen Rechtfertigungsmodelle demnach lediglich eine Ergänzung zu den Patentrechtstheorien darstellen. Neben den angeführten Rechtfertigungsversuchen für den Patentschutz sowie dessen ökonomische Analyse, wird im Rahmen der Frage, ob und in welchem Umfang technische Erfindungen mit einem Patent belohnt werden sollen, stets ein Argument vorgebracht: Neue technische Erfindungen fördern den technischen Fortschritt und müssen folglich mit einem Schutzrecht honoriert werden – dem Patent.

D. Patentrecht und technischer Fortschritt

Der Überblick über die ökonomische Rechtfertigung des Patents macht insbesondere deutlich, dass die Analyse von komplexen Schutzrechten mit abstrakten

---

138 *Schmidtchen*, in: Oberender (Hrsg.), Wettbewerb und geistiges Eigentum, 2007, S. 9, 19.

139 *Ders.* S. 19.

140 *Schäfer/Ott*, Lehrbuch der ökonomischen Analyse des Zivilrechts, 5. Auflage 2012, S. 53 und 157; *v. Weizäcker*, Kyklos 1981, 345, 352 ff.; *Ohly*, in: Ohly/Klippel (Hrsg.), Geistiges Eigentum und Gemeinfreiheit, 2007, S. 1, 3 ff.

141 *Schmidtchen*, in: Oberender (Hrsg.), Wettbewerb und geistiges Eigentum, 2007, S. 9, 19.

142 So auch *Uhrich*, Stoffschutz, 2010, S. 116.

143 In diesem Sinne auch *Heinemann*, Immaterialgüterschutz, 2002, S. 20.

Zahlen und Berechnungsmodellen mitunter schwerfällt und in aller Regel nur bedingt zu belastbaren Schlussfolgerungen führt. Dennoch werden die in steter Regelmäßigkeit erscheinenden Statistiken der Patentämter gerne dafür herangezogen, um in steigenden Anmeldezahlen den Beleg für den technischen Fortschritt zu erblicken. Ein Blick auf die aktuellen Statistiken belegt eindrucksvoll, dass sowohl das EPA als auch die WIPO europa- bzw. weltweit einen konstanten Anstieg von Patentanmeldungen verzeichnen.[144] Zweifelsohne kann von einem Trend gesprochen werden, der von einem steigenden Bedürfnis nach patentrechtlichem Schutz zeugt und in einer globalen Betrachtung von einigen Autoren sogar als Patentflut bezeichnet wird.[145]

Weltweit zählte die WIPO für das Jahr 2018 insgesamt 3.326.300 Patentneuanmeldungen in dessen 188 Mitgliedstaaten, was einen Anstieg von 5,2% Neuanmeldungen im Vergleich zum Vorjahr bedeutet.[146] Knapp 2.650.000 Anmeldungen entfallen hierbei auf die großen Industrienationen bzw. die Mitgliedstaaten der EPA.[147] In globaler Hinsicht kann mit Ausnahme des Jahres 2009 ein kontinuierlicher Anstieg an Patentanmeldungen in den letzten zehn Jahren festgestellt werden.[148] Ähnliche Zuwachszahlen weist auch der Jahresbericht der EPA für 2019[149] mit einer Gesamtanmeldezahl von 1181.406 Patenten aus,[150] was einen Anstieg von 4,0% der Neuanmeldungen im Vergleich zu dem Vorjahr darstellt.[151] Sowie auf globaler Ebene steigt auch die Zahl der Patentanmeldungen

144 Siehe hierzu ausführlich den Annual Report 2019 des EPA (im Folgenden „*EPA*, Annual Report 2019“), der einen Zuwachs an Patentanmeldungen zum Vorjahr um 4,2% auf 174.317 ausweist sowie *WIPO*, World Intellectual Property Indicators 2018, S. 23 ff. und die WIPO Pressemitteilung vom 03. Dezember 2018, Genf, PR/2018/826.

145 So etwa *Reitboeck*, GRUR 2013, 419, 421; *de Bisthoven*, Stanford-Vienna TTLF Working Paper No. 19 2013, S. 36 ff. sowie *Burk/Lemley*, The Patent Crisis and How the Courts Can Solve It, 2009, S. 22 ff.

146 Siehe hierzu *WIPO*, IP Facts and Figures, August 2019, S. 11, die sich auf die Zahlen für 2018 beziehen.

147 Mit Abstand die meisten Anmeldungen erfolgten in China (1.500.000) gefolgt von den USA (597.141) sowie Japan (313.567). Südkorea (209.992) belegt den vierten und die EPA-Staaten (174.317) den fünften Rang im Hinblick auf die absoluten Zahlen von Patentanmeldungen und somit 84,5% der gesamten weltweiten Patentanmeldungen.

148 WIPO Pressemitteilung vom 03. Dezember 2018, Genf, PR/2018/826.

149 Siehe hierfür *EPA*, Annual Report 2019.

150 Für die Statistik nach reinen EPÜ-Anmeldungen, vgl. *EPA*, Annual Report 2019 unter „Statistics and indicators – European patent applications“.

151 Hiervon entfallen 47% auf Anmelder aus den EPA-Staaten, 25% auf amerikanische, 13% japanische, 5% chinesische und 4% südkoreanische Anmelder.

beim EPA, mit Ausnahme von 2009, kontinuierlich an.[152] Für den wachsenden strategischen Einsatz ist jedoch von weitaus größerer Bedeutung, dass Folgeanmeldungen, also Anmeldungen die auf Erstanmeldung aufbauen, seit 1990 jährlich um durchschnittlich rund 6,8% zunehmen.[153] Interessanterweise erfolgt der weit überwiegende Anteil der Folgeanmeldungen bei den Patentämtern durch ausländische Anmelder. Dies lässt die für die Bearbeitung interessante Schlussfolgerung zu, dass die steigenden Zahlen von Folgeanmeldungen die Bedeutung von Schutzrechten als strategisches Wettbewerbsmittel widerspiegeln, da diese den Schutzbereich des Grundpatents stetig erweitern und somit zusätzliche Einsatzmöglichkeiten kreieren.[154]

Auf den ersten Blick könnten derartige Statistiken zudem als Beleg dafür herangezogen werden, dass zwischen steigenden Patentanmeldungen und der Förderung des technischen Fortschrittes eine untrennbare Verbindung bestünde. Ein solcher rein auf Statistiken basierender Rückschluss erscheint jedoch diskussionswürdig. In erster Linie ist nämlich die Entscheidung, ob ein Patent angemeldet oder aufrechterhalten wird, rein wirtschaftlicher und marktstrategischer Natur. Maßgeblich ist zuvorderst eine Analyse, ob der potentielle Anmelder die Möglichkeit sieht die Kosten für die Anmeldung und Aufrechterhaltung am Markt zu amortisieren, nur dann macht aus wirtschaftlichen Gesichtspunkten eine Anmeldung für den Erfinder Sinn.[155] Je nach Wettbewerbslage kann einer

152 Vgl. die Statistik zu dem Zehnjahrestrend im *EPA*, Annual Report 2018.

153 Siehe für beide Statistiken den WIPO-Bericht The Surge in Worldwide Patent Application, Patent Cooperation (PCT) Working Group, Fourth Session 06–10 June 2011, Geneva, S. 13.

154 Weiterhin ist dieser Umstand Ausdruck der Internationalisierung des Patentsystems und ein Zeichen dafür, dass Unternehmen ihre Patentfamilien multi-jurisdiktional aufstellen, um größtmöglichen Schutz zu erlangen und das Problem des free-ridings zu minimieren, vgl. hierzu *Hall/Helmers/von Graevenitz/Rosazza-Bondibene*, A Study of Patent Thickets, Research commissioned by the Intellectual Property Office, 30. July 2013, S. 22.

155 Laut offizieller Angaben des EPA liegen die durchschnittlichen Kosten einer EPÜ-Anmeldung von der Anmeldung bis zur Erteilung momentan bei 5.655 EUR. Zusätzlich dazu kommen jährliche Gebühren für die Aufrechterhaltung des Patents, die bei einem EPÜ-Patent ab dem zehnten Jahr rund 1.600 EUR betragen, vgl. die Angaben auf der Homepage des EPA unter FAQ, Anmeldung eines Patents. Die Kosten für die internationale Phase einer PCT-Anmeldung beim DPMA betragen ab dem 01. Januar 2016 zwischen 2.900 und 3.200 EUR. Die Kosten der sich hieran anschließenden nationalen Phase liegen zwischen 210 und 500 EUR. Die Kosten für eine reine nationale Anmeldung beim DPMA belaufen sich auf rund 400 EUR sowie der

Patentanmeldung überdies Teil eines marktstrategischen Kalküls sein, etwa dann, wenn aufgrund des wettbewerblichen Umfeldes eine Anmeldung einen direkten Vorteil am Markt mit sich bringt. Beide angeführten Konstellationen führen zwar zu einem Anstieg der Patentanmeldungen, sagen aber noch nichts darüber aus, wie sich der Patentschutz zu der Förderung des technischen Fortschritts verhält.[156] Dass der Anstieg von Patentanmeldungen nicht mit steigendem technischen Fortschritt gleichzusetzen ist, wird beispielsweise durch die Studie des Fraunhofer-Instituts eindrucksvoll bewiesen, deren Ausgangspunkt gerade die Diskrepanz zwischen dem zaghaften Anstieg von FuE-Ausgaben und der Verdopplung der Patentanmeldungen in den neunziger Jahren darstellte.[157] Zwischen 1991 und 1999 stiegen die internationalen Patentanmeldungen nach dem PCT-Verfahren deutscher Herkunft zwar insgesamt um 100%, gleichzeitig erhöhten sich die Ausgaben für FuE in dem gleichen Zeitraum jedoch lediglich um 25%.[158] Tatsächlich ist die zentrale Erkenntnis der Analyse, dass es keinen direkten Zusammenhang zwischen den gesteigerten FuE-Ausgaben und der Steigerung der Patentanmeldungen gibt, sondern vielmehr ein Auseinanderklaffen der Entwicklung von FuE-Ausgaben und Patentanmeldungen. Die Steigerung sei stattdessen auf eine veränderte Bereitschaft der Unternehmen zurückzuführen, Schutzrechte zunehmend für strategische Zwecke einzusetzen und Patente überdies als „Währung“ im Technologiemarkt verstehen.[159]

Dieser Umstand vermag dennoch nicht darüber hinwegzutäuschen, dass Patente zweifelsohne einen erheblichen Beitrag zur globalen technologischen Entwicklung leisten und den technischen Fortschritt fördern.[160] Betrachtet man die nicht von ungefähr stammenden bestehenden Lebensbedingungen in

zusätzlich steigenden Gebühr für die Aufrechterhaltung des Patents ab dem dritten Jahr nach der Erteilung, vgl. zu diesem Themenkomplex die offizielle Homepage des DPMA unter Patente, Gebühren. In den Gebühren nicht mit eingerechnet sind die möglichen Kosten für einen Patentanwalt, der die Anmeldung für den Schutzsuchenden übernimmt und im Zweifel auch mit der Verwaltung des Patents betraut wird.

156 Siehe hierzu auch *Osterrieth*, Patentrecht, 5. Auflage 2015, Rn. 42.

157 *Blind/Edler/Frietsch/Schmoch*, Erfindungen kontra Patente, 2003, S. I.

158 *Dies.* S. I.

159 *Dies.* S. XII ff.

160 Hierzu grundlegende die Europäische Kommission in der „Mitteilung der Kommission, Zusammenfassung des Berichts über die Untersuchung des Arzneimittelsektors“, (im Folgenden zitiert als „Sektoruntersuchung“), in der es heißt unter 4.1.: „*Innovationsförderung und Steigerung des Wirtschaftswachstums sind gemeinsame Anliegen des gewerblichen Rechtsschutzes und des Wettbewerbsrechts.*“

einem dicht bevölkerten Staat wie Deutschland sowie in dem Staatenverbund der EU und begehrt man sowohl deren Aufrechterhaltung als auch die Möglichkeit der Fortentwicklung im Lichte einer sich ändernden Wertevorstellung, so wird deutlich, dass technischer Fortschritt zwingend notwendig ist.[161] Dass dem Patentschutz diese Wirkung innewohnt, kann heutzutage nicht mehr ernsthaft bezweifelt werden.[162]

Aus ökonomischer Sichtweise umfasst der technische Fortschritt drei Phasen: Invention, Innovation und Diffusion.[163] Von den ersten beiden Phasen wird gemeinhin gesprochen, wenn es sich um FuE-Tätigkeiten handelt.[164] Insbesondere im Hinblick auf die ersten beiden Phasen dient der Patentschutz dem technischen Fortschritt gleich in mehrfacher Hinsicht. Die dem Patentschutz in der ausschließlichen wirtschaftlichen Verwertung der Erfindung innewohnende Anreizfunktion führt dazu, dass Erfinder in neue und/oder weiterentwickelte Verfahren oder Produkte investieren. Das Aufkommen neuer Verfahren, Produkte und Technologien am Markt führt in einer kapitalistisch geprägten Marktwirtschaft nahezu zwangsläufig zu einer Herausforderung des Wettbewerbs, der versuchen wird, durch eigene erfinderische Tätigkeiten außerhalb des patentrechtlichen Schutzbereichs neue Verfahren oder Produkte zu entwickeln, um mögliche Wettbewerbsvorteile der Konkurrenz zu egalisieren. In diesem Zusammenhang sei angemerkt, dass ironischerweise nicht selten intensive Patentstreitigkeiten und die hieraus resultierenden Patentverletzungsprozesse dazu geführt haben, dass von ihnen regelrechte Innovationsschübe ausgingen, die neue und fortschrittliche Technologien hervorbrachten.[165]

161 *Zypries/v. Pierer/Schröder*, im Rahmen des Symposiums „Innovation und Geistiges Eigentum in Deutschland“, abgedruckt in BlPMZ 2004, 417–422; ebenso *Kraßer/Ann*, Patentrecht, 7. Auflage 2016, § 3, Rn. 29.

162 Dazu schon ausführlich *Harabi*, in: Harabi (Hrsg.), Kreativität – Wirtschaft – Recht, 1996, S. 61 ff.

163 Grundlegend zu dieser Einteilung *Oppenländer*, in: Deutsches Patentamt (Hrsg.), FS Hundert Jahre Patentamt, 1977, S. 3, 22 und 33; die Abgrenzung von Invention und Innovation geht zurück auf *Schumpeter*, Business Cycles, 1939, S. 84 ff.; a.A. *Hilty* der eine andere Einteilung der verschiedenen Phasen in seinem Vortrag „*Innovationsschutz und Investitionsschutz für immaterielle Güter*“ vorschlägt, dieser wird von *v. Bassewitz/Kramer/Prinz zu Waldeck und Pyrmont*, GRUR Int. 2004, 607–609 zusammengefasst wiedergegeben.

164 *Kraßer/Ann*, Patentrecht, 7. Auflage 2016, § 3, Rn. 30.

165 *Osterrieth*, Patentrecht, 5. Auflage 2015, Rn. 42.

Die gewissermaßen zwangsläufige Weiterentwicklung und Förderung des technischen Fortschritts ist auch in den Tatbestandsvoraussetzungen des Patentschutzes selbst angelegt und fördert durch das Kriterium der „Neuheit“ den technischen Fortschritt ebenfalls in doppelter Hinsicht. Das Neuheitskriterium verlangt, dass die zur Anmeldung gebrachte technische Lehre eine Neuerung zu dem bereits bestehenden Stand der Technik darstellt.[166] Der Erfinder muss auf der einen Seite folglich das Wissen der Allgemeinheit mehren und auf der anderen Seite auch darauf bedacht sein, seine Erfindung frühzeitig anzumelden, um in den Vorzug des Patentschutzes zu kommen. Auch wenn die Erweiterung des theoretischen Standes der Technik nicht direkt mit dem tatsächlichen technischen Fortschritt gleichzusetzen ist, da es noch an der konkreten Umsetzung des Wissens in fortschrittliche Produkte oder Verfahren fehlt, darf angenommen werden, dass die Gefahr von Parallelforschung und möglicher Drittanmeldungen den Zuwachs an öffentlich zugänglichen technischen Informationen erheblich beschleunigt und erweitert.[167] Diesem Umstand wird mitunter mit dem Argument widersprochen, dass keine Erfindung für immer geheim bleiben und auch ohne Patentschutz irgendwann den Wissensstand der Allgemeinheit mehren würde.[168] Dem ist jedoch entgegenzuhalten, dass das Neuheitskriterium, gepaart mit der Bevorzugung des Schutzsuchenden, sehr starke Motive für eine frühzeitige Anmeldung darstellen und somit eine frühzeitige Veröffentlichung der technischen Information befördern, was Geheimhaltungstendenzen von Erfindungen erheblich entgegenwirkt.[169] Zu beachten ist ferner, dass ein weit überwiegender Anteil der Patentanmeldungen Diensterfindungen darstellen,[170] mit denen zumindest Anmelde- oder aber Freigabepflicht des Arbeitgebers

---

166 Vgl. nur § 3 Abs. 1 PatG: „Eine Erfindung gilt als neu, wenn sie nicht zum Stand der Technik gehört. Der Stand der Technik umfaßt alle Kenntnisse, die vor dem für den Zeitrang der Anmeldung maßgeblichen Tag durch schriftliche oder mündliche Beschreibung, durch Benutzung oder in sonstiger Weise der Öffentlichkeit zugänglich gemacht worden sind.“

167 *Kraßer/Ann*, Patentrecht, 7. Auflage 2016, § 3, Rn. 31.

168 *Janson*, Patentstrategien und wettbewerbskonforme Reform des europäischen Patentsystems, 2002, S. 193 ff. Gegen die Auffassung, dass die Existenz des Patentsystems eine innovationsfördernde Wirkung hat etwa *Ullrich*, GRUR Int. 1996, 555, 566 m.w.N. und *Möschel*, Recht der Wettbewerbsbeschränkungen, 1983, Rn. 446.

169 *Pretnar*, GRUR Int. 2004, 776, 780–781 der insbesondere auf die Vermeidung von Trittbrettfahrern hinweist; *Kraßer/Ann*, Patentrecht, 7. Auflage 2016, § 3, Rn. 32.

170 Laut *Kraßer/Ann*, Patentrecht, 7. Auflage 2016, § 3, Rn. 37 sind ausweisliche einer Ifo-Studie aus den 1970er Jahren über 90% aller Erfindungen Diensterfindungen.

korrespondieren, welche ebenfalls möglichen Geheimhaltungstendenzen entgegenwirken, da viele Unternehmen ihre Erfindungen ansonsten nicht offen legen würden.[171]

Abschließend ist darauf hinzuweisen, dass die Erweiterung des bereits hoch entwickelten Standes der Technik durch Innovationen erhebliche Investitionen erfordert und demnach zumeist nur durch große Unternehmen oder finanz- und ressourcenstarken Forschungseinrichtungen vorgenommen werden kann, da nur diese eine derartige Innovationskraft besitzen. Vor allem die Aussicht auf eine langjährige ausschließliche wirtschaftliche Nutzung dieser Innovation führt überhaupt erst dazu, dass Unternehmen bereit sind, solche Investitionen zu tätigen und wiederum den technischen Fortschritt voranzutreiben. Dies bedeutet im Ergebnis jedoch nicht, dass die Logik des Patentsystems es voraussetzen würde, dass der Erfinder seine technische geistige Schöpfung selbst in Produkte ummünzt und wirtschaftlich tätig wird, ein Umstand, der etwa bei Forschungseinrichtungen wie Universitäten evident wird. Solche Einrichtungen fördern gleichsam den technischen Fortschritt mittels der Lizenzierung derartiger Technologien.[172] Wie bedeutend der Technologieaustausch zwischen Unternehmen für die Förderung des technischen Fortschritts ist, zeigt etwa auch die Möglichkeit der Freistellung von Technologietransfer-Vereinbarungen vom Kartellverbot aus Art. 101 Abs. 1 AEUV,[173] respektive § 1 GWB.[174] Hierdurch schafft die Europäischen Union Anreize für Unternehmen sich gegenseitig Lizenzen an Technologierechten zu erteilen, ohne sich unmittelbar dem Vorwurf wettbewerbswidriger Absprachen auszusetzten und somit verstärkt zur Förderung des technischen Fortschritts beizutragen.[175]

---

171 Siehe ebenfalls *Kraßer/Ann*, Patentrecht, 7. Auflage 2016, § 3, Rn. 32, die auf dieselbe Ifo-Studie verweisen, nach denen durchschnittlich 26% der Erfindungen ohne Patentschutz geheim gehalten werden würden.

172 Siehe hierzu vor allem *Ohly*, GRUR Int. 2008, 787, 790.

173 Verordnung (EU) Nr. 316/2014 der Kommission vom 21. März 2014 über die Anwendung von Artikel 101 Absatz 3 des Vertrages über die Arbeitsweise der Europäischen Union auf Gruppen von Technologietransfer-Vereinbarungen, ABl. 2014, L 93/1 (im Folgenden „TT-GVO“).

174 Gesetz gegen Wettbewerbsbeschränkungen (GWB), In der Fassung der Bekanntmachung vom 26. Juni 2013, BGBl. I S. BGBL Jahr 2013 I Seite 1750, ber. S. 3245.

175 Vgl. ErwG. 4 TT-GVO: „*Solche Vereinbarungen steigern in der Regel die Effizienz in der Wirtschaft und fördern den Wettbewerb, da sie den parallelen Forschungs- und Entwicklungsaufwand reduzieren, den Anreiz zur Aufnahme von Forschungs- und Entwicklungsarbeiten stärken, Anschlussinnovationen fördern, die Verbreitung der Technologie erleichtern und den Wettbewerb auf den Produktmärkten beleben können.*“

E. Fazit

Sinn und Zweck des Patentschutzes ist zunächst die Schaffung eines Anreizes für den Einzelnen, erfinderisch tätig zu werden. In einem nächsten Schritt verfolgt das Patent das Ziel, den Erfinder zu der Offenbarung dieser Kenntnisse zu bewegen, damit das neue Wissen der Allgemeinheit zugutekommen und diese den sozialen und wirtschaftlichen Nutzen aus dem erweiterten Stand der Technik ziehen kann. Der Erfinder wird durch die Gewährung eines gebührenbelasteten und zeitlich begrenzten Ausschließlichkeitsrechts belohnt, was ihn in die Lage versetzt, über die wirtschaftliche Verwertung der Erfindung unter Ausschluss Dritter frei zu verfügen. Hierdurch wird es ihm ermöglicht, seine Kosten zu amortisieren, einen Wettbewerbsvorteil zu erlangen und als Schöpfer der Erfindung (an)erkannt zu werden. Diesen verschiedenen Umständen tragen die Patentrechtstheorien in den jeweiligen Teilaspekten Rechnung, weswegen sie kumulativ zu verstehen sind. Lediglich die Anreiztheorie vermag für sich genommen eine Rechtfertigung für den Patentschutz zu begründen.

Durch die ökonomische Analyse des Patentrechts wird ein zusätzlicher Versuch unternommen, die Rechtfertigung des Patentschutzes und dessen Sinn und Zweck um einen neuen Aspekt zu erweitern. Die unterschiedlichen Begründungsansätze haben unterschiedliche Implikationen für das Patentsystem und sind folglich nicht rein akademischer Natur. Auch im Hinblick auf die ökonomische Analyse vermag die *ex-ante*-Betrachtung und folglich die dem Anreizmodell folgende Begründung des Patentschutzes trotz bestehender Kritik zu überzeugen. Auch birgt die Kosten-Nutzen-Analyse einen Mehrwert dahin gehend, dass hierdurch die Auswirkung des Patentschutzes auf die Veränderung der Gemeinwohlfahrt hin untersucht werden kann. Das Problem, an dem jedoch alle ökonomischen Analysemodelle kranken, liegt in dem Umstand begründet, dass keine von ihnen belastbare Ergebnisse für drängende Fragen der Ausgestaltung des Patentrechts liefern kann.

Dies darf den Blick aber nicht dafür verstellen, dass der Patentschutz gemeinhin die Gemeinwohlfahrt durch die Förderung des technischen Fortschritts mehrt. Die aufgezeigten Grundlagen der Bearbeitung lassen somit keinen Zweifel daran, dass das „Ob“ des Patentschutzes nicht in Streit stehen kann, also die Frage, ob es in einer Volkswirtschaft zu mehr Innovationstätigkeiten kommen würde, sofern kein wirksamer Patentschutz existiert.[176] Fehlender Patentschutz

176 Dazu *Beier*, GRUR Int. 1979, 227, 230 ff. und *Braendli*, in: Harabi (Hrsg.), Kreativität – Wirtschaft – Recht, 1996, S. 275, 301–302; a.A. *Ullrich*, GRUR Int. 1996, 555, 566 m.w.N. und *Möschel*, Recht der Wettbewerbsbeschränkungen, 1983, Rn. 446.

würde dazu führen, dass Wissen von jedermann nutzbar wäre und Dritte hiervon nicht ausgeschlossen werden könnten – mithin per definitionem ein öffentliches Gut darstellen.[177] Erst das Schutzrecht selbst vermag es zu erreichen, das öffentlich zugängliche Wissen in ein privates, handelbares Gut zu transformieren.[178]

Gleichzeitig muss diese Feststellung auch berücksichtigen, dass es gerade die Belohnung für die Mehrung des technischen Fortschritts in Form des Patents selbst ist, die sich als Unternehmens-Asset besonders dazu eignet strategisch eingesetzt zu werden und letztlich möglicherweise auch missbräuchlichen Verhaltensweisen Vorschub leistet. Aufgrund der überwiegend positiven Effekte des Patentschutzes für die Allgemeinheit kann weder die bloße Missbrauchsmöglichkeit noch ein konkret feststellbarer Missbrauch durch den strategischen Einsatz dieses Schutzrechts zur gänzlichen Abschaffung des Patentrechts führen. Die rechtliche und ökonomische Rechtfertigung des Patentschutzes muss aber gleichsam in die Bewertung eines patentgeschützten Verhaltens mit einfließen, um zum einen überhaupt über das generelle Vorliegen eines Missbrauchs befinden zu können und zum anderen im Rahmen rechtlicher Schranken berücksichtigt zu werden. Ob, und wenn ja in wieweit, der strategische Einsatz eines Patents einen Missbrauch darstellt, kann sich nur nach Sinn und Zweck sowie den Funktionen des Patentrechts selbst oder aber nach dem Schutz anderer Institutionen wie beispielsweise dem Wettbewerb richten. Lässt sich der Einsatz eines Patents somit nicht mehr mit der Rechtfertigung für die Gewährung dieser ausschließlichen Rechtsposition in Form der Förderung des technischen Fortschritts vereinbaren, erscheint ein Missbrauch zumindest nicht fernliegend.

§ 2. Das Patent als wirtschaftliches und rechtliches Monopol

Nachfolgend werden die Faktoren herausgearbeitet, die das Patent für den strategischen Einsatz besonders attraktiv machen, wobei zwischen der wirtschaftlichen

---

177 *Ullrich*, in: Schricker/Dreier/Kur (Hrsg.), Geistiges Eigentum im Dienste der Innovation, 2001, S. 83, 91 ff.

178 Siehe *Machlup*, GRUR Ausl. 1961, 524, 537, der die Frage und Diskussion nach dem „ob" des Patentschutzes maßgebliche durch sein berühmtes *non-liquet* prägte: „*Gäbe es bei uns keinen Patentschutz, so wäre es nach der gegenwärtigen Kenntnis seiner wirtschaftlichen Folgen unverantwortlich, die Annahme eines Patentgesetzes zu empfehlen. Da wir aber seit langer Zeit ein Patentgesetz haben, wäre es nach unserem gegenwärtigen Kenntnisstand ebenso unverantwortlich, seine Abschaffung zu empfehlen.*"; siehe hierzu auch *Heinemann*, Immaterialgüterschutz, 2002, S. 12.

und rechtlichen Attraktivität unterschieden werden muss. Zu beachten ist ferner, dass sich die nachfolgenden Ausführungen rein auf Patente beziehen, die direkt beim DPMA oder aber im Wege des PCT/EPÜ-Verfahrens mit Deutschland als Bestimmungsland angemeldet wurden.[179]

A. Wirtschaftliche Monopolstellung

Das Patent versetzt dessen Inhaber in die Lage, Dritte am Markt daran zu hindern, Produkte anzubieten, oder Verfahren anzuwenden, die auf der erfindungsgemäßen Ausführung des Patents basieren. Es wird aufgrund dessen vereinzelt auch als Monopolrecht bezeichnet.[180] Die Bezeichnung des Schutzrechts als solches ist jedoch irreführend und zumeist in der Sache falsch.[181] Nach der wirtschaftswissenschaftlichen Definition existiert ein Monopol, wenn es nur einen Alleinanbieter für ein Gut gibt, für das keine nahen Substitute bestehen.[182] Für einen monopolistischen Anbieter existiert auf dem konkreten Markt keine Konkurrenz, die in der Lage wäre zeitnah ein substituierbares Gut auf den Markt zu bringen, mit der Konsequenz, dass der Monopolist eine gewinnmaximale Kombination aus Preis und Menge bestimmen kann.[183] Ob bei einem Patent im wirtschaftlichen Sinne von einem Monopol auszugehen ist, richtet sich folglich nicht nach einer möglichen rechtlichen gesicherten Ausschließlichkeitsstellung, sondern vielmehr nach den zugrundeliegenden Marktverhältnissen, insbesondere der Marktmacht des Patentinhabers sowie dem Vorliegen eines Substitutionswettbewerbs.[184] In aller Regel wird das auf dem Patent beruhende Produkt mit weiteren Produkten konkurrieren, die nicht auf der geschützten Erfindung beruhen, jedoch der gleichen Bedürfnisbefriedigung dienen.[185] In einem solchen Fall

---

179 Vgl. Art. 64 EPÜ, wonach sich die Rechte aus dem Patent nach den Vorgaben des erteilenden Staates richten.

180 Siehe hierzu *Fikentscher/Theiss*, in: Adrian/Nordemann/Wandtke (Hrsg.), Josef Kohler und der Schutz des geistigen Eigentums in Europa, 1996, S. 55, 66 ff.

181 So auch *Heinemann*, Immaterialgüter in der Wettbewerbsordnung, 2002, S. 28 und 442 ff.; *Ohly*, GRUR Int. 2008, 787, 793; *Schmidtchen*, in: Oberender (Hrsg.), Wettbewerb und geistiges Eigentum, 2007, S. 9, 13; *Haedicke*, in: Haedicke/Timmann (Hrsg.), Handbuch des Patentrechts, 2012, § 1, Rn. 144.

182 Vgl. nur *Mankiw/Taylor*, Grundzüge der Volkswirtschaftslehre, 7. Auflage 2018, S. 395 ff.

183 *Heertje/Wenzel*, Grundlagen der Volkswirtschaftslehre, 7. Auflage 2008, S. 150.

184 *Kraßer/Ann*, Patentrecht, 7. Auflage 2016, § 3, Rn. 47.

185 Vgl. im Hinblick auf das Kartellrecht *Ullrich*, in: Immenga/Mestmäcker (Hrsg.), Wettbewerbsrecht, 5. Auflage 2012, Abschnitt VII Immaterialgüterrechte Teil A, Rn. 1–4.

liegt kein aus dem Patent vermitteltes ökonomisches Monopol vor. Von einem klassischen wirtschaftlichen Monopol kann bei einem Patent nur dann ausgegangen werden, wenn die Konkurrenz nicht in der Lage ist, ein gleichsam bedürfnisbefriedigendes Produkt außerhalb des patentgeschützten Schutzbereichs zeitnah zu entwickeln. Dies wäre der Fall, wenn es sich um eine grundlegend neue und insoweit einzigartige technische Lösung handelt, im Sinne eines „Pionierpatents".[186] Ein solches Szenario dürfte im heutigen Wirtschaftsverkehr eher unwahrscheinlich sein und führt zu der berechtigten Schlussfolgerung, dass das Patent seinem Inhaber in den allermeisten Fällen gerade kein wirtschaftliches Monopol einräumt.[187]

B. Rechtliche Monopolstellung

Das vorstehende Ergebnis lässt jedoch nicht die Schlussfolgerung zu, dass das Schutzrecht nicht aus rechtlicher Sicht eine zumindest zeitliche und auf einen bestimmten Schutzbereich begrenzte Monopolstellung gewährt, welches das Schutzrecht für den strategischen Einsatz besonders attraktiv macht. Dies soll nachfolgend deutlich gemacht werden.

I. Die technische Erfindung als Schutzobjekt des Patents

Schutzobjekt des Patents sind Erfindungen auf allen Gebieten der Technik, die neu, auf einer erfinderischen Tätigkeit beruhen und gewerblich anwendbar sind (§ 1 Abs. 1 PatG).[188] Auch § 4 PatG knüpft unmissverständlich an die Erfindung als Schutzobjekt des Patents an. Dennoch ist eine Definition dessen, was unter einer Erfindung konkret zu verstehen ist weder im PatG noch im EPÜ, TRIPS oder EEP zu finden. Trotz intensiver Bemühungen der deutschen Rechtslehre hat sich überdies keine allgemeingültige und verbindliche Definition der Erfindung als solche herauskristallisiert und der Meinungsstand kennzeichnet sich

---

186 Siehe *Bernhardt*, Bedeutung des Patentschutzes, 1974, S. 27 und *Kraßer/Ann*, Patentrecht, 7. Auflage 2016, § 3, Rn. 47, der von „*Pionierpatenten*" spricht.

187 Eine derart starke patentvermittelte Marktmacht, dass von einem ökonomischen Monopol auszugehen ist, kommt beispielsweise im Pharmabereich vor. Etwa dann, wenn eine Erfindung ein Medikament hervorbringt, zu dem es keinen gleichwertigen Ersatz gibt. Dies war beispielsweise in der *AstraZeneca*-Entscheidung des EuG der Fall, in der eine marktbeherrschende Stellung aufgrund eines besonders wirksamen Medikaments angenommen wurde, siehe EuG, Urteil vom 1.7.2010, Rs. T-321/05, ECLI:EU:T:2010:266 – *AstraZeneca*.

188 Vgl. Art. 52 Abs. 1 EPÜ und Art. 27 Abs. 1 TRIPS.

nunmehr durch eine schier unübersehbare Fülle an Literatur.[189] Dieser Umstand ist jedoch aus rechtsfortbildender Sicht zu begrüßen, da im Hinblick auf den stetigen technischen Fortschritt eine starre Definition der Weiterentwicklung des Patentschutzes abträglich wäre.[190] Es obliegt Rechtsprechung und Literatur, diesen zentralen Terminus auszufüllen und weiter zu entwickeln. Dies führte im Laufe der Zeit dazu, dass dem Begriff relativ feste Konturen verliehen und die wesentlichen Merkmale definiert wurden, anhand derer zu beurteilen ist, ob eine technische Erfindung vorliegt. Nach der gängigen Definition ist eine Erfindung eine Lehre zum planmäßigen Handeln unter Einsatz beherrschbarer Naturkräfte, die außerhalb der menschlichen Verstandstätigkeit liegen, zur Erreichung eines kausal übersehbaren Erfolges.[191] Der Erfindungsbegriff kann für sich genommen nie ein für alle Mal feststehen, sondern hängt stets vom zeitsensitiven Stand der naturwissenschaftlichen Forschung ab. Folglich kann konstatiert werden, dass der Erfindungsbegriff entwicklungsoffen ist.[192]

II. Das Patent als Ausschließlichkeitsrecht

Das Patent ist ein Ausschließlichkeitsrecht, welches dessen Inhaber eine absolute Rechtsstellung garantiert[193] und den grundrechtlichen Schutz der

189 Zur Entwicklung der verschiedenen Strömungen siehe bereits *Schick*, GRUR Int. 1984, 406 sowie die ausführliche Darstellung bei *Nack*, Die patentierbare Erfindung, 2002, S. 157 ff., einen weiteren Überblick über die Entwicklung samt kritischer Würdigung findet sich bei *Ensthaler*, GRUR 2015, 150, 150 ff.

190 *Bacher*, in: Benkard (Hrsg.), Patentgesetz, 11. Auflage 2015, § 1, Rn. 42; *Ahrens*, Gewerblicher Rechtsschutz, 2008, Rn. 82.

191 Grundlegend BGHZ, 52, 74, 49 – *Rote Taube,* hieran anschließend BGHZ 67, 22, 26 ff. – *Dispositionsprogramm*; BGHZ, 78, 98, 106 – *Walzabteilung*; BGH, GRUR 1980, 849, 850 – *Antiblockiersystem*; BGH, GRUR 1977, 152, 152–153 – *Kennungsscheibe*; BGH, GRUR 1975, 549, 549 – *Buchungsblatt*. Zum Schrifttum etwa *Beier*, GRUR 1972, 214; *Kolle*, GRUR 1977, 63; *Bacher*, in: Benkard (Hrsg.), Patentgesetz, 11. Auflage 2015, § 1, Rn. 43; *Mes*, Patentgesetz, 5. Auflage 2020, § 1, Rn. 9–11; im Ergebnis auch *Keukenschrijver*, in: Busse/Keukenschrijver (Hrsg.), Patentgesetz, 8. Auflage 2016, § 1 PatG, Rn. 25; diese Definition als „*völlig mißraten*" ablehnend *Nack*, Die patentierbare Erfindung, 2002, S. 171 ff. und 176; *ders.*, GRUR 2014, 148.

192 So bereits BPatGE, 8, 121, 133 ff. – *Tierzüchtungsverfahren*; BGHZ, 52, 74, 76 – *Rote Taube*; BGHZ, 142, 255, 266 – *Technizität von Computerprogrammen*; *Ahrens*, Gewerblicher Rechtsschutz, 2008, Rn. 82.

193 *Mes*, Patentgesetz, 5. Auflage 2020, § 9, Rn. 1; *Scharen*, in: Benkard (Hrsg.), Patentgesetz, 11. Auflage 2015, § 9, Rn. 4.

Eigentumsgarantie aus Art. 14 GG genießt.[194] Absolute Rechte kennzeichnen sich dadurch, dass sie dem Inhaber ein bestimmtes Gut zuordnen, diese Anordnung gegenüber jedermann Wirkung entfaltet und folglich Dritte das Gut dem Zuordnungsberechtigten überlassen müssen und nicht beeinträchtigen dürfen.[195] Auf das Schutzrecht bezogen bedeutet dies, dass das Patent dem Inhaber die ausschließliche Nutzung der technischen Lehre zuordnet aufgrund dessen alleine ihm die Verwertung der selbigen obliegt – mithin ein sogenanntes „positives Benutzungsrecht" vermittelt (§ 9 S. 1 PatG).[196] Diese Rechtszuordnung verleiht dem Inhaber somit die Befugnis, die dem Patent zugrunde liegende technische Lehre selber, oder im Wege der Lizenzvergabe unter Einräumung von Benutzungsrechten an Dritte, zu verwerten. Das hiermit korrespondierende „negative" Verbietungsrecht aus § 9 S. 2 PatG legt fest, dass der Patentinhaber jedem Dritten untersagen kann, ein Erzeugnis, das Gegenstand des Patents ist, ohne Zustimmung herzustellen, anzubieten, in Verkehr zu bringen, zu gebrauchen oder zu den genannten Zwecken entweder einzuführen oder zu besitzen.[197] Zur Durchsetzung seiner gesetzlich gewährten Verbietungsrechte stehen dem Patentinhaber die patentrechtlichen Abwehrinstrumentarien aus §§ 139 ff. PatG zur

---

194 BVerfG, GRUR 2001, 43, 44 – *Klinische Versuche*, wo das Gericht ausführt: „*Art. 14 I 1 GG gewährleistet zunächst das Privateigentum als Rechtsinstitut, das im Wesentlichen durch die Privatnützigkeit und grundsätzliche Verfügungsfähigkeit über das Eigentumsobjekt gekennzeichnet ist* […].*Das bedeutet für das Patentrecht: Zu den konstituierenden Merkmalen des Patentrechts als Eigentum im Sinne der Verfassung gehören die grundsätzliche Zuordnung des vermögenswerten Ergebnisses der schöpferischen Leistung an den Patentinhaber im Wege privatrechtlicher Normierung und seine Freiheit, in eigener Verantwortung darüber verfügen zu können. Das macht den grundgesetzlich geschützten Kern des Patentrechts aus.*"; *Jarass*, in: Jarass/Pieroth (Hrsg.), Grundgesetz für die Bundesrepublik Deutschland, 16. Auflage 2020, Art. 14, Rn. 8; hierzu auch *Timmann*, Das Patentrecht im Lichte von Art. 14 GG, 2008, S. 178 ff.

195 Vgl. zudem *Medicus/Petersen*, Allgemeiner Teil des BGB, 11. Auflage 2016, Rn. 62; ferner im Hinblick auf das Patent *Timmann*, Das Patentrecht im Lichte von Art. 14 GG, 2008, S. 178 ff.

196 Grundlegend RGZ 148, 146, 146; RGZ, 159, 11, 12; BGHZ 107, 161, 163 – *Offene-Spinnmaschinen*; vgl. *Scharen*, in: Benkard (Hrsg.), Patentgesetz, 11. Auflage 2015, § 9, Rn. 5 m.w.N.; a.A. *Walleser*, GRUR Int. 1963, 307; siehe auch *Haedicke/Timmann*, in: Haedicke/Timmann (Hrsg.), Handbuch des Patentrechts, § 8, Rn. 4, die die Klarstellung, dass § 9 S. 1 PatG ein positives Benutzungsrecht gewährt, für rein symbolisch halten.

197 Das Gleiche gilt für ein Verfahren, welches Gegenstand des Patents ist, vgl. § 9 S. 2 Nr. 2 PatG.

Verfügung, welche sich in Unterlassungs-, Schadensersatz-, Vernichtungs- und Auskunftsansprüchen erschöpfen und das Ausschließlichkeitsrecht hinreichend flankieren. Die Ausgestaltung als absolutes Recht begründet die Verkehrsfähigkeit des Patents, wonach dieses übertragbar ist und Gegenstand von Nutzungsverträgen sein kann.[198] Für die Frage der Ausschließlichkeit eines Rechts und der hieraus resultierenden absoluten Rechtstellung ist es entscheidend, dass ein Gegenstand einer bestimmten Person mit absoluter Wirkung zugeordnet wird.[199] Dies ist bei der Vergabe eines Patents für eine Erfindung der Fall.

III. Reichweite des Patentschutzes

Aufgrund des soeben Dargelegten liegt auf den ersten Blick der Schluss nahe, dass das patentrechtliche Ausschließlichkeitsrecht zweifelsohne ein rechtliches Monopol verleiht.[200] Richtig ist, dass sowohl das Verbietungs- als auch das Nutzungsrecht das Resultat der Zurechnung der technischen Lehre zum Patentinhaber sind und nicht umgekehrt.[201] Hieraus lässt sich aber nicht folgern, dass diese Rechte ausnahmslos und gegenüber jedermann unbeschränkt gelten. Vielmehr können die Nutzungs- und Verbietungsbefugnisse nur in solchem Maß bestehen, in dem die technische Lösung dem Patentinhaber auch tatsächlich zugeordnet wurde, und dispensiert ihn nicht von der Wahrung der Rechte Dritter oder einem gesetzeskonformen Verhalten.[202] Folglich sind Begrifflichkeiten wie „positives Benutzungsrecht" und „negatives Verbietungsrecht" schlichtweg die Beschreibung der allgemeinen Merkmale eines absoluten Rechts und treffen keinerlei Aussage über dessen Reichweite im Kollisionsfall.[203] Grenzen des

---

198 Vgl. § 15 Abs. 2 PatG.

199 *Ohly*, JZ 2003, 545, 547.

200 Vgl. *Heine*, GRUR 1948, 170, 170: *„Nun ist das Patent ja seinem Wesen nach ein Monopol"* sowie der Beitrag von *Buxbaum*, WuW 1966, 193, der den Titel trägt *„Die dem Patentmonopol innewohnende Beschränkung"*, siehe auch *Walleser*, GRUR 1963, 512, der von dem Patent als Monopol spricht.

201 *Kraßer/Ann*, Patentrecht, 7. Auflage 2016, § 33, Rn. 27 ff.; *Ohly*, Mitteilungen 2006, 241 ff.; *Haedicke/Timmann*, in: Haedicke/Timmann (Hrsg.), Handbuch des Patentrechts, 2012, § 8, Rn. 3.

202 *Walleser*, GRUR 1963, 307, 307; *Ohly*, Mitteilungen 2006, 241, 242; *Kraßer/Ann*, Patentrecht, 7. Auflage 2016, § 33, Rn. 27: *„Wenn das Gesetz oder Rechte Dritter entgegenstehen, darf der Patentinhaber seine Erfindung ebenso wenig benutzen darf wie der Eigentümer einer Sache (vgl. § 903 BGB)."*

203 *Ohly*, Mitteilungen 2006, 241, 242; siehe auch *Osterrieth*, Patentrecht, 5. Auflage 2015, Rn. 567: *„Bereits an dieser Stelle sei darauf hingewiesen, dass das in § 9 S. 1 PatG*

dem Patent innewohnenden positiven Benutzungs- und negativen Verbietungsrechts sind sowohl im Patentgesetz selbst kodifiziert, als auch in dem Wesen des Schutzrechts eigens angelegt. Unterscheiden lassen sich die Beschränkungen in Ausübungsschranken, die einen gesetzlichen Niederschlag gefunden haben, schutzrechtsimmanente Schranken, die im Wesen des Patents selbst begründet sind, sowie Schutzbereichsschranken, die die Rechtsanwendung im Kollisionsfall beschränken.

1. Patentrechtliche Ausübungsbeschränkungen

Zunächst soll ein kurzer Überblick über solche Beschränkungen gegeben werden, die die Wirkung des Patents als solches unberührt lassen, den Patentinhaber jedoch gleichsam in der Ausübung seines Ausschließlichkeitsrechts dahingehend einschränken, als dass bestimmte Handlungen Dritten gesetzlich ausdrücklich erlaubt sind und der Patentinhaber diese folglich zu dulden hat. Hierbei ist zu beachten, dass auf die patentrechtliche Ausübungsbeschränkung aufgrund eines Vorbenutzungsrechts aus § 12 PatG nicht eingegangen wird.[204]

a. Benutzungshandlungen zu rein privaten Zwecken nach § 11 Nr. 1 PatG

Das negative Verbietungsrecht stößt beispielsweise dort an seine Grenze, wo es sich bei der Verwendung der geschützten Erfindung um eine Handlung im rein privaten Bereich zu nicht gewerblichen Zwecken handelt (§ 11 Nr. 1 PatG).[205] Die Privilegierung rührt aus dem Umstand, dass Patente als Instrument der gewerblichen Steuerungsfunktion des Wirtschaftsverkehrs dienen und nicht für den Eingriff in die Privatsphäre des Einzelnen bestimmt sind.[206] Das Eingreifen

---

statuierte Benutzungsrecht nicht als umfassende Erlaubnis verstanden werden darf, die Erfindung zu nutzen."

204 Instruktiv *Nirk*, GRUR 2001, 984; dass ein Vorbenutzungsrecht die Widerrechtlichkeit einer Patentbenutzungshandlung ausschließt, wurde bereits früh anerkannt, vgl. BGH, GRUR 1965, 411, 415 – *Lacktränkeinrichtung*. Zum Zeitpunkt der Entscheidung war das patentrechtliche Vorbenutzungsrecht noch in § 7 PatG a.F. kodifiziert.

205 Das Verhältnis des § 11 PatG und dessen Privilegierungen zu den §§ 9–10 PatG ist im Einzelnen strittig. Einige Autoren halten § 11 PatG für eine negative Geltungsanordnung, vgl. *Fähndrich/Tilmann*, GRUR 2001, 901, 902, dagegen sehen andere in § 11 PatG eine Ausnahmevorschrift, vgl. *Scharen*, in: Benkard (Hrsg.), Patentgesetz, 11. Auflage 2015, § 11, Rn. 2.

206 *Osterrieth*, Patentrecht, 5. Auflage 2015, Rn. 625; *Scharen*, in: Benkard (Hrsg.), Patentgesetz, 11. Auflage 2015, § 11, Rn. 2; *Keukenschrijver*, in: Busse/Keukenschrijver (Hrsg.), Patentgesetz, 8. Auflage 2016, § 11, Rn. 6.

der Vorschrift erfordert kumulativ zwei Voraussetzungen, nämlich, dass die Patentbenutzungshandlung im privaten Bereich stattfindet und zusätzlich zu rein nichtgewerblichen Zwecken erfolgt.[207] Liegt eine der Voraussetzungen nicht vor, stellt die Benutzungshandlung als verbotene Patentverwendung ein Verstoß gegen § 9 PatG dar.[208] Die Rechtfertigung dieses Privilegs ist darin zu sehen, dass dem Patentinhaber zwar das Schutzrecht mitunter dafür gewährt wird, dass er den Wissensstand der Allgemeinheit mehrt, eine rein private Nutzung dieses neuen Wissens jedoch gleichzeitig keinen relevanten Eingriff in das Schutzrecht darstellen kann.[209]

b. Das Versuchsprivileg aus § 11 Nr. 2 PatG

Auch steht es dem Patentinhaber nicht zu, die Verwendung seiner Erfindung zu unterbinden, die unter das Versuchsprivileg aus § 11 Nr. 2 PatG fällt.[210] Das Versuchsprivileg ist dem Wesen des Patents immanent, wenn man die patentrechtliche Anreizfunktion als Triebfeder für Innovationsleistungen und technischen Fortschritt sieht, denn eine Unterbindung der wissenschaftlichen Forschung auf Grundlage der technischen Lehre würde diese Entwicklung hemmen und wäre dem Patentschutz im Ganzen abträglich.[211] Erst das Versuchsprivileg versetzt die Fachwelt in die Lage, die neue technische Lehre bereits vor Ablauf der Schutzdauer auf ihre Vor- und Nachteile hin zu untersuchen und auf dieser Grundlage entweder weiterzuentwickeln und abhängige oder neuartige – das Patent umgehende – Lösungswege zu erfinden.[212] Welche Handlungen der Nutzer des geschützten Patents jedoch genau ausüben darf, ist gesetzlich nicht geregelt und bedarf stets einer Überprüfung anhand des jeweiligen Einzelfalls.[213] Zu beachten

---

207 Siehe hierzu *Bücke*, in: Haedicke/Timmann (Hrsg.), Handbuch des Patentrechts, § 9, Rn. 4 ff.

208 Für Beispiele, siehe *Kraßer/Ann*, Patentrecht, 7. Auflage 2016, § 33, Rn. 240 ff.

209 *Scharen*, in: Benkard (Hrsg.), Patentgesetz, 11. Auflage 2015, § 11, Rn. 2.

210 Ein wesentlicher Teil in der Diskussion um das Versuchsprivileg wurde in den Entscheidungen BGHZ 130, 259 ff. – *Klinische Versuche I* und BGHZ 135, 217 ff. – *Klinische Versuche II* beantwortet und durch BVerfG, GRUR 2001, 43 – *Klinische Versuche* bestätigt. Hierzu *Kraßer/Ann*, Patentrecht, 7. Auflage 2016, § 33, Rn. 247 ff. mit zahlreichen Nennungen zum Meinungsstand.

211 *Bukow*, in: Haedicke/Timmann (Hrsg.), Handbuch des Patentrechts, 2012, § 9, Rn. 8 ff.

212 *Scharen*, in: Benkard (Hrsg.), Patentgesetz, 11. Auflage 2015, § 11, Rn. 2; *Keukenschrijver*, in: Busse/Keukenschrijver (Hrsg.), Patentgesetz, 8. Auflage 2016, § 11, Rn. 6; *Ensthaler*, in: Fitzner/Lutz/Bodewig (Hrsg.), Patentrecht, 4. Auflage 2012, § 11, Rn. 1.

213 Instruktiv *Stjerna*, Mitteilungen 2004, 343.

ist in diesem Zusammenhang ferner, dass die grundgesetzlich geschützte und gewährleistete Wissenschaftsfreiheit nach Art. 5 Abs. 3 GG durch ein Verbot des Versuchsprivilegs stark beeinträchtigt wäre.[214] Alleine um die divergierende Interessenlage der Wissenschaft an einer freien Forschung und dem Patentinhaber an dem Schutz seiner Schöpfung zu einem sachgerechten Ausgleich zuzuführen, bedarf es des Versuchsprivilegs.[215]

c. Zwangslizenz nach § 24 PatG

Neben der kartellrechtlichen, nicht kodifizierten Zwangslizenz, welche bei Vorliegen bestimmter Voraussetzungen gewährt werden muss,[216] bietet das deutsche Patentgesetz in § 24 Abs. 1 PatG überdies die Möglichkeit für Dritte, die Gestattung der Benutzung einer Erfindung vom Patentinhaber im Wege der Zwangslizenz zu verlangen. Durch das Rechtsinstitut der Zwangslizenz wird die ausschließliche Rechtsstellung des Patentinhabers aufgebrochen, um missbilligungswürdige Tendenzen wie die Hemmung der Befriedigung wesentlicher sozialer Bedürfnisse, der Blockierung technischen und wirtschaftlichen Fortschritts entgegenzuwirken.[217] Im Gegensatz zu der Rechtfertigung des Vorliegens des Versuchsprivilegs ist im Falle der Zwangslizenz jedoch nicht die Beschränkung des technischen Fortschritts als solcher maßgeblich. Vorliegend geht es vielmehr um die Zurverfügungstellung der technischen Lösung, damit hierdurch besonders wirksame Technologien bspw. im Bereich des Umweltschutzes ermöglicht werden können, oder zum Zwecke der Herstellung verbesserter Medikamente[218] für die Allgemeinheit.[219]

---

214 *Mes*, Patentgesetz, 5. Auflage 2020, § 11, Rn. 5; *Osterrieth*, Patentrecht, 5. Auflage 2015, Rn. 626; *Bukow*, in: Haedicke/Timmann (Hrsg.), Handbuch des Patentrechts, 2012, § 9, Rn. 8.

215 *Mes*, Patentgesetz, 5. Auflage 2020, § 11, Rn. 5.

216 Vgl. zu der kartellrechtlichen Zwangslizenz nach europäischem Kartellrecht unten, Kapitel 2, § 2, D, IV.

217 Für eine Auseinandersetzung mit der Zwangslizenz nach deutschem Recht siehe *Scheffler*, GRUR 2003, 97, jedoch noch zu § 24 PatG a.F.; siehe ferner *Kraßer/Ann*, Patentrecht, 7. Auflage 2016, § 34, Rn. 99.

218 Vgl. dazu den aktuellen Fall der Zwangslizenzerteilung für ein HIV-Medikament, BPatG, GRUR 2017, 373 – *Isentress*, bestätigt durch BGH, GRUR 2017, 1017 – *Raltegravir*, siehe dazu etwa ausführlich *Fuchs*, in: Ahrens et al. (Hrsg.), FS Büscher, 2018, 621, 627 ff.

219 Vgl. *Götting*, Gewerblicher Rechtsschutz, 10. Auflage 2014, § 25, Rn. 18: „*Die Vorschrift ist Ausdruck der sozialen Bindung der technischen Schutzrechte*"; siehe auch *Osterrieth*, Patentrecht, 5. Auflage 2015, Rn. 639. Der Vollständigkeit halber sei noch

2. Patentrechtsimmanente Wirkungsbeschränkungen

Während die oben angeführten Beschränkungen des Ausschließlichkeitsrechts dem patentrechtlichen Verbietungsrecht Grenzen aufzeigen, werden nachfolgend weitere Beschränkungen angeführt, die in dem Schutzrecht selbst begründet sind. Diese schränken nicht die Rechte des Patentinhabers selbst ein, sondern vielmehr die Wirkung des Patents im Allgemeinen.

a. Zeitliche Begrenzung des Schutzrechts

Zunächst ist die zeitliche Begrenzung des Schutzes auf 20 Jahre zu beachten, welcher mit dem Tag beginnt, der auf die Anmeldung des Patents folgt (§ 16 S. 1 PatG).[220] Mit dem Anmeldefolgetag fängt zwar die Schutzfrist von 20 Jahren an zu laufen, nicht aber die Schutzwirkung des Patents nach §§ 9 ff. sowie 139 ff. PatG, welche erst mit der konkreten Veröffentlichung der Erteilung gem. § 58 Abs. 1 S. 3 PatG beginnt. Wie lange das Erteilungsverfahren selbst dauert und wann damit der umfassende Schutz beginnt, hängt von einer Vielzahl von Faktoren ab. Hierzu zählen das allgemeine Anmeldeaufkommen, der Zeitpunkt des Prüfungsantrages, die Komplexität des Prüfgegenstandes sowie weitere, nicht in der Herrschaftssphäre des Anmelders liegenden Gründe. Zwischen der Veröffentlichung und der endgültigen Erteilung des Patents steht dem Patentsuchenden nur ein vorläufiger Schutz gem. §§ 32 Abs. 5 und 33 PatG zu, welcher lediglich auf mögliche Entschädigungszahlungen für die Verwendung der in der Anmeldung angegebenen Erfindung gerichtet ist. Dies bedeutet, dass die effektive Schutzdauer des Schutzrechts praktisch weitaus weniger als 20 Jahre betragen kann, was vielfach Kritik hervorgerufen hat.[221]

Im Kern geht es um den Vorwurf, dass die 20-jährige Schutzdauer dort die Amortisierung der FuE-Kosten gefährden könne, wo neben der Patentanmeldung die Vermarktung der technischen Lösung überdies an ein zeitaufwendiges

---

auf die Möglichkeit der Zwangslizenz für abhängige Patente aus § 24 Abs. 2 PatG, der Zwangslizenz für Sortenschutz aus § 24 Abs. 3 PatG sowie Halbleitertechnologien aus § 24 Abs. 4 PatG hingewiesen.

220 Durch das Gesetz über internationale Patentübereinkommen vom 21. Juni 1976 (BGBl. 1976 II S. 649), das zuletzt durch Artikel 19 der Verordnung vom 31. August 2015 (BGBl. I S. 1474) geändert worden ist, wurde die Schutzdauer eines Patents von vormals 18 Jahren auf maximal 20 Jahre erhöht.

221 *Schickedanz*, GRUR 1980, 828; *Hafner*, Mitteilungen 1981, 92; *Suchy*, GRUR 1992, 7; *Heinz*, Mitteilungen 1994, 1, 6, der eine Begrenzung der Schutzdauer gänzlich ablehnt; vgl. dazu auch *Kraßer/Ann*, Patentrecht, 7. Auflage 2016, § 26, Rn. 17 ff.

Zulassungsverfahren gekoppelt ist, wie etwa bei Arzneimitteln.[222] Diesem Einwand wurde zumindest dahin gehend Rechnung getragen, dass der Gesetzgeber für Arzneimittel sowie Pflanzenschutzmittel eine Verlängerung der Schutzdauer in Form von ergänzenden Schutzzertifikaten kodifiziert hat (§ 16a PatG).[223] Für andere Erfindungen als die eben genannten ist eine Verlängerung der Schutzdauer jedoch nicht möglich. Nach Ablauf der Schutzfrist wird die in dem Patent verkörperte technische Lösung gemeinfrei und kann von jedermann benutzt werden, ohne dass dem ursprünglichen Erfinder noch gesonderte positive Nutzungs- und vor allem negative Verbietungsrechte zustünden.[224]

b. Erschöpfung

Eine weitere Beschränkung der Ausschließlichkeitswirkung erfährt das Patent durch den Erschöpfungsgrundsatz, welcher für alle gewerblichen Schutzrechten Geltung beansprucht.

i. Nationaler Erschöpfungsgrundsatz

Nach dem Erschöpfungsgrundsatz unterfällt der weitere Gebrauch, das Anbieten oder weitere Inverkehrbringen einer vom Patent geschützte Sache nicht mehr dem negativen Verbietungsrecht des Patentinhabers, sofern diese durch den Patentinhaber selbst oder mit dessen Zustimmung in den Verkehr gebracht wurde.[225] Es obliegt nunmehr dem Erwerber bzw. Jedermann, über die die patentierte Technologie verkörpernde Sache im Inland frei zu verfügen.[226] Der Erschöpfungsgrundsatz, welcher auch als Verbrauch (Konsumtion) des

---

222 Siehe *Hacker*, in: Busse/Keukenschrijver (Hrsg.), Patentgesetz, 8. Auflage 2016, § 16, Rn. 4 sowie *Kraßer/Ann*, Patentrecht, 7. Auflage 2016, § 26, Rn. 25.

223 Bzw. Art. 63 Abs. 2 EPÜ.

224 Dem Patentinhaber stehen sodann nur noch solche Ansprüche gegen Dritte zu, die bereits vor Erlöschen des Patents entstanden sind, vgl. *Grabinski*, in: Benkard (Hrsg.), Patentgesetz, 11. Auflage 2015, § 16, Rn. 5.

225 St. Rspr. RGZ 51, 139, 141; RGZ 63, 394, 398; RGZ 130, 242, 244 ff.; RGZ 133, 326, 330; BGHZ 2, 261, 267–268; BGHZ 3, 193, 200; BGH, GRUR 1973, 518, 520 – *Spielautomat II*; BGH, GRUR 1975, 206, 207 – *Kunststoffschaumbahnen*; BGH, GRUR 1980, 38, 39 – *Fullplastverfahren*.

226 BGH, GRUR 1975, 206, 207 – *Kunststoffschaumbahnen*; BGH, GRUR 1997, 116, 117 – *Prospekthalter*; *Osterrieth/Henke*, in: Benkard (Hrsg.), EPÜ, 3. Auflage 2019, Art. 64, Rn. 7; *Keukenschrijver*, in: Busse/Keukenschrijver (Hrsg.), Patentgesetz, 8. Auflage 2016, § 9, Rn. 143; *Kraßer/Ann*, Patentrecht, 7. Auflage 2016, § 33, Rn. 274; *Osterrieth*, Patentrecht, 5. Auflage 2015, Rn. 657.

sich der Patentinhaber jedoch erfolgreich gegen das unbefugte Inverkehrbringen von patentgeschützten Erzeugnissen durch Dritte zur Wehr setzen, auch wenn dies in einem EU-Mitgliedstaat geschieht, da das Eingreifen des EU- bzw. EWR-weiten Erschöpfungsgrundsatzes in einem solchen Falle ungerechtfertigt wäre.[236]

c. Territorialität

Wie bereits im Rahmen der Einführung zu diesem Kapitel angedeutet, kommt dem Territorialitätsgrundsatz für gewerbliche Schutzrechte eine wesentliche Bedeutung zu. Im Hinblick auf die Begrenzung des patentrechtlichen Schutzes bedeutet dies, dass dessen Wirkung auf die Staatsgrenzen begrenzt ist, dessen zuständiges Patentamt das Schutzrecht erteilt hat.[237]

3. Schutzbereichsgrenzen des Patents

Abschließend muss ein Blick auf solche Schranken geworfen werden, die aus dem Wesen des Patents selbst resultieren: dem Schutzbereich des Patents im Kollisionsfall.

a. Die Patentschrift und deren Auslegung

Die Bestimmung des Schutzbereiches[238] eines Patents ist von wesentlicher Bedeutung für die Frage, innerhalb welchen technischen Rahmens der Inhaber des Patents Ausschlussrechte gegenüber Dritten geltend machen kann.

---

272 – *Karate*; *Kraßer/Ann*, Patentrecht, 7. Auflage 2016, § 33, Rn. 304; *Osterrieth*, Patentrecht, 5. Auflage 2015, Rn. 663.

236 EuGH, Rs. C-15/74, ECLI:EU:C:1974:114, GRUR Int. 1974, 454, 454 – *Negram II*; BGH, GRUR 1976, 579, 582 – *Tylosin*.

237 Vgl. erneut *Lichtenstein*, NJW 1964, 1208, 1209 sowie *Regelin*, Das Kollisionsrecht der Immaterialgüterrechte, 2000, S. 45 ff.; *Andermann*, Territorialitätsprinzip im Patentrecht und Gemeinsamer Markt, 1975, S. 71 ff.

238 Hierbei ist zu beachten, dass zwischen Schutzgegenstand und Schutzbereich terminologisch zu trennen ist. Der Schutzgegenstand ergibt sich aus dem Inhalt bzw. Sinngehalt des Patents, mithin also aus dem Wortsinn und ist maßgeblich für Einspruchs-, Nichtigkeits- und Prüfungsverfahren. Der Schutzbereich hingegen ist maßgeblich für den Verletzungsprozess. Erst im Kollisionsfall muss gerichtlich festgestellt werden, wie weit der Schutzbereich eines Patents reicht. Dieser ist mithin weiter als der Schutzgegenstand selbst, da in den Schutzbereich auch solche Eingriffe gezählt werden, die über die Verletzung der Erfindung im wörtlichen Sinne hinausgehen und auch äquivalente Handlungen umfasst. Instruktiv hierzu *v. Rospatt*, GRUR 2001, 991, 992 m.w.N.

Reichweite sowie Umfang des Patents werden von dem Schutzbereich bestimmt, welcher sogleich den wichtigsten Faktor des ökonomischen Wertes des Schutzrechts darstellt, da dieser für die wirtschaftliche Ausschöpfung des Patents maßgeblich ist.[239] Kommt die Bestimmung des Schutzumfanges im Verletzungsprozess beispielsweise zu dem Ergebnis, dass der Schutzbereich des Klagepatents durch einfache technische Abänderung bereits verlassen wird, ist die tatsächliche Ausschlussfähigkeit des Patents sehr eng gefasst und kommt folglich einer wirtschaftlichen Wertlosigkeit gleich.[240] Konkurrenten wäre es ohne großen Aufwand möglich, die geschützte technische Lehre zu umgehen und konkurrierende Produkte auf den Markt zu bringen. Im Umkehrschluss bedeutet dies, dass ein besonders weiter Schutzbereich den Patentinhaber in die Lage versetzt, Erzeugnisse quasi zu monopolisieren und in letzter Konsequenz neue Märkte zu schaffen, um diese temporär zu beherrschen.[241] Das in dem Patent verobjektivierte immaterielle Gut muss im Rahmen der behördlichen Anmeldung abstrakt beschrieben werden und in der sogenannten Patentschrift seinen Niederschlag finden.[242] Die Auslegung dieser Patentschrift stellt sodann den entscheidenden Faktor für die Bestimmung des konkreten Schutzbereichs dar.[243] Naturgemäß ist der Patentinhaber bestrebt, seinen Schutzbereich möglichst weit auszudehnen, da ihm dadurch extensivere Abwehrmöglichkeiten bereitstehen. Dieses Interesse kollidiert mit dem Interesse des Anwenders der technischen Lehre sowie der Allgemeinheit, den Schutzbereich möglichst nah an dem Wortlaut der Patentschrift

---

239 *Osterrieth*, Patentrecht, 5. Auflage 2015, Rn. 906; *Jestaedt*, Patentrecht, 2. Auflage 2008, Rn. 584; *Timmann*, in: Haedicke/Timmann (Hrsg.), Handbuch des Patentrechts, 2012, § 6, Rn. 4.

240 So deutlich formuliert bei *Osterrieth*, Patentrecht, 5. Auflage 2015, Rn. 906.

241 Zum Ganzen, vgl. *Keukenschrijver*, in: Busse/Keukenschrijver (Hrsg.), Patentgesetz, 8. Auflage 2016, § 14, Rn. 20 ff.; für eine Vielzahl an Beispielen von Pioniererfindungen, bei denen eine Umgehung der technischen Lehre nahezu ausgeschlossen waren, siehe *Eichmann*, GRUR Int. 1996, 859, 869 ff.

242 Die Patentschrift(en) enthalten die Informationen, auf deren Grundlage das Patent erteilt wird. Diese umfassen die Patentansprüche und -beschreibungen sowie zusätzlich Zeichnungen, vgl. § 32 Abs. 3 S. 1 PatG.

243 Zu der Bedeutung der Patentschrift, siehe instruktiv *Rogge*, in: Ann/Anders/Dreiss/Jestaedt/Stauder (Hrsg.), FS König, 2003, S. 451, 452 ff.; zu der allgemeinen Frage der Auslegung der Patentansprüche *Hilty*, in: Ann/Anders/Dreiss/Jestaedt/Stauder (Hrsg.), FS König, 2003, S. 167, 168 ff. und *Häußler*, GRUR 2013, 1011.

zu fassen und dem Patentinhaber den kleinstmöglichen Teil des technischen Wissens ausschließlich zuzuordnen.[244]

Um Auflösung dieses Interessenungleichgewichts bemüht sich § 14 PatG,[245] nach dem der Schutzbereich wörtlich „*durch die Patentansprüche bestimmt*" wird. Dieser gesetzlich postulierte Patentanspruch ist nicht lediglich der Ausgangspunkt, sondern vielmehr nach ständiger Rechtsprechung die maßgebliche Grundlage für die Konkretisierung des Schutzbereichs.[246] Vereinfacht gesagt ist es Aufgabe des Patentanspruchs, die offenbarte, beanspruchte und erteilte Erfindung festzulegen, mithin folglich eine Definition des konkreten Schutzgegenstandes zu postulieren.[247] Etwaige Patentansprüche lassen jedoch nicht immer zweifelsfrei erkennen, was genau als schutzfähig anzusehen ist, sondern erweisen sich nicht selten als „*unklar*" und mithin „*widersprüchlich, mehrdeutig oder aus sich heraus schlichtweg unverständlich.*"[248]

Diese Feststellung ist in den Grenzen der menschlichen Phantasie und Vorstellungskraft selbst begründet. Für den Patentanmelder ist es praktisch unmöglich im Rahmen der Anmeldung alle denkbaren Patentansprüche so abzufassen, dass sie einerseits eine anwendbare technische Lösung vermitteln und auf der anderen Seite in der Lage sind, alle nur erdenklichen unbefugten Benutzungshandlungen

---

244 Die Schutzbereichsbestimmung, sowie deren Auslegung, haben die Aufgabe, dem Widerstreit zwischen der Belohnungsfunktion des Patents sowie der Rechtssicherheit des Rechtsverkehrs Rechnung zu tragen, vgl. BGHZ 98, 12, 19 – *Formstein*; BGH, GRUR 1992, 594, 596 – *Mechanische Bestätigungsvorrichtung*; BGHZ 115, 204, 208 – *Beheizbarer Atemluftschlauch*; BGHZ 150, 161, 163 – *Kunststoffrohrteil*; *Scharen*, in: Benkard (Hrsg.), Patentgesetz, 11. Auflage 2015, § 14, Rn. 8; *Keukenschrijver*, in: Busse/Keukenschrijver (Hrsg.), Patentgesetz, 8. Auflage 2016, § 14, Rn. 20 ff.; *Osterrieth*, Patentrecht, 5. Auflage 2015, Rn. 910; *Jestaedt*, Patentrecht, 2. Auflage 2008, Rn. 584; a.A. *Kraßer/Ann*, Patentrecht, 7. Auflage 2016, § 32, Rn. 34.

245 Vgl. Art. 69 Abs. 1 EPÜ.

246 St. Rspr., siehe BGHZ 98, 12, 18 – *Formstein*; BGHZ 150, 149, 154 – *Schneidmesser I*; BGHZ 189, 330 Rn. 23 – *Okklusionsvorrichtung*; BGH, GRUR 2011, 313, 315 – *Crimpwerkzeug IV*; BGHZ 105, 1, 10 – *Ionenanalyse*; *Keukenschrijver*, in: Busse/Keukenschrijver (Hrsg.), Patentgesetz, 8. Auflage 2016, § 14, Rn. 20 ff. Ausführlich hierzu auch *Kraßer/Ann*, Patentrecht, 7. Auflage 2016, § 32, Rn. 43.

247 So etwa *Mes*, Patentgesetz, 5. Auflage 2020, § 14, Rn. 10; ausführlicher bei *Scharen*, in: Benkard (Hrsg.), Patentgesetz, 11. Auflage 2015, § 14, Rn. 13; *Köhler*, in: Büscher/Dittmer/Schiwy (Hrsg.), Gewerblicher Rechtsschutz, Urheberrecht, Medienrecht, 3. Auflage 2015, § 14, Rn. 6 ff.

248 So ausdrücklich der Vorsitzende Richter des Bundespatentgerichts, *Häußler*, GRUR 2013, 1011, 1011.

Dritter so zu verbalisieren, dass sie zweifelsfrei aus der Patentschrift hervorgehen.[249] Um diesem Umstand Rechnung zu tragen, bedarf es einer Auslegung des Patentanspruchs, welche nach höchstrichterlicher Rechtsprechung neben der Behebung etwaiger Unklarheiten gleichsam der Klarstellung der in der Patentschrift verwendeten technischen Begriffe sowie der Feststellung der Tragweite und Bedeutung der Erfindung dient.[250]

b. Äquivalenzbereich

Die starke rechtliche Stellung des Patentinhabers wird überdies noch durch zusätzliche Komponenten erweitert.[251] Es wird nicht nur die wortsinngemäße und in der Patentschrift niedergelegte Erfindungsidee geschützt, sondern überdies auch solche Verletzungshandlungen sanktioniert, die im Äquivalenzbereich stattfinden.[252] Der Schutz des Patentinhabers wäre ohne die Äquivalenzlehre nur unzureichend ausgeprägt.[253] Wäre es einem Dritten rechtlich erlaubt, durch die

---

249 BGHZ 116, 122, 132 – *Heliumeinspeisung*; *Bruchhausen*, GRUR Int. 1974, 1, 4; *Stenvik*, IIC 2001, 1, 4; *Bösl*, Mitteilungen 1997, 174, 174 ff.

250 BGHZ 98, 12, 18–19 – *Formstein*; BGHZ 105, 1, 10 – *Ionenanalyse*; BGHZ 113, 1, 9 – *Autowaschvorrichtung*; BGHZ 125, 301, 309 ff. – *Zerlegevorrichtung für Baumstämme*; BGH, GRUR 1993, 886, 889 – *Weichvorrichtung*; siehe auch *Keukenschrijver*, in: Busse/Keukenschrijver (Hrsg.), Patentgesetz, 8. Auflage 2016, § 14, Rn. 20 (Fn. 139) m.w.N.; vgl. zur Patentauslegung weiterhin *Busche*, in: Ann/Anders/Dreiss/Jestaedt/Stauder (Hrsg.), FS König, 2003, S. 49. Siehe hierzu auch die rechtsvergleichende Untersuchung bei *Schiuma*, Formulierung und Auslegung von Patentansprüchen nach europäischem, deutschem und italienischem Recht, 2001 aus der aktuellen Literatur *Kühnen*, Handbuch der Patentverletzung, 12. Auflage 2020, Abschnitt A, Rn. 7–101.

251 Streng genommen wird der Schutz des Patentinhabers zusätzlich durch § 10 PatG ergänzt, bei dem es sich um das Verbot der mittelbaren Patentbenutzung handelt. Instruktiv hierzu *Nieder*, GRUR 2006, 977 und *Rauh*, Die mittelbare Patentverletzung, 2009.

252 Die Erstreckung des Patentschutzes auf den Äquivalenzbereich einer Erfindung ist bereits ausdrücklich in Art. 2 des Protokolls über die Auslegung des Art. 69 EPÜ vom 05. Oktober 1973 in der Fassung der Akte zur Revision des EPÜ vom 29. November 2000 festgelegt. Dort heißt es: „*Bei der Bestimmung des Schutzbereichs des europäischen Patents ist solchen Elementen gebührend Rechnung zu tragen, die Äquivalente der in den Patentansprüchen genannten Elemente sind.*"

253 Siehe hierzu *Geißler*, GRUR Int. 2003, 1 ff.; ferner *Scharen*, in: Benkard (Hrsg.), Patentgesetz, 11. Auflage 2015, § 14, Rn. 91 der die Begrifflichkeit der „Äquivalenzlehre" ablehnt, da es dem Begriff an „*eindeutigem Inhalt*" fehle. Ein Überblick auf die Entwicklung der Äquivalenzlehre mit rechtsvergleichenden Bezügen findet sich bei *Kraßer/Ann*, Patentrecht, 7. Auflage 2016, § 32, Rn. 81 ff.

Zuhilfenahme gleich wirkender Mittel oder einfacher technischer Abwandlungen den wortsinngemäßen Schutzbereich der Erfindung zu verlassen und somit den Patentinhaber schutzlos zu stellen, wäre der wirtschaftliche Wert des Patents nicht unerheblich geschmälert.[254] Mitunter ist die Äquivalenzlehre folglich auch Ausdruck des Bestrebens, dem Erfinder seinen ungeschmälerten Lohn vollumfänglich zuzuwenden.[255]

Die angesprochene Problematik, bereits bei der Patentanmeldung alle möglichen Verletzungshandlungen zu verbalisieren, gebietet es demnach auch, äquivalente Lösungswege zu dem Umfang des Patentschutzes dazu zu zählen.[256] Damit eine vom Wortsinn des Patentanspruchs abweichende Patentbenutzungshandlung unter dem Gesichtspunkt der Äquivalenz dem Schutzbereich zuzuordnen ist, müssen drei Voraussetzungen erfüllt sein: Gleichwirkung, Naheliegen und Gleichwertigkeit.[257] Maßgeblich ist die Feststellung, dass die angegriffene Benutzungshandlung dem gleichen Lösungsprinzip folgt, um in den Schutzbereich des angreifenden Patents zu fallen.[258] Abschließend kann somit festgestellt werden, dass die mögliche patentverletzende Handlung unter dem rechtlichen Gesichtspunkt der Äquivalenzlehre die Position des Patentinhabers zusätzlich verstärkt. Auch hier wird deutlich, dass das Patentrecht um einen steten Interessenausgleich bemüht ist – bezogen auf die Äquivalenzlehre soll das Interesse an dem angemessenen Schutz der erfinderischen Leistung auf der einen Seite sowie das Verlangen nach Rechtssicherheit für Dritte auf der anderen Seite in Ausgleich gebracht werden.[259]

---

254 Ausdrücklich etwa bei *Osterrieth*, Patentrecht, 5. Auflage 2015, Rn. 941.

255 So schon RGZ 119, 70, 74; hieran anknüpfend BGH, GRUR 1962, 29, 31 – *Drehkippbeschlag*; BGH, GRUR 1969, 534, 535 – *Skistiefelverschluß*; *Keukenschrijver*, in: Busse/Keukenschrijver (Hrsg.), Patentgesetz, 8. Auflage 2016, § 14, Rn. 12.

256 BGHZ 98, 12, 19 – *Formstein*; BGHZ 112, 140, 148 ff. – *Befestigungsvorrichtung.*

257 Diesbezüglich wird auf die einschlägige Fachliteratur verwiesen, vgl. etwa *Mes*, Patentgesetz, 5. Auflage 2020, § 14, Rn. 66 ff.; *Scharen*, in: Benkard (Hrsg.), Patentgesetz, 11. Auflage 2015, § 14, Rn. 99 ff., der jedoch nicht von der Äquivalenzlehre spricht; *Keukenschrijver*, in: Busse/Keukenschrijver (Hrsg.), Patentgesetz, 8. Auflage 2016, § 14, Rn. 12 ff.; *Kühnen*, Handbuch der Patentverletzung, 12. Auflage 2020, Abschnitt A, Rn. 127 ff.; *Kraßer/Ann*, Patentrecht, 7. Auflage 2016, § 32, Rn. 81 ff.; *Timmann*, in: Haedicke/Timmann (Hrsg.), Handbuch des Patentrechts, 2012, § 6, Rn. 146 ff. Für eine intensive Auseinandersetzung mit der Äquivalenzlehre *Dierolf*, Patentverletzung im Äquivalenzbereich, 2008.

258 So ausdrücklich BGHZ 105, 1, 10 – *Ionenanalyse.*

259 Dass dieser Interessenausgleich der Äquivalenzlehre zugrunde liegt, ist gemeinhin anerkannt, vgl. BGHZ 150, 149, 154 – *Schneidmesser I*; *Scharen*, in: Benkard (Hrsg.),

c. Bedeutung des Schutzbereichs für den strategischen Patenteinsatz

Bezogen auf den strategischen Einsatz des Patents wird deutlich, dass die Frage nach der Auslegung der Patentansprüche für den Patentinhaber überwiegend vorteilhafte Implikationen mit sich bringen. In Anbetracht der Ungewissheit, ob und in welchem Umfang Patentbenutzungen durch Dritte überhaupt eine Verletzungshandlung darstellen, eignet sich das Patent als Druckmittel dergestalt, dass sich ein potentieller Verletzer im Zweifel eher auf die Zahlung einer Lizenzgebühr einlässt, um so einer langwierigen prozessualen Klärung mit ungewissem Ausgang zu entgehen.[260] Demgegenüber läuft der Patentinhaber „nur" Gefahr, dass der Schutzbereich des Patents eng bemessen wird, keine Verletzungshandlung vorliegt und die technische Erfindung von einem wirtschaftlichen Standpunkt aus weitestgehend wertlos wäre. Im Hinblick auf den Schutz des Patentinhabers vor Verletzungshandlungen im Äquivalenzbereich wird die Ungewissheit des Dritten zusätzlich dergestalt gesteigert, durch die Benutzung einer, unter Umständen sogar abgewandelten technischen Lösung ebenfalls eine mögliche Patentverletzung zu begehen. Diese Ungewissheit führt ebenfalls dazu, dass im Zweifel eine außergerichtliche Einigung unter Umständen favorisiert wird, welche höchstwahrscheinlich zugunsten des Patentinhabers ausfällt.[261] Die Frage der Bestimmung des konkreten Schutzbereichs des Patents macht somit deutlich, dass die bestehende Ausgestaltung des Schutzrechts selbst Anreize schafft, dieses zumindest strategisch für die eigenen Interessen einzusetzen. Ob dies auch einem Missbrauch gleichkommt, wird noch zu prüfen sein.

IV. Zusammenfassung

Aus rechtlicher Sicht gewährt das Patent seinem Inhaber in erster Linie ein Ausschließlichkeitsrecht und stattet den Erfinder mit umfassenden Benutzungs- sowie weitreichenden Verbietungsbefugnissen aus. Insoweit unterscheidet sich die Stellung des Patentinhabers nicht von anderen absoluten Rechten und den hieraus resultierenden Rechtsstellungen der Rechteinhaber. Die Gewährung etwaiger ausschließlicher Rechte bedarf in aller Regel gewisse Korrektive, um potentiell widerstreitende Interessen zwischen dem Berechtigten sowie der

---

Patentgesetz, 11. Auflage 2015, § 14, Rn. 100; *Timmann*, in: Haedicke/Timmann (Hrsg.), Handbuch des Patentrechts, 2012, § 6, Rn. 146.

260 Zu der Frage, inwieweit das Patent selbst als Druckmittel eingesetzt werden kann und wie sich insbesondere Verwertungsgesellschaften dieser Drohkulisse bedienen, siehe Kapitel 3, § 1, C, III, 1–5.

261 Vgl. hierzu vor allem Kapitel 3, § 1, C, III, 5.

Allgemeinheit schonend auszugleichen. Im Falle des Patentrechts geht es vordergründig um die Möglichkeit Dritter, die geschützte und insoweit nicht gemeinfreie Erfindung zu nutzen, um eigene Interessen zu verfolgen. Insoweit spiegeln sich hier die Patentrechtstheorien teilweise wider, wie etwa die Anreiztheorie im Rahmen des Versuchsprivilegs oder die Offenbarungstheorie im Hinblick auf das Privileg der privaten Nutzung. Auch werden die Interessen der Allgemeinheit insoweit berücksichtigt, als dass die Möglichkeit der Zwangslizenz dem öffentlichen Interesse Rechnung tragen soll. Letztlich ist das Patent zeitlich begrenzt, unterliegt dem Grundsatz der Territorialität und verbüßt sein Verbietungsrecht gegenüber solchen patentgeschützten Erzeugnissen im Sinne des Erschöpfungsgrundsatzes, die der Inhaber selbst oder mit seiner Zustimmung in den Verkehr bringt.

Dennoch ist das Patent als rechtliches Monopol anzusehen[262] und gewährt dessen Inhaber eine Monopolstellung für eine technische Erfindung, welche grundsätzlich zunächst gegenüber Jedermann Wirkung entfaltet. Die konkrete Ausgestaltung der Wirkung im Kollisionsfall ist jedoch stark einzelfallabhängig,

262 Siehe *Andermann*, Territorialitätsprinzip im Patentrecht und Gemeinsamer Markt, 1975, S. 82, Fn. 30, „*In Deutschland wurde es für das Patentrecht und die übrigen „Monopolrechte“ (Gebrauchs- und Geschmacksmusterrecht, Urheberrecht) seit je her vertreten.*“; *Osterrieth*, Patentrecht, 5. Auflage 2015, Rn. 567, der von einer „*monopolartigen Rechtsstellung des Patentinhabers*“ spricht; *Götting*, Gewerblicher Rechtsschutz, 10. Auflage 2014, § 5, Rn. 19, der auf die „*Monopolisierung des Erfindungsgedankens*“ abstellt; *Timmann*, in: Haedicke/Timmann (Hrsg.), Handbuch des Patentrechts, 2012, § 6, Rn. 4, grenzt folgerichtig ein und stellt klar: „*Nur innerhalb dieses Bereichs wird dem Patentinhaber eine Monopolstellung gewährt*“; *Kraßer/Ann*, Patentrecht, 7. Auflage 2016, § 3, Rn. 47, der ausführt, „*In Wahrheit ist es aber nicht schon deshalb, weil es wie jedes andere absolute Recht eine rechtlich gesicherte Alleinstellung verleiht, auch als Monopol im wirtschaftswissenschaftlichen Sinne anzusehen.*“; von einem rechtlichen Monopol spricht auch der Vorsitzende Richter am Bundespatentgerichts, *Häußler*, GRUR 2013, 1011, 1013, „*Der Patentinhaber wird durch das ihm verliehene Monopol belohnt, die von diesem Monopol unmittelbar betroffene Öffentlichkeit wird im Gegenzug auf Grund der Bereicherung des Stands der Technik durch die Lehre des Patents entschädigt*“; siehe auch *Trimborn*, in: Büscher/Dittmer/Schiwy (Hrsg.), Gewerblicher Rechtsschutz, Urheberrecht, Medienrecht, 3. Auflage 2015, § 9, Rn. 1, „*§ 9 beschreibt die monopolartige Rechtsstellung des Patentinhabers*“; *Müller/Wilming*, in: Fitzner/Lutz/Bodewig (Hrsg.), Patentrecht, 4. Auflage 2012, Art. 83 EPÜ, Rn. 1, „*Als Belohnung des Erfinders dafür, dass er den Stand der Technik auf diese Art und Weise bereichert, wird das volkswirtschaftlich eigentlich verpönte Monopol im Sinne des zeitlich begrenzten Ausschließlichkeitsrechts in Kauf genommen.*“

da es stets auf den Schutzbereich des konkret in Rede stehenden Patents ankommt. Hierfür ist zunächst die jeweilige Patentkategorie in Form der Erzeugnis-, bzw. Verfahrenspatente von Relevanz. Im Kollisionsfalle muss sodann im Wege der Auslegung ermittelt werden, welchen Schutzumfang die Patentansprüche dem Schutzrechtsinhaber vermitteln und ob die fragliche Handlung darunterfällt. Als Patentverletzung werden zusätzlich auch solche Benutzungshandlungen angesehen, die einen äquivalenten Lösungsweg zu der im Patent verkörperten technischen Lehre darstellen. Alles in allem lässt sich somit konstatieren, dass das Patent dessen Inhaber eine absolute, subjektive Rechtsstellung in Bezug auf eine technische Lehre vermittelt, die als zeitlich begrenztes rechtliches Monopol angesehen werden kann. Insbesondere die Frage des konkreten Schutzumfanges des Patents selbst bietet dessen Inhaber jedoch auch gewisse Anreize sowie einen weiten Spielraum für den strategischen Einsatz des Schutzrechts.

Kapitel 2 – Die defensive Patentstrategie

Das Auftreten defensiver Patentstrategien kann nicht gerade als neues Phänomen des strategischen Schutzrechtseinsatzes gewertet werden. Dennoch ist die patentrechtliche Auseinandersetzung mit dieser Strategie auf nationaler Ebene weniger ausgeprägt.[263] Gründe hierfür sind nicht im mangelnden Interesse an der Thematik selbst zu suchen, sondern vielmehr in der nicht vorhandenen allgemein verbindlichen Definition, was eine defensive Patentstrategie eigentlich umfasst.[264] Die Bearbeitung wird aufzeigen, dass die einzelnen Komponenten der Strategie für sich genommen durchaus Anklang im wissenschaftlichen Diskurs gefunden haben, soweit ersichtlich jedoch nicht in der hier vorgenommenen Form als Gesamtschau mehrerer Verhaltensmuster begriffen werden. Für eine wissenschaftliche Auseinandersetzung mit den einzelnen Handlungsformen, die vorliegend als defensive Patentstrategie zusammengefasst werden, ist demnach zuerst das Auffinden eines Merkmalrasters vonnöten.[265]

---

263 Siehe hierzu aus älterer Zeit die Monographie von *Jabbusch*, Begrenzung der konzentrationsfördernden Wirkungen des Patentschutzes, 1977. Der Stand der neueren deutschen Literatur ist diesbezüglich jedoch überschaubar und in aller Regel nach der Veröffentlichung des Abschlussberichts (dazu sogleich in Fn. 371) veröffentlich worden. Unter ausdrücklicher Bezugnahme auf den Abschlussbericht etwa *Zech*, ZWeR 2011, 312; *Besen/Gärtner/Mayer/Vormann*, PharmR 2009, 432; *Berg/Köbele*, PharmR 2009, 581; *Burr/Stephan/Soppe*, Patentmanagement, 2007, S. 92 ff.; sowie aus einer kartellrechtlichen Perspektive *Haedicke*, in: Haedicke/Timmann (Hrsg.), Handbuch des Patentrechts, 2012, § 1, Rn. 160 ff. und *Straus*, GRUR Int. 2009, 93, 93 und 106.

264 Vgl. etwa die unterschiedlichen Ansätze bei *Berthold*, Evergreening, 2011, S. 101; *Burr/Stephan/Soppe*, Patentmanagement, 2007, S. 97; *Granstrand*, The Economics and Management of Intellectual Property, 2000, S. 214; *Zech*, ZWeR 2011, 312, 313 ff. sowie aus der kartellrechtlichen Literatur *Fuchs*, in: Immenga/Mestmäcker (Hrsg.), Wettbewerbsrecht Band 1, 6. Auflage 2019, Art. 102 AEUV, Rn. 356 ff.

265 Für das sprachliche Dilemma kann exemplarisch der Aufsatz von *Zech*, ZWeR 2011, 312 angeführt werden, der als einer der wenigen Verfasser eine wissenschaftliche Auseinandersetzung mit dieser Thematik aus patentrechtlicher Sichtweise vornimmt. Dort heißt es auf S. 313: „*Die Kommission definiert „defensive Patentstrategien" als solche,* […] *Sie würden zum einen dem Zweck dienen* […] „*Defensive Patentstrategien" umfassen damit* […]". Verweise oder eigene Definitionsansätze bezüglich der Strategie sind hingegen nicht vorhanden.

§ 1. Grundlagen

A. Merkmale einer defensiven Patentstrategie

Vorab sei verdeutlicht, dass die Bedeutung des Begriffs der defensiven Patentstrategie bereits einen Rückschluss auf den Zweck der Strategie zulässt. Unter „defensiv" versteht man „*der Verteidigung dienend*" oder „*auf Sicherung oder Sicherheit*" bedacht sein,[266] was bereits eine gute Charakterisierung dieser Handlungsform darstellt. Bei der defensiven Patentstrategie steht die Sicherung eigener Produkt- und Technologiemärkte unter gleichzeitiger Blockade Dritter im Vordergrund und nicht die Erwirtschaftung von Lizenzgebühren oder aber die Generierung von Schutzrechten zum Zwecke der späteren Kreuzlizenzierung. Sie ist mithin eine klassische Anmeldestrategie, die durch den (punktuellen) Zukauf von Schutzrechten erweitert werden kann.[267]

I. *Blocking*, *Fencing* und *Thickening*

Im Zusammenhang mit dem Auffinden eines Merkmalrasters erweist sich der Abschlussbericht über die Sektorenuntersuchung des Pharmabereichs durch die Europäische Kommission als hilfreicher Anknüpfungspunkt.[268] Neben der Feststellung einer Vielzahl kritisch zu hinterfragenden Handlungsformen stellte die Kommission unter anderem fest, dass sich Unternehmen zunehmend defensiver Patentstrategien[269] bedienen, um sich hierdurch Vorteile im Wettbewerb mit

---

266 Vgl. Duden, 27. Auflage 2017, S. 322.

267 Siehe auch Abschlussbericht, S. 5, der darauf verweist, dass der Begriff „*defensive Patente*" und die hieran anknüpfende „*defensive Patentstrategie*" eine Klassifikation der Industrie für eine aus wirtschaftlicher Sicht bestimmte Art von Patenten darstellt.

268 Der Abschlussbericht gliedert sich in eine Mitteilung der Kommission „Zusammenfassung zum Bericht über die Untersuchung des Arzneimittelsektors" (im Folgenden: „Abschlussbericht") sowie ein Arbeitsdokument der Kommissionsdienststellen „Technical Annex". Akademische Auseinandersetzungen mit der Sektorenuntersuchung finden sich bei *Besen/Gärtner/Mayer/Vormann*, PharmR 2009, 432 und *Brindöpke/Mross*, PharmR 2008, 268.

269 Diese Vorgehensweise ist von der sogenannten Defensivpublikation abzugrenzen. Bei einer solchen geht es für den Erfinder nicht darum ein Patent anzumelden, sondern durch die Publikation der Erfindung den Stand der Technik zu mehren, um dadurch eine mögliche Patentanmeldung Dritter zu sperren vgl. zu dieser Thematik *Slopek*, GRUR 2009, 816; *Rosenich*, Mitteilungen 2014, 306 und *Tönnies*, Mitteilungen 2014, 309.

anderen Originalpräparate-Herstellern zu verschaffen.[270] Für die Kommission umschreibt eine defensive Patentstrategie solche Handlungsformen, die *„in erster Linie darauf ausgerichtet sind, Wettbewerber auszuschließen, ohne dabei die Entwicklung einer neuen Arznei zu verfolgen“*.[271] Die Zwecksetzung einer solchen Vorgehensweise zielt lediglich darauf ab, *„ein einklagbares Recht zu schaffen, das Wettbewerber davon abhalten kann, den Gegenstand eines Patents zu entwickeln.“* Zusätzlich führt die Kommission an, dass die Unternehmen absichtlich „[…] *einen Entwicklungsstandard [schaffen], sobald die Patentanmeldung veröffentlicht ist*“, mittels dessen konkurrierenden Unternehmen Anreize zur Weiterentwicklung genommen werden sollen.[272] Dreh- und Angelpunkt einer defensiven Patentstrategie ist somit die Blockade Dritter durch den gezielten Einsatz von Sperrpatenten, mithin die Handlungsform des sog. *Blocking*.

Zusätzlich hierzu soll eine weitere Handlungsform im Rahmen der defensiven Patentstrategie diskutiert werden, die weder im Abschlussbericht angesprochen wird noch in der deutschsprachigen Literatur wirkliche Beachtung findet, dem sog. *Fencing*.[273] Die Blockadewirkung steht beim *Fencing* gleichsam im Vordergrund, wird hierbei jedoch durch den gezielten Zukauf von

270 Siehe Abschlussbericht, S. 5, 18 und 22. Für eine hieran anknüpfende akademische Auseinandersetzung mit der defensiven Patentstrategie, *Zech*, ZWeR 2011, 312.

271 Abschlussbericht, S. 18.

272 Siehe für beide Zitate den Abschlussbericht, S. 18. Ausführlich heißt es dort: *„In einigen Fällen wenden die Unternehmen jedoch Patentstrategien an, die die Entwicklung einer konkurrierenden Arznei beeinträchtigt. Strategien, die in erster Linie darauf ausgerichtet sind, Wettbewerber auszuschließen, ohne dabei die Entwicklung einer neuen Arznei zu verfolgen, werden von einigen Originalpräparateherstellern als „defensive Patenstrategien“ bezeichnet. Solche „defensiven Patentstrategien“ können verschiedenen Zwecken dienen. Erstens schaffen sie ein einklagbares Recht, das Wettbewerber davon abhalten kann, den Gegenstand des Patentes zu entwickeln. Zweitens schaffen sie einen Entwicklungsstandard, sobald die Patentanmeldung veröffentlicht ist. Dementsprechend wäre die Entwicklung der veröffentlichten Erfindung für andere Unternehmen nicht mehr von wirtschaftlichem Interesse, da sie nicht mehr in der Lage wären, einen Patentschutz für ihre Entwicklung zu bekommen.“* Ausführlich hierzu unter dem Blickwinkel der Patentanmeldung als Missbrauch einer marktbeherrschenden Stellung, *Straus*, GRUR Int. 2009, 93.

273 Abgeleitet von der im amerikanischen Recht anerkannten Praxis des sog. *Fencings*, mittels derer die FuE Bemühungen der Konkurrenz eingeschränkt werden soll und im Rahmen des Kartellrechts als Wettbewerbsverstoß angesehen wird. Hierzu *Jung*, ZWeR 2004, 379, 393; *Oppenländer*, GRUR 1977, 362, 367 und *Berthold*, Evergreening, 2011, 103.

Umzäunungspatenten um eine fremde Technologie herum erreicht, oder aber auch durch das gezielte Herumerfinden um eine fremde Technologie und der anschließenden Anmeldung der selbigen zum Patent.[274] Eine defensive Patentstrategie umfasst folglich zunächst einmal den Erwerb und die Ausübung von Sperr- bzw. Umzäunungspatenten (welche im Ergebnis ebenfalls Sperrpatente sind), um die Weiterentwicklungsmöglichkeit der Konkurrenz zu blockieren, ohne gleichzeitig eigene FuE-Interessen an den zugrunde liegenden Erfindungen zu verfolgen.[275]

Das Bestehen defensiver Patentstrategien stellte die Kommission auf horizontaler Ebene im Rahmen der Untersuchung des Wettbewerbsverhältnisses zwischen Originalpräparate-Herstellern untereinander fest. Im Verhältnis von Originalpräparate- und Generikaherstellern ermittelte die Kommission auf vertikaler Ebene eine weitere Anmeldestrategie, die nach der hier vertretenen Auffassung ebenfalls unter den Begriff der defensiven Patentstrategie subsumiert werden muss – die Schaffung von Patentdickichten durch massenhafte Patentanmeldungen oder Zukäufe im Sinne des sog. *Thickening*.[276] Bei der Schaffung von Patentdickichten wird dem Grunde nach das gleiche „Ergebnis" erzielt wie bei einer „reinen" defensiven Patentstrategie, nämlich die Behinderung innovativer Tätigkeiten Dritter durch die Anmeldung oder den Zukauf von Schutzrechten. Im Gegensatz zum reinen *Blocking* und *Fencing* kommt es beim Patentdickicht ganz bewusst auf die Masse an Schutzrechten an, welche zwar die gleiche Blockadewirkung erzielen sollen, im Gegensatz zu reinen Sperrpatenten jedoch in der Regel für die eigenen Belange verwendet werden.[277] Mit Blick auf die gezielte Blockade Dritter erlangt eine defensive Patentstrategie ihren höchsten Grad an Effektivität, wenn das Patentdickicht zusätzlich mit nicht verwendeten Sperrpatenten abgesichert wird.

---

274 Diese Abgrenzung nimmt auch *Jung*, ZWeR 2004, 379, 393 vor. Das *Fencing* als Strategie beschrieb schon *Machlup* in seiner für das heutige Verständnis des modernen Patentrechts maßgeblichen Abhandlung, *ders.* An Economic Review of the Patent System, 1958, S. 11–12; siehe ferner dazu auch *Lieberknecht*, Patente, Lizenzverträge und Verbot von Wettbewerbsbeschränkungen 1953, S. 20 ff. und 50 ff.

275 Siehe auch *Fuchs*, in: Immenga/Mestmäcker (Hrsg.), Wettbewerbsrecht Band 1, 6. Auflage 2019, Art. 102 AEUV, Rn. 356, der ebenfalls die Begrifflichkeiten des *Blocking* unf *Fencing* verwendet.

276 Vgl. Abschlussbericht, S. 11 ff.

277 *Haedicke*, in: Haedicke/Timmann (Hrsg.), Handbuch des Patentrechts, 2012, § 1, Rn. 168.

Als Ergebnis der vorangestellten Ausführungen beschreibt der erste Untersuchungsgegenstand der defensiven Patentstrategie folglich den originären bzw. derivativen Erwerb und Einsatz von Sperrpatenten und Umzäunungstaktiken, oder aber die Schaffung von Patentdickichten mittels massenhafter Schutzrechtsanmeldungen oder Zukäufen – beides zum Zwecke der gezielten Blockade Dritter in innovationshemmender Weise.

II. Gezielte Blockade Dritter

Im Fokus einer defensiven Patenstrategie steht somit in erster Linie die Anmeldung oder aber der Zukauf von Sperrpatenten zum Zwecke der Blockade direkter oder indirekter Konkurrenten.[278]

1. Anmeldung von Sperrpatenten

Wie der Name es vermuten lässt, stellen Sperrpatente Schutzrechte dar, deren wesentliches Merkmal die Verhinderung weiterer Entwicklungstätigkeiten Dritter ist und den Zugang zu einer bestimmten Technologie oder im Zweifel zu einem gesamten Technologiemarkt blockieren soll.[279] Derartige Schutzrechte schützen in aller Regel Erfindungen, die nur dann kommerziell genutzt werden können, wenn der Zugang zu allen sperrenden Technologien gewährleistet ist.[280] Paradebeispiel für ein Sperrpatent mit erheblicher praktischer Bedeutung

---

278 Im Zusammenhang mit Sperrpatenten kam eine aufschlussreiche Studie von *Giuri et al.*, Research Policy 2007, 1107, 1118 (Tabelle 6) zu dem Ergebnis, dass im Bereich der chemischen und pharmazeutischen Industrie rund 28,2% der gehaltenen Patente als Sperrpatente verwendet werden und weitere 22,3% als schlafende Patente existieren. Im Ergebnis ergab die Auswertung von fünf Industriebereichen eine Gesamtzahl von 18,7% an Sperrpatenten und 17,4% an schlafenden, ungenutzten Patenten.

279 Vgl. grundlegend zu der Thematik rund um Sperrpatente und deren Einsatz *Merges*, Tennessee Law Review 1994, 75, 76 ff.; ferner *Eilmansberger*, EuZW 1992, 625, 630; *Jung*, ZWeR 2004, 379, 392 ff.; *Ohly*, in: Oberender (Hrsg.), Wettbewerb und geistiges Eigentum, 2007, S. 47, 65–66 jedoch ohne ausdrückliche Nennung des Sperrpatents; *Zech*, ZWeR 2011, 312, 313 ff. und *Hufnagel*, in: Dieners/Reese (Hrsg.), Handbuch des Pharmarechts 2010, § 14, Rn. 164; *Schnelle*, GRUR-Prax. 2010, 169, 170; *Koppel*, Patente, 2011, S. 20; so auch bereits *Lenel*, Ursachen der Konzentration, 1962, S. 197; siehe ferner *Schmidtchen*, in: Oberender (Hrsg.), Wettbewerb und geistiges Eigentum, 2007, S. 9 ff., 29 ff. für eine generelle Analyse, wann der Einsatz von gewerblichen Schutzrechten wettbewerbsbeschränkende Wirkungen entfalten.

280 *Schulte*, Lizenzaustauschverträge und Patentgemeinschaften im amerikanischen und im deutschen Recht, 1971, S. 104.

ist der Fall des Verbesserungspatents, welches nicht genutzt werden kann, da das Basispatent ein Sperrpatent ist und durch die Verwendung des Verbesserungspatents verletzt werden würde.[281] In einer solchen Konstellation strahlt die Blockadewirkung des Basispatents auf die weiterentwickelten Erfindungen aus, die ohne Lizenzierung des Sperrpatents nicht verwendet werden dürfen, sog. *one-way blocking* Situation.[282] Verschärft wird diese Situation noch zusätzlich, wenn die Substituierbarkeit technisch nicht möglich, oder aber nur mit unverhältnismäßigen Kosten verbunden ist, wie etwa im Falle von Grundlageninnovationen. Hieran wird deutlich, dass ein Sperrpatent seine blockierende Wirkung in negativer Weise auf verschiedene Märkte ausstrahlen kann. Sowohl auf dem Technologie- und Produktmarkt, als auch auf Innovationsmärkte, etwa dann, wenn die FuE-Tätigkeiten unterbunden und damit auch die Möglichkeit des Auftretens substituierbarer Produkte/Verfahren verhindert wird.[283] Sperrpatente verfolgen zwei miteinander korrespondierende Zielsetzungen: Auf der einen Seite soll der Handlungsspielraum von Mitbewerbern bzw. Konkurrenten durch die Schaffung eines neuen Schutzrechts und der hiermit einhergehenden Blockadewirkung eingeschränkt werden und auf der anderen Seite behält der Anmelder die theoretische Möglichkeit, die patentierte Erfindung selbst zu nutzen.[284] Hierbei muss jedoch beachtet werden, dass die Möglichkeit der eigenen Nutzbarkeit eine zu vernachlässigende Zwecksetzung des Anmelders oder Erwerbers darstellt. Der technische Gehalt der Erfindung ist für dessen Inhaber nämlich nur insoweit von Relevanz, als dass die Nicht-Lizenzierung dazu führt, dass Wettbewerber entweder vom Markt verdrängt werden, oder aber auf diesem gar nicht erst Fuß fassen können.[285] Zu beachten ist jedoch auch, dass die beschriebene Situation dem Wesen des Patents als Ausschließlichkeitsrecht immanent ist. Für die Feststellung des Vorliegens eines Sperrpatents muss somit zusätzlich noch der Umstand hinzutreten, dass der Patentinhaber keinerlei Interesse an der Verwendung der zugrunde liegenden Erfindung selbst oder deren Weiterentwicklung hat. Der Intention des Patentinhabers, Dritte zu blockieren,

281 *Folz*, Technologiegemeinschaften und Gruppenfreistellung, 2002, S. 246.

282 Ausführlich mit diversen Beispielen aus der Vergangenheit *Merges*, Tennessee Law Review 1994, 75, 78 ff.; ferner *Andewelt*, Antitrust Law Journal 1984, 611, 613 ff.; *Königs*, GRUR 2014, 1155, 1160; neben dem *one-way blocking* ist auch das *two-way blocking* denkbar, siehe hierzu sogleich im Rahmen des *Fencings*.

283 *Lamping*, Patentschutz und Marktmacht, 2010, S. 138.

284 Ausführlich *Slopek*, GRUR 2009, 816, 819.

285 *Kraßer/Ann*, Patentrecht, 7. Auflage 2016, § 3, Rn. 50 ff.; *Zech*, ZWeR 2011, 312, 319 ff.; *Königs*, Patentpools, 2014, S. 71; *Jung*, ZWeR 2004, 379, 392.

kommt bei Sperrpatenten eine übergeordnete Bedeutung zu, lässt diese doch das Patent erst zu einem wirklichen Sperrpatent werden.

2. Umzäunung mit Sperrpatenten

Die Blockadewirkung gegenüber direkter oder indirekter Konkurrenten lässt sich auch durch das Umzäunen fremder Technologien mittels Sperrpatenten erreichen und kann eine komplementäre Handlungsform zur klassischen Sperrpatent-Anmeldung darstellen.[286] Hierunter versteht man den systematischen Ankauf von Verbesserungspatenten der Konkurrenz rund um deren Technologien herum, zum Zwecke der Absicherung des eigenen Technologiestandes unter gleichzeitiger Beschränkung desselbigen des konkurrierenden Wettbewerbers.[287] Umzäunt werden kann die Technologie Dritter auch dadurch, dass ein Unternehmen gezielt die Entwicklung von Verbesserungserfindungen zu den konkurrierenden Technologien vorantreibt, um die Weiterentwicklung der Konkurrenz durch dieses „Herumerfinden" ebenfalls zu blockieren, da eine Lizenzbereitschaft in solchen Fällen gerade nicht gegeben sein wird.[288] Von der wie eben dargestellten klassischen Anmeldung eines Sperrpatents unterscheidet sich diese Handlungsform darin, dass die Weiterentwicklung bereits bestehende Konkurrenztechnologien gezielt blockiert werden. Erwirbt der defensiv handelnde Patentinhaber ein solches Schutzrecht (ob originär oder derivativ), entsteht eine spiegelbildliche Konstellation zu der eben angeführten Blockadesituation von Basis- zu Verbesserungspatent, mit dem Zusatz, dass nunmehr eine doppelseitige Blockadesituation entsteht. Nunmehr wird zum einen die Weiterentwicklung des Grundpatents blockiert und zum anderen können weitere

---

286 Abgeleitet von der im amerikanischen Recht anerkannten Praxis des sog. *Fencings*, mittels derer die FuE-Bemühungen der Konkurrenz eingeschränkt werden sollen und im Rahmen des Kartellrechts als Wettbewerbsverstoß angesehen werden. Diese stellen ebenfalls Sperrpatente dar, mit dem Unterschied, dass sie gezielt um die bestehende Technologie eines Konkurrenten platziert werden. Siehe hierzu bereits *Machlup*, An Economic Review of the Patent System, 1958, S. 11–12; vgl. ferner *Kaufer*, Patente, Wettbewerb und technischer Fortschritt, 1970, S. 198 ff. und *Lieberknecht*, Patente, Lizenzverträge und Verbot von Wettbewerbsbeschränkungen 1953, S. 20 ff. und 50 ff., mit diversen Beispielen zum *Fencings*.

287 *Jung*, ZWeR 2004, 379, 393; *Lieberknecht*, Patente, Lizenzverträge und Verbot Wettbewerbsbeschränkungen, 1953, S. 50 ff.; *Böck*, Die Zwangslizenz im Spannungsfeld von gewerblichem Rechtsschutz und Kartellrecht, 1992, S. 58; siehe ferner *Rivette/Kline*, Rembrandts in the Attic, 2000, S. 110, die vom *bracketing* sprechen.

288 *Jung*, ZWeR 2004, 379, 393; *Oppenländer*, GRUR 1977, 362, 367.

Dritte ebenfalls an der Nutzung der Verbesserung gehindert werden, obwohl diese womöglich eine Lizenzvereinbarung mit dem Grundpatentinhaber haben, sog. *two-way blocking* Situation.[289] Ein solches Vorgehen kann dazu führen, dass einem Wettbewerber die Verbesserungs- bzw. Weiterentwicklungsmöglichkeiten für Verfahren oder Produkte völlig genommen werden, sofern Substituierungsmöglichkeiten nicht ersichtlich sind oder keine Lizenzierung der umzäunenden Technologien erfolgt, was freilich stets vom Willen des Schutzrechtsinhabers abhängt.[290]

3. Fehlendes Eigeninteresse und mangelnde Lizenzbereitschaft

Das fehlende Eigeninteresse an der dem Schutzrecht zugrunde liegenden Erfindung stellt ein entscheidendes Merkmal für die Feststellung einer defensiven Patentstrategie dar.[291] Die aus dem Wesen der Patenterteilung zwangsläufig entstehende Blockadewirkung wirkt sich erst durch die fehlende Lizenzbereitschaft für forschende und produzierende Dritte unmittelbar innovationshemmend aus und für die Allgemeinheit insoweit mittelbar, wenn aufgrund des fehlenden Eigeninteresses an weiterführenden FuE-Aktivitäten die Entwicklung neuer Produkte oder Verfahren verhindert wird bzw. diese gar nicht erst auf den Markt gelangen können.[292]

a. Fehlende Lizenzbereitschaft

Die Feststellung fehlender Lizenzbereitschaft erscheint relativ einfach, liegt diese zumindest evident vor, wenn ein potentieller Lizenznehmer mit seinem Ersuchen auf Ablehnung stößt. Hierbei ist jedoch zu berücksichtigen, dass die bloße Ablehnung eines Lizenzierungsangebotes nicht bereits den Rückschluss

289 *Merges*, Tennessee Law Review 1994, 75, 84 ff.; *Königs*, Patentpools, 2014, S. 71 diskutiert diese Konstellation unter dem Oberbegriff des Sperrpatents.

290 *Böck*, Die Zwangslizenz im Spannungsfeld von gewerblichem Rechtsschutz und Kartellrecht, 1992, S. 58.

291 So auch *Zech*, ZWeR 2011, 312, 314 m.w.N.

292 *Jung*, ZWeR 2004, 379, 392, der das fehlende Eigeninteresse an einem Immaterialgut per se als missbräuchlich ansieht. Zu beachten ist hierbei, dass die Behandlung dieser Thematik im Rahmen einer kartellrechtlichen Wertung erfolgt und nicht auf Erwägungen bezüglich gewerblicher Schutzrechte beruht. So auch *Viefhues*, Mitteilungen 1995, 141, 142, der hierin die wettbewerbspolitische Rechtfertigung für kartellrechtliche Zwangslizenzen sieht.

auf eine grundsätzlich fehlende Lizenzierungsbereitschaft zulässt.[293] Die Verweigerung ist lediglich Ausdruck einer negativen Rechtsausübung, die dem Patent als Ausschließlichkeitsrecht innewohnt und mitunter dessen Wesen ausmacht. Die Feststellung dauerhaft fehlender Lizenzbereitschaft ist dem Grunde nach auch nicht möglich, da sowohl die Bereitschaft als auch die Ablehnung von einer Vielzahl unterschiedlicher Faktoren abhängt. Zu fordern wäre zumindest ein erfolgloses Bemühen innerhalb eines angemessenen Zeitraums im Sinne der Tatbestandsvoraussetzungen einer patentrechtlichen Zwangslizenz aus § 24 Abs. 1 Nr. 1 PatG.[294] Aus wirtschaftlicher Sicht müsste das Angebot den geschäftsüblichen Bedingungen entsprechen, also insbesondere ein übliches und angemessenes Entgelt beinhalten.[295] Eine Ablehnung wäre dann zumindest nicht mit mangelnder wirtschaftlicher Attraktivität zu begründen. Aus zeitlicher Sicht kann der Zeitpunkt des Ersuchens für die Bewertung grundsätzlich keinen Unterschied machen, selbst wenn diese kurz nach Erteilung erfolgt.[296] Zu verlangen wäre zumindest jedoch die Einräumung einer angemessenen Reaktionszeit des Patentinhabers, in dem das Für und Wider der möglichen Erteilung aus wirtschaftlichen Gesichtspunkten erwogen werden kann.[297] Eine hierauf beruhende Ablehnung kann zumindest als Indiz für die generell fehlende Bereitschaft gewertet werden und verdichtet sich zu einem Gesamtbild, wenn zusätzlich mehrere unterschiedliche Lizenzsucher ebenfalls abgelehnt wurden.

---

293 Der Ablehnung eines aus wirtschaftlicher Sicht unbefriedigenden Angebots ist nicht die Aussage zu entnehmen, dass keinerlei weiteren Lizenzangebote angenommen werden würden.

294 Ein instruktiver Überblick über die Voraussetzungen der patentrechtlichen Zwangslizenz findet sich bei *Scheffler*, GRUR 2003, 97, allerdings noch zu § 24 a.F.

295 Siehe hierzu *Rogge/Kober-Dehm*, in: Benkard (Hrsg.), Patentgesetzt, 11. Auflage 2015, § 24, Rn. 12 ff.

296 Wobei es zu bedenken gilt, dass sich die Lizenzbereitschaft des Inhabers mit zunehmendem Abstand zu der Erteilung durchaus verändern kann. Etwa dann, wenn sich der eigene FuE-Schwerpunkt geändert hat und das Schutzrecht für die eigenen Tätigkeiten nicht mehr relevant erscheint; die weitere Entwicklung keine Erfolgsaussichten versprechen; die Schaffung der Marktreife zu kostenintensiv erscheint oder aber eine Kreuz-Lizenzierung lukrativ anmutet, um anderweitige Schwerpunkte zu verfolgen.

297 *Hacker*, in: Busse/Keukenschrijver (Hrsg.), Patentgesetz, 8. Auflage 2016, § 24, Rn. 30–31.

b. Fehlendes Eigeninteresse an Kommerzialisierung oder Weiterentwicklung

Etwas schwieriger wird es bei der Feststellung des fehlenden Eigeninteresses aufgrund mangelnder FuE-Tätigkeiten.[298] Dies liegt insbesondere daran, dass das Auffinden eines Anknüpfungspunktes Probleme bereitet. Von fehlendem Eigeninteresse ist zumindest dann auszugehen, wenn das oder die Sperrpatent(e) für Technologiebereiche existieren, in denen weder selber produziert wird noch eigene FuE-Tätigkeiten bestehen. Der Patentinhaber ist somit inaktiv,[299] was eigentlich nur bei dem gezielten Zukauf von Sperrpatenten denkbar wäre. Ansonsten kann fehlendes Eigeninteresse bei einer gänzlichen Einstellung der FuE-Aktivitäten nach Anmeldung der Sperrpatente, oder aber erheblichen Drosselung des Engagements in Verbindung mit der generellen Lizenzverweigerung angenommen werden.[300] Zu beachten ist jedoch auch, dass dem Grunde nach jede noch so kleine, aber ernst zu nehmende Aufwendung an FuE bezüglich der potentiellen Sperrpatente gegen ein fehlendes Eigeninteresse sprechen müsste. Im Ergebnis ist somit festzuhalten, dass das fehlende Eigeninteresse und die mangelnde Lizenzbereitschaft schwer zu greifende Kriterien sind, denen keine konstitutive Wirkung zukommen kann, sondern die vielmehr das negative Bild von Sperrpatenten komplettieren.[301]

4. Zwischenfazit: Blockade technischen Fortschritts contra Erteilungsakt

Die Darstellung beider Spielarten der Blockade von Konkurrenten macht bereits im Ansatz deutlich, dass ihnen eine innovationshemmende Wirkung zukommen kann, welche sogleich noch ausführlich darzustellen sein wird.[302] Dennoch verhält es sich bezüglich eines Sperrpatents grundsätzlich so, dass eine patentamtliche Erteilung zu respektieren ist, da die Blockade und eine hierdurch faktisch bewirkte Beschränkung Dritter dem Patent inhärent und

---

298 Dieses Merkmal wird nicht bei allen Kommentatoren erwähnt. Für eine explizite Nennung siehe *Zech*, ZWeR 2011, 312, 314 und *Jung*, ZWeR 2004, 379, 392 ohne Nennung etwa *Eilmansberger*, EuZW 1992, 625, 630.

299 *Jung*, ZWeR 2004, 379, 392.

300 *Eilmansberger*, EuZW 1992, 625, 630–631.

301 *Zech*, ZWeR 2011, 312, 314 m.w.N.

302 Für Konstellationen, in denen von einer Innovationshemmung durch Sperrpatente auszugehen ist, siehe Kapitel 2, § 1, A, IV, 1, a-b.

überdies systemkonform ist.[303] Darüber hinaus beinhalten weder das PatG oder EPÜ, noch supranationale Abkommen wie die PVÜ oder das TRIPS-Abkommen eine Verpflichtung des Patentinhabers, das Patent auch konkret zu verwenden,[304] oder aber das Schutzrecht Dritten unter allen Umständen zu lizenzieren.[305] Dennoch drängt sich im Falle derartiger Konstellationen die Frage auf, inwieweit der Umstand zu berücksichtigen ist, dass es einem Anmelder mit der Anmeldung eines Schutzrechts evident auf die Blockade der Konkurrenz ankommt bzw. dem derivativen Schutzrechtserwerber auf die Beschränkung der Verbesserungs- und Weiterentwicklungsmöglichkeiten und nicht ansatzweise auf die dem Schutzrecht zugrunde liegende technische Erfindung. Eine solche Zielsetzung könnte mit dem Sinn und Zweck des Patentschutzes unvereinbar sein.

III. Schaffung von Patentdickichten durch massenhafte Patentanmeldungen

Wohingegen sich der Verwender von Sperrpatenten gezielt die Blockadewirkungen einzelner Patente zunutze macht, wird mit der Schaffung von Patentdickichten das gleiche Ziel mittels massenhafter Patentanmeldungen verfolgt. Überspitzt gesprochen schaffen Sperrpatente und Umzäunungstaktiken eine qualitative Blockadewirkung, Patentdickichte hingegen eine quantitative Blockadewirkung. Im Gegensatz zu dem fehlenden Eigeninteresse des Patentinhabers bei reinen Sperrpatenten, werden Schutzrechte aus Patentdickichten in der Regel aktiv verwendet und Sperrpatente nur komplementär zu der Schaffung eines Dickichts eingesetzt.[306]

1. Das Wesen eines Patentdickichts

Durch die Anmeldung einer Vielzahl von Patenten für ein und dasselbe Produkt/Verfahren oder dem gezielten Erwerb von korrespondierenden Erfindungen

---

303 So bereits *Kraft*, Patent und Wettbewerb in der Bundesrepublik Deutschland, 1972, S. 48.

304 Dennoch ist die (Wieder-)Einführung eines patentrechtlichen Ausführungszwangs ein denkbarer Lösungsansatz, vgl. dazu ausführlich Kapitel 2, § 3, B, I-III.

305 Für die Voraussetzungen der patentrechtlichen Zwangslizenz, siehe Kapitel 2, § 2, A, I-II.

306 Die Symbiose aus Sperrpatenten und Patentdickichten beschrieb bereits *Shapiro*, in: Jaffe/Lerner/Stern (Hrsg.), Innovation Policy and the Economy 2000, 119, 120.

können regelrechte Schutzrechtsdickichte entstehen, mittels derer eine „*Vernebelung des Marktes*“[307] erreicht werden soll.[308] Der Begriff des Patentdickichts geht auf *Carl Shapiro* zurück, der hierunter ein dichtes Netz an Schutzrechten versteht, durch welches sich Unternehmen praktisch durchkämpfen müssen, um ihre eigenen Technologien zu kommerzialisieren.[309] Hauptursächlich für das Entstehen undurchsichtiger Dickichte ist die kontinuierliche Steigerung globaler Patenterteilungen für immer kleinteiligere Entwicklungsschritte mit der Konsequenz, dass die Anzahl an substituierbaren und komplementären Schutzrechten für Technologien schier unüberschaubar ist und hierdurch die angestrebte Verdichtung vorangetrieben wird.[310] Das Wesen eines Patentdickichts zeichnet sich dadurch aus, dass entweder unzählige unterschiedliche patentierte Technologiekomponenten existieren, die je nach Zusammensetzung eine Vielzahl

---

307 *Tschammler*, WuW 2013, 1071, 1073, der sich hiermit auf den Einsatz von Patentdickichten im pharmazeutischen Bereich bezieht. Den Terminus der Vernebelung benutzt auch die Kommission in ihrer Entscheidung Kommission, COMP/M.3998, Rn. 58 – *Axalto/Gemplus*.

308 Vgl. etwa die Ausführungen der Monopolkommission, die in einer umfassenden rechtstatsächlichen Erhebung feststellt, dass „*In der Realität sind Erfindungen heute dagegen vielfach das Ergebnis systematischer Forschungstätigkeit, welche in Unternehmen als arbeitsteiliger Prozeß organisiert wird. Großunternehmen verfügen über hunderte von Patenten und decken damit ganze Technologien ab.* […]. *Häufig werden ebenfalls ganze Technologien gegenseitig zugänglich gemacht. Derartige Vereinbarungen beinhalten jedoch die Gefahr, daß die Vorrangstellung von Großunternehmen auf technischem Gebiet unterstützt und der Zugang zu diesen Technologien und zu dem betreffenden Markt für die übrigen Unternehmen erschwert wird. Neben den positiven Wirkungen, die das Patentsystem durch Stimulierung des technischen Fortschritts auf den Wettbewerbsprozeß ausübt, finden daher in zunehmendem Maße auch mögliche wettbewerbsbeschränkende Wirkungen Beachtung.*“ *Monopolkommission*, Hauptgutachten II, Fortschreitende Konzentration bei Großunternehmen, 1978, S. 361, Rn. 637.

309 *Shapiro*, in: Jaffe/Lerner/Stern (Hrsg.), Innovation Policy and the Economy 2000, 119, 120, der im Hinblick auf ein Patentdickicht konstatiert, dies sei ein: „[…] *dense web of overlapping intellectual property rights that a company must hack its way through in order to actually.*“; zu dieser Thematik in Verbindung mit Patent *Trollen*, vgl. *Mestmäcker/Schweitzer*, Europäisches Wettbewerbsrecht, 3. Auflage 2014, § 30, Rn. 51 ff.; *Ohly*, GRUR Int. 2008, 787; *Osterrieth*, GRUR 2009, 540; dieses Phänomen unter weiteren Gesichtspunkten diskutieren auch *Fischmann*, GRUR Int. 2010, 185; *Klees*, EWS 2008, 449 und *Fröhlich*, GRUR 2008, 205.

310 *Harhoff/Engel/Möschel*, Patentschutz und Innovation, Gutachten des wissenschaftlichen Beirats beim BMWI vom 24. März 2007, S. 2 und 9; *Königs*, Patentpools, 2014, S. 204.

unterschiedlicher Produkte/Verfahren hervorbringen können (sog. *modular technology*); oder aber für ein konkretes Produkt/Verfahren unzählige kleinteilige Patente existieren, die meist nur marginale Weiterentwicklungen abdecken und für ein ganz bestimmtes Produkt/Verfahren benötigt werden (sog. *complex technology*).[311]

In den meisten Fällen überschneiden sich insbesondere die Funktionen der jeweiligen Patente eines Dickichts erheblich, was die anvisierte Vernebelung stark fördert.[312] Der Technologiezugang wird noch zusätzlich erschwert, wenn das Dickicht mittels Sperrpatenten komplementär abgesichert wird, deren Lizenzierung der Inhaber verweigert und die Gefahr von Verletzungsverfahren sodann nicht nur die Produktion, sondern auch weitere Innovationen durch Dritte gezielt blockiert.[313] Im Extremfall kann eine solche undurchsichtige Lage somit dazu führen, dass die Produktion eines Produktes und/oder deren Weiterentwicklung gänzlich zum Erliegen kommt. Zwar birgt die Verwendung eigener konkurrierender Technologien stets die Gefahr der Schutzrechtsverletzung Dritter, die Unsicherheit bezüglich einer realistischen Einschätzung dieser Verletzungsmöglichkeit steigt jedoch, je größer und unüberschaubarer ein bestehendes Patentdickicht für eine Technologie ist.[314] Folglich kann konkret von einem Dickicht gesprochen werden, wenn die Herstellung eines Produktes oder die Durchführung eines Verfahrens eine Vielzahl an kleinteiligen und/oder sich überlappender patentierten Erfindungen benötigt, deren Zugang nur im Wege der Lizenzierung erreicht werden kann.[315] Ferner gilt es, bezüglich der Schaffung eines Dickichts zu beachten, dass ein solches nicht zwangsläufig über massenhafte Anmeldungen sowie der Teilung von Anmeldungen erfolgen muss, sondern ebenso durch den gezielten derivativen Patenterwerb oder aber durch eine Mischung aus Anmeldung und Ankauf entstehen kann. Das oben

---

311 *Hall/Helmers/von Graevenitz/Rosazza-Bondibene*, A Study of Patent Thickets, 2013, S. 7.

312 Von einigen Autoren wird von der sog. „*Vernetzung der Schutzrechte gesprochen*", vgl. *Königs*, Patentpools, 2014, S. 204; *Harhoff/Engel/Möschel*, Patentschutz und Innovation, Gutachten des wissenschaftlichen Beirats beim BMWI vom 24. März 2007, S. 2 und 9 sowie 14 ff.; *Hall/Helmers/von Graevenitz/Rosazza-Bondibene*, A Study of Patent Thickets, 2013, S. 7.

313 Ausführlich *Shapiro*, in: Jaffe/Lerner/Stern (Hrsg.), Innovation Policy and the Economy 2000, 119, 125 ff.

314 Zu negativen und positiven Implikationen eines Patentdickichts *Königs*, Patentpools, 2014, S. 204 ff.

315 *Shapiro*, in: Jaffe/Lerner/Stern (Hrsg.), Innovation Policy and the Economy 2000, 119.

beschriebene Sperren und Umzäunen kann demnach im Ergebnis auch zu einem Dickicht führen.

Einige Autoren führen überdies an, dass für das Vorliegen eines Dickichts notwendigerweise zwei oder mehrere Unternehmen Schutzrechte für das Produkt/Verfahren halten müssten. Die Notwendigkeit verschiedene Lizenzgeber zu kontaktieren, sei ein wesentliches, geradezu begründendes Merkmal eines Dickichts.[316] Diese Annahme ist indes abzulehnen, da sich das Dickicht durch die Masse an Schutzrechten für ein und dasselbe Produkt/Verfahren oder für unterschiedliche Komponenten von Produkten/Verfahren kennzeichnet und nicht durch die Anzahl der Schutzrechtsinhaber. Vor allem mit Blick auf ein Dickicht, welches sich durch massenhafte Anmeldungen für ein und dasselbe Produkt/Verfahren auszeichnet, wäre eine solche Voraussetzung widersinnig, da das Wesensmerkmal ja gerade die Handlung eines einzelnen Unternehmens darstellt. Den Befürwortern eines solchen Kriteriums ist jedoch zuzuerkennen, dass sich die Situation für den lizenzsuchenden Dritten deutlich erschwert, je mehr Unternehmen an dem Dickicht beteiligt sind. Für das Vorliegen eines solchen ist das Halten der notwendigen Schutzrechte von mindestens zwei Unternehmen jedoch nicht zwangsläufige Voraussetzung.[317]

2. Das Aufkommen von Patentdickichten in unterschiedlichen Industriebranchen

Besonders anschaulich wird die Existenz von Patentdickichten am Beispiel der Pharmaindustrie, welche im Zuge der Sektorenuntersuchung der Kommission evident wurden. So hat laut des Abschlussberichtes ein Hersteller für Originalpräparate europaweit rund 1.300 Patente für ein Blockbuster-Medikament[318] angemeldet – wobei zum Zeitpunkt des Berichts bereits 800 Patente erteilt worden sind.[319] Das Vorhalten einer Vielzahl von Schutzrechten für ein- und

316 *Königs*, Patentpools, 2014, S. 204; *Régibeau/Rockett*, Competition Report November 2012, S. 12; *Hall/Helmers/von Graevenitz/Rosazza-Bondibene*, A Study of Patent Thickets, 2013, S. 7.

317 A.A *Königs*, Patentpools, 2014, S. 204 und *Régibeau/Rockett*, Competition Report November 2012, S. 12, die von einem Dickicht nur dann sprechen wollen, wenn die notwendigen Technologien von mindestens zwei Unternehmen gehalten werden.

318 Hierunter versteht die Kommission ein Medikament, welches jährlich einen Umsatz von 1.000.000.000 US-Dollar übersteigt, vgl. Abschlussbericht, S. 6.

319 Vgl. dazu auch *Besen/Gärtner/Mayer/Vormann*, PharmR 2009, 432, 433; *Schnelle*, GRUR-Prax. 2010, 169, 169 und *Berg/Köbele*, PharmR 2009, 581, 586 auf, wobei weder der Abschlussbericht noch die akademischen Auseinandersetzungen mit der

dasselbe Medikament führt nach Auffassung der Kommission richtigerweise zu negativen Implikationen auf dem nachgelagerten Markt der Generikahersteller, etwa bei der Frage, wann der frühestmögliche Zeitpunkt für den eigenen Markteintritt ist, ohne ein Patent aus dem Dickicht zu verletzten.[320] Für Originalhersteller auf derselben Marktstufe ergeben sich negative Implikationen insbesondere im Hinblick auf die eigenen FuE-Tätigkeiten, da die Entwicklung konkurrenzfähiger Produkte ähnliche Technologien erfordert und ein Schutzrechtsdickicht letztlich wie eine Marktzutrittsschranke wirken kann.

Patentdickichte sind jedoch keinesfalls ein originäres Phänomen der Pharmaindustrie, sondern treten auch in anderen Industriebranchen auf, wie beispielsweise im Bereich Software-[321], Bio-[322] und Nanotechnologien[323] oder etwa dem Mobilfunksektor.[324] Dass auch der letztgenannte Wirtschaftszweig besonders intensiv in die Erweiterung ihrer Patent-Portfolios investiert, spiegelt das Jahresranking des EPA für 2019 wieder, bei dem die meisten Patentanmeldungen durch *Huawei* (3.524 - Platz 1), *Samsung* (2.858 - Platz 2), *LG* (2.817 - Platz 3) und *United Technologies* (2.813 - Platz 4) und *Siemens* (2.619 - Platz 5) durchgeführt wurden,[325] mithin durch einige der größten Mobilfunkanbieter weltweit. Flankiert wird die wirtschaftliche Erwägung, Dickichte an Schutzrechten zu schaffen, zusätzlich noch von dem Umstand, dass die Durchführung von Einspruch-, Beschwerde sowie Nichtigkeitsverfahren nach der heutigen Praxis der Patentämter verhältnismäßig lange Zeiträume in Anspruch nimmt. Der bestehende Innovationsdruck, dem sich Unternehmen ausgesetzt sehen, erlaubt es ihnen meistens nicht, eine umfassende Neuheitsrecherche und hieran

---

Sektorenuntersuchung mit Bezug auf die Zahlen von 1.300 Patenten das Unternehmen oder das in Rede stehende Medikament nennen.

320 Siehe Abschlussbericht, S. 11.

321 Eine Analyse der Auswirkung von Patentdickichten im Bereich von Softwarepatenten findet sich bei *Lemley*, Wisconsin Law Review 2012, 905 ff.

322 Schon vor der Verwendung des Begriffes eines Patentdickichts wiesen *Heller/Eisenberg*, Science 1998, 698 auf die negativen Folgen von vielen sich überlappenden Schutzrechten im Bereich der Biotechnologien hin.

323 Instruktiv hierzu *D'Silva*, European Intellectual Property Review 2009, 300 und *Schauwecker*, GRUR Int. 2009, 27 zu nanotechnologischen Erfindungen im amerikanischen Recht und der Bildung von Patentdickichten.

324 Siehe hierzu *Carrier*, CPI Antitrust Chronicle, Frühling 2012, 1, 1.

325 *EPA*, Annual Report 2019.

anschließende Maßnahmen zur Beseitigung oder Umgehung fremder Schutzrechte durchzuführen.[326]

3. Zwischenfazit: Blockadewirkung contra Erteilungsakt

Wie bereits im Rahmen von Sperrpatenten ist bei dieser Betrachtung ebenfalls zu beachten, dass es sich bei den Schutzrechten in einem Patentdickicht um patentamtlich geprüfte und für patentfähig erachtete Erfindungen handelt. Überdies muss grundsätzlich unterstellt werden, dass die Anmeldung selbst mit der Intention erfolgte, die eigene Weiterentwicklung vor Umgehungslösungen zu schützen, um dadurch das Überschreiten des Schutzbereichs der eigenen Technologie durch Anmeldungen Dritter zu verhindern. Eine solche Zielsetzung ist bereits im Patentrechtssystem selbst angelegt, da dieses nicht nur die anfängliche Erfindung schützt, sondern gleichsam auch deren erfinderische Weiterentwicklung, und forschenden Unternehmen hierdurch die Möglichkeit bietet, den eigenen Schutz zu optimieren.[327] Die bloße Anmeldung bzw. der Zukauf einer Vielzahl von Patenten für ein- und dasselbe Produkt stellen für sich genommen keinen Verstoß gegen das Patentrecht dar.[328] Dennoch haben die Ausführungen ebenfalls deutlich gemacht, dass ein existierendes Dickicht negative Implikationen mit sich bringen kann und es im Extremfall innovationshemmende Wirkungen entfalten kann, was sogleich noch zu zeigen sein wird.

IV. Gezielte Innovationshemmung durch den Einsatz defensiver Patentstrategien

Der Rechtfertigung des Patentschutzes entsprechend dient das Schutzrecht aufgrund seiner Anreizwirkung wie kein anderes immateriellen Gutes dem technischen Fortschritt. Hierbei wird der Ausschluss Dritter durch die Monopolisierung der jeweiligen technischen Erfindung und das Auftreten patentrechtlicher Abhängigkeiten vom Patentsystem hingenommen. Das nationale Patentrecht versucht, derartige Abhängigkeiten vor allem durch das Versuchsprivileg aus § 11 Nr. 2 PatG sowie die patentrechtliche Zwangslizenz aus § 24 PatG zu lösen. Dennoch sind Konstellationen denkbar, in denen der technische Fortschritt

---

326 *Osterrieth*, Patentrecht, 5. Auflage 2015, Rn. 25; *Worm/Lorenz*, Mitteilungen 2012, 301, 302.

327 So auch *Besen/Gärtner/Mayer/Vormann*, PharmR 2009, 432, 433 und *Jacob*, Patents and Pharmaceuticals, 2009, S. 2.

328 Ausführlich zu der Frage, ob eine Patenthäufung missbräuchlich sein kann, vgl. *Kraft*, Patent und Wettbewerb in der Bundesrepublik Deutschland, 1972, S. 48 ff.

durch das Patent gerade behindert wird, anstatt ihn zu fördern. Nachfolgend soll aufgezeigt werden inwieweit die Anwendung einer defensiven Patentstrategie innovationshemmende Wirkungen entfalten kann.[329]

1. Innovationshemmende Wirkung durch Sperrpatente und Umzäunungstaktiken

a. Sperrpatente auf Erfindungen im Bereich der Grundlagenforschung

Eine explizit innovationshemmende Wirkung kann die Existenz eines Sperrpatents insbesondere dann entfalten, wenn sich das technische Schutzrecht auf eine grundlegende Erfindung erstreckt und der Patentinhaber sich weigert, dieses zu lizenzieren.[330] Zumeist sind Grundlageninnovationen selbst nämlich nicht geeignet, marktreife Produkte/Verfahren zu realisieren, sondern erst die hieran anknüpfenden und aufbauenden Folgeinnovationen führen zu marktreifen Produkten/Verfahren.[331] Die innovationshemmende Wirkung durch die Weigerung der Lizenzierung tritt sowohl bei kumulativen (sequentiellen) als auch komplementären Innovationen auf. Erstere beschreiben Erfindungen, die stetig auf der Grundlageninnovation selbst aufbauen, wohingegen komplementäre Innovationen auf die Zusammenarbeit zwischen mehreren Grundlageninnovationsinhabern beruhen.[332] Vergegenwärtigt man sich nochmals die drei Phasen des technischen Fortschritts in Form der Invention, Innovation und Diffusion, so wird deutlich, dass die Grundlageninnovation an einem sehr frühen Zeitpunkt des technischen Fortschritts steht, nämlich an der Grenze zur Invention.[333] In einem solchen Stadium existieren noch keine Produktmärkte, die durch die Grundlageninnovation gesperrt werden könnten. Vielmehr betrifft das Sperrpatent den Technologie- und vor allem Lizenzmarkt, die die marktreife Innovation und spätere Diffusion erst ermöglichen. Die Hemmung der Innovation wird insbesondere dadurch deutlich, dass die Blockade einer Grundlageninnovation die

---

329 Grundlegend hierzu schon *Kaufer*, Patente, Wettbewerb und technischer Fortschritt, 1970, S. 196 ff.

330 *Zech*, ZWeR 2011, 312, 319 ff.; a.A. *Winzer*, Der Lizenzvertrag, 2014, Teil 1.B, Rn. 39, der davon ausgeht, dass im Pharmabereich nur vereinzelt Basispatente bestehen und in anderen Industriebereichen überhaupt keine existieren.

331 Vgl. zum Ganzen die Beiträge bei *Scotchmer*, Journal of Economic Perspectives, Winter 1991, 29 und *Bessen/Maskin*, RAND Journal of Economics 2009, 611.

332 *Bessen/Maskin*, RAND Journal of Economics 2009, 611, 612, die wie *Uhrich*, Stoffschutz 2010, 122 ff. anstatt kumulativer Innovation den Begriff der sequenziellen Innovation verwenden.

333 *Zech*, ZWeR 2011, 312, 319.

dem technischen Fortschritt so immanent wichtige Anreizfunktion des Patents vollkommen nimmt. Fehlende monetäre Anreize werden dann zu einem Stillstand von kostspieligen FuE-Tätigkeiten führen und sich unmittelbar auf den technischen Fortschritt auswirken.[334]

b. Blockade des technischen und wirtschaftlichen Entwicklungspotentials

Sperrpatente entfalten ihr innovationshemmendes Potential sicherlich am eklatantesten, wenn sie auf Grundlageninnovationen beruhen. Eine innovationshemmende Blockadewirkung kann jedoch ebenfalls durch eine gezielte Anhäufung forschungsrelevanter Schutzrechte für eine bestimmte Technologie im Wege einer gezielten Umzäunungstaktik eintreten. Dies hat zur Konsequenz, dass das gesamte technische und wirtschaftliche Entwicklungspotential eines bereits bestehenden Technologiemarktes blockiert wird.[335] Hierfür müssen die angehäuften Patente die Technologie selbst sowie alle relevanten Technologien im Hinblick auf deren Weiterentwicklungsmöglichkeiten und Differenzierungen kontrollieren. Erst wenn die Schutzrechte den in Rede stehenden Technologiebereich in einer solchen Breite abdecken und unter die ausschließliche Nutzung des Inhabers fallen, dass jedwede Produktion oder Benutzung zu einer Patentverletzung führt, kann von einem vollständigen Erliegen des Forschungswettbewerbs gesprochen werden.[336] Dies ist etwa besonders bei Verfahrenspatenten möglich, etwa wenn alle Schutzrechte für chemische Prozesse zur Herstellung eines bestimmten Produkts gehalten werden und somit sowohl die Kommerzialisierung als auch die Weiterentwicklung vollkommen gesperrt wird.[337] Der technische Fortschritt auf dem konkreten technischen Sektor hängt dann von der alleinigen Lizenzbereitschaft des Inhabers ab und ist bei fehlender Bereitschaft de facto ausgeschaltet.

Zum Zwecke der Veranschaulichung eines solchen Verhaltens kann die Patentpolitik des amerikanischen Rasiermaschinenherstellers *Gillette* dienen, dem wie kein zweites Unternehmen nachgesagt wird, die eigene Patentstrategie in die Unternehmensphilosophie erfolgreich integriert zu haben.[338] Für die

---

334 Für parallele Probleme im Bereich von Gensequenzen als Grundlageninnovationen, siehe *Haedicke*, in: Depenheuer/Pfeifer (Hrsg.), Geistiges Eigentum: Schutzrecht oder Ausbeutungstitel?, 2008, S. 111, 114 ff.

335 Hierzu *Jabbusch*, Begrenzung der konzentrationsfördernden Wirkungen des Patentschutzes, 1977, S. 107 ff.

336 *Ders.*, S. 109.

337 So etwa *Berthold*, Evergreening, 2011, S. 104.

338 *Rivette/Kline*, Rembrandts in the Attic, 2000, S. 108.

Produktion eines neuen Rasierers entwickelte das Unternehmen beispielsweise eine völlig neue Scherkopftechnik, die in der Lage war, zwei Klingen unabhängig voneinander zu bewegen, um eine noch gründlichere Rasur zu ermöglichen, (sog. *floated angle geometry*). Nach Abschluss der FuE-Arbeiten patentierte *Gillette* alle sieben technisch möglichen und patentfreien Ausführungsformen der Doppelklingentechnik und begann sodann gezielt mit der Produktion auf Grundlage der Erfindung, die den breitesten Schutzbereich und somit auch die herausforderndste Umgehungsmöglichkeiten versprach. Hierdurch sperrte *Gillette* aufgrund mangelnder Lizenzbereitschaft einen kompletten Technologiebereich durch die Anhäufung aller technisch möglichen Ausführungsformen.[339] Zusätzlich dazu ließ das Unternehmen alle weiteren Komponenten der Rasierer patentieren und kam so auf insgesamt 22 verschieden US-Patente allein für dieses Produkt. Der ehemalige Vizepräsident der FuE-Abteilung von *Gillette*, *Dr. John Bush*, umschrieb diesen Umstand mit den folgenden Worten: „*We created a patent wall with those 22 patents. And they were all interlocking so that no one could duplicate that product.*"[340]

2. Innovationshemmende Wirkung von Patentdickichten

Patentdickichte können ihre negativen Implikationen für Hersteller und forschende Unternehmen grob eingeteilt in drei Phasen ausüben. Vor aufgenommener FuE-Aktivität, während der FuE-Phase und zum Zeitpunkt der angelaufenen Produktion.

a. Vor Beginn von FuE-Aktivitäten

Das bloße Bestehen eines Patentdickichts selbst kann sich bereits vor Aufnahme von FuE-Aktivitäten innovationshemmend auswirken. Zunächst ist zu bedenken, dass ein undurchsichtiges Gemenge an Patenten bedeutet, dass forschende und herstellende Unternehmen einen enormen zeitlichen Aufwand betreiben müssen, um eine *freedom-to-operate* Recherche durchzuführen.[341] Hierdurch entstehen in erster Linie Suchkosten für ein Unternehmen, da in einem ersten Schritt potentiell relevante Patente Dritter ausfindig gemacht und von irrelevanten (ähnlichen) Schutzrechten abgegrenzt werden müssen. Daran anschließend

---

339 Vgl. hierzu *McKibben*, Cutting Edge: Gillette's Journey to Global Leadership, 1998, 239 ff.

340 Abgedruckt bei *Rivette/Kline*, Rembrandts in the Attic, 2000, S. 110.

341 Diese Problematik besteht auch ganz ohne Patentdickicht, da die Fülle an globalen Schutzrechten nicht mehr überschaubar ist.

bedarf es in einem zweiten Schritt einer durch fachkundiges Personal durchgeführten Untersuchung des Risikos der Verletzung der potentiell relevanten Schutzrechte. Sofern die Recherche zu dem Ergebnis gelangt, dass bestimmte Schutzrechte für die eigenen FuE-Aktivitäten benötigt werden, entstehen zusätzliche Verhandlungskosten für jedes Patent, für das um eine Lizenz ersucht werden muss (Transaktionskosten).[342] Zusätzlich zu diesen Transaktionskosten kommen die (kumulierten) Lizenzgebühren, die an den oder die jeweiligen Schutzrechtsinhaber zu entrichten sind. Die Addition aus Transaktions- und Lizenzkosten wird letztlich über die Frage des Eintritts in FuE-Tätigkeiten entscheiden, denn je höher die Kosten im Verhältnis zu dem möglichen Ertrag ausfallen, desto geringer wird im Zweifel die Nachfrage nach der Technologie selbst sein.[343] Eine geringe Nachfrage nach der Technologie mangels wirtschaftlicher Verwertbarkeit kann im Extremfall dazu führen, dass Produkte/Verfahren erst gar nicht produziert werden oder aber, dass die geringen Aussichten auf eine profitable Verwertung die Bereitschaft zur Investition in die Innovation selbst erheblich sinken lässt.[344]

b. Während der FuE-Phase

Der Eintritt in die konkrete Phase der FuE ist für Unternehmen in aller Regel mit hohen Investitionskosten verbunden. Auch eine vorab durchgeführte *freedom-to-act* Recherche ist aufgrund der dichten Vernetzung von Schutzrechten kein Garant für eine freie und ungestörte Arbeit, weswegen die Suche nach potentiell entgegenstehenden Patenten während des gesamten Entwicklungsprozesses weitergeführt werden muss. Je weiter die FuE-Phase fortgeschritten ist, desto größer wird das wirtschaftliche Risiko des Investitionsverlusts durch nicht beachtete Patente. Werden Eingriffe in fremde Schutzrechte erst zu einem sehr späten Zeitpunkt der FuE-Tätigkeiten entdeckt, stellt sich zunächst die Frage, ob der/die Patentinhaber bereit ist/sind Lizenz(en) zu erteilen. In Anbetracht der wirtschaftlichen und finanziellen Konsequenzen eines Verletzungsverfahrens

---

342 Zu den Kosten, die bei Bestehen eines Patentdickichts für potentielle Benutzer entstehen können, siehe *Königs*, Patentpools, 2014, S. 206.

343 Siehe *Hall/Helmers/von Graevenitz/Rosazza-Bondibene*, A Study of Patent Thickets, 2013, S. 41 ff. die zu dem Ergebnis kommen, dass Patentdickichte Marktzutrittsschranken darstellen können.

344 So bereits *Shapiro*, in: Jaffe/Lerner/Stern (Hrsg.), Innovation Policy and the Economy 2000, 119, 124 ff.; die negativen Auswirkungen von Patentdickichten untersuchen auch *Lerner/Tirole*, in: Jaffe/Lerner/Stern (Hrsg.), Innovation Policy and the Economy 2007, 157 ff.; siehe hierzu ferner *Königs*, Patentpools, 2014, 206.

besteht in den Lizenzverhandlungen ein ungleiches Kräfteverhältnis zu Lasten des unberechtigten Verwenders, der im Angesicht des möglichen Totalverlusts seiner FuE-Kosten bereit sein wird, durchschnittlich höhere Lizenzgebühren zu entrichten.[345] Bei dieser Bewertung wird es darauf ankommen, wie hoch die getätigten Investitionen sind, welche zusätzlichen Investitionen weitere Forschungstätigkeiten verursachen, welche Lizenzen zu entrichten sind und in welchem Verhältnis diese Kosten zu dem erhofften Ertrag stehen.

Weitaus schwieriger stellt sich die Situation dar, wenn die verletzten Schutzrechte als Sperrpatente eingesetzt werden und deren Lizenzierung verwehrt wird. Für das verletzende Unternehmen besteht dann nur noch die Möglichkeit, Umgehungslösungen in Form substituierbarer technischer Lösungen zu entwickeln, die – sofern überhaupt möglich – aufgrund der späten Kenntnis und hiermit einhergehender mangelnder Vorbereitung erhebliche zeitliche Verzögerungen und finanzielle Belastungen nach sich ziehen.[346] Zu beachten sind zusätzlich die auftretenden Kompatibilitätsprobleme und Umstellungskosten sowie die Konsequenzen eines Verletzungsverfahrens, welches in aller Regel Schadensersatzkosten verursacht.[347] In jedem Fall wirkt sich das Dickicht in den beschrieben Konstellationen unterschiedlich innovationshemmend aus.[348] Im besten Fall kommt es nur zu einer zeitlichen Verzögerung aufgrund der notwendigen Lizenzverhandlungen oder aber dem Auffinden von Umgehungslösungen; im schlimmsten Fall führt die fehlende Lizenzbereitschaft zu einem völligen Erliegen des technischen Fortschritts, etwa wenn die Kostenbelastung für das Auffinden von Umgehungslösungen höher ist als die Ertragsaussichten und die Weiterverfolgung der FuE-Tätigkeiten somit nicht lukrativ erscheint.[349]

---

345 *Shapiro*, in: Jaffe/Lerner/Stern (Hrsg.), Innovation Policy and the Economy 2000, 119, 125.

346 *Königs*, Patentpools, 2014, S. 205.

347 *Shapiro*, in: Jaffe/Lerner/Stern (Hrsg.), Innovation Policy and the Economy 2000, 119, 125.

348 Eine umfassende Analyse der Auswirkungen von Patentdickichten auf den Bereich der Softwaretechnologie findet sich bei *Noel/Schankerman*, The Journal of Industrial Economics 2013, 481, die zwar feststellen, dass es aufgrund der Fülle an Schutzrechten zu positiven *spill-over* Effekten kommen kann, die negativen Folgen eines Dickichts auf Innovationen aber wohl überwiegen. Die negativen Effekte von Patentdickichten heben auch *Hall/Helmers/von Graevenitz/Rosazza-Bondibene*, A Study of Patent Thickets, 2013, hervor.

349 Und der Patentinhaber ebenfalls kein Eigeninteresse an weiterführender FuE oder Kommerzialisierung hat.

c. Nach Beginn der Produktion

Abschließend ist auf die innovationshemmende Wirkung eines Patentdickichts nach Beendigung der FuE-Aktivitäten hinzuweisen, wenn die Produktion bereits angelaufen ist. In einer solchen Situation wird der Verletzer in erster Linie versuchen, die in Rede stehenden Patente zu lizenzieren und für die vergangene Nutzung das Lizenzentgelt zu entrichten, wobei der Patentinhaber seinerseits die drohende Verletzungsklage als Verhandlungsmittel bewusst einsetzen und diese sich auf die Höhe der avisierten Lizenzgebühr auswirken wird.[350] Dies ist im Zweifel günstiger als eine Produktionsumstellung oder gar die Auffindung von Umgehungslösungen.[351] Besteht die Bereitschaft nicht, muss geprüft werden, ob eine Produktionsumstellung der Patentverletzung Abhilfe verschafft. Gelingt dies dem Unternehmen, liegt die innovationshemmende Wirkung in der zeitlichen Verzögerung der Produktionsumstellung und Anpassung. Gelingt es dem Unternehmen hingegen nicht, ist das Unternehmen gezwungen, die weitere Produktion und Vermarktung einzustellen. Dies kann zu potentiell verheerenden wirtschaftlichen Konsequenzen führen, da die diesbezüglich getätigten Investitionen nicht mehr amortisiert werden können und zusätzlich noch die Zahlung von Schadensersatz droht.[352] Der technische Fortschritt ist unmittelbar durch das Verschwinden der Produkte vom Markt betroffen und hat mittelbar noch viel weitreichendere unkalkulierbare Konsequenzen auf die FuE anderer Unternehmen, da ein solches Szenario insgesamt eine stark abschreckende Wirkung auf andere Marktteilnehmer und deren zukünftigen FuE-Aktivitäten ausüben kann.

3. Exkurs: *Kodak* und das Desaster der *Polaroid*-Fotographie

Für eine Veranschaulichung der negativen Konsequenzen, die eine defensive Patentstrategie nach der hier gewählten Definition mit sich bringen kann, soll vorliegend der über ein Jahrzehnt andauernde Rechtsstreit zwischen *Kodak* und *Polaroid*[353] nachgezeichnet werden, der von *Rivette/Kline* zu Recht als das größte FuE-Desaster der amerikanischen Wirtschaftsgeschichte bezeichnet wird.[354]

---

350 So schon *Shapiro*, in: Jaffe/Lerner/Stern (Hrsg.), Innovation Policy and the Economy 2000, 119, 125.

351 *Königs*, Patentpools, 2014, S. 205.

352 Vgl. *Sandburg*, The Recorder, Artikel vom 30. Juli 2001, die ausführt „[…] *and an injunction to stop a company from manufacturing an infringing product would create the financial equivalent of nuclear winter.*“

353 *Polaroid Corp. v. Eastman Kodak Co.*, 789 F.2d 1556 (Fed. Cir. 1986), cert. denied, 479 U.S. 850 (1987).

354 *Rivette/Kline*, Rembrandts in the Attic, 2000, S. 93.

In den 1960er Jahren unternahm *Kodak* den Versuch der Dominanz von *Polaroid Corporations* auf dem Markt für Sofortbildfotographie etwas entgegenzusetzen und begann, selber vergleichbare Technologien zu entwickeln. Aufgrund der anhaltenden Erfolglosigkeit dieses Vorhabens beendete *Kodak* vorerst ihr diesbezügliches FuE-Engagement. Der zunehmende Boom der Sofortbildfotographie verleitete *Kodak* 1969 jedoch dazu, das Vorhaben erneut in Angriff zu nehmen und das „*Project 130*“ ins Leben zu rufen, welches die Entwicklung eigener Sofortbildkameras und Sofortbildfilme zur Aufgabe hatte.[355] Erneut blieben die Versuche, eigene FuE-Ergebnisse zu erzielen, erfolglos, was vor allem darauf zurückzuführen war, dass *Polaroid* zum einen ihre eigenen Basistechnologien geschickt mit komplementären Patenten im Sinne des hier beschriebenen *Fencings* einzäunte und zum anderen ein Patentdickicht um die Sofortbildfotographie schaffte.[356] Dies führte im Ergebnis dazu, dass *Kodak* sich nicht in der Lage sah, um die Technologien herum zu erfinden, ohne Schutzrechte aus dem Dickicht zu verletzen. In der Tat schaffte *Polaroid* es, durch den Einsatz dieser Patentstrategien den gesamten Technologiebereich der Sofortbildfotografie für sich zu monopolisieren, da eine Lizenzierung an die Konkurrenz nicht erfolgte. Trotz dieses Wissens entwickelte *Kodak* eine eigene Produktlinie mit Sofortbildkameras und Filmen, unter bewusster Verletzung der Patente von *Polaroid* und brachte diese am 20. April 1976 medienwirksam auf den Markt.[357] Die angestrebte Verteidigungsstrategie *Kodaks* gegen potentielle Patentverletzungsklagen durch *Polaroid* wurde von deren Patentanwalt, *Cecil D. Quillen, Jr.*, wie folgt umschrieben: „*There were a number of Polaroid patents that we thought under the legal standards of the day should have been ruled invalid.*“[358] Folglich war die Strategie *Kodaks* einzig und allein darauf gerichtet, gegen den möglichen (und zu erwartenden) Vorwurf der Patentverletzung durch *Polaroid*, mit dem Nichtigkeitsantrag gegen die angreifenden Patente beim USPTO vorzugehen. Die nachfolgenden Patentstreitverfahren auf Grundlage der potentiellen Verletzung von insgesamt zwölf *Polaroid*-Patenten durch die neue Produktlinie von *Kodak*, sollte das Unternehmen jedoch eines Besseren belehren.

---

355 Zu diesem Zeitpunkt stellten die Sofortbildkameras von *Polaroid Corporations* bereits 15% der Fotokameraverkäufe in der gesamten USA dar, vgl. *Rivette/Kline*, Rembrandts in the Attic, 2000, S. 94.

356 Diesbezüglich führte ein leitender Erfinder *Kodaks* aus: „*We referred to* [Polaroid] *as a patent thicket*“, vgl. *Warshofsky*, The Patent Wars, 1994, S. 77.

357 *Rivette/Kline*, Rembrandts in the Attic, 2000, S. 95.

358 Abgedruckt bei *Warshofsky*, The Patent Wars, 1994, S. 82.

Nach neunjährigen Gerichtsprozessen stellte der *US District Court in Boston* fest, dass *Kodak* insgesamt sieben Patente von *Polaroid* verletzt hat, und erließ eine Unterlassungsverfügung gegen *Kodak*, wonach jegliche weitere Produktion, Benutzung oder jeglicher Verkauf von Kameras auf Grundlage der *Polaroid*-Patente untersagt wurde.[359] Weitere fünf Jahre später endete auch der anschließende Schadensersatzprozess im Jahr 1990 und das ganze Ausmaß des vierzehn Jahre andauernden Rechtsstreits wurde offensichtlich. *Kodak* wurde zunächst dazu verurteilt, an *Polaroid* Schadensersatz in Höhe von 925 Mio. US-Dollar zu entrichten. Zusätzlich musste die eigens dafür errichtete Produktionsstätte, welche rund 1.5 Mrd. US-Dollar gekostet hat, geschlossen und im Zuge dessen rund 700 Arbeitnehmer entlassen werden. Des Weiteren musste *Kodak* rund 550 Mio. US-Dollar darauf verwenden, die rund 16 Mio. Sofortbildkameras zurückzukaufen, welche in dem Zeitraum von 1976 bis 1985 verkauft wurden. Zusätzlich beliefen sich die Anwalts- und Gerichtskosten *Kodaks* für den vierzehnjährigen Rechtsstreit auf rund 100 Mio. US-Dollar. Abschließenden musste *Kodak* die nicht näher bezifferten rund zehnjährigen FuE-Aktivitäten im Zusammenhang mit der Sofortbildfotografie vollkommen abschreiben, ohne einen Mehrwert hieraus gezogen zu haben.[360]

Dieses ziemlich drastische Beispiel zeigt, wie die Sperrung der Konkurrenz durch Umzäunungstaktiken und die Schaffung von Patentdickichten bei mangelnder Lizenzbereitschaft einen Technologiebereich für die Konkurrenz komplett sperren kann, und wirft einmal mehr die Frage auf, ob derartige Verhaltensweisen noch mit dem Schutzzweck des Patentsystems vereinbar sind. Hierbei darf zwar nicht vernachlässigt werden, dass *Kodak* ganz bewusst und vorsätzlich die Patente *Polaroids* verletzt hat und insofern auch die Verantwortung für die Konsequenzen tragen muss, ganz gleich wie drastisch sie ausfallen. Die Sperrung führte jedoch auch dazu, dass jeglicher Wettbewerb in Form von Konkurrenzprodukten und niedrigeren Preisen für die Allgemeinheit ausgeschlossen wurde und zusätzliche negative Entwicklungen nach sich zog, wie etwa der Verlust der Arbeitsplätze und schlussendlich die Insolvenz des Unternehmens.[361]

---

359 *Polaroid Corp. v. Eastman Kodak Co.*, 641 F. Supp. 828 (D. Mass. 1986); dazu *Rivette/Kline*, Rembrandts in the Attic, 2000, S. 95–96.

360 *Warshofsky*, The Patent Wars, 1994, S. 82 ff.

361 Vgl. nur *de la Merced*, The New York Times, Artikel vom 19. Januar 2012.

V. Zusammenfassung der gewonnenen Erkenntnisse

Die Ausführungen machen deutlich, dass die verschiedenen Handlungsformen einer defensiven Patentstrategie sowohl zu wirtschaftlichen Ineffizienzen als auch zu Beschränkungen des technischen Fortschritts in dem jeweiligen Technologiebereich führen. Die Blockadewirkung bewusster und gezielter Sperrpatentanmeldungen wirkt sich insbesondere im Bereich von Grundlageninnovationen denklogisch innovationshemmend aus, sofern keine Lizenzbereitschaft und eigene FuE existieren. Der technische Fortschritt kann sodann gänzlich ausgeschaltet werden. Ähnliche Auswirkungen haben Sperrpatente unter zusätzlicher Verwendung des *Fencings*, wenn durch deren strategischen Einsatz *one-way* und *two-way blocking* Situationen geschaffen werden, da auch hierdurch die technologischen und wirtschaftlichen Entwicklungsmöglichkeiten gezielt blockiert werden. Je geringer die Substitutionsmöglichkeiten sind, desto innovationshemmender wirken sich die jeweiligen Blockadesituationen aus.[362]

Für das Bestehen von Patentdickichten lassen sich ähnliche Erkenntnisse gewinnen. Diese zeichnen sich zunächst durch gesteigerte Transaktionskosten in Form von Such- und Verhandlungskosten aus, die durch die häufig bestehende Informationsasymmetrie noch deutlich verstärkt werden. Bei Patentdickichten mit mehreren Rechteinhabern treten zusätzlich sich kumulierenden Lizenzgebühren hinzu, die in der Summe negative Anreize auf die grundsätzliche Nachfrage der Technologie ausüben können. Wird das Dickicht zudem noch mit Sperrpatenten abgesichert, kann die fehlende Lizenzbereitschaft zu einem vollständigen Erliegen des technischen Fortschritts führen. Abschließend steigt ebenfalls aufgrund der Informationsasymmetrie die Verletzungsgefahr und hiermit verbunden das Risiko kostenintensiver Rechtsstreitigkeiten was in äußersten Fällen zu einem Markteintrittshindernis führen kann. Die zunehmend steigende Vernetzung technischer Schutzrechte spricht nicht gerade für eine Abschwächung dieser Situation, sondern deutet vielmehr auf einen Zuwachs an Patentdickichten hin.[363]

---

362 Ein guter Überblick über die jeweiligen Blockadesituationen findet sich bei *Colangelo*, LUISS Law and Economics Lab Working Paper No. IP-01-2004, 2004, S. 31 ff.

363 So bereits die Einschätzung bei *Clarkson*, Patent Informatics for Patent Thicket Detection, 2004, S. 22; vgl. auch die aktuelle Studie *Richards/Hickey/Ward*, Drug Pricing and Pharmaceutical Patenting Practices vom 11. Februar 2020, S. 24 ff. mit diversen Nachweisen zu aktuellen Studien.

B. Rechtliche Rahmenbedingungen des originären und derivativen Patenterwerbs

Der Einsatz von Sperrpatenten und die Schaffung von Patentdickichten erfolgen in erster Linie durch den originären Patenterwerb, also durch die Entwicklung einer neuen technischen Erfindungslehre und deren anschließender Anmeldung bei einem zuständigen Patentamt. Ergänzt wird die defensive Patentstrategie als klassische Anmeldestrategie durch den gezielten derivativen Zukauf von Patenten in Form eines Rechtskaufs. Nachfolgend soll untersucht werden, welche nationalen und internationalen Rahmenbedingungen für den Patenterwerb sowohl in originärer als auch derivativer Weise bestehen, um auf Grundlage dessen mögliche Lösungsansätze zu entwickeln.

I. Originärer Patenterwerb durch Patentanmeldung

Aufgrund des Territorialitätsprinzips bedarf es für den originären Erwerb eines Patents stets einer Patentanmeldung bei der zuständigen Behörde des Staates bzw. einer inter- bzw. supranational zuständigen Behörde für die Erteilung von Patenten, in dem Schutz begehrt wird. In jedem einzelnen Staat bestehen grundsätzlich eigene, national unterschiedlich ausgeprägte Erteilungsverfahren,[364] welche in der jeweiligen Landessprache durchgeführt werden müssen.[365]

1. Nationale Patentanmeldung

Für die Erlangung von Patentschutz mit Wirkung für Deutschland besteht zunächst die Möglichkeit der Direktanmeldung einer Erfindung beim DPMA. Darüber hinaus kann nationaler Patentschutz erlangt werden, in dem beim EPA ein EPÜ-Patent mit Wirkung für Deutschland angemeldet oder eine PCT-Anmeldung, mit Deutschland als Bestimmungsland durchgeführt wird. Im Gegensatz zur EPÜ-Anmeldung mündet die PCT-Anmeldung de facto ebenfalls in einem nationalen Patenterteilungsverfahren. Das Verfahren vor dem DPMA

---

364 Dieser Problematik wurde insbesondere durch den PCT bzw. dem EPÜ auf unterschiedliche Weise abgeschwächt. Mit Blick auf das EEP ist zu beachten, dass dieses das Territorialitätsprinzip nicht überwindet, sondern diesem Prinzip vielmehr dahingehend Rechnung trägt, als dass sich die Territorialität auf die Gesamtheit der Mitgliedstaaten erstreckt, für die die einheitliche Wirkung beantragt wurde.

365 Für die Anmeldung beim DPMA gilt jedoch, dass diese nicht in deutscher Sprache eingereicht werden muss. Dem Schutzsuchenden wird eine Frist von drei Monaten gewährt, um eine deutsche Übersetzung nachzureichen, (§ 35a Abs. 1 S. 1 PatG), vgl. *Schäfer*, in: Benkard (Hrsg.), Patentgesetz, 11. Auflage 2015, § 35a, Rn. 3 ff.

richtet sich im Wesentlichen nach den Maßgaben der §§ 34 ff. PatG sowie der DPMAV.[366]

Liegen alle vorgegebenen Voraussetzungen der Anmeldung vor, besteht in verfahrenstechnischer Sicht ein Anspruch auf die Eröffnung des Erteilungsverfahrens beim DPMA. Nach Festlegung des Anmeldetages[367] wird eine erste Prüfung durchgeführt, wonach die Anmeldung für die Offenlegung sowie für das eigentliche Prüfungsverfahren – bzw. einer bereits beantragten Recherche – vorbereitet wird, der sogenannten Offensichtlichkeitsprüfung nach § 42 PatG.[368] Ziel einer solchen Recherche ist es, im Vorfeld den relevanten Stand der Technik in Form der öffentlichen Druckschriften insoweit zu ermitteln, dass die Kriterien der Neuheit sowie erfinderische Tätigkeit durch den Anmelder zu beurteilen sind.[369] Liegen alle formellen und insbesondere materiell-rechtlichen Voraussetzungen vor, muss das Patent erteilt werden.[370]

2. Europäische Patentanmeldung

In materieller Hinsicht stimmen die Patentierungsvoraussetzungen des EPÜ mit denen des PatG überein. Jedoch bestehen in dem Verfahrensablauf, den Verfahrensregeln sowie den allgemeinen formellen Voraussetzungen einige Unterschiede zwischen dem nationalen und europäischen Erteilungsverfahren.[371]

---

366 Verordnung über das Deutsche Patent- und Markenamt (DPMA-Verordnung – DPMAV) vom 1. April 2004, BGBl. I S. 514, die zuletzt durch Artikel 2 der Verordnung vom 1. November 2013 geändert worden ist, BGBl. I S. 3906.

367 Zur weiteren Rechtswirkung der Anmeldung, siehe *Jestaedt*, Patentrecht, 2. Auflage 2008, Rn. 437 ff.

368 Ausführlich etwa *Keukenschrijver*, in: Busse/Keukenschrijver (Hrsg.), Patentgesetz, 8. Auflage 2016, § 42, Rn. 5 ff.; *Schäfers*, in: Benkard (Hrsg.), Patentgesetz, 11. Auflage 2015, § 42, Rn. 2 ff. sowie *Stortnik*, in: Fitzner/Lutz/Bodewig (Hrsg.), Patentrecht, 4. Auflage 2012, § 42, Rn. 12 ff.

369 Vgl. ferner die Richtlinien für die Recherchedurchführung nach § 43 PatG vom 01. April 2014, BlPMZ 2014, Nr. 5, S. 153 ff.; Sofern der Anmelder keinen weiteren Antrag auf Prüfung der Patentfähigkeit gemäß § 44 Abs. 1 PatG stellt, ruht die Anmeldung für maximal sieben Jahre, da eine weitere Prüfung nicht automatisch erfolgt. Erst durch die Stellung eines sachlichen Antrages wird die eigentliche Sachprüfung durchgeführt, an deren Ende die Erteilung oder Zurückweisung des Patents steht, vgl. §§ 48, 49 PatG.

370 Insofern lässt sich auch von einem gebundenen Anspruch sprechen.

371 Eine umfassende Darstellung des Anmeldeverfahrens nach dem EPÜ findet sich bei *Gruber/von Zumbusch/Haberl/Oldekop*, Europäisches und internationales Patentrecht, 7. Auflage 2012, Rn. 6.01 ff.

Die eigentliche materiell-rechtliche Sachprüfung der Patentierungsvoraussetzungen des EPÜ erfolgt nach der Veröffentlichung der Anmeldung im Europäischen Patentblatt nicht automatisch, sondern nur auf Antrag gemäß Art. 94 Abs. 1 EPÜ.[372] Dieser muss sechs Monate nach der Veröffentlichung gestellt werden und fällt bedeutend kürzer aus als die siebenjährige Frist nach dem nationalen Anmeldeverfahren (vgl. Regel 70 Abs. 1 EPÜ-AusfO). Lässt der Anmelder diese Frist verstreichen, gilt die Anmeldung gemäß Art. 94 Abs. 2 EPÜ als zurückgenommen (sog. Rücknahmefiktion). Gelangt die Prüfungsabteilung des EPA zu der Auffassung, dass alle formell- und materiell-rechtlichen Voraussetzungen der Anmeldung vorliegen, so beschließt diese gemäß Art. 97 Abs. 1 EPÜ die Erteilung des Patents. Die Wirksamkeit des Europäischen Patents gegenüber Dritten tritt mit der Veröffentlichung des Hinweises auf seine Erteilung im Europäischen Patentblatt ein (vgl. Art. 97 Abs. 3 EPÜ).

3. Internationale Patentanmeldung

Im Gegensatz zu der EPÜ-Anmeldung, die immerhin die Möglichkeit des Patentschutzes in den 38 Vertragsstaaten ermöglicht, kann mit einer einzigen internationalen PCT-Anmeldung in lediglich einer Sprache bei einem einzigen Patentamt in den rund 140 Bestimmungsländern (Art. 4 Abs. 1 PCT) die Wirkung je einer nationalen Patentanmeldung bewirkt werden (vgl. Art. 11 Abs. 3 PCT).[373] Für den Anmelder von Vorteil ist insbesondere die Tatsache, dass hierdurch für eine Vielzahl von Staaten der Zeitrang der Anmeldung gesichert werden kann. Bei der PCT-Anmeldung ist zwischen der internationalen und nationalen Phase zu unterscheiden.[374] Die erste Phase umfasst das Einreichen der internationalen Patentanmeldung, eine internationale Recherche, dem internationalen Recherchebericht sowie der Veröffentlichung der PCT-Anmeldung.[375] Die Anmeldung kann gemäß Art. 10 PCT bei jedem nationalen sowie regionalen Patentamt wie etwa dem EPA angemeldet werden, welches die Eingangs- und Formalprüfung

---

372 Vgl. zu dem Prüfungsverfahren *Teschemacher*, GRUR 1985, 802 und *Gall*, GRUR Int. 1983, 11.

373 Einen guten Überblick über die Anforderungen einer PCT-Anmeldung sowie verschiedene Formblätter und Anlagen findet sich bei *Reischle*, Mitteilungen 2004, 529.

374 Vgl. die Kurzübersicht der beiden Phasen bei *Gruber/von Zumbusch/Haberl/Oldekop*, Europäisches und internationales Patentrecht, 7. Auflage 2012, Rn. 1.06 ff.; für eine Übersicht über die Voraussetzungen für eine PCT-Anmeldung, siehe *Rippe*, Europäische und internationale Patentanmeldungen, 3. Auflage 2003, S. 147 ff.

375 Vgl. die Darstellung bei *Gruber/von Zumbusch/Haberl/Oldekop*, Europäisches und internationales Patentrecht, 7. Auflage 2012, Rn. 1.06 ff.

übernimmt (Art. 11 Abs. 1 und 2 sowie Art. 14 Abs. 1 PCT). Im Anschluss wird gemäß der Art. 15–16 und Regeln 33–36 PCT eine vorläufige Recherche durchgeführt, welche mit einem Bescheid über die Patentfähigkeit abgeschlossen wird. Hieran schließt sich die internationale Veröffentlichung durch die WIPO gemäß Art. 21 PCT an. Im Rahmen einer Frist von rund 30 Monaten nach der Veröffentlichung, wird durch weitere Handlungen des Anmelders, wie etwa die Zahlung der Gebühren, die nationale Phase eingeleitet, bei der abschließend jedes Patentamt des jeweiligen Bestimmungslandes selbstständig die Schutzfähigkeit der technischen Erfindung prüft und über die Erteilung oder Versagung autonom entscheidet.

II. Derivativer Patentrechtserwerb durch Rechtskauf

Neben der Generierung von Sperrpatenten und Schutzrechtsdickichten durch (massenhafte) Patentanmeldungen wird eine defensive Patentstrategie durch gezielte Zukäufe unterstützt. Zu beachten ist jedoch auch, dass sich die noch darzustellenden strategischen Handlungsformen des *Trolling* ebenso der derivativen Rechtsübertragung bedienen, um diese Schutzrechte im Nachgang zu verwerten. Die nachfolgende Darstellung beansprucht demnach nicht nur für die defensive Patentstrategie Geltung, sondern ist auch auf das *Trolling* übertragbar, da die Schutzrechtsübertragung nach den gleichen rechtlichen Rahmenbedingungen erfolgt.

1. Rechtsquellen

Trotz der Wichtigkeit von Patenten als Wirtschaftsgut erfassen die bestehenden gesetzlichen Regelungen das Patent im Rechtsverkehr nur marginal. Aus patentrechtlicher Sicht regeln § 15 PatG sowie Art. 71 ff. EPÜ die komplexe Thematik nur rudimentär, weswegen in Ergänzung die Vorschriften des BGB Anwendung finden müssen.[376] Von entscheidender Bedeutung ist in diesem Zusammenhang die Vertragspraxis der Parteien selbst, da diese das Patentvertragsrecht maßgeblich prägen. Im Hinblick auf die Frage nach den Rechtsquellen für Verträge, mit denen Schutzrechte übertragen werden sollen, sind stets auch die Regelungen des europäischen sowie deutschen Kartellrechts zu beachten, da eine patent- und zivilrechtlich gesetzeskonforme Vereinbarung nicht automatisch auch wettbewerbsrechtlich unproblematisch ist.[377]

---

376 *Haedicke*, in: Haedicke/Timmann (Hrsg.), Handbuch des Patentrechts, 2012, § 4, Rn. 2.

377 Zu der kartellrechtlichen Beurteilung dieser Thematik, siehe Kapitel 2, § 2, D.

2. Nationale und europäische Rechtslage

Nach nationalem Recht richtet sich die Übertragung eines Patents aufgrund dessen immaterieller Eigenschaft und mangels gesonderter Regeln für die Übertragung von gewerblichen Schutzrechten im BGB oder PatG nach den Regeln über die Abtretung gem. §§ 398, 413 BGB i.V.m. § 15 Abs. 1 S. 2 PatG, wobei das Patent als „anderes Recht" im Sinne des § 413 BGB anzusehen ist.[378] Die Übertragung des Rechts aus dem Patent durch den Berechtigten auf Dritte bedarf keiner gesonderten Form und hängt insbesondere auch nicht von der Umschreibung in der Patentrolle nach § 30 Abs. 3 PatG ab, da diese rein deklaratorischen Charakter hat.[379] In den meisten Fällen wird ein Kauf im Wege des Rechtskaufs i.S.d. § 453 Abs. 1 BGB vorliegen oder die Übertragung des Rechts aus dem Patent erfolgt durch die Einbringung desselbigen in eine Gesellschaft, wobei für das der Übertragung zugrundeliegende Verpflichtungsgeschäft die Parteien Vertragsfreiheit genießen.[380] Das eben Gesagte gilt gleichermaßen für die Übertragung des deutschen Teils eines europäischen Patents, welches ebenfalls formfrei abgetreten werden kann und auf das allgemein die nationalen Vorschriften Anwendung finden, vgl. Art. 74 EPÜ.

III. Übertragung auf den Untersuchungsgegenstand

Der Überblick über die verschiedenen Anmeldeverfahren verdeutlicht, dass sowohl die nationale, europäische als auch internationale Patentanmeldung die Prüfung gemein ist, ob eine Erfindung die Kriterien der Patentierbarkeit erfüllt – mithin eine neue, auf einer erfinderischen Leistung beruhende technische Lösung, die den Stand der Technik mehrt und gewerblich anwendbar ist.[381] Liegen zusätzlich die Formalvoraussetzungen der jeweiligen Anmeldung vor, steht einer Erteilung nichts mehr im Wege.

---

378 *Roth/Kieninger*, in: Säcker/Rixecker/Oetker/Limpberg (Hrsg.), MüKo-BGB Band 3, 8. Auflage 2019, § 413, Rn. 5; *Rohe*, in: Bamberger/Roth/Hau/Poseck (Hrsg.), BGB, 4. Auflage 2019, § 413, Rn. 2; *Grüneberg*, in: Palandt, BGB, 80. Auflage 2021, § 413, Rn. 1.

379 BGHZ 197, 196, Rn. 57 – *Fräsverfahren*; BPatGE 17, 14, 15; *Schäfers*, in: Benkard (Hrsg.), Patentgesetz, 11. Auflage 2015, § 30, Rn. 8; *Kraßer/Ann*, Patentrecht, 7. Auflage 2016, § 23, Rn. 180; offengelassen bei OLG Düsseldorf, InstGE 13, 15, Rn. 5 – *Faktor VIII-Konzentrat*; a.A. *Verhauwen*, GRUR 2011, 116.

380 Das zugrunde liegende Verpflichtungsgeschäft kann auch in einer Schenkung begründet sein.

381 Vgl. § 1 Abs. 1 PatG.

Für Unternehmen, die im oben genannten Sinne Patente strategisch einsetzen, besteht im Hinblick auf das internationale Patentsystem folglich die größte „Herausforderung" darin, den eigens dafür bestehenden unternehmensinternen Patentabteilungen die entsprechenden Anweisungen zur Anmeldung zu erteilen, sofern diese nicht bereits weitestgehend autonom im Unternehmen agieren.[382] Im Ergebnis wird es sich lediglich um die Frage drehen, wie flächendeckend eine technische Erfindung weltweit angemeldet werden soll. Die Anmeldung selbst bereitet Unternehmen, die selber FuE betreiben und deren wirtschaftliches Betätigungsfeld auf den Einsatz patentierter Technologien beruht, in aller Regel keinerlei Schwierigkeiten, da es sich gewissermaßen um standardisierte Verfahren handelt, die in größeren Unternehmen von spezialisiertem Personal bearbeitet werden. Hierbei ist vor allem zu berücksichtigen, dass es vereinheitlichte internationale Mindeststandards gibt und sich insbesondere die besonders hoch frequentierten Rechtsordnungen wie etwa die der USA und des europäischen Rechtsraus in ihren Patentanmeldeverfahrens- und Erteilungsvoraussetzungen insoweit ähneln, als dass die unterschiedlichen Anmeldungen für Schutzsuchende, keine wesentlichen Hürden darstellen.

An die Vollübertragung des Rechts aus dem Patent dem Grunde nach keine besonderen formell- oder materiell-rechtlichen Anforderungen gestellt. Die grundsätzlich schrankenlose Übertragbarkeit ist zudem notwendig, denn die Relevanz des Patents kann heutzutage im Wirtschaftsverkehr kaum überschätzt werden.[383] Das Patent ist ein wichtiges Wirtschaftsgut, dessen Verkehrsfähigkeit

382 In aller Regel wird diese eng mit der FuE-Abteilung zusammenarbeiten und im Zweifel über einen hohen Grad an eigenverantwortlicher Entscheidungsgewalt darüber verfügen, welcher technische Erfindungslehre realistische Chancen auf eine Patenterteilung zuzusprechen ist und welcher nicht.

383 Dies darf den Blick nicht dafür verstellen, dass es vor allem für einfache Erfinder sehr schwierig ist, Patente „fair" zu monetisieren. Was ein Patent wirklich „Wert" ist, zeigt sich zumeist erst durch ein Sachverständigengutachten, welches die wirtschaftliche Verwertbarkeit und den Nutzen für ein Unternehmen unter Einbeziehung der verschiedenen wirtschaftlichen Faktoren realistisch bewerten kann. Dies ist auch ein Grund dafür, dass das Geschäftsmodell der Verwertungsgesellschaften regen Zulauf hat, da sie in aller Regel das einzelne Patent begutachten und auf Grundlage dessen die Chancen der Monetisierung am Markt bewerten. Demnach verwundert es nicht, dass einige Autoren gerade in Bezug hierauf insbesondere auf den Nutzen und den Vorteil von derartigen Verwertungsgesellschaft für Patentinhaber und dem technischen Fortschritt ansehen, da sie es erste ermöglichen, dass Potential einiger Erfindungen wirklich auszuschöpfen, vgl. *Kessler*, Mitteilungen 2011, 489, 492–493.

in einigen Industriebranchen von grundlegender existenzieller Bedeutung ist.[384] Demnach ist die Feststellung, dass Patente feste Vermögenswerte im Sinne von Assets eines Unternehmens sind, mittlerweile rein rhetorischer Natur.[385] Diese müssen genauso frei, einfach und schnell handelbar sein, wie ihre materiellen Pendants in Form von Betriebs- und Vermögenswerten. Demnach ist es Aufgabe des Patentvertragsrechts, hierfür den rechtlichen Rahmen zu schaffen und einen beschränkungsfreien Handel zu ermöglichen. Es ist evident, dass aus der schrankenlosen Übertragung von Schutzrechten auch die aufgezeigten negativen Konsequenzen resultieren, wie der unterstützende Aufbau von Patentdickichten oder die gezielte Blockade fremder Technologien durch deren Umzäunung. Ohne jedoch einen konkreten Missbrauch aufgrund rechtlicher Maßstäbe positiv festzustellen, muss der derivative Schutzrechtserwerb frei von Restriktionen geschehen.[386] Hierdurch wird deutlich, dass es jedem Erwerber grundsätzlich freisteht, die ihm in dem Patent verbürgten Rechte nach den eigenen Vorstellungen zu verwenden. Die schrankenlose Handelbarkeit ermöglicht erst die Freiheit, mit dem Schutzrecht nach den eigenen Interessen zu verfahren. Demnach kann sich die Feststellung eines möglichen Missbrauchs nur schwerlich in der derivativen Rechtsübertragung selbst manifestieren, sondern vielmehr nur in der konkreten Ausübung des Rechts.

---

384 Zur Bedeutung von *cross-licensing-agreements*, vgl. *Wündisch/Bauer*, GRUR Int. 2010, 641.

385 Grundlegend *Dawo*, Immaterielle Güter in der Rechnungslegung, 2003, S. 6 ff.; siehe auch *Wurzer*, GRUR 2008, 577, 578 ff.

386 Man denke hierbei an den Vorschlag sowohl den Erwerb als auch die Veräußerung von Patenten auf verschiedenen Ebenen zu besteuern, vgl. *Bessen/Love*, USA Today, Artikel vom 24. Juli 2013. Hiernach könnten Verwertungsgesellschaften indirekt dadurch besteuert werden, dass der Transfer von Patenten auf nicht-operative Unternehmen mit hohen steuerlichen Abgaben verbunden werden. Hauptkritikpunkt dieses Lösungsansatzes bleibt jedoch cin hieraus resultierender Verstoß gegen das steuerrechtliche Diskriminierungsverbot, da alle Patentinhaber gleichsam besteuert werden müssen. Dies hätte zur Folge, dass solche Maßnahmen nicht nur Verwertungsgesellschaften treffen würden, sondern jedweden Patentinhaber. Weiter gedacht könnte diese sogar negative Auswirkung auf den gewünschten Innovationsprozess als solchen haben, vgl. hierzu *de Bisthoven*, Stanford-Vienna TTLF Working Paper No. 19 2013, S. 75–76.

§ 2. Schranken nach deutschem Recht *de lege lata*

Nach Herausarbeitung der defensiven Patentstrategie und deren rechtlichen Rahmenbedingungen muss nachfolgend untersucht werden, inwieweit das geltende Recht Schranken gegen die defensive Patentstrategie enthält. Hierfür müssen in einem ersten Schritt die patent- und lauterkeitsrechtlichen Schranken ausgelotet werden, um die defensive Patentstrategie in einem zweiten Schritt auf einen möglichen Verstoß gegen das zivilrechtliche Rechtsmissbrauchsverbot sowie auf einen ebenfalls in Betracht kommenden Verstoß gegen das kartellrechtliche Missbrauchsverbot hin zu untersuchen.

A. Patentrechtliche Schranken

Wie bereits angeklungen, bietet das Patentrecht eine Reihe an Schranken, die die zwangsläufig entstehende Ausschlusswirkung auf Dritte unter bestimmten Voraussetzungen abmildern sollen. Für die hier behandelte defensive Patentstrategie kommt nach geltendem Recht nur die Möglichkeit der Vergabe einer Zwangslizenz in Betracht, um das Auftreten der innovationshemmenden Blockadewirkungen zu verhindern. Weigert sich der Patentinhaber dem Lizenzsucher die Nutzung zu gewähren und besteht ein öffentliches Interesse an dieser Nutzung, so ist die Nutzungsbefugnis auf Klage (§ 81 Abs. 1 S. 1 PatG) hin zu erteilen (§ 84 PatG) – insofern stellen sowohl § 24 Abs. 1 als auch § 24 Abs. 2 PatG eigenständige Anspruchsgrundlagen dar.

I. Zwangslizenzen gem. § 24 Abs. 1 PatG

Der deutsche Gesetzgeber versucht, die durch Sperrpatente entstehenden innovationshemmenden *one-way-* und *two-way-*Blockadesituationen mittels der Zwangslizenz zumindest aufzulösen. Für die Verpflichtung des Patentinhabers, Dritten eine Zwangslizenz für seine Erfindung zu erteilen, müssen zwei Voraussetzungen kumulativ erfüllt ein: (1) Der Patentinhaber muss sich trotz Aufforderung des Lizenzsuchers, ihm eine Lizenz zu angemessenen geschäftsüblichen Bedingungen zu gewähren, weigern diese zu erteilen; (2) muss die Zugänglichmachung der patentierten Erfindung aufgrund eines bestehenden öffentlichen Interesses geboten sein, vgl. § 24 Abs. 1 Nr. 1 i.V.m. Nr. 2 PatG.

1. Das öffentliche Interesse als Grundvoraussetzung

Das öffentliche Interesse als Rechtsbegriff ist stetigem Wandel unterworfen und bedarf stets einer Einzelfallabwägung, bei der das Interesse des Patentinhabers mit den Interessen der Allgemeinheit gegeneinander abgewogen werden muss.[387] Die Bewertung bemisst sich hierbei nach den gegenwärtigen gesellschaftlichen, politischen, zeitlichen und wirtschaftlichen Gegebenheiten.[388] Das öffentliche Interesse begründet sich nicht schon bereits dadurch, dass der Patentinhaber eine rechtliche Monopolstellung innehat, denn dies zeichnet das Patent als Ausschließlichkeitsrecht aus und würde nicht nur einen unbilligen Eingriff in das von Art. 14 GG geschützte Patent darstellen, sondern dieses auch erheblich entwerten.[389] Vielmehr bedarf es zusätzlicher besonderer Umstände, die einen solchen Eingriff unter Berücksichtigung der Verhältnismäßigkeit rechtfertigen. Auch die bloße Nichtausübung oder unzureichende Nutzung des Patents stellt für sich genommen keinen solchen Umstand dar.[390] Zusätzlich bedarf es weiterer Umstände, die ein überwiegendes öffentliches Interesse begründen. Als ein solches wurde in der Vergangenheit beispielsweise der Missbrauch einer Monopolstellung angesehen, die darüber hinaus das Interesse der Allgemeinheit empfindlich störte.[391] Besondere Umstände ergaben sich in der Vergangenheit etwa auch unter technischen, wirtschaftlichen oder sozialpolitischen Gesichtspunkten.[392] Konkret wurde das überwiegende öffentliche Interesse etwa bei einer Gefährdung eines ganzen Industriezweiges,[393] der Förderung der Gesundheit der Allgemeinheit[394] und der Erhöhung der Hygiene,[395] der Sicherung der Stromversorgung,[396] der Arbeitsplatzsicherung[397] etc. bejaht. Aufgrund der Tatsache, dass die meisten Entscheidungen aus den 1930er-Jahren stammen, dürfte

---

387 Vgl. die „*Interferon-gamma*"-Entscheidung des BGH, bei dem dieser sich ausführlich mit der Frage des Vorliegens eines öffentlichen Interesses auseinandergesetzt hat und hierfür enge Voraussetzungen aufstellte, BGHZ 131, 247, 251 ff. – *Interferon-gamma* (zum Teil auch als *Polyferon* bezeichnet).

388 BGHZ 131, 247, 251 – *Interferon-gamma*; BGHZ 160, 67, 73 – *Standard-Spundfass.*

389 *Hacker*, in: Busse/Keukenschrijver (Hrsg.), Patentgesetz, 8. Auflage 2016, § 24, Rn. 42; BGHZ 131, 247, 251 – *Interferon-gamma.*

390 *Kraßer/Ann*, Patentrecht, 7. Auflage 2016, § 34, Rn. 82.

391 RGZ 83, 9, 14 – *Weißblechbüchsen*, RG, GRUR 1936, 489, 491 – *Lochkartenprüfmaschinen.*

392 Vgl. *Rogge/Kober-Dehm*, in: Benkard (Hrsg.), Patentgesetz, 11. Auflage 2015, § 24, Rn. 16–21.

393 RGZ 83, 9, 14 – *Weißblechbüchsen.*

394 RGZ 126, 266, 268 ff. – *Teigauftragplatte*; BPatGE 32, 184.

395 RG, GRUR 1935, 877, 878 ff. – *Hygienischer Spülapparat.*

396 RG, GRUR 1936, 604, 605 ff. – *Ölschauzeichen.*

397 RGZ 113, 115, 118 ff. – *Stapelfaser* sowie im Ergebnis ablehnend RG, GRUR 1938, 320, 322 – *Abdichtung.*

ihre Bedeutung heutzutage jedoch als obsolet gelten und wenig Aussagekraft für aktuelle Sachverhalte haben.[398]

2. Öffentliches Interesse im Falle von Patentdickichten und Sperrpatenten

In den allermeisten Fällen wird die gerichtliche Durchsetzung einer Zwangslizenz an den hohen Hürden des öffentlichen Interesses scheitern und fristet gerade deswegen nach wie vor ein Schattendasein.[399] Zunächst ist zu berücksichtigen, dass sich das Begehr des Lizenzsuchers vordergründig auf seine finanziellen Interessen stützen wird, welches nicht mit dem zu fordernden öffentlichen Interesse an der Verfügbarkeit der Erfindung deckungsgleich ist. Die Verfolgung eigener wirtschaftlicher Interessen stellt zwar kein Hindernis für die Bejahung des öffentlichen Interesses per se dar.[400] Das Ersuchen muss sich aber derart auf das Interesse der Allgemeinheit an der Nutzbarkeit der technischen Erfindung stützen, dass sowohl das Vermögensinteresse des Ersuchenden, als auch das Interesse des Patentinhabers an der freien Ausübung seines staatlich gewährten Ausschließlichkeitsrechts zurücktritt. Hierbei wird der Schutz des Patentinhabers in den allermeisten Fällen überwiegen, da das Recht aus dem Patent mitunter auch die Lizenzverweigerung und Nichtbenutzung der Erfindung umfasst.[401] Im Bereich von Sperrpatenten auf Grundlageninnovationen ist ein überwiegendes öffentliches Interesse noch am ehesten im Bereich der *life sciences* denkbar, bei denen die Weiterentwicklung pharmazeutischer Wirkstoffe für die Bekämpfung von Volkskrankheiten genutzt werden könnte.[402]

---

398 Ebenso deutlich *Hacker,* in: Busse/Keukenschrijver (Hrsg.), Patentgesetz, 8. Auflage 2016, § 24, Rn. 45.

399 So bereits *Scheffler*, GRUR 2003, 97, 99; vgl. jedoch die insofern einzigartige Erteilung einer Zwangslizenz aufgrund des bestehenden öffentlichen Interesses für die weitere Herstellung sowie den Vertrieb eines HIV-Medikaments, BPatG, GRUR 2017, 373 – *Isentress*, bestätigt durch BGH, GRUR 2017, 1017 – *Raltegravir.*

400 So bereits RGZ, 113, 115, 121 – *Stapelfaser.*

401 Selbst ein marktbeherrschendes Unternehmen missbraucht sein Schutzrecht nicht bereits durch die bloße Lizenzverweigerung, sondern erst, wenn weitere Umstände wie beispielsweise die *„essential facility"* Doktrin hinzutritt, vgl. *Osterrieth/Weinert*, in: Pfaff/Osterrieth (Hrsg.), Lizenzverträge Teil B, 4. Auflage 2018, Rn. 342 ff. Für eine Auseinandersetzung mit Lizenzverweigerungen nach kartellrechtlichen Maßstäben, siehe Kapitel 2, § 2, D, IV, 1–3.

402 Das öffentliche Interesse wurde beispielsweise für Arzneimittelerfindungen bejaht, wenn diese, im Vergleich zu den bestehenden Arzneimitteln, Vorteile mit Blick auf die therapeutische Wirkung, Vermeidung von Nebenwirkungen und niedrigeren Verkaufspreisen aufweisen, vgl. BPatGE, BlPMZ 1974, 319. Für eine weiterführende

Im Bereich von Telekommunikations- oder Informationstechnologien wäre wiederum wohl eine andere Wertung zu erwarten, da hier zwar auch ein gesteigertes Interesse der Allgemeinheit an technischen Neuheiten besteht, der Schutz des Patentinhabers an der uneingeschränkten Verfügungsgewalt aber in der Regel überwiegen sollte. Denn nicht jedes Interesse der Allgemeinheit an der Nutzbarkeit einer Technologie kann zu einem derart starken Eingriff in das Patent mittels der Zwangslizenz führen, da ansonsten das Schutzrecht als solches eklatant verwässert werden würde.[403] Für den Bereich von Lizenzverweigerungen an Schutzrechten aus einem Patentdickicht ergibt sich eine ganz ähnliche Bewertung, da individuelle Interessen – allen voran das Wettbewerbsinteresse des Lizenzsuchers – keine Bedeutung für die Bewertung haben.[404] Hieran ändert auch grundsätzlich die Hemmung des technischen Fortschritts vor Beginn oder während der FuE-Phase nichts, sofern die nicht erfolgte Lizenzierung keinen technischen Fortschritt in untragbarer Weise behindert bzw. durch die Lizenzverweigerung eine bahnbrechende Erfindung verhindert und dadurch ganze Industriezweige gefährdet werden würden.[405] Ein öffentliches Interesse könnte daraus resultieren, dass die Lizenzverweigerung für ein bereits produziertes Produkt eine derartige wirtschaftliche Schieflage des Unternehmens auslöst und eine konkrete Bedrohung von Arbeitsplätzen als Konsequenz nach sich zieht.[406] Abschließend ist zusätzlich zu berücksichtigen, dass sich das öffentliche Interesse auch auf die Wiederherstellung bzw. Aufrechterhaltung des funktionsfähigen Wettbewerbs beziehen kann.[407] Dies ist zumindest dann anzunehmen, wenn der missbräuchliche Einsatz eines Patents zu einer weit überwiegenden Ausschaltung des funktionierenden Wettbewerbs auf der Grundlage einer marktbeherrschenden Stellung auf einem bestimmten Markt führen würde[408] und diesem zumindest eine gesamtwirtschaftliche Bedeutung zukommt.[409]

Darstellung des Kriteriums des öffentlichen Interesses im Bereich pharmazeutischer Patente, siehe *Kraßer/Ann*, Patentrecht, 7. Auflage 2016, § 34, Rn. 114 ff.

403 So bereits *Scheffler*, GRUR 2003, 97, 103.

404 *Hacker*, in: Busse/Keukenschrijver (Hrsg.), Patentgesetz, 8. Auflage 2016, § 24, Rn. 36 ff.; *Kraßer/Ann*, Patentrecht, 7. Auflage § 34, Rn. 117.

405 RGZ 83, 9, 14 – *Weißblechbüchsen.*

406 So etwa in Zeiten hoher Arbeitslosenquoten geschehen, RG, GRUR 1936, 489, 491.

407 Siehe dazu ausführlich *Fuchs*, in: Ahrens et al. (Hrsg.), FS Büscher, 2018, 621, 632 ff. sowie auch *Viniol*, Zwangslizenzen an Patenten, 2013, S. 182.

408 *Fuchs*, Kartellrechtliche Grenzen der Forschungskooperation, S. 481; anders hingegen *Hilty/Slowinski*, GRUR Int. 2015, 781, 787.

409 Insofern bezieht sich *Fuchs*, in: Ahrens et al. (Hrsg.), FS Büscher, 2018, 621, 633 auf die sog. „*patent wars*“ der jüngeren Vergangenheit, die sich vornehmlich auf den Internet- und Kommunikationsmärkten zutrugen.

II. Zwangslizenzen für Folgeinnovationen gem. § 24 Abs. 2 PatG

1. Folgeinnovationen nach dem Versuchsprivileg gem. § 11 Nr. 2 PatG

Abhängigkeitsprobleme können vom geltenden Patentrecht darüber hinaus durch den Schutz von Folgeinnovationen gelöst werden.[410] Hierbei muss eine zusätzliche Differenzierung zwischen dem Entwickeln, der Kommerzialisierung und der Schutzfähigkeit der Folgeinnovation vorgenommen werden.[411] Das Versuchsprivileg aus § 11 Nr. 2 PatG erlaubt dem Verwender zumindest solche Weiterentwicklungen einer patentgeschützten Erfindung, die auf Forschungen „an der Erfindung selber" beruhen. Es geht darum, die patentierte Erfindung weiter zu erforschen, mit Blick auf die Funktionsfähigkeit und Funktionsweise, die Wirkung und bisher unbekannte Anwendungsmöglichkeiten.[412] Hieran anknüpfend sind im Ergebnis auch solche Handlungen vom Versuchsprivileg gedeckt, die für den Ersterfinder in der Form nachteilig sind, als dass sie Verbesserungs-, Umgehungs- oder aber neue Lösungsansätze hervorbringen, die von der ursprünglichen technischen Lehre des Patentinhabers gar keinen Gebrauch mehr machen.[413] Die Grenze des Versuchsprivilegs ist jedoch dann überschritten, wenn das verwendete Patent zu einem reinen *Research Tool*[414] wird, also der unberechtigte Benutzer die patentierte Erfindung als bloßes Forschungswerkzeug bei der Untersuchung anderer Gegenstände verwendet und das Patent nicht mehr selbst der Gegenstand der Untersuchung ist. In einem solchen Fall liegt bereits eine patentverletzende Handlung vor.[415]

---

410 Der BGH formulierte hierzu treffend: „*Praktisch jede Erfindung baut auf älteren Erkenntnissen – erfinderischer oder nicht-erfinderischer Art – auf und kann wiederum weiterentwickelt und verbessert werden.*" Siehe BGHZ 112, 140, 150 – *Befestigungsvorrichtung II*; vgl. allgemein zu Abhängigkeitsproblematiken im Patent- und Urheberrecht *Krusemarck*, Die abhängige Schöpfung im Recht des geistigen Eigentums, 2013.

411 Vgl. dazu auch *Zech*, ZWeR 2011, 312, 320 ff.

412 BGHZ 130, 259, 264 – *Klinische Versuche I*; *Scharen*, in: Benkard (Hrsg.), Patentgesetz, 11. Auflage 2015, § 11, Rn. 7; *Haedicke*, Patenrecht, 3. Auflage 2015, Kap. 7, Rn. 21.

413 Vgl. BGHZ 45, 102, 108 – *Chemisches Analogieverfahren*; BGHZ 107, 46, 58 – *Ethofumesat*; siehe auch *Freier*, GRUR 1987, 664 und *Straus*, GRUR 1993, 308.

414 Vgl. zu diesem Begriff *Holzapfel*, GRUR 2006, 10, 11 ff.

415 *Scharen*, in: Benkard (Hrsg.), Patentgesetz, 11. Auflage 2015, § 11, Rn. 7 m.w.N.

2. Patentschutz für abhängige Folgeinnovationen

Sofern eine Weiterentwicklung auf Grundlage des Versuchsprivilegs gelingt, wird sich für den Entwickler die Frage nach dem patentrechtlichen Schutz für die Folgeinnovation stellen.[416] Diesbezüglich stellt das deutsche Patentsystem keinerlei andere Anforderungen als an „normale" Erfindungen. Auch wenn für den Prüfer die Abhängigkeit evident ist, ändert dies nichts an der objektiven Bewertung anhand der Patentierbarkeitsvoraussetzungen und der Feststellung, ob § 1 Abs. 1 PatG erfüllt ist oder nicht.[417] Eine Versagung aufgrund einer bestehenden Abhängigkeit würde zudem das Patentsystem ad absurdum führen, da ein Großteil der technischen Neuerungen auf bestehende Neuerungen aufbauen und eine Versagung aufgrund der Abhängigkeit den technischen Fortschritt erheblich ausbremsen würde.[418] Zusätzlich würde die Versagung im Rahmen der Erteilung aufgrund von Abhängigkeiten die strikte Trennung von Patentamt und Verletzungsgericht verwischen, da es nur Letzterem vorbehalten ist, über das Vorliegen einer Verletzung zu urteilen. Folglich ist eine abhängige Folgeinnovation problemlos schutzfähig.

3. Zwangslizenzersuchen gem. § 24 Abs. 2 i.V.m. Abs. 1 PatG und Patentierbarkeit von Folgeinnovationen

Sofern jedoch eine vom Versuchsprivileg gedeckte Weiterentwicklung und anschließende Patentierung gelingt, stellt sich die Frage ihrer Kommerzialisierung. Hierbei muss zusätzlich noch zwischen einer völlig neuen und unabhängigen Erfindung sowie einer abhängigen Folgeinnovation unterschieden werden.[419] Liegt aus Sicht des Dritten der Idealfall vor und die ältere blockierende Erfindung wird für die neue patentierte Erfindung nicht verwendet, so treten keine hinderlichen Abhängigkeitsprobleme mehr auf, da die Blockadewirkung

---

416 Siehe *Scotchmer*, RAND Journal of Economics 1996, 322; *O'Donoghue*, RAND Journal of Economics 1998, 654, 656; *Hunt*, Journal of Industrial Economics 2004, 401, 402, die sich allesamt gegen, bzw. für eine nur eingeschränkte Patentierbarkeit von Folgeinnovationen aussprechen.

417 Im Ergebnis so auch *Zech*, ZWeR 2011, 312, 320–321.

418 Vgl. etwa *Hirsch*, WuW 1970, 99, 101, der ausführt: „*Und schließlich ist die einzelne Erfindung von dem, was die geistige Umwelt dem Erfinder geboten hat, nicht unabhängig – jede einzelne Erfindung steht im Strom der geistigen Entwicklungen, ist von ihm mit hochgetragen worden und verdankt Wesentliches den geistigen Anregungen, die von anderen gegeben wurden, wenn nicht sogar ganz konkrete Vorarbeiten, die evtl. nicht patentiert werden konnten.*"

419 So auch *Zech*, ZWeR 2011, 312, 320.

von Sperrpatenten ihre Wirkung gegenüber dem Dritten verloren hat.[420] Hierfür dürfen die Schutzbereiche der älteren und neueren Erfindung keine Überschneidungen aufweisen, da sonst stets eine abhängige Folgeinnovation vorliegt. Ist der Blockadewirkung eines Sperrpatents noch mit dem Versuchsprivileg dahingehend beizukommen, dass die FuE an dem Schutzrecht frei bleibt und eine vollkommen neue Erfindung nicht verhindern kann, zeigt sich im Rahmen der abhängigen Folgeinnovation das ganze Blockadeausmaß eines Sperrpatents. Die Folgeinnovation kennzeichnet sich durch ihr Abhängigkeitsverhältnis zum älteren Patent. Eine Abhängigkeit im patentrechtlichen Sinne liegt immer dann vor, wenn die jüngere technische Lehre nicht verwendet werden kann, ohne in den Schutzbereich der älteren technischen Lehre einzugreifen.[421] Fehlt die Lizenzbereitschaft des Patentinhabers mit älterem Zeitrang, was bei einem Sperrpatent der Fall ist, kann das jüngere Patent nicht verwertet werden.[422] Im Umkehrschluss bedeutet dies natürlich auch, dass der Inhaber des älteren Patents keine Benutzungshandlungen im abweichenden Schutzbereich des jüngeren Patents vornehmen darf, sofern er nicht mittels der Lizenz berechtigt wurde.

In einer solchen Konstellation besteht für den Verwender dann nur die Möglichkeit eine Zwangslizenz nach § 24 Abs. 2 i.V.m. Abs. 1 Nr. 1 PatG zu ersuchen. Für die Erteilung einer solchen Zwangslizenz müssen zum einen die Voraussetzungen der Zwangslizenz nach § 24 Abs. 1 Nr. 1 PatG vorliegen (vgl. § 24 Abs. 2 Nr. 1 PatG) und zusätzlich muss die Folgeinnovation einen wichtigen technischen Fortschritt von erheblicher wirtschaftlicher Bedeutung aufweisen (§ 24 Abs. 2 Nr. 2 PatG).[423] Die Darlegung eines öffentlichen Interesses wie für § 24 Abs. 1 Nr. 2 PatG ist hingegen nicht mehr erforderlich.[424] Zwar liegt dem

---

420 Es besteht dem Grunde nach ein völlig neues Schutzrecht, welches zwar auf der Forschung „an der Erfindung“ beruht, jedoch eine eigenständige neue Erfindung darstellt.

421 Eine umfassende Analyse der Begriffsdefinition findet sich bei *Krusemarck*, Die abhängige Schöpfung im Recht des geistigen Eigentums, 2013, S. 25–36, wobei sich die diesbezüglichen Ansichten der Rechtsprechung und Literatur nur unmerklich voneinander unterscheiden.

422 Ein jüngeres Patent kann ein älteres bestehendes Patent nicht verdrängen, so bereits RG, GRUR 1939, 178, 181 – *Dauerwellflachwicklung*.

423 Siehe *Zech*, ZWeR 2011, 312, 320 der in der Zwangslizenz für abhängige Erfindungen nur ein Drohpotential für Kreuzlizenzierungen sieht.

424 Die Umsetzung der BioPatRL 2005 war Stein des Anstoßes für die Einführung der Zwangslizenz für abhängige Erfindungen. Da weder die BioPatRL noch TRIPS von einem öffentlichen Interesse ausgehen, sah die Bundesregierung die Novellierung als notwendig an, vgl. umfassend dazu *Uhrich*, Stoffschutz, 2010, 314 ff.

Institut der Zwangslizenz für abhängige Patente die Zielsetzung zugrunde, dass das Patentsystem nicht die Entwicklung des technischen Fortschritts unangemessen behindern soll,[425] die praktische Anwendbarkeit dieses Rechtsinstituts auf Sperrpatente ist jedoch als gering zu bewerten. Anstatt der Schwierigkeiten der Darlegung des öffentlichen Interesses kommt nunmehr das Erfordernis des wichtigen technischen Fortschritts und der erheblichen wirtschaftlichen Bedeutung hinzu.[426] Auch hier muss wiederum ein objektiver Maßstab anhand des Einzelfalls und den jeweiligen konkreten Verhältnissen auf den betroffenen Märkten angelegt werden.[427] Auch bei abhängigen Erfindungen erscheint die Erfüllung der beiden Voraussetzungen am ehesten im Bereich von Folgeinnovationen auf Grundlageninnovationen denkbar.[428] Die Bejahung wird jedoch häufig ebenfalls wie bei der Zwangslizenz nach § 24 Abs. 1 PatG an den hohen Hürden der Voraussetzungen scheitern, da auch die Tatsache einer abhängigen Erfindung das patentrechtliche Schutzrecht nicht leichtfertig einschränken darf.

III. Zusammenfassung

Die „normale“ patenrechtliche Zwangslizenz nach § 24 Abs. 1 PatG und die Zwangslizenz für abhängige Patente nach § 24 Abs. 2 i.V.m. Abs. 1 Nr. 1 PatG erscheinen nur auf den ersten Blick als hilfreiche Schranke für innovationsfeindliche Blockadesituationen durch Sperrpatente sowie Patentdickichte. Tatsächlich ist in der Bundesrepublik Deutschland, abgesehen von einer kürzlich erfolgten Ausnahme (dazu sogleich), bis dato noch keine patentrechtliche Zwangslizenz

425 So etwa BPatG, GRUR 1994, 98, 100 – *Zwangslizenz.*

426 Hierbei ist der früher im Rahmen der Prüfung des öffentlichen Interesses verwendete Begriff des „wesentlichen Fortschritts“ nicht mit dem heutigen Erfordernis des „wichtigen technischen Fortschritts“ und „erheblicher wirtschaftlicher Bedeutung“ gleichzusetzen, da diese weitaus enger gefasst sind, so auch *Hacker*, in: Busse/Keukenschrijver (Hrsg.), Patentgesetz, 8. Auflage 2016, § 24, Rn. 52 und *Rogge/Kober-Dehm*, in: Benkard (Hrsg.), Patentgesetz, 11. Auflage 2015, § 24, Rn. 22.

427 *Nieder*, Mitteilungen 2001, 400, 401; *Leitzen/Kleinevoss*, Mitteilungen 2005, 198, 203.

428 Bejaht wurde die Zwangslizenz für eine abhängige Folgeinnovation etwa bei RGZ 130, 360, 366 – *Gleisrückmaschine* und RG, GRUR 1936, 489 – *Lochkartenprüfmaschine*. Hingegen ist die Ansicht von *Schieble* abzulehnen, die im Falle von DNA-Abhängigkeitskonstellationen die Pflicht zur Lizenzierung dem Grunde nach per se als gegeben ansieht. Begründet wird dies mit der „*erheblichen gesellschaftlichen Relevanz*“, da die DNA den „*Bauplan des Lebens*“ bereithält und nur jedes noch so kleine „*Puzzlestück*“ wichtige Erkenntnisse biete, siehe *dies.*, Abhängige Genpatente und das Institut der Zwangslizenz, 2005, S. 180.

rechtskräftig erteilt worden. *Greif* führt dazu aus, dass zwischen 1923 und 1943 von 295 Anträgen zumindest 23 Zwangslizenzen erteilt wurden. Zwischen 1950 und 1979 hingegen erfolgten auf 37 Anträge keine Erteilungen mehr.[429] *Kraßer/Ann* führen diesbezüglich weiter aus, dass zwischen 1980 – 1984 und 2004 – 2007 überhaupt keine Anträge beim BPatG eingingen und nur sechs Anträge zwischen den Jahren 1985 – 2002.[430] Die in diesem Zeitraum einzige erteilte Zwangslizenz durch das BPatG wurde in der nächsten Instanz vom BGH wiederum aufgehoben.[431] 2003 wurden letztlich zwei Anträge gestellt, die sich jedoch ebenfalls erledigten.[432] 2016 hat das BPatG nunmehr Neuland betreten und die erste Zwangslizenz seit dessen 55-jährigen Bestehens für einen HIV-Wirkstoff erteilt.[433] Nach Auffassung des Gerichts bestand ein dringliches öffentliches Interesse an der Erteilung der Lizenz, damit der Lizenznehmer *Merck* sein HIV-Medikament *Isentress* vorerst weiter vertreiben darf.[434] Mit Urteil vom 11. Juli 2017 hat der BGH zudem die Beschwerde gegen das Urteil des BPatG im Fall *Isentress* zurückgewiesen.[435] Von diesem Einzelfall abgesehen, kommt der Zwangslizenzerteilung nach § 24 PatG heutzutage dem Grunde nach keine praktische Bedeutung zu. Vor allem die hohen Hürden der Tatbestandsvoraussetzung in Form des „öffentlichen Interesses" sowie des „wichtigen technischen Fortschritts von erheblicher wirtschaftlicher Bedeutung" stellen in der praktischen Rechtsanwendung nahezu unüberwindbare Hindernisse für den Lizenzsucher dar, was die Zwangslizenz im Ergebnis zu einem stumpfen Schwert

---

429 *Greif*, GRUR Int. 1981, 731, 733.

430 *Kraßer/Ann*, Patentrecht, 7. Auflage 2016, § 34, Rn. 106.

431 Das BPatG erteilte 1994 eine Zwangslizenz, vgl. BPatG, GRUR 1994, 98 – *Zwangslizenz*, welche jedoch vom BGH im Jahr 1995 aufgehoben wurde, BGHZ 131, 247 ff. – *Interferon-gamma*.

432 *Kraßer/Ann*, Patentrecht, 7. Auflage 2016, § 34, Rn. 106.

433 Vgl. BPatG, GRUR 2017, 373 – *Isentress*, durch die Zwangslizenzerteilung ermöglichte das BPatG die weitere Herstellung sowie den Vertrieb eines bedeutenden Medikaments zur Behandlung von HIV-Infektionen, mit denen weltweit Umsätze von 1,5 Mrd. US-Dollar erzielt werden. Im Vorfeld des in Rede stehenden Verfahrens bot *Merck* dem Patentinhaber *Shionogi* 10 Mio. US-Dollar für eine weltweite Lizenz an dem patentgeschützten Wirkstoff „*Raltegravir*" an (EP 1 422 218); vgl. die rechtliche Würdigung des Rechtsstreits bei *Fuchs*, in: Ahrens et al. (Hrsg.), FS Büscher, 2018, 621 sowie dessen Zusammenfassung bei *Klos*, JUVE, Artikel vom 01. September 2016.

434 BPatG, GRUR 2017, 373 – *Isentress*.

435 BGH, GRUR 2017, 1017 – *Raltegravir*.

Umständen als Behinderungswettbewerb gewertet werden, da hierdurch kein eigener wettbewerblicher Vorteil geschützt oder abgesichert, sondern lediglich das Entstehen wettbewerblicher Konkurrenz verhindert werden soll. Der Patentinhaber schafft somit Marktzutrittsschranken.

I. Behinderungstatbestand des § 4 Nr. 4 UWG

Bei einer Anwendung des § 4 Nr. 4 UWG muss beachtet werden, dass diesem der Charakter einer Generalklausel zukommt, welche einer Ausfüllung im Wege der konkreten Rechtsanwendung bedarf.[446] Dies gilt umso mehr, da der Begriff der Behinderung traditionell im wettbewerblichen Sinne eine Beeinträchtigung der Entfaltungsmöglichkeiten des Mitbewerbers bedeutet und somit nahezu jede unternehmerische Handlung auch eine wettbewerbsimmanente und in der Regel auch wettbewerbskonforme Behinderung eines Mitbewerbers beinhaltet.[447] Somit ergibt sich die Unlauterkeit einer wettbewerblichen Handlung nicht aus der Behinderungswirkung der Handlung selbst,[448] sondern vielmehr erst dann, wenn die Handlung in ihrer Gesamtschau als unlauter zu bewerten ist.[449] Auf das Patent übertragen, kann somit weder die dem Schutzrecht bereits innewohnende Sperrwirkung noch die Ausübung des selbigen durch dessen Geltendmachung gegenüber Dritten per se den Vorwurf der Unlauterkeit auslösen. Hierfür müssen zusätzliche Begleitumstände hinzutreten, sodass erst eine Gesamtschau zum Vorliegen einer möglichen Unlauterkeit führen kann.

Die Anwendung des § 4 Nr. 4 UWG bedarf einer gezielten Behinderung eines Mitbewerbers durch eine geschäftliche Handlung des Normadressaten. Zentrale Anwendungsvoraussetzung des UWG ist das Tatbestandsmerkmal der geschäftlichen Handlung, dessen Vorliegen das UWG als Sonderdeliktsrecht vom allgemeinen Deliktsrecht der §§ 823 ff. BGB abgrenzt.[450] Nach der Legaldefinition aus

---

446 *Götting/Hetmank*, in: Fezer/Büscher/Obergfell (Hrsg.), UWG, 3. Auflage 2016, § 4 Nr. 1, Rn. 1; *Dreher/Kulka*, Wettbewerbs- und Kartellrecht, 9. Auflage 2016, Rn. 398; vgl. auch *Beater*, WRP 2011, 7, 7 der die Norm als „*kleine Generalklausel*" bezeichnet.

447 BGH, GRUR 2015, 607, 608 – *Uhrenkauf im* Internet; BGH, GRUR 2014, 785, 787 – *Flugvermittlung im Internet*; BGH, GRUR 2014, 393, 395 – *wetteronline.de.*

448 Dazu ausführlich *Omsels*, WRP 2004, 136, 139 ff.

449 BGH, GRUR 2014, 785, 787 – *Flugvermittlung im Internet*; BGH, GRUR 2004, 877, 879 – *Werbeblocker* BGH, GRUR 2002, 902, 905 – *Vanity-Nummer*; BGHZ 148, 1, 5 – *Mitwohnzentrale.de*; *Omsels*, in: Harte-Bavendamm/Henning-Bodewig (Hrsg.), UWG, 4. Auflage 2016, § 4 Nr. 4, Rn. 17.

450 *Götting*, in: Götting/Nordemann (Hrsg.), UWG, 3. Auflage 2016, § 2, Rn. 2; *Fezer*, in: Fezer/Büscher/Obergfell (Hrsg.), UWG, 3. Auflage 2016, § 2, Rn. 4 ff.

§ 2 Abs. 1 Nr. 1 UWG liegt eine solche immer bei einem Verhalten einer Person zugunsten des eigenen oder eines fremden Unternehmens vor, welches mit der Förderung des Absatzes oder des Bezugs von Waren oder Dienstleistungen oder mit dem Abschluss oder der Durchführung eines Vertrags über Waren oder Dienstleistungen objektiv zusammenhängt. Bei Vorliegen des § 4 Nr. 4 UWG handelt es sich stets um Verhaltensweisen gegenüber Mitbewerbern, was dazu führt, dass diese in einem Zusammenhang mit der Absatz- oder Bezugsförderung stehen müssen.[451] Der zu fordernde objektive Zusammenhang ist immer dann gegeben, wenn die Handlung darauf gerichtet ist, auf die wettbewerblichen Interessen des Mitbewerbers zum Vorteil der eigenen Absatz- oder Bezugsförderung einzuwirken.[452] Mitbewerber im Sinne des § 4 Nr. 4 UWG sind nach der Legaldefinition des § 2 Abs. 1 Nr. 3 UWG Unternehmen, die miteinander als Anbieter oder Nachfrager von Waren oder Dienstleistungen in einem konkreten Wettbewerbsverhältnis stehen. Voraussetzung ist hierbei derselbe Kundenkreis, an den sich die Waren oder Dienstleistungen der Unternehmen richten und sich somit deren jeweiligen Angebote gegenseitig behindern können.[453] Ausschlaggebend sind somit die Interessen der jeweiligen Parteien, um diese von sonstigen Marktteilnehmern im Sinne des § 2 Abs. 1 Nr. 2 UWG abzugrenzen.[454] Bei Mitbewerbern stellen sich die wechselseitigen Interessen zwangsläufig als gegenläufig dar, da die Förderung des eigenen Wettbewerbs die Beeinträchtigung des gegnerischen Wettbewerbs zum Ziel hat bzw. der eigene Vorteil sich in aller Regel zum Nachteil eines Mitbewerbers auswirkt.[455] Für das Vorliegen des konkreten Wettbewerbsverhältnisses zwischen Mitbewerbern stellt die Rechtsprechung *„keine hohen Anforderungen“*,[456] sodass auch Unternehmen

---

451 *Köhler*, in: Köhler/Bornkamm/Feddersen (Hrsg.), UWG, 39. Auflage 2021, § 4, Rn. 4.4; *Götting*, in: Götting/Nordemann (Hrsg.), UWG, 3. Auflage 2016, § 2, Rn. 2.

452 Ausführlich etwa BGH, GRUR 2009, 876, 878 – *Änderung der Voreinstellungen II* und *Fezer*, in: Fezer/Büscher/Obergfell (Hrsg.), UWG, 3. Auflage 2016, § 2, Rn. 145 ff.; vgl. ferner *Fezer*, in: Ohly/Bodewig/Dreier/Götting/Haedicke/Lehmann (Hrsg.), FS Schricker, 2005, 671, 674 ff.

453 Ausführlich *Köhler*, in: Köhler/Bornkamm/Feddersen (Hrsg.), UWG, 39. Auflage 2021, § 2, Rn. 90 ff.

454 *Beater*, WRP 2009, 768, 773. Dies folgt bereits aus § 3 Abs. 1 UWG, der für die Bewertung der geschäftlichen Handlung die Interessen der Mitbewerber und den sonstigen Marktteilnehmer für ausschlaggebend hält.

455 *Beater*, WRP 2009, 768, 776.

456 BGHZ 125, 91, 100 – *Markenverunglimpfung*; BGHZ 93, 96, 97 – *DIMPLE*; OLG Köln, GRUR-RR 2011, 98, 99 – *Markenbeschwerde*; siehe dazu auch ausführlich *Beater*, WRP 2009, 768, 776 ff.

unterschiedlicher Marktstufen unter das Tatbestandsmerkmal des Mitbewerbers subsumiert werden können.[457] Darüber hinaus bedarf es einer Behinderung des Mitbewerbers, die wie aufgezeigt, in jeder Einschränkung der wettbewerblichen Entfaltungsmöglichkeiten liegen kann. Erst durch die gezielte Behinderung in Verbindung mit der Feststellung hinzutretender unlauterer Begleitumstände wird eine wettbewerbliche Beeinträchtigung zu einer unlauteren Handlung und kann einen Verstoß gegen § 4 Nr. 4 UWG konstatieren.[458]

II. Lauterkeitsrechtliche Bewertung der defensiven Patentstrategie

1. Sperrpatente

Für die lauterkeitsrechtliche Bewertung der defensiven Patentstrategie bietet sich sowohl für Sperrpatente als auch für massenhafte Patentanmeldungen zur Schaffung von Dickichten ein Blick auf die vergleichbare markenrechtliche Konstellation von Sperr- und Spekulationsmarkenanmeldungen an.

a. Sperrmarken als Parallele zum Sperrpatent

In Rechtsprechung und Literatur ist anerkannt, dass unter bestimmten Voraussetzungen in der Anmeldung und Eintragung eines Sperrzeichens eine gezielte Behinderung im Sinne des § 4 Nr. 4 UWG zu sehen ist.[459] So wird beispielsweise die Anmeldung eines Zeichens als Marke unter bestimmten Voraussetzungen als unlauter im Licht des § 4 Nr. 4 UWG angesehen, wenn unter Berücksichtigung der Gesamtumstände anzunehmen ist, dass die Anmeldung zu rein rechtsmissbräuchlichen Zwecken erfolgte, wie etwa die reine Absicht Wettbewerber von der Zeichennutzung zu sperren.[460] Grundvoraussetzung ist

---

457 BT-Drucks. 15/1487, S. 19; OLG Köln, GRUR-RR 2011, 98, 99; vgl. zu dem Erfordernis des konkreten Wettbewerbsverhältnisses *Köhler*, WRP 2009, 499, 503 ff.

458 BGH, GRUR 2009, 878, Rn. 13 – *Fräsautomat*; BGH, WRP 2014, 424, Rn. 28 – *wetter-online.de*; *Köhler*, in: Köhler/Bornkamm/Feddersen (Hrsg.), UWG, 39. Auflage 2021, § 4, Rn. 4.7.

459 BGH, GRUR 2008, 160, 161 ff. – *CORDARONE*; BPatG, Beschluss vom 20. Juli 2011 – 29 W (pat) 95/10 – *PitLANE24*; BGH, GRUR 1998, 412, 414 – *Analgin*.

460 Ausführlich BGH, GRUR 2008, 160, 161 ff. – *CORDARONE*; BPatG, Beschluss vom 20. Juli 2011 – 29 W (pat) 95/10 – *PitLANE24*; BPatG, Beschluss vom 08. Dezember 2010, 26 W (pat) 63/07 – *Sachsendampf*; BPatG, Beschluss vom 15. April 2010, 29 W (pat) 84/10 – *Gelbe Seiten*, jeweils m.w.N.; in einem solchen Fall wird stets auch eine bösgläubige Markenanmeldung nach § 8 Abs. 2 Nr. 14 MarkenG vorliegen. Zwar stellt § 8 Abs. 2 Nr. 14 MarkenG zu § 4 Nr. 4 UWG die *lex specialis* dar, die Rechtsprechung wendet jedoch beide Vorschriften parallel an, vgl. BGH, GRUR 2014, 385, 386 – *H 15*;

zunächst das Bewusstsein des Anmelders, dass das angemeldete Zeichen von einem Dritten für ähnliche Waren oder Dienstleistungen im Inland oder einem EU-Mitgliedstaat verwendet wird, ohne formalen Kennzeichenschutz beantragt zu haben.[461] Allein diese Kenntnis reicht jedoch noch nicht aus, damit eine Markenanmeldung als gezielter Behinderungswettbewerb gewertet werden kann,[462] sondern es bedarf vielmehr noch des Hinzutretens zusätzlicher Unlauterkeitsmomente, da einem Ausschließlichkeitsrecht die Sperrwirkung inhärent ist.[463] Hierzu wurden in der Rechtsprechung die folgenden Umstände als hinreichend besonders angesehen, um § 4 Nr. 4 UWG zu bejahen: die Störung eines schutzwürdigen Besitzstandes des Vorbenutzers ohne sachlich gerechtfertigten Grund,[464] die bewusste Anmeldung des Zeichens zum Zwecke der Sperrung des Vorbenutzers[465] sowie der Einsatz der schutzrechtsimmanenten Sperrwirkung als Mittel des Wettbewerbskampfes.[466] Zusätzlich muss das angemeldete Zeichen die objektive Eignung besitzen, eine Sperrwirkung zu entfalten und es muss eine entsprechende Behinderungsabsicht bei dem Anmelder bestehen.[467] Neben der sprachlichen Nähe ist auch in faktischer Hinsicht die Parallele zwischen einer Sperrmarke und einem Sperrpatent nicht zu übersehen. Beide Schutzrechte werden gezielt dazu verwendet, das Ausschließlichkeitsrecht als Mittel des Wettbewerbskampfes dahingehend einzusetzen, Dritte von der Benutzung des Zeichens bzw. der technischen Lehre auszugrenzen, ohne eine eigene Verwendungsabsicht zu verfolgen. Somit ist fraglich, ob diese Grundsätze auch auf eine Sperrpatentanmeldung im Lichte des UWG zu übertragen sind.[468]

BGH, GRUR 2005, 581, 582 – *The Colour of Elégance*; *Wirtz*, in: Götting/Nordemann (Hrsg.), UWG, 3. Auflage 2016, § 4 Nr. 4, Rn. 4.85.

461 Grundlegend EuGH, Rs. C-529/07, ECLI:EU:C:2009:361, Slg. I 2009, 4918, GRUR 2009, 763, 764 – *Lindt&Spüngli/Hauswirth*; BGH, GRUR 2004, 790, 793 – *Gegenabmahnung*, jeweils m.w.N.

462 BGH, WRP 2010, 764, 768 – *WM-Marken*.

463 BGH, GRUR 2008, 160, 162 – *CORDARONE*; BGH, GRUR 2008, 917, 918 – *EROS*; BGH, WRP 2010, 764, 768 – *WM-Marken*.

464 BGH, GRUR 2008, 621, 623 – *AKADEMIKS*; BGH, GRUR 2008, 917, 918 – *EROS*; BGH, GRUR 2009, 780, 781 – *Ivadal*.

465 BGH, GRUR 2008, 621, 623 – *AKADEMIKS*.

466 St. Rspr., BGHZ 113, 82, 90 – *Salomon*; BGH, GRUR 1998, 1034, 1037 – *Makalu*; BGH, GRUR 2003, 428, 431 – *BIG BERTHA*; BGH, GRUR 2005, 414, 417 – *Russisches Schaumgebäck*; BGH, GRUR 2008, 160, 161 – *CORDARONE*.

467 EuGH, Rs. C-529/07, ECLI:EU:C:2009:361, Slg. I 2009, 4918, GRUR 2009, 763, 764 – *Lindt&Spüngli/Hauswirth*; BGH, GRUR 2005, 581, 582 – *The Colour of Elégance*.

468 Kritisch dazu *Lamping*, Patentschutz und Marktmacht, 2010, 439.

b. Übertragung der markenrechtlichen Wertung auf die lauterkeitsrechtliche Bewertung einer Sperrpatentanmeldung

Für eine solche Übertragung bedarf es zunächst einer vergleichbaren patentrechtlichen Ausgangssituation. Zunächst müsste dem Anmelder bekannt sein, dass ein Dritter die technische Lehre bereits im Inland verwendet, ohne eine prioritätswahrende Patentanmeldung eingereicht zu haben. Zusätzlich dazu wäre ein unlauterkeitsbegründender Umstand zu fordern, denn die Sperrung der technischen Handlungslehre für Dritte ist dem Patent selbst bereits inhärent. Der Anmelder müsste demnach entweder einen schutzwürdigen Besitzstand des Vorbenutzers ohne sachlich gerechtfertigten Grund stören; die Weiterbenutzung des Vorbenutzers sperren; oder die Sperrwirkung als Mittel des Wettbewerbskampfes einsetzen wollen. Letztere Voraussetzung erscheint im Hinblick auf gezielte Umzäunungstaktiken und die Anmeldung von Sperrpatenten auf Grundlageninnovationen nicht gänzlich fernliegend und könnte in Anbetracht der oben gemachten Ausführungen mit entsprechendem argumentativem Aufwand unter Umständen sogar bejaht werden.

Bedenken bestehen vorliegend somit nicht im Hinblick auf die mögliche Feststellung unlauterer Intentionen des Anmelders, sondern vielmehr mit Blick auf die Frage, ob das Patentrecht derartige Sachverhalte nicht bereits abschließend regelt. Im Gegensatz zum Markenrecht kennt das Patentrecht in § 12 PatG eine Regelung, die den Vorbenutzer einer Erfindung schützt und diesem aufgrund von Billigkeitserwägungen die weitere gewerbliche Nutzung einer Erfindung im Rahmen seines Betriebes erlaubt, um dessen wirtschaftlichen Besitzstand zu schützen.[469] Dieses Vorbenutzungsrecht kann jeder in Anspruch nehmen, der einen gewerblichen Besitzstand auf legitime und rechtlich unbedenkliche Weise erlangt hat und im Rahmen dessen die Erfindung bereits verwendet, oder hinreichende Aufwendungen mit dem Ziel die Erfindung in Zukunft zu verwenden, getätigt hat.[470] Aufgrund des § 12 PatG steht der Vorbenutzer einer Erfindung

---

469 RGZ 75, 317, 318; RGZ 123, 58, 61; BGH, GRUR 1964, 673, 675 ff. – *Kasten für Fußabtrittsroste*; BGH, GRUR 2002, 231, 233 – *Biegevorrichtung*; siehe dazu auch *Nirk*, GRUR 2001, 984, 985. Siehe zur Reichweite des Rechts eines Vorbenutzers nach § 12 BGB etwa *Keukenschrijver*, GRUR 2001, 944.

470 Vgl. die eindeutige Formulierung zuletzt bei BGHZ 182, 231, 235 – *Füllstoff*: *„§ 12 PatG hat den Zweck, aus Billigkeitsgründen einen vorhandenen oder bereits angelegten gewerblichen Besitzstand des Vorbenutzers zu schützen und damit die unbillige Zerstörung in zulässiger, insbesondere rechtlich unbedenklicher Weise geschaffener Werte zu verhindern. Dessen Kraft, Zeit und Kapitaleinsatz auf bestehende Anlagen, die entweder die Erfindung bereits verwerten oder bei denen der Wille, sie zu verwerten, durch*

somit nicht schutzlos dar. Folglich ist weder die gezielte Störung des Besitzstandes eines Vorbenutzers noch die Sperrung desselbigen von der Nutzung der technischen Lehre durch die Sperrpatentanmeldung möglich, wie es etwa im Markenrecht zu beobachten ist. In Ermangelung einer solchen markenrechtlichen Regelung besteht somit die Notwendigkeit für ein Eingreifen des Lauterkeitsrechts bei der gezielten Anmeldung von Sperrmarken zu den beschriebenen wettbewerbswidrigen Zwecken. Im Gegensatz dazu besteht im Patentrecht hingegen eine abschließende Regelung durch den Gesetzgeber, weswegen eine Übertragung der Grundsätze folglich als systemwidrig abzulehnen ist.

Sofern ein Sperrpatent rein zum Einsatz als Mittel des Wettbewerbskampfes angemeldet wird, besteht im Gegensatz zum Markenrecht ebenfalls eine abschließende gesetzgeberische Wertung in Form der Zwangslizenz nach § 24 PatG. Hieran vermag auch der Umstand nichts zu ändern, dass die Tatbestandsvoraussetzungen des § 24 PatG in der Praxis restriktiv gehandhabt werden. Vielmehr sah der Gesetzgeber dieses Korrektiv als ausreichend an, um wettbewerbswidrige Tendenzen im Patentrecht zu unterbinden. Da ein solches Korrektiv im Markenrecht fehlt, nach Maßgabe des Art. 21 TRIPS nicht eingeführt werden darf[471] und das Markenrecht darüber hinaus keine abschließende Regelung trifft, bedarf es eines Eingriffs mittels des Lauterkeitsrechts zum Schutze eines Vorbenutzers. Aus patentrechtlicher Sicht würde dies jedoch ebenfalls eine Umgehung der gesetzgeberischen Wertung bedeuten.

Abschließend wäre auch die Rechtsfolge einer solchen Übertragung abzulehnen. Bei einem festgestellten Verstoß im Hinblick auf eine Sperrmarke erwächst dem Benutzer ein lauterkeitsrechtlicher Löschungsanspruch aus §§ 3, 4 Nr. 4 i.V.m. 8 Abs. 1 S. 1 UWG gegen den Markeninhaber.[472] Insoweit ergänzt der lauterkeitsrechtliche Löschungsanspruch den ebenfalls existierenden Löschungsgrund der bösgläubigen Markenanmeldung, welcher gem. § 54 Abs. 1 i.V.m. § 8 Abs. 2 Nr. 14 und § 50 Abs. 1 MarkenG beantragt werden kann.[473] Ein vergleichbarer Löschungsgrund ist dem Patenrecht jedoch fremd und darf ohne

---

Veranstaltungen zur Benutzung bestätigt worden ist, sollen nicht umsonst aufgewandt sein und ein solcher Besitzstand nicht durch die Patentanmeldung eines anderen entwertet werden."

471 Vgl. dazu auch *Kur*, in: Kur/v. Bomhard/Albrecht (Hrsg.), Beck'scher Online-Kommentar Markenrecht, 24. Edition 2021, Einl. MarkenG, Rn. 297.

472 Vgl. *Köhler*, in: Köhler/Bornkamm/Feddersen (Hrsg.), UWG, 39. Auflage 2021, § 4, Rn. 4.85.

473 Für eine mögliche Implementierung eines vergleichbaren Löschungsgrundes im Patentrecht, siehe Kapitel 2, § 3, A, I-II.

ausdrückliche Kodifizierung auch nicht durch die Hintertür des Lauterkeitsrechts eingeführt werden. Folglich bestünden auch auf Rechtsfolgenseite erhebliche Bedenken gegen eine Übertragung der Grundsätze zur Sperrmarke auf das Sperrpatent.

2. Patentdickichte

a. Spekulationsmarken als Parallele zur massenhaften Patentanmeldung

Neben der Anmeldung von Sperrmarken wird auch die Anmeldung sog. Spekulationsmarken unter bestimmten Voraussetzungen als unlauter im Lichte des § 4 Nr. 4 UWG angesehen.[474] Spekulationsmarken[475] kennzeichnen sich dadurch, dass eine Vielzahl von Zeichen für unterschiedliche Waren oder Dienstleistungen angemeldet werden, bezüglich dieser Zeichen kein Benutzungswille existiert und die Hortung der Marken den zusätzlichen Zweck erfüllt, Dritte mit Unterlassungs- und Schadensersatzklagen zu überziehen.[476] Zwar ist die Bevorratung mit einer Vielzahl von Marken nicht per se als unlauter anzusehen, treten jedoch die zusätzlich angeführten Umstände hinzu, kann auch die massenhafte Markenanmeldung als solche zu bewerten sein.[477] Ein Indiz hierfür ist beispielsweise in der Anmeldung einer Vielzahl von Zeichen für diverse unterschiedliche Waren und Dienstleistungen ohne erkennbare Strategie oder Nutzung zu sehen. Das Gleiche gilt für die Anmeldung einer Vielzahl von Zeichen, die nur punktuelle Abweichungen aufweisen, um diese im Zweifel gegen zukünftige Verwender

---

474 Die Terminologie bezüglich der Spekulationsmarke ist höchst uneinheitlich, vgl. dazu die diversen Nachweise bei *Ticic*, Die bösgläubige Markenanmeldung als absolutes Schutzhindernis, 2010, S. 29–30 und *Götting/Hetmank*, in: Fezer/Büscher/Obergfell (Hrsg.), UWG, 3. Auflage 2016, § 4 Nr. 4, Rn. 153 ff.

475 Teilweise werden Spekulationsmarken auch als Hinterhaltsmarken bezeichnet, vgl. ausführlich dazu *Wiedmann*, Der Rechtsmissbrauch im Markenrecht, 2002, S. 166 ff.

476 BGH, GRUR 2001, 242, 244 – *Classe E*; BGH, GRUR 2009, 780, 782 – *Ivadal*; BGH, GRUR 2012, 429, 430 – *Simca*; OLG Frankfurt, MarkenR 2013, 151 – *Spekulationsmarke*; *v. Gamm*, in: Büscher/Dittmer/Schiwy (Hrsg.), Gewerblicher Rechtsschutz, Urheberrecht, Medienrecht, 3. Auflage 2015, § 8 MarkenG, Rn. 92; im Ergebnis so auch *Ströbele*, in: Ströbele/Hacker (Hrsg.), Markengesetz, 12. Auflage 2018, § 8, Rn. 928.

477 Siehe BPatG, Beschluss vom 1.4.2011, 28 W (pat) 588/10 – *LEV* = BeckRS 2011, 11393, bei dem der 28. Senat feststellt, dass die Bösgläubigkeit noch nicht aus der Vielzahl der Anmeldungen geschlossen werden kann; zustimmend auch *Müller/Laudonio*, GRUR Int. 2012, 417, 421.

einzusetzen. Unlauterkeit ist etwa auch dann anzunehmen, wenn die Markenhortung gezielt dazu eingesetzt wird, Dritte zum Erwerb der Markenrechte im Wege der Lizenz oder der Rechtsübertragung regelrecht zu nötigen.[478] Zu beachten ist ferner, dass die Spekulationsmarke nicht voraussetzt, in den Besitzstand eines Dritten einzugreifen.[479] Die Behinderungsabsicht liegt bereits in der Hortung der Marken durch massenhafte Anmeldungen.

b. Übertragung auf die lauterkeitsrechtliche Beurteilung massenhafter Patentanmeldungen

Schaut man auf die vergleichbaren Elemente beider Anknüpfungspunkte, so ist Sinn und Zweck der massenhaften Schutzrechtsanmeldungen eine Behinderung des Marktes, welche im Patentrecht durch die beschriebene „Vernebelung" erreicht werden soll. Auch kann bei einem Patentdickicht von einer regelrechten Schutzrechtshortung gesprochen werden, bei denen die einzelnen Schutzrechte nur inkrementelle Innovationen darstellen, und somit als „punktuelle" Abweichungen angesehen werden können. Trotz dieser nicht zu übersehenden Parallelen kann die lauterkeitsrechtliche Bewertung von Spekulationsmarken ebenfalls nicht auf massenhafte Patentanmeldungen im Lichte des § 4 Nr. 4 UWG übertragen werden.

Gegen eine solche Übertragung spricht bereits die Intention, die dem jeweiligen Schutzrechtsanmelder zugrunde liegt. Im Gegensatz zu der Spekulationsmarke besteht bei der massenhaften Patentanmeldung ein Benutzungswille bezüglich der technischen Handlungslehren durch den Anmelder. In aller Regel werden die kleinteiligen Entwicklungsschritte auch zur flächendeckenden Absicherung von Technologien angemeldet, um diese im Rahmen der weiterführenden FuE-Tätigkeiten konkret zu verwenden. Die Blockade Dritter durch die Schaffung der undurchsichtigen Patentlage ist ein wesentlicher, aber nicht alleiniger Zweck der mit der massenhaften Schutzrechtsanmeldung verfolgt wird. Des Weiteren kann in aller Regel nicht von wahllosen Schutzrechtsanmeldungen gesprochen werden, die eine Strategie vermissen lässt, wie es bei Spekulationsmarken der Fall ist. Denn aus wettbewerblicher Sicht verhindern vielzählige Anmeldungen das einfache Auftreten von Konkurrenten und stellen einen eigenen wettbewerblichen Vorteil aus strategischer Sicht dar. Ferner zielen massenhafte Patentanmeldungen auch nicht auf monetäre Interessen dergestalt

---

478 *Ströbele*, in: Ströbele/Hacker (Hrsg.), Markengesetz, 12. Auflage 2018, § 8, Rn. 928; für weitere Indizien, siehe *Füllkrug*, WRP 2006, 664, 673.

479 BGH, GRUR 2012, 429, 430 – *Simca.*

ab, Konkurrenten mit Schadensersatzansprüchen zu überziehen oder aber den Abschluss von Lizenzverträgen zu forcieren, sondern dienen primär der Verteidigung der eigenen wettbewerblichen Betätigung. Folglich ist bereits die jeweilige Ausgangslage für die Bewertung nach lauterkeitsrechtlichen Gesichtspunkten grundlegend unterschiedlich und eine Übertragung somit im Ergebnis abzulehnen.

3. Lizenzverweigerung bei Sperrpatenten

Im Hinblick auf das Vorliegen einer Behinderung bestehen hinsichtlich der Verweigerung der Lizenzerteilung keine Bedenken. Die Nichterteilung einer Lizenz beeinträchtigt den Verwender in seiner wettbewerblichen Entfaltungsmöglichkeit dahingehend, die technische Lehre für die eigenen wirtschaftlichen Belange zu verwenden.[480] Ob diese Behinderung im Falle der Lizenzverweigerung vorliegend auch eine geschäftliche Handlung darstellt, die gezielt gegen einen Mitbewerber gerichtet ist, kann dahinstehen, wenn bereits wesentliche patentrechtliche Wertungen des Gesetzgebers gegen die Anwendung des § 4 Nr. 4 UWG sprechen.

Eine solche abschließende Wertung ist in der Möglichkeit einer Zwangslizenzierung nach § 24 PatG zu erblicken. Zur Auflösung patentinduzierter Blockadesituationen erachtete der Gesetzgeber einen staatlichen Eingriff in die ausschließliche Verfügungsbefugnis des Patentinhabers nur dann als zulässig, wenn der Verwender ein öffentliches Interesse an der Erteilung geltend machen kann oder die Lizenzverweigerung einen technischen Fortschritt von wesentlicher Bedeutung blockieren würde. Zusätzlich dazu wird der Vorbenutzer einer Erfindung nach § 12 PatG insoweit geschützt, dass diesem zumindest sein Besitzstand erhalten bleibt und die weitere Verwendung des Patents im Zusammenhang mit diesem Besitzstand gestattet wird. Die Anwendung der Mitbewerberbehinderung nach § 4 Nr. 4 UWG hebelt diese Wirkung jedoch dann in unzulässiger Weise aus, wenn die Rechtsfolge bei Vorliegen der Tatbestandsvoraussetzungen auf Zugangsgewährung zu dem Sperrpatent gerichtet wäre. Insofern bedarf es keines öffentlichen Interesses oder eines technischen Fortschritts von wesentlicher Bedeutung mehr, wenn alleine die Mitbewerberbehinderung schon zu einer Zwangslizenzierung führen würde. Bestünde die Rechtsfolge des

480 Im Hinblick auf die Behinderung zählen alle Wettbewerbsparameter wie etwa Bezug, Absatz, Werbung, Produktion, Forschung, Entwicklung, Planung etc. vgl. *Omsels*, in: Harte-Bavendamm/Henning-Bodewig (Hrsg.), UWG, 4. Auflage 2016, § 4 Nr. 4, Rn. 17; BGH, GRUR 2004, 877, 879 – *Werbeblocker*.

§ 4 Nr. 4 UWG hingegen nicht in der Zugangsgewährung, ist die Anwendung des Lauterkeitsrechts in diesem Falle bereits von vornherein obsolet. Aufgrund der Umgehung der gesetzgeberischen Wertung aus §§ 24 und 12 PatG muss eine Anwendung des § 4 Nr. 4 UWG auf die Lizenzverweigerung eines Sperrpatents im Ergebnis somit ebenfalls abgelehnt werden.

4. Geltendmachung von Sperrpatenten

Auch die Geltendmachung eines Sperrpatents im Wege der Unterlassungs- und Verletzungsklage ist für sich genommen eine Behinderung des Mitbewerbers, da diesem durch die Untersagung der weiteren Verwendung die wettbewerbliche Entfaltungsmöglichkeit genommen wird. Im Gegensatz zu der Lizenzverweigerung stehen auch keine zwingenden gesetzgeberischen Wertungen entgegen, die von vornherein gegen eine Anwendung des § 4 Nr. 4 UWG sprechen würden. Bedenken bestehen jedoch hinsichtlich des Vorliegens der Tatbestandsvoraussetzung der „geschäftlichen Handlung" gegenüber einem Mitbewerber sowie das Gebot des effektiven Rechtschutzes.

Auf den vorliegenden Fall übertragen müsste die Geltendmachung patentrechtlicher Ansprüche auf Grundlage des Sperrpatents zugunsten des eigenen oder eines fremden Unternehmens erfolgen und hiermit eine Einwirkung auf die Interessen des Mitbewerbers verbunden sein, die mit der eigenen Absatz- oder Bezugsförderung objektiv zusammenhängen. Die Untersuchung hat diesbezüglich jedoch aufgezeigt, dass es einem Unternehmen beim Halten von Sperrpatenten lediglich darauf ankommt, Dritte an der Verwendung der Technologie zu hindern, ohne ein Eigeninteresse an dem Schutzrecht zu verfolgen oder dieses zu lizenzieren. Eine eigene Absatz- oder Bezugsförderung durch die Verteidigung eines Sperrpatents wäre nur dann denkbar, wenn der Inhaber der Sperrpatente das in Rede stehende Schutzrecht selber zur Produktion verwenden würde und durch die Geltendmachung den Absatz der patentverwendenden Produkte absichern möchte. In einem solchen Fall handelt es sich aber nicht mehr um ein Sperrpatent, da es ja gerade im patentrechtlichen Sinne gewerblich angewandt wird. Somit scheitert die Anwendung des § 4 Nr. 4 UWG auf die Geltendmachung von Sperrpatenten bereits am Vorliegen einer geschäftlichen Handlung und ist somit als Schranke ungeeignet.[481]

---

481 Für eine gleich gelagerte Untersuchung im Hinblick auf das *Trolling*, siehe Kapitel 3, § 2, B, I-III.

III. Zusammenfassung

Die lauterkeitsrechtliche Untersuchung der defensiven Patentstrategie hat aufgezeigt, dass das UWG keine echte Schranke darstellt. Bereits aus tatbestandlicher Sicht kann die Geltendmachung und Lizenzverweigerung von Sperrpatenten nicht als geschäftliche Handlung im Sinne des § 2 Abs. 1 Nr. 1 UWG gewertet werden, wonach eine Anwendbarkeit des § 4 Nr. 4 UWG von vornherein ausscheidet. Auch sind die grundsätzlich in Betracht zu ziehenden markenrechtlichen Parallelen zur Sperr- und Spekulationsmarke nicht auf die lauterkeitsrechtliche Bewertung von Sperrpatentanmeldungen bzw. massenhaften Schutzrechtsanmeldungen übertragbar, da dies in ersterer Konstellation zu einer Umgehung der gesetzgeberischen Wertung aus §§ 12 und 24 PatG führen würde und es in der zweiten Konstellation bereits an einer vergleichbaren Ausgangslage fehlt. Weitere lauterkeitsrechtliche Schranken bezüglich der defensiven Patentstrategie sind nicht ersichtlich.

C. Zivilrechtliche Schranken

Des Weiteren muss untersucht werden, ob die Handlungsformen der defensiven Patentstrategie als unzulässige Rechtsausübung im Sinne des § 242 BGB zu werten sind. Streng genommen ist dies bereits ein Vorgriff auf die noch folgende Untersuchung hinsichtlich der möglichen Einschränkbarkeit des patentrechtlichen Unterlassungsanspruchs nach § 139 Abs. 1 S. 1 PatG, welche erst im Rahmen der Bewertung des *Trolling* hinreichend vorgenommen wird.[482] Das Verbot rechtsmissbräuchlichen Verhaltens kann gegen die defensive Patentstrategie als Schranke nämlich nur als Einwand im Patentverletzungsprozess fruchtbar gemacht werden, da § 242 BGB insofern keine materiell-rechtliche Anspruchsgrundlage darstellt.[483] Anknüpfungspunkt für die mögliche Erhebung des Einwandes ist zum einen die Schutzrechtserlangung durch den Patentinhaber mit reiner Blockadeabsicht und zum anderen die Verwirkung der Anspruchsgeltendmachung, sofern der Patentinhaber trotz Kenntnis einer möglichen Verletzung seiner Schutzrechte mit dem Unterlassungsbegehr zu lange zuwartet. Auf die Einzelheiten des § 139 Abs. 1 S. 1 PatG wird nachfolgend nicht eingegangen und insoweit nach unten verwiesen.[484]

---

482 Siehe dazu ausführlich unter Kapitel 3, § 2, A-E.

483 Vgl. für die möglichen Einreden und Einwendungen im patentrechtlichen Verletzungsprozess etwa *Hacker*, in: Busse/Keukenschrijver (Hrsg.), Patentgesetz, 8. Auflage 2016, § 139, Rn. 209 ff.

484 Vgl. dazu Kapitel 3, § 2, A-E.

I. Kategorisierung der einzelnen Anknüpfungspunkte unter § 242 BGB

Trotz der unstrittigen Anwendbarkeit des Rechtsmissbrauchsverbots auf das Patentrecht stellen die in der patentrechtlichen Diskussion erörterten Fallgruppen in der Regel andersgelagerte Problemfelder dar, als die hier untersuchten Patentstrategien.[485] Dies ändert jedoch nichts an der Tatsache, dass das Patent missbräuchlich verwendet und die Handlung insofern in den Anwendungsbereich des § 242 BGB fallen kann.[486] Wie eingangs der Bearbeitung angeklungen, lassen sich die Formen des Rechtsmissbrauchs in drei Kategorien einteilen.

Die gezielte Anmeldung oder der derivative Erwerb von Sperrpatenten zum Zwecke der Blockade Dritter wirft die offensichtliche Frage auf, inwieweit vorliegend auf ein früheres missbräuchliches Verhalten aufgrund eines unredlichen Erwerbs einer eigenen Rechtsposition rekurriert werden kann. Den Anknüpfungspunkt aus Sicht eines möglichen Rechtsmissbrauchs stellt hierbei die reine Blockadeintention des Patentinhabers dar, ohne weiterführendes Eigeninteresse an der Erfindung zu hegen. Hingegen stellt sich dieselbe Frage nicht bei der Schaffung von Patentdickichten durch massenhafte Schutzrechtsanmeldungen oder Ankäufe, da die technischen Erfindungen im Rahmen der eigenen FuE-Aktivitäten verwendet und zumindest auch zu diesem Zwecke angemeldet bzw. erworben werden. Mithin dienen sie trotz bestehender innovationshemmender Wirkung dem Sinn und Zweck des Patentrechts durch die Förderung des technischen Fortschritts, was gegen ein rechtsmissbräuchliches Verhalten spricht. Abschließend muss zudem geprüft werden, ob der Inhaber von Sperrpatenten unter bestimmten Voraussetzungen seines Rechts verlustig geht, die Nutzung gegenüber Dritten zu untersagen, etwa dann, wenn Sperrpatente über einen längeren Zeitraum nicht geltend gemacht werden und das Rechtsinstitut der Verwirkung eingreifen würde.

---

485 Etwa ein widersprüchliches Verhalten, wenn jemand im Verletzungsprozess von einer Erklärung, die er im Einspruchsverfahren abgegeben hat, nichts mehr wissen möchte, vgl. BGH, NJW 1997, 3377, 3379 – *Weichvorrichtung II*. Richtigerweise stellte bereits *Mangini*, GRUR Int. 1985, 787, 796 fest, dass das deutsche Recht das Potential der zivilrechtlichen Generalklausel aus § 242 BGB nur unzureichend ausschöpft.

486 Für weitere Beispiele etwa *Keukenschrijver*, in: Busse/Keukenschrijver (Hrsg.), Patentgesetz, 8. Auflage 2016, § 139, Rn. 221 ff.

II. Anmeldung und Erwerb eines Sperrpatents als Rechtsmissbrauch

1. Früheres missbräuchliches Verhalten als Fallgruppe des § 242 BGB

Früheres missbräuchliches Verhalten ist in zweierlei Hinsicht denkbar: die Vereitelung der Rechtsstellung eines Dritten und der unredliche Erwerb einer eigenen Rechtsposition.[487] Der dahinter stehende Gedanke fußt auf der Überlegung, dass niemand aufgrund eigenem treuwidrigen Verhalten Vorteile erlangen soll,[488] und hat seine Verankerung gewissermaßen in den §§ 123, 162 und 813 BGB gefunden.[489] Am deutlichsten verkörpert diesen Gedanken § 162 BGB, wonach sich niemand auf den Nichteintritt oder Eintritt eines Ereignisses berufen darf, der dieses selbst entgegen Treu und Glauben herbeigeführt hat.[490] Mit der Schaffung des § 162 BGB wird die Wertung des Gesetzgebers deutlich, dass eine treuwidrig geschaffene Rechtsposition nicht schützenswert ist. Dies bedeutet für § 242 BGB, dass das hierin verbriefte Verbot missbräuchlichen Verhaltens solchen Ausübungen einer Rechtsposition entgegensteht, die entgegen des Grundsatzes von Treu und Glauben begründet wurden.[491] Eine treuwidrige Erlangung kann sowohl in der missbräuchlichen Begründung bzw. Erwerb einer Rechtsposition selbst liegen, als auch in der Schaffung der rechtlich missbilligten Tatbestandsvoraussetzungen für die Geltendmachung eben dieser Rechtsposition.[492]

2. Übertragung der Fallgruppe auf die defensive Patentstrategie

Vorliegend kommt nur eine Untersuchung aufgrund eines unredlichen Erwerbs des Ausschließlichkeitsrechts in Betracht, da mit der Anmeldung von Sperrpatenten keine fremde Rechtsposition vereitelt wird. Ein Rechtsmissbrauch durch eine unredlich erworbene Rechtsposition ist immer nur dann anzunehmen,

---

487 *Looschelder/Olzen*, in: Staudinger, 2015, § 242, Rn. 234 ff.; *Teichmann*, in: Soergel BGB, 12. Auflage 1990, § 242, Rn. 281; *Schubert*, in: Säcker/Rixecker/Oetker/Limpberg (Hrsg.), MüKo-BGB Band 2, 8. Auflage 2019, § 242, Rn. 253 ff.; *Mansel*, in: Stürner (Hrsg.), Jauernig BGB, 18. Auflage 2021, § 242, Rn. 45.

488 BGHZ 94, 125, 131; BGHZ 122, 163, 168.

489 *Mansel*, in: Stürner (Hrsg.), Jauernig BGB, 18. Auflage 2021, § 242, Rn. 45–46; *Looschelder/Olzen*, in: Staudinger, 2015, § 242, Rn. 234.

490 BGHZ 88, 240, 248; BGH, NJW-RR 1991, 177, 178.

491 BGH, MDR 1980, 561, 561; *Looschelder/Olzen*, in: Staudinger, 2015, § 242, Rn. 234.

492 BGHZ 57, 108, 111; BGH, NJW 2010, 289 290 ff.; *Teichmann*, in: Soergel BGB, 12. Auflage 1990, § 242, Rn. 281; *Looschelder/Olzen*, in: Staudinger, 2015, § 242, Rn. 237 ff.; *Mansel*, in: Stürner (Hrsg.), Jauernig BGB, 18. Auflage 2021, § 242, Rn. 37 ff.

wenn diese in sittenwidriger, gesetzeswidriger oder aber arglistiger Weise erlangt wurde.[493] Das Reichsgericht entschied insofern, dass zumindest die Durchsetzung von Rechten aus einem Patent als rechtsmissbräuchlich abzulehnen sei, wenn dieses durch unrichtige Angaben gegenüber dem Patentamt „erschlichen" wurde.[494] In eine ganz ähnliche Richtung geht die *AstraZeneca*-Entscheidung des EuG. Das Gericht wertete hierbei die wahrheitswidrigen Angaben eines marktbeherrschenden Unternehmens gegenüber nationalen Patentämtern, um die Erlangung erweiterter Schutzzertifikate für bereits bestehenden Patentschutz zu ermöglichen, als Missbrauch im Lichte des Art. 102 AEUV.[495] Hierbei ist jedoch zu beachten, dass das Patentrecht eigene Mechanismen bereithält, um Erfindungen den vormals gewährten Schutz wieder zu entziehen, welche dem kartellrechtlichen und zivilrechtlichen Missbrauchsverbot bereits unter systematischen Gesichtspunkten vorgehen.[496]

Darüber hinaus ist eine Erfüllung der Voraussetzungen des § 242 BGB durch die bloße Neuanmeldung eines Sperrpatents kaum denkbar, denn zum einen kann der Anmelder weder den Erteilungsakt in gesetzes-, sittenwidriger bzw. arglistiger Form beeinflussen[497] noch sind die materiell-rechtlichen Voraussetzungen in dieser Hinsicht manipulierbar. Ob die zur Anmeldung stehende

---

493 *Grüneberg*, in: Palandt, BGB, 80. Auflage 2021, § 242, Rn. 43; *Hohmann*, JA 1982, 112, 113; *Looschelder/Olzen*, in: Staudinger, 2015, § 242, Rn. 239–240; *Sutschet*, in: Bamberger/Roth/Hau/Poseck (Hrsg.), BGB, 4. Auflage 2019, § 242, Rn. 58.

494 So RGZ 140, 184, 187 ff.; zum Einwand der Patenterschleichung im Verletzungsprozess auch *Kraßer/Ann*, Patentrecht, 7. Auflage 2016, § 35, Rn. 160 ff., der diesen ebenso wie *Keukenschrijver*, in: Busse/Keukenschrijver (Hrsg.), Patentgesetz, 8. Auflage 2016, § 139, Rn. 226 ablehnt; a.A. *Scharen*, in: Benkard (Hrsg.), Patentgesetz, 11. Auflage 2015, § 9, Rn. 70.

495 Vgl. Kommission, Entscheidung vom 15. Juni 2005, COMP/A.37.507/F3, ABl. Nr. L 332 vom 30. November 2006, S. 24 – *AstraZeneca*, bestätigt durch EuG, Urteil vom 1.7.2010, Rs. T-321/05, ECLI:EU:T:2010:266 – *AstraZeneca*, bei der sowohl die Kommission als auch das EuG feststellten, dass *AstraZeneca* seine marktbeherrschende Stellung dadurch missbrauchte, dass gegenüber nationalen Patentämtern absichtlich irreführende Angaben gemacht und bewusst nicht korrigiert wurden, um ergänzende Schutzzertifikate zu erlangen, die eine Verlängerung des Patentschutzes zur Konsequenz gehabt und somit den Markteintritt von Generika verzögert hätten.

496 So auch *Ohly*, GRUR Int. 2008, 787, 794; *Kraßer/Ann*, Patentrecht, 7. Auflage 2016, § 35, Rn. 160 ff.

497 Anders gestaltete sich jedoch die kartellrechtliche Bewertung im Fall EuG, Urteil vom 1.7.2010, Rs. T-321/05, ECLI:EU:T:2010:266 – *AstraZeneca*, siehe dazu noch ausführlich unter Kapitel 2, § 2, D, I, 2, d.

Erfindung neu ist, auf einer erfinderischen Tätigkeit beruht und gewerblich anwendbar ist, ist eine objektiv zu bewertende Frage und kann schwerlich in missbräuchlicher Weise herbeigeführt werden. Liegen alle Patentiervoraussetzungen vor, erwächst dem Inhaber der Erfindung ein öffentlich-rechtlicher Anspruch auf Erteilung des Patents.[498] Zwar ist es grundsätzlich denkbar, dass mit Blick auf die formellen Anmeldevoraussetzungen wie etwa bei der Fassung der Patentansprüche bewusst falsche Angaben gemacht werden, um den Schutzbereich in unzulässiger Weise auszudehnen. Dies wäre aber vielmehr ein Umstand, der einer Klärung im Nichtigkeitsprozess bedarf und nicht auf der Ebene des Rechtsmissbrauchs zu behandeln wäre.

Letztlich könnte nur die Erlangung der dem Sperrpatent zugrundeliegenden Erfindung selbst durch eine der missbilligten Handlungsformen erfolgt sein, um die nachfolgende Anmeldung in den Anwendungsbereich des § 242 BGB zu rücken. Denkbar wäre ein derart unredlicher Schutzrechtserwerb dann, wenn der Anmelder die Erfindung vor der Anmeldung durch einen Dritten gestohlen oder anderweitig in sittenwidriger oder arglistiger Weise erlangt hätte, um diese sodann als eigene technische Handlungslehre anzumelden.[499] In einem solchen Fall stünde der wahre Erfinder jedoch nicht schutzlos dar, da ihm zum einen sowohl ein Anspruch auf Anmeldungs- sowie Patentvindikation nach § 8 Nr. 1 bzw. Nr. 2 PatG zustünde und darüber hinaus das Schutzrecht nach Maßgabe des § 21 Abs. 1 Nr. 3 PatG widerrufen lassen könnte.[500] Des Weiteren greift in solchen Fällen unter Umständen auch das Recht des Vorbenutzers an der weiteren Nutzung der Erfindung nach § 12 PatG. Die bloße Intention ein Schutzrecht nur zum Zwecke der Blockade Dritter anzumelden, kann nach dem dargestellten erforderlichen Maßstab somit noch nicht als unredlicher Erwerb im Sinne einer gesetzes-, sittenwidrigen bzw. arglistigen Erlangung einer Rechtsposition gewertet werden.

III. Widersprüchliches Verhalten

Bei einer Untersuchung auf ein rechtsmissbräuchliches Verhalten hin, muss in Anbetracht von Sperrpatenten und deren Geltendmachung abschließend an eine Verwirkung des Rechts gedacht werden. Die Verwirkung stellt einen

---

498 BVerfG, GRUR 2003, 723 – *Rechtsprechungstätigkeit*.

499 Zwar gilt in Deutschland das Erfinderprinzip nach § 6 S. 1 PatG, der Anmelder wird aber als der rechtmäßige Erfinder im Anmeldeverfahren fingiert, vgl. § 7 Abs. 1 PatG.

500 Siehe zum Ganzen auch *Chakraborty/Timmann/Pansch*, in: Haedicke/Timmann (Hrsg.), Handbuch des Patentrechts, 2012, § 3, Rn. 110 ff.

besonderen Unterfall des § 242 BGB in Form des widersprüchlichen Verhaltens dar,[501] ist auf alle subjektiven Rechte anwendbar und findet somit auch im Patentrecht Anwendung.[502]

1. Die Verwirkung eines Rechts als Unterfallgruppe des § 242 BGB

Nach allgemeiner Auffassung in der Rechtsprechung versteht man unter einer Verwirkung den Rechtsverlust, den der Rechteinhaber dadurch erleidet, dass er das Recht für einen bestimmten Zeitraum nicht ausgeübt hat und der Dritte aufgrund dessen darauf vertrauen durfte, hieraus nicht mehr in Anspruch genommen zu werden.[503] Grundsätzlich können alle Rechtspositionen Gegenstand der Verwirkung sein.[504] Bezogen auf das Patent bedeutet das jedoch nicht, dass die Verwirkung das Recht selbst betrifft, sondern vielmehr die hieraus resultierenden Ansprüche.[505] Im Ergebnis kann die Verwirkung aber auch das (Stamm-) Recht in seinem Umfang erheblich schmälern, wenn mehrere einzelne Befugnisse gleichzeitig dem Tatbestand der Verwirkung unterfallen. Grundvoraussetzung für die Annahme der Verwirkung ist der Umstand, dass ein schutzwürdiges Vertrauen entstanden ist, welches sich auf die konkrete Nichtinanspruchnahme des Rechts über einen bestimmten Zeitraum begründen lässt.[506]

---

501 *Looschelder/Olzen*, in: Staudinger, 2015, § 242, Rn. 300; *Schubert*, in: Säcker/Rixecker/Oetker/Limpberg (Hrsg.), MüKo-BGB Band 2, 8. Auflage 2019, § 242, Rn. 314 ff.; *Wieacker*, Zur rechtstheoretischen Präzisierung des § 242 BGB, 1956, S. 28; *Hohmann*, JA 1982, 112, 115; siehe zu der Verwirkung im Patentrecht *Kühnen*, Handbuch der Patentverletzung, 12. Auflage 2020, Abschnitt E, Rn. 750 ff. und *Bukow*, in: Haedicke/Timmann (Hrsg.), Handbuch des Patentrechts, 2012, § 9, Rn. 290 ff.

502 BGHZ 146, 217, 220 – *Temperaturwächter*; BGH, NJW 1997, 3377, 3379 – *Weichvorrichtung II*; *Scharen*, in: Benkard (Hrsg.), Patentgesetz, 11. Auflage 2015, § 9, Rn. 65; siehe auch *Steinke*, Die Verwirkung im Immaterialgüterrecht, 2006, S. 144 ff.

503 St. Rspr., BGHZ 105, 290, 298; BGHZ 43, 289, 292; BGHZ 25, 47, 52; BGH, NJW 2011, 212, 213; BGH, NJW 2006, 219, 220; OLG Frankfurt, NJW-RR 1991, 674, 678; *Looschelder/Olzen*, in: Staudinger, 2015, § 242, Rn. 300; *Grüneberg*, in: Palandt, BGB, 80. Auflage 2021, § 242, Rn. 87; *Sutschet*, in: Bamberger/Roth/Hau/Poseck (Hrsg.), BGB, 4. Auflage 2019, § 242, Rn. 137.

504 Grundlegend für das Privatrecht BGHZ 25, 47, 51 ff.; *Sutschet*, in: Bamberger/Roth/Hau/Poseck (Hrsg.), BGB, 4. Auflage 2019, § 242, Rn. 140; *Grüneberg*, in: Palandt, BGB, 80. Auflage 2021, § 242, Rn. 88; *Teichmann*, in: Soergel BGB, 12. Auflage 1990, § 242, Rn. 335.

505 *Looschelder/Olzen*, in: Staudinger, 2015, § 242, Rn. 302; *Schubert*, in: Säcker/Rixecker/Oetker/Limpberg (Hrsg.), MüKo-BGB Band 2, 8. Auflage 2019, § 242, Rn. 388.

506 Siehe ausführlich hierzu *Looschelder/Olzen*, in: Staudinger, 2015, § 242, Rn. 304 ff.

2. Verwirkung der Geltendmachung eines Sperrpatents

Bezüglich eines Sperrpatents kann über eine Verwirkung nachgedacht werden, wenn der Rechteinhaber trotz positiver Kenntnis über das Vorliegen einer Patentverletzung über einen längeren Zeitraum untätig geblieben ist (Zeitmoment) und der Verwender sich nach objektiver Wertung auf die nicht mehr erfolgende Geltendmachung einrichten durfte (Umstandsmoment).[507] Beide Anknüpfungspunkte für die Verwirkung stehen in einer gegenseitigen Wechselwirkung und können nicht gesondert voneinander betrachtet werden.[508] Zusätzlich dazu muss der Patentverletzer einen schutzwürdigen Besitzstand im Vertrauen auf die nicht erfolgende Geltendmachung geschaffen haben, damit dem Rechteinhaber die konkrete Rechtsdurchsetzung letztlich überhaupt verwehrt werden kann.[509]

a. Zeitmoment

Bei einer Verwirkung wird das subjektive Recht des Inhabers derart beschränkt, dass dieser einen Teil seiner gesetzlich gewährten Befugnisse nicht ausüben darf. In Anbetracht von Schutzrechten wirft dies vor allem Implikationen mit der gesetzlich gewährten Schutzdauer auf, welche es im Rahmen der Verwirkungsfrist zu berücksichtigen gilt.

i. Verwirkungsfrist contra Schutzdauer

Eine mögliche Verwirkung patentrechtlicher Ansprüche erweckt im Hinblick auf die relativ kurze Schutzdauer von 20 Jahren ab dem Tag der Anmeldung Bedenken.[510] Die vom Gesetzgeber ausdrücklich gewählte zwanzigjährige Frist des Patentschutzes dient dazu, die Interessen der Allgemeinheit an der freien Verwendung der Erfindung und dem Interesse des Patentinhabers an deren

507 BGH, GRUR 1994, 597, 602 – *Zerlegvorrichtung für Baumstämme*; BGHZ 84, 280, 281; BGHZ 67, 56, 68; BGH, NJW 2008, 2254, 2255 m.w.N.

508 BGHZ 146, 217, 224 ff. – *Temperaturwächter*; OLG Düsseldorf, GRUR-RR 2013, 1, 4; *Keukenschrijver*, in: Busse/Keukenschrijver (Hrsg.), Patentgesetz, 8. Auflage 2016, § 139, Rn. 222.

509 BGHZ 146, 217, 222 – *Temperaturwächter*; BGH, GRUR 1981, 60, 61 – *Sitex*; BGH, GRUR 1989, 449, 452 – *Maritim*; BGH, GRUR 1998, 1034, 1037 – *Makalu*; a.A. *Kleine*, JZ 1951, 9, 11; *v. Gamm*, NJW 1956, 1780, 1781.

510 Vgl. § 16 Abs. 1 S. 1 PatG. Dazu im Ganzen *Steinke*, Die Verwirkung im Immaterialgüterrecht, 2006, S. 148 ff. mit diversen Nennungen zu den einzelnen Ansichten bezüglich der Verwirkungsfrist im Patentrecht.

alleiniger wirtschaftlicher Verwertung schonend in Einklang zu bringen und würde durch eine Verwirkung zusätzlich verkürzt werden.[511] Das bloße Argument der kurzen Schutzdauer verfängt jedoch dann nicht, wenn die bewusst verspätete Geltendmachung als illoyale Rechtsausübung zu werten ist und der konkreten Rechtsdurchsetzung im Einzelfall überwiegende schutzwürdige Interessen Dritter entgegenstehen.[512] Somit ist ein genereller Ausschluss der Verwirkung aufgrund der kurzen Schutzdauer im Patentrecht genauso entschieden abzulehnen, wie eine restriktive Handhabung der selbigen unter Einbeziehung der Gesamtumstände zu fordern ist.[513]

ii. Konkrete Verwirkungsfrist des Unterlassungsanspruchs

Die dargestellte Problematik stellt sich dem Grunde nach nur bei der Geltendmachung von patentrechtlichen Unterlassungsansprüchen. Schadensersatzansprüche können auch noch nach Beendigung der Schutzdauer geltend gemacht werden und entziehen sich somit dem beschriebenen Spannungsverhältnis.[514] Für die Bemessung der Verwirkungsfrist bei einem Unterlassungsanspruch muss eine Bewertung der Gesamtumstände des Einzelfalls vorgenommen werden.[515] Hierbei ist zu berücksichtigen, dass einem Patentinhaber grundsätzlich zugestanden werden sollte, sich auf seinem wettbewerblichen Vorteil auszuruhen und von diesem ungestört zu profitieren.[516] Insofern kann nicht verlangt werden, dass bei jeder Kenntnis über eine mögliche Verletzung, eine unverzügliche Geltendmachung der Ansprüche zu erfolgen hat.[517] Auch muss dem Patentinhaber ein Wahlrecht dahingehend unbenommen sein, dass dieser bei

---

511 *Pretnar*, GRUR Int. 2004, 776, 782; *Sonnenberg*, Der Unterlassungsanspruch, 2014, S. 202.

512 *Steinke*, Die Verwirkung im Immaterialgüterrecht, 2006, S. 149.

513 Für eine restriktive Handhabung der Verwirkung etwa *Beier*, GRUR 1976, 566, 572; im Ergebnis auch *Bukow*, in: Haedicke/Timmann (Hrsg.), Handbuch des Patentrechts, 2012, § 9; Rn. 290 ff. und *Kraßer/Ann*, Patentrecht, 7. Auflage 2016, § 35, Rn. 153. Aus neuerer Zeit besteht nur eine höchstrichterliche Entscheidung, in der der Verwirkungseinwand durchgriff, vgl. BGHZ 146, 217 – *Temperaturwächter*.

514 BGHZ 146, 217, 222 – *Temperaturwächter*; *Steinke*, Die Verwirkung im Immaterialgüterrecht, 2006, S. 149; siehe auch *Scharen*, in: Benkard (Hrsg.), Patentgesetz, 11. Auflage 2015, § 9, Rn. 67.

515 *Bukow*, in: Haedicke/Timmann (Hrsg.), Handbuch des Patentrechts, 2012, § 9, Rn. 295.

516 *Kraßer/Ann*, Patentrecht, 7. Auflage 2016, § 3, Rn. 38.

517 BGHZ 146, 217, 224 ff. – *Temperaturwächter*.

Vorliegen mehrerer Verletzer und Verletzungshandlungen seine Verteidigungsstrategie in Ruhe durchdenken kann und abwägen darf, gegen wen er wie vorgehen möchte.[518] Um dem möglichen Einwand der Verwirkung von vornherein entgegenzutreten und das Vertrauen in die nicht anvisierte Geltendmachung gar nicht erst aufkommen zu lassen, bietet sich in solchen Fällen zumindest eine Abmahnung durch den Patentinhaber an.[519]

Dass dem Schutzrechtsinhaber aber auch hier ein Zeitraum des Zuwartens zuzubilligen ist, ist insbesondere aus lauterkeitsrechtlicher Sicht notwendig, da dieser sich bei einer nicht sicheren Verletzungslage durch vorschnelle Abmahnungen unter Umständen mit Klagen wegen unberechtigter Schutzrechtsverwarnungen konfrontiert sieht.[520] Dies erfordert vom Patentinhaber eine Abwägung dahingehend, dass er zum einen einer konkreten Verletzung gewahr wird und zum anderen nicht zu lange mit der Geltendmachung zuwarten darf, damit der Verwender keinen wertvollen Besitzstand, im Vertrauen darauf nicht in Anspruch genommen zu werden, aufbaut.[521] Die konkrete Berechnung muss stets am Maßstab des Einzelfalls erfolgen, wobei die äußerste Grenze der Verwirkungsfrist die noch verbleibende Schutzdauer des Schutzrechts ist; die Frist gleichzeitig aber auch nicht anhand der durchschnittlichen Laufzeit eines Patents bemessen werden darf.[522]

Im Hinblick auf die Geltendmachung von Sperrpatenten wird das Zeitmoment in der Regel unproblematisch erfüllt sein, denn es kommt einem produzierenden Unternehmen gerade darauf an, Konkurrenten mittels Sperrpatente vom Markt fernzuhalten. Folglich ist davon auszugehen, dass bei bestehender Kenntnis von Schutzrechtsverletzungen in einem angemessenen Zeitraum gegen diese vorgegangen wird, denn nur so kann auch die bezweckte Blockadewirkung effektiv erreicht werden. Gerade bei Sperrpatenten auf Grundlageninnovationen und bewusst eingesetzter Umzäunungstaktiken wird es in der Praxis häufig bereits zu Lizenzanfragen der unberechtigten Verwender selbst kommen, da die

518 *Steinke*, Die Verwirkung im Immaterialgüterrecht, 2006, S. 150; *Sonnenberg*, Der Unterlassungsanspruch, 2014, S. 202. Zur Verwirkung lauterkeitsrechtlicher Ansprüche, vgl. BGH, GRUR 1966, 38, 43 – *Centra*.

519 *Bukow*, in: Haedicke/Timmann (Hrsg.), Handbuch des Patentrechts, 2012, § 9, Rn. 295.

520 Ausführlich dazu *Kraßer/Ann*, Patentrecht, 7. Auflage 2016, § 39, Rn. 33 ff.

521 Vgl. zu dieser Problematik *Steinke*, Die Verwirkung im Immaterialgüterrecht, 2006, S. 146 ff.

522 Die durchschnittliche Patentlaufzeit beträgt 13 Jahre und 2 Monate, vgl. DPMA, BlPMZ 2003, 78, 91, Fn. 1.

gegenseitige Lizenzierung von Patenten in vielen Technologiebereichen wesentlich ist und unter vielen Unternehmen grundsätzlich eine generelle Lizenzbereitschaft besteht.[523] In einem solchen Fall ist der Verwirkungseinwand bereits in Ermangelung eines sich sodann möglicherweise entwickelnden Vertrauens in der Regel ausgeschlossen. Sollte im Einzelfall dennoch ein zu langes Zuwarten des Pateninhabers festgestellt werden, muss zusätzlich der Umstandsmoment erfüllt sein.

b. Umstandsmoment

Der Umstandsmoment kennzeichnet sich zum einen durch die Schaffung eines Duldungsanscheins und zum anderen durch den Aufbau eines hierauf beruhenden wertvollen Besitzstandes.

i. Duldungsanschein

Die Schaffung eines zu fordernden Duldungsanscheins für die Verwirkung birgt in patentrechtlichen Konstellationen nicht unerhebliche Probleme, weswegen der Einwand von der Rechtsprechung häufig abgelehnt wurde.[524] Zunächst ist zu beachten, dass dem Patentinhaber keine Pflicht trifft, den Markt auf mögliche Schutzrechtsverletzungen hin zu überprüfen,[525] wie es etwa im Markenrecht der Fall ist.[526] Darüber hinaus ist die Feststellung einer schutzrechtsverletzenden Handlung im Patentrecht ungleich schwieriger, als es etwa im Markenrecht der Fall ist, da Produkten eine Patentverletzung nicht ohne weiteres anzusehen ist.[527] Umso komplexer ein Patent ist, desto schwieriger ist die konkrete Analyse, ob eine Benutzungshandlung eines Dritten bzw. die Implementierung einer technischen Handlungslehre in ein Produkt auch in den Schutzbereich des eigenen Schutzrechts fällt.[528]

523 Vgl. dazu *Krusemarck*, Die abhängige Schöpfung im Recht des geistigen Eigentums, 2013, S. 145 ff.

524 BGH, GRUR 1953, 29, 31 – *Plattenspieler*; BGH, GRUR 1976, 579, 581 – *Tylosin*; BGH, GRUR 1994, 597, 601 – *Zerlegvorrichtung für Baumstämme*; LG Düsseldorf, GRUR 1990, 117, 119 – *Strickwarenhandel II*.

525 LG Düsseldorf, GRUR 1990, 117, 119 – *Strickwarenhandel II*, jeweils m.w.N.

526 BGH, GRUR 1989, 449, 452 – *Maritim*.

527 *Klaka*, GRUR 1970, 265, 272; *Beier*, GRUR 1976, 566, 572; *Kröger/Bausch*, GRUR 1997, 321, 322 ff.; dazu auch *Schickedanz*, GRUR Int. 2009, 901.

528 *Steinke*, Die Verwirkung im Immaterialgüterrecht, 2006, S. 147.

Eine Kenntniserlangung noch vor Verwendung eines Schutzrechts im Rahmen von FuE-Tätigkeiten ist ungleich schwieriger, da zum einen stets das Versuchsprivileg greifen könnte und zum anderen Informationen zu den konkreten FuE-Tätigkeiten eines Unternehmens nur schwerlich nach außen dringen. Für die Bejahung eines Vertrauenstatbestandes ist folglich der konkrete Wissensstand der jeweiligen Parteien maßgeblich.[529] Hierbei wird von dem Verletzer für die Zulässigkeit des Verwirkungseinwands auf der einen Seite nicht abverlangt, dass diesem bewusst ist, eine Schutzrechtsverletzung gegenüber einem konkreten Patentinhaber zu begehen, auf der anderen Seite muss er für das Vorliegen eines Vertrauenstatbestandes jedoch zumindest glauben, dass der Patentinhaber von der Verletzung weiß.[530] Sofern dem Verwender bewusst ist, dass er eine Schutzrechtsverletzung begeht und davon ausgehen kann, dass auch der Patentinhaber hiervon Kenntnis hat, darf dennoch nicht vorschnell auf das Bestehen eines Vertrauenstatbestands geschlossen werden.[531] Denn dem Verwender wird auch bekannt sein, dass der Patentinhaber das Risiko trägt, wegen einer unberechtigten Schutzrechtsverwarnung in Anspruch genommen zu werden.[532] Überdies kann eine unberechtigte Aufforderung zur Produktionseinstellung einen Verstoß gegen das Recht am ausgeübten und eingerichteten Gewerbebetrieb nach § 823 Abs. 1 BGB konstituieren, aufgrund dessen der Patentinhaber sich schadensersatzpflichtig macht.[533] Eine derartige Risikoanalyse durch den Patentinhaber erfordert naturgemäß Zeit und kommt letztendlich auch dem Verwender zugute, der nicht vorschnell mit Abmahnungen und einer gerichtlichen Geltendmachung überzogen wird.[534]

Im Hinblick auf das Vorliegen eines Sperrpatents wird ein solcher Vertrauenstatbestand ebenfalls nur schwerlich denkbar sein. Handelt es sich um Sperrpatente auf Grundlageninnovationen, wird ein Patentinhaber verhältnismäßig einfach Kenntnis von einem schutzrechtsverletzenden Produkt erlangen und mit aller Wahrscheinlichkeit unverzüglich dagegen vorgehen. Das Gleiche gilt

---

529 *Looschelder/Olzen*, in: Staudinger, 2015, § 242, Rn. 309; *Schubert*, in: Säcker/Rixecker/Oetker/Limpberg (Hrsg.), MüKo-BGB Band 2, 8. Auflage 2019, § 242, Rn. 383 ff.

530 *Sonnenberg*, Der Unterlassungsanspruch, 2014, S. 207.

531 So auch *Keukenschrijver*, in: Busse/Keukenschrijver (Hrsg.), Patentgesetz, 8. Auflage 2016, § 139, Rn. 222.

532 Ausführlich *Kraßer/Ann*, Patentrecht, 7. Auflage 2016, § 39, Rn. 33 ff.

533 Diese Wertung ist in der neueren Zeit jedoch in Frage gestellt worden, vgl. BGH, GRUR 2004, 958, 958 ff. – *Verwarnung aus Kennzeichenrecht*; kritisch dazu *Teplitzky*, GRUR 2005, 9.

534 So auch *Steinke*, Die Verwirkung im Immaterialgüterrecht, 2006, S. 147.

beim Einsatz von Sperrpatenten mittels Umzäunungstaktiken. Auch hier ist Zweck der Handlung die Beschränkung der wettbewerblichen Entfaltungsmöglichkeit des Verwenders, weswegen ein Patentinhaber auch dort die Verletzung der geschaffenen *one-way-* und *two-way-blocking* Situationen nicht länger als notwendig dulden wird. Folglich wird auch diese Voraussetzung nur in den seltensten Fällen vorliegen, weswegen eine unzulässige Rechtsausübung durch ein Sperrpatent nach § 242 BGB generell nur schwer vorstellbar ist.

ii. Wertvoller Besitzstand

Abschließend erfordert die Bejahung des Verwirkungseinwands das Vorliegen eines wertvollen Besitzstandes auf Seiten des Verletzers.[535] Hierunter fallen vor allem Investitionen, die für die Herstellung der schutzrechtsverletzenden Produkte getätigt wurden, Vorkehrungen, Maschinen, betriebliche Einrichtungen etc., mithin also die Basis für das wirtschaftliche Tätigwerden.[536] Der wertvolle Besitzstand muss für den Verwirkungseinwand gerade aufgrund des Zeit- und Umstandsmoments entstanden sein, was im Umkehrschluss bedeutet, dass ein solcher bei rechtzeitiger Geltendmachung nicht entstanden wäre.[537] Auch hier wird eine Wechselwirkung zwischen dem Zeit- und Umstandsmoment sowie der Werthaftigkeit des Besitzstandes vorgenommen. Ein besonders großes Vertrauen kann dazu führen, dass die Anforderungen an den Besitzstand eher gering sind und umgekehrt kann ein geringeres Vertrauen durch besonders starke Investitionen kompensiert werden.[538] Sperrpatente können insbesondere dann einen besonders wertvollen Besitzstand bedrohen, wenn das Patent aus einem Dickicht heraus nach der Markteinführung des patentverletzenden Produkts geltend gemacht wird.

---

535 Zumindest geht die Rechtsprechung von dieser Notwendigkeit aus, vgl. BGHZ 146, 217, 222 – *Temperaturwächter*; BGH, GRUR 1981, 60, 61 – *Sitex*; BGH, GRUR 1989, 449, 452 – *Maritim*; BGH, GRUR 1998, 1034, 1037 – *Makalu*; a.A. jedoch Teile der Literatur, vgl. *Kleine*, JZ 1951, 9, 11; *v. Gamm*, NJW 1956, 1780, 1781.

536 BGHZ 146, 217, 224 – *Temperaturwächter*; *Bukow*, in: Haedicke/Timmann (Hrsg.), Handbuch des Patentrechts, 2012, § 9, Rn. 296.

537 So bereits RG, GRUR 1935, 39, 43 und RG, GRUR 1938, 567, 573.

538 Siehe dazu *Scharen*, in: Benkard (Hrsg.), Patentgesetz, 11. Auflage 2015, § 9, Rn. 66 mit diversen Beispielen; ferner BGH, GRUR 1992, 45, 48 – *Cranpool*.

IV. Zusammenfassung

Der Verwirkungseinwand wird im Patentrecht traditionell nur in absoluten Ausnahmefällen bejaht und scheitert im Hinblick auf die Geltendmachung von Sperrpatenten in der Praxis in aller Regel sowohl an dem Zeit- als auch Umstandsmoment.[539] Einem Sperrpatentinhaber kommt es gerade auf die Unterbindung wettbewerblicher Entfaltung Dritter im Bereich des Schutzrechts an. Somit kann davon ausgegangen werden, dass bei Kenntniserlangung auch entsprechende Verteidigungsmaßnahmen mit der Konsequenz ergriffen werden, dass weder ein langes Zuwarten noch die Schaffung eines Duldungsanscheins realistisch erscheint. Demnach bietet sich der Verwirkungseinwand aus § 242 BGB mangels Erfolgsaussichten nicht als Schranke für die defensive Patentstrategie an. Im Ergebnis scheidet somit der Einwand des Rechtsmissbrauchs im patentrechtlichen Verletzungsprozess aus, um gegen die Geltendmachung von Sperrpatenten oder Patenten aus einem Dickicht wirksam vorgehen zu können.

D. Kartellrechtliche Schranken

Die defensive Patentstrategie zeichnet sich im Wesentlichen durch den originären und derivativen Erwerb von Schutzrechten aus und ist mithin eine klassische Anmeldestrategie mit komplementären Erwerbselementen. Im Mittelpunkt stehen die „qualitative" und „quantitative" Blockade Dritter durch den Einsatz von Sperrpatenten, den Aufbau von Patentdickichten sowie die Umzäunung fremder Technologien. Im Gegensatz zu der verhältnismäßigen Abwesenheit der defensiven Patentstrategie im Rahmen der patentrechtlichen Diskussion,[540] finden einzelne Aspekte dieser Strategie zumindest teilweise im wettbewerbsrechtlichen Diskurs Anklang,[541] wobei sich die Beantwortung der Frage eines möglichen

539 Aus neuerer Zeit besteht nur eine höchstrichterliche Entscheidung, in der der Verwirkungseinwand durchgriff, vgl. BGHZ 146, 217 – *Temperaturwächter*.

540 Siehe hierzu aus älterer Zeit die Monographie von *Jabbusch*, Begrenzung der konzentrationsfördernden Wirkungen des Patentschutzes, 1977. Der Stand der neueren deutschen Literatur ist diesbezüglich eher überschaubar und in aller Regel nach der Veröffentlichung des Abschlussberichts veröffentlich worden. Unter ausdrücklicher Bezugnahme auf den Abschlussbericht etwa *Zech*, ZWeR 2011, 312; *Gassmann/Bader*, Patentmanagement, 2017, 4. Auflage, S. 40 ff.; *Stierle*, Das nicht-praktizierte Patent, 2018, S. 27 ff.

541 So beispielsweise die Arbeiten von *Kraft*, Patent und Wettbewerb in der Bundesrepublik Deutschland, 1972, und *Jabbusch*, Begrenzung der konzentrationsfördernden Wirkungen des Patentschutzes, 1977, und *Kaufer*, Patente, Wettbewerb und technischer Fortschritt, 1970, die sich in einer interdisziplinären Untersuchung mit der

Missbrauchs in erster Linie anhand der europäischen Entscheidungspraxis ergeben kann. In einem ersten Schritt wird der Fokus auf die Bewertung des Schutzrechtserwerbs im Lichte des Art. 102 AEUV (respektive §§ 19–20 GWB)[542] gelegt, da dieser das Kernelement der defensiven Patentstrategie ausmacht. Die wettbewerbsrechtliche Beurteilung muss daran anknüpfend noch einen weiteren Schritt machen und der Frage nachgehen, inwieweit die anschließende Lizenzverweigerung des Patentinhabers wettbewerbsrechtlich zu bewerten ist. Erst die Weigerung Dritten den Zugang zu den eigenen Schutzrechten zu gewähren, lässt das Blockadepotential eines Sperrpatents seine volle Wirksamkeit entfalten und führt zu den bereits dargelegten innovationshemmenden Auswirkungen.

I. Der Erwerb gewerblicher Schutzrechte im Lichte des Art. 102 AEUV

Der Patenterwerb bzw. die Einräumung patentrechtlicher Nutzungsbefugnisse kann durch Anmeldung, Rechtskauf sowie Einräumung einer (ausschließlichen) Lizenz vollzogen werden. Die Anzahl der Fälle, bei denen der Erwerb gewerblicher Schutzrechte eine ausschlaggebende kartellrechtliche Relevanz erlangte, fällt zwar insgesamt spärlich aus, vermitteln aber zumindest einen

Patenthäufung auseinandersetzen; darüber hinaus finden sich Hinweise zu Sperrpatenten und teilweise zu Patentdickichten unter anderem bei *Nordemann*, in: Loewenheim et al. (Hrsg.), Kartellrecht, 4. Auflage 2020, GRUR, Rn. 146; *Ullrich/Heinemann*, in: Immenga/Mestmäcker (Hrsg.), Wettbewerbsrecht, 5. Auflage 2012, Abschnitt VII Immaterialgüterrechte Teil B, Rn. 53; *Mestmäcker/Schweitzer*, Europäisches Wettbewerbsrecht, 3. Auflage 2014, § 30, Rn. 51 ff.; *Wolf*, in: Bornkamm/Montag/Säcker (Hrsg.), MüKo-Wettbewerbsrecht Band 1, 3. Auflage 2020, Einl., Rn. 1218 ff.; *Böck*, Die Zwangslizenz im Spannungsfeld von gewerblichem Rechtsschutz und Kartellrecht, 1992; *Heyers*, Bonner Rechtsjournal 2011, 33, 39 ff.; *Jung*, ZWeR 2004, 379, 393 sowie *Haedicke*, in: Haedicke/Timmann (Hrsg.), Handbuch des Patentrechts, 2012, § 1, Rn. 160 ff.; diese Aufzählung ist nicht jedoch abschließend.

542 Das Verhältnis zwischen deutschem und europäischem Kartellrecht richtet sich nach Art. 3 VO 1/2003, welcher eine parallele Anwendung beider Rechtsinstitute vorschreibt und bei unterschiedlichen Ergebnissen grundsätzlich den Vorrang des europäischen Kartellrechts vorsieht, vgl. *Rehbinder*, in: Immenga/Mestmäcker (Hrsg.), Wettbewerbsrecht Band 1, 6. Auflage 2019, Art. 3 VO 1/2003, Rn. 1 ff.; Vor diesem Hintergrund beanspruchen die nachfolgenden Ausführungen zu Art. 102 AEUV uneingeschränkt Geltung für die nationale Missbrauchsaufsicht aus § 18–19 GWB, so dass die nationalen Normen nicht mehr gesondert aufgeführt werden. Hinsichtlich der Besonderheiten des Konzepts der relativen Marktmacht aus § 20 GWB, siehe unter Kapitel 3, § 3, B.

Anknüpfungspunkt für die vorzunehmende Bewertung. Aus Sicht der rechtsdogmatischen Kategorisierung missbräuchlicher Verhaltensweisen muss der Erwerb eines gewerblichen Schutzrechts stets vor dem Hintergrund eines möglichen Behinderungsmissbrauchs gewertet werden.[543] Im Gegensatz zum Ausbeutungsmissbrauch knüpft diese Fallgruppe nämlich nicht an die konkrete Ausübung der einzelnen Befugnisse an, sondern hat vielmehr die Eignung der Ausschlusswirkung gegenüber Dritten als Machtinstrument zum Gegenstand, wie es für die Blockadesituationen des *Blocking* und *Fencing* sowie *Thickening* typisch ist.[544]

1. Freihaltung des Schutzrechtserwerbs von der europäischen Missbrauchsaufsicht

Bezüglich des reinen Erwerbs gewerblicher Schutzrechte stellte der EuGH in einigen Entscheidungen fest, dass dieser grundsätzlich nicht dazu geeignet sei, ein rechtserhebliches Verhalten im Sinne der kartellrechtlichen Missbrauchsaufsicht darzustellen und sich dem wettbewerbsrechtlichen Anwendungsbereich somit entziehe.[545] Dem ist unter der Prämisse zuzustimmen, dass zumindest die Freihaltung des originären Patenterwerbs von der kartellrechtlichen Missbrauchsaufsicht nur den Schutzrechtserwerb kraft eigener wirtschaftlicher und wettbewerblicher Anstrengung bestätigt, darüber hinaus aber wenig Aussagekraft besitzt.[546] Denn die Erlangung eines staatlich gewährten Schutzrechts ist lediglich Ausdruck der wettbewerblichen Freiheit der Marktakteure, vermag aber gleichzeitig niemals ein Verhalten zu rechtfertigen, welches nicht ohnehin schon vom Missbrauchsverbot sanktioniert wird.[547] Die häufig wiederholte Aussage, dass der Schutzrechtserwerb in der Regel keinen Anwendungsfall

---

543 So die überwiegende Auffassung in der Literatur, vgl. *Ullrich/Heinemann*, in: Immenga/Mestmäcker (Hrsg.), Wettbewerbsrecht, 5. Auflage 2012, Abschnitt VII Immaterialgüterrechte Teil B, Rn. 53; *Nordemann*, in: Loewenheim et al. (Hrsg.), Kartellrecht, 4. Auflage 2020, GRUR, Rn. 146; ohne Kategorisierung etwa *Wolf*, in: Bornkamm/Montag/Säcker (Hrsg.), MüKo-Wettbewerbsrecht Band 1, 3. Auflage 2020, Einl., Rn. 1218 ff.; a.A. *Lamping*, Patentschutz und Marktmacht, 2010, 228 ff., der den Schutzrechtserwerb als reinen Marktstrukturmissbrauch ansieht.

544 In diesem Sinne bereits *Miller*, European Intellectual Property Review 1994, 415, 418.

545 Grundlegend EuGH, Urteil vom 05. Oktober 1988, Rs. 53/87, ECLI:EU:C:1988:472, Slg. 1988, 6039, Rn. 15 – *CICRA u.a./Renault*.

546 So schon *Kaufer*, Patente, Wettbewerb und technischer Fortschritt, 1970, S. 196 ff.

547 Vgl. bereits *Miller*, European Intellectual Property Review 1994, 415, 418.

der Missbrauchsaufsicht darstelle,[548] ist somit genauso selbstverständlich wie nichtssagend.[549]

Vergegenwärtigt man sich in diesem Zusammenhang zudem den Grundsatz, dass einem marktbeherrschenden Unternehmen ein anderer Verantwortungsmaßstab für sein Marktverhalten auferlegt wird, als nicht beherrschenden Marktteilnehmern,[550] erscheint eine unterschiedliche Bewertung des Erwerbs durch marktbeherrschende und nicht marktbeherrschende Schutzrechtserwerber zumindest nicht abwegig. Gleichzeitig erodiert diese Feststellung die Unumstößlichkeit der eben angeführten Kernaussage und eröffnet den Blick für eine differenzierte Anwendung der Missbrauchsaufsicht auf unterschiedliche Erwerbsvorgänge. Sofern der Erwerb eines Schutzrechts nämlich nicht mehr dem technischen Fortschritt sowie einer gerechten Einkommensbeteiligung dient, sondern vielmehr nur zur gezielten Verfälschung des Restwettbewerbs eingesetzt wird, ist unter wettbewerbsrechtlichen Gesichtspunkten eine generelle Freihaltung des Schutzrechtserwerbs von einer Überprüfung am Missbrauchsverbot nicht mehr ohne Weiteres zu rechtfertigen und bedarf einer näheren Untersuchung.

Im Ergebnis wäre eine kategorische Freihaltung des Schutzrechtserwerbs auch nicht mit dem Verständnis gegenseitiger Komplementarität zu vereinbaren, da gewerbliche Schutzrechte auf keiner rechtlichen Ebene wettbewerbsrechtliche Enklaven bilden dürfen, sondern sich als wichtiger Bestandteil des Wettbewerbs den einschlägigen Regelungen unterwerfen müssen.[551] Gleichzeitig gilt es aufgrund der prägenden Komplementarität beider Rechtsgebiete ebenfalls stets zu beachten, dass ein unterschiedlicher Bewertungsmaßstab zwischen marktbeherrschenden und nicht marktbeherrschenden Unternehmen hinsichtlich des Schutzrechtserwerbs nur in Ausnahmefällen und mit äußerster Zurückhaltung angelegt werden darf. Ansonsten könnte die bloße wettbewerbliche Stellung des Erwerbers bereits dazu führen, dass der patentrechtliche Innovationsanreiz

---

548 Vgl. etwa *Beier*, in: Westermann/Rosener (Hrsg.), FS Quack, 1991, S. 15, 16 ff.; *Doutrelepont*, GRUR Int. 1994, 302, 304; *van der Wal*, European Competition Law Review 1994, 230, 231 ff.

549 Im Ergebnis so auch *Ullrich/Heinemann*, in: Immenga/Mestmäcker (Hrsg.), Wettbewerbsrecht, 5. Auflage 2012, Abschnitt VII Immaterialgüterrechte Teil B, Rn. 50.

550 St. Rspr. seit EuGH, Urteil vom 09. November 1983, Rs. 322/81, ECLI:EU:C:1983:313, Slg. 1983, 3461, Rn. 57 – *Michelin.*

551 Gewerbliche Schutzrechte vermitteln deren Inhaber keine anderen wettbewerblichen Freiheiten als die allgemeine Wettbewerbsfreiheit selbst, vgl. dazu bereits *Ullrich*, GRUR Int. 1996, 555, 556 ff.

mittels einer wettbewerbsrechtlichen „Vorverurteilung“ konterkariert wird.[552] Den wettbewerblichen Gesamtumständen kommt somit die zentrale Bedeutung zu, um der axiomatischen Beziehung von gewerblichen Schutzrechten in der Wettbewerbsordnung hinreichend Rechnung zu tragen.

2. Ausarbeitung anwendbarer Grundsätze

Nachfolgend sind die einschlägigen europäischen Verfahren zu beleuchten, in denen der Schutzrechtserwerb wettbewerbsrechtliche Bedeutung erlangte.

a. *Tetra-Pak I*

Der insoweit erste Rechtsstreit, bei dem der Erwerb von Nutzungsrechten an einem gewerblichen Schutzrecht im Lichte des wettbewerbsrechtlichen Missbrauchsverbots auf europarechtlicher Ebene relevant wurde, ist das Verfahren gegen *Tetra Pak*, bei dem das Unternehmen sich eine ausschließliche Patentlizenz für die aseptische Verpackung von Flüssigkeiten erteilen ließ.[553] Verfahrensgegenstand war demnach weder der originäre noch der derivative Vollrechtserwerb, sondern vielmehr die Erteilung einer ausschließlichen Patentlizenz an den Normadressaten.[554] Aus Sicht des Gerichts war nicht die Tatsache missbilligungswürdig, dass sich ein marktbeherrschendes Unternehmen eine ausschließliche Lizenz einräumen lies, sondern vielmehr die konkreten wettbewerblichen Umstände und der konkreten Auswirkungen der Lizenzerteilung auf die bereits geschwächte Marktstruktur.[555] Zum Zeitpunkt der Lizenzerteilung hielt *Tetra Pak* bereits einen gemeinschaftsweiten Marktanteil auf dem relevanten Markt

---

552 Im Ergebnis so auch *Ullrich/Heinemann*, in: Immenga/Mestmäcker (Hrsg.), Wettbewerbsrecht, 5. Auflage 2012, Abschnitt VII Immaterialgüterrechte Teil B, Rn. 50; *Haedicke*, in: Haedicke/Timmann (Hrsg.), Handbuch des Patentrechts, 2012, § 1, Rn. 155 ff., der davon spricht, dass es keine „*Meta-Schranken*“ für den „*Patenterwerb durch machtmächtige Unternehmen*“ geben dürfe; so auch *Straus*, GRUR Int. 2009, 93, der anhand einer Bewertung der europarechtlichen Rechtsprechung zu dem Ergebnis kommt, dass eine Patentanmeldung nie missbräuchlich sein könne.

553 EuGH, Urteil vom 10. Juli 1990, Rs. T-51/89, ECLI:EU:T:1990:41, Slg. 1990, II-309 – *Tetra Pak I.*

554 Die patentierte Technologie ermöglichte es ein neues Abfüllverfahren für Milch durchzuführen, vgl. den Sachverhalt bei EuGH, Urteil vom 10. Juli 1990, Rs. T-51/89, ECLI:EU:T:1990:41, Slg. 1990, II-309, Rn. 1 ff. – *Tetra Pak I.*

555 So ausdrücklich EuGH, Urteil vom 10. Juli 1990, Rs. T-51/89, ECLI:EU:T:1990:41, Slg. 1990, II-309, Rn. 23 – *Tetra Pak I.*

für aseptische Verpackungen von rund 90%,[556] welcher mittels der ausschließlichen Lizenz noch zusätzlich perpetuiert wurde. Hinzu trat der Umstand, dass es zum Zeitpunkt der Lizenzerteilung Konkurrenten von *Tetra Pak* nicht möglich war, ohne die lizenzierte Technologie als ernst zu nehmender Wettbewerber mit dem Lizenznehmer zu konkurrieren bzw. überhaupt auf dem relevanten Markt Fuß zu fassen.

Die Kommission fasste die wesentlichen Umstände, die zu der Bejahung des Missbrauchsvorwurfs führten, wie folgt zusammen: „*Der Erwerb einer ausschließlichen Patentlizenz an einer technisch und wirtschaftlich besonders leistungsfähigen, für den Produktionsprozeß zentralen Verfahrenstechnologie durch ein marktbeherrschendes Unternehmen stellt einen Marktmachtmißbrauch gemäß Art. 86 EWG-Vertrag* [heute Art. 102 AEUV] *dar, wenn dadurch gezielt die bereits bestehende technologische Vormachtstellung des marktbeherrschenden Unternehmens ausgebaut und Wettbewerber am Zugang zur einzig gleichwertigen Konkurrenztechnologie gehindert werden* […].“[557] Somit ist in der Erlangung eines Ausschließlichkeitsrechts zumindest dann ein Marktmachtmissbrauch zu sehen, wenn die Festigung der bestehenden Machtstellung unter gleichzeitigem Ausschluss der Konkurrenz im Vordergrund steht.

b. *Boehringer Ingelheim*

Eine erneute Überprüfung von Erwerbsvorgängen gewerblicher Schutzrechte erfolgte erst nach der Jahrtausendwende und steht bis heute in einer engen Verbindung zur Pharmaindustrie, was durch die Sektorenuntersuchung der Pharmaunternehmen besonders deutlich geworden ist.[558] Bereits vor offizieller Einleitung der Sektorenuntersuchung strengte die Kommission 2007 ein Verfahren mit Blick auf das Patentierungsverhalten des Pharmaunternehmens *Boehringer Ingelheim* an.[559] Konkret stand dabei der Verdacht im Raum, dass das Unternehmen mittels der gezielten Anmeldung einer Vielzahl weitreichender Sperrpatente für unterschiedliche Wirkstoffe sowie Wirkstoffkombinationen auf die Behinderung der Konkurrenz abziele und dafür das Patentsystem bewusst

---

556 EuGH, Urteil vom 10. Juli 1990, Rs. T-51/89, ECLI:EU:T:1990:41, Slg. 1990, II-309, Rn. 3 – *Tetra Pak I.*

557 Kommission, GRUR Int. 1989, 131, 1. LS – *Tetra Pak I (BTG-Lizenz).*

558 Dies ergibt sich bereits aus der Einleitung des Abschlussberichtes, vgl. dazu S. 1 ff.

559 Vgl. die Bekanntmachung der Kommission vom 17. April 2007, Case COMP/B2/A.39246.

missbrauche.[560] Mittels der patentvermittelnden Sperrung solcher Wirkstoffe erscheint es aus Sicht der Kommission gerade im Pharmabereich möglich, das Auftreten von Konkurrenten und den Eintritt von Generikaherstellern in wettbewerbswidriger Weise zu verzögern.[561] Die Einleitung des Verfahrens vermittelt zweifelsohne den Eindruck, dass aus Sicht der Kommission bereits die Einreichung einer Patentanmeldung durch ein marktbeherrschendes Unternehmen im Lichte des Art. 102 AEUV (ex. Art. 82 EGV) den Verdacht des Missbrauchs begründen könne.[562]

Dieser Eindruck ist vor allem dann nicht von der Hand zu weisen, wenn man sich die Fragen der Kommission vergegenwärtigt, die zur Aufklärung des Sachverhalts an *Boehringer Ingelheim* versandt wurden und bei *Straus* in einer wissenschaftlichen Auseinandersetzung mit dem Verfahren teilweise abgedruckt sind.[563] Im Kontext mit der gezielten Anmeldung von Sperrpatenten wurde *Boehringer Ingelheim* aufgefordert, eine dezidierte Stellungnahme abzugeben, welche sich beispielsweise auf die weitere Benutzung der jeweiligen Technologien, die zusätzlichen FuE-Investitionen auf Grundlage der vermeintlichen Sperrpatente, des Vorhandenseins konkreter weiterer Verwendungspläne für die Technologie etc. bezogen.[564] Dieses Verfahren erscheint umso erstaunlicher, da *Straus* überzeugend darlegt, dass das Vorgehen der Kommission im Hinblick auf vermeintliche Sperrpatentanmeldungen weder auf einer gesetzlichen Grundlage fußt noch auf Anhaltspunkte in der europäischen Rechtsprechungspraxis zurückzuführen ist.[565] Wie auch in der nachfolgenden Sektorenuntersuchung führt die Kommission als Begründung lediglich an, dass es hinreichende Verdachtsmomente im Zusammenhang mit dem Patentierungsverhalten einzelner Pharmaunternehmen gebe, die es aus wettbewerbsrechtlicher Perspektive zu untersuchen gelte.[566]

---

560 Siehe zum Hintergrund des Verfahrens die Pressemitteilung IP/11/842 der Kommission vom 06. Juli 2011 über die Verfahrenseinstellung; ausführlich dazu insbesondere *Straus*, GRUR Int. 2009, 93, 94–94 sowie *Schröter/Bartl*, in: Schröter/Jakob/Klotz/Mederer (Hrsg.), Europäisches Wettbewerbsrecht, 2. Auflage 2014, Art. 102, Rn. 315.

561 Abschlussbericht, S. 10.

562 Dezidierte Informationen finden sich diesbezüglich nur bei *Straus*, GRUR Int. 2009, 93, 94 ff.

563 *Straus*, GRUR Int. 2009, 93, 95.

564 *Ders.*, 93, 95.

565 *Ders.*, 93, 94 ff.

566 Siehe erneut die Pressemitteilung IP/11/842 der Kommission vom 06. Juli 2011 über die Verfahrenseinstellung, bei denen die Gründe für die Einleitung des Verfahrens noch einmal dezidiert angeführt werden.

In Anbetracht dessen ist es nicht nur aus wissenschaftlicher Sicht mehr als unbefriedigend, dass das Verfahren gegen *Boehringer Ingelheim* nach einem Vergleich zwischen allen Parteien eingestellt wurde und folglich keine Anhaltspunkte für die Sichtweise der Kommission bezüglich der Anmeldung potentieller Sperrpatente ausgemacht werden können.[567] Dass es aber spätestens im Nachgang der Sektorenuntersuchung der Pharmaindustrie einer Klärung bedarf, ob die vermeintliche Sperrpatentanmeldung durch marktbeherrschende Unternehmen in Zukunft am Maßstab des Missbrauchsverbots zu bewerten ist oder nicht, wurde mehr als offensichtlich. Im Abschlussbericht verdeutlichte die Kommission diesen Umstand durch die Feststellung, dass sie in Zukunft verstärkt gegen die dort untersuchten Patentstrategien vorgehen will, worunter mittelbar auch die Anmeldung von Sperrpatenten fallen soll, ohne diese ausdrücklich zu nennen.[568]

c. *Servier*

Ein ganz ähnliches Verfahren strengte die Kommission gegen das Unternehmen *Servier* an, welches über eine marktbeherrschende Stellung auf dem relevanten Markt für Herz-Kreislauf-Medikamente verfügte und sich ebenfalls unter anderem mit dem Vorwurf missbräuchlicher Patenterwerbsvorgänge konfrontiert sah.[569] Neben diverser Praktiken, die aus wettbewerbsrechtlicher Sicht problematisch sein könnten, wurde *Servier* unter anderem vorgeworfen, durch die gezielte Übertragung patentierter Technologien, den Markteintritt von Konkurrenten zu blockieren.[570] Bereits 2003 liefen die Patente des Unternehmens für sein Blockbuster-Medikament „*Perindopril*" auf Grundlage des *Perindopril*-Moleküls aus, welches fortan den Markteintritt von Generikaherstellern nur noch durch Sekundärpatente hinauszögern konnte. 2004 gelang es dem Unternehmen, die zu dem Zeitpunkt fortschrittlichste Technologie für eine Verbesserung des

567 Vgl. die Pressemitteilung der Kommission MEMO/09/322 vom 08. Juli 2009 zur Verfahrenseröffnung; *Schröter/Bartl*, in: Schröter/Jakob/Klotz/Mederer (Hrsg.), Europäisches Wettbewerbsrecht, 2. Auflage 2014, Art. 102, Rn. 315.

568 Dies wird aus dem Fazit des Abschlussberichtes unter „Das weitere Vorgehen" deutlich (S. 30 ff.), bei dem die Kommission anführt „*die in der Sektorenuntersuchung herausgearbeiteten Defizite* [anzugehen]", worunter auch die Anmeldung von Sperrpatenten zu zählen ist. Vgl. dazu auch *Heyers*, Bonner Rechtsjournal 2011, 33, 39 ff.

569 Siehe die Pressemitteilung der Kommission IP/12/835 vom 30. Juli 2012.

570 Vgl. die Aussagen von *Joaquín Almunia*: „*Serviers Strategie bestand darin, jegliche potenzielle Bedrohung aufzukaufen und so sicherzustellen, dass keine Konkurrenz auf den Markt kommt.*" IP/14/799 vom 09. Juli 2014.

Bluthochdruckmedikaments zu erwerben. Dies hatte gleichzeitig zur Konsequenz, dass aufgrund der fehlenden Lizenzbereitschaft auf Seiten *Serviers* teils umfangreiche FuE-Aktivitäten einiger Generikahersteller abgebrochen werden mussten. In der Folge erwarb *Servier* weiterhin alle aufkommenden Konkurrenztechnologien und konnte mittels dieser gezielten Strategie des *Blocking* und *Fencing* den betreffenden Technologiebereich auf dem relevanten Markt über einen langen Zeitraum kontrollieren.[571]

Trotz des deutlichen Anerkenntnisses von *Servier* im Rahmen des Verfahrens, dass „*dieser* [Schutzrechts] *Erwerb lediglich „der Stärkung des Schutzmechanismus“ diente und die Technologien nie genutzt wurden.*“, stützte sich die wettbewerbsrechtliche Beurteilung der Kommission lediglich auf die Verfolgung und Bewertung der in diesem Zusammenhang ebenfalls angewandten *Pay-for-delay*-Strategie.[572] Vereinfacht gesagt werden bei dieser Vorgehensweise potentielle Konkurrenten in Form von Generikaherstellern aus deren Markteintritt „herausgekauft“, um letztlich den Markteintritt von Konkurrenten effektiv zu verzögern.[573] Diese Schwerpunktsetzung erscheint insbesondere deswegen von Interesse, weil wie schon im Verfahren gegen *Boehringer Ingelheim* bereits der Patenterwerb von der Kommission als wettbewerbsrechtlich problematisch kommuniziert wurde, die Einstellung des Verfahrens aber keinerlei Hinweise auf die diesbezügliche Sichtweise der Kommission zulässt.

Vielmehr wird in einer wesentlichen Feststellung lediglich die Aussage getroffen, dass „*es legitim und wünschenswert [ist], Patente* [...] *anzumelden und durchzusetzen, Technologien zu übertragen und Rechtsstreitigkeiten beizulegen. Servier missbrauchte diese legitimen Instrumente jedoch, indem es eine konkurrierende Technologie vom Markt fernhielt und eine Reihe von Wettbewerbern, die kostengünstigere Arzneimittel entwickelt hatten, auskaufte, statt sich der Konkurrenz zu stellen* [...]“[574], ohne weiter auf die rechtliche Bewertung des bloßen Erwerbsvorgangs abzustellen, der für sich genommen bereits offensichtlich zur Sperrung der Konkurrenz diente. Erneut wird die Frage des originären oder derivativen Vollrechtserwerbs potentieller Sperrpatente nicht abschließend beurteilt, obwohl

571 Der Sachverhalt ist in der Pressemitteilung der Kommission IP/11/842 vom 09. Juli 2014 nachzulesen. Der hier gewählte Begriff des *Blocking* und *Fencing* wurde in der Form nicht gewählt.

572 Pressemitteilung der Kommission IP/11/842 vom 09. Juli 2014.

573 Vgl. zu dieser Strategie etwa *Seitz*, EuZW 2016, 856; *Maass/Schmidt*, EuZW 2015, 85, 88 ff. sowie *Drexl*, IIC 2009, 751.

574 Pressemitteilung der Kommission IP/11/842 vom 06. Juli 2011.

die wettbewerbsrechtliche Konformität dieses Verhaltens mitunter Grund für die Untersuchung gegen *Servier* war.[575]

d. *AstraZeneca*

Einen weiteren Fall des Erwerbs gewerblicher Schutzrechte beschäftigte die Kommission[576], das EuG[577] sowie den EuGH[578] im Verfahren gegen den Arzneimittelhersteller *AstraZeneca*, bei dem erneut der originäre Erwerb eines Schutzrechts im Lichte der Missbrauchsaufsicht untersucht wurde.[579] Im Kern zielte der Vorwurf gegen *AstraZeneca* darauf ab, dass das Unternehmen versuchte, Konkurrenten gezielt vom Markt zu verdrängen und durch die Verdrängung zudem eine Absicherung der eigenen beherrschenden Stellung mit Mitteln anstrebte, die nicht mehr zum allgemeinen Leistungswettbewerb gezählt werden können.[580] Um dieses Ziel zu erreichen, verfolgte das Unternehmen zum einen die Strategie, den bestehenden Patentbestand mittels irreführender Angaben gegenüber nationalen Patentämtern durch Schutzzertifikate rechtlich zu verlängern und zum anderen widerrief das Unternehmen die Marktzulassung für die bestehende Kapselform eines Medikaments, um diese durch eine bereits patentierte Tablettenform mit längerer Schutzdauer zu ersetzen.[581] Die europäischen

---

575 Es zeichnet sich zumindest ab, dass die Kommission vordergründig gegen die beschriebenen *Pay-for-delay*-Strategien vorgeht und die Frage nach der Anmeldung oder dem Erwerb von Sperrpatenten keine übergeordnete Rolle beimisst, vgl. für einen Überblick über ganz ähnliche Verfahren gegen andere Pharmaunternehmen bei *Slobodenjuk*, PharmR 2015, 333, 336 ff.

576 Kommission, Entscheidung vom 15. Juni 2005, Case COMP/A.37507/F3, ABl. 2006, L 332/24 – *AstraZeneca*.

577 EuG, 01. Juli 2010, Rs. T-321/05, ECLI:EU:T:2010:266, Slg. 2010, II-2805 – *AstraZeneca/Kommission*.

578 EuGH, Urteil vom 06. Dezember 2012, Rs. C-457/10 P, ECLI:EU:C:2012:770, Slg. 2010, II-2805 – *AstraZeneca/Kommission*.

579 Konkret ging es um die Verlängerung des bestehenden Patentschutzes für das Medikament *Losec* durch die Erteilung ergänzender Schutzzertifikate.

580 Das Verfahren war Gegenstand diverser wissenschaftlicher Publikationen, vgl. dazu nur *Kort*, in: Prinz zu Waldeck und Pyrmont/Adelmann/Brauneis/Drexl/Nack (Hrsg.), FS Straus, 2009, S. 157; *Berg/Brankin*, EuZW 2011, 91; *Besen*, GRUR-Prax. 2013, 33; *Müller-Graff/Fischmann*, GRUR Int. 2010, 792 *Seitz*, EuZW 2013, 377 sowie besonders kritisch *Ohly*, in: Oberender (Hrsg.), Wettbewerb und geistiges Eigentum, 2007, S. 47, 61 ff.

581 Vgl. die Ausführungen zu dem zugrundeliegenden Sachverhalt der Kommissionsentscheidung bei *Hirsbrunner*, EWS 2005, 488 und *Murphy/Liberatore*, European

Gerichte bestätigten die Auffassung der Kommission dahingehend, dass der Erwerb bzw. die damit gleichzusetzende Verlängerung der bestehenden Schutzdauer eines Schutzrechts dann als missbräuchlich anzusehen ist, wenn (1) der Rechteinhaber eine marktbeherrschende Stellung innehat, (2) der erteilenden Behörde gegenüber bewusst falsche Angaben in dem Wissen macht, dass die Erteilung ohne Irreführung nicht erfolgen werde und (3) das begehrte Schutzrecht ein wettbewerbsrechtliches Hindernis für Dritte darstellt.[582]

Der EuGH machte zusätzlich dazu auch deutlich, dass die bloße Anmeldung oder Verlängerung der Schutzdauer nicht schon deshalb einen Missbrauch begründet, weil das Ersuchen von der Behörde abgelehnt oder das erteilte Schutzrecht nachträglich widerrufen wird.[583] Auch ist eine Anmeldung nicht bereits deswegen zu beanstanden, wenn dem Anmelder das Recht aus anderen Gründen nicht zusteht.[584] Für eine missbräuchliche Rechtsausübung müssen weitere Umstände hinzutreten, die einen neutralen Vorgang bezüglich gewerblicher Schutzrechte zu einem kartellrechtlich relevanten Verhalten machen. Wettbewerbsrechtlich abzulehnen ist zudem auch nicht die Absicht Dritte mittels eines Schutzrechts wettbewerblich zu verdrängen, da der Erwerb gewerblicher Schutzrechte gerade Ausdruck der wettbewerblichen Freiheit ist.

Von diesem Grundsatz ist aber richtigerweise immer dann abzuweichen, wenn der Erwerb erst durch bewusst fehlerhafte Angaben gegenüber den zuständigen Behörden erfolgt, da wahrheitswidrige Angaben kein legitimes Mittel des Leistungswettbewerbs darstellen, sondern einen Behinderungsmissbrauch durch die Festigung der eigenen Machstellung konstatieren.[585] Das staatlich gewährte

---

Competition Law Review 2009, 223 sowie *Murphy*, European Competition Law Review 2009, 289.

582 EuG, 01. Juli 2010, Rs. T-321/05, ECLI:EU:T:2010:266, Slg. 2010, II-2805 – *AstraZeneca/Kommission*, bestätigt durch EuGH, Urteil vom 06. Dezember 2012, Rs. C-457/10 P, ECLI:EU:C:2012:770, Slg. 2010, II-2805 – *AstraZeneca/Kommission*.

583 EuGH, Urteil vom 06. Dezember 2012, Rs. C-457/10 P, ECLI:EU:C:2012:770, Slg. 2010, II-2805, Rn. 99 – *AstraZeneca/Kommission*.

584 EuGH, Urteil vom 06. Dezember 2012, Rs. C-457/10 P, ECLI:EU:C:2012:770, Slg. 2010, II-2805, Rn. 99 – *AstraZeneca/Kommission*.

585 EuGH, Urteil vom 06. Dezember 2012, Rs. C-457/10 P, ECLI:EU:C:2012:770, Slg. 2010, II-2805, Rn. 75 – *AstraZeneca/Kommission*; EuGH, Urteil vom 03. Juli 1991, Rs. C-62/82, ECLI:EU:C:1991:286, Slg, 1991, 3359, Rn. 70 – *AKZO/Kommission*; EuGH, Urteil vom 02. April 2009, Rs. C-202/07 P, ECLI:EU:C:2009:214, Slg. 2009, I-2369, Rn. 106 – *France Télécom SA*; sowie *Wolf*, in: Bornkamm/Montag/Säcker (Hrsg.), MüKo-Wettbewerbsrecht Band 1, 3. Auflage 2020, Einl., Rn. 1218.

rechtliche Monopol wird dann nicht wegen dessen Ausschließlichkeitswirkung zu einem unlauteren Mittel des Wettbewerbskampfes, sondern weil es dem Inhaber überhaupt nicht zusteht. Mit anderen Worten: Der Schutzrechtserwerb ist durch dessen Anmeldung dann als Behinderungsmissbrauch zu werten, wenn dieser durch bewusst falsche Angaben gegenüber den Behörden erfolgt, als wettbewerbliches Hindernis zur Ausschaltung der Substitutionskonkurrenz eingesetzt werden soll und nicht mehr dem Schutz der eigenen Wettbewerbsleistung dient.[586]

3. Zusammenfassung der anwendbaren Grundsätze

Anhand der dargestellten Verfahren lassen sich im Hinblick auf den Erwerb bzw. die Einräumung einer Lizenz an gewerblichen Schutzrechten die folgenden Aussagen zweifelsfrei treffen: Der originäre Schutzrechtserwerb kann nach der bisherigen europäischen Entscheidungspraxis nur in seltenen Fällen als Missbrauch einer marktbeherrschenden Stellung gewertet werden.[587] Konkret nur dann, wenn es sich um eine missbräuchliche Schutzrechtserschleichung durch einen bereits marktbeherrschenden Anmelder handelt. Davon ist im Lichte der *AstraZeneca*-Entscheidung auszugehen, wenn: (1) gegenüber den staatlichen Erteilungsbehörden bewusst fehlerhafte Angaben im Zusammenhang mit der Schutzrechtserlangung gemacht werden, (2) das Schutzrecht ohne die wahrheitswidrigen Angaben nicht erteilt worden wäre und (3) dies dem Anmelder positiv bekannt war. Da es sich bei dem *AstraZeneca*-Verfahren um die Erlangung ergänzender Schutzzertifikate für einen bereits patentierten Wirkstoff handelte und nicht um eine neue Patentanmeldung, erscheint eine Verallgemeinerung der Rechtsprechung dennoch schwierig, da die Patentierungsvoraussetzungen des § 1 Abs. 1 PatG auf rein objektiven Beurteilungskriterien beruhen und die tatbestandlichen Voraussetzungen für die Erlangung eines ergänzenden

586 So auch *Wolf*, in: Bornkamm/Montag/Säcker (Hrsg.), MüKo-Wettbewerbsrecht Band 1, 3. Auflage 2020, Einl., Rn. 1219; *Ullrich/Heinemann*, in: Immenga/Mestmäcker (Hrsg.), Wettbewerbsrecht, 5. Auflage 2012, Abschnitt VII Immaterialgüterrechte Teil B, Rn. 53; *Schröter/Bartl*, in: von der Groeben/Schwarze/Hatje (Hrsg.), Europäisches Unionsrecht, 7. Auflage 2015, Art. 102 AEUV, Rn. 315; *Haedicke*, in: Haedicke/Timmann (Hrsg.), Handbuch des Patentrechts, 2012, § 1, Rn. 159; kritisch dazu *Straus*, GRUR Int. 2009, 93, 104; *Drexl*, in: Prinz zu Waldeck und Pyrmont/Adelmann/Brauneis/Drexl/Nack (Hrsg.), FS Straus, 2009, S. 138, 147 ff. und *Ohly*, in: Oberender (Hrsg.), Wettbewerb und geistiges Eigentum, 2008, S. 47, 61 ff.

587 Damit ist lediglich die reine Patentanmeldung als solche gemeint und nicht die Anmeldung von Sperrpatenten oder die bewusste Schaffung von Patentdickichten.

Schutzzertifikats im Ergebnis missbrauchsanfälliger sind.[588] Im Kern bleibt es aber bei der abstrahierten Erkenntnis, dass die absichtlich wahrheitswidrige Erschleichung eines Schutzrechts durch ein marktbeherrschendes Unternehmen einen Missbrauch im Lichte des Art. 102 AEUV darstellen kann.[589]

Auch der derivative Schutzrechtserwerb durch ein beherrschendes Unternehmen ist in aller Regel unproblematisch und erweckt nur dann wettbewerbsrechtliche Bedenken, wenn sich dieser auf die bestehende und bereits geschwächte relevante Marktstruktur negativ auswirkt. Hierfür muss eine bereits existierende beherrschende Stellung durch den Schutzrechtserwerb zusätzlich gefestigt und gleichzeitig der Marktzutritt für Dritte erheblich erschwert werden.[590] Dies ist im Lichte der *Tetra Pak* Rechtsprechung richtigerweise grundsätzlich nur dann der Fall, wenn der Erwerb in Form der Einräumung einer ausschließlichen Lizenz erfolgt, da eine solche Vereinbarung zum einen dazu führt, dass der Patentinhaber die Erfindung an keinen Dritten mehr lizenzieren darf und zum anderen der Lizenznehmer aus offensichtlichen Gründen auch keine Unterlizenzen erteilen würde, selbst wenn es ihm rechtlich erlaubt wäre. Auf die Frage nach der konkreten Ausübung des Patents kommt es sodann nicht mehr an. Anhand einer solchen Sachverhaltskonstellation wird deutlich, wie die allgemeinen Marktumstände im Falle des Erwerbs gewerblicher Schutzrechte zu einem Verstoß gegen die Missbrauchsaufsicht führen können, ohne dass der Erwerb per se wettbewerbsrechtliche Bedenken auslöst.[591]

Die weitaus spannendere Frage ist jedoch, ob und wenn ja unter welchen Voraussetzungen die Anmeldung eines Sperrpatents oder der Vollrechtserwerb

---

588 Ausführlich *Stief/Bühler*, in: Haedicke/Timmann (Hrsg.), Handbuch des Patentrechts, 2012, § 14, Rn. 29 ff.

589 Sofern es sich nicht um ein beherrschendes Unternehmen handelt, kann die europäische Missbrauchsaufsicht mangels tatbestandlichen Anknüpfungspunkts nicht greifen.

590 Vgl. auch *Fuchs*, in: Immenga/Mestmäcker (Hrsg.), Wettbewerbsrecht, 6. Auflage 2019, Art. 102 AEUV, Rn. 356, der in einer weiteren Konstellation von sog. „*Behinderungsinvestitionen in Form eines Sperrpatents*“ spricht.

591 Vgl. die Aussage des EuGH, Urteil vom 06. Dezember 2012, Rs. C-457/10 P, ECLI:EU:C:2012:770, Slg. 2010, II-2805, Rn. 132 – *AstraZeneca/Kommission*: „*Wie nämlich vom Gericht betont, hat die Rechtswidrigkeit eines missbräuchlichen Verhaltens im Sinne von Art. 82 EGV nichts mit der Frage zu tun, ob das Verhalten mit anderen Rechtsvorschriften im Einklang steht oder nicht, und liegen die Missbräuche einer beherrschenden Stellung meist in Verhaltensweisen, die – in anderen Rechtsgebieten als dem Wettbewerbsrecht – sonst rechtmäßig sind.*“

durch den Ankauf von Sperrpatenten durch ein marktbeherrschendes Unternehmen einen Missbrauch nach Art. 102 AEUV darstellt.[592] Zwar hegt die Kommission offensichtlich ein nicht nur oberflächliches Unbehagen hinsichtlich des Einsatzes und vor allem der Erlangung von Sperrpatenten, vermochte aber weder in den angeführten Verfahren gegen *Servier* und *Boehringer Ingelheim* noch in der groß angelegten Sektorenuntersuchung der Pharmaindustrie zufriedenstellende Antworten zu geben. Ungeachtet der fehlenden Entscheidungspraxis existiert in der Literatur eine recht prominent vertretene Meinung, nach der sowohl die originäre als auch die derivative Erlangung von Sperrpatenten und/oder deren Einsatz im Wege der Lizenzverweigerung bzw. Geltendmachung, einen Behinderungsmissbrauch nach Art. 102 AEUV begründen könne.[593] Dieser Auffassung ist rein objektiv betrachtet zuzustimmen, da Sperrpatente per definitionem lediglich die Blockade der Konkurrenten bezwecken, ohne ein Eigeninteresse an der Erfindung zu verfolgen und folglich die patentrechtlich vermittelte Ausschließlichkeit als gezielte, wettbewerbswidrige Behinderung eingesetzt wird. Ob eine solche Zielsetzung aber auch mit den geltenden Grundsätzen der Missbrauchsaufsicht zu begegnen ist und aus einem subjektiven Unbehagen auch eine rechtlich zu missbilligende Handlung resultiert, ist nachfolgend zu untersuchen.[594]

---

592 In diesem Sinne zwischen originärem und derivativem Erwerb des (Sperr)Patents differenzierend *Jung*, ZWeR 2004, 379, 393 und *Buhrow/Nordemann*, GRUR Int. 2005, 407, 415.

593 Vgl. bereits *Oppenländer*, in: Oppenländer (Hrsg.), Patentwesen, technischer Fortschritt und Wettbewerb, 1984, S. 47, 62 ff.; sowie aus der einschlägigen Kommentarliteratur *Ullrich/Heinemann*, in: Immenga/Mestmäcker (Hrsg.), Wettbewerbsrecht, 5. Auflage 2012, Abschnitt VII Immaterialgüterrechte Teil B, Rn. 53; *Wolf*, in: Bornkamm/Montag/Säcker (Hrsg.), MüKo-Wettbewerbsrecht Band 1, 3. Auflage 2020, Einl., Rn. 1219; *Nordemann*, in: Loewenheim et al. (Hrsg.), Kartellrecht, 4. Auflage 2020, GRUR, Rn. 146; *Schröter/Bartl*, in: von der Groeben/Schwarze/Hatje (Hrsg.), Europäisches Unionsrecht, 7. Auflage 2015, Art. 102 AEUV, Rn. 315; *Jung*, in Grabitz/Hilf/Nettesheim (Hrsg.), Das Recht der EU, 71. Lfg. 2020, Art. 102 AEUV, Rn. 231; *Jung*, ZWeR 2004, 379, 393; *Zech*, ZWeR 2011, 312, 326 ff.; zurückhaltender *Eilmansberger*, EuZW 1992, 625, 630; bedeutend differenzierter etwa *Haedicke*, in: Haedicke/Timmann (Hrsg.), Handbuch des Patentrechts, 2012, § 1, Rn. 160 ff. und *Heyers*, Bonner Rechtsjournal 2011, 33, 39 ff.

594 Der erneut vorzunehmenden Bewertung des Sperrpatenterwerbs aus wettbewerbsrechtlicher Sicht steht es nicht entgegen, dass die gleichgelagerte Untersuchung bereits aus patentrechtlicher Perspektive erfolgt ist. Nur wenn das Patentrecht konkrete Erwägungen abschließend berücksichtigt, wäre eine erneute Untersuchung am Maßstab der Missbrauchsaufsicht systemwidrig; gründet sich die potentielle

II. Übertragung auf den Erwerb von Sperrpatenten

1. Wettbewerbsrechtliche Beurteilung von Sperrpatentanmeldungen

Für die Bewertung von Sperrpatenten anhand der wettbewerbsrechtlichen Missbrauchsaufsicht bietet sich eine Unterteilung in originären und derivativen Schutzrechtserwerb an. Sofern nach Ansicht der Kommission und Auffassung der Literatur bereits die Patentanmeldung mit bloßer Sperrabsicht als Marktmachtmissbrauch gewertet werden könnte, bedarf es konsequenterweise der Erfüllung aller Tatbestandsvoraussetzungen des Art. 102 AEUV. Vor allem muss der Anmelder eine beherrschende Stellung auf einem relevanten Markt innehaben und diese gerade durch die Sperrpatentanmeldung missbräuchlich ausnutzen.[595]

a. Marktbeherrschung auf Grundlage eines Patents

Für die vorzunehmende Untersuchung der defensiven Patentstrategien im Lichte der Missbrauchsaufsicht kommt somit der Frage nach der beherrschenden Stellung des Schutzrechtsinhabers wesentliche Bedeutung zu.[596] Nur wenn dieser überhaupt eine solche innehat, kann der strategische Einsatz am Maßstab des Marktmachtmissbrauchs gemessen werden. Die Bewertung über das Vorliegen dieser notwendigen Voraussetzung muss jedoch anhand der allgemeinen Kriterien erfolgen und ist zunächst völlig unabhängig von der Schutzrechtsinhaberschaft zu ermitteln. Auch wenn die Aussage des EuGH als Selbstverständlichkeit angesehen wird,[597] dass eine beherrschende Stellung sich in aller Regel

---

Wettbewerbswidrigkeit jedoch auf solche Umstände, die vom Patentrecht gerade nicht berücksichtigt oder abschließend geregelt werden, muss das Patentrecht die kartellrechtliche Beurteilung respektieren, vgl. dazu *Zech*, ZWeR 2011, 312, 317 ff.; *Ohly*, in: Oberender (Hrsg.), Wettbewerb und geistiges Eigentum, 2008, S. 47, 64; *Haedicke*, in: Haedicke/Timmann (Hrsg.), Handbuch des Patentrechts, 2012, § 1, Rn. 166; zur Berücksichtigung patentrechtlicher Wertungen im Kartellrecht, siehe *Heinemann*, GRUR 2006, 705, 711 ff.

595 Vgl. zum Ganzen auch *Drexl*, Max Planck Institute for Intellectual Property and Competition Law Research Paper No. 12-02, abrufbar unter: https://papers.ssrn.com/sol3/papers.cfm?abstract_id=2009276.

596 Die nachfolgenden Ausführungen beanspruchen gleichermaßen Geltung für die Bewertung des *Trolling* am Maßstab des Missbrauchs einer marktbeherrschenden Stellung im Lichte des Art. 102 AEUV, sofern sie ich auf die Frage der beherrschenden Stellung bzw. deren Begründung beziehen.

597 Vgl. *Ullrich/Heinemann*, in: Immenga/Mestmäcker (Hrsg.), Wettbewerbsrecht, 5. Auflage 2012, Abschnitt VII Immaterialgüterrechte Teil B, Rn. 42 sprechen davon, dass diese Aussage „*selbstverständlich und belanglos* [ist].“

nicht aus der bloßen Existenz des Schutzrechts und der hiermit verbundenen rechtlichen Ausschließlichkeit herleiten lässt,[598] schärft sie doch den Blick für die entscheidende Frage: Inwieweit verfügt der Schutzrechtsinhaber über eine beherrschende Stellung auf einem relevanten Markt und welche Rolle spielen die jeweiligen Schutzrechte hierbei?

Gerade im Hinblick auf Patente kann dem Ausschließlichkeitsrecht je nach Abgrenzung der relevanten Märkte ein unterschiedlich starker Einfluss auf die beherrschende Stellung zukommen. Rein faktisch ist eine Bewertung der Patentstrategien anhand der Missbrauchsaufsicht dann am „einfachsten", wenn das strategisch eingesetzte Patent, oder die Summe mehrere Patente selbst den sachlich relevanten Markt ausmachen, da dann in Ermangelung substituierbarer Technologien eine beherrschende Stellung des Patentinhabers zweifelsfrei existiert. Da eine solche Kongruenz zwischen rechtlichem und wirtschaftlichem Monopol höchst selten ist, soll nachfolgend ein kurzer Überblick über die gängigste Form einer patentinduzierten Marktmacht gegeben werden: der Standardisierung von patentgeschützten Technologien. Hierbei ist vor allem die Besonderheit der Staffelung in Produkt- und Technologie- bzw. Lizenzmärkte zu berücksichtigen.[599]

i. Standard-Essentielle Patente: *de iure* Standardisierung durch eine SSO

Durch die zunehmende Dichte an technischen Schutzrechten sowie der stetig ansteigenden technischen Komplexität von Produkten und deren Fertigungsprozessen, besteht in vielen Industriebereichen ein starkes Bedürfnis nach der Schaffung von Interoperabilität durch die Setzung von Standards.[600] Von einem Standard[601] im industriellen Sinne wird immer dann gesprochen, wenn es sich um eine gültige Festlegung allgemeinverbindlicher technischer Spezifikationen

---

598 EuGH, Urteil vom 29. Februar 1968, Rs. 24/67, ECLI:EU:C:1968:11, Slg. 1968, 86, 112 – *Parke, Davis/Probel*; EuGH, Urteil vom 18. Februar 1971, Rs. 40/70, ECLI:EU:C:1971:18, Slg. 1971, 69, Rn. 16 – *Sirena/Eda*; EuGH, Urteil vom 08. Juni 1971, Rs. 78/70, ECLI:EU:C:1971:59, Slg. 1971, 487, Rn. 14 ff. – *Deutsche Grammophone/Metro*; EuGH, Urteil vom 15. Juni 1976, Rs. 51/75, ECLI:EU:C:1976:85, Slg. 1976, 811, Rn. 33 – *EMI Records/CBS Schallplatten*.

599 Dazu ausführlich *Früh*, Immaterialgüterrechte und der relevante Markt, 2012, S. 154.

600 Instruktiv *Fuchs*, in: Lange/Klippel/Ohly (Hrsg.), Geistiges Eigentum und Wettbewerb, 2009, S. 147; *Picht*, GRUR Int. 2014, 1 und *Loest/Bartlik*, ZWeR 2008, 41.

601 Sowohl der Begriff des Standards als auch der der Norm wird als Oberbegriff für technische Spezifikationen verwendet. Für eine weitere Begriffsbestimmung sowie Abgrenzung, siehe *Maaßen*, Normung, Standardisierung und Immaterialgüterrechte, 2006, S. 10 ff.

durch den Staat oder eine Standard-Setzungs-Organisation (SSO)[602] für einen Fertigungsprozess oder Produkt handelt.[603] Die Bedeutung von Standards ist heutzutage in nahezu allen Technologiebereichen elementar, um technische Interoperabilitäten zu gewährleisten und stellt für eine wirtschaftlich effiziente Volkswirtschaft eine der wesentlichen Erfolgsdeterminanten dar.[604] Industrielle Standardisierung führt zu erheblichen Effizienzgewinnen in einem funktionierenden Wettbewerb, die wie folgt zusammengefasst werden können: Senkung der Herstellungskosten und Minimierung von Arbeitsaufwendungen; Schaffung von Interoperabilität zwischen Systemen, Netzwerken und Geräten verschiedener Hersteller; Ermöglichung einer gesteigerten Kompatibilität und Austauschbarkeit unterschiedlicher Produkte; Verbesserung der Produktqualität sowie Förderung des technischen Fortschritts und Innovationen.[605]

Im Optimalfall können Standards in einer weltweiten Vereinheitlichung technischer Spezifikationen münden, wie es etwa im Mobilfunksektor im Hinblick auf die GSM und UMTS-Standards zu beobachten war. Dadurch wurde eine grenz-, sprach- und kulturüberschreitende globale Nutzung des Mobilfunkdienstes ermöglicht.[606]

Gleichzeitig kann die Setzung eines Standards aber auch dazu führen, dass die Substituierbarkeit und Umstellung auf alternative Technologien aufgrund entstehender Netzwerkeffekte[607] entweder nur mit sehr hohen Kosten (*switching costs*)

---

602 Die Standardsetzung ist auf drei Wegen denkbar: *De iure* durch den Staat oder einer Standard-Setzungs-Organisation oder *de facto* durch die Durchsetzung einer Technologie am Markt, vgl. instruktiv dazu *Bodewig*, GRUR Int. 2015, 626, 627 ff.

603 *Loest/Bartlik*, ZWeR 2008, 41; *Fuchs*, in: Lange/Klippel/Ohly (Hrsg.), Geistiges Eigentum und Wettbewerb, 2009, S. 147; vgl. auch die Formulierung der Kommission in den Leitlinien zur Anwendbarkeit von Artikel 81 Abs. 1 EG-Vertrag auf Vereinbarungen über horizontale Zusammenarbeit, ABl. EG 2001 Nr. C 3, S. 2, Rn. 159.

604 *Fröhlich*, GRUR 2008, 205, 206 ff. und *Ullrich*, GRUR 2007, 817, 818 ff.; *Fuchs*, in: Lange/Klippel/Ohly (Hrsg.), Geistiges Eigentum und Wettbewerb, 2009, S. 148; *Hilty/Slowinski*, GRUR Int. 2015, 781.

605 So schon Kommission, 87/69/EWG, ABl. 1987, Nr. L 35/36, S. 41 ff. – *X/Open Group*; dies entspricht der allgM, siehe nur *Loest/Bartlik*, ZWeR 2008, 41, 44; *Fröhlich*, GRUR 2008, 205, 206 sowie *Fuchs*, in: Lange/Klippel/Ohly (Hrsg.), Geistiges Eigentum und Wettbewerb, 2009, S. 147, 148.

606 Vgl. etwa den Kampf um das Handybetriebssystem „*Android*", dargestellt bei *Krusemarck*, Die abhängige Schöpfung im Recht des geistigen Eigentums, 2013, S. 142 ff.

607 Vereinfacht gesagt, beschreibt der Netzwerkeffekt die Steigerung des Nutzens und somit auch des Wertes eines Produkts oder Systems etc. durch die Steigerung der Anzahl der Verwender, siehe dazu grundlegend *Katz/Shapiro*, American Economic

verbunden ist,[608] oder aber der Standard eine insgesamt marktabschottende Wirkung gegenüber konkurrierenden Technologien entfaltet.[609] Insofern bringt die Standardisierung technischer Abläufe neben den unbestrittenen wettbewerblichen Vorteilen auch wettbewerbliche Nachteile mit sich und steht überdies im Spannungsverhältnis mit den Partikularinteressen der Schutzrechtsinhaber, deren Patente die Grundlage des jeweiligen Standards bilden. Kann ein Standard nicht genutzt werden, ohne zwangsläufig eine patentierte Erfindung zu nutzen, spricht man davon, dass das konkrete Patent „standard-essentiell" ist.[610] Die Bedeutung von standard-essentiellen Patenten für den Wirtschaftsverkehr und der hiermit verbundenen Machtstellung des Inhabers ist offensichtlich und führt zwangsläufig zu wettbewerblichen Konflikten. Um einem möglichen Missbrauch durch den wettbewerbswidrigen Einsatz eines standard-essentiellen Patents in Form von überhöhten Lizenzgebühren oder durch die Sperrung des Standards zuvorzukommen, werden häufig die Bedingungen zu denen die Schutzrechte genutzt bzw. lizenziert werden durch unabhängige SSOen geregelt.[611] Hiernach verpflichten sich alle Teilnehmer einer SSO alle relevanten Schutzrechte sowie alle relevanten Patenanmeldungen offen zu legen.[612] Erklären sich daraufhin die an der Standardsetzung teilnehmenden Unternehmen bereit die jeweiligen Patente in den Standard aufzunehmen, muss sich jeder Patentinhaber verpflichten, seine für den Standard wesentlichen Patente in Zukunft zu fairen (*Fair*), angemessenen (*Reasonable*) und nicht diskriminierenden (*And Non-Discriminatory*) Bedingungen zu lizenzieren (den sog. FRAND-Bedingungen).[613] Sofern der Patentinhaber sich jedoch schlichtweg nicht an den Vorgaben einer SSO hält,

Review 1985, 424 und *Thum*, Netzwerkeffekte, Standardisierung und staatlicher Regulierungsbedarf, 1995, S. 5 ff. sowie *Ewald*, in: Wiedemann (Hrsg.), Handbuch des Kartellrechts, 4. Auflage 2020, § 7, Rn. 67 ff.

608 Dazu bereits *Farrell/Shapiro*, RAND Journal of Economics 1988, 123, 123 ff.

609 *Eilger/Fuchs*, in: Immenga/Mestmäcker (Hrsg.), Wettbewerbsrecht, 6. Auflage 2020, § 2 GWB, Rn. 123 ff.

610 Vgl. bereits die Definition in Clause 15.6 ETSI Rules of Procedure vom 20. April 2016; ferner zum Entstehen von standard-essentiellen Patenten *Hilty/Slowinski*, GRUR Int. 2015, 781 und *Bodewig*, GRUR Int. 2015, 626.

611 Im Rahmen dessen spielt die Thematik des sog. *patent ambush* eine wesentliche Rolle, vgl. dazu instruktiv *Farrell/Hayes/Shapiro/Sullivan*, Antitrust Law Journal 2007, 603, 610 ff. und *Weck*, NJOZ 2009, 1177, 1185 ff.

612 Vgl. dazu ausführlich *Klees*, EWS 2008, 449, 450.

613 Eine Übersicht über die unterschiedlichen FRAND-Bedingungen findet sich bei *Välimäki*, European Competition Law Review 2008, 686, 686 ff.

erwächst dem Patentinhaber eine wettbewerblich exponierte Stellung, die es ihm ermöglicht sein Ausschließlichkeitsrecht zu Lasten Dritter zu missbrauchen.[614] Handelt es sich somit um ein standard-essentielles Patent, ergibt sich die marktbeherrschende Stellung in der Regel aus dem Schutzrecht selbst, dessen Schutzgut den relevanten Erfindungs-, Technologie- und Lizenzmarkt ausmacht und sodann von dem Inhaber beherrscht wird.

ii. Standard-Essentielle Patente: *de facto* Standardisierung

Auch ohne spezielle SSO kann sich eine patentierte Erfindung als Standard am Markt etablieren, etwa durch dessen Durchsetzung in einem intensiv geführten Verdrängungswettbewerb.[615] Hierfür wird eine Technologie oder ein Produkt von einem Unternehmen entwickelt und am Markt derart erfolgreich vertrieben, dass die Technologien oder Produkte anderer Anbieter nur dann erfolgreich sein können, wenn sie mit dem nunmehr am Markt durchgesetzten Standard kompatibel sind.[616] Zur Veranschaulichung kann das Betriebssystem von *Microsoft* dienen, welches nach unterschiedlichen Angaben auf ungefähr 80% der Computer weltweit zur Anwendung kommt und somit zweifelsohne als *de facto* Standard-Betriebssystem angesehen werden kann, ohne staatliche oder privatwirtschaftliche Intervention.[617]

In der Regel spielen bei einer solchen Marktdurchsetzung vor allem Netzwerkeffekte eine maßgebliche Rolle, sodass erst die stetig steigende Nutzerzahl zu einer *de facto* Standardisierung führt und sich das Produkt oder System am Markt gegenüber den Angeboten Dritter durchsetzen kann.[618] Ein solcher Netzwerkeffekt ist heutzutage beispielsweise bei der Verwendung unterschiedlicher Betriebssysteme für Mobiltelefone zu beobachten, bei denen dem Grunde nach nur das Betriebssystem *iOS* von *Apple* mit dem Betriebssystem *Android*

---

614 *Fischmann*, GRUR Int. 2010, 185; *Ullrich*, GRUR Int. 2007, 817; *Heyers*, WRP 2014, 1253.

615 Vgl. dazu *Bodewig*, GRUR Int. 2015, 626, 627; *Picht*, GRUR Int. 2014, 1, 2 sowie *Conde Gallego*, GRUR Int. 2006, 16, 22 sowie bereits *Verbruggen/Lõrincz*, GRUR Int. 2002, 815.

616 Vgl. *Beth*, Rechtsprobleme proprietärer Standards in der Softwareindustrie, 2005, S. 31 ff. zu *de facto* Standards auf Internetmärkten. Wie sich *de facto* Standards durchsetzen ist aber nach wie vor nicht eindeutig geklärt.

617 *Bodewig*, GRUR Int. 2015, 626, 627 führt das gleiche Beispiel an.

618 *Conde Gallego*, GRUR Int. 2006, 16, 22; dazu bereits *Shapiro*, Journal of Economic Perspectives 1994, 93.

konkurriert, welches von der *Open Handset Alliance* programmiert wird.[619] Solche direkten oder indirekten[620] Netzwerkeffekte führen dazu, dass sowohl die Investitions- als auch die Umstellungskosten stetig steigen. Erreichen diese Kosten einen Grad, an dem die Nutzung der fremden Technologie rentabler erscheint, als die Erfindung oder Investition in alternative Lösungsmöglichkeiten, erscheint die Etablierung eines *de facto* Standards zumindest realistisch. Setzt sich eine patentierte Erfindung am Markt als *de facto* Standard durch, fehlt in aller Regel die disziplinierende Wirkung einer SSO. Dennoch muss bei einem *de facto* Standard stets größere Vorsicht in der wettbewerblichen Beurteilung angewandt werden, als bei *de iure* Standards, da gerade in Branchen mit kurzen Innovationszyklen eine solche Marktdurchsetzung nicht unumstößlich ist.[621] Nichtsdestotrotz können sich somit eine patentgeschützte Technologie oder mehrere Technologien am Markt als *de facto* Standard durchsetzen und sodann den sachlich relevanten und auch beherrschten Markt für die wettbewerbsrechtliche Beurteilung darstellen.

iii. Zusammenfassung

Im Ergebnis muss somit eine Kongruenz zwischen der rechtlichen und wirtschaftlichen Monopolstellung festgestellt werden, damit aus dem Bestand des Schutzrechts selbst bereits die beherrschende Stellung resultiert.[622] Sofern es sich bei dem in Rede stehenden Patent aber nicht um eine grundlegende Innovation oder einen durch industrielle Anwendung entstandenen *de facto* bzw. *de iure*

---

619 Laut dem Statistikportal *statista* beträgt im Jahre 2017 der weltweite Marktanteil von *Android* rund 85,1% und der von *iOS* rund 14,7%, abrufbar unter: https://de.statista.com/statistik/daten/studie/182363/umfrage/prognostizierte-marktanteile-bei-smartphone-betriebssystemen/.

620 Also die Wertsteigerung eines Produkts/Systems durch das steigende Angebot an Produkten und Komponenten für das Kernprodukt/System, was letztlich zu einer Attraktivitätssteigerung führt, vgl. *Economides/White*, European Economic Review 1994, 651, 652 ff.

621 Vgl. etwa die 1981 auf den Markt gebrachten Personal Computer von *IBM*, die sich schnell als *de facto* Standard entwickelten und die so erwirtschaftete Vormachtstellung mit Beginn der 1990er Jahre an *Microsoft* verlor; zu dem gesamten Themenkomplex etwa *Pennings*, apennings.com, Artikel vom 01. November 2015; vgl. zu den kartellrechtlichen Implikationen des *de facto* Standards *Ullrich/Heinemann*, Immenga/Mestmäcker (Hrsg.), Wettbewerbsrecht, 5. Auflage 2012, Abschnitt VII Immaterialgüterrechte Teil B, Rn. 56.

622 Vgl. dazu auch *Lamping*, Patentschutz und Marktmacht, 2010, S. 162.

Standard handelt, muss die marktbeherrschende Stellung des Patentinhabers anhand der allgemeinen Kriterien ermittelt werden, wobei die Bedeutung des Schutzrechts für die tatbestandliche Feststellung einer beherrschenden Stellung sekundär ist.[623] Erst in einem zweiten Schritt ist zu prüfen, ob das bestehende Schutzrecht noch hinreichenden Substitutionswettbewerb (im Gegensatz zum Imitationswettbewerb) der Konkurrenz auf dem abgegrenzten Markt zulässt. Besteht ein solcher hinreichender Substitutionswettbewerb, kann in aller Regel nicht von einer beherrschenden Stellung des Patentinhabers gesprochen werden. Besteht ein solcher Substitutionswettbewerb hingegen nicht, kann sich der Frage gewidmet werden, ob dem Patentinhaber die patentrechtlichen Befugnisse vollumfänglich zustehen oder ob diesen mittels der kartellrechtlichen Missbrauchsaufsicht Grenzen gezogen werden müssen.[624] Ohne thematisch vorzugreifen kann bereits an dieser Stelle konstatiert werden, dass die Feststellung einer marktbeherrschenden Stellung des Patentinhabers mitunter die mit Abstand größte Hürde für die Anwendung des Art. 102 AEUV auf die hier behandelten Patentstrategien darstellt.

b. Beherrschende Stellung des (Sperr-)Patentanmelders

Die Feststellung einer beherrschenden Stellung des Sperrpatentanmelders erfolgt nach den allgemeinen Kriterien für die Marktmachtermittlung eines Unternehmens.[625] Nur wenn sich der Anmelder auf dem relevanten Markt im

---

623 Siehe *Wolf*, in: Bornkamm/Montag/Säcker (Hrsg.), MüKo-Wettbewerbsrecht Band 1, 3. Auflage 2020, Einl., Rn. 1220, der als weiteres Beispiel patentvermittelnder Marktbeherrschung die extensive Lizenzierung eines Schutzrechts anführt, nach der praktisch jeder Marktteilnehmer seine wirtschaftliche Tätigkeit auf Grundlage der Technologie vornimmt und so in einem Abhängigkeitsverhältnis zum Patentinhaber steht; vgl. auch *Heutz*, Das Spannungsverhältnis, 2010, S. 133 und *Meinhardt*, Die Beschränkung nationaler Immaterialgüterrechte, 1998, S. 10.

624 Vgl. *Ullrich/Heinemann*, in: Immenga/Mestmäcker (Hrsg.), Wettbewerbsrecht, 5. Auflage 2012, Abschnitt VII Immaterialgüterrechte Teil B, Rn. 43; *Jestaedt*, in: Langen/Bunte (Hrsg.), Kartellrecht, 13. Auflage 2018, Nach Art. 101 AEUV, Rn. 1247 ff.; *Lamping*, Patentschutz und Marktmacht, 2010, S. 162; im Ergebnis so auch *Wolf*, in: Bornkamm/Montag/Säcker (Hrsg.), MüKo-Wettbewerbsrecht Band 1, 3. Auflage 2020, Einl., Rn. 1218.

625 Bezogen auf Immaterialgüterrechte *Ullrich/Heinemann*, in: Immenga/Mestmäcker (Hrsg.), Wettbewerbsrecht, 5. Auflage 2012, Abschnitt VII Immaterialgüterrechte Teil B, Rn. 45; *Wolf*, in: Bornkamm/Montag/Säcker (Hrsg.), MüKo-Wettbewerbsrecht Band 1, 3. Auflage 2020, Einl., Rn. 1219.

Wesentlichen autonom verhalten kann, ist von einer beherrschenden Stellung auszugehen.[626] Zusätzlich dazu ist beim Auffinden des relevanten Marktes nach dem Bedarfsmarktkonzept bei Sperrpatentanmeldungen die Staffelung Märkte gewerblicher Schutzrechte in Produkt- und Technologie- bzw. Lizenzmärkte zu berücksichtigen.[627] Gleichzeitig sind bei der vorzunehmenden Marktabgrenzung einige Besonderheiten zu beachten, die in dem Wesen des Sperrpatents selbst angelegt sind, sodass für die Bewertung von Sperrpatentanmeldungen anhand des Missbrauchsmaßstabs zwingend eine bereits existierende beherrschende Stellung des Anmelders vorliegen muss.[628]

i. Beherrschung des Produktmarktes

Isoliert betrachtet kann einem ungenutzten Sperrpatent nämlich dem Grunde nach kein eigenständiger Produktmarkt zugeordnet werden, da ohne die Verwendung der patentierten Erfindung auch keine Produktentwicklung stattfindet. Zwar ist die gewerbliche Anwendung zu Beginn des Patentschutzes meist noch unklar und kristallisiert sich erst im Laufe der Zeit heraus,[629] wird sie in Anbetracht eines Sperrpatents aber weder angestrebt noch soll dies in Zukunft geschehen, sodass eine Sperrpatentzuordnung zu einem Produktmarkt objektiv betrachtet ausscheiden muss. Die fehlende Möglichkeit Produktmärkte zuzuordnen gilt darüber hinaus auch dann, wenn Sperrpatentanmeldungen flächendeckend vorgenommen werden, um ganze Technologiebereiche umfassend abzudecken oder unter Umständen sogar zu monopolisieren, da die fehlende gewerbliche Anwendung auch hier die nachfolgende Produktentwicklung behindert.

Anders würde sich die Sachlage nur dann darstellen, wenn die allgemeine Entwicklung in dem konkreten Technologiesegment entweder soweit fortgeschritten ist, dass zukünftige Produkte unter Verwendung des Sperrpatents

626 Vgl. EuGH, Urteil vom 14. Februar 1978, Rs. 27/76, ECLI:EU:C:1978:22, Slg. 1978, 207, Rn. 63/66 – *United* Brands; EuGH, Urteil vom 13. Februar 1979, Rs. 85/76, ECLI:EU:C:1979:36, Slg. 1979, 461, Rn. 38 – *Hoffmann-La Roche*; EuGH, Urteil vom 09. November 1983, Rs. 322/81, ECLI:EU:C:1983:313, Slg. 1983, 3461, Rn. 37 – *Michelin*.

627 Vgl. erneut *Früh*, Immaterialgüterrechte und der relevante Markt, 2012, S. 154 ff.

628 Dazu auch *Zech*, ZWeR 2011, 312, 325 ff.

629 Grundlegend *Oppenländer*, in: Deutsches Patentamt (Hrsg.), FS Hundert Jahre Patentamt, 1977, S. 3, 26 ff.; siehe ferner *Schade*, in: Oberender (Hrsg.), Wettbewerb und geistiges Eigentum, 2007, S. 69.

hinreichend erkennbar sind,[630] oder die hypothetisch mögliche gewerbliche Anwendung des Sperrpatents die Herstellung eines bestimmten Produkts zumindest hinreichend wahrscheinlich erscheinen lässt.[631] Vor diesem Hintergrund sind Sperrpatentanmeldungen einem Produktmarkt folglich nur dann zu zurechnen, wenn es sich um Technologien handelt, die als komplementäre Weiterentwicklung oder Verbesserungen bzw. inkrementelle Innovationen für ein bereits konkret bestehendes Produkt verwendet werden können, ohne eine tatsächliche Verwendung durch den Patentinhaber zu erfahren. Auf diesem Produktmarkt muss der Anmelder sodann bereits aus anderweitigen Gründen eine beherrschende Stellung innehaben, damit der Anmeldung eines Sperrpatents insofern eine kartellrechtliche Relevanz zukommen kann. Denn die bestehende beherrschende Stellung wird durch die gezielte Sperrpatentanmeldung noch zusätzlich verstärkt, kann sie aber nicht eigens begründen. Nur so lässt sich überhaupt eine Sperrpatentzuordnung zu einem Produktmarkt als notwendiger Anknüpfungspunkt für die Anwendung des Art. 102 AEUV vornehmen, da es ansonsten an der Normadressateneigenschaft fehlt.

ii. Beherrschung des Lizenz- bzw. Technologiemarktes

Ähnlich verhält es sich mit dem fehlenden Vorliegen eines Lizenzmarkts zum Zeitpunkt der Anmeldung/Erteilung eines Sperrpatents. Freilich wird sich ein relevanter Lizenzmarkt für die Technologie(n) bedeutend schneller und unabhängig von einem (hypothetischen) Produktmarkt entwickeln, da für gewerblich vielversprechende Erfindungen in der Regel stets eine aufkommende Nachfrage unterstellt werden muss. Zu Beginn des Patentschutzes kann jedoch keine andere Bewertung vorgenommen werden als für den Produktmarkt, da auch noch kein Lizenzmarkt für die patentierte Technologie existiert. Auch das weite Verständnis der europäischen und nationalen Gerichte im Hinblick auf die konkrete Marktabgrenzung im Kontext gewerblicher Schutzrechte hilft vorliegend nicht weiter. In der Rechtssache *IMS-Health* bejahte der EuGH,[632] sowie der BGH in

---

630 Das EuG hat in dem *AstraZeneca*-Verfahren auf zusätzliche Behandlungsmöglichkeiten und Wirkungsweisen abgestellt, vgl. dazu *Siebert/Pries*, PharmR 2007, 147, 150.

631 Vgl. dazu etwa *Siebert/Pries*, PharmR 2007, 147, 150, die hinsichtlich des Pharmabereichs klarstellen, dass ein zukünftiger Produktmarkt schwer prognostizierbar sein kann und nur dann von einem nachgelagerten Produktmarkt auszugehen sei, wenn zumindest konkrete Entwicklungsergebnisse vorzuweisen sind.

632 EuGH, Urteil vom 29. April 2004, Rs. C-418/01, ECLI:EU:C:2004:257, Slg. 2004, I-5069, Rn. 43 ff. – *IMS-Health*.

der Rechtssache *Standard-Spundfass*,[633] die grundsätzliche Existenz eines bloß hypothetisch vorgelagerten Lizenzmarktes für ein Schutzrecht auch dann, wenn eine tatsächliche Lizenzierung gar nicht stattfindet. Diese Marktabgrenzung erfordert aber zwingend das Vorliegen eines existierenden Produktmarktes, dessen Erzeugnisse für eine bestimmte wirtschaftliche Tätigkeit unerlässlich sein müssen, sodass verschiedene Produktionsstufen zumindest theoretisch voneinander unterscheidbar sind.[634] Ohne jedoch überhaupt einen Produktmarkt identifizieren zu können, ist auch die Annahme eines hypothetisch vorgelagerten Lizenzmarktes schon nicht durchführbar. Eine beherrschende Marktstellung des Patentinhabers auf dem Technologie- bzw. Lizenzmarkt ist im Falle eines Sperrpatents somit nur dann möglich, wenn alle wesentlichen bzw. substituierbaren Technologien gehalten werden, die entweder ein ganzes Technologiefeld ausmachen oder zumindest für die Entwicklung bestimmter Produkte notwendig sind. Denklogisch wäre dies etwa der Fall, wenn die Sperrpatentanmeldung die Technologie für komplementäre Weiterentwicklungen oder Verbesserungen bzw. inkrementelle Innovationen für ein bereits konkret bestehendes Produkt betreffen würde. Die Feststellung einer marktbeherrschenden Stellung auf einem bloßen Technologie- bzw. Lizenzmarkt ohne dazugehörigem Produktmarkt fällt demnach ungleich schwerer und wird in der Praxis kaum nachweisbar sein.

iii. Beherrschung des Know-how-Marktes nach *Zech*

Liegt weder auf einem Produkt- noch Lizenzmarkt eine beherrschende Stellung vor, nimmt *Zech* bei der Anmeldung von Sperrpatenten im Rahmen einer defensiven Patentstrategie die Existenz eines eigenen separaten Technologiemarktes für das der Erfindung zugrundliegende Know-how an, um die beherrschende Stellung des Anmelders zumindest auf diesem Markt festzustellen und zu einer Anwendung der Missbrauchsaufsicht zu gelangen.[635] Hierbei verkennt der Autor jedoch, dass in faktischer Hinsicht der Technologie- und Lizenzmarkt identisch sind.[636] Die Konstruktion zweier unterschiedlicher Märkte bei dem zum einen das Know-how der Technologie und zum anderen die Nutzungsbefugnis an der Technologie nachgefragt werden, entspricht nicht der praktischen Realität und

633 BGHZ 160, 67, 73 ff. – *Standard-Spundfass*.

634 EuGH, Urteil vom 29. April 2004, Rs. C-418/01, ECLI:EU:C:2004:257, Slg. 2004, I-5069, Rn. 44 – *IMS-Health*.

635 *Zech*, ZWeR 2011, 312, 325–326.

636 Eine ähnliche Abgrenzung nimmt auch *Lamping*, Patentschutz und Marktmacht, 2010, S. 156 vor.

wirkt als Vorwand, um bei einer fehlenden beherrschenden Stellung des Anmelders doch noch zu einer Anwendung der Missbrauchsaufsicht auf die defensive Patentstrategie zu gelangen. Die Sichtweise *Zechs* ist demnach abzulehnen, sodass es für die Marktabgrenzung vorliegend nur auf den Produkt- oder aber den Lizenz- bzw. Technologiemarkt ankommen kann.

iv. Zusammenfassung

Da die Anwender defensiver Patentstrategien in aller Regel Unternehmen mit einem nicht unerheblichen FuE-Aufwand sind, wird sich eine beherrschende Stellung in der Praxis zumeist aus der Kontrolle eines ganzen Technologiefeldes ergeben, in dem zusätzlich komplementäre Sperrpatente angemeldet werden, um die Konkurrenz zu blockieren. Denkbar ist etwa auch eine aufgrund produktbedingter Marktdurchsetzung entstandene marktbeherrschende Stellung, bei der durch Sperrpatentanmeldungen sodann Weiterentwicklungen oder Produktverbesserungen blockiert werden. In beiden Konstellationen sind jedoch konkrete Märkte identifizierbar, deren Beherrschung durch die Anmeldung von Sperrpatenten noch zusätzlich gefestigt wird. Liegt jedoch schon keine feststellbare Beherrschung eines Marktes durch den Anmelder vor, wird die Bejahung des Art. 102 AEUV durch die reine Anmeldung eines Schutzrechts mit bewusster Sperrabsicht nicht gelingen,[637] da es an der notwendigen Normadressateneigenschaft fehlt.[638]

c. Behinderungsmissbrauch durch den Patenterwerb

Sofern die Normadressateneigenschaft in Form der beherrschenden Stellung jedoch ausnahmsweise gegeben ist, wird sich anschließend die Frage nach deren missbräuchlichen Ausnutzung stellen. Als Anknüpfungspunkt ist insofern nur die Anmeldung des Patents mit bewusster Sperrabsicht selbst denkbar, da ansonsten noch keine anderweitigen rechtserheblichen Handlungen vorliegen. Auf die vorherrschende Missbrauchsdogmatik übertragen, muss die Aufrechterhaltung oder Weiterentwicklung des bereits geschwächten Restwettbewerbs gerade durch die Anmeldung eines Sperrpatents behindert werden und die Anmeldung selbst darf sich dabei nicht mehr als Mittel des normalen Leistungswettbewerbs

---

637 Selbst bei besonders innovativen Grundlagentechnologien oder Pionierpatenten.

638 Hinsichtlich der fehlenden Normadressateneigenschaft bei Eröffnung eines völlig neuen Geschäftsfeldes auch *Haedicke*, in: Haedicke/Timmann (Hrsg.), Handbuch des Patentrechts, 2012, § 1, Rn. 161.

darstellen.[639] Offensichtlicher Knackpunkt der positiven Feststellung eines Missbrauchs ist die Frage, wann die systemkonforme Anmeldung eines Patents kein Mittel des normalen Leistungswettbewerbs mehr darstellt.

Diese Problematik offenbart sich beispielsweise anhand der im Zusammenhang mit Sperrpatenten häufig wenig zielführenden Aussagen in der Literatur, die im Kontext einer wettbewerbsrechtlichen Bewertung von Sperrpatenten getroffen werden. Exemplarisch kann hierfür etwa die Aussage von *Ohly* angeführt werden, der als Ergebnis einer umfassenden wissenschaftlichen Untersuchung feststellt: *„Der Einsatz von Sperrpatenten, die lediglich der Behinderung von Konkurrenten dient, kann Indiz für einen Missbrauch sein, auch wenn insoweit noch weiterer Klärungsbedarf besteht."*[640] Etwas zielorientierter ist die Aussage von *Wolf* zu bewerten, der im Zusammenhang mit einem möglichen Behinderungsmissbrauch durch den Erwerb gewerblicher Schutzrechte feststellt: *„Missbräuchlich kann der Erwerb von Schutzrechten zu dem einzigen Zweck sein, diese als Behinderungsinstrument gegenüber Dritten einzusetzen."*[641] In der Theorie mögen derartige Aussagen überzeugen. Ohne jedoch konkrete Lösungsansätze zu vermitteln, besitzt der bloße Hinweis darauf, dass der Erwerb oder der Einsatz von Sperrpatenten missbräuchlich sein könnte, praktisch wenig Aussagekraft. Vor diesem Hintergrund ist der Aussage *Heyers* zuzustimmen, der hinsichtlich der Sperrpatent-Thematik anführt: *„Ferner ist fraglich, ob Sperrpatente tatsächlich als solche so leicht zu identifizieren sind, wie es im Schrifttum oft den Anschein hat."*[642] Zum einen gleicht es einer unlösbaren Aufgabe einen zweifelsfreien Nachweis für das Vorliegen einer reinen Sperrabsicht bei der Patentanmeldung zu erbringen, welcher aber zwingend notwendig ist, um das dem Patent ohnehin innewohnende Sperrpotential mit einem wettbewerbsrechtlichen Unwerturteil zu belegen. Und zum anderen müsste diese Absicht dazu führen, dass die Anmeldung eines systemkonformen Patents auf Grundlage eigener FuE-Ergebnisse sich nicht mehr als legitimes Mittel des Leistungswettbewerbs darstellt, sondern von diesem in wettbewerbswidriger Weise abweicht.

---

639 Vgl. erneut EuGH, Urteil vom 13. Februar 1979, Rs. 85/76, ECLI:EU:C:1979:36, Slg. 1979, 461, Rn. 91 – *Hoffmann-La Roche*; nunmehr st. Rspr. vgl. EuGH, Urteil vom 15. März 2007, Rs. C-95/04 P, ECLI:EU:C:2007:166, Slg. 2007, I-2331, Rn. 66 – *British Airways/Kommission*; EuGH, Urteil vom 09. September 2009, Rs. T-301/04, ECLI:EU:T:2009:317, Slg. 2009, II-3155, Rn. 140 – *Clearstream.*

640 *Ohly*, in: Oberender (Hrsg.), Wettbewerb und geistiges Eigentum, 2008, S. 47, 65.

641 *Wolf*, in: Bornkamm/Montag/Säcker (Hrsg.), MüKo-Wettbewerbsrecht Band 1, 3. Auflage 2020, Einl., Rn. 1218.

642 *Heyers*, Bonner Rechtsjournal 2011, 33, 40.

i. Forderung eines subjektiven Elements

(i) Standpunkt der Kommission

Auf Grundlage der Kommissionsausführungen in der Sektorenuntersuchung liegt der Schluss nahe, dass dem subjektiven Element eine wesentliche Bedeutung für die Qualifikation als Sperrpatent zukommt.[643] Die Absicht des Anmelders das Schutzrecht nur zu Blockadezwecken zu erwerben, könne die anschließende Geltendmachung zu einem Behinderungsmissbrauch werden lassen. Unklar bleibt bei diesen Ausführungen, ob eine solche Absicht bereits den originären Erwerb zu einem wettbewerbswidrigen Vorgang werden lässt, oder erst die nachfolgende Geltendmachung mittels der Missbrauchsaufsicht zu unterbinden wäre, da sich dadurch faktisch die konkrete Blockadeabsicht erst nach außen hin manifestiert. Da die Kommission hinsichtlich der Bewertung von Sperrpatenten zum einen keine Trennung zwischen Erwerb und Geltendmachung vornimmt und zum anderen im Lichte der angeführten Verfahren gegen vereinzelte Pharmaunternehmen den Vorwurf missbräuchlicher Patentanmeldungen artikulierte, liegt der Verdacht nahe, dass aus Sicht der Kommission bereits der Erwerb mit Sperr*absicht* einen Missbrauch konstatiert.[644] Zustimmung erfährt diese Sichtweise unter Verweis auf die *Tetra-Pak*-Entscheidung (bei der es um die Einräumung einer ausschließlichen Lizenz an dem Patent ging) auch in der Literatur: „*Diese Entscheidung belegt, dass die Marktstruktur und die Folge des Ausschlusses jeglichen Wettbewerbs die Handlung bereits objektiv in ein anderes Licht rücken können. Soweit dieser Befund vorliegt, liegt es nahe, danach zu differenzieren, zu welchem Zweck Patentanmeldungen und die gerichtliche Verfolgung von Patentverletzungen erfolgen: Soweit sie der eigenen Innovation dienen, dürften sie kartellrechtlich kaum zu beanstanden sein. Dienen sie hingegen ausschließlich dem Ausschluss von Wettbewerb, so dürfte ein Missbrauch nahe liegen.*“[645]

Eine derartige Vorverlagerung des tatbestandlichen Anknüpfungspunkts würde im Ergebnis jedoch zu erheblichen Rechtsunsicherheiten führen und vermag bereits schon deshalb nicht zu überzeugen. Würde es auf die subjektive Intention des Anmelders ankommen, müsste etwa eine zunächst angestrebte Verwendung des Schutzrechts im Rahmen eigener FuE-Tätigkeiten bei der Anmeldung und die spätere Verwendung als ungenutztes Sperrpatent legitim

---

643 Zwar wird nicht ausdrücklich auf die subjektive Komponente abgestellt, dies geht jedoch aus einigen Passagen hervor, vgl. etwa Abschlussbericht, S. 12 und 18; vgl. dazu insbesondere *Zech*, ZWeR 2011, 312, 328–329.

644 So auch *Zech*, ZWeR 2011, 312, 328.

645 *Berg/Köbele*, PharmR 2009, 581, 590.

sein, da zum Zeitpunkt der Anmeldung keine wettbewerbswidrige Sperrabsicht bestand.[646] Ein solcher Nachweis wird in der Praxis schon alleine deswegen kaum zu erbringen sein, weil die gewerbliche Anwendung des Patents ohnehin häufig nicht prognostizierbar ist und meist erst nach der Anmeldung die Entscheidung über die weitere Verwendung erfolgt. Das Abstellen auf die generelle Intention des Anmelders zum Zeitpunkt der Anmeldung selbst ist zudem ebenfalls mit derart vielen Unsicherheiten behaftet, dass die gesicherte Kenntnis über eine solche Sperrabsicht in den allermeisten Fällen kaum zu erbringen ist. Die Berücksichtigung eines subjektiven Elements zum Zeitpunkt der konkreten Anmeldung, so wie es von der Kommission gefordert wird, würde somit weder zu einer Effektivitätssteigerung der Missbrauchsaufsicht führen noch würde sich die Rechtssicherheit im Allgemeinen stärken. Hieran ändert auch der Versuch nichts, auf die objektiven Begleitumstände des konkreten Einzelfalls abzustellen.

(ii) Patenanmeldung als rationale Unternehmensentscheidung

Um die Schwierigkeit der Nachweiserbringung zusätzlich zu verdeutlichen, muss man sich die rationalen Bewertungsgrundlagen unternehmerischen Patentierungsverhaltens erneut vergegenwärtigen. In aller Regel wird der Anmelder aus wettbewerblicher Sicht nachvollziehbare patentrechtliche Interessen in Form der Absicherung getätigter Investitionen an dem angemeldeten Schutzrecht geltend machen und selbst eine existierende wettbewerbswidrige Gesinnung hinter diesen legitimen Interessen erfolgreich verbergen können.[647] Zudem wäre eine Grenze zwischen legitimer wirtschaftlicher Interessenverfolgung und illegitimer Wettbewerbsbehinderung derart fließend, dass eine trennscharfe Abgrenzung nahezu unmöglich erscheint, weil dem Patent die natürliche und nahezu vollumfängliche Sperrwirkung auch ohne weiteres Zutun des Inhabers zukommt. Dem Grunde nach muss bereits die Aufwendung finanzieller- und zeitlicher Ressourcen im Rahmen von FuE-Aktivitäten ausreichen, um ein legitimes wettbewerbliches Absicherungsinteresse des Erfinders an der Anmeldung zu unterstellen, die aufgrund der erfolgten Förderung des technischen Fortschritts grundsätzlich auch eine mögliche Sperrabsicht umfassen darf.[648] Aus wettbewerblicher

---

646 *Zech*, ZWeR 2011, 312, 328; *Berg/Köbele*, PharmR 2009, 581, 591.

647 Ebenso *Haedicke*, in: Haedicke/Timmann (Hrsg.), Handbuch des Patentrechts, 2012, § 1, Rn. 160 ff.

648 Mittlerweile sind rund 80–90% der beim DPMA eingereichten Erfindungen Arbeitnehmererfindungen, *Bartenbach/Volz*, ArbEG, 6. Auflage 2019, Einl., Rn. 2; diese werden in forschenden Unternehmen mehr oder weniger automatisch angemeldet, vgl. dazu auch *Kraßer/Ann*, Patentrecht, 7. Auflage 2016, § 21, Rn. 1 ff.

Perspektive entspricht es zudem grundlegender unternehmerischer Vernunft jegliche Verbesserungen, Abwandlungen oder Ergänzungen eines Technologiefeldes anzumelden, auch wenn diese nur inkrementeller Natur sind und zukünftig nicht zwingend verwendet werden.[649]

In besonders dynamischen Innovationsbranchen stellt ein solches Patentierungsverhalten letztlich auch eine zwingend notwendige Investition in die Zukunft dar, da sich zum einen die technologische Ausrichtung auf dynamischen Märkten schnell ändern kann und sich zum anderen das eigene wettbewerbliche Fortkommen ab einem bestimmten Zeitpunkt häufig nur durch gegenseitige Kreuzlizenzierungen bewerkstelligen lässt.[650] Die Fähigkeit, derartige Vereinbarungen zu treffen, wird umso effektiver ausfallen, desto attraktiver und umfangreicher das eigene Patent-Portfolio ausgestattet ist. Folglich kann eine heute ungenutzte inkrementelle Weiterentwicklung in wenigen Jahren aus wettbewerblichen Gesichtspunkten große Bedeutung erlangen und aus einem Sperrpatent ein lizenziertes Patent werden lassen. Allein die umfassende Sorgfalt eines gewissenhaften unternehmenseigenen IP-Managements muss schon dazu führen, dass umfassende Patentanmeldungen auf Grundlage der unternehmenseigenen FuE-Aktivitäten vorgenommen werden.[651] Für besonders innovationsstarke Unternehmen ist eine flächendeckende Anmeldung jeglicher FuE-Fortschritte auch wirtschaftlich zwingend notwendig, denn nur durch eine weitreichende Abdeckung eines Technologiefeldes kann ein wirkungsvoller

---

649 Dazu bereits *Häußer*, Mitteilungen 1996, 97, 100 ff.; dies wohl auch anerkennend *Ullrich/Heinemann*, in: Immenga/Mestmäcker (Hrsg.), Wettbewerbsrecht, 5. Auflage 2012, Abschnitt VII Immaterialgüterrechte Teil B, Rn. 53, Fn. 389.

650 *Häußer*, Mitteilungen 1996, 97, 98: „*Die Innovationskraft einzelner Unternehmen und ganzer Volkswirtschaften ist in engem Zusammenhang mit den jeweils verfügbaren technischen Schutzrechten zu sehen.*" Vgl. dazu auch die Ausführungen des ehemaligen Präsidenten des DPMA, *Schade*, in: Oberender (Hrsg.), Wettbewerb und geistiges Eigentum, 2007, S. 69, 71 ff.

651 *Schade*, in: Oberender (Hrsg.), Wettbewerb und geistiges Eigentum, 2007, S. 69, 71 fasst diesen Umstand treffend zusammen: „*Geistiges Eigentum spielt für Unternehmen in zweierlei Hinsicht eine wichtige Rolle. Zum einen ist bei der Entwicklung neuer Produkte ein großes Portfolio erforderlich, da heute noch nicht abzusehen ist, was tatsächlich z. B. in fünf Jahren, wenn ein Produkt entwickelt und serienreif werden soll, gebraucht wird. Zum anderen spielt geistiges Eigentum bei der Zweit- und Drittnutzung eine immer wichtigere Rolle. So hat* [...] *allein aus Lizenzgebühren einen Betrag in Höhe von 1,2 Mrd. EUR erwirtschaftet. Im Jahre 2000 wurden weltweit etwa 100 Mrd. US-Dollar an Lizenzgebühren eingenommen – das Zehnfache von 1990* [...]."

Zustand des *Freedom-to-Operate* gewährleistet werden, welcher für das unternehmerische Fortkommen unerlässlich ist.[652]

Diese Erwägungen sollten auch das teilweise angeführte Argument entkräften, dass sich Sperrpatente durch Anmeldungen in Technologiebereichen kennzeichnen würden, in denen Unternehmen wirtschaftlich gar nicht aktiv sind. Dieses, auf den ersten Blick logisch anmutende Argument, wird in der Realität zum einen selten so deutlich vorkommen und ist zum anderen ebenfalls ein legitimes Mittel des Leistungswettbewerbs. Es erscheint unwahrscheinlich, dass ein forschendes Unternehmen erhebliche FuE-Investitionen in Technologiebereichen tätigt, denen keinerlei wirtschaftliche Bedeutung zugemessen wird, nur um Sperrpatente mit korrespondierender Behinderungsabsicht zu generieren. Realistischer ist es in einem solchen Zusammenhang vielmehr, dass Erfindungen im peripheren Bereich der wesentlichen Forschungsfelder entwickelt werden und es aufgrund der beschriebenen unternehmerischen Rationalität alleine schon deshalb zur Anmeldung kommt, weil deren Nutzen noch überhaupt nicht abgeschätzt werden kann. Letztlich wäre auch die Feststellung, dass Sperrpatente bewusst in eigens ungenutzten Technologiefeldern angemeldet werden insofern unschädlich, als dass keine durchschlagenden wettbewerbsrechtlichen Gründe ersichtlich sind, nach denen solche FuE-Ergebnisse nicht zur Anmeldung gebracht werden dürften.

Betrachtet man diese Gründe in ihrer Gesamtschau, wird deutlich, dass auch aus objektiver Sicht nur schwerlich Anhaltspunkte gegeben sein werden, die eine wettbewerbswidrige Absicht zweifelsfrei belegen. Derartige Rechtsunsicherheiten können jedoch unterbunden werden, wenn sich die Sperrpatentthematik weniger auf den Zeitpunkt der Anmeldung konzentriert, sondern vielmehr auf die nachfolgende Geltendmachung abstellt.

ii. Faktischer Ausführungszwang durch Anwendung der Missbrauchsaufsicht

Die Anmeldung potentieller Sperrpatente unter die Missbrauchsaufsicht zu stellen, kann auch nicht dadurch gerechtfertigt werden, dass einem marktbeherrschenden Unternehmen eine gesteigerte Verantwortung für den Restwettbewerb zukommt und vorgenommene Patentanmeldungen bereits deshalb per se anders bewertet werden müssten. Vielmehr darf es keinen Unterschied machen, ob ein solches Patentierungsverhalten durch ein marktbeherrschendes Unternehmen

---

652 So auch *Haedicke*, in: Haedicke/Timmann (Hrsg.), Handbuch des Patentrechts, 2012, § 1, Rn. 164.

geschieht oder nicht, da die hiermit implizit verbundene Wettbewerbsfreiheit jedem Anmelder gleichermaßen zusteht.[653] Auch einem marktbeherrschenden Unternehmen muss es unbenommen sein, autonom darüber entscheiden zu können, ob und wie viele Schutzrechte es anmeldet, inwieweit diese Schutzrechte eigenen gewerblichen Zwecken dienen sollen, Dritten im Wege der Lizenzierung zugänglich gemacht werden oder zunächst gänzlich ungenutzt bleiben.[654]

Bedenklich ist in diesem Zusammenhang nämlich nicht der Umstand, dass ein marktbeherrschendes Unternehmen für eine Patentanmeldung grundsätzlich anders behandelt werden würde als nicht beherrschende Unternehmen, da eine Ungleichbehandlung im Rahmen der Missbrauchsaufsicht grundsätzlich zulässig ist.[655] Die Bewertung einer Patentanmeldung durch ein marktbeherrschendes Unternehmen aufgrund der mangelnden Verwendungsabsicht als missbräuchliche Sperrpatentanmeldung würde vielmehr nichts anderes als die Wiedereinführung eines patentrechtlichen Ausführungszwangs durch die Hintertür des Kartellrechts bedeuten.[656] Einer solchen Entwicklung wäre entschieden entgegen zu treten, da das geltende Patentrecht diesbezüglich eine eindeutige und abschließende Regelung enthält, welche durch die Anwendung der Missbrauchsaufsicht insofern nicht umgangen werden darf.[657]

---

653 Dem steht auch nicht die Wertung des EuG, 01. Juli 2010, Rs. T-321/05, ECLI:EU:T:2010:266, Slg. 2010, II-2805, Rn. 344 ff. – *AstraZeneca/Kommission* entgegen, nach der ein beherrschendes Unternehmen im Rahmen der Anmeldung durchaus „ungleich" behandelt werden könne. Diese Ungleichbehandlung bezieht sich jedoch vor allem auf gewisse Transparenzpflichten und nicht um die „Erlaubnis" Schutzrechte überhaupt anzumelden.

654 Empirische Nachweise bezüglich des Anteils von Sperrpatenten an einem Patent-Portfolio finden sich bei *Cohen/Nelson/Walsh*, National Bureau of Economic Research, Working Paper 7552, Februar 2000 sowie *Chu*, Journal of Economic Growth 2009, 55.

655 St. Rspr. seit EuGH, Urteil vom 09. November 1983, Rs. 322/81, ECLI:EU:C:1983:313, Slg. 1983, 3461, Rn. 57 – *Michelin*.

656 So auch *Haedicke*, in: Haedicke/Timmann (Hrsg.), Handbuch des Patentrechts, 2012, § 1, Rn. 165.

657 Eine umfassende Untersuchung dahingehend, ob die Wiedereinführung eines Ausführungszwangs im Patentrecht *de lege ferenda* sinnvoll erscheint, findet sich unter Kapitel 2, § 3, B.

iii. Grundsatz des Marktstrukturmissbrauchs nach *Lamping* und *Haedicke*

Lamping führt im Zusammenhang mit der wettbewerbsrechtlichen Beurteilung des originären Erwerbs gewerblicher Schutzrechte an, dass ein Marktmachtmissbrauch durch eine Anmeldung dann vorläge, wenn die Wettbewerbsfähigkeit der Konkurrenten gefährdet werden würde und die Ansammlung von Schutzrechten jeglichen (Rest-)Wettbewerb um Substitutionen sowie Innovationen ausschalte – mithin sich der originäre Patenterwerb als Marktstrukturmissbrauch darstelle.[658] Hierbei bezieht sich der Autor unter anderem konkret auf die Anmeldung von Sperrpatenten und teilt die hier ebenfalls vertretene Ansicht, dass dem Verfahren gegen *Boehringer Ingelheim* implizit die Wertung zu entnehmen ist, die Einreichung der Patentanmeldung könne bereits missbräuchlich sein.[659] Einen ganz ähnlichen Ansatz verfolgt in diesem Zusammenhang auch *Haedicke*. Dieser führt an, dass Strategien zur flächendeckenden Anmeldung von Sperrpatenten dann missbräuchlich sein können, wenn diese auf eine *„vollständige Abschottung des Marktes"* ausgerichtet sind und letztlich einen ganzen Markt monopolisieren wollen, ohne korrespondierende Verwendung der Technologie(n).[660] Für die Bejahung des Missbrauchs reicht es nicht schon aus, dass nur bestimmte Technologien für die Konkurrenz gesperrt werden. Nur die vollumfängliche Monopolisierung kann nach Ansicht *Haedickes* den Vorwurf des Marktmachtmissbrauchs auslösen, wobei auch das Absicherungsinteresse des Anmelders und die Gründe für die fehlende Benutzung in die Bewertung mit einbezogen werden müssen.[661]

Sowohl die Sichtweise *Lampings* als auch die Ansicht *Haedickes* sind abzulehnen. Trotz des zu beachtenden Grundsatzes, dass beherrschende Unternehmen eine besondere Verantwortung dafür tragen, den Restwettbewerb zu erhalten,[662] kann dieses Gebot nicht so weit reichen, für die Konkurrenzfähigkeit des Restwettbewerbs zu sorgen und diesen im Zweifel dadurch zu wahren, dass Schutzrechte entweder nicht angemeldet oder aber zumindest ausreichend

658 *Lamping*, Patentschutz und Marktmacht, 2010, S. 228.

659 *Ders.*, S. 229.

660 *Haedicke*, in: Haedicke/Timmann (Hrsg.), Handbuch des Patentrechts, 2012, § 1, Rn. 166.

661 *Ders.*, Rn. 167.

662 Vgl. nur *Brand*, in: Jaeger/Kokott/Pohlmann/Schroeder (Hrsg.), FK, Lfg. 86 2016, Art. 102 AEUV, Rn. 141, m.w.N. zur Rechtsprechung.

selbst verwendet bzw. lizenziert werden.[663] Die Missbrauchsaufsicht kann und darf den Restwettbewerb nur insoweit schützen, als auf diesen mit Mitteln eingewirkt wird, die außerhalb des legitimen Leistungswettbewerbs liegen.[664] Die Erweiterung einer bereits bestehenden marktstarken Stellung durch rechtmäßige Patentanmeldungen und der damit einhergehenden Einschränkung der Wettbewerbsfähigkeit der Konkurrenten kann einen solchen Missbrauch aber nicht konstituieren und ist so lange hinzunehmen, solange sich nicht die nachfolgende Ausübung des Schutzrechts als missbräuchlich darstellt. Insofern handelt es sich um die Bestimmung des Missbrauchsbegriffs nach zwingend objektiven Kriterien,[665] welcher eine Patentanmeldung nicht durch die subjektive Absicht, Konkurrenten zu blockieren, zu einem Sperrpatent macht, sondern erst durch die fehlende Verwendung unter gleichzeitiger Lizenzverweigerung zu einem solchen werden lässt.[666] An diesen Gedanken knüpft auch *Haedicke* an und wirft die zusätzliche Frage auf, ob der potentielle Missbrauch bereits an die Marktmonopolisierung ohne eigene Verwendung anknüpfen soll, oder vielmehr nur in einer anschließend fehlenden Lizenzbereitschaft begründet wäre.[667] Im Ergebnis verneint *Haedicke* jedoch den bloßen Rückgriff auf kartellrechtliche Zwangslizenzen und sieht in der Monopolisierung eines Marktes ohne Verwendung der Technologie ein hinreichend missbräuchliches Verhalten.[668] Dieser Ansicht kann nach der hier vertretenen Auffassung jedoch nicht gefolgt werden.

---

663 Auch ohne eine dahingehend explizite Aussage zu treffen kann sowohl der Wertung *Lampings* als auch der *Haedickes* keine andere Konsequenz entnommen werden.

664 EuGH, Urteil vom 13. Februar 1979, Rs. 85/76, ECLI:EU:C:1979:36, Slg. 1979, 461, Rn. 91 – *Hoffmann-La Roche*; nunmehr st. Rspr. vgl. nur EuGH, Urteil vom 15. März 2007, Rs. C-95/04 P, ECLI:EU:C:2007:166, Slg. 2007, I-2331, Rn. 66 – *British Airways/Kommission*; EuGH, Urteil vom 09. September 2009, Rs. T-301/04, ECLI:EU:T:2009:317, Slg. 2009, II-3155, Rn. 140 – *Clearstream*.

665 EuGH, Urteil vom 13. Februar 1979, Rs. 85/76, ECLI:EU:C:1979:36, Slg. 1979, 461, Rn. 91 – *Hoffmann-La Roche*.

666 Für die Anerkennung eines subjektiven Elements im Rahmen der Anmeldung wohl *Schnelle*, GRUR-Prax. 2010, 169, 170; grundsätzlich gegen die Möglichkeit der Verwirklichung des Marktmissbrauchs mittels der Anmeldung von Patenten auch *Besen/Gärtner/Mayer/Vormann*, PharmR 2009, 432, 433.

667 *Ders.*, Rn. 167.

668 *Ders.*, Rn. 167; a.A. richtigerweise *Straus*, GRUR Int. 2009, 93, 104.

iv. Abkehr von der Dogmatik des Marktmachtmissbrauchs durch den originären Sperrpatenterwerb

Es erscheint verständlich, dass bereits der originäre Erwerb von Sperrpatenten aus wettbewerbsrechtlicher Sicht von Teilen der Literatur und wohl auch der Kommission unter bestimmten Umständen als missbräuchlich angesehen wird. Der Einsatz des Ausschließlichkeitsrechts als bewusste Blockade am Markt kann objektiv betrachtet keine zwei Meinungen zulassen.

Der insoweit elaborierteste Lösungsansatz findet sich bei *Heinemann* und ebenfalls die Frage aufwirft, inwieweit die Anmeldung eines Sperrpatents einen Missbrauch im Lichte des Art. 102 AEUV begründen könnte.[669] Nachdem der Autor auf die wesentlichen Entwicklungslinien der Thematik eingeht, schlägt er ein Prüfungsschema für die Feststellung eines missbräuchlichen Sperrens im Sinne des Art. 102 AEUV mittels der Anmeldung eines Sperrpatents durch ein marktbeherrschendes Unternehmen vor.[670] Danach müsse von einem Missbrauch ausgegangen werden, wenn bei einer umfassenden Analyse des Einzelfalls das Patent nicht genutzt werde, das Patent Substitutionswettbewerb ausschließe, der Patentinhaber das Patent tatsächlich einsetze bzw. mit der Geltendmachung drohe und das Patent nicht die eigene Handlungsfreiheit verteidige. Weitere Indizien können eine Blockierungsabsicht sowie eine niedrige Patentqualität darstellen. Als Rechtsfolge sieht der Vorschlag von *Heinemann* vor, dass der Patentinhaber dem Verwender eine unentgeltliche Lizenz erteilen müsse.[671]

Trotz dieses durchaus interessanten Ansatzes, der entgegen anderer Kommentatoren mit konkreten Prüfungsparametern aufwartet, ist nach der hier vertretenen Auffassung in der Anmeldung eigens entwickelter Erfindungen in keiner ersichtlichen Sachverhaltskonstellation ein Missbrauch zu sehen.[672] Dies gilt auch dann nicht, wenn der Anmelder bereits auf dem relevanten Produkt oder Technologie- bzw. Lizenzmarkt beherrschend ist. Jede Anmeldung fußt auf

---

669 *Heinemann*, Sperrpatente und das Kartellrecht, GRUR Bayern Vortrag vom 07. Dezember 2017, abrufbar unter: http://www.grur.org/uploads/tx_meeting/2017-12-07-GRUR-Vortrag-Heinemann-PPP.pdf.

670 *Ders.*, S. 23.

671 Zur Begründung führt der Autor an, dass im Gegensatz zu „normalen" kartellrechtlichen Zwangslizenzen bereits der Erwerb des Ausschließlichkeitsrechts als solcher gegen das Kartellrecht verstoße und der Patentinhaber insofern nicht schutzwürdig sei, vgl. *Ders.*, S. 24.

672 Im Ergebnis kommt auch *Heinemann* zu dem Ergebnis, dass die Anforderungen an einen Missbrauch hoch seien, so das einschlägige Fälle die absolute Ausnahme darstellen, vgl. *Ders.*, S. 24.

einer Erfindung, die die tatbestandlichen Vorrausetzungen der Patentfähigkeit erfüllt und auf Grundlage einer behördlichen Prüfung systemkonform erteilt wurde. Der Erfindung selbst liegt in aller Regel ein nicht unerheblicher finanzieller und zeitlicher Ressourceneinsatz zugrunde, der sich in aufwendigen FuE-Aktivitäten widerspiegelt. Der Lohn dieser FuE-Aktivitäten ist im Optimalfall für den Unternehmer das spätere Patent und für die Allgemeinheit die Förderung des technischen Fortschritts. Dem Inhaber steht es frei das erteilte Patent 20 Jahre lang nicht zu benutzen, da es aus guten Gründen keinen patentrechtlichen Ausführungszwang mehr gibt. Diese wesentlichen Wertungen des Patentrechts werden durch das Kartellrecht jedoch konterkariert, wenn bereits die Anmeldung als missbräuchlich gewertet und mit einem Unwerturteil verbunden wird.

Vermag ein Unternehmen durch eine besonders effiziente FuE-Arbeit einen gesamten Technologiebereich zu monopolisieren, ist dies zunächst der Lohn des Leistungswettbewerbs und entspricht in einem solchen Fall auch der Belohnungsreichweite des Patents.[673] Die zweifelsohne wettbewerbsschädigenden Auswirkungen ungenutzter Sperrpatente müssen demnach auf Ebene der Patentausübung nach Maßgabe der allgemeinen wettbewerbsrechtlichen Voraussetzungen behandelt werden und nicht auf der originären Erwerbsebene.[674] Ist ein Sperrpatent nämlich für den Schutz des Restwettbewerbs eminent wichtig, kommt neben der patentrechtlichen Zwangslizenz auch eine kartellrechtliche Zwangslizenzierung in Betracht, die anderen Anforderungen genügen muss als § 24 PatG. Beschränkt ein Sperrpatent oder beschränken mehrere Sperrpatente zwar den Wettbewerb, geht/gehen dabei aber nicht über die dem/den Patent/en bereits innewohnende Sperrwirkung hinaus, besteht auch keine Notwendigkeit die bloße Anmeldung für missbräuchlich zu erklären. Um es mit den Worten *Heinemanns* zu verdeutlichen, sind: „*Dissonanzen* [zwischen gewerblichen Schutzrechten und dem Kartellrecht] *im konkreten Fall* [...] *möglich und nicht ungewöhnlich.*“[675] In diesem konkreten Fall sind diese zudem unter Umständen lösbar, nur eben auf der Ebene der Lizenzverweigerung und nicht auf der vorgelagerten Ebene des originären Rechtserwerbs.[676]

---

673 Siehe zur Belohnungsreichweite eines Patents etwa *Heinemann*, ZWeR 2005, 198, 203; *Ders.*, GRUR 2006, 705, 713; *Zech*, ZWeR 2011, 312, 326 ff.; *Haedicke*, in: Haedicke/Timmann (Hrsg.), Handbuch des Patentrechts, 2012, § 1, Rn. 157 und 166.

674 So auch *Straus*, GRUR Int. 2009, 93, 104, der die Erteilung von Zwangslizenzen für ausreichend erachtet.

675 *Heinemann*, Immaterialgüterschutz, 2002, S. 27.

676 A.A. *Ohly*, in: Oberender (Hrsg.), Wettbewerb und geistiges Eigentum, 2008, S. 47, 64 ff. mit einem für seine Argumentation recht inkonsistenten Verweis auf

2. Wettbewerbsrechtliche Beurteilung von Sperrpatentankäufen

Im Gegensatz zum originären Patenterwerb könnte sich ein bezweckter Behinderungs- oder aber Marktstrukturmissbrauch auf Grundlage von Sperrpatenten durch deren derivativen Erwerb rein faktisch in einigen Konstellationen deutlicher ermitteln lassen. Zu denken wäre vor allem an die gezielte Umzäunung fremder Technologien sowie dem Versuch jegliche Substitutionstechnologien zu erwerben, um letztlich ohne eigenen Verwendungszweck ganze Technologiefelder zu monopolisieren.[677] Hierbei ist auch der wesentliche Unterschied unter erwerbstechnischen Gesichtspunkten zu berücksichtigen, dass sich der originäre Patenterwerb als unmittelbarer Lohn der eigenen FuE-Aktivitäten darstellt, die Möglichkeit des derivativen Erwerbs hingegen vielmehr auf dem Bestehen finanzieller Ressourcen oder sogar einer wettbewerblichen Machtstellung in anderen Bereichen gründet.[678] Das Argument der Absicherung eigener FuE-Investitionen verfängt in einem solchen Fall nicht in demselben Umfang, kann sich aber zumindest dann auf die Absicherung eines wirtschaftlich wichtigen Technologiefeldes beziehen, wenn Zukäufe ein Technologiefeld ergänzen, in dem FuE betrieben wird. Auf den ersten Blick liegt es auf der Hand, die Vorgaben der *Tetra-Pak*-Entscheidung auf den derivativen Erwerb von Sperrpatenten anzuwenden und von einem Marktmachtmissbrauch etwa dann auszugehen,

---

die Gewährung von Sperrmarken; differenzierter zumindest *Ullrich/Heinemann*, in: Immenga/Mestmäcker (Hrsg.), Wettbewerbsrecht, 5. Auflage 2012, Abschnitt VII Immaterialgüterrechte Teil B, Rn. 53.

677 Derartige Beispiele führt *Kaufer*, Patente, Wettbewerb und technischer Fortschritt, 1970, S. 196 ff. an; auch *Kraft*, Patent und Wettbewerb, 1970, S. 53 führt an, dass der derivative Patentrechtserwerb im Gegensatz zum originären Erwerb unter ganz bestimmten Voraussetzungen einen Missbrauch darstellen könnte; vgl. letztlich auch *Haedicke*, in: Haedicke/Timmann (Hrsg.), Handbuch des Patentrechts, 2012, § 1, Rn. 166.

678 Für eine grundsätzlich ungleiche Behandlung zwischen einem originären und derivativen Patentrechtserwerber auch *Straus*, GRUR Int. 2009, 93, 103. Vgl. auch die Aussage des Generalanwalts *Kirschner* im Verfahren gegen *Tetra Pak*: *„Indessen meine ich, dass man diese Grundsätze, die der Gerichtshof für den originären Erwerb gewerblicher Schutzrechte entwickelt hat, auf den abgeleiteten Erwerb einer ausschließlichen Lizenz nicht ohne weiteres übertragen kann. Beim originären Erwerb eines Patents oder Geschmacksmusters schützt das Unternehmen seine eigene Entwicklungsleistung vor der Nachahmung durch Dritte. Das darf auch der Marktbeherrscher, selbst wenn er dadurch, wie im Fall Maxicar, Unternehmen vom Markt verdrängt, deren Geschäftstätigkeit bis dahin in der Imitation solcher Produkte bestand.“*, abgedruckt bei *Straus*, GRUR Int. 2009, 93, 103.

wenn sich der Erwerb als negative Beeinflussung der Marktstruktur darstellt und mit der Schaffung von Marktzutrittsschranken einhergeht. Dabei würde aber die Besonderheit des *Tetra-Pak*-Verfahrens übersehen werden, dass gerade die Ausschließlichkeit der Lizenz erst zu der Marktabschottung führte und nicht die reine Lizenzvergabe an ein marktbeherrschendes Unternehmen. Eine einfache Lizenzerteilung an *Tetra Pak* mit der Möglichkeit für Dritte vom Patentinhaber ebenfalls eine Lizenz erteilt zu bekommen, hätte wohl zu einer anderen Bewertung durch die Rechtsprechung geführt.[679]

Die Entscheidung macht vielmehr nur deutlich, dass eine wettbewerbsrechtliche Ungleichbehandlung eines Lizenznehmers und eines Patentinhabers keine Bedenken hervorruft. Zwar könnte man eine solche Ungleichbehandlung auch hinsichtlich eines Patentinhabers annehmen, da sich der bloß derivative Vollrechtserwerber ebenfalls lediglich die fremde Entwicklungsleistung zunutze macht und von dieser Warte aus weniger „geleistet" hat als der eigentliche Erfinder. Dennoch wird der Erwerber des Vollrechts rechtlich gesehen mit dem originären Erfinder und Anmelder vollumfänglich gleichgestellt, da es nur auf die Inhaberschaft selbst ankommt.[680] Dem neuen Inhaber stehen nunmehr die gleichen Rechte aus § 9 ff. PatG an der Erfindung zu wie dem vormaligen Anmelder. Trotz der Tatsache, dass das Missbrauchspotential bei einem derivativen Vollrechtserwerb realistisch gesehen höher ausfällt, da der Zukauf von Technologien einfacher zu bewerkstelligen ist als diese selber zu erfinden, mutet eine vorliegende wettbewerbsrechtliche Ungleichbehandlung einzelner Patentinhaber nicht interessengerecht an.[681] Es ist nämlich nicht ersichtlich, wieso der neue Patentinhaber aus wettbewerbsrechtlicher Sicht für den zugrundeliegenden Erwerbsvorgang anders behandelt werden sollte als ein Patentanmelder und gleichzeitig beide Patentinhaber aus patenrechtlicher Sicht die gleichen Rechten und Pflichten genießen. Sofern somit nicht der Erwerbsvorgang selber bereits außerhalb des legitimen Leistungswettbewerbs liegt, kann sich die Wettbewerbswidrigkeit des Patentankaufs ebenfalls erst durch die spätere Ausübung des selbigen ergeben. Das zweifellos erhöhte Missbrauchspotential durch den Zukauf von Sperrpatenten ist zudem ebenfalls auf der nachgelagerten Ebene

679 So auch *Lamping*, Patentschutz und Marktmacht, 2010, S. 231, der auf die Ausführungen des Generalanwalts *Kirschner* in den Schlussanträgen des Verfahrens verweist.

680 Vgl. dazu bereits *Kraft*, Patent und Wettbewerb in der Bundesrepublik Deutschland, 1972, S. 51.

681 Vgl. bereits *Jabbusch*, Begrenzung der konzentrationsfördernden Wirkungen des Patentschutzes, 1977, S. 40.

der Schutzrechtsausübung zu begegnen, um eine konsistente Gleichbehandlung von Patentrechtserwerbern im Lichte der Missbrauchsaufsicht gewährleisten zu können.

3. Ergebnis

Im Ergebnis werden der originäre und derivative Erwerb und nachfolgend das Halten von ungenutzten Sperrpatenten nicht schon deshalb einen Marktmachtmissbrauch darstellen, weil das Patent Dritte ausschließt und auf Grundlage des Schutzrechts keine weiterführenden FuE-Aktivitäten oder aber eine patentverwendende Produktion stattfinden.[682] Entgegen der wohl überwiegenden Ansicht[683] stellt nach der hier vertretenen Auffassung jeglicher Sperrpatenterwerb zunächst ein legitimes Wettbewerbsverhalten dar. Sofern die Normadressateneigenschaft mangels beherrschender Stellung nicht problematisch ist, wird das Tatbestandsmerkmal des Missbrauchs durch die bloße Anmeldung nicht erfüllt sein. Die Anmeldung der Ergebnisse einer kosten- und zeitintensiven FuE muss nämlich zum einen bereits wegen der Förderung des technischen Fortschritts immer ein legitimes Mittel des Leistungswettbewerbs darstellen und es muss zum anderen jedem Erfinder grundsätzlich unbenommen sein, die Ergebnisse seiner FuE zur Anmeldung zu bringen, ganz gleich wie beherrschend die Marktstellung ist. Die besondere Verantwortung des beherrschenden Unternehmens darf nicht so weit reichen, dass der Lohn eigener FuE zur Disposition gestellt wird, damit der Restwettbewerb erhalten werden kann. Im Übrigen würde die Bewertung einer Patentanmeldung durch ein marktstarkes Unternehmen einen mittelbaren Ausführungszwang nach sich ziehen, der aus gutem Grund abzulehnen ist.

Auch der derivative Erwerb (bzw. die Einräumung einer ausschließlichen Lizenz) kann für dieses Ergebnis keinen Unterschied machen, da die patentrechtlich normierte Gleichstellung des Inhabers nicht durch eine kartellrechtliche Ungleichbehandlung ausgehebelt werden darf. Selbst bei einer restlosen

682 So auch *Straus*, GRUR Int. 2009, 93, 104; *Haedicke*, in: Haedicke/Timmann (Hrsg.), Handbuch des Patentrechts, 2012, § 1, Rn. 166 und im Ergebnis so auch *Ohly*, in: Oberender (Hrsg.), Wettbewerb und geistiges Eigentum, 2008, S. 47, 61 ff.

683 Siehe insofern auch *Heinemann*, Sperrpatente und das Kartellrecht, GRUR Bayern Vortrag vom 07. Dezember 2017, der sich grundsätzlich für die Möglichkeit ausspricht, dass bereits die Schutzrechtserlangung mit Blockadeabsicht – zugegebenermaßen nur in Ausnahmefällen – einen Missbrauch im Lichte des Art. 102 AEUV begründen könne.

Monopolisierung unter gleichzeitiger Nichtbenutzung der Technologie(n) muss der reine Patenterwerb frei von der Missbrauchsaufsicht bleiben. Der konkreten Behinderung der Marktgegenseite bzw. einer negativen Auswirkung auf die Marktstruktur muss auf der Ausübungsebene begegnet werden, wie etwa dem Behinderungsmissbrauch durch die generelle Lizenzverweigerung oder aber dem Ausbeutungsmissbrauch aufgrund des Verlangens überhöhter Lizenzgebühren.

III. Übertragung auf die Schaffung von Patentdickichten

Entgegen der qualitativen Blockade durch den gezielten Einsatz von Sperrpatenten können mittels massenhafter Patentanmeldungen (bzw. Patentakquise) und der damit bezweckten Schaffung von Patentdickichten quantitative Blockadesituationen entstehen. Eine solche unternehmerische Vorgehensweise ermöglicht es im Extremfall ganze Technologiefelder zu monopolisieren, was sich sowohl negativ auf die Wettbewerbsstruktur im Allgemeinen auswirken kann als auch eine konkrete Behinderung von Konkurrenten auf dem relevanten Technologiemarkt möglich macht. Am Beispiel von Patentdickichten wird zudem deutlich, dass eine klare Abgrenzung zwischen Marktstruktur- und Behinderungsmissbrauch durch den strategischen Einsatz von Patenten im Lichte der Missbrauchsaufsicht nicht immer möglich ist, da es sich um hybride Handlungsformen handelt, denen grundsätzlich nur durch eine flexible Anwendung der Missbrauchsaufsicht begegnet werden kann.[684] Trotz einer gewissen Sensibilisierung hinsichtlich der Thematik durch die Kommission in deren Sektorenuntersuchung der Pharmaindustrie und der eigens formulierten Zielvorgabe der Schaffung von Patentdickichten in Zukunft verstärkt entgegenzutreten,[685] hält sich die aktuelle wettbewerbsrechtliche Auseinandersetzung mit der Thematik sehr zurück.[686] Dies liegt schlicht und ergreifend daran, dass Patentdickichte aus wettbewerbsrechtlicher Sicht nicht angreifbar sind.[687]

684 *Ullrich/Heinemann*, in: Immenga/Mestmäcker (Hrsg.), Wettbewerbsrecht, 5. Auflage 2012, Abschnitt VII Immaterialgüterrechte Teil B, Rn. 52.

685 Abschlussbericht, S. 30–31.

686 Die heute als *Thickening* beschriebene Patentstrategie war früher unter dem Begriff der missbräuchlichen Patenthäufung thematischer Bestandteil mehrerer Monographien, vgl. *Kraft*, Patent und Wettbewerb, 1970, S. 46 ff.; *Jabbusch*, Begrenzung der konzentrationsfördernden Wirkungen des Patentschutzes, 1977, S. 35 ff.; *Kaufer*, Patente, Wettbewerb und technischer Fortschritt, 1970, S. 196 ff.; *Bollert*, Patente, Konzentration und Konzentrationspolitik, 1968, S. 80 ff.

687 So auch *Haedicke*, in: Haedicke/Timmann (Hrsg.), Handbuch des Patentrechts, 2012, § 1, Rn. 169.

1. Wettbewerbsrechtliche Beurteilung einer internen Patenthäufung

Die bloß interne Patenthäufung durch massenhafte Schutzrechtsanmeldungen kann schon deswegen keinen Missbrauch einer beherrschenden Stellung darstellen, weil die jeweiligen Schutzrechte aufgrund ihrer objektiven Patentfähigkeit systemkonform sind sowie durch den Patentinhaber für weiterführende FuE bzw. der Produktion verwendet werden und somit der Förderung des technischen Fortschritts weiterhin aktiv dienen.[688] Es erscheint mit anderen Worten widersinnig, die patentrechtlich nicht zu beanstandende originäre Gewährung eines Schutzrechts mit anschließender Ausführungsabsicht aus wettbewerbsrechtlicher Sicht für funktionswidrig zu erklären.[689] Auch eine mit der Patenthäufung kumulierende Rechtsmacht im Sinne einer marktbeherrschenden Stellung kann an dieser Bewertung nichts ändern. Insofern besteht kein Unterschied zu einzelnen Grundlagen- oder Pionierpatenten, denen zumindest so lange eine Monopolstellung auf den sich entwickelnden Lizenz- und unter Umständen sogar später erwachsenden Produktmärkten zuteilwird, bis hinreichende Substitutionsmöglichkeiten auf den Markt treten.[690] Letztlich kann bezüglich massenhafter Patentanmeldungen auf die Argumentation im Rahmen der Sperrpatentanmeldung zurückgegriffen werden, welche sich zum großen Teil auf die wirtschaftliche Notwendigkeit von Schutzrechtsanmeldungen im Allgemeinen stützt und auf die interne Patenthäufung vollumfänglich übertragbar ist. Dickichte entstehen zumeist nur dort, wo Unternehmen besonders hohe FuE-Ausgaben tätigen und in einem großen Umfang an der Erschließung neuer Geschäfts- und Tätigkeitsfelder arbeiten.[691] Sofern aus diesen Bemühungen die Gewährung eines Patents als Lohn für die finanziellen und zeitlichen

---

688 Siehe zur Systemkonformität des originären Patentrechtserwerbs im Lichte des Wettbewerbsrechts bereits *Kraft*, Patent und Wettbewerb in der Bundesrepublik Deutschland, 1972, S. 30 und 48 ff.; Grundlegend dazu auch *Kantzenbach*, Die Funktionsfähigkeit des Wettbewerbs, 2. Auflage 1967, S. 15 ff.; zustimmend auch *Jabbusch*, Begrenzung der konzentrationsfördernden Wirkungen des Patentschutzes, 1977, S. 37 ff.

689 A.A. *Bollert*, Patente, Konzentration und Konzentrationspolitik, 1968, S. 80 ff.; *Kaufer*, Patente, Wettbewerb und technischer Fortschritt, 1970, S. 196 ff.

690 *Jabbusch*, Begrenzung der konzentrationsfördernden Wirkungen des Patentschutzes, 1977, S. 40.

691 Dies führte früh zu dem Vorwurf, dass Patente grundsätzlich Großunternehmen gegenüber kleineren Unternehmen bevorzugen, vgl. dazu *Hirsch*, WuW 1970, 99, 105. Dieser Vorwurf wird von *Kraft*, Patent und Wettbewerb in der Bundesrepublik Deutschland, 1972, S. 53 ff. jedoch überzeugend abgelehnt.

Investitionen resultiert, entspricht es der unternehmerischen Vernunft sich diesen Lohn auch anzueignen, damit die exklusive wirtschaftliche Verwertung und vor allem der Zustand einer *Freedom-to-Operate* gewährleistet ist.

Es sind insofern keine Umstände denkbar, nach denen massenhaft angemeldete, systemkonforme und tatsächlich verwendete Schutzrechte wettbewerbsrechtliche Bedenken auslösen könnten, zumal sich der Anmelder auch keine fremde FuE-Leistung durch den reinen Zukauf aneignet. Dabei kann es keinen Unterschied machen, dass der Anmelder bereits auf dem betreffenden Markt beherrschend ist, da ansonsten die ungestörte Ausübung seiner Wettbewerbsfreiheit hinsichtlich der Frage eingeschränkt wird, ob die eigenen FuE-Ergebnisse angemeldet werden oder nicht. Dass der Anmelder und Inhaber eines Patentdickichts sich unter Umständen mit der Verpflichtung zur Gewährung des Technologiezugangs an Dritte mittels kartellrechtlicher Zwangslizenzen konfrontiert sieht, stellt keine Frage eines missbräuchlichen Schutzrechtserwerbs dar, sondern ist unter dem Gesichtspunkt missbräuchlicher Lizenzverweigerung zu diskutieren.

2. Wettbewerbsrechtliche Beurteilung der externen Patenthäufung

Auch die Patenthäufung durch externe Zukäufe kann nicht als funktionswidriger Missbrauch von Marktmacht gewertet werden, da sich insoweit keine Unterschiede zum originären Erwerb ergeben. Die Wertung des § 15 Abs. 1 S. 2 PatG ermöglicht die vollständige und unbeschränkte Übertragung des Schutzrechts auf Dritte und gewährt dem neuen Inhaber sodann die umfassenden Rechte aus der Erfindung. Dem eigentlichen Erfinder wird zumindest ein Lohn für seine geistige Schöpfung dergestalt zu Teil, dass er für die Veräußerung eine Vergütung erhält. Insofern kann sich vorliegend keine andere Bewertung hinsichtlich der externen Patenthäufung ergeben, als sie bezüglich des derivativen Sperrpatenterwerbs vorgenommen wurde, zumal die Anhäufung der Patente zur Förderung des technischen Fortschritts eingesetzt werden. Demnach stellt auch die externe Patenthäufung kein missbräuchliches Verhalten im Sinne des Art. 102 AEUV dar.

3. Ergebnis

Zur Auflösung von patentvermittelten Blockadesituationen bietet die Missbrauchsaufsicht insofern keine Abhilfe, als dass sowohl der originäre als auch der derivative Schutzrechtserwerb von der Anwendung des Art. 102 AEUV frei bleiben müssen. Im Wesentlichen ist der Nachweis einer wettbewerbswidrigen Absicht zum Zeitpunkt der Anmeldung nicht zu erbringen und hätte erhebliche

Rechtsunsicherheiten zur Konsequenz, die auch nicht durch das Abstellen auf rein objektive Kriterien behebbar wären. Es muss jedem forschenden und patentverwendenden Unternehmen unbenommen bleiben entweder die Ergebnisse der eigenen FuE zur Anmeldung zu bringen, oder aber das Portfolio durch bewusste Zukäufe zu erweitern, ganz gleich über welche Marktmacht der Anmelder verfügt. Dadurch werden Blockadesituationen aber nicht frei von einer möglichen Kontrolle am Maßstab der Missbrauchsaufsicht. Die Bewertung verlagert sich nur auf die nachfolgende Ausübung des Patents. Erst durch die konkrete Verweigerung, Dritten die Technologie zugänglich zu machen, manifestiert sich die Sperrsituation endgültig, was im Sinne der Rechtssicherheit zusätzlich gegen eine Vorverlagerung der Anwendung des Wettbewerbsrechts auf den Zeitpunkt des Erwerbs spricht.

IV. Die Lizenzverweigerung als Teil der defensiven Patentstrategie

Die mit der defensiven Patentstrategie angestrebte Blockade Dritter entfaltet ihre volle Wirkung dem Grunde nach erst durch die generelle Weigerung des Patentinhabers, Wettbewerbern den Zugang zu der patentierten Erfindung zu gewähren. Da nach der hier vertretenen Auffassung der bloße patentrechtliche Vollrechtserwerb keinen Anwendungsfall der Missbrauchsaufsicht darstellt, muss im Wesentlichen der Frage nachgegangen werden, ob die geschaffene Sperrposition durch die fehlende Lizenzbereitschaft aus wettbewerbsrechtlicher Sicht Bedenken auslöst.[692] In Betracht kommt dem Grunde nach nur die Möglichkeit, den Patentinhaber zur Erteilung von Zwangslizenzen zu verpflichten, um bestehende Blockadesituationen aufzulösen.[693] Anders als es hinsichtlich des originären bzw. derivativen Vollrechtserwerbs zu beobachten ist, war die Lizenzverweigerung schon des Öfteren Gegenstand der europäischen Entscheidungspraxis.[694]

---

692 Eine solche Untersuchung nimmt auch *Zech*, ZWeR 2011, 312, 329 ff. vor.

693 Ausdrücklich dafür, dass die Verpflichtung zur Zwangslizenz ausreiche, *Straus*, GRUR Int. 2009, 93, 104 ff.; im Zusammenhang mit Sperrpatenten ablehnend *Haedicke*, in: Haedicke/Timmann (Hrsg.), Handbuch des Patentrechts, 2012, § 1, Rn. 167.

694 Insofern handelt es sich um die Verfahren EuGH, Urteil vom 05. Oktober 1988, Rs. 238/87, ECLI:EU:C:1988:477, Slg. 1988, 6211, – *Volvo/Veng*; EuGH, Urteil vom 05. Oktober 1988, Rs. 53/87, ECLI:EU:C:1988:472, Slg. 1988, 6039 – *CICRA u.a./Renault*; EuGH, Urteil vom 06. April 1995, verb. Rs. C-241/91 P u. C-242/91 P, ECLI:EU:C:1995:98, Slg. 1995, I-743 – *Magill*; EuGH, Urteil vom 26. November 1989, Rs. C-7/97, ECLI:EU:C:1998:569, Slg. 1998, I-7791 – *Bronner/Mediaprint*; EuGH, Urteil vom 29. April 2004, Rs. C-418/01, ECLI:EU:C:2004:257, Slg.

1. Leitentscheidungen

Unter wettbewerbsrechtlichen Gesichtspunkten kann die Verweigerung, Dritten eine Lizenz für ein Schutzrecht zu erteilen, dann kartellrechtliche Bedenken auslösen, wenn die Verweigerung lediglich zur Blockade von Konkurrenten eingesetzt wird. Das fehlende Eigeninteresse an der Verwendung sowie einer möglichen Weiterentwicklung der Technologie selbst ist für die Möglichkeit eines korrigierenden Eingriffs durch die Wettbewerbsbehörden nicht von Belang, da im Mittelpunkt der Bewertung die Blockadeabsicht steht. Somit kann auch die Verweigerung eines selbst verwendeten Patents aus einem Patentdickicht zu einer Anwendung der Missbrauchsaufsicht führen.[695]

a. *Volvo* und *Renault*

Beide Verfahren beschäftigten sich mit dem Handel von geschmacksmusterrechtlich geschützten KFZ-Ersatzteilen und mussten sich im Kern mit der Frage auseinandersetzen, ob die Weigerung der Fahrzeughersteller gegen angemessene Gebühren, Lizenzen an Dritte zu erteilen als Missbrauch zu werten sei, da hierdurch letztlich die Produktion und der Vertrieb der Ersatzteile unterbunden wurde.[696] Der Gerichtshof urteilte in diesem Zusammenhang, dass die Befugnis, Dritte an der Herstellung, Einfuhr sowie dem Verkauf geschützter Produkte zu hindern, den wesentlichen Kern des Schutzrechts ausmache. Von daher sei die Weigerung, eine solche Lizenz zu erteilen, auch dann im Lichte des europäischen Wettbewerbsrechts rechtmäßig, wenn der Lizenzsucher ein angemessenes Lizenzentgelt anbiete und für die Produkte keine Substitute vorhanden

---

2004, I-5069 – *IMS-Health*; EuGH, Urteil vom 17. September 2007, Rs. T-201/04, ECLI:EU:T:2007:289, Slg. 2007, II-3601, – *Microsoft*; die Fallgruppe der Lizenzverweigerung ist mittlerweile in vielen Publikationen erschöpfend dargestellt und behandelt worden, vgl. etwa *Heutz*, Das Spannungsverhältnis, 2010, S. 155 ff.; *Höppner*, GRUR Int. 2005, 457 ff.; *Leistner*, ZWeR 2005, 138, 139 ff.

695 Zwar befasst sich keine der nachfolgenden Entscheidungen explizit mit der Verweigerung einer Patentlizenz, die aufgestellten Kriterien der Rechtsprechung können aber ohne Bedenken auf diese übertragen werden, vgl. dazu *Eilmansberger/Bien*, in: Bornkamm/Montag/Säcker (Hrsg.), MüKo-Wettbewerbsrecht Band 1, 3. Auflage 2020, Art. 102, Rn. 475; *Hötte*, Die kartellrechtliche Zwangslizenz im Patentrecht, 2011, S. 59.

696 EuGH, Urteil vom 05. Oktober 1988, Rs. 238/87, ECLI:EU:C:1988:477, Slg. 1988, 6211 – *Volvo/Veng*; EuGH, Urteil vom 05. Oktober 1988, Rs. 53/87, ECLI:EU:C:1988:472, Slg. 1988, 6039 – *CICRA u.a./Renault*.

seien.[697] Die Verweigerung zählt gerade zu dem essentiellen Wesen des Schutzrechts und könne allein aus diesem Grund schon keinen Missbrauch darstellen. Dies sei aus Sicht des Gerichtshofs nur dann denkbar, wenn außergewöhnliche Umstände vorlägen, die die Lizenzverweigerung zu einem Missbrauch im Lichte des Art. 102 AEUV werden lassen.[698] Die beiden Urteile machen somit deutlich, dass ein Schutzrechtsinhaber nicht per se verpflichtet ist, Dritten eine Lizenz an seinem Schutzrecht einzuräumen, auch wenn es sich bei dem Lizenzangebot um eine angemessene Lizenzgebühr handelt.

b. *Magill*

In der *Magill*-Entscheidung führte der Gerichtshof die bereits angedeutete Rechtsprechungslinie fort und konkretisierte seine Haltung zur grundsätzlichen Möglichkeit der Zwangslizenzerteilung für nationale gewerbliche Schutzrechte auf Grundlage europäischen Kartellrechts.[699] Trotz der teilweise geäußerten Vorbehalte, dass aufgrund des außergewöhnlichen Sachverhalts eine Verallgemeinerungsfähigkeit für andere gewerbliche Schutzrechte nicht möglich sei, wird das Verfahren hinsichtlich der Zwangslizenzthematik dennoch als wegweisend für die wettbewerbsrechtliche Diskussion angesehen.[700] Der Gerichtshof stellte erstmalig konkrete Voraussetzungen auf, anhand derer geprüft werden müsse, ob die Schutzrechtsausübung im Wege einer Lizenzverweigerung sich als missbräuchlich darstelle und somit die in den beiden Verfahren *Volvo* und *Renault* geforderten „außergewöhnlichen Umstände" vorlägen.

Grundlage der Entscheidung war die Weigerung zweier irischer (*ITP* und *RTE*) sowie eines englischen Fernsehsenders (*BBC*) dem Verlag *Magill* Informationen über die wöchentliche Programmzusammenstellung zukommen zu lassen.

---

697 EuGH, Urteil vom 05. Oktober 1988, Rs. 238/87, ECLI:EU:C:1988:477, Slg. 1988, 6211, Rn. 8 – *Volvo/Veng*; sowie EuGH, Urteil vom 05. Oktober 1988, Rs. 53/87, ECLI:EU:C:1988:472, Slg. 1988, 6039 – *CICRA u.a./Renault*.

698 EuGH, Urteil vom 05. Oktober 1988, Rs. 238/87, ECLI:EU:C:1988:477, Slg. 1988, 6211, Rn. 9 – *Volvo/Veng* so z.B. eine willkürliche Weigerung, unabhängige Reparaturwerkstätten mit Ersatzteilen zu beliefern; unangemessene Ersatzteilpreise zu fordern; oder die Entscheidung, für ein bestimmtes Modell keine Ersatzteile mehr herzustellen, obwohl noch viele Fahrzeuge dieses Modells verkehren.

699 EuGH, Urteil vom 06. April 1995, verb. Rs. C-241/91 P u. C-242/91 P, ECLI:EU:C:1995:98, Slg. 1995, I-743 – *Magill*.

700 Vgl. vor allem die umfangreichen Nachweise hinsichtlich der kritischen Stimmen, die sich gegen die Verallgemeinerungsfähigkeit aussprechen bei *Lamping*, Patentschutz und Marktmacht, 2010, S. 256, Fn. 830.

Die Sender gaben eigenhändig Programmübersichten heraus und gestatteten es Zeitschriften sowie Zeitungen nur unter strengen Lizenzauflagen ihr Programm des jeweiligen Folgetages zu veröffentlichen. Darüber hinaus duldeten die Fernsehsender keine Veröffentlichung einer längerfristigen Programmvorschau. Solche Programmvorschauen waren nach irischem Recht urheberrechtlich geschützt und konnten somit Gegenstand eines Lizenzvertrages sein. Aufgrund der Beschwerde *Magills* gegen die Lizenzverweigerung bei der Kommission ordnete diese an, dass die Fernsehsender dem Beschwerdeführer die in Rede stehenden Informationen, gegebenenfalls gegen die Zahlung eines Entgelts, zugänglich machen müssen.[701] Nach Bestätigung der Kommissionsentscheidung durch das EuG befasste sich letztlich auch der EuGH mit dieser Thematik.[702]

Der Gerichtshof wertete die Weigerung der Fernsehsender, dem Verlag die urheberrechtlich geschützten Programmvorschauen zu gewähren, als Verstoß gegen Art. 102 AEUV (ex. Art. 86 EGV). Die marktbeherrschende Stellung resultierte aus Sicht des EuGH nicht aus den urheberrechtlich geschützten Programmvorschauen selbst, sondern vielmehr aus dem Umstand, dass die Sender an den Informationen ein faktisches Monopol hielten und demnach jeglichen Wettbewerb um eine wöchentliche Programmvorschau unterbinden konnten. Zudem stellte der EuGH einen Kriterienkatalog auf, nach dem die Lizenzverweigerung missbräuchlich sei: Durch die Lizenzverweigerung muss (1) ein neues Produkt verhindert werden, für das eine Verbrauchernachfrage existiert; es dürfen (2) keine sachlichen Gründe die Verweigerung rechtfertigen; es muss (3) durch die Verweigerung die Monopolisierung eines abgeleiteten Marktes bezweckt werden und zusätzlich muss das Schutzrecht (4) unentbehrlich sein, um auf dem abgeleiteten Markt tätig zu werden.[703] Somit machte der Gerichtshof unmissverständlich deutlich, dass die Missbrauchsaufsicht auf die Weigerung, Lizenzen für nationale gewerbliche Schutzrechte zu erteilen, anwendbar ist und sich unter Umständen als sanktionswürdiges Verhalten im Lichte des Art. 102 AEUV (ex. Art. 82 EGV) darstellen könne.[704] Indes blieb der Gerichtshof die Beantwortung

---

701 Kommission, Entscheidung vom 21. Dezember 1988, Rs. IV/31.851, ABl. EG 1989 Nr. L 78/43, Rn. 27 – *Magill.*

702 EuG, Urteil vom 06. April 1995, Rs. T-76/89, ECLI:EU:T:1991:41, Slg. 1991, II-575 – *Magill.*

703 EuGH, Urteil vom 06. April 1995, verb. Rs. C-241/91 P u. C-242/91 P, ECLI:EU:C:1995:98, Slg. 1995, I-743, Rn. 48 ff. – *Magill.*

704 In diesem Zusammenhang sei auch auf die Entscheidungen EuG, Urteil vom 12. Juni 1997, Rs. T-504/93, ECLI:EU:T:1997:84, Slg. 1997, II-923 – *Tiercé Ladbroke/Kommission* und EuGH, Urteil vom 26. November 1989, Rs. C-7/97,

der Frage schuldig, ob diese angeführten außergewöhnlichen Umstände alternativ oder kumulativ vorliegen müssen, um die Lizenzerteilung gewissermaßen erzwingen zu können.

c. *IMS-Health*

Diese Rechtsprechungslinie wurde vom EuGH in der Rechtssache *IMS-Health* stringent fortgeführt und weiter präzisiert.[705] Bei dem zugrundeliegenden Sachverhalt ging es um das Unternehmen *IMS-Health*, welches eine urheberrechtlich geschützte Bausteinstruktur für Marktdaten pharmazeutischer Erzeugnisse innehatte, anhand derer formatierte Marktberichte über den regionalen Absatz pharmazeutischer Produkte in Deutschland erstellt werden konnten. Diese Berichte werden von Pharmaunternehmen für die Absatzanalyse verwendet und sind von wesentlicher wirtschaftlicher Bedeutung sowohl für die Arzneimittelhersteller als auch für Apotheken und Ärzte. Durch eine intensive Zusammenarbeit von *IMS-Health* und der pharmazeutischen Industrie entwickelte sich diese Bausteinstruktur zu einem *de facto* Standard in Deutschland und führte zu einer Monopolstellung der *IMS-Health* dergestalt, dass der neue Wettbewerber *NDS* mit einer alternativen Bausteinstruktur am Markt keinen Erfolg hatte. Nach der Weigerung von *IMS-Health*, die Bausteinstruktur an *NDS* zu lizenzieren, nutzte das Unternehmen die Struktur auch ohne Nutzungsberechtigung, da jeder potentielle Neuanbieter auf diese Struktur faktisch angewiesen war. Gegen die Nutzung durch *NDS* reichte *IMS-Health* schließlich eine urheberrechtliche Unterlassungsklage ein.[706]

Das für die Unterlassungsklage zuständige LG Frankfurt legte dem Europäischen Gerichtshof sodann die Frage vor, ob *IMS-Health* verpflichtet sei, eine Zwangslizenz für die Nutzung der urheberrechtlich geschützten Bausteinstruktur an *NDC* zu erteilen.[707] Zunächst stellte der Gerichtshof fest, dass im Lichte

---

ECLI:EU:C:1998:569, Slg. 1998, I-7791 – *Bronner/Mediaprint* hingewiesen, bei der die europäischen Gerichte erneut verdeutlichten, dass ein Lizenzzwang nur dann bestünde, wenn das Schutzrecht für ein Aktivwerden auf dem betreffenden Markt unentbehrlich ist.

705 EuGH, Urteil vom 29. April 2004, Rs. C-418/01, ECLI:EU:C:2004:257, Slg. 2004, I-5069, Rn. 43 ff. – *IMS-Health*; kritisch dazu etwa *Heinemann*, IIC 2005, 63, 69 ff. und *Leistner*, ZWeR 2005, 138, 145 ff.

706 Eine Zusammenfassung des zugrundeliegenden Sachverhalts findet sich bei *Lober*, GRUR Int. 2002, 7, 8 ff.

707 Vgl. zu dem Verfahrensgang auch *Lamping*, Patentschutz und Marktmacht, 2010, S. 263 ff.

der Marktabgrenzung zwischen einem vorgelagerten Markt für Erzeugnisse und einem nachgelagerten Markt unterschieden werden muss, auf dem die in Rede stehenden Erzeugnisse zur Herstellung für weitere Erzeugnisse verwendet werden.[708] Für das Vorliegen eines vorgelagerten Marktes reiche es bereits aus, dass dieser nur rein hypothetisch existiere, was immer dann der Fall sei, wenn das konkrete Erzeugnis für das Auftreten auf dem nachgelagerten Markt unerlässlich wäre und folglich eine Nachfrage hierfür bestünde.[709] Unerlässlichkeit läge zudem immer dann vor, wenn es für das Erzeugnis selbst keinerlei Alternativen gäbe und auch eine Entwicklung von Umgehungslösungen aus rechtlichen, wirtschaftlichen oder anderweitigen Gründen unmöglich und demnach unzumutbar erscheine.[710] Abschließend machte der Gerichtshof deutlich, dass es für die Bejahung der Zwangslizenz auf das kumulative Vorliegen aller Kriterien der *Magill*-Entscheidung ankomme und diese nicht bloß alternativ vorliegen müssen,[711] wie es etwa eine zwischenzeitlich ergangene Entscheidung des EuG suggerierte.[712] Im Ergebnis erweiterte der Gerichtshof in dieser Entscheidung somit zum einen den Anwendungsbereich der Zwangslizenzdogmatik implizit auf alle gewerbliche Schutzrechte[713] und stellte zum anderen gleichzeitig klar, dass die Ausübung eines gewerblichen Schutzrechts generell nur unter engen Voraussetzungen als Marktmachtmissbrauch angesehen werden kann.

d. *Microsoft*

Die bislang letzte Entscheidung von wesentlicher Bedeutung für gewerbliche Schutzrechte im Lichte der Lizenzverweigerung war das Verfahren gegen

708 EuGH, Urteil vom 29. April 2004, Rs. C-418/01, ECLI:EU:C:2004:257, Slg. 2004, I-5069, Rn. 42 – *IMS-Health*.

709 EuGH, Urteil vom 29. April 2004, Rs. C-418/01, ECLI:EU:C:2004:257, Slg. 2004, I-5069, Rn. 47 – *IMS-Health*.

710 EuGH, Urteil vom 29. April 2004, Rs. C-418/01, ECLI:EU:C:2004:257, Slg. 2004, I-5069, Rn. 28 – *IMS-Health*.

711 EuGH, Urteil vom 29. April 2004, Rs. C-418/01, ECLI:EU:C:2004:257, Slg. 2004, I-5069, Rn. 34 ff. – *IMS-Health*.

712 Vgl. EuG, Urteil vom 12. Juni 1997, Rs. T-504/93, ECLI:EU:T:1997:84, Slg. 1997, II-923, Rn. 131 – *Tiercé Ladbroke*.

713 Zumindest wird an den wesentlichen Stellen dieses Urteils stets auf *„ein Recht des geistigen Eigentums"* abgestellt; so auch *Eilmansberger/Bien*, in: Bornkamm/Montag/Säcker (Hrsg.), MüKo-Wettbewerbsrecht Band 1, 3. Auflage 2020, Art. 102, Rn. 475; a.A. *Derclaye*, European Law Review 2004, 687, 694.

Microsoft,[714] welches zudem durch das spezielle Spannungsverhältnis zwischen Wettbewerbsrecht und Internetökonomie bzw. Informationsmärkten geprägt war.[715] Der Vorwurf des wettbewerbswidrigen Verhaltens von *Microsoft* fokussierte sich vor allem auf die Weigerung des Unternehmens, Konkurrenten mit Schnittstelleninformationen für sein eigenes Server-Betriebssystem zu versorgen, welche notwendig sind, um die Dialogfähigkeit fremder Server-Software mit dem *Microsoft* Betriebssystem herzustellen. Die jahrelange Weigerung führte mitunter dazu, dass sich das *Microsoft* Betriebssystem am Markt *de facto* durchgesetzt und das Unternehmen nunmehr eine Quasi-Monopolstellung auf dem Markt für Betriebssysteme innehat.[716] Erneut erkannte das europäische Gericht erster Instanz die Kriterien der *Magill*- und *IMS-Health*-Entscheidungen an und bejahte sie in dem vorliegenden Fall.[717]

In diesem Zusammenhang wurde die Bewertung des EuG hinsichtlich des Erfordernisses, ein „neues Produkt zu verhindern", besonders kritisch gesehen, da dies seit der *IMS-Health* Entscheidung eine wesentliche Voraussetzung für die Bejahung einer Zwangslizenz darstellt und in der konkreten Sachverhaltskonstellation als äußerst fragwürdig anmutete.[718] Das Gericht behalf sich letztlich damit, dass nicht das Aufkommen eines gänzlich neuen Produkts verhindert werden müsse, sondern es ausreiche, wenn durch die Lizenzverweigerung die

714 EuG, Urteil vom 17. September 2007, Rs. T-201/04, ECLI:EU:T:2007:289, Slg. 2007, II-3601, Rn. 107 ff. – *Microsoft*.

715 Im Zusammenfang mit den besonderen Marktstrukturen von den sog. High-Tech-Märkten, vgl. die Beiträge von *Zimmerlich*, WRP 2004, 1260, 1260 ff.; *Stopper*, ZWeR 2005, 87, 96 ff. sowie *Fichert/Sohns*, WuW 2004, 907, 907 ff.

716 Der Marktanteil *Microsofts* auf dem Markt für PC-Betriebssysteme liegt bei 95% und auf dem Markt für Arbeitsgruppenserver-Betriebssysteme bei über 70%, vgl. dazu die Pressemitteilung der Kommission IP/07/1567 vom 22. 10. 2007; der zweite Vorwurf stützte sich auf die Inkorporierung des *Windows-Media-Players* in das *Windows*-Betriebssystem, was zu einer Schwächung anderer *Media-Player* führte; ausführlich *Lamping*, Patentschutz und Marktmacht, 2010, S. 269 ff.

717 EuG, Urteil vom 17. September 2007, Rs. T-201/04, ECLI:EU:T:2007:289, Slg. 2007, II-3601, Rn. 107 ff. – *Microsoft*; das Urteil hat viel Kritik in der Literatur hervorgerufen, siehe nur *Heinemann*, GRUR 2006, 705, 711; *Hausmann*, MMR 2008, 381, 383 ff., sowie *Ullrich/Heinemann*, in: Immenga/Mestmäcker (Hrsg.), Wettbewerbsrecht, 5. Auflage 2012, Abschnitt VII Immaterialgüterrechte Teil B, Rn. 60, jeweils m.w.N.

718 Vgl. ausführlich dazu *Höppner*, GRUR Int. 2005, 457 sowie *Mestmäcker/Schweitzer*, Europäisches Wettbewerbsrecht, 3. Auflage 2014, § 19, Rn. 92.

technische Entwicklung eingeschränkt werde.[719] Eine Beeinträchtigung der technischen Entwicklung könne bereits dann vorliegen, wenn dem Verbraucher Produkte mit „innovativen Merkmalen“ vorenthalten werden.[720] Im Ergebnis wurde die Anforderung an die kartellrechtliche Zwangslizenz in der Rechtssache *Microsoft* somit zunehmend aufgelockert und folglich ihr tatbestandlicher Anwendungsbereich zugunsten des Schutzsuchenden erweitert.

e. Zusammenfassung

Die nachgezeichnete Rechtsprechungslinie macht deutlich, dass die Weigerung, ein gewerbliches Schutzrecht zu lizenzieren, nur unter außergewöhnlichen Umständen einen Marktmachtmissbrauch begründen kann. Nach Auswertung der in diesem Zusammenhang wesentlichen Entscheidungen ist die Lizenzverweigerung zumindest immer dann missbräuchlich, wenn die Weigerung:

(1) ein gewerbliches Schutzrecht betrifft, dessen gewerbliche Anwendung unentbehrlich für den potentiellen Lizenznehmer ist, um auf einen abgeleiteten Markt tätig zu werden und dieser Schutzgegenstand auch nicht anderweitig reproduzierbar ist;
(2) dazu führt, dass das Auftreten eines neuen Produkts oder aber die technische Weiterentwicklung zum Schaden der Verbraucher verhindert wird;[721]
(3) geeignet ist den Wettbewerb auf den abgeleiteten Markt auszuschalten und
(4) nicht objektiv gerechtfertigt ist.

Gerade das *Microsoft* Verfahren hat im Lichte dieser Zwangslizenzvoraussetzungen aufgezeigt, dass die vom Gerichtshof aufgestellten Kriterien zur Bewertung der außergewöhnlichen Umstände keiner schematischen Anwendung zugänglich sind.[722] Vielmehr muss eine Analyse des jeweiligen Einzelfalls erfolgen unter

719 EuG, Urteil vom 17. September 2007, Rs. T-201/04, ECLI:EU:T:2007:289, Slg. 2007, II-3601, Rn. 647 – *Microsoft*.

720 EuG, Urteil vom 17. September 2007, Rs. T-201/04, ECLI:EU:T:2007:289, Slg. 2007, II-3601, Rn. 653 – *Microsoft*.

721 Die Kommission hat das Erfordernis des „neues Produkts“ in ihrer Prioritätenmitteilung zur Anwendung des Art. 102 AEUV (ex. Art. 82 EGV) gänzlich durch das Kriterium des „Verbraucherschadens“ ersetzt, vgl. Kommission, Erläuterungen zu den Prioritäten der Kommission bei der Anwendung von Artikel 82 des EG-Vertrags auf Fälle von Behinderungsmissbrauch durch marktbeherrschende Unternehmen vom 24. Februar 2009, ABl. C 45/7, Rn. 81.

722 Es ist augenscheinlich, dass das *Microsoft*-Verfahren eine stetig anwachsende Ökonomisierung der Missbrauchsaufsicht nahelegt, vgl. dazu *Messina*, Competition Law

Einbeziehung aller wirtschaftlichen und rechtlichen Rahmenbedingungen im Wege einer Gesamtbetrachtung. Für die Anwendung des Art. 102 AEUV kommt es im Ergebnis erneut nur darauf an, ob die nationalen Schutzrechte eine Beeinträchtigung bzw. Verfälschung des Restwettbewerbs darstellen oder nicht.

2. Übertragung der Rechtsprechungsgrundsätze auf die Verweigerung einer Patentlizenz

An der generellen Übertragbarkeit der aufgestellten Grundsätze auf das Patentrecht bestehen grundsätzlich keine Zweifel.[723] Um jedoch die Frage beantworten zu können, inwieweit die geforderten Voraussetzungen der Rechtsprechung auch als wirkungsvolle Schranke gegen die defensive Patentstrategie fruchtbar gemacht werden kann, muss eine Übertragung der abstrakten Rechtsprechungsvorgaben auf die faktischen Besonderheiten des Patents vorgenommen werden. Je höher die tatsächlichen Hürden für eine solche praktische Anwendung sind, desto geringer ist die tatsächliche Praktikabilität als wirksame Schranke.

In einem ersten Schritt müssen die einzelnen Kriterien zunächst auf die Verweigerung einer Patentlizenz angewandt werden, um in einem zweiten Schritt auf die zusätzliche Besonderheit im Zusammenhang mit Sperrpatenten einzugehen, die im Gegensatz zu „normalen“ Patenten gerade nicht verwendet werden, sodass es unter Umständen der Modifikation einiger Kriterien bedarf.[724] Bei der vorzunehmenden Untersuchung ist zudem zu beachten, dass es vorliegend nur um die spezielle Sachverhaltskonstellation geht, in der der Patentinhaber sich generell weigert, Lizenzen an Dritte zu erteilen. Erfolgte bereits die Lizenzierung eines Patents an einen Dritten und verweigert der Patentinhaber nunmehr einem anderen die gleiche Lizenz, ergeben sich zusätzlich Anknüpfungspunkte für eine Anwendung des Wettbewerbsrechts, die sich vielmehr auf den Vorwurf der missbräuchlichen Diskriminierung beziehen, vorliegend aber wegen

---

Review 2006, 73, 78 ff. und *Thalmann*, Wirtschaftsrechtliche Blätter 2008, S. 153, 155 ff.

723 Vgl. dazu *Hötte*, Die kartellrechtliche Zwangslizenz im Patentrecht, 2011, S. 52 m.w.N.; im Ergebnis so auch *Koikkara*, Der Patentschutz und das Institut der Zwangslizenz in der Europäischen Union, 2010, S. 162 ff.

724 Siehe für eine allgemeine Übertragung der Rechtsprechungsgrundsätze auf das Patent etwa *Hötte*, Die kartellrechtliche Zwangslizenz im Patentrecht, 2011, S. 79 ff.; *Koikkara*, Der Patentschutz und das Institut der Zwangslizenz in der Europäischen Union, 2010, S. 162 ff. sowie *Lamping*, Patentschutz und Marktmacht, 2010, S. 236 ff.; für den besonderen Fall von Sperrpatenten, vgl. *Zech*, ZWeR 2011, 312, 329 ff.

der fehlenden Relevanz im Falle der hier behandelten defensiven Patentstrategie nicht näher behandelt werden.[725]

a. Lizenzierungsverweigerung eines eigens verwendeten Patents

Patentrechtliche Blockadesituationen entstehen im Rahmen der defensiven Patentstrategie bereits durch den gezielten Aufbau von Patentdickichten, bei denen die Patente zwar selber verwendet, aber nicht lizenziert werden. Die vorzunehmende Übertragung der einzelnen Vorgaben auf die Besonderheiten des Patents beansprucht somit nicht nur allgemeine Aussagekraft, sondern gilt gleichzeitig auch ohne weiteren Zwischenschritt für Patente aus einem Patentdickicht.

i. Unerlässlichkeit

Nach Vorgabe des Gerichtshofs liegt die Unerlässlichkeit eines Gutes immer nur dann vor, wenn es hierfür keinerlei Alternativen gibt und der Entwicklung einer solchen Alternative hinreichende rechtliche, tatsächliche oder wirtschaftliche Hürden entgegenstehen, die eine Umgehung des Gutes unzumutbar werden lassen.[726] Übertragen auf ein Patent dürfen folglich keinerlei technologische Substitute existieren, die für die gewerblichen Zwecke des Verwenders auf dem nachgelagerten Produktmarkt gleichermaßen geeignet wären und zusätzlich dazu müssen der möglichen Entwicklung technologischer Substitute rechtliche, tatsächliche oder wirtschaftliche Hürden entgegenstehen, die eine solche Entwicklung unzumutbar oder unmöglich machen.[727]

Hinsichtlich der ersten Voraussetzung kann dies in einem patentrechtlichen Kontext faktisch nur dann der Fall sein, wenn das Schutzrecht selbst eine marktbeherrschende Stellung auf dem relevanten Technologiemarkt begründet. Nur wenn sich die potentielle Nachfrage nach der Technologie ausschließlich auf die

725 Vgl. dazu etwa ausführlich *Hötte*, Die kartellrechtliche Zwangslizenz im Patentrecht, 2011, S. 96 ff.

726 Der EuGH verweist in EuGH, Urteil vom 29. April 2004, Rs. C-418/01, ECLI:EU:C:2004:257, Slg. 2004, I-5069, Rn. 40 ff. – *IMS-Health* auf diese Grundsätze, welche erstmalig in dem Verfahren EuGH, Urteil vom 26. November 1989, Rs. C-7/97, ECLI:EU:C:1998:569, Slg. 1998, I-7791, Rn. 44 – *Bronner/Mediaprint* aufgestellt wurden.

727 *Hötte*, Die kartellrechtliche Zwangslizenz im Patentrecht, 2011, S. 81; *Koikkara*, Der Patentschutz und das Institut der Zwangslizenz in der Europäischen Union, 2010, S. 143.

Erfindung des Patentinhabers verengt, ist in Ermangelung hinreichender Substitute oder Alternativen von einer Unerlässlichkeit des Patents im Lichte der Rechtsprechungsvorgaben auszugehen.[728] Eine festgestellte Unerlässlichkeit geht somit zwangsläufig immer mit einer patentinduzierten Marktbeherrschung einher, die jedoch aufgrund der in der Regel existierenden Alternativtechnologien nur selten vorliegen wird, wie es bereits beim Auffinden des sachlich relevanten Marktes hinreichend erörtert wurde. Existieren für potentielle Abnehmer der patentierten Erfindung somit ausreichende Ausweichmöglichkeiten in Form von substituierbaren Technologien, entfällt die Unerlässlichkeit des Patents. Dies schließt einen Eingriff des Kartellrechts in das Ausschließlichkeitsrecht des Patentinhabers aus. Im Ergebnis kann die Unerlässlichkeit einer Technologie für den nachgelagerten Produktmarkt somit dem Grunde nach nur in Fällen von standard-essentiellen Patenten angenommen werden, da deren Nutzung in der Regel unerlässlich ist, um auf einem nachgelagerten Produktmarkt tätig zu werden.

Zusätzlich zu der festzustellenden technologischen Alternativlosigkeit muss auch die Möglichkeit, eine Umgehungslösung zu erfinden, aus tatsächlichen, rechtlichen oder wirtschaftlichen Erwägungen unzumutbar sein.[729] Aus rechtlicher Sicht ist ein solches Hindernis bereits in dem Patent selbst angelegt, da jegliche Umgehungslösung die Verwendung des bestehenden Schutzbereichs des Patents vermeiden muss.[730] Ein Einsatz des Schutzrechts im Rahmen eigener FuE-Anstrengungen bezüglich des Auffindens von Umgehungslösungen darf lediglich im tatbestandlichen Anwendungsbereich des Versuchsprivilegs gem. § 11 Nr. 2 PatG erfolgen. Folglich muss es die Umgehungslösung schaffen, keinen Gebrauch von dem bestehenden Patent zu machen und zusätzlich die gleichen Merkmale für die angestrebte gewerbliche Anwendung aufweisen, was im Ergebnis erhebliche Schwierigkeiten bereiten wird. Handelt es sich bei dem bestehenden Schutzrecht um ein standard-essentielles Patent, ist für die Bewertung einer möglichen Umgehung zudem eine zusätzliche Differenzierung vorzunehmen, da die Standardentstehung selbst in unterschiedlicher Weise

---

728 So auch *Hötte*, Die kartellrechtliche Zwangslizenz im Patentrecht, 2011, S. 81.

729 Vgl. *Europäische Kommission*, DG Competition discussion paper on the application of Article 82 of the Treaty to exclusionary abuses, Dezember 2005, Rn. 230 in dem es heißt: „*In the case of IPRs it must not be possible for competitors to turn to any workable alternative technology or to „invent around" the IP.*"

730 *Wolf*, in: Bornkamm/Montag/Säcker (Hrsg.), MüKo-Wettbewerbsrecht Band 1, 3. Auflage 2020, Einl. Rn. 1229 ff.

erfolgen kann und die unterschiedlichen Standardsetzungsmöglichkeiten unterschiedliche Auswirkungen auf die Möglichkeit der Umgehung zeitigen. Handelt es sich etwa um einen *de iure* Standard durch eine SSO und entfaltet dieser in gewisser Weise eine gesetzliche Bindungswirkung,[731] würde selbst eine entwickelte Umgehungslösung die Unerlässlichkeit des Patents nicht entfallen lassen, da diese mangels Standardkonformität keinen Substitutionswettbewerb auslösen kann. Somit ist bei einem *de iure* Standard eine Umgehung in aller Regel nicht möglich.

Zwar besteht grundsätzlich die Möglichkeit, dass besonders innovative Technologien sich auch gegenüber bestehenden *de iure* oder *de facto* Standards durchsetzen und sich auf deren Grundlage in Zukunft neue Produkte herstellen und vertreiben lassen.[732] Zugleich sind hierbei jedoch ebenfalls entgegenstehende wirtschaftliche Erwägungen zu berücksichtigen, die sich beispielsweise in dem sog. „*lock-in*"-Effekt äußern.[733] Hiermit wird der Umstand beschrieben, in dem ein Nachfrager für die konkrete Nutzung eines Produkts Aufwendungen tätigen muss und bei einer Umstellung auf das substituierbare Produkt die gleichen Kosten erneut anfallen würden, so dass aus Sicht des Nachfragers eine Produktumstellung unrentabel erscheint.[734] Der Verwender ist bezüglich des Produkts „eingeschlossen", wenn die Umstellung auf ein anderes Produkt mit hohen Kosten verbunden ist.[735] Bei der Entwicklung eines Produkts auf Grundlage einer Umgehungslösung muss der Verwender somit auch stets die anfallenden Umstellungskosten auf Seiten der potentiellen Nachfrager berücksichtigen, welche bei besonders starker Ausprägung des „*lock-in*"-Effektes ebenfalls zu einer wirtschaftlichen Unmöglichkeit bezüglich des Auffindens von Alternativtechnologien führen kann.[736]

---

731 Vgl. dazu die umfassende Darstellung zur Standardsetzung und den hiermit verbundenen patentrechtlichen Implikationen bei *Picht*, GRUR Int. 2014, 1.

732 Dies gelingt in der Regel jedoch nur in seltenen Fällen der sog. „*killer applications*" oder dem „*leap frogging*"; vgl. dazu *Fuchs*, in: Lange/Klippel/Ohly (Hrsg.), Geistiges Eigentum und Wettbewerb, 2009, S. 147, 151 sowie *Wielsch*, Zugangsregeln, 2008, S. 184.

733 Vgl. dazu bereits *Besen/Farrell*, Journal of Economic Perspectives 1994, 117, 118 ff. und *Katz/Shapiro*, Journal of Economic Perspectives 1994, 93, 94 ff. sowie *Ewald*, in: Wiedemann (Hrsg.), Handbuch des Kartellrechts, 4. Auflage 2020, § 7, 68 ff.

734 *Chappatte*, European Competition Journal 2009, 319, 325.

735 *Hötte*, Die kartellrechtliche Zwangslizenz im Patentrecht, 2011, S. 82.

736 EuGH, Urteil vom 29. April 2004, Rs. C-418/01, ECLI:EU:C:2004:257, Slg. 2004, I-5069, Rn. 29 – *IMS-Health*; *Europäische Kommission*, DG Competition discussion

Die Ausführungen hinsichtlich der Unerlässlichkeit des Patents machen bereits deutlich, dass das Erfordernis tatbestandlich derart hohe Hürden schafft, sodass der Eingriff der Missbrauchsaufsicht in das patentrechtliche Ausschließlichkeitsrecht nur in äußerst seltenen Fällen erfolgen wird.[737] Wird in dem jeweiligen Einzelfall festgestellt, dass das nachgefragte Patent tatsächlich alternativlos ist, steht in der weiteren Untersuchung die Frage im Fokus, ob es für den potentiellen Lizenznehmer aus rechtlicher, tatsächlicher und wirtschaftlicher Sicht möglich ist, eine Umgehungslösung für die in Rede stehende Erfindung zu entwickeln. Dies erfordert in der Praxis eine schwierige Analyse des Einzelfalls, die zudem kaum prognostizierbar sein wird.[738]

ii. Anforderung an die Verhinderung des Anbietens eines neuen Produkts

Des Weiteren bedarf es nach der Rechtsprechung der europäischen Gerichte durch die Lizenzverweigerung der Verhinderung eines neuen Produkts, für das zudem eine potentielle Nachfrage existieren muss.[739] Nach Auffassung des EuGH im *IMS-Health* Verfahren reicht es für die Erfüllung des Kriteriums nicht bereits aus, dass der Lizenzsucher auf dem abgeleiteten Produktmarkt lediglich vergleichbare Erzeugnisse oder eine bloße Kopie des bereits bestehenden Produkts anbieten möchte; gleichzeitig kann ein neues Produkt auch nicht nur dann angenommen werden, wenn ein Produkt mit besonders hoher Innovationskraft vorliegt.[740] Das Kriterium des neuen Produkts darf sich somit weder in der reinen Nachahmung der bereits bestehenden Produkte erschöpfen, noch muss ein gänzlich neues Produkt hergestellt werden.[741] In dem *Microsoft* Verfahren weichten sowohl die Kommission als auch das EuG die Anforderungen

---

paper on the application of Article 82 of the Treaty to exclusionary abuses, Dezember 2005, Rn. 237.

737 *Hötte*, Die kartellrechtliche Zwangslizenz im Patentrecht, 2011, S. 82 spricht in diesem Zusammenhang von der „*ultima ratio*" der Zwangslizenz; im Ergebnis so auch *Hoeren*, MMR 2004, 456, 459.

738 *Conde Gallego*, in: Drexl (Hrsg.) Research Handbook on Intellectual Property and Competition Law, 2008, 215, 237.

739 EuGH, Urteil vom 06. April 1995, verb. Rs. C-241/91 P u. C-242/91 P, ECLI:EU:C:1995:98, Slg. 1995, I-743, Rn. 52 ff. – *Magill*; EuGH, Urteil vom 29. April 2004, Rs. C-418/01, ECLI:EU:C:2004:257, Slg. 2004, I-5069, Rn. 48 – *IMS-Health*.

740 EuGH, Urteil vom 29. April 2004, Rs. C-418/01, ECLI:EU:C:2004:257, Slg. 2004, I-5069, Rn. 49 – *IMS-Health*.

741 So auch *Hötte*, Die kartellrechtliche Zwangslizenz im Patentrecht, 2011, S. 85.

hinsichtlich des neuen Produkts zusätzlich auf und stellten unter Verweis auf Art. 102 Abs. 2 lit. b AEUV (ex. Art. 82 Abs. 2 lit. b EGV) fest, dass bereits eine Marktentwicklung zulasten der Verbraucher durch die Lizenzverweigerung ausreiche, um einen Missbrauch zu konstatieren. Die Beeinträchtigung der technischen Entwicklung sei für die festzustellende Wettbewerbswidrigkeit hinreichend und es bedürfe zusätzlich keiner gesonderten Feststellung einer Absatz- oder Erzeugungsbeschränkung.[742] Nach Auffassung der Rechtsprechung ist eine Beeinträchtigung der technischen Entwicklung etwa schon dann gegeben, wenn das verhinderte Produkt einen Zusatzwert oder aber innovative Merkmale aufweise.[743] Trotz geäußerter Kritik an dieser Vorgehensweise[744] wird von der weit überwiegenden Auffassung in der Literatur davon ausgegangen, dass nunmehr die Anforderungen an den Grad der Innovation gering seien und die Frage der Neuheit im Wege einer negativen Abgrenzung ermittelt werden müsse: Nur wenn das anvisierte Produkt eine reine Kopie der bereits existierenden Produkte darstellt, ist das Vorliegen eines neuen Produktes abzulehnen.[745]

Diesem weiten Verständnis ist zuzustimmen. Aus wettbewerblicher Sicht kann dem Wunsch von existierendem Substitutionswettbewerb nur dann hinreichend Rechnung getragen werden, wenn überhaupt die Möglichkeit von Innovationen geschaffen wird.[746] Hierfür ist das Aufkommen eines vollkommen neuen Produktes nicht notwendig, um eine Förderung des Wettbewerbs herbeizuführen. Dieser kann sich bereits durch inkrementelle und kleinschrittige Innovationen kennzeichnen, die den Restwettbewerb somit herausfordern, ebenfalls Innovationen zu forcieren.[747] Ist der schutzgegenständliche Bestandteil für eine wettbewerbliche Aktivität auf dem nachgelagerten Produktmarkt zudem unerlässlich, muss ein neues Produkt im Zweifel auch diesen konkret geschützten Teil aufweisen können, um als Substitut überhaupt wahrgenommen zu werden. Evident wurde dies beispielsweise im *IMS-Health*-Verfahren, bei dem die Nachfrager nach der Bausteinstruktur auch von potentiellen Wettbewerbern

---

742 EuG, Urteil vom 17. September 2007, Rs. T-201/04, ECLI:EU:T:2007:289, Slg. 2007, II-3601, Rn. 647 – *Microsoft*.

743 EuG, Urteil vom 17. September 2007, Rs. T-201/04, ECLI:EU:T:2007:289, Slg. 2007, II-3601, Rn. 654 – *Microsoft*.

744 Siehe dazu etwa *Weitbrecht/Mühle*, EuZW 2008, 551, 555; *Hausmann*, MMR 2008, 381, 383; *Wilhelmi*, WRP 2009, 1431, 1442 ff.

745 Vgl. dazu *Bartosch*, RIW 2007, 908, 914; *Ensthaler/Bock*, GRUR 2009, 1, 4–5 sowie *Wirtz/Holzhäuser*, WRP 2004, 683, 690.

746 So auch *Hötte*, Die kartellrechtliche Zwangslizenz im Patentrecht, 2011, S. 86.

747 Ausführlich dazu auch *Conde Gallego*, GRUR Int. 2006, 16, 20 ff.

des beherrschenden Unternehmens die gleiche Bausteinstruktur forderten, da ein Wechsel auf eine andere Struktur unrentabel gewesen wäre.[748] Somit ist die Forderung eines komplett neuen Produktes abzulehnen, sofern mit der Zwangslizenzerteilung der Substitutionswettbewerb gefördert werden soll.[749]

iii. Verhinderung von Wettbewerb

Als weitere Voraussetzung der Rechtsprechung muss die Lizenzverweigerung zu einem Ausschluss jeglichen Wettbewerbs auf dem nachgelagerten Markt führen.[750] Der Ausschluss jeglichen Wettbewerbs stellt neben der Unerlässlichkeit des Schutzgutes eine weitere strenge Anforderung an die Möglichkeit, in der Lizenzverweigerung einen Missbrauch zu erblicken, da nach dieser Formulierung dem Grunde nach überhaupt kein Wettbewerb mehr existieren darf.[751] Erneut weichte der EuG in dem *Microsoft*-Verfahren auch diese strenge Vorgabe des Gerichtshofes in den vorangegangenen Entscheidungen ein Stück weit auf und forderte keinen vollumfänglichen Ausschluss des Wettbewerbs mehr, sondern ließ es ausreichen, dass Dritte nur noch peripher am Wettbewerb partizipieren und lediglich in Marktnischen existieren können.[752] Im Zusammenhang mit dem konkreten Sachverhalt des *Microsoft*-Verfahrens erscheint eine Modifikation des Kriteriums im Gegensatz zu den vorangegangenen Entscheidungen zumindest dahingehend gerechtfertigt, als dass *Microsoft* in der Vergangenheit bereits Schnittstelleninformationen an Wettbewerber weitergegeben hatte und sich nunmehr weigerte, die technisch modifizierten Informationen erneut zu gewähren. Folglich bestand bereits ein gewisser Grad an Wettbewerb auf dem nachgelagerten Markt, der sich auf Grundlage der Schnittstelleninformationen entwickelte.[753]

---

748 EuGH, Urteil vom 29. April 2004, Rs. C-418/01, ECLI:EU:C:2004:257, Slg. 2004, I-5069, Rn. 47 – *IMS-Health*.

749 Ausführlich dazu auch *Wielsch*, EuZW 2005, 391, 394–395.

750 EuGH, Urteil vom 06. April 1995, verb. Rs. C-241/91 P u. C-242/91 P, ECLI:EU:C:1995:98, Slg. 1995, I-743, Rn. 56 – *Magill*; EuGH, Urteil vom 29. April 2004, Rs. C-418/01, ECLI:EU:C:2004:257, Slg. 2004, I-5069, Rn. 47 – *IMS-Health*.

751 *Wilhelmi*, WRP 2009, 1431, 1438; *Hötte*, Die kartellrechtliche Zwangslizenz im Patentrecht, 2011, S. 89.

752 EuG, Urteil vom 17. September 2007, Rs. T-201/04, ECLI:EU:T:2007:289, Slg. 2007, II-3601, Rn. 563 – *Microsoft*.

753 *Fuchs*, in: Lange/Klippel/Ohly (Hrsg.), Geistiges Eigentum und Wettbewerb, 2009, S. 147, 166; EuG, Urteil vom 17. September 2007, Rs. T-201/04, ECLI:EU:T:2007:289, Slg. 2007, II-3601, Rn. 560 ff. – *Microsoft*.

Dennoch steht die Aufweichung dieses Kriteriums im Lichte der *IMS-Health-* und *Magill*-Rechtsprechung im Widerspruch zu dem Erfordernis der Unerlässlichkeit des Schutzgutes und führt somit zu inkonsistenten Ergebnissen.[754] Ist ein Schutzgut unerlässlich, um auf dem nachgelagerten Markt gewerblich aktiv zu werden, so kann niemand außer dem Patentrechtsinhaber auf diesem konkreten Markt gewerblich auftreten. Das Kriterium der Unerlässlichkeit beinhaltet somit bereits den Ausschluss jeglichen Wettbewerbs.[755] Im Umkehrschluss ist die Unerlässlichkeit dann abzulehnen, wenn auch ohne das konkrete Patent wirtschaftliche Aktivitäten auf dem nachgelagerten Markt dauerhaft vorgenommen werden können, da insofern hinreichender Wettbewerb gegeben ist. Folglich ist den Vorgaben des EuGH zu folgen und der Ausschluss jeglichen Wettbewerbs zu fordern, da es ansonsten zu unauflösbaren Wertungswidersprüchen kommen würde.[756] Bestehen insoweit Wettbewerbsstrukturen auf dem nachgelagerten Markt, muss aus tatbestandlicher Sicht eine hinreichende Wahrscheinlichkeit bestehen, dass derartige Strukturen zumindest in naher Zukunft in Gänze verschwinden werden.[757] Nur so kann auch der Unerlässlichkeit des Schutzgutes hinreichend Rechnung getragen werden. Eines Zuwartens bis tatsächlich jeglicher Wettbewerb erloschen ist, bedarf es hingegen nicht, da die Missbrauchsaufsicht einen präventiven Charakter besitzt und nicht erst eingreifen soll, wenn der Restwettbewerb unter Umständen irreparabel beeinträchtigt ist.[758]

iv. Keine objektive Rechtfertigung der Lizenzverweigerung

Abschließend darf die Weigerung des Schutzrechtsinhabers keiner sachlichen Rechtfertigung zugänglich sein, da durchaus Umstände vorliegen können, nach denen auch die Weigerung, ein unerlässliches Schutzgut zu lizenzieren, von der Rechtsordnung akzeptiert werden muss.[759] Da sich die angeführten

---

754 *Hötte*, Die kartellrechtliche Zwangslizenz im Patentrecht, 2011, S. 89; *Wielsch*, Zugangsregeln, 2008, S. 161; *Wilhelmi*, WRP 2009, 1431, 1438.

755 *Wielsch*, Zugangsregeln, 2008, S. 161; *Wilhelmi*, WRP 2009, 1431, 1438.

756 Ebenso *Hötte*, Die kartellrechtliche Zwangslizenz im Patentrecht, 2011, S. 89.

757 *Hausmann*, MMR 2008, 381, 384; es sind zumindest belastbare Anschlusstatsachen zu fordern, vgl. *Stopper*, ZWeR 2005, 87, 103. Mit Blick auf den Eingriff in das Ausschließlichkeitsrecht des Patentinhabers ist an den Grad der Wahrscheinlichkeit zudem ein hoher Maßstab zu fordern, vgl. *Leupold/Pautke*, EWS 2005, 108, 111.

758 In diesem Sinne auch EuG, Urteil vom 17. September 2007, Rs. T-201/04, ECLI:EU:T:2007:289, Slg. 2007, II-3601, Rn. 561 ff. – *Microsoft*; *Hausmann*, MMR 2008, 381, 384; *Hötte*, Die kartellrechtliche Zwangslizenz im Patentrecht, 2011, S. 89.

759 Ausführlich dazu bereits *Beckmerhagen*, Die essential facilities doctrine, 2002, S. 280 ff.

Leitentscheidungen insofern nicht mit den möglichen Rechtfertigungsgründen auseinandergesetzt haben,[760] ist erneut auf die Ausführungen des EuG im *Microsoft*-Verfahren abzustellen. Nach Ansicht des Gerichts sei eine Rechtfertigung zumindest dann denkbar, wenn die Nutzungsüberlassung an Dritte dazu führe, dass die unternehmensinternen Innovationsanreize negativ beeinflusst und folglich die patentimmanente Anreiz- und Belohnungsfunktion nicht mehr ausreichend erfüllt werde.[761] Denkbar ist in einem solchen Fall etwa der Umstand, dass die Amortisierung besonders hoher FuE-Kosten durch eine Durchbrechung der Exklusivität auf dem nachgelagerten Markt nicht mehr möglich ist und dies negative Auswirkungen auf die Leistungs- und Innovationsbereitschaft des Patentinhabers zeitigt.[762] Demnach kann es unter Umständen notwendig sein, temporäre Monopolstellungen auf dem nachgelagerten Markt zu akzeptieren, damit der wettbewerbsrechtliche Eingriff in das Ausschließlichkeitsrecht nicht dazu führt, dass die Patentrechtsfunktionen übermäßig beeinträchtigt werden.[763] In diesen Zusammenhang wäre auch die verbleibende Dauer des Patentschutzes zu berücksichtigen, da nach dessen Ablauf jegliche Blockade eines nachgelagerten Marktes beendet wird und die Technologie sodann gemeinfrei ist.[764]

Als zusätzlicher Rechtfertigungsgrund könnte die Belohnungsreichweite des Patents herangezogen werden, die den Lohn des Patentinhabers für dessen Anstrengungen beschreibt.[765] Existiert die exponierte Stellung des Patentinhabers etwa gerade aufgrund seiner außerordentlichen unternehmerischen Leistung, so ist eine Rechtfertigung der Verweigerung ebenfalls denkbar.[766] Hierbei

---

760 *Eilmansberger/Bien*, in: Bornkamm/Montag/Säcker (Hrsg.), MüKo-Wettbewerbsrecht Band 1, 3. Auflage 2020, Art. 102 AEUV, Rn. 475–476.

761 EuG, Urteil vom 17. September 2007, Rs. T-201/04, ECLI:EU:T:2007:289, Slg. 2007, II-3601, Rn. 697 ff. – *Microsoft*.

762 So etwa *Kanter*, European Competition Law Review 2006, 351, 363; *Kühnen*, in: Keller/Plassmann/von Falck (Hrsg.), FS Tilmann, 2003, S. 513, 522; *Hötte*, Die kartellrechtliche Zwangslizenz im Patentrecht, 2011, S. 93.

763 BGHZ 160, 67, 76 – *Standard-Spundfass*; *Beckmerhagen*, Die essential facilities doctrine, 2002, S. 295 ff.; Caspar, ZHR 2002, 685, 697.

764 *Hötte*, Die kartellrechtliche Zwangslizenz im Patentrecht, 2011, S. 92.

765 *Ullrich/Heinemann*, in: Immenga/Mestmäcker (Hrsg.), Wettbewerbsrecht, 5. Auflage 2012, Abschnitt VII Immaterialgüterrechte Teil B, Rn. 61; *Fuchs*, in: Lange/Klippel/Ohly (Hrsg.), Geistiges Eigentum und Wettbewerb, 2009, S. 147, 169; *Heinemann*, ZWeR 2005, 198, 204.

766 *Thyri*, WuW 2005, 388, 398; vgl. dazu auch ausführlich *Wolf*, in: Bornkamm/Montag/Säcker (Hrsg.), MüKo-Wettbewerbsrecht Band 1, 3. Auflage 2020, Einl. Rn. 1236–1237.

wird ebenfalls vor allem der Investitionsaufwand des Patentinhabers im Hinblick auf die FuE-Arbeit bezüglich des Auffindens der Erfindung relevant sein.[767] Die im Rahmen der FuE zu tragenden Kosten und Risiken müssen sich letztlich nämlich auch in den Amortisierungsmöglichkeiten und demnach in der Belohnungsreichweite des Patentinhabers widerspiegeln. Das Recht des Patentinhabers, eine Lizenzvergabe zu verweigern, muss auch unter Berücksichtigung seiner Investitionsausgaben gewertet werden und kann bei besonders hohen FuE-Ausgaben etwa gerechtfertigt sein. Dem entgegen sprechen besonders geringe Ausgaben gegen eine Rechtfertigung der Verweigerung auf Grundlage der Belohnungsreichweite.[768]

Letztlich ist eine Lizenzverweigerung zumindest auch immer dann denkbar, wenn die konkreten Entgeltmodalitäten in Zweifel stehen und der angebotene Gegenwert für die Lizenz eine Verweigerung rechtfertigt.[769] In Ermangelung weiterführender Aussagen des EuG im *Microsoft*-Verfahren bezüglich der Rechtfertigungsgründe[770] sowie fehlender anderweitiger Entscheidungspraxis auf europäischer Ebene bleibt abzuwarten, inwieweit sich Patentinhaber auf die hier angeführten Rechtfertigungsgründe berufen werden.

v. Zusammenfassung

Anhand der Übertragung muss festgestellt werden, dass sich die Lizenzverweigerung eines Patentinhabers nur in wenigen Ausnahmefällen als Missbrauch einer marktbeherrschenden Stellung darstellen wird. Im Ergebnis müssen hierfür die folgenden Umstände kumulativ vorliegen.

Das Patent muss zunächst unerlässlich sein, um auf dem nachgelagerten Produktmarkt wirtschaftlich aktiv zu werden. Es dürfen keinerlei substituierbare Technologien existieren, die aus Sicht des potentiellen Verwenders bei einer gewerblichen Anwendung auf dem nachgelagerten Produktmarkt den gleichen Erfolg versprechen. Faktisch wird dies nur bei standard-essentiellen Patenten der Fall sein, da ansonsten in aller Regel alternative Substitutionstechnologien existieren. Zudem müssen der möglichen Entwicklung einer Umgehungslösung derart hohe Hürden entgegenstehen, sodass ein solches Vorhaben aus rechtlicher,

767 Statt vieler etwa *Hartmann-Rüppel*, World Intellectual Property Report 2007, 35, 39.

768 *Kühnen*, in: Keller/Plassmann/von Falck (Hrsg.), FS Tilmann, 2003, S. 513, 522.

769 *de Bronett*, WuW 2009, 899, 904; *Schröter/Bartl*, in: von der Groeben/Schwarze/Hatje (Hrsg.), Europäisches Unionsrecht, 7. Auflage 2015, Art. 102 AEUV, Rn. 313.

770 EuG, Urteil vom 17. September 2007, Rs. T-201/04, ECLI:EU:T:2007:289, Slg. 2007, II-3601, Rn. 697 ff. – *Microsoft*.

wirtschaftlicher oder tatsächlicher Hinsicht unzumutbar wäre. Handelt es sich um einen *de iure* Standard, wird selbst bei der Möglichkeit einer Umgehungslösung kein Substitutionswettbewerb geschaffen, da eine nicht standardkonforme Technologie keine gewerbliche Anwendung findet. Lediglich bei einem *de facto* Standard ist eine Umgehung denkbar, wenn entgegenstehende „*lock-in*"-Effekte nicht zu einer wirtschaftlichen Unzumutbarkeit führen.

Des Weiteren muss der potentielle Verwender die Absicht haben ein neues Produkt anzubieten, für das zudem eine Verbrauchernachfrage existiert. Hierfür ist eine klare und deutliche Darlegung des neuen Produkts zu fordern, das im Vergleich zu dem bereits existierenden Angebot des Patentinhabers zumindest neue bzw. innovative Merkmale aufweist. Um dem Erfordernis der potentiellen Verbrauchernachfrage nach dem anvisierten neuen Produkt Rechnung zu tragen, ist zumindest die Darlegung der Herstellungs- und Vertriebsmöglichkeit des neuen Produkts notwendig. Zusätzlich muss die Verweigerung der Patentlizenz jeglichen Wettbewerb auf dem nachgelagerten Produktmarkt ausschließen. Sofern Wettbewerbsstrukturen in irgendeiner Form vorhanden sind, ist der Verwender verpflichtet darzulegen, dass gerade die Verweigerung der Lizenz letztlich zu einem Verschwinden dieser Wettbewerbsstrukturen führen würden.

Der Patentinhaber darf sich schließlich auch nicht auf eine sachliche Rechtfertigung der Verweigerung berufen. Denkbar sind Rechtfertigungsgründe etwa dann, wenn die Verpflichtung eine Lizenz zu erteilen, die wesentlichen Patentfunktionen in Form der Anreiz- und Belohnungsfunktion negativ beeinflusst und sich aufgrund der Lizenzierung beispielsweise die Innovationsbereitschaft mindert. Ob und in wieweit dem Patentinhaber eine patentinduzierte Marktposition zu gewähren ist, hängt im Ergebnis von der Belohnungsreichweite des Patents ab, die im Einzelfall ermittelt werden muss. Gerade hinsichtlich der möglichen Rechtfertigung bleibt abzuwarten, welche Richtung die europäische Rechtsprechungspraxis einschlagen wird.

b. Nationale Rechtsprechungsvorgaben bezüglich der generellen Lizenzverweigerung

Der Vollständigkeit halber sei in diesem Zusammenhang darauf hingewiesen, dass neben den angeführten europarechtlichen Urteilen, soweit ersichtlich, keine weiterführenden Entscheidungen nationaler Gerichte existieren, die sich mit der patentrechtlichen Lizenzverweigerung aus einem wettbewerbsrechtlichen Blickwinkel auseinandersetzen. Bezüglich der Möglichkeit, eine patentrechtliche Zwangslizenz auf wettbewerbsrechtlicher Grundlage erteilt zu bekommen, sind zwar die beiden Verfahren vor dem BGH in den Rechtssachen

Standard-Spundfass[771] und *Orange Book Standard*[772] von wesentlicher Bedeutung. Beiden Verfahren lag jedoch nicht die generelle Weigerung des Patentinhabers zugrunde, überhaupt Lizenzen an Dritte zu erteilen. Gegenstand der gerichtlichen Auseinandersetzungen war vielmehr die Vornahme einer selektiven Lizenzerteilungspraxis der jeweiligen Patentinhaber und dem hiermit verbundenen Vorwurf einer missbräuchlichen Diskriminierung durch die Weigerung nur an ganz bestimmte Lizenzsucher Nutzungsbefugnisse zu erteilen. Dem entgegen befasste sich zumindest die instanzgerichtliche Rechtsprechung des LG Düsseldorf in einigen Entscheidungen mit der Unterscheidung zwischen einer generellen Lizenzverweigerung auf der einen Seite und einer Diskriminierung bzw. Ausbeutung durch den Schutzrechtinhaber auf der anderen Seite.[773] Wie bei den beiden höchstrichterlich entschiedenen Verfahren handelte es sich auch in den konkreten Fällen vor dem LG Düsseldorf nicht um Fälle der generellen Lizenzverweigerung. Dennoch äußerte sich das LG Düsseldorf zu den notwendigen Voraussetzungen eines derartigen Missbrauchs und stellte dabei klar, dass sich durch das Fehlen einer nationalen normativen Regelung der Rückgriff auf die Rechtsprechung der europäischen Entscheidungsorgane aufdrängt und insoweit auf die Kriterien der *IMS-Health* Entscheidung zurückgegriffen werden könne.[774]

c. Anwendung der Zwangslizenzvoraussetzungen auf Patentdickichte

Die Anforderungen an die Erteilung einer patentrechtlichen Zwangslizenz aufgrund missbräuchlicher Zugangsverweigerung sind bei einer generellen Lizenzverweigerung derart streng, dass sie in der Praxis nur selten zum Tragen kommen werden.[775] Ein Eingriff in die ausschließliche Rechtsposition des Patentinhabers

---

771 BGHZ 160, 67 – *Standard-Spundfass*.

772 BGHZ 180, 312 – *Orange-Book-Standard*.

773 Vgl. LG Düsseldorf, InstGE 7, 70, 92 – *Videosignal-Codierung I*; LG Düsseldorf, Urteil vom 17. April 2007, 4b O 288/06, Rn. 105 ff. – zit. nach *juris*.

774 Vgl. LG Düsseldorf, InstGE 7, 70, 92 – *Videosignal-Codierung I* sowie LG Düsseldorf, Urteil vom 17. April 2007, 4b O 288/06, Rn. 105 ff. – zit. nach *juris*.

775 Vgl. *Hötte*, Die kartellrechtliche Zwangslizenz im Patentrecht, 2011, S. 82, der in diesem Zusammenhang von der „*ultima ratio*" der Zwangslizenz spricht; im Ergebnis so auch *Hoeren*, MMR 2004, 456, 459 und wohl auch *Fuchs*, in: Lange/Klippel/Ohly (Hrsg.), Geistiges Eigentum und Wettbewerb, 2009, S. 147, 166–167 und *Koikkara*, Der Patentschutz und das Institut der Zwangslizenz in der Europäischen Union, 2010, S. 162; vgl. auch *Lamping*, Patentschutz und Marktmacht, 2010, S. 282 ff., der sich in diesem Zusammenhang für eine Restrukturierung der Unionsjudikatur ausspricht.

kommt nur hinsichtlich solcher Patente in Betracht, bei denen das Schutzrecht entweder selbst eine marktbeherrschende Stellung begründet oder aber für die Anwendung eines Standards essentiell ist und folglich erst im Verbund mit anderen Schutzrechten den konkreten Standard ausmachen.[776] Dieser Umstand ist nicht nur aus Sicht eines Patentinhabers zu begrüßen, sondern verdient auch unter dem Aspekt Zustimmung, dass Eingriffe in die ausschließliche Rechtsposition eines Patentinhabers mittels des Wettbewerbsrechts grundsätzlich restriktiv gehandhabt werden sollten, um die ausschließliche Rechtsposition des Patents nicht übermäßig zu beeinträchtigen. Dies gilt umso mehr, wenn man sich vergegenwärtigt, dass der Patentinhaber bei der defensiven Patentstrategie eine Lizenzierung seiner Schutzrechte aus einem Dickicht generell ablehnt. Folglich verbieten sich auch Vergleiche zu solchen Sachverhaltskonstellationen, in denen verschiedene Lizenzsucher bezüglich derselben Technologie vom Lizenzgeber unterschiedlich behandelt werden und der Vorwurf einer missbräuchlichen Diskriminierung diskutiert werden könnte.[777] Strebt der Patentinhaber keinerlei Lizenzierung an Dritte an und möchte sich dieser auf die alleinige Verwertung seiner Exklusivrechte beschränken, ist dies von der Rechtsordnung ausnahmslos zu respektieren, solange die Vorgaben der europäischen Rechtsprechung nicht erfüllt sind. Insofern gleichen sich die kartellrechtliche und patentrechtliche Zwangslizenz zumindest dahingehend, als dass die Anforderungen an das Vorliegen der tatbestandlichen Voraussetzungen derart hoch sind, dass eine Erteilung nur auf solche Ausnahmefälle begrenzt wird, denen besondere (außergewöhnliche) Umstände zugrunde liegen.

Ein solch restriktiver Ansatz führt gleichermaßen dazu, dass die kartellrechtliche Zwangslizenz für die Auflösung patentrechtlicher Blockadesituationen im Rahmen einer defensiven Patentstrategie nur höchst selten fruchtbar gemacht werden kann. Bei Patentdickichten besteht die Blockadesituation nämlich nicht aufgrund eines besonders innovativen Patents, sondern aufgrund der Fülle an patentgeschützten inkrementellen Weiterentwicklungen und technologischen Abwandlungen. Jedes einzelne Patent ist für sich genommen nicht unerlässlich, um auf dem nachgelagerten Produktmarkt gewerblich aktiv zu werden, da entweder ein hinreichender Bestand an substituierbaren Alternativtechnologien existiert oder aber die Entwicklung im Sinne einer Umgehungslösung in aller Regel durchführbar ist. Die innovationshemmende Wirkung eines Dickichts ist

---

776 Zusätzlich dazu müssen natürlich die weiteren Voraussetzungen ebenfalls erfüllt sein.

777 Eine solche missbräuchliche Lizenzierungspraxis wird etwa hinreichend bei *Hötte*, Die kartellrechtliche Zwangslizenz im Patentrecht, 2011, S. 96 ff. beschrieben.

meist nur darauf zurückzuführen, dass nach Verweigerung der Lizenz das Auffinden einer Umgehungslösung zwar technisch möglich, aber aus Sicht des Verwenders wirtschaftlich nicht durchführbar ist.[778]

Ein solcher Umstand ist aber in der Anwendung der wettbewerbsrechtlichen Zwangslizenzdogmatik außer Acht zu lassen, selbst wenn die fehlende Lizenzbereitschaft ernsthafte wirtschaftliche Konsequenzen für den Verwender nach sich ziehen würde. Entweder geschah die Verwendung der Erfindung in fahrlässiger Unkenntnis der existierenden Schutzrechte oder aber in vorsätzlicher Weise in der Hoffnung, dass der Patentinhaber die Patentverletzung nicht entdeckt bzw. sich zumindest lizenzbereit zeigen wird.[779] Beide Gegebenheiten dürfen jedoch nicht zulasten des Patentinhabers gewertet werden, da das Interesse des Patentinhabers am uneingeschränkten Bestand seines Schutzrechts höher wiegt als die wirtschaftlichen Partikularinteressen des fahrlässigen oder sogar vorsätzlich handelnden Patentverletzters. Die Zwangslizenzverpflichtung für Patente darf auch in solchen Fällen nur nach den strengen Vorgaben der Rechtsprechung erfolgen. Im Falle von Patentdickichten erscheint eine Anwendung der kartellrechtlichen Zwangslizenzdogmatik somit nur dann denkbar, wenn sich das Dickicht um ein standard-essentielles Patent herum entwickelt, respektive um ein solches Patent aufgebaut wird.

d. Übertragung der Rechtsprechungsgrundsätze auf die Verweigerung einer Sperrpatentlizenz

Abschließend muss untersucht werden, ob die vorgenommene Übertragung der Rechtsprechungsvorgaben auf verwendete Patente auch unproblematisch auf das bloße Halten von ungenutzten Sperrpatenten möglich ist. Bedenken ergeben sich vor allem dahingehend, dass die zugrundeliegende Technologie eines Sperrpatents nicht verwendet wird und es demnach fraglich ist, ob überhaupt ein abgeleiteter Markt angenommen werden kann, welcher für die Bejahung der wettbewerbsrechtlichen Zwangslizenz zwingend notwendig ist.[780] Unproblematisch

778 Siehe dazu erneut *Königs*, Patentpools, 2014, S. 205 ff.

779 Vgl. dazu insbesondere *Lemley*, Michigan State Law Review 2008, 19, der aufzeigt, dass Patente von Unternehmen immer häufiger bewusst ignoriert werden.

780 Spätestens seit EuGH, Urteil vom 29. April 2004, Rs. C-418/01, ECLI:EU:C:2004:257, Slg. 2004, I-5069, Rn. 43 ff. – *IMS-Health* ist dieses Erfordernis zwingender Bestandteil der kartellrechtlichen Zwangslizenzdogmatik. Siehe hierzu insbesondere auch *Zech*, ZWeR 2011, 312, 329 ff., der diese Problematik ebenfalls anführt; ähnlich auch *Haedicke*, in: Haedicke/Timmann (Hrsg.), Handbuch des Patentrechts, 2012, § 1, Rn. 161.

ist von der Verhinderung eines neuen Produktes durch die Lizenzverweigerung zumindest immer dann auszugehen, wenn die allgemeine Entwicklung in dem konkreten Technologiesegment soweit fortgeschritten ist, dass zukünftige Produkte unter Verwendung des Sperrpatents wenigstens erkennbar sind und eine gewisse Wahrscheinlichkeit für die gewerbliche Anwendung des Sperrpatents besteht.[781] Eine solche Vermutung verbietet sich jedoch immer dann, wenn Sperrpatente in relativ neuen und unerforschten Technologiesegmenten gehalten werden und die konkrete gewerbliche Anwendung zusätzliche FuE bedarf, die von dem Sperrpatentinhaber jedoch gerade nicht vorgenommen wird.[782]

i. Verhinderung des technischen Fortschritts als Anknüpfungspunkt?

Im Fokus einer Verweigerung, den Zugang zu einem Sperrpatent zu gewähren, kann somit lediglich die Verhinderung der Förderung des technischen Fortschritts sein und nicht die Verhinderung eines neuen Produkts.[783] Ein neues Produkt kann sich wenn überhaupt nur mittelbar ergeben, sofern sich das in Rede stehende Sperrpatent dazu eignet, eine gewerbliche Anwendung in Form der Herstellung von patentverwendeten Erzeugnissen in Zukunft zu gewährleisten. Ein abgeleiteter Produktmarkt ist aber immer dann nicht feststellbar, wenn es sich beispielsweise um Grundlageninnovationen oder Pionierpatente handelt, bei denen eine potentielle gewerbliche Anwendbarkeit noch von weiteren intensiven FuE-Tätigkeiten abhängt.[784]

Hinsichtlich des neuen Produkts argumentierte das EuG in seiner *Microsoft*-Entscheidung, dass es ausreiche, wenn die Lizenzverweigerung zu einer Beeinträchtigung der technischen Entwicklung führe und dass eine solche Beeinträchtigung bereits vermutet werden könne, wenn die weitere technische Entwicklung in Ermangelung der Nutzungsbefugnis blockiert werde.[785] In Ansehung dieser Rechtsprechung führt die Kommission in ihrer Erläuterung

---

781 Vgl. dazu etwa *Siebert/Pries*, PharmR 2007, 147, 150, die hinsichtlich des Pharmabereichs klarstellen, dass ein zukünftiger Produktmarkt schwer prognostizierbar sein kann und nur dann von einem nachgelagerten Produktmarkt auszugehen sei, wenn zumindest konkrete Entwicklungsergebnisse vorzuweisen sind.

782 Dies ist vor allem bei Grundlageninnovationen denkbar, vgl. dazu bereits unter Kapitel 2, § 1, A, IV, 1, a.

783 *Zech*, ZWeR 2011, 312, 329.

784 In diesem Sinne auch *Siebert/Pries*, PharmR 2007, 147, 150.

785 EuG, Urteil vom 17. September 2007, Rs. T-201/04, ECLI:EU:T:2007:289, Slg. 2007, II-3601, Rn. 647 ff. – *Microsoft*; siehe dazu auch erneut *Heinemann*, GRUR 2006, 705, 712.

zu den Prioritäten der Kommission bei der Anwendung von Art. 102 AEUV (ex. Art. 82 EGV) aus, dass eine Lizenzverweigerung dann als missbräuchlich anzusehen sei, wenn diese Weigerung unter anderem auch mit einer gewissen Wahrscheinlichkeit dazu führe, dass ein Verbraucherschaden entstehe.[786] Auf die Verhinderung eines Produkts bzw. eines Erzeugnisses an sich kommt es zumindest nach Ansicht der Kommission insofern nicht mehr an. *Zech* schlussfolgert aus diesen beiden Umständen, dass es bei der Weigerung, ein Sperrpatent zu lizenzieren, somit nicht auf die Frage nach der Verhinderung eines neuen Produkts ankommen könne, sondern vielmehr nur danach zu fragen sei, ob die Weigerung den weiteren technischen Fortschritt auf Grundlage des Sperrpatents verhindere oder nicht.[787] Im Ergebnis reicht somit nach dessen Auffassung neben dem Vorliegen der weiteren von der Rechtsprechung aufgestellten Voraussetzungen bereits die bloße Beeinträchtigung des technischen Fortschritts aus, um eine missbräuchliche Lizenzverweigerung bejahen zu können.

Diese Sichtweise ist indes abzulehnen. Wie bereits dargestellt, ist die *Microsoft*-Entscheidung dahingehend auszulegen, dass zwar kein vollkommen neues Produkt von dem Lizenzsucher gefordert werden kann, zumindest aber die technische Weiterentwicklung im Sinne innovativer neuer Merkmale für ein bereits bestehendes Produkt erforderlich ist, um das Erfordernis des „neuen Produkts" bejahen zu können. Zwar stellt das EuG für dessen Begründung tatsächlich auf den Wortlaut des Art. 102 Abs. 2 lit. b AEUV ab, schafft aber dennoch einen Konnex zur Notwendigkeit, ein physisches Erzeugnis herzustellen und lässt nicht bereits reine FuE-Bestrebungen ausreichen, die ein neues Produkt unter Umständen erst in der Zukunft ermöglichen könnten. Insofern darf die Rechtsprechung des EuG nicht so verstanden werden, dass eine bloße Beeinträchtigung des technischen Fortschritts bereits für die Verhinderung des neuen Produkts genüge.

Würde die Verhinderung des bloßen technischen Fortschritts anstelle des neuen Produkts als eine der vier kartellrechtlichen Zwangslizenzvoraussetzungen ausreichen, wäre zudem eine völlige Entwertung des Konzepts zu erwarten, da dem Grunde nach jeder weiteren FuE-Aktivität auf Grundlage eines bestehenden Patents die Möglichkeit innewohnt, irgendwann in einer gewerblichen

786 Kommission, Erläuterungen zu den Prioritäten der Kommission bei der Anwendung von Artikel 82 des EG-Vertrags auf Fälle von Behinderungsmissbrauch durch marktbeherrschende Unternehmen vom 24. Februar 2009, ABl. C 45/7, Rn. 81.

787 *Zech*, ZWeR 2011, 312, 330 „[…] *ist auch die Verhinderung weiterer Entwicklungstätigkeit, die nur einen abstrakten Verbrauchernachteil bewirkt, als ausreichend anzusehen.*"

Anwendung zu resultieren. Der Terminus des technischen Fortschritts ist als hinreichendes Abgrenzungsmerkmal im Gegensatz zu einem physischen Produkt somit viel zu unbestimmt. Anwendungsschwierigkeiten würden sich bereits hinsichtlich des konkreten Nachweises ergeben, in welcher Form und in welchem Zeitraum sich der technische Fortschritt konkret manifestieren müsste. Als belastbarer Nachweis könnte dem Grunde nach nur eine weitere Patentanmeldung auf Grundlage des lizenzierten Sperrpatents in Betracht kommen, um dem Erfordernis des technischen Fortschritts Genüge zu tun. Derartige Nachweisprobleme existieren bei einem neuen Produkt als physisches Erzeugnis hingegen nicht, da dieses entweder erkennbar innovative Merkmale aufweist und somit den technischen Fortschritt mehrt oder eben nicht.

Käme es nur auf die bloße Verhinderung des technischen Fortschritts an, würde letztlich auch die Voraussetzung der Unerlässlichkeit für die kartellrechtliche Zwangslizenz entwertet werden. Denn es ließe sich auch diesbezüglich stets argumentieren, dass jede Erfindung grundsätzlich unerlässlich ist, um einen irgendwie gearteten technischen Fortschritt zu ermöglichen. Hinsichtlich der Unerlässlichkeit müsste darüber hinaus noch die Frage beantwortet werden, wie der nachgelagerte Markt überhaupt zu definieren wäre, da es bei dem reinen technischen Fortschritt nur auf zusätzliche FuE-Aktivitäten ankommen kann und eine solche Marktabgrenzung mit erheblichen Unsicherheiten behaftet wäre. In diesem Zusammenhang führt *Zech* an, dass die reine Möglichkeit, aufgrund der Lizenz in der Zukunft neue Produkte zu entwickeln, ausreichen müsse, um von einer Unerlässlichkeit ausgehen zu können.[788] Auch dieser Sichtweise muss entschieden entgegengetreten werden. Eine solche Annahme missachtet nämlich das wesentliche kartellrechtliche Konzept der Abgrenzung unterschiedlicher Märkte, da die bloße Möglichkeit aufgrund der lizenzierten Technologie, irgendwann unter Umständen neue Produkte herstellen zu können, keine klare Marktabgrenzung im kartellrechtlichen Sinne darstellt und von diesem Erfordernis gleichsam nicht abgewichen werden darf. Schließlich würde durch eine solche Sichtweise auch der Kern der patentrechtlichen Ausschlussfunktionen erheblich entwerten werden, wenn der Zwangslizenzeinwand bereits bei der Sperrung konkurrierender Entwicklungstätigkeiten eingreifen würde, was praktisch immer der Fall ist. Das Erfordernis eines neuen Produkts ist folglich als unerlässliches Korrektiv anzusehen, um den Eingriff in das Patentrecht mittels des Kartellrechts nicht völlig ausufern zu lassen und die Zwangslizenz auf Ausnahmefälle zu beschränken.

---

788 *Zech*, ZWeR 2011, 312, 330.

ii. Voraussetzung für die kartellrechtliche Zwangslizenz bei Sperrpatenten

In Ansehung der vorangestellten Ausführungen müssen bei Sperrpatenten die gleichen Voraussetzungen erfüllt sein, wie bei „normalen" Patenten. Das Schutzrecht muss unerlässlich sein, um auf dem nachgelagerten Produktmarkt wirtschaftlich tätig werden zu können. Ist ein Produktmarkt noch überhaupt nicht definierbar, fehlt es bereits an dem konstituierenden Element eines vor- und nachgelagerten Marktes. Liegt ein solches Ein-Markt-Szenario vor, bei dem sich die Ausübung des Patents noch auf keine nachgelagerte Produktionsstufe erstreckt, ist eine kartellrechtliche Zwangslizenz ausgeschlossen und dem Lizenzsucher bleibt nur die Möglichkeit, über die patentrechtliche Zwangslizenz nach § 24 PatG den Zugang zu der Erfindung zu begehren.[789] Ist hingegen bei einem Sperrpatent von einem Zwei-Markt-Szenario auszugehen, ergeben sich keine Besonderheiten zu dem bereits gesagten. Hinsichtlich des neuen Produkts verbietet sich ebenfalls eine Abkehr von der bestehenden Zwangslizenzdogmatik und es bedarf zumindest der hinreichenden Wahrscheinlichkeit, dass auf Grundlage des Sperrpatents in absehbarer Zukunft ein neues Produkt bzw. ein Produkt mit innovativen Merkmalen hergestellt wird. Denkbar ist diese Vermutung vor allem dann, wenn der allgemeine Entwicklungsstand in dem konkreten Technologiefeld bereits weit fortgeschritten und ein neues Produkt bereits erkennbar ist.[790] Handelt es sich um die bloße geplante Implementierung des Sperrpatents in die eigene FuE, sind die Vorgaben für die kartellrechtliche Zwangslizenz nach der hier vertretenen Auffassung jedoch nicht gegeben. Im Übrigen kann auf die voranstehenden Vorgaben verwiesen werden.

iii. Ergebnis

Auch die Auflösung von sperrpatentinduzierten Blockadesituationen lässt sich nur in seltenen Fällen mittels der kartellrechtlichen Zwangslizenz bewerkstelligen. Im Gegensatz zu Blockadesituationen durch den Aufbau von Patentdickichten, kann es gerade bei Sperrpatenten aufgrund des fehlenden Produktmarktes zur Unanwendbarkeit der Vorgaben der Rechtsprechung und mitunter paradoxen Ergebnissen kommen. Denkbar ist etwa, dass ein besonders innovatives Grundlagenpatent nicht zur weiteren Förderung des technischen Fortschritts

---

789 So auch *Lamping*, Patentschutz und Marktmacht, 2010, S. 279.

790 Insofern richtig *Zech*, ZWeR 2011, 312, 329; vgl. auch *Siebert/Pries*, PharmR 2007, 147, 150; nicht ganz eindeutig etwa *Lamping*, Patentschutz und Marktmacht, 2010, S. 279–280.

durch den Patentinhaber eingesetzt wird, eine kartellrechtliche Zwangslizenz aber aufgrund der nicht prognostizierbaren Produktentwicklung unterbleiben muss. Auch wenn eine solche Konstellation unter Umständen mit erheblichen Verbrauchernachteilen im Sinne des Art. 102 Abs. 2 lit. b AEUV verbunden wäre, müssten diese Nachteile nach der hier vertretenen Auffassung von der Rechtsordnung hingenommen werden. Eine Ausweitung der kartellrechtlichen Eingriffsmöglichkeiten auf eine Beeinträchtigung der FuE-Tätigkeiten von Konkurrenten zum Wohle der Allgemeinheit mag zwar in einem solchen Einzelfall sinnvoll erscheinen. Gleichzeitig würde dies aber zulasten des Patentschutzes in Gänze gehen und die ausschließliche Wirkung des Patents in Verbindung mit der exklusiven wirtschaftlichen Verwertungsmöglichkeit sowie dem Recht, diese Verwertung nicht vorzunehmen, massiv entwerten. Folglich ist die kartellrechtliche Zwangslizenz auch für das Halten reiner Sperrpatente eine nur unzureichende Schranke.

3. Erlangung einer kartellrechtlichen Zwangslizenz

Trotz der seltenen Fälle, in denen die Erteilung einer kartellrechtlichen Zwangslizenz aufgrund der generellen Lizenzverweigerung überhaupt in Betracht kommt, stellt sich abschließend die Frage, wie eine solche in der Praxis von dem Lizenzsucher erlangt werden kann.

a. Rechtsgrundlage

Im Gegensatz zu der patentrechtlichen Zwangslizenz nach § 24 PatG fehlt es auf der Ebene des Kartellrechts an einer ausdrücklichen normativen Grundlage. In Betracht kommen insofern zwei mögliche Vorgehensweisen,[791] wie der Patentverwender die Erteilung einer kartellrechtlichen Zwangslizenz erreichen kann: die aktive Geltendmachung eines kartellrechtlichen Beseitigungs- bzw. Unterlassungsanspruchs gem. § 33 Abs. 1 S. 1 GWB i.V.m. dem Missbrauchsverbot des Art. 102 AEUV (respektive der §§ 19–20 GWB)[792] oder aber die Erhebung des kartellrechtlichen Zwangslizenzeinwands im patentrechtlichen

791 Unbeschadet der Möglichkeit sich nach § 24 PatG gleichzeitig um eine patentrechtliche Zwangslizenz zu bemühen, vgl. dazu *Hacker*, in: Busse/Keukenschrijver (Hrsg.), Patentgesetz, 8. Auflage 2016, § 24, Rn. 100; *Wilhelmi*, in: Fitzner/Lutz/Bodewig (Hrsg.), Patentrecht, 4. Auflage 2012, § 24, Rn. 95.

792 Befürwortet wird dies vor allem von *Hartmann-Rüppel*, World Intellectual Property Report 2007, 35, 39; *von Merveldt*, WuW 2004, 19, 19 ff.; *Wirtz/Holzhäuser*, WRP 2004, 683, 692.

Verletzungsprozess.[793] In der Praxis ist – soweit ersichtlich – bis heute nur ein erfolgloser Versuch unternommen worden, mittels einer Leistungsklage eine Lizenzerteilung zu erwirken.[794] Darüber hinaus hat diese Form der Erlangung einer patentrechtlichen Nutzungsberechtigung keine eigenständige Bedeutung erlangt, was mitunter auf die Schwierigkeiten in Verbindung mit der Darlegungs- und Beweislast im Prozess zurückzuführen ist. Auf eine weitere Auseinandersetzung wird daher aufgrund der fehlenden Relevanz für die Bearbeitung verzichtet und auf die einschlägige Literatur verwiesen.[795] Nachfolgend wird demnach lediglich auf den kartellrechtlichen Zwangslizenzeinwand im Verletzungsprozess eingegangen.

b. Zwangslizenzeinwand im Patentverletzungsprozess

Nach nationalem Recht ist der Zwangslizenzeinwand im Patentverletzungsprozess seit der *Standard-Spundfass*-Entscheidung des BGH[796] anerkannt und ermöglicht es dem Beklagten, sich mit dem Einwand zu verteidigen, dass die Lizenzverweigerung des klagenden Patentinhabers einen Marktmachtmissbrauch konstituiert.[797] Die nachfolgende Leitentscheidung in Sachen *Orange-Book-Standard* befasste sich sodann mit der Frage, ob der generell zulässige kartellrechtliche Zwangslizenzeinwand auch gegenüber dem Unterlassungsanspruch geltend gemacht werden könne, und bejahte dies letztendlich auf Grundlage des § 242 BGB.[798]

---

793 *Wilhelmi*, in: Fitzner/Lutz/Bodewig (Hrsg.), Patentrecht, 4. Auflage 2012, § 24, Rn. 95; *Hacker*, in: Busse/Keukenschrijver (Hrsg.), Patentgesetz, 8. Auflage 2016, § 24, Rn. 102–103; *Hötte*, Die kartellrechtliche Zwangslizenz im Patentrecht, 2011, S. 146.

794 LG Mannheim, Urteil vom 7.4.2009, 2 O 1/07 – *UMTS-Standard* – zit. nach *juris*.

795 Vgl. ausführlich dazu die Ausführungen bei *Hötte*, Die kartellrechtliche Zwangslizenz im Patentrecht, 2011, S. 238 ff.

796 BGHZ 160, 67 – *Standard-Spundfass*. Das Verfahren wird beispielsweise ausführlich bei *Bukow*, in: Haedicke/Timmann (Hrsg.), Handbuch des Patentrechts, 2012, § 9, Rn. 220–225 und *Conde Gallego*, GRUR Int. 2006, 16, 17 ff. besprochen.

797 Zustimmend etwa *Wilhelmi*, in: Fitzner/Lutz/Bodewig (Hrsg.), Patentrecht, 4. Auflage 2012, § 24, Rn. 95; *Hacker*, in: Busse/Keukenschrijver (Hrsg.), Patentgesetz, 8. Auflage 2016, § 24, Rn. 104; *Heinemann*, ZWeR 2005, 198, 199 ff.; *Kühnen*, in: Keller/Plassmann/von Falck (Hrsg.), FS Tilmann, 2003, S. 513, 523; *Nägele/Jakobs*, WRP 2009, 1062, 1075; a.A. etwa *Merveldt*, WuW 2004, 19, der in Patentverletzungsprozessen kartellrechtliche Einwendungen generell ablehnt.

798 BGHZ 180, 312 – *Orange-Book-Standard*; zustimmend etwa *Busche*, CIPReport 2009, 104, 105; *Gärtner/Vormann*, Mitteilungen 2009, 440, 442 ff.; *Jestaedt*, GRUR 2009, 801, 802; *Nägele/Jakobs*, WRP 2009, 1062, 1068 ff.; a.A. wohl im Ergebnis *de Bronett*, WuW

In der Praxis ist der kartellrechtliche Zwangslizenzeinwand immer dann von Bedeutung, wenn ein Lizenzsucher nach erfolglosen Lizenzverhandlungen dazu übergeht, das Patent auch ohne Nutzungserlaubnis zu verwenden, um sich in dem zu erwartenden Patentverletzungsprozess mit dem Einwand missbräuchlicher Lizenzverweigerung verteidigen zu können.[799] Freilich bedarf es dafür einer hinreichenden internen Prüfung über die Erfolgsaussichten eines solchen Einwandes. Zusätzlich zu der zwingenden Notwendigkeit einen Marktmachtmissbrauch nach Art. 102 AEUV (respektive §§ 19–20 GWB) durch die generelle Lizenzverweigerung darzulegen, müssen nach der Rechtsprechung des BGH noch weitere Voraussetzungen vorliegen, um einen Anspruch auf Zwangslizenzgewährung begründen zu können. Nachfolgend bedarf es einer kurzen Erläuterung der einzelnen Vorgaben.[800]

c. Vorgaben des BGH nach *Orange-Book-Standard*

Nach Ansicht des BGH muss der patentverwendende Beklagte dem Patentinhaber ein angemessenes sowie unbedingtes und für ihn bindendes Angebot auf Abschluss einer Lizenzvereinbarung gemacht haben, welches der Kläger nicht ablehnen kann, ohne gleichzeitig gegen das Behinderungs- bzw. das Diskriminierungsverbot zu verstoßen.[801] Zudem muss sich der Lizenzsucher sowohl für den gesamten Zeitraum der anvisierten Lizenzvereinbarung als auch bereits für die Zeit vor dem konkreten Vertragsschluss an alle Verpflichtungen halten, die der Vertragsentwurf enthält.[802] Die konkrete Höhe des Lizenzentgelts kann sodann der Patentinhaber selbst nach billigem Ermessen bestimmen, sofern der Lizenzsucher in seinem Angebot kein konkretes Lizenzentgelt beziffert und sich insofern der Preisfestsetzungsfreiheit des Patentinhabers unterwirft, im Rahmen

---

2009, 899 und *Ullrich*, IIC 2010, 337, 345; siehe zu diesen beiden Verfahren auch die umfassende Darstellung bei *Bukow*, in: Haedicke/Timmann (Hrsg.), Handbuch des Patentrechts, 2012, § 9, Rn. 220–231.

799 Bis zu der *Orange-Book-Standard*-Entscheidung war der kartellrechtliche Zwangslizenzeinwand in der Literatur höchst umstritten, vgl. zu dem Streitstand ausführlich *Maume*, Der kartellrechtliche Zwangslizenzeinwand im Patentverletzungsprozess, 2010, Rn. 73 ff. und *Hötte*, Die kartellrechtliche Zwangslizenz im Patentrecht, 2011, S. 175 ff.

800 Ähnliche Untersuchungen finden sich bei *Sonnenberg*, Der Unterlassungsanspruch, 2014, S. 141 ff.

801 BGHZ 180, 312, Rn. 29 – *Orange-Book-Standard*.

802 BGHZ 180, 312, Rn. 29 und 33 – *Orange-Book-Standard*.

derer ohnehin die kartellrechtlichen Schranken des Diskriminierungs- und Behinderungsverbots wirken.[803]

Wie bereist angeführt, war Grundlage des Verfahrens nicht eine generelle Lizenzverweigerung, sondern vielmehr ein Fall der Diskriminierung nach § 20 Abs. 1 GWB. Dennoch muss davon ausgegangen werden, dass die Vorgaben des BGH auch auf die hier behandelten Fälle der ausnahmslosen Lizenzverweigerung übertragen werden können. Der BGH schloss sich in seiner Entscheidung der Auffassung des LG Düsseldorf in der Rechtssache *MPEG2-Standard*[804] an, in der das LG Düsseldorf hinsichtlich der Frage der Zulässigkeit des kartellrechtlichen Zwangslizenzeinwandes auf die Vorgaben der *IMS-Health*-Rechtsprechung des EuGH Bezug nimmt.[805] Wäre nach Ansicht des BGH hinsichtlich der Geltendmachung des Einwandes zwischen den unterschiedlichen Missbrauchsfällen eine Unterscheidung vorzunehmen, wäre eine dementsprechende Klarstellung zu erwarten gewesen.[806] Folglich müssen die Kriterien jeweils gewürdigt und dort modifiziert werden, wo eine andere Beurteilung aufgrund der unterschiedlichen Sachverhaltskonstellation geboten ist.

i. Unbedingtes und angemessenes Angebot des Lizenzsuchers

Nach Ansicht des BGH muss das Angebot des Lizenzsuchers an den Schutzrechtsinhaber unbedingt sein, was letztlich nur dann der Fall ist, wenn die Voraussetzungen des § 145 BGB erfüllt sind und das Angebot zudem an keine aufschiebenden oder auflösenden Bedingungen gemäß § 158 BGB geknüpft ist.[807] In der Literatur sind diese Anforderungen an den Lizenzsucher aus mehreren Gründen auf Kritik gestoßen.

(i) Vertragsschluss trotz ungeklärter Verletzungslage

Das Erfordernis der Unbedingtheit führt nach Ansicht des BGH im Ergebnis dazu, dass die notwendige Willenserklärung des Lizenzsuchers nicht an den Umstand geknüpft werden dürfe, ob eine Patentverletzung überhaupt positiv

---

803 BGHZ 180, 312, Rn. 39 – *Orange-Book-Standard.*

804 LG Düsseldorf, NJOZ 2007, 2100.

805 LG Düsseldorf, NJOZ 2007, 2110, 2118; zustimmend BGHZ 180, 312, Rn. 24 ff. – *Orange-Book-Standard*.

806 Zustimmend auch *Hötte*, Die kartellrechtliche Zwangslizenz im Patentrecht, 2011, S. 184.

807 BGHZ 180, 312, Rn. 32–33 – *Orange-Book-Standard* ohne Nennung der beiden Normen.

vorläge.[808] Eine auflösende Bedingung dergestalt, dass das Lizenzangebot keinen Bestand haben solle, sofern im gerichtlichen Verfahren keine Patentverletzung festgestellt werde ist unzulässig, da sich der Schutzrechtsinhaber in anderen Situationen auch nicht auf ein bloß bedingtes Lizenzangebot einlassen müsse.[809] Kritik äußerte sich in Ansehung dieser Vorgabe dahingehend, dass es für den Lizenzsucher nachteilig sei, sich auf eine Lizenzvereinbarung einzulassen, bei der rechtliche Unsicherheiten über die tatsächliche Verletzungslage bestehen.[810] Zudem könne von dem Patentinhaber verlangt werden, dass er ein bedingtes Angebot annehme, da seine Dispositionsmaxime aufgrund der kartellrechtlichen Zwangslizenzgewährung ohnehin eingeschränkt sei und eine Situation bestehe, die mit freien Vertragsverhandlungen vergleichbar wäre.[811]

Dieser Sichtweise ist indes nicht zu folgen. Die konkrete Verletzungslage ist bei Patentverletzungsprozessen selten eindeutig und kennzeichnet sich vielmehr in der Regel durch erhebliche Ungewissheiten, die erst durch aufwendige technische und rechtliche Untersuchungen im Verletzungsprozess geklärt werden können.[812] Dem Patentverwender steht es in einer solchen Situation grundsätzlich immer frei, ob er dem Patentinhaber ein Lizenzangebot unterbreitet oder aber das Prozessrisiko eingeht und eine gerichtliche Klärung herbeiführen will. Keine andere Sachlage ist bei dem kartellrechtlichen Zwangslizenzeinwand gegeben. Der Verwender kann sich auch in Ansehung eines drohenden Prozesses entscheiden, ob er den Verletzungsprozess führen oder den Einwand der kartellrechtlichen Zwangslizenz erheben will. Soll das ungewisse Prozessrisiko auf Seiten des Verwenders jedoch vermieden werden, muss sich der Patentinhaber gleichwohl auch nicht auf ein nur bedingtes Angebot einlassen und somit das volle Prozessrisiko tragen, zumal sein Recht unter Umständen verletzt wird. Durch die Vorgabe des unbedingten Lizenzangebots findet folglich eine interessengerechte Risikoverteilung zwischen den Parteien statt.[813]

Selbst bei Abschluss des Lizenzvertrages steht der Lizenznehmer nicht schutzlos dar, da ihm die Möglichkeit offen steht, die nicht vorliegende

---

808 BGHZ 180, 312, Rn. 32 – *Orange-Book-Standard.*

809 BGHZ 180, 312, Rn. 32 – *Orange-Book-Standard.*

810 *Nägele/Jakobs*, WRP 2009, 1062, 1072; *Maume*, Der kartellrechtliche Zwangslizenzeinwand im Patentverletzungsprozess, 2010, Rn. 358.

811 *Nägele/Jakobs*, WRP 2009, 1062, 1072.

812 So auch *Sonnenberg*, Der Unterlassungsanspruch, 2014, S. 143 und *Hötte*, Die kartellrechtliche Zwangslizenz im Patentrecht, 2011, S. 186.

813 *Bukow*, in: Haedicke/Timmann (Hrsg.), Handbuch des Patentrechts, 2012, § 9, Rn. 236.

Patentverletzung im Wege der Feststellungsklage gerichtlich feststellen zu lassen,[814] um sodann entweder ein vertraglich geregeltes Sonderkündigungsrecht geltend zu machen oder aber den Weg über die Störung der Geschäftsgrundlage zu wählen (§ 313 BGB).[815] Somit ist die Unbedingtheit des Angebots Ausdruck der Risikoverteilung der Parteien und führt vor allem nicht dazu, dass eine Partei im Zweifel schutzlos gestellt werden würde.[816]

(ii) Nicht-Bestehen einer Verhandlungspflicht auf Seiten des Patentinhabers

Als weiteres Problem im Zusammenhang mit der Vorgabe des angemessenen und unbedingten Angebots ist die Pflicht des Lizenzsuchers, sowohl die Höhe des Lizenzentgelts als auch die weiteren Bestimmungen der Vertragsmodalitäten zu bestimmen.[817] Der Patentinhaber ist nur verpflichtet, ein angemessenes, unbedingtes Angebot anzunehmen. Inwieweit ein Lizenzangebot des Lizenzsuchers noch kartellrechtlich zulässig ist und ab wann diese Grenzen mit der Konsequenz überschritten sind, dass der Patentinhaber das Angebot ablehnen darf, kann den Lizenzsucher vor erhebliche Schwierigkeiten stellen. Läge tatsächlich ein unangemessenes Angebot vor, ist der Patentinhaber berechtigt das Lizenzangebot abzulehnen und es besteht die Möglichkeit, dass das Gericht die Angemessenheit durch einen Vergleich mit parallel existierenden Lizenzvereinbarungen ermittelt.[818] Dies wäre in dem hier behandelten Fall der defensiven Patentstrategie jedoch ungleich schwieriger, da aufgrund der generellen Lizenzverweigerung zumindest keine vergleichbaren Lizenzvereinbarungen des Patentinhabers existieren, die als Referenzwert herangezogen werden könnten.[819] Zum Teil wird aufgrund dieser Gefahr für den Lizenzsucher gefordert, dass der Patentinhaber die Pflicht habe, mit dem Lizenzsucher in Vertragsverhandlungen zu treten und

---

814 *Jestaedt*, GRUR 2009, 801, 804.

815 *Nägele/Jakobs*, WRP 2009, 1062, 1072; *Hötte*, Die kartellrechtliche Zwangslizenz im Patentrecht, 2011, S. 187; *Sonnenberg*, Der Unterlassungsanspruch, 2014, S. 144.

816 Im Übrigen muss die Unbedingtheit auch hinsichtlich des Rechtsbestandes des Patents gelten, vgl. *Gärtner/Vormann*, Mitteilungen 2009, 440, 441; *Nägele/Jakobs*, WRP 2009, 1062, 1072; *Jestaedt*, GRUR 2009, 801, 804 ff.

817 Hinsichtlich der angemessenen Bedingungen, siehe ausführlich *Hötte*, Die kartellrechtliche Zwangslizenz im Patentrecht, 2011, S. 162 ff.

818 Vgl. dazu die Vorinstanz in Sachen *Orange-Book-Standard*, OLG Karlsruhe, GRUR-RR 2007, 177, 180 – *Orange-Book-Standard*.

819 Insofern könnte nur das Gewinnbegrenzungskonzept als Berechnungsmethode Abhilfe schaffen, vgl. dazu Kapitel 3, § 2, E, II, 2, a, i.

im Rahmen solcher Verhandlungen sogar Alternativvorschläge unterbreiten solle.[820] Die unterschiedlichen Herleitungen für eine solche Verhandlungspflicht können jedoch nicht überzeugen und sind somit im Ergebnis abzulehnen.

Nach einer Ansicht handelte es sich bei der kartellrechtlichen Zwangslizenz um eine Art Vorvertrag, bei dem beide Parteien verpflichtet seien, auf einen Vertragsschluss aktiv hinzuwirken.[821] In einer solchen Konstellation handelt es sich jedoch gerade nicht um freie Vertragsverhandlungen, sondern vielmehr um die Verpflichtung des Patentinhabers mit dem Lizenzsucher zu kontrahieren, sofern dieser ein angemessenes und unbedingtes Angebot unterbreitet.[822] Folglich erscheint von dieser Warte aus die Forderung einer Handlungspflicht des Patentinhabers gegen sein Interesse verfehlt und kann nicht für die Begründung einer Verhandlungspflicht fruchtbar gemacht werden.

Auch kann nicht von einem vorvertraglichen Schuldverhältnis im Sinne des § 311 Abs. 2 BGB in der vorliegenden Konstellation ausgegangen werden, wie es vereinzelt angeführt wird.[823] Ungeachtet der Frage, ob bereits ein Verhältnis der *culpa in contrahendo* durch die Abgabe des Lizenzangebotes entsteht, würde auch das Vorliegen eines solchen Verhältnisses lediglich dann Schadensersatzansprüche nach sich ziehen, wenn in zurechenbarer Weise auf das Zustandekommen des Vertrages vertraut wurde und die Verhandlungen ohne triftigen Grund abgebrochen wurden. Eine Pflicht zur Vertragsverhandlung erwächst aus einem solchen Verhältnis jedoch nicht und kann somit ebenfalls keine derartige Verpflichtung im Falle der kartellrechtlichen Zwangslizenz begründen.[824]

Schließlich greift auch das Argument nicht durch, dass sich die Verhandlungspflicht aus der kartellrechtlichen Zwangslizenzverpflichtung selbst ergäbe.[825] Ein marktbeherrschender Patentinhaber kann seine wirtschaftlichen Interessen im Rahmen des kartellrechtlichen Rahmens ausüben, muss dies aber nicht tun. Der Patentinhaber kann nicht auf der einen Seite Normadressat

---

820 So etwa vorgeschlagen von *Maume*, Der kartellrechtliche Zwangslizenzeinwand im Patentverletzungsprozess, 2010, Rn. 148 ff.; *de Bronett*, WuW 2009, 899, 904; *Kellenter*, in: Bergermann/Rother/Verhauwen (Hrsg.), FS Mes, 2009, S. 199, 210.

821 *Kellenter*, in: Bergermann/Rother/Verhauwen (Hrsg.), FS Mes, 2009, S. 199, 215.

822 So auch *Kühnen*, Handbuch der Patentverletzung, 12. Auflage 2020, Abschnitt E, Rn. 270 ff. und *Sonnenberg*, Der Unterlassungsanspruch, 2014, S. 146.

823 *Kellenter*, in: Bergermann/Rother/Verhauwen (Hrsg.), FS Mes, 2009, S. 199, 210.

824 *Hötte*, Die kartellrechtliche Zwangslizenz im Patentrecht, 2011, S. 191; *Sonnenberg*, Der Unterlassungsanspruch, 2014, S. 146.

825 So etwa *Maume*, Der kartellrechtliche Zwangslizenzeinwand im Patentverletzungsprozess, 2010, Rn. 149.

des Missbrauchsverbots sein und auf der anderen Seite gleichzeitig aus dem Missbrauchsverbot selbst dazu verpflichtet werden, dem Lizenzsucher Gegenangebote zu unterbreiten. Erst wenn ihm ein angemessenes und unbedingtes Lizenzangebot unterbreitet wird, entsteht für ihn eine aktive Handlungspflicht, die auf die Annahme des Angebots gerichtet ist.[826]

Im Ergebnis trifft den Patentinhaber somit keine Pflicht, in konkrete Vertragsverhandlungen mit dem Lizenzsucher einzutreten. Ist das unterbreitete Angebot unangemessen oder bedingt, so kann der Patentinhaber das Angebot ablehnen, ohne selber Alternativvorschläge unterbreiten zu müssen.

ii. Beachtung der vorgreiflichen Lizenzverpflichtungen

Für die Zulässigkeit des Einwandes fordert der BGH als zweite wesentliche Voraussetzung den Lizenzsucher auf, diejenigen Verpflichtungen zu beachten, die der anvisierte Lizenzvertrag an die Nutzung des lizenzierten Schutzgutes knüpft – insbesondere muss sich der Lizenzsucher an die Zahlungsverpflichtung halten bzw. diese sicherstellen.[827] Dem Lizenznehmer stehen insoweit zwei Handlungsalternativen offen, um dessen eigentlich erst zu einem späteren Zeitpunkt entstehenden Pflichten aus dem Lizenzvertrag gewissermaßen „vorzugreifen“ und dadurch das Bestehen des konkreten lizenzvertraglichen Schuldverhältnisses zu fingieren.[828]

Entweder der Lizenznehmer entrichtet die Lizenzgebühren direkt in schuldbefreiender Weise nach § 362 Abs. 1 BGB an den Schutzrechtsinhaber oder er hinterlegt den konkreten Betrag unter gleichzeitigem Verzicht auf die Rücknahme nach §§ 378, 376 BGB.[829] Hinsichtlich der Hinterlegung ist ein

---

826 *Hötte*, Die kartellrechtliche Zwangslizenz im Patentrecht, 2011, S. 191; *Sonnenberg*, Der Unterlassungsanspruch, 2014, S. 146.

827 BGHZ 180, 312, Rn. 28 – *Orange-Book-Standard.*

828 BGHZ 180, 312, Rn. 33 – *Orange-Book-Standard.* Hierdurch nahm der BGH eine Abkehr seiner bisherigen Rechtsprechung vor, nach der das Gericht noch 2002 in dem Rechtsstreit *SPIEGEL-CD-ROM* der Geltendmachung des § 242 BGB Einwandes gegen einen urheberrechtlichen Unterlassungsanspruch eine Absage erteilte. Nach damaliger Auffassung des Gerichts war ein solches Vorgehen im Ergebnis mit einer gesetzlichen Lizenz zu vergleichen, da der Schutzrechtsinhaber nicht mehr frei über den Abschluss des Lizenzvertrages entscheiden könne, vgl. BGH, GRUR 2002, 248, 252 – *SPIEGEL-CD-ROM.* Um diesen Bedenken entgegenzutreten, stellte der BGH auf die „vorgreiflichen“ Vertragspflichten ab, die den Schutzrechtsinhaber aufgrund der expliziten Forderung das Lizenzentgelt ab dem Zeitpunkt der Nutzung zu entrichten, nicht schutzlos stellt.

829 BGHZ 180, 312, Rn. 33 ff. – *Orange-Book-Standard.*

weites Verständnis an den Tag zu legen, da eine regelmäßige Hinterlegung in bar mit hohen finanziellen Belastungen verbunden ist. Dem Rechtsgedanken des § 232 Abs. 2 BGB ist diesbezüglich die Wertung zu entnehmen, dass für die Wirksamkeit der Hinterlegung auch eine Bürgschaft als ausreichend anzusehen ist,[830] zumindest sofern der Bürge über hinreichende finanzielle Mittel verfügt.[831] Für den Lizenzsucher ergeben sich dahingehende Vorteile, dass keine überhöhte Lizenzgebühr in bar hinterlegt werden muss und mögliche Unsicherheiten über die konkrete Höhe der Lizenzgebühr durch Bestellung einer umfangreichen Bürgschaft ausgeräumt werden können.[832] Hinsichtlich einer möglichen kartellrechtlichen Zwangslizenz bei Vorliegen der defensiven Patentstrategie ergeben sich durch das Erfordernis der vorgreiflichen Verpflichtungsbeachtung durch den Lizenzsucher keine Besonderheiten. Verwendet der Lizenzsucher ein Sperrpatent oder aber ein Patent aus einem Patentdickicht, so muss er ab dem Zeitpunkt der Nutzung entweder (rückwirkend) Lizenzgebühren an den Patentinhaber entrichten oder zumindest eine Hinterlegung vornehmen, wobei es nach der hier vertretenen Auffassung ausreicht, wenn die Hinterlegung mittels einer Bürgschaft bewirkt wird.

iii. Maßgeblicher Zeitpunkt für die Angebotsabgabe

Schließlich stellt sich die Frage, zu welchem Zeitpunkt das Angebot des Lizenzsuchers abgegeben werden muss, um den kartellrechtlichen Zwangslizenzeinwand erheben zu können. Entgegen der vereinzelt vertretenen Auffassung in der Literatur,[833] hat der BGH in seiner *Orange-Book-Standard*-Entscheidung keine abschließende Entscheidung darüber getroffen, ob die Abgabe des Angebots bereits vor Aufnahme der Patentbenutzung zwingend erfolgen muss.[834] Ein solches Erfordernis würde auch zu einer unbilligen Benachteiligung des Lizenzsuchers führen, der trotz hinreichender Patentrecherche Sperrpatente

830 Zustimmend *Maume/Tapia*, GRUR Int. 2010, 923, 926; *Wirtz*, WRP 2011, 1392, 1401; *Reimann/Hahn*, in: Harmsen/Jüngst/Rödiger (Hrsg.), FS Meibom, 2010, S. 373, 393; a.A *Bukow*, in: Haedicke/Timmann (Hrsg.), Handbuch des Patentrechts, 2012, § 9, Rn. 250.

831 *Wirtz*, WRP 2011, 1392, 1401.

832 So auch *Sonnenberg*, Der Unterlassungsanspruch, 2014, S. 149.

833 So etwa *Sonnenberg*, Der Unterlassungsanspruch, 2014, S. 146; richtigerweise wie hier auch *Nägele/Jakobs*, WRP 2009, 1062, 1072.

834 Offen gelassen BGHZ 180, 312, Rn. 28 – *Orange-Book-Standard*.

oder Patente aus einem Dickicht aufgrund der „Vernebelung des Marktes“[835] übersieht, ihn aber gleichzeitig kein Vorwurf der fahrlässigen Vernachlässigung seiner Recherchepflichten trifft.[836] In einer solchen Situation wäre der Lizenzsucher gezwungen eine Leistungsklage, gerichtet auf Erteilung der kartellrechtlichen Zwangslizenz anzustrengen, da der Einwand im Patentverletzungsprozess in Ermangelung aller Voraussetzungen abgewiesen werden müsste.

Somit kommt es für den maßgeblichen Zeitpunkt wesentlich darauf an, ob der Lizenzsucher seine notwendigen Prüfungspflichten im Vorfeld einer Erfindungsbenutzung hinreichend nachgekommen ist und eine sorgfältige Recherche vorgenommen hat. Aufgrund der bereits angesprochenen unsicheren Rechtslage in Patentverletzungsfällen muss dem Verwender zudem nach Zustellung der Patentverletzungsklage ein Prüfungszeitraum eingeräumt werden, in dem er die Möglichkeit erhält zu prüfen, ob die Voraussetzungen des Marktmachtmissbrauchs bei einer potentiellen Weigerung des Patentinhabers vorliegen würden und ob nach der angegriffenen Rechtslage überhaupt eine Verletzung des streitgegenständlichen Patents in Betracht kommt.[837] Wie lange dieser Zeitraum jeweils zu bemessen ist, ist eine Frage der Umstände des konkreten Einzelfalls.

iv. Rechtsfolge

Sofern alle Voraussetzungen des Einwandes vorliegen, stellt sich die abschließende Frage nach der hieraus resultierenden Rechtsfolge. Wie eingangs angeführt, stützt der BGH den Einwand der kartellrechtlichen Zwangslizenz auf die unzulässige Rechtsausübung nach § 242 BGB, da ein Patentinhaber rechtsmissbräuchlich handelt, wenn er dem Verwender die weitere Nutzung untersagt und anschließend verpflichtet ist, aus kartellrechtlichen Gesichtspunkten eine Zwangslizenz zu gewähren.[838] Daraus folgt, dass die unerlaubte

---

835 Vgl. erneut *Tschammler*, WuW 2013, 1071, 1073, der sich hiermit auf den Einsatz von Patentdickichten im pharmazeutischen Bereich bezieht.

836 Vgl. *Ullrich*, in: Leistner (Hrsg.), Europäische Perspektiven des geistigen Eigentums, 2010, S. 14, 54, der diesbezüglich von einer unzumutbaren Leistung des Lizenzsuchers spricht.

837 *Maume/Tapia*, GRUR Int. 2010, 923, 925 halten einen dreimonatigen Prüfungszeitraum für angemessen; *Kühnen*, Mitteilungen 2010, 258, 259 votiert dafür, dass der Lizenzsucher bis zum Abschluss der letzten mündlichen Verhandlung mit der Angebotsabgabe warten dürfe: „*Ob das Lizenzangebot erstmals vor oder nach begonnener Benutzungsaufnahme erfolgt, ist ebenso belanglos wie die Frage, ob der Lizenzanspruch auch seinerseits gesondert mit einer Leistungsklage verfolgt wird.*“

838 BGHZ 180, 312, Rn. 23 ff. – *Orange-Book-Standard*.

Benutzungshandlung zwar in rechtswidriger Weise erfolgt ist, der patentrechtliche Unterlassungsanspruch aber nicht durchgesetzt werden kann. Erst wenn die Benutzung durch den Lizenzsucher von dem Patentinhaber gestattet oder aber durch gerichtlichen Zwang angeordnet wird, entfällt die rechtswidrige Nutzung der Erfindung.[839] Liegen die notwendigen Voraussetzungen des unbedingten und angemessenen Angebots sowie die Hinterlegung des Lizenzentgeltes kumulativ vor, entfällt die Rechtswidrigkeit endgültig mit der Annahme des Angebots sowie dem Eingang des hinterlegten Betrages. In der Folge muss der Lizenznehmer seine Verpflichtungen aus dem Lizenzvertrag fortlaufend erfüllen, damit die Nutzungsberechtigung bestehen bleibt.[840]

d. Vorgaben des EuGH nach *Huawei/ZTE*

Der kartellrechtliche Zwangslizenzeinwand bzw. die Frage, inwieweit die Geltendmachung des patentrechtlichen Unterlassungsanspruchs im Lichte des Art. 102 AEUV rechtsmissbräuchlich sein kann, beschäftigte zudem auch den EuGH in der Rechtssache *Huawei/ZTE*,[841] dessen Ausgangspunkt eine Vorlageentscheidung des LG Düsseldorf[842] war und unmittelbar mit den Vorgaben des BGH in der Rechtssache *Orange-Book-Standard* im Zusammenhang steht.[843]

i. Sachverhalt und Problemstellung im Lichte der *Orange-Book-Standard*-Vorgaben

Die Klägerin ist Inhaberin eines Patents des LTE-Standards, dessen technische Erfindungslehre bei der Nutzung der LTE-Technologie zwangsläufig zur Anwendung kommt und im Mobilfunksektor von essentieller Bedeutung ist.[844]

---

839 BGHZ 180, 312, Rn. 33 – *Orange-Book-Standard.*

840 Vgl. für die weiteren Auswirkungen des kartellrechtlichen Zwangslizenzeinwandes auf die einzelnen Ansprüche des Patentinhabers ausführlich *Hötte*, Die kartellrechtliche Zwangslizenz im Patentrecht, 2011, S. 206 ff.

841 EuGH, Urteil vom 16. Juli 2015, Rs. C-170/13, ECLI:EU:C:2015:477, GRUR 2015, 764 – *Huawei Technologies/ZTE.*

842 LG Düsseldorf, GRUR-RR 2013, 196 – *LTE-Standard.*

843 Ausführliche Auseinandersetzungen mit dem Verfahren finden sich bei *Fuchs*, NZKart 2015, 429; *Hauck*, NJW 2015, 2767; *Heinemann*, GRUR 2015, 855; *Henningsson*, IIC 2016, 438 sowie *Palzer*, EuZW 2015, 702.

844 Der Standardisierungsorganisation ETSI (European Telecommunications Standards Institute) zeigte die Klägerin die Anmeldung ihres standard-essentiellen Patents am 04. März 2009 an und verpflichtete sich zudem, Dritten Lizenzen zu FRAND-Bedingungen zu erteilen, vgl. *Fuchs*, NZKart 2015, 429, 431.

Die Beklagte des Patentverletzungsprozesses vertrieb ihrerseits in Deutschland Basisstationen, die in ihrer Software unter anderem auch den LTE-Standard verwendeten. Vor diesem Hintergrund erhob die Klägerin im April 2011 auf Grundlage ihres Patents Klage vor dem LG Düsseldorf gem. §§ 139 ff. PatG auf Rückruf der patentverletzenden Produkte, Rechnungslegung, Unterlassung des weiteren Vertriebs der Basisstationen sowie Schadensersatzfeststellung. Die dem Rechtsstreit vorangegangenen Lizenzverhandlungen verliefen ergebnislos, da die Beklagte, die ebenfalls Patente in den LTE-Standard eingebracht hatte, lediglich eine Kreuzlizenzierung anbot und keine der Parteien ein konkretes Vertragsangebot für eine in Betracht kommende Kreuzlizenzierung vorlegte.[845] Aus Sicht der Beklagten stellte die Klageerhebung ein missbräuchliches Verhalten gem. Art. 102 AEUV dar, da die Klägerin aufgrund ihrer marktbeherrschenden Stellung verpflichtet gewesen sei, der Beklagten eine Nutzungslizenz zu FRAND-Bedingungen zu erteilen.[846]

Das erkennende LG Düsseldorf hatte sich somit mit der Frage auseinanderzusetzen, ob und inwieweit die Beklagte den kartellrechtlichen Zwangslizenzeinwand bzw. den Missbrauchseinwand nach § 242 BGB i.V.m. Art. 102 AEUV gegen das Klagebegehren erheben könne. Nach den bereits ausgeführten Grundsätzen des BGH im Verfahren *Orange-Book-Standard* obliegt es dem (vermeintlichen) Patentverletzer, dem Patentinhaber ein verbindliches sowie konkretes Angebot zum Abschluss eines Lizenzvertrages nach FRAND-Bedingungen zu unterbreiten und als Vorgriff auf den Vertragsschluss die geschuldeten Lizenzgebühren zu hinterlegen, um sich gegen die gerichtliche Geltendmachung des patentrechtlichen Unterlassungsanspruchs mit dem kartellrechtlichen Zwangslizenzeinwand wirksam zur Wehr setzen zu können.[847]

Dieser nationale Weg des kartellrechtlichen Zwangslizenzeinwandes wurde jedoch durch die Stellungnahme der Kommission in einem 2012 eingeleiteten Verfahren gegen *Samsung Electronics*[848] vor allem im Hinblick auf die Auslegung des Art. 102 AEUV in Zweifel gezogen. Die Kommission skizzierte dabei ein Konzept des Zwangslizenzeinwandes, welches den Vorgaben von

845 Zu den insofern etwas widersprüchlichen Aussagen des Gerichts, siehe *Fuchs*, NZKart 2015, 429, Fn. 24.

846 Vgl. zu Sachverhalt LG Düsseldorf, GRUR-RR 2013, 196, 196 – *LTE-Standard*.

847 Kritik an dieser Entscheidung findet sich bei *Körber*, NZKart 2013, 87, 98 und *Ullrich*, IIC 2010, 337, 340 ff. die die Rechtsprechung im Ergebnis als zu patentinhaberfreundlich bezeichnen.

848 Siehe diesbezüglich die Pressemitteilung der Kommission IP/12/1448 sowie das Memo 12/1021 vom 21. Dezember 2012.

Orange-Book-Standard zuwiderläuft. Im Wesentlichen ließ die Kommission in der Stellungnahme die Auffassung durchklingen, dass die Geltendmachung des patentrechtlichen Unterlassungsanspruchs bereits dann als missbräuchlich anzusehen sei, wenn der Inhaber eines standard-essentiellen Patents entgegen seiner FRAND-Zusage eine Patentlizenz nicht erteilt, obwohl der Patentverwender seine Bereitschaft signalisiert, in konkrete Lizenzverhandlungen einzutreten. Weitere konkrete Anforderungen oder aber Vorgaben für die Behandlung solcher Konstellationen ließ die Kommission hingegen vermissen. Vor dem Hintergrund dieser Stellungnahme und der damit verbundenen Rechtsunsicherheit, sah sich das LG Düsseldorf gezwungen, dem EuGH das Verfahren gem. Art. 267 AEUV zur Vorabentscheidung vorzulegen, da die Entscheidung des Ausgangsverfahrens maßgeblich davon abhing, welches Konzept zugrunde zu legen ist.[849]

ii. Vorlagefragen des LG Düsseldorfs

Das LG Düsseldorf formulierte insgesamt fünf Vorlagefragen, die sich konkret auf die Auslegung des Art. 102 AEUV bezogen. Mit anderen Worten zusammengefasst, unter welchen Voraussetzungen die gerichtliche Geltendmachung von Patentverletzungsansprüchen durch den Inhaber eines standard-essentiellen Patents, der zudem eine Lizenzbereitschaftserklärung nach FRAND abgegeben hat, als Missbrauch im Lichte des Art. 102 AEUV zu werten sei.[850] Die erste Vorlagefrage bezieht sich darauf, ob der Inhaber eines standard-essentiellen Patents bereits dann seine Marktmachtposition missbraucht, wenn er versucht, seinen patentrechtlichen Unterlassungsanspruch gerichtlich durchzusetzen, obgleich der (vermeintliche) Patentverletzer seine Verhandlungsbereitschaft über die Erteilung einer Lizenz nach FRAND-Bedingungen signalisiert hat. Das LG Düsseldorf bezog sich in der Vorlagefrage auf die Vorgaben des BGH in Sachen *Orange-Book-Standard*, die – wie aufgezeigt – höhere Anforderungen an den Missbrauchseinwand stellen.[851] Die zweite Vorlagefrage bezieht sich auf die Vorgabe für den Nachweis der Verhandlungsbereitschaft des (vermeintlichen) Patentverletzers, die dritte Vorlagefrage an die Ausgestaltung des annahmefähigen unbedingten Angebots des Lizenzsuchers und die vierte Vorlagefrage auf die zu erfüllenden Vertragspflichten aus der jeweils zu erteilenden Lizenz.

---

849 LG Düsseldorf, GRUR-RR 2013, 196, 197 ff. – *LTE-Standard.*

850 Siehe die ausformulierten Vorlagefragen bei LG Düsseldorf, GRUR-RR 2013, 196, 196 – *LTE-Standard.*

851 LG Düsseldorf, GRUR-RR 2013, 196, 197 – *LTE-Standard.*

Abschließend widmet sich die fünfte Vorlagefrage der gerichtlichen Geltendmachung der weiteren Ansprüche, die sich aus der möglichen Patentverletzung ergeben, namentlich Schadensersatz, Rückruf und Rechnungslegung.[852]

iii. Bewertung der Vorlagefragen durch den EuGH

(i) Leitlinien der Entscheidung

Im Wesentlichen wählte der EuGH mit seiner Entscheidung einen Mittelweg, der sowohl den Interessen des Patentinhabers auf der einen als auch den Interessen der Patentlizenzsucher auf der anderen Seite Rechnung tragen sollte[853] und schloss sich damit weitestgehend dem Schlussantrag des Generalanwalts *Wathelet* an.[854] Nach der Rechtsprechung des EuGH wird dem Inhaber eines standard-essentiellen Patents zum einen nicht die Möglichkeit verwehrt, im Wege des Unterlassungsanspruchs gegen vermeintliche Patentverletzer vorzugehen. Zum anderen bedarf es vor der gerichtlichen Geltendmachung gleichwohl der Beachtung besonderer Anforderungen, um sich auf Seiten des Patentinhabers nicht dem Vorwurf des Missbrauchs nach Art. 102 AEUV auszusetzen. Grundlagen für die rechtliche Würdigung durch den EuGH waren sowohl die berechtigten Erwartungen Dritter, aufgrund einer FRAND-Zusage durch einen Patentinhaber auch tatsächlich eine Lizenz zu erlangen[855] als auch der Wunsch, das Schutzniveau für gewerbliche Schutzrechte hochzuhalten.[856]

Vor diesem Hintergrund führte der EuGH zunächst aus, dass die generelle FRAND-Zusage des Inhabers eines standard-essentiellen Patents aus Sicht des

---

852 Das LG Düsseldorf lässt in seinem Vorlagebeschluss deutlich erkennen, dass es nach Abgabe einer FRAND-Erklärung nicht genügen könne, wenn der (vermeintliche) Patentverletzer lediglich seine Verhandlungsbereitschaft signalisiere, um die Annahme des Missbrauchs nach Art. 102 AEUV zu begründen. Gleichzeitig äußert das Gericht Zweifel an der Unionsrechtskonformität der BGH-Rechtsprechung in Sachen *Orange-Book-Standard*, die als zu Patentinhaberfreundlich gewertet wird, vgl. LG Düsseldorf, GRUR-RR 2013, 196, 197 ff. – *LTE-Standard*.

853 EuGH, Urteil vom 16. Juli 2015, Rs. C-170/13, ECLI:EU:C:2015:477, GRUR 2015, 764, Rn. 55 – *Huawei Technologies/ZTE*.

854 Vgl. hierzu auszugsweise den Schlussantrag des Generalanwalts *Wathelet*, NZKart 2015, 247; der vollständige Schlussantrag vom 20. November 2014 – C-170/13 ist unter BeckRS 2014, 82403 abrufbar.

855 EuGH, Urteil vom 16. Juli 2015, Rs. C-170/13, ECLI:EU:C:2015:477, GRUR 2015, 764, Rn. 52–53 – *Huawei Technologies/ZTE*.

856 EuGH, Urteil vom 16. Juli 2015, Rs. C-170/13, ECLI:EU:C:2015:477, GRUR 2015, 764, Rn. 57 – *Huawei Technologies/ZTE*.

Gerichtshofs nicht per se dazu führe, dass dieser seine Rechte wegen einer vermeintlichen Patentverletzung gerichtlich nicht (mehr) geltend machen könne. Um einer generellen Entwertung des Patents entgegenzuwirken, müsse ein Patentinhaber somit auch trotz bestehender FRAND-Zusage grundsätzlich in der Lage sein, dieses Recht aktiv gerichtlich zu verteidigen.[857] Gleichzeitig bekräftigte der EuGH, dass die Verweigerung einer Lizenzerteilung zu FRAND-Bedingungen, trotz einer hiermit korrespondierenden Zusage, unter bestimmten Umständen einen Missbrauch nach Art. 102 AEUV begründe[858] und dem klägerischen Unterlassungsbegehren entgegengehalten werden könne.[859] Zusätzlich sei es gerechtfertigt, dem Inhaber eines standard-essentiellen Patents aufgrund seiner FRAND-Zusage besondere Anforderungen aufzuerlegen, sofern er aus seinem Patent gegen (vermeintliche) Patentverletzer gerichtlich vorgehen möchte.[860]

Hinsichtlich der Geltendmachung von Schadensersatz- und Rechnungslegungsansprüchen stellte der EuGH hingegen geringere Vorgaben auf, sofern sich diese auf bereits erfolgte Benutzungshandlungen beziehen.[861] Zur Begründung führte der Gerichtshof an, dass einem (vermeintlichen) Patentverletzer gerade nicht der Marktzutritt als solcher verwehrt wurde, da er das standard-essentielle Patent verwendete und es vielmehr (nurnoch) um eine nachträgliche finanzielle Kompensation für den Patentinhaber gehe. Diese Kompensation müsse folglich nicht den strengen Anforderungen der Geltendmachung des patentrechtlichen Unterlassungsanspruchs genügen, da es um bereits abgeschlossene Verhaltensweisen gehe.[862]

---

857 EuGH, Urteil vom 16. Juli 2015, Rs. C-170/13, ECLI:EU:C:2015:477, GRUR 2015, 764, Rn. 58 – *Huawei Technologies/ZTE*.

858 EuGH, Urteil vom 16. Juli 2015, Rs. C-170/13, ECLI:EU:C:2015:477, GRUR 2015, 764, Rn. 53 – *Huawei Technologies/ZTE*.

859 EuGH, Urteil vom 16. Juli 2015, Rs. C-170/13, ECLI:EU:C:2015:477, GRUR 2015, 764, Rn. 54 – *Huawei Technologies/ZTE*.

860 EuGH, Urteil vom 16. Juli 2015, Rs. C-170/13, ECLI:EU:C:2015:477, GRUR 2015, 764, Rn. 59 – *Huawei Technologies/ZTE*.

861 EuGH, Urteil vom 16. Juli 2015, Rs. C-170/13, ECLI:EU:C:2015:477, GRUR 2015, 764, Rn. 72 – *Huawei Technologies/ZTE*.

862 EuGH, Urteil vom 16. Juli 2015, Rs. C-170/13, ECLI:EU:C:2015:477, GRUR 2015, 764, Rn. 73–74 – *Huawei Technologies/ZTE*.

(ii) Anforderungen an den patentrechtlichen Unterlassungsanspruch des Patentinhabers

Eine missbräuchliche Geltendmachung des patentrechtlichen Unterlassungsanspruchs im Lichte des Art. 102 AEUV nimmt der EuGH sodann an, wenn die folgenden Vorgaben nicht erfüllt sind:[863]

(1) Der Patentinhaber muss den (vermeintlichen) Verletzer auf die konkret vorgeworfene (vermeintliche) Patentverletzung hinweisen und dabei die (vermeintliche) Verletzungshandlung hinreichend konkret bezeichnen, mit anderen Worten den Patentverwender abmahnen.[864]
(2) Sofern der (vermeintliche) Patentverletzer seinen Willen zum Abschluss eines Lizenzvertrages zu FRAND-Bedingungen geäußert hat, muss der Patentinhaber dem Verwender ein konkretes schriftliches Lizenzangebot unterbreiten, welches neben der Lizenzgebühr auch die Art und Weise der Berechnung enthält.[865]
(3) Der (vermeintliche) Patentverletzer muss die Benutzung des streitgegenständlichen Patents fortgeführt haben, ohne auf das konkrete Lizenzangebot des Patentinhabers nach Treu und Glauben zu reagieren. Ein Verstoß gegen den Grundsatz von Treu und Glauben ist insbesondere dann anzunehmen, wenn der Patentverwender den Abschluss des Lizenzvertrages gezielt verzögert.[866]

Nur wenn diese drei Vorgaben erfüllt sind, der (vermeintliche) Patentverletzer das streitgegenständliche Patent ohne Abschluss eines Lizenzvertrages weiterverwendet und die weiteren (gleich nachfolgenden) Anforderungen des EuGH an sein Verhalten nicht erfüllt, kann dem patentrechtlichen Unterlassungsanspruch nicht der Einwand des Rechtsmissbrauchs bzw. der Einwand der

---

863 EuGH, Urteil vom 16. Juli 2015, Rs. C-170/13, ECLI:EU:C:2015:477, GRUR 2015, 764, Rn. 71 – *Huawei Technologies/ZTE*.

864 EuGH, Urteil vom 16. Juli 2015, Rs. C-170/13, ECLI:EU:C:2015:477, GRUR 2015, 764, Rn. 60 – *Huawei Technologies/ZTE*.

865 EuGH, Urteil vom 16. Juli 2015, Rs. C-170/13, ECLI:EU:C:2015:477, GRUR 2015, 764, Rn. 63 – *Huawei Technologies/ZTE*.

866 EuGH, Urteil vom 16. Juli 2015, Rs. C-170/13, ECLI:EU:C:2015:477, GRUR 2015, 764, Rn. 65 – *Huawei Technologies/ZTE*. Der EuGH verweist zur Begründung auf die häufig schwer zu überblickende Lage des Bestandes an standard-essentiellen Patenten in einem normierten Standard sowie der Ungewissheit, ob diese auch rechtsbeständig sind. Vor diesem Hintergrund ist es für einen Patentverwender faktisch nicht immer möglich, eine potentielle Patentverletzung auch mit Gewissheit zu erkennen.

kartellrechtlichen Zwangslizenz durch den Verwender im Verletzungsprozess entgegengehalten werden.

(iii) Anforderungen an den Lizenzsucher

Sofern der Patentverwender das Lizenzangebot des Patentinhabers nicht annimmt, kann dieser sich seinerseits nur unter bestimmten Voraussetzungen gegen den patentrechtlichen Unterlassungsanspruch mittels des Missbrauchseinwands zur Wehr setzen. Nach Auffassung des EuGH muss der Patentverwender dem Patentinhaber innerhalb einer kurzen Frist ein schriftliches Gegenangebot machen, welches den FRAND-Bedingungen entspricht.[867] Dabei ist es dem Lizenzsucher unbenommen – im Gegensatz zur Auffassung des BGH in der Rechtssache *Orange-Book-Standard* –, den Rechtsbestand des streitgegenständlichen Patents als solchen anzugreifen oder zumindest hinsichtlich seines essentiellen Charakters für den fraglichen Standard bzw. dessen tatsächliche Standardnutzung anzuzweifeln. Zur Begründung führt der EuGH richtigerweise an, dass auch die SSO weder die Rechtsbeständigkeit des Patents noch die tatsächliche Essentialität für den Standard selbst überprüft.[868] Für den Fall, dass der Lizenzsucher das Patent vor Abschluss des avisierten Lizenzvertrages weiter verwendet, muss dieser, sobald sein Gegenangebot abgelehnt wurde, eine angemessene Sicherheit leisten, die den geschäftlichen Gepflogenheiten entspricht.[869] Vor allem muss sich die Sicherheit anhand der erfolgten Benutzungshandlungen orientieren, für die der Verletzer ohnehin eine Abrechnung vorzulegen hätte.[870]

iv. Zusammenfassende Würdigung

Der Gerichtshof hat den Inhabern von standard-essentiellen Patenten die eine FRAND-Erklärung abgegeben haben in der Rechtssache *Huawei/ZTE* nunmehr eine Vorgehensweise aufgezeigt, ihr Patent im Wege der Patentverletzungsklage kartellrechtskonform geltend zu machen, formuliert aber gleichwohl Vorgaben, die für die Rechtskonformität aus Sicht des EuGH zwingend erfüllt sein müssen.

---

867 EuGH, Urteil vom 16. Juli 2015, Rs. C-170/13, ECLI:EU:C:2015:477, GRUR 2015, 764, Rn. 66 – *Huawei Technologies/ZTE*.

868 EuGH, Urteil vom 16. Juli 2015, Rs. C-170/13, ECLI:EU:C:2015:477, GRUR 2015, 764, Rn. 69 – *Huawei Technologies/ZTE*.

869 EuGH, Urteil vom 16. Juli 2015, Rs. C-170/13, ECLI:EU:C:2015:477, GRUR 2015, 764, Rn. 67 – *Huawei Technologies/ZTE*.

870 EuGH, Urteil vom 16. Juli 2015, Rs. C-170/13, ECLI:EU:C:2015:477, GRUR 2015, 764, Rn. 67 – *Huawei Technologies/ZTE*.

Dem Patentinhaber wird die Maßgabe auferlegt, den (vermeintlichen) Patentverletzer vor der gerichtlichen Geltendmachung des Schutzrechts zunächst abzumahnen. Des Weiteren wird von dem Patentinhaber gefordert, dass dieser dem (vermeintlichen) Patentverletzer ein konkretes schriftliches Lizenzangebot unterbreitet, sofern dieser seine Lizenzbereitschaft signalisiert. Dem vom EuGH verlangten Erfordernis, dass es in einem ersten Schritt dem Patentinhaber obliegt, das Vertragsangebot zu konkretisieren, verdient insoweit Zustimmung. Zum einen stellt dies ein grundsätzlich marktübliches Vorgehen in derartigen Verhandlungssituationen dar und zum anderen wahrt dies insbesondere dessen Interesse, dem Diskriminierungsverbot aus Art. 102 Abs. 2 lit. c AEUV zu genügen, welchem auch der Patentinhaber unterliegt, der eine FRAND-Erklärung abgibt. Lehnt der Patentverwender ein solches konkretes Vertragsangebot ab, obliegt es wiederum ihm, dem Patentinhaber ein konkretes Gegenangebot zu machen, um sich im Falle der Weiternutzung nicht der Gefahr einer gerichtlichen Geltendmachung durch den Patentinhaber auszusetzen. Sofern das streitgegenständliche Patent weiter genutzt wird, muss der Verwender ausreichende Sicherheiten stellen bzw. hinterlegen, damit der patentrechtliche Unterlassungsanspruch nicht zu dessen Ungunsten durchgreift. Zur Verhinderung möglicher missbräuchlicher Absichten durch den Verwender, vor allem durch eine gezielte Verzögerung der Vertragsverhandlungen unter gleichzeitiger Weiternutzung der technischen Erfindungslehre, bedarf es nach Ansicht des EuGH einer gewisse Ernsthaftigkeit bei der Verhandlungsbereitschaft des Verwenders. Im Ergebnis ist der dargelegten Wertung des EuGH in der Rechtssache *Huawei/ZTE* zuzustimmen, da das Gericht hierdurch den angestrebten Interessensausgleich konsequent erfüllt und hierfür Vorgaben aufstellt, die keine der Parteien übergebühr benachteiligt.[871]

v. Konsequenzen für die Praxis

(i) Anwendung der „*Huawei*"-Vorgaben durch die nationalen Gerichte

Im Hinblick auf die konkreten Vorlagefragen des LG Düsseldorf bewertete der EuGH in seiner Entscheidung ausschließlich die Konstellation, in der ein Inhaber eines standard-essentiellen Patents gegenüber einer SSO seine Bereitschaft zur Lizenzierung nach FRAND-Bedingungen erklärte. Der EuGH rekurrierte in seiner Entscheidung explizit auf diesen Umstand, in dem er die von ihm geforderten besonderen Anforderungen für die gerichtliche Geltendmachung des

871 Zustimmend *Fuchs*, NZKart 2015, 429, 433.

Patents konkret an die Lizenzbereitschaft zu FRAND-Bedingungen knüpft.[872] *Heinemann* spricht in diesem Zusammenhang von einer „*Roadmap für FRAND-Fälle*", die durch die Entscheidung aufgezeigt wurde.[873] Es erscheint offensichtlich, dass die EuGH-Rechtsprechung die Folgefrage aufwirft, ob diese „*Roadmap*" ausschließlich für die in dem Rechtsstreit behandelte Konstellation Geltung beansprucht oder aber eine ganz generelle Wertung für die Frage der kartellrechtlichen Zwangslizenz enthält.[874] Die Beantwortung dieser Frage hat insbesondere konkrete Auswirkungen auf die Vorgaben des BGH in der Rechtssache *Orange-Book-Standard*, bei dem es sich um eine Konstellation handelte, in der sich die Frage der kartellrechtlichen Zwangslizenz im Lichte eines *de facto* Standards stellte und nicht wie im Fall *Huawei/ZTE* im Lichte einer *de iure* Standardsetzung durch eine SSO.

(ii) Anwendbarkeit auf weitere Konstellationen missbräuchlicher Lizenzverweigerung

Der EuGH stellt zwei wesentliche Punkte heraus, die nach dessen Ansicht hinreichende Unterscheidungskraft besitzen, um das Verfahren *Huawei/ZTE* von ähnlich gelagerten Fällen abzugrenzen, in denen die Ausübung eines Schutzrechts im Lichte des Art. 102 AEUV als missbräuchlich angesehen wurde. Zunächst verweist der Gerichtshof darauf, dass es sich in der Rechtssache *Huawei/ZTE* um ein standard-essentielles Patent handele, sodass es in Ermangelung substituierbarer technischer Lehren unerlässlich sei das Patent zu verwenden, sofern standardkonforme Produkte durch Nicht-Patentinhaber hergestellt werden sollen.[875] Darüber hinaus erfolgte die Aufnahme in den fraglichen Standard nur gegen die unwiderrufliche FRAND-Zusage, was einen weiteren Unterschied zu den bisher entschiedenen Sachverhalten aufweise.[876]

---

872 EuGH, Urteil vom 16. Juli 2015, Rs. C-170/13, ECLI:EU:C:2015:477, GRUR 2015, 764, Rn. 59 – *Huawei Technologies/ZTE*.

873 *Heinemann*, GRUR 2015, 855, 856.

874 Für eine generelle Auswirkung der Entscheidung auf weitere Missbrauchskonstellationen, siehe *Fuchs*, NZKart 2015, 429, 434 ff. sowie im Ergebnis auch *Heinemann*, GRUR 2015, 855, 858–859; dagegen jedoch *Palzer*, EuZW 2015, 702, 705–706, im Ergebnis wohl offengelassen *Hauck*, NJW 2015, 2767, 2770.

875 EuGH, Urteil vom 16. Juli 2015, Rs. C-170/13, ECLI:EU:C:2015:477, GRUR 2015, 764, Rn. 49 – *Huawei Technologies/ZTE*.

876 EuGH, Urteil vom 16. Juli 2015, Rs. C-170/13, ECLI:EU:C:2015:477, GRUR 2015, 764, Rn. 51 – *Huawei Technologies/ZTE*.

Eine insofern vom EuGH kolportierte Marktzutrittsschranke aufgrund der Standard-Essentialität des streitgegenständlichen Patents liegt in dem vorliegenden Verfahren zwar unstreitig vor, ist aber kein Umstand, der ausschließlich in Fallgruppen von standard-essentiellen Patenten vorkommt. Insofern haben bereits die hier ausführlich behandelten Entscheidungen der europäischen Gerichte etwa im Fall *Magill*[877] sowie *IMS-Health*[878] aufgezeigt, dass die Lizenzierung der streitgegenständlichen – nicht standard-essentiellen – gewerbliche Schutzrechte unerlässlich für den Lizenzsucher gewesen sind, um auf einen Markt bzw. einen abgeleiteten Markt überhaupt Zutritt zu bekommen.[879] Der bloße Umstand, dass das Patent standard-essentiell ist, kann alleine somit nicht dazu führen, dass die Übertragbarkeit der Rechtsprechung auf andere Sachverhalte grundsätzlich abzulehnen wäre.

Des Weiteren ist für eine Übertragbarkeit der Rechtsprechung auf anderweitige Missbrauchskonstellationen zu beachten, dass das kartellrechtliche Missbrauchsverbot ebenso Patentinhaber adressiert, die aus anderen Gründen eine marktbeherrschende Stellung aufweisen, welche gerade nicht in der Wesentlichkeit des Patents für einen Standard begründet ist. So liegt der Fall etwa, wenn ein Produkt in Ermangelung substituierbarer technischer Erfindungslehren ohne die patentierte Technologie nicht hergestellt werden kann, gleichzeitig aber kein vereinbarter *de iure* Standard existiert, sondern sich ausschließlich ein *de facto* Standard im Markt durchgesetzt hat. Zwar gestaltet sich, wie oben bereits aufgezeigt, die Feststellung einer marktbeherrschenden Stellung auf einem Technologiemarkt ungleich schwieriger als auf einem Produktmarkt, sie ist aber gleichwohl möglich.[880]

Auch kann es für die rechtliche Bewertung des kartellrechtlichen Zwangslizenzeinwandes keinen Unterschied machen, ob das streitgegenständliche

---

877 In der Rechtssache *Magill* wäre es für potentielle Wettbewerber nicht möglich gewesen, ohne die Programminformationen der irischen Fernsehsender die wöchentliche Programmzeitschrift als neues Programm herauszugeben, vgl. EuGH, Urteil vom 06. April 1995, verb. Rs. C-241/91 P u. C-242/91 P, ECLI:EU:C:1995:98, Slg. 1995, I-743, Rn. 47 – *Magill*.

878 In der Rechtssache *IMS-Health* wäre es Wettbewerbern ohne urheberrechtliche Lizenz für die Informationen über die Arzneimittelverkäufe nicht möglich gewesen, ein wettbewerbsfähiges Konkurrenzprodukt auf den Markt zu bringen, vgl. EuGH, Urteil vom 29. April 2004, Rs. C-418/01, ECLI:EU:C:2004:257, Slg. 2004, I-5069, Rn. 43 ff. – *IMS-Health*.

879 So auch *Fuchs*, NZKart 2015, 429, 435.

880 *Fuchs*, NZKart 2015, 429, 435.

Patent aufgrund einer durch eine SSO geschaffenen *de iure* Standardisierung oder aber *de facto* Standardisierung kraft eigener Marktdurchsetzung zu einem standard-essentiellen Patent geworden ist.[881] Der bloße Umstand, dass der *de iure* Standardisierung eine gemeinschaftliche Entscheidung unterschiedlicher Marktteilnehmer und damit korrespondierender gegenseitiger FRAND-Zusicherungen vorangeht, rechtfertigt keine Ungleichbehandlung im Lichte der Anforderungen an die Erteilung einer kartellrechtlichen Zwangslizenz.[882] Für die tatsächliche rechtliche Bewertung am Maßstab des kartellrechtlichen Missbrauchsverbots kommt es ausschließlich auf die (negativen) Auswirkungen für den Wettbewerb an, die aus der Lizenzverweigerung resultieren. Es ist nicht ersichtlich, warum sich die negativen Konsequenzen aus einer Lizenzverweigerung bei einem standard-essentiellen Patent aus einem *de iure* Standard anders auf den Wettbewerb auswirken sollte, als bei der Lizenzverweigerung aus einem *de facto* Standard.[883]

Letztlich kann auch der bloße Umstand der bestehenden FRAND-Zusage selbst kein valides Unterscheidungsmerkmal gegen die Anwendung der EuGH-Vorgaben auf weitere Missbrauchskonstellationen im Lichte des kartellrechtlichen Zwangslizenzeinwandes darstellen. Auch insofern ist der Patentverwender quasi gezwungen den Patentinhaber um eine Lizenz zu ersuchen, um den Zugang zu einem Markt zu erlangen.[884] Auch in einem solchen Fall ist der Patentinhaber selbst zunächst viel besser in der Lage, diskriminierungsfreie und angemessene Lizenzbedingungen zu formulieren, die der Patentverwender sodann akzeptieren oder aber ablehnen kann.

Anders dürfte sich die Übertragbarkeit zumindest im Hinblick auf das Erfordernis einer Abmahnung verhalten, da es hierbei auf die tatsächlichen Umstände des Einzelfalls ankommt. Die Verpflichtung dürfte unter dem Gesichtspunkt von Treu und Glauben zumindest nur dann erforderlich sein, wenn ein Standard eine unübersichtliche Fülle an Patenten enthält, die der Verwender des Standards nicht oder nur mit unverhältnismäßigem Aufwand überblicken kann. Einer

---

881 So etwa *Palzer*, EuZW 2015, 702, 706–707, der für die Unübertragbarkeit auf die wesentlichen Unterschiede der jeweiligen Sachverhalte verweist.

882 Zustimmend *Heinemann*, GRUR 2015, 855, 858.

883 So auch *Fuchs*, NZKart 2015, 429, 435, im Ergebnis auch *Bodewig*, GRUR Int. 2015, 626, 634 Fn. 61 und *Heinemann*, GRUR 2015, 855, 859; ablehnend *Hauck*, NJW 2015, 2767, 2770, *Palzer*, EuZW 2015, 702, 706 und *Kellenter/Verhauwen*, GRUR 2018, 761, 763, die die Weitergeltung der *Orange-Book-Standard* Vorgaben zumindest bei auslizenzierten Patenten ohne FRAND-Erklärung befürworten.

884 *Fuchs*, NZKart 2015, 429, 435.

Abmahnung bedarf es mit anderen Worten dann nicht, wenn der Patentverwender den Bestand an Patenten problemlos überblicken kann und die Abmahnung insofern zu einer bloßen Förmlichkeit „verkommt".

(iii) Bedeutung der EuGH-Rechtsprechung für die *Orange-Book-Standard*-Vorgaben

Die vorangegangene Bewertung der EuGH-Rechtsprechung in der Rechtssache *Huawei/ZTE* hat aufgezeigt, dass sich die vom Gerichtshof aufgestellten Vorgaben im Falle eines standard-essentiellen Patents unter gleichzeitiger Nichteinhaltung einer FRAND-Zusage nicht ausschließlich auf die entschiedene Konstellation beschränken lässt. Vielmehr müssen die Vorgaben auch dann zur Anwendung kommen, wenn die Lizenzverweigerung ganz generell in einem Marktmachtmissbrauch resultiert bzw. trotz kartellrechtlicher Lizenzerteilungspflicht eine patentrechtliche Unterlassungsklage angestrengt wird.[885] Dem patentrechtlichen Unterlassungsbegehren kann nach dieser Rechtsprechung somit der kartellrechtliche Zwangslizenzeinwand entgegengehalten werden, wenn es der Patentinhaber – unter Umständen nach einer vorherigen Abmahnung – unterlässt, einem Patentverwender trotz dessen ernsthafter Bereitschaft Lizenzverhandlungen aufzunehmen, ein schriftliches Angebot zu marktüblichen Konditionen anzubieten. Gestützt wird diese Annahme durch den Umstand, dass der Patentrechtsinhaber auch dann verpflichtet ist, einem (vermeintlich) patentverletzenden Verwender ein konkretes Lizenzangebot zu angemessenen Konditionen zu unterbreiten, wenn ihn ohnehin ein kartellrechtlicher Kontrahierungszwang trifft, sodass es auf die Frage einer FRAND-Zusage oder aber Essentialität für einen Standard ohnehin nicht ankommt. Die insofern diametral entgegenstehende Rechtsprechung in Sachen *Orange-Book-Standard* sollte der BGH in zukünftigen Verfahren somit zumindest insofern aufgeben, als dass es dem Patentverwender obliegt, ein unbedingtes Nutzungsangebot bzw. Lizenzierungsangebot zu unterbreiten.[886]

885 Zustimmend *Fuchs*, NZKart 2015, 429, 435, *Bodewig*, GRUR Int. 2015, 626, 634 Fn. 61; *Heinemann*, GRUR 2015, 855, 859; ablehnend *Hauck*, NJW 2015, 2767, 2770; *Pulzer*, EuZW 2015, 702, 706; *Kellenter/Verhauwen*, GRUR 2018, 761, 763.

886 Eine umfassende Auseinandersetzung mit der deutschen Instanzgerichtsrechtsprechung im Nachgang der EuGH-Entscheidung findet sich bei *Kellenter/Verhauwen*, GRUR 2018, 761, 765 ff.

e. Zusammenfassung

Mittels des kartellrechtlichen Zwangslizenzeinwandes wird einem Patentverwender die Möglichkeit eröffnet, sich gegen den patentrechtlichen Unterlassungsanspruch im Verletzungsprozess zur Wehr zu setzen. Dieser setzt voraus, dass dem Patentverwender ein Anspruch auf Erteilung einer Zwangslizenz zusteht, welcher sich auf ein missbräuchliches Verhalten des Patentinhabers nach Art. 102 AEUV (respektive §§ 19–20 GWB) stützt.

Nach den *Orange-Book-Standard*-Vorgaben des BGH muss der Lizenzsucher dem Patentinhaber entweder bereits vor der Benutzung ein angemessenes und unbedingtes Angebot auf Abschluss eines Lizenzvertrages gemacht haben oder muss ein solches Angebot nach Ablauf einer im Einzelfall zu bemessenen Prüfungspflicht nach Eingang der Verletzungsklage unterbreiten. Genießt das streitgegenständliche Patent in mehreren Staaten Schutz, so ist das Angebot umfassend abzufassen und muss für alle Länder einschlägig sein, in denen eine Benutzungshandlung erfolgt. Angemessen ist das Angebot immer dann, wenn der Patentinhaber es nicht ablehnen kann, ohne gleichermaßen gegen das kartellrechtliche Diskriminierungs- oder Behinderungsverbot in Form des Ausbeutungsmissbrauchs zu verstoßen. Hinsichtlich der konkreten Höhe des Lizenzentgeltes ist es dem Lizenzsucher gestattet, die Bemessung dann in das billige Ermessen des Patentinhabers zu stellen, wenn er sich weigert, Aussagen über die aus seiner Sicht angemessene Gebühr zu machen oder der Lizenzsucher diese für missbräuchlich überhöht erachtet. Zusätzlich muss der Lizenzsucher seine vorgreiflichen Lizenzverpflichtungen einhalten, was insbesondere die Pflicht beinhaltet, eine angemessene Lizenzgebühr zu entrichten oder aber zumindest eine solche zu hinterlegen.

Diese Vorgaben sind im Lichte der EuGH-Rechtsprechung in der Rechtssache *Huawei Technologies/ZTE* nach dem hier gefundenen Ergebnis in dieser Form nicht mehr aufrechtzuerhalten, da ein starres Festhalten an der *Orange-Book-Standard* Konzeption der Rechtsprechung des EuGH zuwiderläuft. Diese Rechtsprechungsvorgaben gelten in jedem Fall, wenn das streitgegenständliche Patent *de iure* standard-essentiell ist und von dem Patentinhaber eine korrespondierende FRAND-Erklärung abgegeben wurde. Nach dem hier gefundenen Ergebnis sprechen die überzeugenderen Argumente zudem dafür, dass die Vorgaben der Rechtsprechung nicht nur auf Sachverhaltskonstellationen mit *de facto* standard-essentiellen Patenten, sondern vielmehr auf alle Konstellationen anzuwenden sind, in denen die allgemeinen Voraussetzungen des kartellrechtlichen Zwangslizenzeinwandes vorliegen.

Für die vorliegende Untersuchung der defensiven Patentstrategie ist jedoch weniger die Erfüllung der Vorgaben der *Orange-Book-Standard*- oder aber *Huawei/ZTE*-Rechtsprechung problematisch, sondern vielmehr die Bejahung der strengen Vorgaben der Rechtsprechung nach denen eine generelle Lizenzverweigerung nach Art. 102 AEUV (respektive §§ 19–20 GWB) als missbräuchlichen zu bewerten ist. Liegen diese jedoch vor, ist eine Übertragung der vorgenannten Voraussetzungen des EuGH auch ohne ausdrückliche höchstrichterliche Entscheidung auf die generelle Lizenzverweigerung durchführbar. Gerade bei Patentdickichten ist der kartellrechtliche Zwangslizenzeinwand deswegen von grundsätzlicher Relevanz, weil zu beobachten ist, dass auch eine umfassende Patentrecherche nicht zwangsläufig zum Auffinden aller wesentlichen Schutzrechte führt. Wäre die Verweigerung einer Lizenz somit im Lichte des Marktmachtmissbrauchs rechtswidrig, obliegt es zunächst dem Patentinhaber, den (vermeintlichen) Patentverletzer abzumahnen und hierbei die konkrete Verletzungshandlung zu bezeichnen. Zusätzlich dazu muss der Patentinhaber, sofern der Patentverwender seine Lizenzverhandlungsbereitschaft nicht rundweg und unmissverständlich ablehnt, dem Patentverwender ein konkretes und schriftliches Lizenzangebot unterbreiten, welches diskriminierungsfreie und angemessene Konditionen beinhalten muss. Sodann obliegt es dem Patentverwender, das konkrete Angebot anzunehmen oder aber abzulehnen. Ist Zweiteres der Fall, muss er dem Patentinhaber unverzüglich ein schriftliches Lizenzierungsgegenangebot unterbreiten. Sollte der Patentverwender das streitgegenständliche Patent weiter benutzen, obliegt es ihm zusätzlich einen angemessenen Lizenzbetrag zu hinterlegen, um die weiteren Verhandlungen abzuwarten. Im Ergebnis lassen sich durch die Vorgaben des EuGH patentrechtlichen Blockadesituationen durch die defensive Patentstrategie somit unter bestimmten Voraussetzungen und unter gleichzeitiger Wahrung der jeweiligen Interessen beider Parteien auflösen.

§ 3. Schranken nach deutschem Recht *de lege ferenda*

Die evidente Zielsetzung der Blockade Dritter durch die hier beschriebene defensive Patentstrategie lässt ferner die Frage aufkommen, inwieweit mögliche Lösungsansätze nicht bereits im Rahmen der Patentanmeldung selbst oder im nachgelagerten Nichtigkeitsverfahren anknüpfen könnten.[887]

887 Im Ergebnis würde eine mögliche Schranke nicht nur im Nichtigkeitsverfahren Anklang finden, sondern gleichsam auch im Einspruchsverfahren, da die

Hierbei wäre zunächst die Implementierung eines subjektiven Elements im Rahmen der Patentanmeldung anzudenken, um den beschriebenen rechtlich unerwünschten Tendenzen bereits im Vorfeld entgegenzuwirken. Die bewusste innovations- und wettbewerbsfeindliche Gesinnung lässt Raum für die Überlegung, ob eine solche innerliche Einstellung des Schutzsuchenden mit dem Sinn und Zweck der Erteilung eines Schutzrechts überhaupt vereinbar ist, oder ob die subjektive Zwecksetzung nicht bereits gegen die Schutzwürdigkeit des Anmelders spricht. Erneut bietet sich hierfür eine vergleichende Betrachtung zum Markenrecht an, bei der die böswillige Markenanmeldung ein absolutes Eintragungshindernis im Rahmen des Anmeldeverfahrens darstellt. Sofern durchschlagende Gründe gegen eine Berücksichtigung subjektiver Elemente im patentamtlichen Erteilungsverfahren sprechen, ist des Weiteren ein solcher Lösungsansatz im nachträglichen Löschungsverfahren anzudenken, welcher sich ebenfalls im Markenrecht wiederfindet.

Neben diesen möglichen Lösungsansätzen auf der Ebene des Anmelde- respektive Nichtigkeitsverfahrens, muss zusätzlich über die (Wieder-)Einführung eines patentrechtlichen Ausführungszwangs nachgedacht werden. Objektiv betrachtet liegen die Vorteile eines solchen Ausführungszwangs auf der Hand, da der Inhaber eines Sperrpatents gesetzlich dazu verpflichtet wäre, sein Schutzrecht entweder zu weiteren FuE-Aktivitäten oder aber zur Produktion neuer Produkte einzusetzen – mithin Umstände, die dem technischen Fortschritt Rechnung tragen. Vielmehr noch könnte ein solcher „Zwang" eine insgesamt abschreckende Wirkung dergestalt entfalten, dass die Attraktivität von Patentanmeldungen zu reinen Blockadezwecken für Unternehmen erheblich sinkt und sich somit der Bestand ungenutzter Patente insgesamt verringert. Auch für diesen potentiellen Lösungsansatz bietet sich eine vergleichende Betrachtung mit dem Markenrecht an, da das geltende Markenrecht einen Ausführungszwang vorsieht und sich dessen Ausgestaltung unter Umständen auch auf das Patentrecht übertragen lässt.

A. Implementierung eines subjektiven Elements im Rahmen der Patentanmeldung

Das Patentsystem ist grundsätzlich frei von der Berücksichtigung subjektiver Elemente. Schaut man mit vergleichendem Blick auf die Gruppe der in vielen

---

Widerrufsgründe aus § 21 PatG sowohl im Rahmen des Einspruchs- als auch Nichtigkeitsverfahren anwendbar sind.

Teilen wesensgleichen gewerblichen Schutzrechte, entdeckt man im Markenrecht eine Vorschrift, die dem Grunde nach als Blaupause für den hier angedachten Lösungsansatz dienen könnte: das absolute Eintragungshindernis einer Markenanmeldung aufgrund bestehender Bösgläubigkeit des Markenanmelders gemäß § 8 Abs. 2 Nr. 14 MarkenG.[888] Hiernach sind Marken „Von der Eintragung ausgeschlossen […], die böswillig angemeldet worden sind.“ Anknüpfend an die der Vorschrift zugrunde liegenden gesetzgeberischen Wertung und deren konkreten Handhabung in der Praxis soll geprüft werden, ob sie nicht als Vorbild einer wesensgleichen patentrechtlichen Vorschrift dienen könnte.

I. Vergleichbarkeit mit der bösgläubigen Markenanmeldung

1. § 8 Abs. 2 Nr. 14 MarkenG als Ausgangspunkt

Die Bösgläubigkeit stellt seit der Reform des Geschmacksmustergesetzes vom 01. Juni 2004 im deutschen Markenrecht ein absolutes Eintragungshindernis eines Zeichens als Marke dar.[889] Der neu gefasste § 8 Abs. 2 Nr. 14 MarkenG tritt nunmehr an die Stelle des vormaligen Löschungsgrundes nach § 50 Abs. 1 Nr. 4 MarkenG a.F. und unterscheidet sich von diesem dadurch, dass eine potentielle Bösgläubigkeit nunmehr auch im Anmeldeverfahren zu berücksichtigen ist.[890] Ausgangspunkt für die Gesetzesänderung war die Annahme, dass bereits im Rahmen der Prüfung einer Markenanmeldung diverse Anhaltspunkte für die Feststellung einer vorliegenden Bösgläubigkeit des Anmelders bestehen können, die sodann zu der Versagung der Eintragung führen müssen. Der Gesetzgeber hielt es daher im Sinne der Rechtssicherheit für notwendig, das Entstehen von Monopolrechten auf der Basis immaterielle Güter bereits im Vorfeld zu unterbinden.[891] Durch die Novellierung sollten vor allem solche Fälle erfasst werden, bei denen Marken lediglich zum Zwecke der Begründung von Unterlassungs- und Schadensersatzansprüchen gegenüber Dritten angemeldet werden. Des Weiteren erhoffte sich der Gesetzgeber aus verfahrensökonomischer Sicht vor allem eine Vorbeugung von aufwendigen Löschungs- und

888 Markengesetz vom 25. Oktober 1994 (BGBl. I S. 3082; 1995 I S. 156; 1996 I S. 682), das zuletzt durch Artikel 4 des Gesetzes vom 4. April 2016 (BGBl. I S. 558) geändert worden ist.

889 Eingefügt mit Wirkung vom 01. Juni 2004 durch Art. 2 Abs. 9 Nr. 1 des Geschmacksmusterreformgesetztes vom 12. März 2004, BGBl. I 390, 405.

890 BGHZ 167, 278, 295 – *Fussball WM 2006.*

891 *Ingerl/Rohnke*, Markengesetz, 3. Auflage 2010, § 8, Rn. 295 sprechen dahingehend vom „*Vorfeldschutz*“.

Verletzungsverfahren durch Zeichen, die bereits löschungsreif eingetragen werden. Abschließend begründet der Gesetzgeber die Implementierung der bösgläubigen Markenanmeldung als absolutes Eintragungshindernis mit dem generellen Einschüchterungspotential einer Marke, welches durch die Versagung im Vorfeld gar nicht erst entstehen soll.[892]

a. Begriffliche Verortung der Bösgläubigkeit

Der Begriff der Bösgläubigkeit ist ein eigenständiger Terminus des Kennzeichenrechts, welcher Art. 3 Abs. 2 lit. d MRL[893] entnommen wurde und daher richtlinienkonform ausgelegt werden muss.[894] Als unbestimmter Rechtsbegriff ist die Bösgläubigkeit mangels gesetzlicher Definition in der MRL oder dem MarkenG durch eine eigenständige kennzeichenrechtliche Auslegung vom Rechtsanwender zu definieren, wobei ihm in der kennzeichenrechtlichen Anwendung eine andere Bedeutung zukommt als etwa in der deutschen Zivilrechtsdogmatik.[895] Von einer bösgläubigen Markenanmeldung ist im Wesentlichen in Sachverhalten auszugehen, die schon nach der Rechtslage des WZG unter Anwendung des

---

892 Vgl. Begr. des RegE des Geschmacksmusterreformgesetzes, BT-Drs. 15/1075, S. 67; BGHZ 167, 278, 295 – *Fussball WM 2006*; BGH, GRUR 2014, 385, 386 – *H15*; *Ströbele*, in: Ströbele/Hacker (Hrsg.), Markengesetz, 12. Auflage 2018, § 8, Rn. 892; *Fezer*, Markenrecht, 4. Auflage 2009, § 8, Rn. 662; *Fuchs-Wissemann*, in: Ekey/Bender/Fuchs-Wissemann (Hrsg.), Markenrecht, 3. Auflage 2014, § 8 Rn. 93.

893 Richtlinie 2008/95/EG des Europäischen Parlaments und des Rates vom 22. Oktober 2008 zur Angleichung der Rechtsvorschriften der Mitgliedstaaten über die Marken; seit 2016 ist nunmehr die Richtlinie 2015/2436 des Europäischen Parlaments und des Rates vom 16. Dezember 2015 zur Angleichung der Rechtsvorschriften der Mitgliedstaaten über die Marken in Kraft. Dort findet sich der entsprechende Begriff der Bösgläubigkeit in Art. 4 Abs. 2 MRL (2016).

894 Zur Feststellung, dass der Begriff der Bösgläubigkeit ein eigenständiger Begriff des Unionsrechts ist, vgl. EuGH, Rs. C-320/12, ECLI:EU:C:2013:435, GRUR 2013, 919, 920 – *Malaysia Dairy/Beschwerdeausschuss*; zur Notwendigkeit der richtlinienkonformen Auslegung nach deutschem Recht, siehe BGH, GRUR 2009, 780, 781 – *Ivadal*; BGH, GRUR 2009, 992, 993 – *Schuhverzierung*.

895 *Ströbele*, in: Ströbele/Hacker (Hrsg.), Markengesetz, 12. Auflage 2018, § 8, Rn. 900; *Fezer*, Markenrecht, 4. Auflage 2009, § 8, Rn. 664; *Fuchs-Wissemann*, in: Ekey/Bender/Fuchs-Wissemann (Hrsg.), Markenrecht, 3. Auflage 2014, § 8 Rn. 94; zur eigenständigen kennzeichenrechtlichen Bedeutung des Begriffs, BGH, GRUR 2000, 1032, 1033 – *EQUI 2000* und BGH, GRUR 2004, 510, 511 – *S 100*; der Begriff ist mithin umfassend harmonisiert, vgl. EuGH, Rs. C-320/12, ECLI:EU:C:2013:435, GRUR 2013, 919, 920 – *Malaysia Dairy/Beschwerdeausschuss*.

Lauterkeitsrechts als rechtsmissbräuchliche bzw. sittenwidrige Markenanmeldung anzusehen waren. Folglich sind die hierzu entwickelten Rechtsprechungsgrundsätze nach ganz herrschender Ansicht auch für die Bewertung heutiger Sachverhalte heranzuziehen.[896] Eine bösgläubige Markenanmeldung liegt hiernach immer dann vor, wenn diese als sittenwidrig oder rechtsmissbräuchlich zu bewerten ist.[897] Trotz des Umstandes, dass eine trennscharfe Definition der Bösgläubigkeit nur schwerlich gelingen wird[898] und diese anhand des Einzelfalls festgestellt werden muss,[899] ist in den allermeisten Fällen von einer Bösgläubigkeit in Fallkonstellationen des Behinderungswettbewerbs auszugehen.[900]

b. Fehlender Benutzungswille als Kriterium für die Beurteilung der Bösgläubigkeit

Die hier angeführten innovationshemmenden Wirkungen durch Sperrpatente beruhen vor allem darauf, dass deren Inhaber keinerlei Eigeninteresse an der Verwendung oder aber an einer Verwertung im Wege der Lizenzierung haben. Auch für die bösgläubige Markenanmeldung stellt sich zunächst die Frage, ob in dem fehlenden Benutzungswillen bei Anmeldung des Zeichens als Marke bereits von einer vorliegenden Bösgläubigkeit auszugehen ist. Marken stellen für Unternehmen Zeichen dar, mittels derer ihr Inhaber bestimmte Waren oder Dienstleistungen im geschäftlichen Verkehr als Herkunftshinweis monopolisiert.[901]

896 Zur Heranziehung der entsprechenden Grundsätze des allgemeinen Wettbewerbsrechts, siehe BGH, GRUR 1998, 412, 414 – *Analgin*; BGH, GRUR 2000, 1032, 1034 – *EQUI 2000*; BGH, GRUR 2009, 992, 993 – *Schuhverzierung*; BGH, GRUR 2010, 1034, Rn. 13 – *LIMES LOGISTIK*; *Fezer*, Markenrecht, 4. Auflage 2009, § 8, Rn. 664; *Fuchs-Wissemann*, in: Ekey/Bender/Fuchs-Wissemann (Hrsg.), Markenrecht, 3. Auflage 2014, § 8, Rn. 94; *Lange*, Marken- und Kennzeichenrecht, 2. Auflage 2012, § 3, Rn. 1127, jeweils m.w.N.

897 *Fezer*, Markenrecht, 4. Auflage 2009, § 8, Rn. 664.

898 Siehe hierzu *Grabrucker*, Mitteilungen 2008, 532, 536 sowie *Osterloh*, in: Ahrens/Bornkamm/Kunz-Hallstein (Hrsg.), FS Ullmann, 2006, 347, 354.

899 *Fuchs-Wissemann*, in: Ekey/Bender/Fuchs-Wissemann (Hrsg.), Markenrecht, 3. Auflage 2014, § 8 Rn. 94.

900 *Fezer*, Markenrecht, 4. Auflage 2009, § 8, Rn. 664.

901 Gemeinhin wird der Marke die Herkunftskennzeichnung von Waren und Dienstleistungen als Hauptfunktion zugesprochen (Herkunftsfunktion), daneben treten jedoch noch weitere Funktionen, wie etwa Vertrauens-, Qualitäts-, Garantie,- Werbe-, Kommunikations-, Vertriebsfunktion, etc., siehe hierzu *Fezer*, Markenrecht, 4. Auflage 2009, Einl. D MarkenG, Rn. 1 ff.; *Lange*, Marken- und Kennzeichenrecht, 2. Auflage 2012, § 1, Rn. 17 ff.

Dies lässt jedoch nicht den Umkehrschluss zu, dass bei der Anmeldung eines Zeichens als Marke ein bestehender Geschäftsbetrieb bereits vorliegen muss, da die Marke dem Prinzip der Nichtakzessorietät folgt.[902] Vielmehr ist auch bei Nichtbestehen eines auf die Produktion der Waren oder Dienstleistungen gerichteten Geschäftsbetriebs nicht grundsätzlich von der Bösgläubigkeit des Anmelders auszugehen.[903] Dies entbindet den Anmelder jedoch nicht davon, zumindest einen generellen Benutzungswillen zu hegen,[904] welcher bereits vorliegt, wenn das angemeldete Zeichen beispielsweise einem Dritten im Wege der Lizenz zugänglich gemacht werden soll.[905] In aller Regel wird die fehlende Absicht zum Zeitpunkt der Eintragung jedoch nicht evident sein, weswegen der bestehende Benutzungswille grundsätzlich – wiederlegbar – vermutet werden muss.[906]

2. Gezielte Behinderungsabsicht als erforderliches Merkmal der Bösgläubigkeit

Da aufgrund der unternehmerischen Entscheidungsfreiheit des Anmelders durch den fehlenden Benutzungswillen der Marke nicht per se auf dessen Bösgläubigkeit zu schließen ist, bedarf es zusätzlicher Momente der Unlauterkeit, die nach objektiver Wertung zur positiven Feststellung der Bösgläubigkeit führen. Von bestehender Bösgläubigkeit ist auszugehen, wenn es dem Anmelder in erster Linie nicht darum geht das Zeichen markenmäßig zu verwenden, sondern vielmehr darum, andere an der Nutzung der Marke zu hindern.[907] Sofern diese

902 Die frühere Voraussetzung unter dem WZG, nach dem der Markenanmelder ein Geschäftsbetrieb unterhalten musste, wurde nicht in das Markengesetz übernommen, vgl. BGH, GRUR 2001, 242, 244 – *Classe E*; näher dazu auch *Fezer*, Markenrecht, 4. Auflage 2009, § 3, Rn. 179 ff.

903 *Ströbele*, in: Ströbele/Hacker (Hrsg.), Markengesetz, 12. Auflage 2018, § 8, Rn. 916; *Ingerl/Rohnke*, Markengesetz, 3. Auflage 2010, § 8, Rn. 303.

904 So die weit überwiegende Meinung, siehe BGH, GRUR 2001, 242, 245 – *Classe E*; BGH, GRUR 2009, 780, 782 – *Ivadal*; *Fezer*, Markenrecht, 4. Auflage 2009, § 3, Rn. 230; *Ströbele*, in: Ströbele/Hacker (Hrsg.), Markengesetz, 12. Auflage 2018, § 8, Rn. 917; *Lange*, Marken- und Kennzeichenrecht, 2. Auflage 2012, § 3, Rn. 1152; *Füllkrug*, WRP 2006, 664, 665; kritisch hingegen *Ingerl/Rohnke*, Markengesetz, 3. Auflage 2010, § 8, Rn. 303.

905 BGH, GRUR 2001, 242, 244 – *Classe E*; BGH, GRUR 2009, 780, 782 – *Ivadal*; BPatG, GRUR 2012, 840, 841 – *soulhelp*.

906 BGH, GRUR 2001, 242, 245 – *Classe E*; BGH, GRUR 2009, 780, 782 – *Ivadal*.

907 Grundlegend EuGH, Rs. C-529/07, ECLI:EU:C:2009:361, Slg. I 2009, 4918, GRUR 2009, 763, 764 – *Lindt&Spüngli/Hauswirth* sowie BGH, GRUR 2009, 780, 781 – *Ivadal*.

Umstände hinzu, kann auch die massenhafte Markenanmeldung als bösgläubig zu bewerten sein.[917]

3. Das Merkmal der Bösgläubigkeit im behördlichen Prüfungsverfahren

In zeitlicher Hinsicht ist für die Feststellung der Bösgläubigkeit im Anmeldeverfahren nach der Rechtsprechung des EuGH,[918] und mittlerweile auch der des BGH,[919] der Zeitpunkt der Anmeldung maßgeblich, nicht hingegen eine erst später auftretende Bösgläubigkeit nach Erteilung des Schutzrechts.[920] In praktischer Hinsicht ist der zu beachtende Prüfungsmaßstab für die Feststellung der Bösgläubigkeit gem. § 37 Abs. 3 MarkenG lediglich auf dessen Ersichtlichkeit zum Zeitpunkt der Anmeldung beschränkt.[921] Aus verfahrensökonomischen Gesichtspunkten soll die reine Beschränkung auf die Ersichtlichkeit den Prüfer von einer schwierigen und umfangreichen Nachforschung sowie Beweiserhebung befreien.[922] Als ersichtlich im Sinne der Vorschrift werden solche Fälle sein, die für den Prüfer unter Zuhilfenahme seines eigenen Fachwissens, unter Zugrundelegung der Anmeldeakte sowie des Recherche- und Prüfungsmaterials und den Informationen aus öffentlich zugänglichen Quellen erkennbar sind.[923] Hierdurch soll nach dem Willen des Gesetzgebers gewährleistet werden, dass zumindest solche Marken nicht „sehenden Auges" eingetragen werden, die aufgrund der Gesamtumstände von Anfang an löschungsreif sind.[924] Dies wird

---

917 Siehe ferner BPatG, Beschluss vom 1.4.2011, 28 W (pat) 588/10 – *LEV* = BeckRS 2011, 11393, bei dem der 28. Senat feststellte, dass die Bösgläubigkeit noch nicht aus der Vielzahl der Anmeldungen geschlossen werden kann; zustimmend auch *Müller/Laudonio*, GRUR Int. 2012, 417, 421.

918 EuGH, Rs. C-529/07, ECLI:EU:C:2009:361, Slg. I 2009, 4918, GRUR 2009, 763, 764 – *Lindt&Spüngli/Hauswirth*; wiederholt von EuGH, Rs. C-320/12, ECLI:EU:C:2013:435, GRUR 2013, 919, 921 – *Malaysia Dairy/Beschwerdeausschuss.*

919 BGH, GRUR 2013, 1143, 1143–1144 – *Aus Akten werden Fakten* unter Aufgabe der bisherigen Entscheidungspraxis, nach der auf den Eintragungszeitpunkt abgestellt wurde und nicht auf den Anmeldungszeitpunkt.

920 Für die Frage nach der Berücksichtigung zusätzlicher Umstände vor und nach der Anmeldung, siehe *Ströbele*, in: Ströbele/Hacker (Hrsg.), Markengesetz, 12. Auflage 2018, § 8, Rn. 911–912.

921 Vgl. dazu die Auseinandersetzung bei *Lange*, Marken- und Kennzeichenrecht, 2. Auflage 2012, § 3, Rn. 573.

922 BGHZ 53, 339, 342 – *Euro-Spirituosen.*

923 *Fezer*, Markenrecht, 4. Auflage 2009, § 37, Rn. 25; *Ströbele*, in: Ströbele/Hacker (Hrsg.), Markengesetz, 12. Auflage 2018, § 8, Rn. 914.

924 Begr. des RegE des Geschmacksmusterreformgesetzes, BT-Drs. 15/1075, S. 68.

mit Blick auf die mögliche Bösgläubigkeit nur in den seltensten Fällen vorkommen und wohl nur in absolut offensichtlichen Situationen zu einer Versagung der Eintragung führen, da die wirtschaftlichen Umstände und Motivation des Anmelders nicht Teil der Anmeldung sind.[925] Aufgrund der Tatsache, dass die subjektive Motivation meist nur anhand der objektiven Bewertung im Nachgang der Anmeldung bewertet werden kann, ist der Hauptanwendungsfall der Bösgläubigkeit nach wie vor im Verfalls- bzw. Nichtigkeitsverfahren angesiedelt.[926] Als Korrektiv zu der nur unzureichenden Prüfung der Gesamtumstände auf ihre Ersichtlichkeit hin im Anmeldeverfahren, hat der Gesetzgeber eine vollumfängliche Prüfung aller Umstände erst im Verfalls- bzw. Nichtigkeitsverfahren nach §§ 54 Abs. 1 i.V.m. § 50 Abs. 1 MarkenG vorgesehen.

4. Zusammenfassung der gefundenen Erkenntnisse

Die Ausführungen machen erneut deutlich, dass zwischen Sperr- und Spekulationsmarken auf der einen Seite sowie Sperrpatenten und Patentdickichten auf der anderen Seite offensichtliche Parallelen dahingehend bestehen, dass Schutzrechte bewusst in der Weise eingesetzt werden, Dritte zu behindern.[927] Spekulationsmarken ähneln Patendickichten insofern, als dass in beiden Konstellationen immaterielle Güter massenhaft angemeldet werden, um eine Vielzahl an Schutzrechten zu generieren, die nicht den eigenen wirtschaftlichen Zwecken dienen, sondern vielmehr einklagbare Rechte schaffen sollen. Neben der sprachlichen Nähe einer Sperrmarke und einem Sperrpatent ist die konkrete Verwendung beider gewerblicher Schutzrechte sogar nahezu identisch.[928] Auch wenn die praktische Bedeutung aufgrund des rein auf Ersichtlichkeit beruhenden Prüfungsmaßstabs im markenrechtlichen Anmeldeverfahren eher gering ist, wäre eine ähnliche patentrechtliche Vorschrift mit einem umfangreicheren Prüfungsmaßstab grundsätzlich denkbar. Fraglich wäre somit zum einen, wie eine derartige patentamtliche Prüfung ausgestaltet werden müsste und zum anderen, ob

---

925 Kritisch dazu *Lange*, Marken- und Kennzeichenrecht, 2. Auflage 2012, § 3, Rn. 1126.

926 Dies ergibt sich auch aus den Ausführungen bei *Ströbele*, in: Ströbele/Hacker (Hrsg.), Markengesetz, 12. Auflage 2018, § 8, Rn. 912–914.

927 Siehe auch den Versuch Leitlinien für die unüberblickbare Kasuistik der Rechtsprechung bzgl. Sperr- und Spekulationsmarken herauszuarbeiten bei *Ohly*, in: Ohly/Sosnitza (Hrsg.), UWG, 7. Auflage 2016, § 4, Rn. 4/78 ff.

928 Im Ergebnis so auch *Ohly*, GRUR Int. 2008, 787, 795, der jedoch gleichzeitig darauf hinweist, dass erhebliche Unterschiede zwischen Marken und Patente existieren, was eine unbesehene Übertragung markenrechtlicher Wertungen auf das Patent nicht zulässt.

gegen einen solchen Lösungsansatz keine durchgreifenden Bedenken bestehen, die trotz legitimer Zielsetzung gegen die Implementierung eines subjektiven Elements im Rahmen der Patentanmeldung sprechen.

II. Übertragung der gefundenen Erkenntnisse auf das geltende Patentsystem

Für die Implementierung eines subjektiven Elements im Rahmen des Patentrechts lassen sich grundsätzlich zwei Anknüpfungspunkte ausmachen: als patentrechtliches Eintragungshindernis, welches bereits im Erteilungsverfahren berücksichtigt werden müsste, und als nachträglicher Löschungsgrund, welcher im gerichtlichen Nichtigkeitsverfahren eigenständig geltend gemacht werden könnte und bei positiver Feststellung zur Nichtigerklärung des Patents führen würde.

1. Implementierung eines subjektiven Elements als Schutzhindernis für die Patenterteilung

Die Einführung einer Vorschrift nach dem Vorbild des § 8 Abs. 2 Nr. 14 MarkenG bedarf aus patentrechtlicher Sicht die Existenz zweier kumulativ vorliegender Faktoren: Zum einen müsste es für den Patentprüfer grundsätzlich möglich sein, bereits im Rahmen der Patentanmeldung potentielle, bezweckte oder ausbaufähige Blockadesituationen überhaupt hinreichend zu lokalisieren. Zum anderen müsste der Prüfer zudem auf Grundlage einer solchen Feststellung, anhand der allgemein zugänglichen und ersichtlichen Informationen objektiv betrachtet die Möglichkeit haben, Rückschlüsse auf die subjektive Intention des Anmelders zu ziehen, um abschließend über das Bestehen oder Nichtbestehen der Bösgläubigkeit befinden zu können. Im Gegensatz zur markenrechtlichen Rechtsfolge, nach der die Eintragung aufgrund der festgestellten Bösgläubigkeit gänzlich versagt wird, dürfte die patentrechtliche Rechtsfolge lediglich zu einer sekundären Darlegungspflicht des Anmelders führen und es diesem sodann obliegen, die Bösgläubigkeit zu widerlegen. Nur so kann eine zu weitreichende Umgehung des gebundenen öffentlich-rechtlichen Anspruchs auf Patenterteilung bei Vorliegen der objektiven Patentiervoraussetzungen verhindert werden.

a. Möglichkeit der empirischen Auffindbarkeit von Blockadesituationen

Rein faktisch ist die Feststellung von patentrechtlichen Blockadesituationen im Rahmen der Anmeldung im Wege der sog. Zitatanalyse[929] möglich, da bei

929 Also die Auswertung der jeweils in Patentschriften verweisenden Zitierungen.

einer starken Vernetzung der relevanten Schutzrechte die Dichte im Vergleich zu deren Umfeld sichtbar wird.[930] Der insoweit vielversprechendste Ansatz zur Lokalisierung von Sperrpatenten und Dickichten wurde von *von Graevenitz/Wagner/Harhoff* formuliert, die ein Modell entwickelten, wonach gezielt nach patentinduzierten Blockadesituationen gesucht werden kann.[931] In einem ersten Schritt bedarf es hierfür der Bestimmung und Abgrenzung des Technologiefeldes, in dem das Dickicht oder die konkrete Sperrposition vermutet wird. Des Weiteren muss in einem zweiten Schritt eine weitere Eingrenzung dahingehend vorgenommen werden, dass diejenigen Patentinhaber ermittelt werden, die für die jeweils konkrete Technologie relevante Schutzrechte halten. In einem dritten Schritt werden diejenigen Schutzrechtsinhaber ausfindig gemacht, auf die durch die Zitation auf ein anderes Patent verwiesen wird, mithin also auf die jeweiligen Inhaber von Sperrpatenten, die eine Blockadeposition gegenüber prioritätsjüngeren Patenten innehaben, da diese Schutzrechte nur durch eine Lizenzerteilung verwendet werden dürfen.[932]

Durch diese Vorgehensweise werden die konkret bestehenden bilateralen Sperrpositionen zwischen den jeweiligen Patentinhabern sichtbar. Mittels dieser Methode lassen sich jedoch keine völlig neuen Sperrpositionen ermitteln, wie sie beispielsweise bei Grundlageninnovationen auftreten können, da hierfür erst noch Patente angemeldet werden müssen, die auf die Grundlageninnovation aufbauen und nicht ohne deren nachfolgende Lizenzierung kommerzialisiert werden können. Bestehen in dem jeweiligen Technologiebereich jedoch noch so gut wie keine weiteren Schutzrechte, könnte dies zumindest für ein besonders geeignetes Basispatent sprechen, dem eine besonders starke Sperrposition in der Zukunft zukommen wird.

Neben der Feststellung rein bilateraler Sperrpositionen lassen sich durch diese Methode vor allem auch Patentdickichte ermitteln. Zum einen lässt sich ein Dickicht bereits durch die bestehenden Schutzrechte eines einzelnen Patentinhabers erkennen, wenn gewissermaßen eine enge Verweisungskette zwischen

---

Abgeleitet von dem Wort *cites,* welche die Verweise des Schutzrechts auf ein prioritätsälteres Patent umschreiben, vgl. dazu *Königs*, Patentpools, 2014, S. 206–207.

930 Vgl. zu dieser Methode *Ziedonis*, Management Science 2004, 804, 809 ff.; siehe auch *Clarkson*, Objective Identification of Patent Thickets, 2004, S. 23 und 58, bei der der Autor das Dickicht der MPG2-Technologie graphisch darstellt.

931 *von Graevenitz/Wagner/Harhoff*, Economics Letters 2011, 6, 7 ff.

932 Diese bloße Erkenntnis bedeutet jedoch nicht, dass auch faktisch eine Blockadesituation auf dem Markt besteht, da bestehende Lizenzvereinbarungen weder eintragungs- noch meldepflichtig sind, vgl. hierzu ausführlich unten, Kapitel 2, § 1, B, II, 1–2.

den bestehenden Schutzrechten einer bestimmten Technologie und den nachfolgenden Anmeldungen existiert. Zum anderen können von den bilateralen Sperrpositionen zusätzlich trilaterale Sperrpositionen extrahiert werden, also Konstellationen, in denen sich mindestens drei Patentinhaber gegenseitig blockieren.[933] Je mehr bilaterale, trilaterale oder noch größere Blockadesituationen für eine konkrete Technologie ermittelt werden, desto dichter ist das jeweilige Patentdickicht.[934] Trotz des erheblichen Aufwandes, der von dem jeweiligen Prüfer bei dieser Methode abverlangt werden würde, wäre dies die einzige faktisch durchführbare Möglichkeit, Sperrpositionen und Patentdickichte im Rahmen der Anmeldung zu lokalisieren.

Neben der positiven Feststellung existierender Blockadesituationen im Sinne von Sperrpatenten und/oder Patentdickichten muss zusätzlich noch die Bösgläubigkeit in der Person des Anmelders bejaht werden. Wie bei der Markenanmeldung erfordert dies ebenfalls eine positive Feststellung dahingehend, dass die Patentanmeldung in erster Linie mit der Absicht der Behinderung Dritter erfolgt und eigene Interessen an der technischen Lehre, wenn überhaupt, nur eine untergeordnete Rolle spielen. Im Ergebnis muss der Patentprüfer sich wie im Rahmen der Markenanmeldung anhand der objektiv verfügbaren Daten über den Anmelder ein Bild machen können, um auf Grundlage dieser Angaben eine möglicherweise bestehende Bösgläubigkeit bewerten zu können.

b. Rechtliche Bewertung des Lösungsansatzes

So sinnvoll die Implementierung eines subjektiven Elements im Rahmen der Patentanmeldung auf den ersten Blick erscheinen mag, so gewichtig sind auf den zweiten Blick die Gründe, die gegen einen solchen Lösungsansatz sprechen. Die Implementierung eines subjektiven Elements im Patenterteilungsverfahren nach dem Vorbild des § 8 Abs. 2 Nr. 14 MarkenG stößt auf eine Vielzahl von Bedenken, die in ihrer Gesamtschau schwerer wiegen, als der wünschenswerte Effekt, eine Vorfeldmaßnahme für innovationsfeindliche Tendenzen zu schaffen.

---

933 Dies lässt sich stetig erweitern auf Vierer-, Fünfer-, Sechsergruppen etc., vgl. *von Graevenitz/Wagner/Harhoff*, Economics Letters 2011, 6, 7 ff.

934 Dieses Modell wird auch bei *Königs*, Patentpools, 2014, S. 207 dargestellt. Vgl. hierzu auch *Régibeau/Rockett*, Competition Reports, November 2011, S. 35 ff., die richtigerweise auf den erheblichen Aufwand dieser Methode hinweisen, siehe dazu S. 15.

i. Gesetzgeberische Entscheidung für ein rein objektives Patentanmeldeverfahren

Gegen die Implementierung eines subjektiven Elements spricht insbesondere die gesetzgeberische Wertung des Patenterteilungsverfahrens als Verwaltungsverfahren auszugestalten, welches auf rein objektiven Kriterien fußt.[935] Hiernach ist es Aufgabe der Behörde, aus materiell-rechtlicher Sicht zu prüfen, ob die Voraussetzungen der Patentierbarkeit vorliegen oder nicht.[936] Ist dies der Fall, hat der Erfinder einen von Art. 14 Abs. 1 GG geschützten und gebundenen öffentlich-rechtlichen Anspruch auf Erteilung des Schutzrechts in Form des Patents.[937] Ein Ermessen bezüglich der Erteilung selbst oder die Berücksichtigung subjektiver Elemente hat weder einen gesetzlichen Niederschlag gefunden noch bestehen hierauf gerichtete Hinweise in den Richtlinien des DPMA oder EPA bezüglich des Erteilungsverfahrens.[938] Im Gegenteil ist das Patentamt bei Vorliegen der formalen und materiellen Voraussetzungen vielmehr verpflichtet, das Patent „*ohne auch nur den Hauch eines Ermessensspielraums*“[939] zu erteilen.[940]

Des Weiteren ist zu konstatieren, dass der Gesetzgeber die Patenterteilung auch aus anderen Gründen ganz bewusst auf rein objektive Kriterien gestützt hat, ohne die zugrundeliegende Intention des Anmelders zu berücksichtigen. Der Erfinder wird mit dem Ausschließlichkeitsrecht belohnt, um hierdurch hinreichende Anreize zu schaffen, sich durch das Patent selbst wettbewerblicher Vorteile zu erarbeiten und für die Allgemeinheit den technischen Fortschritt zu fördern. Diese Zweckförderung bedarf keines subjektiven Elements, sondern

---

935 Für die Feststellung, dass die Patenterteilung das Ergebnis eines Verwaltungsverfahrens ist, welches sich in das herkömmliche System staatlicher Handlungsformen einfügt, siehe *König*, GRUR 1999, 809.

936 Vgl. § 1 Abs. 1 PatG: „Patente werden für Erfindungen auf allen Gebieten der Technik erteilt, sofern sie neu sind, auf einer erfinderischen Tätigkeit beruhen und gewerblich anwendbar sind.“

937 BVerfG, GRUR 2003, 723 – *Rechtsprechungstätigkeit*.

938 Vgl. auch die Richtlinien für die Prüfung von Patenanmeldungen vom 01. März 2004 des DPMA, bei dem es unter Punkt 3.8.1. Erteilungsbeschluss (§ 49 PatG) heißt, dass die Prüfstelle die Erteilung beschließt, sofern die Patentfähigkeit der §§ 1–5 PatG besteht, die Anmeldung den rechtlichen Anforderungen der §§ 34, 37, 38 PatG genügt und mögliche Mängel nach § 45 Abs. 1 PatG beseitigt wurden.

939 So die Formulierung bei *Ahrens*, Gewerblicher Rechtsschutz, 2008, Rn. 154; in diesem Sinne auch *Jestaedt*, Patentrecht, 2. Auflage 2008, Rn. 437.

940 Aufgrund der Gebundenheit des Anspruchs wären auch anderslautende Verwaltungsvorschriften rechtlich unbeachtlich.

ist durch die objektiv beurteilbaren Kriterien der neuen technischen Erfindung, die den Stand der Technik mehrt und gewerblich anwendbar ist, hinreichend erfüllt. Eine mögliche Versagung des Patentschutzes trotz objektiver Erfüllung der Patentiervoraussetzungen würde überdies auch gegen die gesetzliche Wertung aus § 6 S. 1 PatG verstoßen, wonach dem Erfinder das Recht an der Erfindung zusteht.[941]

ii. Fehlender Beurteilungsmaßstab für die Bösgläubigkeit

Als weiterer Punkt wäre die fehlende Beurteilungsmöglichkeit der Bösgläubigkeit anzuführen. Ausgehend von der Prämisse, dass kein Anmelder im Rahmen der Anmeldung missbräuchliche Absichten oder etwaige Tendenzen offen zugeben würde,[942] müsste die Beurteilung der Motivation des Anmelders anhand objektiver Kriterien erfolgen. Diese können im Zweifel einen Rückschluss auf die Motivation des Anmelders aus einer *ex-post*-Betrachtung zulassen. Dennoch sind sie nicht geeignet, das Problem zu lösen, da die jeweiligen Kriterien für sich genommen nämlich *ex-ante* betrachtet nichts über die zukünftige Verwendung der zur Anmeldung stehende Erfindung aussagen. Gerade im Falle eines Patents ist die konkrete zukünftige Verwertungsmöglichkeit zum Zeitpunkt der Anmeldung oft noch nicht ausreichend ersichtlich und hängt von vielen unterschiedlichen Faktoren ab, die unter Umständen durch den Anmelder gar nicht selbst beeinflusst werden können.[943]

Zusätzlich ist hierbei zu berücksichtigen, dass das Halten vieler Patente; deren Geltendmachung; die Forderung hoher Lizenzgebühren; das Anmelden vieler kleinteiliger Entwicklungsschritte;[944] die generelle Verweigerung der Lizenzvergabe und auch die generelle Nichtbenutzung der Erfindung allesamt (patentrechtlich) rechtmäßige Vorgänge sind, welche unter Umständen wirtschaftlich nachvollziehbar, geboten oder sogar notwendig sind und folglich bereits von diesem Standpunkt aus schon nicht für eine Bewertung der Motivation des Anmelders bezüglich der Verwendung eines zur Anmeldung stehenden Schutzrechts

941 Bzw. dem hiermit korrespondierenden Recht des Anmelders aus § 7 Abs. 1 PatG, dem das gleiche Recht zu Teil wird.

942 *Eilmansberger*, EuZW 1992, 625, 630.

943 So auch *Haedicke*, in: Haedicke/Timmann (Hrsg.), Handbuch des Patentrechts, 2012, § 1, Rn. 162.

944 Im Hinblick auf massenhafte Patentanmeldung zur Schaffung von Patentdickichten resultieren noch weitere Probleme im Rahmen der Feststellung einer potentielle Bösgläubigkeit, welche in der grundsätzlichen Benutzung von Schutzrechten in Patentdickichten selbst begründet sind, vgl. dazu sogleich.

dienen können.[945] Aus einem solchen rechtlich erlaubten Verhalten eine rechtsfeindliche Gesinnung abzuleiten und zudem belastbare Aussagen für die zukünftige Verwendung des Schutzrechts zu treffen, erscheint weder möglich noch mit dem geltenden Recht vereinbar, vor allem dann nicht, wenn diese Bewertung über die Erteilung eines Schutzrechts entscheiden soll, dessen Gegenstand die Anforderungen des § 1 PatG erfüllt.

iii. Mangelnde Praktikabilität

Abgesehen von der Tatsache, dass dem Grunde nach keine verlässlichen objektiven Parameter und Prüfungsmaßstäbe für die Feststellung der Bösgläubigkeit herangezogenen werden können, ist es mit Blick auf die bereits bestehende Belastung der Patentämter unmöglich, den oben angeführten empirischen Prüfungsansatz praktisch durchzuführen, ohne dass die bereits langwierige Phase der Patentanmeldung noch zusätzlich ernstlich verlängert und verteuert werden würde. Der Aufwand für die Feststellung bestimmter Blockadesituationen oder Patentdickichte dürfte nicht unerheblich sein, wenn man bedenkt, dass zunächst bestimmte Technologiebereiche abgegrenzt werden müssen, um anschließend alle relevanten Patentinhaber und deren jeweiligen bilateralen, trilateralen etc. Blockadesituationen zu ermitteln. Grundsätzlich könnte dem Problem dadurch Abhilfe geschaffen werden, dass gezielt Patentdickichte und eklatante Blockadesituationen unabhängig von einer konkreten Anmeldung ermittelt und hierüber eine Datenbank angefertigt wird, auf die im Rahmen der Anmeldung vom Patentprüfer zurückgegriffen werden kann. Die weitere Problematik ergibt sich jedoch in der praktischen Auswertung der so gefundenen Ergebnisse. Ob sichtbare bilaterale Sperrpositionen, Umzäunungstaktiken oder sogar Patentdickichte auf dem Markt tatsächlich eine negative Auswirkung haben, wird durch die bloße Feststellung der Existenz nicht ersichtlich, da es keine Eintragungs- oder Meldepflicht im Hinblick auf Lizenzvereinbarungen gibt. Die Beschaffung dieser Informationen dürfte auch schwerlich möglich sein, da die Informationserlangung dem Grunde nach nur durch eine Marktbefragung möglich wäre, bei der zum einen direkte Wettbewerber, aber auch potentielle Lizenznehmer ausfindig gemacht und befragt werden müssten. Auch dies erscheint weder praktikabel noch zeitlich durchführbar. Im Ergebnis scheitert die Implementierung somit

945 Dies bedeutet nicht, dass derartige Verhaltensmuster nicht rechtsmissbräuchlich im Sinne des § 242 BGB sein können oder aber gegen andere gesetzliche Vorgaben verstoßen. Hierfür bedarf es jedoch stets eine gerichtliche Feststellung im Einzelfall und ist keiner allgemeinverbindlichen Aussage zugänglich.

auch an der praktischen Durchführbarkeit der empirischen Nachforschung und anschließender Bewertung der potentiellen Bösgläubigkeit eines Anmelders.

iv. Erhebliche Rechtsunsicherheiten

Abschließend würde ein solches Vorgehen auch zu einer erheblichen Rechtsunsicherheit führen. Ein auf objektiven Kriterien basierender Patentschutz verkommt in gewisser Weise zu einem „Gesinnungs-Schutzrecht", dessen Erteilung nicht mehr von rein objektiven Kriterien abhängt, die an die geistige technische Schöpfung anknüpfen und überprüfbar sind, sondern zusätzlich von der subjektiven Auffassung und Bewertung des jeweiligen Patentprüfers. Eine solche Herangehensweise ist jedoch ebenfalls nicht mit dem gebundenen öffentlichrechtlichen Anspruch auf Erteilung des Schutzrechts vereinbar, sofern alle Voraussetzungen der Patentierbarkeit vorliegen und dem Patentamt kein weiterer Beurteilungsspielraum mehr verbleibt.[946] Problematisch ist in diesem Zusammenhang auch der Umstand, dass Patente zum einen sensible technische Bereiche abdecken, welche kritische moralische und ethisch Fragen aufwerfen[947] und sich zum anderen teilweise einer zunehmenden medialen Aufmerksamkeit „erfreuen", welche in vielen Fällen nicht unbedingt positive Entwicklungen im Zusammenhang mit dem Schutzrecht beleuchten. Zumindest besteht die Gefahr der externen Einflussnahme dadurch, dass sich Unternehmen mit aggressiven Patentstrategien einen bestimmten Ruf „erarbeiten", der ihnen anhaftet und sich unterbewusst negativ auf die Prüfung selbst auswirken könnte. Abschließend ist somit eine Vermengung objektiver Tatbestandsvoraussetzungen mit subjektiven Elementen im Ganzen für den Patentschutz abträglich und somit im Ergebnis entschieden abzulehnen.[948]

---

946 So auch *Stortnik*, in: Fitzner/Lutz/Bodewig, Patentrechtskommentar, 4. Auflage 2012, Vor. § 34, Rn. 38 unter Verweis auf BGH, GRUR 1969, 562, 563 – *Appreturmittel*.

947 Man denke hier nur an Patente aus der Pharma- und Biotechnologieindustrie, bei denen es schnell zu grundsätzlichen ethischen und moralischen Fragestellungen kommen kann, die stark divergierende und zumeist höchstpersönliche Meinungen und Ansichten berühren.

948 So auch *Jung*, ZWeR 2004, 379, 392, der hinreichende Lösungsmöglichkeiten im Kartellrecht verortet.

2. Implementierung eines subjektiven Elements als patentrechtlicher Widerrufsgrund

Ferner ließe sich über die Einführung eines subjektiven Elements am Maßstab der Bösgläubigkeit im Rahmen des patenrechtlichen Nichtigkeitsverfahrens nachdenken, da viele der eben angeführten Kritikpunkte in einem nachgelagerten Nichtigkeitsverfahren auf den ersten Blick weniger Bedenken auslösen. Wie im Markenrecht gem. § 50 Abs. 1 MarkenG[949] könnte eine zum Zeitpunkt der Patentanmeldung bestehende Bösgläubigkeit dazu führen, dass das Patent auf Antrag nach dessen Erteilung für nichtig erklärt und widerrufen wird. Hierfür wäre eine tatbestandliche Neufassung der patentrechtlichen Widerrufsgründe aus § 21 PatG wie folgt denkbar:[950]

> § 21 [Widerruf des Patents]
> (1) Das Patent wird widerrufen (§ 61), wenn sich ergibt, daß
> […]
> 5. der Anmelder bei Anmeldung des Patents bösgläubig war.
> […]

a. Vorteile eines nachgelagerten Widerrufsgrundes

Im Gegensatz zum Erteilungsverfahren ließe sich *ex-post* betrachtet eine Bösgläubigkeit bedeutend einfacher feststellen, als dies *ex-ante* der Fall wäre. Im Hinblick auf reine Sperrpatente wäre bei der Feststellung fehlenden Eigeninteresses mangels bestehender FuE, gleichzeitiger Ablehnung von Lizenzanfragen und eine fehlende Ausführung des Patents, die Schlussfolgerung grundsätzlich zulässig, dass die Absicht fehlender Benutzung bereits zum Zeitpunkt der Anmeldung bestand und die Behinderung Dritter den Hauptzweck des Schutzersuchens darstellte. Bei dieser Gesamtschau könnte zusätzlich berücksichtig werden, ob der Patentinhaber auf Grundlage des in Rede stehenden Patents

---

949 Im Hinblick auf die Bewertung der Bösgläubigkeit bestehen im Löschungsverfahren nach § 50 Abs. 1 MarkenG i.V.m. § 8 Abs. 2 Nr. 14 MarkenG keine Unterschiede zum Erteilungsverfahren, vgl. *Miosga*, in: Ströbele/Hacker (Hrsg.), Markengesetz, 12. Auflage 2018, § 50, Rn. 2.

950 Eine derartige Kodifizierung wäre auch notwendig, da die Widerrufsgründe aus § 21 Abs. 1 Nr. 1–5 PatG sowie die erweiterten Nichtigkeitsgründe nach § 22 Abs. 1 PatG insoweit abschließend sind. Im Hinblick auf § 21 Abs. 1 Nr. 1–5 PatG ergibt sich dies bereits aus § 59 Abs. 1 S. 3 PatG, vgl. BGHZ 135, 369, 374– *Polyäthylenfilamente*; BGHZ 152, 172, 176 – *Sammelhefter*; für die Nichtigkeitsgründe aus § 22 Abs. 1 PatG entspricht dies ebenfalls der st. Rspr. Vgl. nur BGH, GRUR 1967, 543, 546; BGHZ 103, 262, 265 – *Düngerstreuer.*

verstärkt gegen Dritte gerichtlich vorgeht, da die bloße Generierung von Schutzrechten zum Zwecke der Geltendmachung ohne gleichzeitige Verfolgung eigener wirtschaftlicher Interessen ebenfalls ein Indiz für eine anfängliche Bösgläubigkeit darstellen würde. Um diese Feststellung zu untermauern, ist die Einbeziehung weiterer Umstände des Einzelfalls denkbar. Hierzu zählen etwa die faktische Marktstruktur, bezogen auf die in Rede stehende Technologie zum Zeitpunkt der Anmeldung, die damaligen Abhängigkeitsverhältnisse in dem konkreten Technologiesegment und deren Entwicklung bis zum Zeitpunkt des Löschungsverfahrens.

Entgegen der oben angeführten Kritik müsste die Informationserlangung im gerichtlichen Einspruchsverfahren nicht nur auf ersichtliche Fälle beschränkt sein und könnte dementsprechend umfangreicher erfolgen.[951] Das Gericht wäre somit in der Lage, den jeweiligen Sachverhalt vollumfänglich aufzuklären, wobei insbesondere auch konkrete Marktbefragungen und Marktuntersuchungen vorgenommen werden könnten. Auch sind *ex-post* betrachtet Umzäunungsstrategien zur gezielten Blockade Dritter einfacher zu erkennen und festzustellen. Hierbei sollte vor allem der empirische Ansatz von *von Graevenitz/Wagner/Harhoff* zur Anwendung kommen, mittels dessen eingezäunte Technologien Dritter evident werden.[952] Sofern der umzäunte Patentinhaber Lizenzanfragen an den vermeintlich bösgläubigen Patentinhaber gerichtet hat und dieser stets ablehnte, könnte dies die Annahme einer bereits zum Zeitpunkt der Anmeldung(en) existenten Bösgläubigkeit stützen. Vor allem eine Gesamtschau des Patentierungsverhaltens im Hinblick auf die jeweilige Technologie vermag im Löschungsverfahren den Ausschlag geben und gezielte Umzäunungstaktiken zutage fördern. Eine hiermit korrespondierende und hinzutretende Nichtbenutzung der jeweiligen Patente, die im Verdacht der bewussten Umzäunung stünden, würde die Annahme der Bösgläubigkeit noch zusätzlich bekräftigen.

---

951 So verhält es sich auch im markenrechtlichen Löschungsverfahren. Das Merkmal der Ersichtlichkeit findet im beantragten Löschungsverfahren nach § 50 Abs. 1 MarkenG gerade keine Anwendung, damit zumindest im nachträglichen Löschungsverfahren eine vollumfängliche Prüfung der potentiellen Löschungsgründe möglich ist. Ausdrücklich etwa im Hinblick auf die Löschung aufgrund einer bösgläubigen Markenanmeldung etwa BGH, GRUR 2009, 780, 781 – *Ivadal*; BPatG, GRUR-RR 2009, 131, 134 – *DRSB Deutsche Volksbank*.

952 Zu dieser Methode, bezogen auf Umzäunungstaktiken *Ziedonis*, Management Science 2004, 804, 809.

b. Rechtliche Bewertung des Lösungsansatzes

Das Gesetz erkennt als patentrechtliche Widerrufsgründe die fehlende Patentfähigkeit (§ 21 Abs. 1 Nr. 1 PatG), die unvollständige Offenbarung (§ 21 Abs. 1 Nr. 2 PatG), die widerrechtliche Entnahme (§ 21 Abs. 1 Nr. 3 PatG), die unzulässige Erweiterung (§ 21 Abs. 1 Nr. 1 PatG) sowie die Erweiterung des Schutzbereichs als zusätzlichen Nichtigkeitsgrund an (§ 22 Abs. 1 PatG). Trotz ihres abschließenden Charakters bedeutet diese gesetzgeberische Wertung nicht, dass die Implementierung eines zusätzlichen Widerrufsgrundes eines zunächst erteilten Schutzrechts von vornherein ausgeschlossen wäre, wie der markenrechtliche Löschungsgrund einer bösgläubigen Markenanmeldung aus § 50 Abs. 1 MarkenG beweist. Wie im Markenrecht zu beobachten, erkannte der Gesetzgeber, dass bereits im Vorfeld einer Markenanmeldung unter Umständen hinreichende objektive Anknüpfungspunkte existieren, die auf eine rechtsmissbräuchliche Gesinnung hindeuten und somit missbräuchliche Tendenzen mittels des Tatbestandsmerkmals der Bösgläubigkeit im Vorfeld unterbunden werden sollten.[953] Gesetzgeberische Wertungen können sich grundsätzlich somit auch im Patentrecht ändern. Im Ergebnis wäre jedoch die Rechtsfolge einer solchen Maßnahme, also die „Nichtigerklärung“[954] des in Rede stehenden Schutzrechts aufgrund der Annahme bestehender Bösgläubigkeit bei der Patentanmeldung als zu tiefgreifend abzulehnen.

i. Ausgestaltung des Patentschutzes

Die Nichtigerklärung eines Patents aufgrund einer bösgläubigen Anmeldung weckt vor allem im Hinblick auf das Wesen des Schutzguts selbst und die gesetzgeberische Ausgestaltung des Patentschutzes Bedenken. Neben dem bereits ausführlich dargelegten Umstand, dass der Gesetzgeber die Förderung des technischen Fortschritts auf objektiver Grundlage der Patentierungsvoraussetzungen gestützt hat, sind insbesondere die konkreten gesetzlich gewährten patentrechtlichen Befugnisse des Patentinhabers im Rahmen der hier vorzunehmenden

---

953 Vgl. erneut die Begr. des RegE des Geschmacksmusterreformgesetzes, BT-Drs. 15/1075, S. 68. Dies stellt im Ergebnis den umgekehrten Fall dar, da im Markenrecht die Möglichkeit der Löschung einer Marke, die bösgläubig angemeldet wurde, schon lange anerkannt ist, vgl. § 54 Abs. 1 Nr. 4 MarkenG a.F. sowie § 50 Abs. 1 MarkenG.

954 Das Urteil der Nichtigkeitsklage ist ein rechtsgestaltendes Urteil, welches nicht auf die „Feststellung der Nichtigkeit“ lautet, sondern auf die „Nichtigerklärung“ des überprüften Patents, vgl. dazu *Rogge/Kober-Dehm*, in: Benkard (Hrsg.), Patentgesetz, 11. Auflage 2015, § 22, Rn. 76.

Bewertung zu berücksichtigen. Mit der Vergabe des Ausschließlichkeitsrechts ist die Erteilung eines rechtlich eng umgrenzten Monopols verbunden,[955] das seinem Inhaber auf der einen Seite weitreichende positive Nutzungsbefugnisse gewährt, auf der anderen Seite aber gleichzeitig mit weitreichenden Verbietungsbefugnissen gegenüber Dritten ausstattet. Hierunter fällt vor allem auch das Recht, die Erfindung nicht zu benutzen, jegliche Benutzungsbefugnisse in Form der Lizenz zu verweigern oder aber gegen Schutzrechtsverletzungen gerichtlich vorzugehen. Zudem ist die Sperrung der technologischen Neuerung gegenüber Dritten dem Grunde nach der im Patent verbürgte Lohn für die geistige Schöpfung und demnach dessen absoluter Wesenskern.[956] Trotz dieses Bewusstseins wird dem Patentinhaber vom Gesetzgeber weder eine Benutzungsverpflichtung auferlegt,[957] noch ist das Rechtsinstitut der patentrechtlichen Zwangslizenz so ausgestaltet, dass ein Patentinhaber tatsächlich eine solche „fürchten" müsste.[958] Vielmehr hat der Gesetzgeber nur einige wenige Benutzungsbefugnisse Dritter gesetzlich kodifiziert, unter deren Voraussetzungen der Patentinhaber die fremde Benutzung nicht untersagen kann. Dass das Patent auch zum Teil als Mittel im Wettbewerbskampf eingesetzt wird, dürfte überdies sogar erwünscht sein, wenn man bedenkt, dass ein Wettlauf um die neusten Technologien und Umgehungslösungen im Ergebnis Innovationen befördert und der hiermit einhergehende technische Fortschritte wiederum der Allgemeinheit zugutekommt. Um einer dauerhaften Sperrung von Technologiemärkten einerseits und der teilweise langen Erteilungsphase eines Patents anderseits Rechnung zu tragen, wurde die Schutzdauer zudem auf maximal 20 Jahre begrenzt.[959] Diesen Gegebenheiten ist

---

955 Ausführlich dazu bereits Kapitel 1, § 2, B, I-III.

956 Die Rechtfertigung des Patentschutzes ist bereits unter Kapitel 1, § 1, A-C thematisiert worden.

957 Siehe hierzu sogleich unter Kapitel 2, § 3, B.

958 In dieser Deutlichkeit etwa das *EPA*, Jahresbericht 2007, S. 8: „*Patente kurbeln die Innovationstätigkeit an und haben damit einen direkten und positiven Einfluss auf die Wirtschaft in Europa. Sie sollen Erfindern Schutz und Unterstützung bieten und technische Kreativität und Innovation fördern. Innovation wiederum begünstigt das Wirtschaftswachstum, indem sie eine Steigerung der Produktivität und höhere Löhne ermöglicht. Erfinder und Verbraucher sind gleichermaßen auf hochwertige Patente angewiesen: Ließe sich geistiges Eigentum nicht schützen, würde weniger in Forschung und Entwicklung investiert, wodurch auch die Zahl der technischen Innovationen rasch sinken würde.*"

959 Für die Kritik an der Schutzdauer siehe, *Schickedanz*, GRUR 1980, 828; *Hafner*, Mitteilungen 1981, 92; *Suchy*, GRUR 1992, 7; *Heinz*, Mitteilungen 1994, 1, 6, der eine Begrenzung der Schutzdauer gänzlich ablehnt.

die Wertung zu entnehmen, dass die Blockade Dritter und damit zwangsläufig auch innovationshemmende Entwicklungen von der Rechtsordnung zum einen temporär hingenommen werden, und zum anderen aus Sicht des Gesetzgebers offensichtlich bereits hinreichende Instrumentarien geschaffen wurden. Nach der hier vertretenen Ansicht, dürfte hieran auch eine festgestellte Bösgläubigkeit nichts ändern und nicht zu einer Nichtigerklärung des Schutzrechts führen.

ii. Hinreichende Feststellung der Bösgläubigkeit auch *ex-post* nicht möglich

Zur Begründung für diese Ansicht muss erneut darauf hingewiesen werden, dass bereits die Schaffung der technischen Erfindung selbst, die bei festgestellter Patentfähigkeit den Stand der Technik nachweislich erweitert, Grund genug ist, den Bestand nur in wenigen Ausnahmefällen zur Disposition zu stellen. Der Einsatz im Rahmen einer defensiven Patentstrategie sollte keinen solchen Grund darstellen, auch wenn hierdurch innovationsfeindliche Tendenzen verfolgt werden. Gründe hierfür sind vor allem in der wirtschaftlichen Freiheit des Patentinhabers selbst zu suchen. Dieser kann während der gesamten Schutzdauer nahezu ausnahmslos frei über die Verwendung seines Patents bestimmen. Die Entscheidungsgewalt über die Frage, ob das Schutzrecht überhaupt im Rahmen weiterführender FuE, zur Produktion von Produkten verwendet oder aber lizenziert werden soll, obliegt allein dem Inhaber bis zum letzten Tag der Schutzdauer und ist, wie aufgezeigt, vom geltenden Recht gedeckt. Selbst wenn die Lizenzbereitschaft, überspitzt gesprochen, erst 19 Jahre und 364 Tage nach der Anmeldung erfolgt und bis dahin keinerlei Benutzung bestand, müsste die Bösgläubigkeit zugunsten des Patentinhabers widerlegt sein, da das Gesetz keine Benutzungsverpflichtung an die Erteilung des Patents knüpft. Auch müsste jeder noch so kleine Weiterentwicklungsaufwand oder die Einbeziehung des Patents in FuE-Aktivitäten ebenfalls gegen die Bösgläubigkeit sprechen, da auch der Umfang der Rechtsausübung an keine rechtlichen Vorgaben geknüpft ist.

Somit wären beispielsweise massenhafte Patentanmeldungen zur Schaffung eines Dickichts nicht als bösgläubig zu klassifizieren, da die Schutzrechte in der Regel verwendet werden. Selbst wenn keine Verwendung stattfinden würde, wäre es unmöglich, allgemeinverbindlich festzulegen, ab welcher Anzahl von Schutzrechtsanmeldungen von einem Dickicht zu sprechen wäre und welche Schutzrechte hieraus aufgrund vermeintlicher Bösgläubigkeit sodann widerrufen werden müssten und welche wiederum Bestand haben dürften.[960] Zumal

960 Wenn beispielsweise bei 100 Anmeldungen von einem Dickicht ausgegangen werden

nie absolute Gewissheit herrschen könnte, ob jedes einzelne Schutzrecht nicht irgendwann im Laufe der Schutzdauer in irgendeiner Form benutzt wird und somit auch Sperrpatente ihre innovationshemmende Wirkung verlieren würden. Demnach stellen sich unlösbare Beweisprobleme bereits im Hinblick auf die verbindliche Feststellung der Bösgläubigkeit.[961] Dies offenbart die ganze Schwäche eines subjektiven Elements in Form der Bösgläubigkeit im Patentrecht. Selbst wenn Schutzrechte im Sinne einer defensiven Patentstrategie zur Blockade Dritter angemeldet werden, können sie im Laufe der zwanzig Jahre vielfältig verwendet werden und würden den Vorwurf einer rechtsmissbräuchlichen Gesinnung stets entkräften. Erst mit Beendigung des Schutzes ist eine positive Feststellung nahezu zweifelsfrei möglich, jedoch mangels fortwährenden Schutzrechtsbestandes nicht mehr notwendig.

iii. Widerruf selbst bei Bösgläubigkeit nicht gerechtfertigt

Letztlich wäre selbst bei einer hypothetischen Feststellung der Bösgläubigkeit der Widerruf des Patents nicht die anzustrebende rechtliche Lösung, da nur solche Begebenheiten zu einem Widerruf führen sollten, die in der technischen Erfindung selber liegen. Dass dies auch vom Gesetzgeber so gewollt ist, legen die kodifizierten Widerrufs- bzw. Nichtigkeitsgründe nahe, die allesamt an Umstände anknüpfen, die eng mit dem Wesen der technischen Lehre selbst verknüpft sind, nicht aber mit der Motivation des Patentinhabers oder der konkreten Handhabung des Schutzrechts. Den bestehenden und realen innovationshemmenden Tendenzen muss vielmehr anderweitig entgegengetreten werden, etwa durch eine großzügigere Vergabe von Zwangslizenzen, beispielsweise in Fällen von Sperrpatenten auf Grundlageninnovationen oder bei einer konkreten Einzäunung fremder Technologien bzw. der Blockade ganzer Technologiebereiche. Dies erfordert vielmehr eine liberalere Auslegung des Tatbestandsmerkmals des öffentlichen Interesses im Rahmen der richterlichen Rechtsanwendung und keine Gesetzesänderung *de lege ferenda*.[962] Sofern man jedoch mit guten Gründen argumentiert, dass auch das Mittel der Zwangslizenz nur als *ultima ratio* angestrengt werden sollte, da die Interessen des Patentinhabers an einem

---

würde, wären dann die ersten 50 Anmeldungen patentrechtliche legitim und die weiteren 50 Anmeldungen müssten widerrufen werden? Eine Maßstabsfindung wäre diesbezüglich schlichtweg unmöglich.

961 Im Ergebnis so auch *Eilmansberger*, EuZW 1992, 625, 630.

962 Mit guten Gründen gegen eine liberalere Handhabung des öffentlichen Interesses im Zwangslizenzverfahren argumentiert hingegen *Scheffler*, GRUR 2003, 97, 103.

vollumfänglichen Schutz des Ausschließlichkeitsrechts schwerer wiegen, müsste man sich gleichzeitig eingestehen, dass einige wenige patentrechtliche Sperrpositionen mangels Möglichkeiten eines gleichmäßigen Interessenausgleichs unauflösbar und somit im Interesse eines starken Patentschutzes hinzunehmen sind. Der Widerruf kann insofern nicht das geeignete Mittel dafür sein, Partikularinteressen Dritter an der Nutzbarkeit der Erfindung zu befriedigen.[963] In Anbetracht des Gesagten ist somit auch ein nachgelagerter Widerruf eines Patents am Maßstab der Bösgläubigkeit als Lösungsansatz *de lege ferenda* strikt abzulehnen.

B. Die (Wieder-)Einführung eines patentrechtlichen Ausführungszwangs

Das heutige Patentrecht kennt keinen Ausführungszwang und sieht in der Möglichkeit um eine Zwangslizenz zu ersuchen, ein insoweit hinreichendes Instrument, um dem öffentlichen Interesse an der Nutzung der patentierten Erfindung durch Dritte Rechnung zu tragen. Wie bereits dargestellt, kann die patentrechtliche Zwangslizenz derartigen Tendenzen jedoch nur sehr begrenzt entgegenwirken und versagt in solchen Situationen, in denen der Lizenzsucher kein hinreichendes öffentliches Interesse an der Erteilung darlegen kann oder aber keinen wichtigen technischen Fortschritt von erheblicher wirtschaftlicher Bedeutung geschaffen hat.[964] Eine gesetzliche Verpflichtung, die dem Patentinhaber aufträgt sein Schutzrecht auch tatsächlich selbst gewerblich auszuüben oder aber dieses zumindest Dritten zu lizenzieren, könnte zum einen Blockadesituationen effektiv verhindern oder aber zum anderen den positiven Nebeneffekt mit sich bringen, den technischen Fortschritt durch die eigene konkrete Verwendung schneller voranzutreiben.

---

963 Im Ergebnis wird es sich stets um Partikularinteressen von Wettbewerbern oder andersartig betroffenen handeln, da ein Antrag auf Löschung eines Patents aufgrund bestehender Bösgläubigkeit logischerweise nur von demjenigen gestellt wird, der hiermit konkrete Interessen verfolgt.

964 Zu den Voraussetzungen der Zwangslizenz nach § 24 Abs. 1 bzw. Abs. 2 PatG, siehe Kapitel 2, § 2, A, I-II.

I. Der Ausführungszwang im nationalen Recht gewerblicher Schutzrechte

Spricht man von einem Ausführungszwang für gewerbliche Schutzrechte, so zeigt sich, dass dieser bereits in der Vergangenheit Teil des Patentrechts war und heutzutage ein fester Bestandteil des Markenrechts ist.[965] Für eine mögliche Neukonzeption eines patenrechtlichen Ausführungszwangs ist eine Auseinandersetzung mit beiden Rechtsinstituten notwendig, wobei neben der historischen Entwicklung des Ausführungszwangs im Patentrecht auch die heutige Wertung des Gesetzgebers herangezogen werden muss.

1. Historische Entwicklung des Ausführungszwangs im deutschen Patentrecht

Die Idee von einem Patentinhaber die Benutzung seiner Erfindung zu verlangen, beanspruchte schon früh Geltung im deutschen Patentrecht.[966] Bereits das erste deutsche PatG von 1877 beinhaltete in dessen § 11 Nr. 1 PatG einen Ausführungszwang und in § 11 Nr. 2 PatG einen indirekten Lizenzierungszwang:

Das Patent kann nach Ablauf von drei Jahren zurückgenommen werden:

1. wenn der Patentinhaber es unterläßt, im Inlande die Erfindung in angemessenem Umfange zur Ausführung zu bringen, oder doch Alles zu thun, was erforderlich ist, um diese Ausführung zu sichern;
2. wenn im öffentlichen Interesse die Ertheilung der Erlaubniß zur Benutzung der Erfindung an Andere geboten erscheint, der Patentinhaber aber gleichwohl sich weigert, diese Erlaubniß gegen angemessene Vergütung und genügende Sicherstellung zu ertheilen.

Hintergrund der Einführung dieser gesetzlichen Benutzungsanordnung waren merkantilistische Erwägungen, deren Zielsetzung darauf ausgelegt war, den heimischen Markt vor ausländischen Produkten zu schützen.[967] Die Regelung sah sich allerdings von Beginn an erheblicher Kritik ausgesetzt, da hiernach

965 Für grundlegende Monographien hierzu, siehe für das Patentrecht *Krätzer*, Der Ausführungszwang im Patentrecht, 1910 sowie für das Markenrecht *Fezer*, Der Benutzungszwang im Markenrecht, 1974.

966 Eine kurze Zusammenfassung hierzu findet sich bei *Klopmeier*, CIPReport 2007, 40, 42 ff.; für eine ausführliche Auseinandersetzung mit dieser Thematik, siehe *Stierle*, Das nicht-praktizierte Patent, 2018, S. 45 ff.

967 *Damme*, Das Deutsche Patentrecht – Ein Handbuch für Praxis und Studium, 1906, S. 426 ff.

ausländische Patentinhaber verpflichtet wurden Produktionsstätten auf dem heimischen Markt zu unterhalten und die heimischen Hersteller dadurch zusätzlicher Konkurrenz ausgesetzt wurden.[968] Nach dem ursprünglichen Ausführungszwang von 1877 konnte ein Patent zurückgenommen werden, wenn der Patentinhaber es innerhalb von drei Jahren unterließ, die patentierte Erfindung (oder das geschützte Verfahren) in angemessenem Umfang selber zu benutzen oder es zu lizenzieren.[969] Hierdurch erhoffte sich der Gesetzgeber insbesondere eine flächendeckende Bedarfsdeckung mit Konsumgütern sowie generell konsumfördernde Anreize.[970]

Mit der Patentrechtsreform von 1911 änderte sich der Kern des § 11 PatG (1877) drastisch und die Neuimplementierung des § 11 Abs. 2 PatG (1911) schaffte den Ausführungszwang durch die dort getroffenen „kann"-Formulierung de facto ab:

(1) Verweigert der Patentinhaber einem anderen die Erlaubnis zur Benutzung der Erfindung auch bei Angebot einer angemessenen Vergütung und Sicherheitsleistung, so kann, wenn die Erteilung der Erlaubnis im öffentlichen Interesse geboten ist, dem anderen die Berechtigung zur Benutzung der Erfindung zugesprochen werden (Zwangslizenz). Die Berechtigung kann eingeschränkt erteilt und von Bedingungen abhängig gemacht werden.
(2) Das Patent kann, soweit nicht Staatsverträge entgegenstehen, zurückgenommen werden, wenn die Erfindung ausschließlich oder hauptsächlich außerhalb des Deutschen Reichs oder der Schutzgebiete ausgeführt wird. Die Übertragung des Patents auf einen anderen ist insofern wirkungslos, als sie nur den Zweck hat, der Zurücknahme zu entgehen.
(3) Vor Ablauf von drei Jahren seit Bekanntmachung der Erteilung des Patents kann eine Entscheidung nach Abs. 1, 2 gegen den Patentinhaber nicht getroffen werden.[971]

Nunmehr blieb die mangelnde Ausführung im Inland folgenlos, lediglich die ausschließliche Ausführung im Ausland konnte zur Rücknahme des Patents

968 *Seckelmann*, Industrialisierung, Internationalisierung und Patentrecht im Deutschen Reich, 2006, S. 234.
969 Die Vorschrift ist abgedruckt bei *Klopmeier*, CIPReport 2007, 40, 43.
970 *Damme*, Das Deutsche Patentrecht – Ein Handbuch für Praxis und Studium, 1906, S. 429.
971 Vgl. § 11 PatG (1911), RGBl. I 1911, Nr. 31, S. 243, 243.

führen.[972] Im Ergebnis wurde der Ausführungszwang sodann zu einem Kampfmittel gegen ausländische Industrielle, denn ihnen war es nunmehr nicht möglich ihren Betrieb in ihrem Heimatland zu belassen und diesen auf dem deutschen Markt mittels gewerblicher Schutzrechte abzusichern.[973]

Die darauffolgende Patentrechtsreform von 1936 regelte den bis dato bestehenden § 11 PatG (1911) in § 15 Abs. 2 PatG (1936) neu und machte aus der „kann" eine „muss"-Vorschrift:

(1) Weigert sich der Patentinhaber, die Benutzung der Erfindung einem anderen zu gestatten, der sich erbietet, eine angemessene Vergütung zu zahlen und Sicherheit dafür zu leisten, so ist diesem die Befugnis zur Benutzung zuzusprechen (Zwangslizenz), wenn die Reichsregierung erklärt, daß die Erlaubnis geboten ist, um die Belange der Volksgemeinschaft zu wahren, und wenn mindestens drei Jahre vergangen sind, seit die Erteilung des Patents bekanntgemacht worden ist. Die Befugnis kann eingeschränkt erteilt und von Bedingungen abhängig gemacht werden.

(2) Das Patent ist, soweit nicht Staatsverträge entgegenstehen, zurückzunehmen, wenn die Erfindung ausschließlich oder hauptsächlich außerhalb des Deutschen Reichs ausgeführt wird. Die Zurücknahme kann erst zwei Jahre nach rechtskräftiger Erteilung einer Zwangslizenz und nur dann verlangt werden, wenn die Reichsregierung erklärt, daß den Belangen der Volksgemeinschaft durch Erteilung von Zwangslizenzen weiterhin nicht genügt werden kann; diese Einschränkungen gelten jedoch nicht bei Angehörigen eines ausländischen Staates, der hierin keine Gegenseitigkeit gewährt. Die Übertragung eines Patents auf einen anderen ist insofern wirkungslos, als sie nur den Zweck hat, der Zurücknahme zu entgehen.[974]

Sofern die Ausführung größtenteils im Ausland erfolgte, musste das Patent zurückgenommen werden.[975] Nunmehr war die Rücknahme jedoch subsidiär zur Erteilung einer Zwangslizenz.[976] Die diversen Revisionen des PatG nach dem Zweiten Weltkrieg ließen das Rücknahmerecht im Kern unangetastet, wobei die

---

972 *Klopmeier*, CIPReport 2007, 40, 43 sowie *Seckelmann*, Industrialisierung, Internationalisierung und Patentrecht im Deutschen Reich, 2006, S. 234–235.

973 *Seckelmann*, Industrialisierung, Internationalisierung und Patentrecht im Deutschen Reich, 2006, S. 234.

974 Vgl. § 15 PatG (1936), RGBl. II, 1936, S. 117, 120 ff.

975 *Isay*, Patentgesetz, 6. Auflage 1932, § 11, Anm. 12, Rn. 12.

976 *Ders.*, Patentgesetz, 6. Auflage 1932, § 11, Anm. 12, Rn. 12.

Vorschrift sich nach Erlass des PatG von 1981 in § 24 Abs. 2 PatG wiederfand. Mit dem 2. Änderungsgesetz zum PatG von 1998 wurde das Rücknahmerecht endgültig im Zuge der Neuregelung über die Verpflichtung zur Zwangslizenz aufgehoben.[977]

2. Heutige Wertung des Gesetzgebers

Das deutsche PatG gewährt dem Patentinhaber ein gegenüber jedermann wirkendes Ausschließlichkeitsrecht, dessen Befugnisse in § 9 PatG geregelt sind. § 9 S. 1 PatG gibt dem Inhaber alleine die Befugnis, das Patent im Rahmen der rechtlichen Grenzen zu benutzen, sieht aber nach dessen Wortlaut keine Verpflichtung zu der selbigen vor. Die Abwehrbefugnis aus § 9 S. 2 PatG ist ebenfalls nicht an eine gleichzeitige Benutzung des Schutzrechts geknüpft, sondern besteht ohne weiteres Zutun des Patentinhabers. Diesbezüglich ist der Patentinhaber jedoch verpflichtet, bestimmte Handlungsformen Dritter zu akzeptieren, wie etwa die Anwendung der Erfindung zu rein privaten (§ 11 Nr. 1 PatG) oder Versuchszwecken (§ 11 Nr. 2 PatG) sowie das Recht des Vorbenutzers an der Erfindung (§ 12 PatG).[978]

Dem geltenden Patentrecht ist somit die eindeutige gesetzgeberische Wertung zu entnehmen, dass eine fehlende Ausführung des Patents nicht zum Verlust des Schutzrechts führt, da es für eine derartige Konsequenz zwingend eines regulatorischen Niederschlags im geltenden PatG bedürfte.[979] Darüber hinaus ist dem Patentrecht die weitere Wertung zu entnehmen, dass der Patentinhaber unter bestimmten Voraussetzungen verpflichtet sein kann, einem Dritten ein Benutzungsrecht im Wege der Zwangslizenz einzuräumen (§ 24 PatG). Auch § 24 PatG knüpft die Möglichkeit der Einräumung einer patentrechtlichen Zwangslizenz nicht an die bloße Nichtbenutzung der Erfindung durch den Patentinhaber, sondern fordert vielmehr ein bestehendes öffentliches Interesse (§ 24 Abs. 1 Nr. 2 PatG) bzw. einen wichtigen technischen Fortschritt von erheblicher wirtschaftlicher Bedeutung (§ 24 Abs. 2 Nr. 2 PatG), sodass auch der Wortlaut des § 24 PatG zweifelsohne nicht auf einen Ausführungszwang hindeutet.[980]

---

977 *Scheffler*, GRUR 2003, 97, 97, der anführt, dass seit 1949 kein Patent mehr zurückgenommen wurde.

978 Das Gesetz erkennt in § 11 Nr. 2a-6 PatG zudem noch weitere Einschränkungen des patentrechtlichen Verbietungsrechts an.

979 *Zech*, ZWeR 2011, 312, 321; *Sonnenberg*, Der Unterlassungsanspruch, 2014, S. 26.

980 *Besen/Gärtner/Mayer/Vormann*, PharmR 2009, 432, 436; *Zech*, ZWeR 2011, 312, 321; *Sonnenberg*, Der Unterlassungsanspruch, 2014, S. 26.

Eine solche Bewertung deckt sich zudem mit der dargestellten Entwicklung des patentrechtlichen Ausführungszwangs aus legislativer Sicht, dessen Konsequenz für Patentinhaber im Inland sukzessive abgeschwächt wurden, sich zeitweise lediglich als Nachteil für ausländische Rechteinhaber im Inland darstellt und schlussendlich dem Rechtsinstitut der Zwangslizenz weichen musste.[981] Somit ist dem geltenden Patentrecht die Wertung zu entnehmen, dass es dem Patentinhaber frei steht über die Ausführung oder aber Nicht-Ausführung autonom zu entscheiden, ohne durch Letztere eine Aberkennung des Schutzrechts zu befürchten.[982]

3. Der Benutzungszwang im deutschen Markenrecht

Der markenrechtliche Benutzungszwang ist im Gegensatz zu seinem ehemaligen patentrechtlichen Pendant heutzutage fester Bestandteil des Markenrechts und wurde durch das Gesetz zur Änderung des Patentgesetzes, des Warenzeichen und weiterer Gesetze vom 04. September 1967[983] im nationalen Warenzeichenrecht erstmalig eingeführt.[984] Mit der Einführung des Benutzungszwangs verfolgte der Gesetzgeber ausdrücklich die Intention, dass eine Marke nur dann aufrechterhalten werden kann, wenn diese auch ihrem Sinn und Zweck nach als Herkunftshinweis im geschäftlichen Verkehr verwendet wird.[985] Aus materiellrechtlicher Sicht sind diesbezüglich die §§ 25, 26 MarkenG maßgeblich.[986]

Wann eine Benutzung im Sinne des Gesetzes vorliegt, richtet sich nach § 26 Abs. 1–4 MarkenG, wobei der Gesetzestext in § 26 Abs. 1 MarkenG eine „*ernsthafte Benutzung im Inland*" von dem Markeninhaber fordert.[987] Gemäß

---

981 *Klopmeier*, CIPReport 2007, 40; siehe zu dieser Entwicklung ausführlich *Stierle*, Das nicht-praktizierte Patent, 2018, S. 45 ff.

982 *Zech*, ZWeR 2011, 312, 322; so bereits schon *Kraft*, Patent und Wettbewerb in der Bundesrepublik Deutschland, 1972, S. 58.

983 BGBl. I 1967, S. 953. Das Gesetz trat am 01. Januar 1968 in Kraft.

984 Siehe hierzu die die grundlegende Schrift für die Einführung des Benutzungszwangs im Warenzeichenrecht von *Fezer*, Der Benutzungszwang im Markenrecht, 1974; dieser bezeichnet den Benutzungszwang auch als Grundprinzip des Markenrechts, vgl. *ders.*, Markenrecht, 4. Auflage 2009, Vor. §§ 25, 26, Rn. 1.

985 So etwa die Begründung zum Zwecke der Einführung des Benutzungszwangs im Rahmen des neugeschaffenen Markengesetzes, vgl. BT-Drucks. 12/6581 vom 04. Januar 1994, S. 82.

986 Aus verfahrensrechtlicher Sicht sind die §§ 43 Abs. 1, 49, 55 MarkenG einschlägig.

987 Die Maßstäbe, die an die ernsthafte Benutzungshandlung zu legen sind, werden in der Literatur uneinheitliche Beurteilt, vgl. hierzu *Ströbele*, in: Ströbele/Hacker (Hrsg.), Markengesetz, 12. Auflage 2018, § 26, Rn. 6, der von einer einstufigen Bewertung des

§ 26 Abs. 2 MarkenG gilt auch die Benutzung der Marke durch einen Dritten im Wege der Lizenzierung als hinreichende Benutzungshandlung, die dem Rechtsinhaber rechtserhaltend zugerechnet wird.[988] Sofern im Einzelfall keine ernsthafte Benutzung im Sinne des § 26 MarkenG innerhalb der letzten fünf Jahre vor der Geltendmachung markenrechtlicher Ansprüche durch den Markeninhaber selbst oder einem Berechtigten festgestellt werden kann, wird diesem gemäß § 25 Abs. 1 MarkenG die Geltendmachung aller markenrechtlicher Ansprüche, wie etwa Unterlassungs- und Schadensersatz (§§ 14 MarkenG) sowie allen weiteren Ansprüchen (§§ 18–19c MarkenG) versagt.

Eine nicht benutzte Marke kann zudem auch auf Antrag beim Patentamt wegen Verfalls gelöscht werden (§ 49 Abs. 1 i.V.m. § 53 Abs. 1 MarkenG),[989] sofern eine ernsthafte Benutzung gemäß § 26 MarkenG nicht feststellbar ist. Das Antragsrecht der Markenlöschung wegen Verfalls steht sodann jedermann zu, vgl. §§ 53 Abs. 1, 55 Abs. 2 Nr. 1 MarkenG.[990] Folglich kann für das Markenrecht konstatiert werden, dass der Markeninhaber einem Benutzungszwang dergestalt unterliegt, dass das Zeichen zum Zeitpunkt der Geltendmachung markenrechtlicher Ansprüche innerhalb eines Zeitraums von fünf Jahren vor der Geltendmachung ernsthaft benutzt worden ist, sofern das Zeichen bei Geltendmachung bereits seit fünf Jahren eingetragen war.

Begriffes ausgeht und diesbezüglich auch im Einklang mit der Rechtsprechung steht, vgl. grundlegend EuGH, GRUR 2003, 425, 427 – *Ansul/Ajax* sowie BGH, GRUR 2010, 729, 730 – *MIXI*; a.A. etwa *Ingerl/Rohnke*, Markengesetz, 3. Auflage 2010, § 26, Rn. 21 ff., die eine zweistufige Prüfung vornehmen, um die ernsthafte Benutzungshandlung nachzuweisen.

988 Des Weiteren sieht § 26 Abs. 3 MarkenG auch eine Benutzung eines abgewandelten Zeichens als hinreichend an, sofern der kennzeichnende Charakter der eingetragenen Marke nicht verändert wird. Abschließend lässt § 26 Abs. 4 MarkenG eine Kennzeichnung von Waren, die lediglich für das Ausland bestimmt sind zu, sofern die Kennzeichnung der Ware oder deren Verpackung bzw. Aufmachung im Inland erfolgt.

989 Oder durch Klageerhebung (§ 55 Abs. 1 i.V.m. § 49 Abs. 1 MarkenG). Beim Antragsrecht aus § 53 Abs. 1 MarkenG handelt es sich jedoch nicht um ein notwendiges Vorverfahren, vgl. dazu *Miosga*, in: Ströbele/Hacker (Hrsg.), Markengesetz, 12. Auflage 2018, § 53, Rn. 1.

990 Insofern handelt es sich um eine Popularklage, für die der Kläger kein Rechtsschutzbedürfnis geltend machen muss, vgl. BGH, GRUR 1986, 315, 316 – *COMBURTEST*; BGH, GRUR 1997, 747, 748 – *Cirkulin*; BGH, GRUR 2005, 1047, 1048 – *Otto*, die Grenze soll nur dann überschritten sein, wenn der Kläger ausschließlich die Schädigung des Dritten bezweckt, vgl. BGH, GRUR 2005, 1047, 1048 – *Otto*.

4. Modell eines neuen patentrechtlichen Ausführungszwangs

Sofern über die Wiedereinführung eines patentrechtlichen Ausführungszwangs nachgedacht wird, muss überlegt werden, ob die fehlende Ausführung eines Patents bereits als eigenständiger Widerrufgrund oder lediglich als Einwand im Verletzungsprozess ausgestaltet werden sollte.[991] Der erste Ansatz würde einen klassischen Ausführungszwang darstellen, der dem Patentinhaber eine tatsächliche Ausführung der technischen Erfindungslehre abverlangt[992] und zugleich einen sehr invasiven Eingriff in dessen Rechte darstellt.[993] Denkbar wäre beispielsweise, dass der Patentinhaber vom Zeitpunkt der Erteilung fünf Jahre lang Zeit hat, die Erfindung selbst gewerblich anzuwenden oder diese zumindest zu lizenzieren. Bei Nichtausführung könnte sodann Klage auf Widerruf des Patents beim BPatG erhoben werden.[994] Im Detail wäre hierbei vor allem die Frage der Klagebefugnis problematisch, wobei ein Klagerecht für jedermann vor allem dem Interesse der Allgemeinheit Rechnung tragen würde, dass ungenutzte Schutzrechte für einen weiteren technischen Fortschritt hinderlich sind und die Gemeinfreiheit zumindest die Chancen erhöht, dass Dritte nunmehr die Technologie zur Förderung des technischen Fortschritts nutzen können.

Als zweiter Ansatz könnte ein abgeschwächter Ausführungszwang angedacht werden, der lediglich als Einwand im Verletzungsprozess geltend gemacht werden könnte und insofern nur einem limitierten Adressatenkreis offenstünde. Hierdurch würde der Patentinhaber zwar nicht verpflichtet sein, sein Schutzrecht per se auszuführen zu müssen. Gleichzeitig könnte ihm jedoch die Geltendmachung dann versagt werden, wenn er die Erfindung selber in der Vergangenheit nicht ausgeführt hat und folglich die Vermutung naheliegt, dass er auch kein Eigeninteresse an der Ausführung hegt. Bevor jedoch nicht abschließend untersucht wurde, ob ein Ausführungszwang rechtlich durchführbar und rechtspolitisch erwünscht ist, muss vorliegend noch keine Entscheidung über die konkrete Ausgestaltung eines solchen Ausführungszwangs erfolgen.

---

991 Siehe hierzu *Klopmeier*, CIPReport 2007, 40, 45.

992 Hierbei müsste eine vorgenommene Lizenzierung der eigenen Ausführung gleichgesetzt werden.

993 Insofern entspräche dies der Regelung des § 11 PatG (1877).

994 Ein Einspruchsverfahren vor dem DPMA gegen die Erteilung gemäß § 59 Abs. 1 S. 1 PatG scheitert bereits daran, dass dieses nur neun Monate nach der Erteilung erhoben werden kann. Ein möglicher Ausführungszwang müsste aber von einem längeren Zeitraum ausgehen, um das Patent als Ausschließlichkeitsrechts nicht per se zu entwerten. Nach Ablauf der neun Monate ist ein Widerruf nur im Wege der Klage möglich (§§ 22 Abs. 1 i.V.m. 81 PatG).

II. Rechtmäßigkeit einer Wiedereinführung eines patentrechtlichen Ausführungszwangs

Jeglicher Versuch einer Wiedereinführung setzt in erster Linie rechtlich die Durchführbarkeit voraus. Zu verneinen wäre diese dann, sofern vom deutschen Gesetzgeber zu beachtendes höherrangiges Recht entgegenstünde – namentlich die Vorgaben der PVÜ, dem TRIPS-Abkommen und insbesondere des Unionsrecht.

1. Vorgaben der PVÜ

Bezüglich der PVÜ ist zu konstatieren, dass es nach Vorgabe des Art. 5 A Abs. 2 PVÜ jedem Verbandsland zur Verhütung von Missbräuchen frei steht, die Gewährung von Zwangslizenzen zu kodifizieren. Ein solcher Missbrauch kann laut der Norm auch in Form der unterlassenen Ausübung des Patents angenommen werden.[995] Darüber hinaus schränkt Art. 5 A Abs. 3 PVÜ die Möglichkeit des Verfalls aufgrund fehlender Ausführung dahingehend ein, dass ein solcher nur dann vorgesehen werden könne, wenn der Missbrauch durch die Zwangslizenzgewährung nicht verhütet werden würde.[996] Nach Lesart der Art. 5 A Abs. 2 und 3 PVÜ muss sich somit eine Nichtausübung des Patents zum einen als Missbrauch darstellen und zum anderen dürfte dieser Missbrauch nicht durch die Erteilung einer Zwangslizenz abgewendet werden können. Folglich ist die Einführung eines Ausführungszwangs nach Maßgabe der PVÜ zumindest weder gänzlich ausgeschlossen noch ausdrücklich vorgesehen.[997] Nach der heutigen Ausgestaltung und restriktiven Handhabung der nationalen Zwangslizenz

---

995 Art. 5 A Abs. 2 PVÜ: „Jedem der Verbandsländer steht es frei, gesetzliche Maßnahmen zu treffen, welche die Gewährung von Zwangslizenzen vorsehen, um Mißbräuche zu verhüten, die sich aus der Ausübung des durch das Patent verliehenen ausschließlichen Rechts ergeben könnten, zum Beispiel infolge unterlassener Ausübung."

996 Art. 5 A Abs. 3 PVÜ: „Der Verfall des Patents kann nur dann vorgesehen werden, wenn die Gewährung von Zwangslizenzen zur Verhütung dieser Mißbräuche nicht ausreichen würde. Vor Ablauf von zwei Jahren seit Gewährung der ersten Zwangslizenz kann kein Verfahren auf Verfall oder Zurücknahme eines Patents eingeleitet werden."

997 Vgl. *Bodenhausen*, Pariser Verbandsübereinkunft zum Schutz des gewerblichen Eigentums – Kommentar, 1971, S. 60, der überzeugend darlegt, dass der Verfall eines Patents aufgrund mangelnder Ausübung nur dann nach Art. 5 A Abs. 2 und 3 PVÜ gerechtfertigt ist, wenn zum einen bereits eine Zwangslizenz erteilt wurde und zum anderen diese nicht zu der Verhütung des Missbrauchs ausreicht. Somit stellt der Verfall aufgrund fehlender Benutzung nur eine subsidiäre Maßnahme eines Mitgliedstaates dar.

kommt es zudem vor, dass sich die mangelnde Benutzung eines Schutzrechts bei gleichzeitiger Lizenzverweigerung innovationshemmend auswirken kann, dieser Zustand sich aber nicht durch die Vergabe einer Zwangslizenz abmildern lässt.[998] Im Lichte einer Wiedereinführung des Ausführungszwangs nach Maßgabe des zu beachtenden PVÜ würde in der Praxis jedoch das Missbrauchserfordernis erhebliche Schwierigkeiten bereiten. Sofern man auf den „klassischen" Rechtsmissbrauch im Sinne des § 242 BGB rekurriert, erscheint eine solche Feststellung bereits oberflächlich betrachtet nur schwerlich konstruierbar, was bereits die andersgelagerte Prüfung im Rahmen der defensiven Patentstrategie gezeigt hat.[999] Ähnlich verhält es sich mit dem kartellrechtlichen Missbrauchsverbot nach Art. 102 AEUV respektive §§ 19–20 GWB. Sofern die hohen tatbestandlichen Hürden überhaupt erfüllt wären, greift in den meisten Fällen das Institut der kartellrechtlichen Zwangslizenz, was dazu führt, dass für einen Ausführungszwang nach dem Wortlaut des Art. 5 A Abs. 2 PVÜ gerade kein Raum ist, da dem Missbrauch durch die Zwangslizenz abgeholfen werden würde. Dies würde zu der schwierigen Folgefrage führen, unter welchen Umständen noch ein Missbrauch im Sinne des Art. 5 A Abs. 2 PVÜ denkbar wäre, dem nicht durch eine Zwangslizenz abgeholfen werden könnte. Ungeachtet dessen soll eine mögliche Wiedereinführung des patentrechtlichen Ausführungszwangs dennoch weiter untersucht werden, da die zu beachtenden Regelungen der PVÜ einer solchen zumindest nicht gänzlich entgegenstehen.

2. Vorgaben des TRIPS-Abkommens

Weitaus schwieriger stellt sich die Vereinbarkeit mit den Vorgaben des TRIPS-Abkommens dar. Dieses gibt den Mitgliedstaaten in Art. 32 TRIPS lediglich vor, dass es die Möglichkeit zur gerichtlichen Überprüfung von Entscheidung geben müsse, nach denen ein Patent widerrufen oder für verfallen erklärt wird.[1000] Dieser Artikel trägt den Mitgliedstaaten folglich nur auf, dass Entscheidungen über den Widerruf oder Verfall gerichtlich überprüfbar sein müssen, trifft gleichzeitig aber keine Aussagen über die Vorgaben für die jeweilige Grundlage, auf denen solche Entscheidungen getroffen werden können.[1001] Neben

---

998 Siehe dazu die Ausführungen unter Kapitel 2, § 2, A, I-II.

999 Vgl. dazu Kapitel 2, § 2, C. Für die Bewertung des *Trolling* am Maßstab des § 242 BGB, vgl. Kapitel 3, § 2, C.

1000 Art. 32 TRIPS: „Die Möglichkeit zur gerichtlichen Überprüfung einer Entscheidung, mit der ein Patent widerrufen oder für verfallen erklärt wird, wird vorgesehen."

1001 Siehe hierzu *Höhne*, in: Busche/Stoll/Wiebe (Hrsg.), TRIPs – Internationales und europäisches Recht es geistigen Eigentums, 2. Auflage 2013, Art. 32, Rn. 1 ff.

Amerika[1002] und der Schweiz,[1003] votierte insbesondere die damalige EG gegen die Möglichkeit einen Widerruf des Patents aufgrund mangelnder lokaler Benutzung in das Abkommen zu implementieren[1004] und setzte sich in langwierigen Verhandlungen schlussendlich durch.[1005] Die widerstreitenden Parteien einigten sich schließlich darauf, Art. 5 A PVÜ gemäß Art. 2 Abs. 1 TRIPS in das Abkommen zu inkorporieren,[1006] welcher somit die Einführung eines Ausführungszwangs, wie aufgezeigt, zumindest nicht gänzlich ausschließt. Folglich wäre ein Ausführungszwang im Lichte des TRIPS-Abkommens zulässig, wenn die Vorgaben des Art. 5 A PVÜ erfüllt sind.

3. Vorgaben des Unionsrechts

Trotz der erheblichen Bedeutung von gewerblichen Schutzrechten für die Wirtschaft und den Wettbewerb[1007] kennzeichnet sich deren normative Berücksichtigung in den europäischen Verträgen durch eine nahezu gänzliche Abwesenheit materiell-rechtlicher Bestimmungen.[1008] Art. 345 AEUV stellt lediglich klar: „Die Verträge lassen die Eigentumsordnung in den verschiedenen Mitgliedstaaten unberührt."[1009] Unter dem verwendeten Eigentumsbegriff im Sinne des Art. 345 AEUV wird neben dem zivilrechtlichen Sacheigentum sowie weitere subjektive Vermögenswerten gemeinhin auch das Eigentum an

1002 Vorschlag USA, MTN.GNG/NG11/W/14/Rev.1, vom 29. September 1989.

1003 Vorschlag Schweiz, MTN.GNG/NG11/W/38 vom 29. September 1989.

1004 Vorschlag der EG, MTN.GNG/NG11/W/68 vom 29. März 1990. Art. 24 Abs. 3 lautete: „*A patent may not be revoked on grounds of non-working.*"

1005 Indien drängte insbesondere auf die Implementierung eines patentrechtlichen Ausführungszwangs, siehe hierzu den Vorschlag MTN.GNG/NG11/W/37 vom 29. September 1989.

1006 *Höhne*, in: Busche/Stoll/Wiebe (Hrsg.), TRIPs – Internationales und europäisches Recht es geistigen Eigentums, 2. Auflage 2013, Art. 32, Rn. 5.

1007 *Ullrich*, in: Schricker/Dreier/Kur (Hrsg.), Geistiges Eigentum im Dienst der Innovation, 2001, S. 83, 90 ff.

1008 Es existieren keine primärrechtlichen Vorschriften, die Erwerb, Ausübung oder Verwertung immaterieller Güter adressieren, vgl. *Ullrich*, in: Immenga/Mestmäcker (Hrsg.), Wettbewerbsrecht 5. Auflage 2012, Abschnitt VII Immaterialgüterrechte Teil A, Rn. 1 ff.; vgl. auch Kap. II Art. 17 Abs. 2 GRC, die den Schutz immaterieller Güter in den GRC festlegen.

1009 Siehe zur unterschiedlichen Auslegung der Eigentumsordnung i.S.d. Art. 345 AEUV die Nachweise bei *Hatje*, in: Becker/Hatje/Schoo/Schwarze (Hrsg.), EU-Kommentar, 4. Auflage 2019, Art. 345 AEUV, Rn. 2–3.

gewerblichen Schutzrechten verstanden.[1010] Der Wortlaut der Norm lässt somit den grundsätzlichen Schluss zu, dass gewerbliche Schutzrechte dem unionsrechtlichen Anwendungsbereich gänzlich entzogen sein könnten. Im Lichte dieser Vorschrift führte der EuGH jedoch grundlegendend aus, dass gewerbliche Eigentumsrechte aufgrund ihres Potentials sich auf den innergemeinschaftlichen Güter- und Dienstleistungsaustausch auszuwirken, auch dann am Maßstab der Waren- und Dienstleistungsfreiheit sowie den europäischen Wettbewerbsregeln messen lassen müssen, wenn sie auf Grundlage nationaler Rechtsvorschriften erteilt wurden.[1011]

In einer weiteren Entscheidung stellte der EuGH zudem unmissverständlich klar, dass Art. 345 AEUV (ex. Art. 222 bzw. ex. Art. 295 EGV) und Art. 36 AEUV (ex. Art. 30 EGV) weder den nationalen Gesetzgebern die Befugnis vermitteln, Kernbereiche des Patentrechts eigenständig zu regeln, noch dass den Artikeln die Wertung entnommen werden könne, dass hierauf gerichtete Maßnahmen der Union ausgeschlossen wären.[1012] Der Gerichtshof bekräftigte diese Ansicht ferner durch die Feststellung, dass Art. 345 AEUV nicht so verstanden werden dürfe, dass die Mitgliedstaaten befugt wären, Handlungen bezüglich des immateriellen Eigentums vorzunehmen, die gegen die europäischen Wettbewerbsregeln oder aber die Waren- bzw. Dienstleistungsfreiheit verstoßen würden.[1013] Somit kann trotz des vermeintlich eindeutigen Wortlauts, die Vorschrift des Art. 345 AEUV nicht dahingehend ausgelegt werden, dass es ausschließlich den nationalen Gesetzgebern obliegen würde, Regelungen bezüglich einzelner gewerblicher Schutzrechte zu treffen, die den Kern eines solchen Schutzrechts

---

1010 Dazu etwa *Bär-Bouyssière*, in: von der Groeben/Schwarze/Hatje (Hrsg.), Europäisches Unionsrecht, 7. Auflage 2015, Art. 345 AEUV, Rn. 20; *Heinemann*, Immaterialgüterschutz, 2002, S. 192 (noch zu ex. Art. 295 EGV); *Basedow*, ZEuP 2016, 573, 577; *Lamping*, Patentschutz und Marktmacht, 2010, S. 148; *Hatje*, in: Becker/Hatje/Schoo/Schwarze (Hrsg.), EU-Kommentar, 4. Auflage 2019, Art. 345 AEUV, Rn. 4 ff.; ausführlich auch *Jorns*, Europäisches Missbrauchsaufsicht über Immaterialgüterrechte, 2007, S. 66 ff.

1011 EuGH, verb. Rs. C-92/92 u. C-326/92, ECLI:EU:C:1993:847, Slg. 1993, I-5171, Rn. 17 ff. – *Phil Collins u.a.*; *Bär-Bouyssière*, in: von der Groeben/Schwarze/Hatje (Hrsg.), Europäisches Unionsrecht, 7. Auflage 2015, Art. 345 AEUV, Rn. 20; *Hatje*, in: Becker/Hatje/Schoo/Schwarze (Hrsg.), EU-Kommentar, 4. Auflage 2019, Art. 345 AEUV, Rn. 4.

1012 EuGH, Rs. C-350/92, ECLI:EU:C:1995:237, Slg. 1995, I-1985, Rn. 22 – *Spanien/Rat*.

1013 EuGH, Rs. C-235/89, ECLI:EU:C:1992:73, Slg. 1992, I-777, Rn. 14 – *Kommission/Italien*; dazu auch *Eilmansberger*, EuZW 1992, 625, 631.

betreffen.[1014] Zusätzlich lässt die Rechtsprechung des EuGH keinen Zweifel daran, dass sich die aufgrund des Territorialitätsprinzips stets nationale Rechte umfassende Schutzrechte nicht dem Anwendungsbereich des europäischen Wettbewerbsrechts entziehen können.[1015]

Seit Inkrafttreten des AEUV existiert für die EU zudem in Art. 118 AEUV eine normierte Rechtssetzungskompetenz, um sekundärrechtliche Regelungen auf dem Gebiet gewerblicher Schutzrechte zu erlassen.[1016] Folglich besteht trotz Art. 345 AEUV für die Unionsorgane nunmehr eine vertraglich festgelegte Kompetenzgrundlage, welche die EU ermächtigt, die Ausgestaltung der rechtlichen Rahmenbedingungen gewerblicher Schutzrechte zu formen.[1017] Im Lichte der eindeutigen Rechtsprechung des Gerichtshofes zu Art. 345 AEUV und der Tatsache, dass Art. 118 AEUV als europarechtliche Ermächtigungsgrundlage zukünftige nationalstaatliche Gesetzgebungsinitiativen bezüglich gewerblicher Schutzrechte zunehmend zurückdrängen wird, erscheint eine europarechtskonforme Wiedereinführung eines national wirkenden patentrechtlichen Ausführungszwangs im Ergebnis ausgeschlossen.

1014 Vgl. die metaphorische Aussage des Generalanwalts *Jacobs* in der Rechtssache EuGH, Rs. C-10/89, ECLI:EU:C:1990:359, Slg. 1990, I-3728, Rn. 10 – *HAG II*: „*Der EWG-Vertrag will im Einklang mit seinem Charakter als „traité-cadre" kein abschließendes Regelwerk für die Stellung der Rechte an geistigem Eigentum im Gemeinschaftsrecht schaffen. Er stellt lediglich ein Skelett dar. Die Aufgabe, das Knochengerüst mit Fleisch und Blut zu versehen, fällt den Rechtsordnungen der Gemeinschaft und dem Gerichtshof zu.*"; *Bär-Bouyssière*, in: von der Groeben/Schwarze/Hatje (Hrsg.), Europäisches Unionsrecht, 7. Auflage 2015, Art. 345 AEUV, Rn. 20; *Heinemann*, Immaterialgüterschutz, 2002, S. 202, spricht diesbezüglich von einer Kompetenznorm (noch zu ex. Art. 295 EGV).

1015 So aber *Gotzen*, GRUR Int. 1958, 224; vgl. die Formulierung bei *Ullrich*, in: Immenga/Mestmäcker (Hrsg.), Wettbewerbsrecht 5. Auflage 2012, Abschnitt VII Immaterialgüterrechte Teil A., Rn. 1, der ausführt, dass der Umstand fehlender immaterialgüterrechtlicher Regelungen für einen „*Verzicht auf eine kartellrechtliche Sonderbehandlung*" spricht.

1016 Vgl. den Wortlaut des Art. 118 AEUV: „Im Rahmen der Verwirklichung oder des Funktionierens des Binnenmarkts erlassen das Europäische Parlament und der Rat [...] Maßnahmen zur Schaffung europäischer Rechtstitel über einen einheitlichen Schutz der Rechte des geistigen Eigentums in der Union [...]."

1017 Eine Abschaffung des gewerblichen Schutzrechts wäre wohl nicht durchführbar, *Drasch*, ZEuP 1998, 118, 127.

III. Bewertung

Die Wiedereinführung eines patentrechtlichen Ausführungszwangs vermag nur oberflächlich betrachtet zu sinnvollen Ergebnissen führen. Insofern verwundert es kaum, dass in der patentrechtlichen Diskussion lediglich *Klopmeier* den ernsthaften Versuch unternimmt, für die Wiedereinführung desselbigen zu argumentieren.[1018] Weitere Autoren verweisen, wenn überhaupt, lediglich auf die Nichtexistenz eines Ausführungszwangs im geltenden Patentrecht.[1019] Auch sind weder in der jüngeren noch in der älteren Vergangenheit diesbezügliche Vorstöße der Legislative bekannt,[1020] was kaum verwundert, wenn man sich neben der Unionsrechtswidrigkeit eines solchen Vorstoßes weitere Gründe vergegenwärtigt, die gegen einen Ausführungszwang sprechen.

1. Innovationsminderung statt Innovationsförderung

Die rechtspolitischen Hintergründe für die Einführung des Ausführungszwangs im Patentrecht waren maßgeblich merkantilistischer Natur dergestalt, dass der nationale Markt vor ausländischen Produkten geschützt werden sollte.[1021] Das damalige Deutsche Reich sah sich umzingelt von Rechtsordnungen, die zum einen bereits ein Patentrecht kodifiziert hatten und zum anderen die Vergabe des Patents an einen Ausführungszwang knüpften.[1022] Demnach bestand die Notwendigkeit für das Deutsche Reich im Wettbewerb mit konkurrierenden Nationen, neben einem Patentgesetz auch einen Ausführungszwang zu kodifizieren, um ausländischen Gewerbetreibenden keinen Vorteil gegenüber der heimischen Wirtschaft zu vermitteln.[1023] Diese Notwendigkeit besteht heutzutage hingegen nicht mehr, da der patentrechtliche Ausführungszwang vor allem

---

1018 *Klopmeier*, CIPReport 2007, 40, wobei dieser keinen wirklichen praktischen Lösungsansatz liefert, sondern lediglich den Wunsch der Wiedereinführung artikuliert. *Stierle*, Das nicht-praktizierte Patent, 2018, S. 45 ff. stellt patentrechtlichen Ausführungszwang ebenfalls dar.

1019 *Haedicke*, in: Haedicke/Timmann (Hrsg.), Handbuch des Patentrechts, 2012, § 1, Rn. 162; *Ohly*, GRUR Int. 2008, 787, 795; *Sonnenberg*, Der Unterlassungsanspruch, 2014, S. 25.

1020 Vgl. zu den Tendenzen zur Wiedereinführung eines Ausführungszwangs *Schatz*, GRUR Int. 1968, 273.

1021 *Damme*, Das Deutsche Patentrecht – Ein Handbuch für Praxis und Studium, 1906, S. 28.

1022 *Isay*, Patentgesetz, 6. Auflage 1932, § 11, Anm. 12, Rn. 12.

1023 Vgl. dazu auch *Schatz*, GRUR Int. 1968, 273, 273; der Wunsch nach einer Konsumförderung durch die Gewährleistung der tatsächlichen Ausführung des Patents stellte

Ausdruck des in der Vergangenheit vorherrschenden Wirtschaftsmodells des Protektionismus war,[1024] welches dem zumindest in Teilen der Welt vorherrschenden Wunsch nach freiem Handel und dem hiermit verbundenen Abbau jeglicher Handelshemmnisse gewichen ist. Ob ein nationaler Ausführungszwang in der Lage wäre, die grundsätzliche Attraktivität des Technologie- und Wirtschaftsstandortes Deutschland zu schmälern, vermag vorliegend nicht beurteilt werden. Dennoch bestehen gute Gründe für die Annahme, dass sich ein nationaler Ausführungszwang negativ auf die Attraktivität des Innovationsstandortes Deutschland auswirken würde. Vor dem Hintergrund, dass ein nationaler Erfinder mit hoher Wahrscheinlichkeit zumindest auch in der für ihn vertrauten Rechtsordnung Schutz für sein technisches Wissen ersuchen wird, kann die Verpflichtung zur Ausführung dazu führen, dass eine Innovation trotz ihrer Patentfähigkeit bewusst geheim gehalten wird. Ein solches Szenario erscheint dann als realistisch, wenn die spätere gewerbliche Anwendung nicht mit Sicherheit gewährleistet werden kann oder gar nicht zeitnah angestrebt wird und auch eine Lizenzierung vorerst nicht erwünscht ist. Kommt der Erfinder in einer solchen Situation sodann zu dem Schluss, dass die Anmelde- und Aufrechterhaltungsgebühren in Verbindung mit den Kosten der notwendigen Ausführung dazu führen, dass es aus finanzieller Sicht lukrativer erscheint, das Wissen nicht zu offenbaren, kann der Ausführungszwang trotz legitimer Zielsetzung das genaue Gegenteil bewirken und den technischen Fortschritt vielmehr verhindern, statt diesen zu fördern. Im Ergebnis ist somit eine Innovationsminderung anstatt der wünschenswerten Innovationsförderung denkbar, welche durch den Ausführungszwang ja gerade verhindert werden soll.

2. Die gewerbliche Ausführung stellt keine Funktion des Patentrechts dar

Freilich ließe sich argumentieren, dass die Verpflichtung zur Ausführung des Patents grundsätzlich dazu führen müsste, dass der geschaffene technische Fortschritt der Allgemeinheit schneller durch bessere und günstigere Produkte zugutekommen könnte und dadurch die beschriebene mögliche Innovationsverhinderung weniger schwer wiege.[1025] Hierbei ist aber fraglich, ob die tatsächliche

---

auch eines der Leitmotive für den historischen Gesetzgeber dar, vgl. *Damme*, Das Deutsche Patentrecht – Ein Handbuch für Praxis und Studium, 1906, S. 429.

1024 Der Ausführungszwang diente teilweise als Kampfmittel gegen ausländische Industrielle, vgl. *Seckelmann*, Industrialisierung, Internationalisierung und Patentrecht im Deutschen Reich, 2006, S. 234.

1025 So auch *Schatz*, GRUR Int. 1968, 273, 273.

Ausführung des Patents auch notwendig ist, um die mit der Verleihung des Ausschließlichkeitsrechts vor allem angestrebte Zielsetzung der Förderung des technischen Fortschritts zu verwirklichen.[1026] Mit anderen Worten müsste die gewerbliche Ausführung des Patents entweder mit dem technischen Fortschritt gleichzusetzen sein oder die Bedürfnisbefriedigung der Allgemeinheit an verbesserten und günstigeren Produkten eine Funktion des Patentsystems darstellen, die der Patentinhaber durch die gewerbliche Ausführung zu fördern hat.[1027] Dies ist jedoch beides zu verneinen. Die zu erwartenden Leistungen des Erfinders sind darin begründet, dass dieser eine Lösung für ein technisches Problem ermittelt, sein diesbezüglich gewonnenes Wissen durch die Patentanmeldung offenbart und hierdurch den Wissensstand der Allgemeinheit mehrt. Hierin liegt der von der Rechtsordnung erwartete technische Fortschritt, welcher mit dem Ausschließlichkeitsrecht und der Möglichkeit, seine geistigen Leistungen für einen begrenzten Zeitraum wirtschaftlich zu verwerten, belohnt wird. Auch vermittelt die dem Patent innewohnende Ausschließlichkeit gegenüber Dritten bereits selbst den hinreichenden Ansporn und Anreize für Konkurrenten und potentielle Erfinder, um erfinderisch tätig zu werden. Dieser Ansporn erwächst jedoch weder erst aus der nachfolgenden gewerblichen Ausführung des Schutzrechts noch wird der technische Fortschritt erst mit dieser begründet. Folglich wird die bedeutendste Funktion des Patentschutzes, die Förderung des technischen Fortschritts, durch die Anmeldung und Offenbarung der Erfindung erfüllt und nicht durch die gewerbliche Anwendung oder Ausübung der patenrechtlichen Befugnisse. Dass durch die gewerbliche Anwendung einer Erfindung letztlich auch die Allgemeinheit in Form von verbesserten oder günstigeren Produkten profitiert, stellt einen wünschenswerten Reflex der Ausführung der patentgeschützten Handlungslehre dar, ist aber keine originäre Funktion des Patentrechts.[1028] Das Interesse der Allgemeinheit am technischen Fortschritt ist ebenfalls hinlänglich durch die Mehrung des technischen Wissensstandes befriedigt und darf nicht auf eine weitergehende Bedürfnisbefriedigung ausgedehnt

---

1026 Hierzu bereits *Jabbusch*, Begrenzung der konzentrationsfördernden Wirkungen des Patentschutzes, 1977, S. 38 und *Prahl*, Patentschutz und Wettbewerb, 1972, S. 21 ff., die darüber übereinstimmen, dass auch die leistungsgerechte Einkommensverteilung eine Funktion des Patents darstellt.

1027 Dazu ausführlich *Kraft*, Patent und Wettbewerb in der Bundesrepublik Deutschland, 1972, S. 58.

1028 *Kraft*, Patent und Wettbewerb in der Bundesrepublik Deutschland, 1972, S. 58; im Ergebnis so auch *Jabbusch*, Begrenzung der konzentrationsfördernden Wirkungen des Patentschutzes, 1977, S. 38.

werden. Somit wird durch die fehlende Ausführung der technischen Lehre keine Funktion des Patentschutzes beeinträchtigt.

3. Effizienzerwägungen als Ausdruck unternehmerischer Privatautonomie

Gegen einen generellen Ausführungszwang sprechen zudem Effizienzerwägungen, die vielfältiger Natur sein können.[1029] Wie bereits an anderer Stelle angeführt, sind für den Erfinder bei Anmeldung/Erteilung des Patents Fragen bezüglich der konkreten wirtschaftlichen Verwertung unter Umständen noch gar nicht geklärt oder hängen von Faktoren ab, die nicht unbedingt in der Sphäre des Patentinhabers selbst liegen.[1030] Hierbei kann eine Ausführung des Patents zunächst gänzlich ausgeschlossen sein, weil dem Patentinhaber die notwendigen finanziellen und gegenständlichen Ressourcen zur tatsächlichen gewerblichen Anwendung (noch) fehlen. Sofern eine eigene gewerbliche Anwendung aufgrund fehlender finanzieller oder gegenständlicher Ressourcen nicht möglich ist, kann auch eine grundsätzlich angestrebte Lizenzierung des Patents scheitern, was ebenfalls eine Nicht-Ausübung bedeuten würde. Neben diversen Faktoren, die bei Vertragsverhandlungen dazu führen, dass eine Übereinkunft nicht zustande kommt, kann es im Falle eines Patents vor allem zu einer Überbewertung des Erfindungswerts durch den Patentinhaber kommen, mit der Konsequenz, dass sich aufgrund zu hoher Lizenzgebühren kein Lizenznehmer findet. Ein solcher Umstand ist vor allem bei unerfahrenen Erfindern denkbar, die die ohnehin schon schwierige wirtschaftliche Bewertung eines technischen Schutzrechts nicht leisten können.

Abgesehen von den beschriebenen Fällen können aus Sicht des Patentinhabers vor allem wirtschaftliche Erwägungen gegen eine gewerbliche Ausführung des Patents sprechen. Zunächst wäre daran zu denken, dass eine gewerbliche Anwendbarkeit der patentierten Technologie wirtschaftlich schlicht unrentabel ist, da beispielsweise noch keine ausreichende Nachfrage nach dem Produkt besteht, die Produktionskosten den zu erwartenden Gewinn übersteigen oder die kommerzielle Rentabilität falsch eingeschätzt wird.[1031] Diese Faktoren können

1029 Vgl. hierzu *Turner*, California Law Review 1998, 179, 182 ff.; *Liivak/Penalver*, Cornell Law Review 2013, 1437, 1472 ff.

1030 So auch *Haedicke*, in: Haedicke/Timmann (Hrsg.), Handbuch des Patentrechts, 2012, § 1, Rn. 162.

1031 Vgl. *Turner*, California Law Review 1998, 179, 182 ff., die diverse Gründe anführt, warum Patente nicht kommerzialisiert werden.

sich jedoch mit der Zeit verschieben, sodass eine heute unrentable Technologie in zehn Jahren ein wirtschaftlicher Erfolg sein kann. Häufig ist zu beobachten, dass Schutzrechte überhaupt nur in der Hoffnung erworben oder angemeldet werden, dass sich ein Technologiefeld in Zukunft erst entwickelt und erst der technische Fortschritt Dritter die eigene Erfindung gewerblich anwendbar werden lässt. Hierbei dient das Patent ganz bewusst spekulativen Zwecken, sich auf potentiellen Wettbewerb um neue Technologiefelder und Produkte frühestmöglich vorzubereiten.[1032] Ob und wann sich ein solches Segment entwickelt, ist zum einen vorab schwer zu prognostizieren und hängt zum anderen von Faktoren ab, die häufig gar nicht von einem einzelnen Technologieinhaber beeinflussbar sind. Verfällt ein Schutzrecht jedoch aufgrund mangelnder Ausführung und stellt sich wenige Jahre danach heraus, dass diese nunmehr gemeinfreie Erfindung für ein neues Produkt essentiell ist, würden dem vormaligen Inhaber ein unter Umständen erheblicher wirtschaftlicher Gewinn verwehrt und wettbewerbliche Vorteile genommen werden. Zwei Vorteile, die dem Patentinhaber ja gerade als Belohnung für die Förderung des technischen Fortschritts durch Erteilung des Ausschließlichkeitsrechts gewährt werden sollen.

Des Weiteren kann die wirtschaftliche Nicht-Ausführung eines Patents auch aus unternehmensstrategischen Gründen unterbleiben, etwa dann, wenn die weitere Investition in die patentierte Technologie wirtschaftlich weniger vielversprechend anmutet als die Investition in andere Technologiebereiche und sich das Unternehmen aus finanzieller Sicht für eine weitere Technologieausrichtung entscheiden muss. Auch dies stellt keine unumstößliche Entscheidung eines Patentinhabers dar und kann sich über die Jahre durch verschiedenste Weiterentwicklungen im Zuge einer unternehmerischen Neuausrichtung der FuE-Aktivitäten verändern. Ferner kann eine gewerbliche Anwendung auch daran scheitern, dass der Inhaber in seinem eigenen aktiven Technologiesegment generell keine kommerzielle Verwendung für die Erfindung hat und diese zu einem späteren Zeitpunkt vielmehr als Objekt möglicher Kreuzlizenzvereinbarungen nutzen möchte. Dass solche Erfindungen aus dem bloß peripheren Segment des eigenen Kernbereichs ebenfalls angemeldet werden, stellt keine Seltenheit dar und lässt sich mit der bereits hinlänglich aufgezeigten Bedeutung von Schutzrechten im Wirtschaftsverkehr erklären.

1032 Siehe dazu auch *Liivak/Penalver*, Cornell Law Review 2013, 1437, 1472 ff.

C. Zusammenfassung der gewonnenen Erkenntnisse

Im Ergebnis sprechen gewichtige Gründe gegen die Wiedereinführung eines nationalen Ausführungszwangs, die nicht nur auf der rechtlichen Unzulässigkeit eines solchen Vorhabens im unionsrechtlichen Sinne beruhen. Zunächst muss sich vergegenwärtigt werden, dass der Ausführungszwang als Bestandteil eines protektionistischen Wirtschaftsmodells bewusst zum Schutz der eigenen Industrie eingesetzt wurde, ein Erfordernis, welches in Zeiten eines möglichst barrierefreien Kapitalismus nicht mehr zeitgemäß erscheint. Hierbei ist vor allem die Gefahr einer möglichen Innovationsminderung zu berücksichtigen, die dann als realistisch erscheint, wenn die Geheimhaltung des Wissens finanziell lukrativer als deren Offenbarung ist. Zudem ist die Förderung des technischen Fortschritts bereits durch die Offenlegung der technischen Handlungslehre in der Patentanmeldung selbst erfüllt und wird durch die gewerbliche Anwendung der selbigen nicht zwangsläufig verstärkt. Auch geht die Anreizwirkung für Dritte, innovativ tätig zu werden, nicht von der tatsächlichen Anwendung aus, sondern ist vielmehr bereits in den patentrechtlichen Befugnissen des Ausschließlichkeitsrechts angelegt, was eine zwingende gewerbliche Ausführung nicht notwendig macht. Ein tatsächlicher technischer Fortschritt in Form verbesserter Produkte ist zwar wünschenswerte Folge der gewerblich ausgeführten Erfindung, stellt aber als bloßer Reflex des Patentsystems keine Funktion des selbigen dar.

Ein gesetzlicher Ausführungszwang muss die Zielsetzung des Patentsystems nicht zwangsläufig fördern und ist demnach in Ermangelung zwingend positiver Auswirkungen nicht notwendig. Vielmehr wird ein solcher Zwang im Ergebnis sogar abträglich sein, wenn sich die Ausführung entgegen der wirtschaftlichen Vernunft als ineffizient erweist und nur zur Wahrung des Schutzrechtsbestands erfolgt. Letztlich muss in dieser Bewertung auch die Persönlichkeit des Erfinders selber mit einbezogen werden, da eine Ausführung der Erfindung gegen seinen Willen oder Überzeugung ebenfalls nur schwerlich begründbar ist. Die angeführten Gründe sind nicht einzeln, sondern vielmehr in einer Gesamtschau zu betrachten, da ein möglicher Ausführungszwang nur für jeden Patentinhaber gleichermaßen gelten kann. Im Ergebnis sprechen diese Gründe in ihrer Gesamtheit somit deutlich gegen die Implementierung eines patentrechtlichen Ausführungszwangs.

§ 4. Fazit bezüglich der defensiven Patentstrategie

Eine defensive Patentstrategie bezweckt ihrem Wesen nach in erster Linie die Blockade von direkten oder potentiellen Wettbewerbern unter Ausnutzung der dem Patent von Natur aus innewohnenden Sperrwirkung. Hierbei sollen mittels der gezielten Anmeldung von (Sperr-)Patenten Blockadesituationen entstehen, die darauf ausgerichtet sind, dass Dritte in ihrer Wettbewerbsfreiheit konkret eingeschränkt werden. Erst durch die nachfolgende fehlende Bereitschaft des Inhabers, das Patent weder zu lizenzieren noch es selber in irgendeiner Form zu benutzen, resultiert aus der einfachen Patentanmeldung ein Sperrpatent mit innovationshemmender Wirkung, die je nach den Gesamtumständen stärker oder schwächer ausfallen kann. Neben dem gezielten Einsatz einzelner Sperrpatente kann der gleiche „Effekt" durch die Umzäunung fremder Technologien mittels originärer oder derivativer Schutzrechtserlangung erfolgen. Hierdurch lässt sich sogar das Entwicklungspotential ganzer Technologiebereiche empfindlich stören. In quantitativer Hinsicht werden im Rahmen einer defensiven Patentstrategie Blockadesituationen auch durch die Schaffung von Patentdickichten erzeugt, mittels derer eine Vernebelung des Marktes erreicht werden soll. Ein derartiges Dickicht erschwert es Dritten, im Rahmen der ohnehin schon nahezu undurchführbaren *freedom-to-act* Recherche zu überprüfen, inwieweit bestimmte Technologien patentfrei sind, sich die Entwicklung von Umgehungslösungen anbietet oder aber Schutzrechte lizenziert werden müssen. Das Risiko, eine Patentverletzung trotz gewissenhafter Recherche zu begehen, wächst durch ein Patentdickicht erheblich. Auch hierbei hängt die konkrete innovationshemmende Wirkung vom Umstand des jeweiligen Einzelfalls ab.

Das geltende Patentrecht vermag auf die beschriebenen negativen Tendenzen *de lege lata* nur sehr begrenzt Antworten zu geben. Dies liegt vor allem daran, dass weder dem originären noch dem derivativen Patentrechtserwerb nennenswerte Schranken gezogen sind, was in Anbetracht der Bedeutung technischer Schutzrechte und der Notwendigkeit ihrer freien Übertragbarkeit auch grundsätzlich zu begrüßen ist. Bestehende Schranken, wie etwa die Möglichkeit der Beantragung einer Zwangslizenz, können und dürfen zudem nur in sehr engen Grenzen in die Dispositionsfreiheit des Patentinhabers eingreifen, damit der Schutz des Ausschließlichkeitsrechts nicht zu verwässern droht. Nur in seltensten Fällen darf das für die Zwangslizenz zu fordernde öffentliche Interesse der Allgemeinheit die Interessen des Patentinhabers an seiner freien Verfügungsgewalt überlagern. Die unbestrittene Möglichkeit des Patentschutzes für abhängige Erfindungen hilft für die vorliegend behandelte Thematik ebenfalls nur insoweit weiter, als ein technischer Fortschritt von wesentlicher Bedeutung vorliegt. Des Weiteren führt auch die ergänzende Untersuchung der defensiven Patentstrategie anhand des lauterkeitsrechtlichen Verbots der Mitbewerberbehinderung und dem zivilrechtlichen Rechtsmissbrauchsverbot zu keinem anderen Ergebnis, da entweder die tatbestandlichen Voraussetzungen nicht erfüllt sind. Demnach stellen auch diese beiden Rechtsinstitute keine reellen Schranken für die defensive Patentstrategie dar.

Letztlich kann das geltende Kartellrecht der defensiven Patentstrategie ebenfalls nur in engen Grenzen konkrete Schranken aufzeigen. Am problematischsten ist in erster Linie die Feststellung einer marktbeherrschenden Stellung des Patentinhabers, da diese in aller Regel nicht bereits aus der Existenz des Patents selber resultiert und es in Ermangelung einer anderweitig feststellbaren Marktbeherrschung bereits an der Normadressateneigenschaft des Missbrauchsverbots fehlt. Im Rahmen der defensiven Patentstrategie erscheint das Vorliegen einer marktbeherrschenden Stellung zumindest bei Unternehmen möglich, die durch massenhafte Anmeldungen oder Zukäufen Patentdickichte und/oder Sperrpatente auf einem bestimmten Markt oder in einem bestimmten Technologiefeld generieren. Sodann besteht zumindest eine gewisse Wahrscheinlichkeit dafür, dass eine beherrschende Stellung auf eben diesem Markt aus Faktoren resultiert, wie etwa hohen Marktanteilen, einer starken vertikalen Integration, überragender Finanzkraft etc. Dennoch darf durch die bloße Existenz eines Dickichts oder Sperrpatenten in einem konkreten Technologiesegment nicht bereits auf das Bestehen einer beherrschenden Stellung auf dem nachgelagerten Produktmarkt geschlossen werden, um welches das Dickicht aufgebaut wird, sondern bedarf stets einer Prüfung anhand des Einzelfalls.

Kommt die Prüfung des Einzelfalls zu dem Ergebnis, dass eine beherrschende Stellung vorliegt, ist nach der hier vorgenommenen Untersuchung jedoch weder der originäre noch der derivative Patentrechtserwerb als Missbrauch einer marktbeherrschenden Stellung anzusehen. Auch einem besonders marktstarken Unternehmen muss es unter allen Umständen unbenommen sein, seine FuE-Ergebnisse zur Anmeldung zu bringen oder aber durch den Vollrechtserwerb sein Patent-Portfolio zu erweitern, ohne einen Eingriff des Kartellrechts befürchten zu müssen. Für diese Bewertung ist es zudem irrelevant, ob es sich um den Erwerb eines Sperrpatents oder den Aufbau eines Patentdickichts handelt, da das Kartellrecht zum einen keine überzeugenden Instrumentarien bereithält, um eine missbräuchliche Blockadeabsicht auch tatsächlich nachzuweisen und einer Anwendung der Missbrauchsaufsicht auf den Patentrechtserwerb zum anderen erhebliche Bedenken entgegenstehen.

Hinsichtlich der generellen Lizenzverweigerung durch ein marktbeherrschendes Unternehmen hat die Untersuchung des Weiteren ergeben, dass die Vorgaben der Rechtsprechung zumindest bezüglich der generellen Weigerung, Dritten den Zugang zu den eigenen Patenten zu gewähren, ebenfalls äußerst hohe Hürden darstellen. Eine Anwendung auf die defensive Patentstrategie erscheint nur dann realistisch, wenn es sich bei den in Rede stehenden Patenten aus wettbewerblicher Sicht um besonders wesentliche Patente handelt, was in der Form wohl nur bei standard-essentiellen Patenten oder aber Patenten auf Grundlageninnovationen der Fall sein wird. Sofern jedoch alle Voraussetzungen vorliegen, steht dem Lizenzsucher zumindest die Möglichkeit offen, aktiv auf Erteilung der kartellrechtlichen Zwangslizenz im Wege der kartellrechtlichen Beseitigungs- bzw. Unterlassungsklage gem. § 33 Abs. 1 S. 1 GWB i.V.m. dem Missbrauchsverbot des Art. 102 AEUV (respektive der §§ 19–20 GWB) zu klagen oder aber den Einwand der kartellrechtlichen Zwangslizenz im patentrechtlichen Verletzungsprozess zu erheben. Insgesamt stellen die kartellrechtlichen Instrumentarien im Falle der defensiven Patentstrategie selbst bei Vorliegen einer marktbeherrschenden Stellung nur unzureichende Schranken dar und vermögen nur in Ausnahmefällen die beschriebenen Blockadesituationen aufzulösen.

Im Hinblick auf potentielle Lösungsansätze *de lege ferenda* bietet sich auf den ersten Blick zwar die Implementierung eines subjektiven Elements im vorgelagerten Patenterteilungsverfahren, oder aber nachgelagerten Nichtigkeitsverfahren nach dem Vorbild der bösgläubigen Markenanmeldung aus § 8 Abs. 2 Nr. 14 Marken bzw. § 50 Abs. 1 MarkenG an. Die eindeutigen Parallelen zur Sperr- bzw. Spekulationsmarke können jedoch nicht darüber hinwegtäuschen, dass durchschlagende Gründe vielfältiger Natur gegen einen solchen Lösungsansatz sprechen. Allen voran steht die Erkenntnis, dass die zu fordernde Bösgläubigkeit weder *ex-ante* noch *ex-post* zweifelsfrei festzustellen wäre, was diesen Lösungsansatz der Gefahr einer entstehenden Rechtsunsicherheit aussetzt. Bereits die in dem Patent verbürgte und behördlich bestätigte Erweiterung des Standes der Technik in Verbindung mit der konkreten Ausgestaltung des Schutzrechts selbst stellen derart hohe Hürden für die Implementierung subjektiver Elemente dar, dass von diesem Vorhaben im Ergebnis Abstand zu nehmen ist. Insofern muss konstatiert werden, dass gewisse innovationshemmende Tendenzen von der Rechtsordnung hinzunehmen sind, sofern der Patentschutz nicht selbst zur Disposition gestellt werden soll.[1033] Abschließend vermag auch die Wiedereinführung eines patentrechtlichen Ausführungszwangs *de lege*

1033 Vgl. in diesem Zusammenhang auch *Strahilevitz*, Yale Law Journal 2005, 781, 811 mit einem interessanten Beispiel hierzu: „*In other words, the availability of blocking patents may be a necessary part of the incentives that the patent system uses to encourage innovation in particular industries. When faced with the choice between (a) a decent paper bag machine and a blocking patent on an improved, but suppressed, machine and (b) a substantial probability that neither machine will be invented, choice (a) seems acceptable.*“

ferenda keine überzeugende Schranke darzustellen, da ein solcher Zwang mit hoher Wahrscheinlichkeit mehr negative Folgen für das Patentsystem mit sich bringen würde, als dass es diesem nützen könnte.

Kapitel 3 – Die Strategie des *Trolling*

Als zweiten Untersuchungsgegenstand widmet sich die Bearbeitung in diesem Kapitel der Patentstrategie des *Trolling*. Der *Troll* wird in der nordischen Sagenwelt gemeinhin als gieriges, hinterhältiges und bösartiges Wesen beschrieben, welches arglosen Reisenden unter Brücken auflauert, um diesen horrende Wegzölle abzupressen.[1034] Seit geraumer Zeit hat das Fabelwesen sein Geschäftsfeld erweitert und treibt als sog. Patent *Troll* auch im Patentrecht sein Unwesen. Neben diesem bereits negativ konnotierten Begriff, werden im Zusammenhang mit dem zugrundeliegenden strategischen Einsatz des Patents weitere Umschreibungen wie etwa „Patent-Erpresser", „Patent-Parasit", „Patent-Pirat" oder „Patent-Spekulant" verwendet, deren pejorative Intention noch offensichtlicher als bei dem Begriff Patent *Troll* zutage tritt.[1035] Den meisten Verwendern solcher Begrifflichkeiten geht es im Kern um die Beschreibung von Unternehmen, deren wirtschaftliche Zielsetzung ausschließlich auf den Erwerb von Patenten gerichtet ist, um diese anschließend im Wege der Lizenzierung profitabel zu verwerten, ohne eigene Ambitionen im Bereich FuE oder aber der Produktion von Gütern zu verfolgen. Neutral betrachtet stellt dieser Ansatz eine Umschreibung des Geschäftsmodells reiner Patentverwertungsgesellschaften dar. Vorab kann bereits hier festgestellt werden, dass die konkrete Art und Weise der Schutzrechtsverwertung, welche mit dem Begriff des *Trolling* umschrieben werden soll, als Patentstrategie bedeutend vielschichtiger und einer derart einfachen Definition nicht zugänglich ist.

§ 1. Grundlagen

A. Alte und neue Patentverwertungsmodelle im Wirtschaftsverkehr

Die vordergründige Aufgabe ist es, dem aus rechtlicher Sicht unbestimmten Begriff des *Trolling* Konturen zu verleihen. Für die Schaffung eines besseren

---

1034 So beschreibt es etwa *Ohly*, GRUR Int. 2008, 787, 787 mit Verweis auf das norwegische Volksmärchen *„De tre bukkene Bruse"*, abgedruckt bei *Watts*, Encyclopedia of American folklore, 2007, S. 383. Diese Herleitung greift auch *Frick*, *Patent-Trolling*, 2014, S. 31 auf.

1035 Vgl. die Nachweise bei *Brennan/Hsueh /Sahashi/Okhuma*, Tokugikon 2007, 73, 76.

Verständnisses für die Thematik eignet sich ein Blick in die Historie des Patentwesens. Hierdurch wird deutlich, dass diese häufig als neu beschriebene Strategie der Patentverwertung keineswegs so neu ist, sondern bereits im 19. Jahrhundert angewandt wurde. Auch hierfür fand sich ein illustrer Begriff, um das Geschäftsmodell der reinen Patentverwertung zu bezeichnen, nämlich der der *patent sharks* (hierbei handelt es sich streng genommen um die Verwertung von Geschmacksmusterrechten (= *design patent*) und nicht um Patente).[1036]

I. Die amerikanischen *patent sharks* des 19. Jahrhunderts

Das Aufkommen der als *patent sharks* titulierten Schutzrechtsverwerter wurde durch eine Reformierung des amerikanischen Patentrechts im Jahr 1870 ausgelöst, die unter anderem dazu führte, dass die Schutzvoraussetzungen von *design patents* von *new and original* zu *new, useful and original* geändert wurden.[1037] Die Implementierung des Nützlichkeitskriteriums führte zu einer zunehmenden Unsicherheit der Prüfer mit der Konsequenz, dass einem Design aufgrund reiner Nützlichkeitserwägungen rechtlicher Schutz gewährt wurde.[1038] Bedingt wurde diese Entwicklung insbesondere durch eine wahre Anmeldeflut aus dem Landwirtschaftssektor, der sich das USPTO im Nachgang der Reform ausgesetzt sah und im Ergebnis die Vergabe von Schutzrechten mit zweifelhaftem Rechtsbestand maßgeblich förderte.[1039] Die Schwemme an geschützten Farmwerkzeugen führte selbst bei deren Produzenten zu der Einsicht, dass der geringe und unter Umständen zweifelhafte Schutzumfang in vielen Fällen gegen deren Durchsetzung sprach. Vermeintliche Schutzrechtsverletzungen wurden sodann in der Praxis häufig gar nicht erst geahndet.[1040] Erst die Kombination aus dem Zustand des „gewähren lassen“ in Verbindung mit der langjährigen Nichtbenutzung seitens der Produzenten, hatte zur Folge, dass viele solcher Geschmacksmuster in

1036 Siehe die Auseinandersetzung mit dieser Thematik bei *Magliocca*, Notre Dame Law Review 2007, 1809 ff. und *Hayter*, Mississippi Valley Historical Review 1947, 59.

1037 Eine ausführliche Darstellung der legislativen Ursprünge des amerikanischen *design patents*, unter Verweis auf die jeweiligen Reformen, findet sich bei *Du Mont*, Gonzaga Law Review 2009/10, 531.

1038 *Magliocca*, Notre Dame Law Review 2007, 1809, 1821.

1039 Ein damals zuständiger hoher Beamter notierte diesbezüglich: „*The idea of stretching the section in question to cover slight changes in the form of crowbars, spades, plows, scrapers is simply ridiculous, and tends to bring the whole system into disrepute.*“, abgedruckt bei *Magliocca*, Notre Dame Law Review 2007, 1809, 1821.

1040 Ausführlich dazu *Hayter*, Mississippi Valley Historical Review 1947, 59, 62 ff.

Vergessenheit gerieten und gerade wegen des geringen Schutzumfangs keinen wirklichen wirtschaftlichen Wert besaßen.[1041]

Diese Entwicklung rief schließlich die *patent sharks* auf den Plan, deren Geschäftsmodell darin bestand, die unbenutzten landwirtschaftlichen Geschmacksmuster gezielt aufzuspüren, zu erwerben, um sodann auf deren Grundlage gegen Landwirte vorzugehen, die bewusst oder unbewusst Schutzrechtsverletzungen begingen.[1042] Ziel der in aller Regel bloß angedrohten gerichtlichen Geltendmachung war der Abschluss von Lizenzverträgen, nicht aber die Unterbindung einer tatsächlichen Nutzung. Insbesondere die Scheu vieler Landwirte vor einer gerichtlichen Auseinandersetzung und den hiermit verbundenen Kosten führte in den allermeisten Fällen dazu, dass die bloße Androhung der Geltendmachung ausreichte, um den Abschluss eines Lizenzvertrages zu erreichen.[1043] Hierdurch ließen sich für die damaligen Verhältnisse beträchtliche Erträge generieren, welche in Anbetracht der zumeist sehr kostengünstigen Akquirierung noch zusätzliche Gewinne für die *patent sharks* mit sich brachten.[1044]

Zusammenfassend lässt sich somit festhalten, dass *patent sharks* gezielt in Vergessenheit geratene und ungenutzte Schutzrechte erwarben, die im Ruf standen einen sehr geringen bzw. zweifelhaften Schutzumfang zu haben. Auf Grundlage dieser Schutzrechte nutzten die neuen Inhaber ihre rechtlichen Abwehrmechanismen bewusst dafür aus, um mittels der bloßen Androhung von Unterlassungsverfügungen und gerichtlichen Auseinandersetzungen hohe Lizenzgebühren zu erwirtschaften. Mithin deckt sich diese Umschreibung der Strategie mit der Beschreibung vieler Kommentatoren, wenn es um das heutige *Trolling* geht.

1041 Siehe *Magliocca*, Notre Dame Law Review 2007, 1809, 1811 ff., der solche Patente mit *dormant patents* umschreibt, was so viel bedeutet wie inaktive oder schlafende Patente. Den gleichen Terminus verwendet auch *Frick*, *Patent-Trolling*, 2014, S. 35 ff.

1042 Siehe die Beschreibung bei *Edison*, Scientific American 1898, S. 19: „*The operations of patent sharks sometimes compel an inventor to obtain patents for articles which are never meant to be placed on the market. A fellow often gets up a machine, and somebody else comes along, and by getting patents through for certain parts, can give the inventor a great deal of bother and make him pay well, even if the inventor gets control of it.*“

1043 *Magliocca*, Notre Dame Law Review 2007, 1809, 1823 und 1824 m.w.N.

1044 *Hayter*, Mississippi Valley Historical Review 1947, 59, 66 ff.

II. Patentvollstreckungsgesellschaften

War das Geschäftsmodell von *patent sharks* noch vornehmlich darauf gerichtet, die in der Regel vereinzelt erworbenen Schutzrechte auf eigene Rechnung zu monetarisieren, entwickelte sich ein weiteres Geschäftsmodell, welches gewissermaßen als direkter Vorgänger der heute als *Trolle* bezeichneten Unternehmen dient – die Patentvollstreckungsgesellschaften.[1045] *Ferril* beschreibt das Marktverhalten von Patentvollstreckungsgesellschaften dahingehend, dass diese weder produzierend tätig sind oder ein Interesse an der Weiterentwicklung bestehender Patente haben noch aktiv nach Patenten zum Zwecke der Akquirierungen suchen.[1046] Ihr Geschäftsmodell ist vielmehr darauf gerichtet, Dienstleistungen für ein Unternehmen in Form der Patentüberwachung, Interessenwahrnehmung und Patentdurchsetzung anzubieten, um im Gegenzug prozentuale Gewinnbeteiligungen an den ausgehandelten Lizenzverträgen bzw. durchgeführten Schadensersatzklagen zu erhalten.[1047] Für ein Unternehmen, was seine Patente durch solche Patenvollstreckungsgesellschaften verwalten lässt, besteht der Vorteil darin, dass das Unternehmen die Patentüberwachung am Markt vornimmt und pro aktiv die Verwertung in Form der Lizenzverhandlungen und möglichen Rechtsstreitigkeiten übernimmt.[1048] Vergleicht man dieses Geschäftsmodell mit dem Verhalten der Patent *Trolle*, so ergeben sich Unterschiede dahingehend, als dass Patentvollstreckungsgesellschaften nicht auf eigene Rechnung wirtschaften, da Patente weder selbst erworben, noch zu eigenen Zwecken monetarisiert

---

1045 Im Englischen wird der Begriff der *patent enforcement companies* verwendet, vgl. hierzu *Frick, Patent-Trolling*, 2014, S. 36.

1046 *Ferrill*, North Carolina Journal of Law & Technology 2005, 367, 373; *Chuang*, Southern California Interdisciplinary Law Journal 2006, 215, 225 ff., siehe auch *Lamping*, Patentschutz und Marktmacht, 2010, S. 370, der in diesem Zusammenhang von Patentagenten spricht.

1047 Als Beispiel führt *Ferrill* das Unternehmen *Mahr-Leonard Management* an, welches nach eigenen Angaben durchschnittlich 10 Mio. US-Dollar pro Lizenzvertrag erwirtschaftete, Unternehmern aller Wirtschaftszweige vertrat und seit 1988 mehr als 700 Mio. US-Dollar an Lizenzgebühren eingenommen haben soll. Als Gegenleistung verlangte das Unternehmen volumenunabhängig rund 25% des jeweiligen Lizenzvertrages oder der erstrittenen Schadensersatzsumme, vgl. *Ferrill*, North Carolina Journal of Law & Technology 2005, 367, 373 ff.

1048 So etwa *Frick*, *Patent-Trolling*, 2014, S. 36; für weitere Beispiele von Patentvollstreckungsgesellschaften, siehe *Chan/Fawcett*, Intellectual Property Law Bulletin, Herbst 2005, 1, 2.

werden.[1049] Vielmehr stellen solche Unternehmen „*full-service intellectual property companies*“[1050] dar, bei denen Dienstleistungen rund um das Patent im Vordergrund stehen.

III. Heutige Patentverwertungsgesellschaften

Nunmehr sind weitere Akteure auf den Markt getreten, die Patente vor allem in den USA aber auch vermehrt in der EU gezielt im großen Stil aufkaufen,[1051] um diese im Wege der Lizenzierung bzw. durch Schadensersatzklagen zu verwerten, ohne Eigeninteresse an der Produktion oder weiteren Innovationen auf Grundlage der technischen Lehre zu haben – die reinen Patentverwertungsgesellschaften.[1052] Zur Veranschaulichung sollen die „prominentesten“ Verwertungsgesellschaften kurz dargestellt werden.

1. *Intellectual Ventures*

Im Zusammenhang mit dem *Trolling* wird häufig exemplarisch auf das Unternehmen *Intellectual Ventures* verwiesen, welches nach eigenen Angaben mittlerweile über ein Patent-Portfolio von rund 70.000 eigenen Patenten verfügt, wovon rund 40.000 aktiv monetarisiert werden.[1053] Das Unternehmen weist

---

1049 Selbstverständlich muss bei einer Gewinnbeteiligung an jedem Lizenzvertrag oder Schadensersatzanspruch von 25% von einem Wirtschaften auch auf eigene Rechnung gesprochen werden. Die Beschreibung dient vielmehr der funktionalen Abgrenzung zu reinen Verwertungsgesellschaften.

1050 So die eigene Unternehmensbeschreibung von *Alexander Poltorak*, Gründer und Präsident der *General Patent Corp.*, welche wohl die älteste Patentvollstreckungsgesellschaft ist, vgl. *Cherry*, IEEE Spectrum 2004, 38, 38 ff.

1051 Vgl. *Ewing/Feldman*, Stanford Technology Law Review 2012, 1, 15, die von „*Mass aggregator*“ sprechen; vgl. dazu auch *Thumm/Gabison*, Patent assertion entities in Europe, 2016 sowie *Darts-IP*, NPE Litigation in the European Union, 2018.

1052 Im Englischen wird häufig der Begriff der *patent assertion entities* verwendet, vgl. nur *Kiebzak/Rafert/Tucker*, Research Policy 2016, 218 oder *Chien*, Patent Assertion Entities, Präsentation im Rahmen einer Anhörung vor dem Departement of Justice/Federal Trade Commission vom 10. Dezember 2012. Den Begriff der Patentakquisiteure verwendet *Lamping*, Patentschutz und Marktmacht, 2010, S. 370. Zu dem Modell der Patentverwertungsgesellschaften im Allgemeinen unter Hinweis auf die verschiedenen verwendeten Begrifflichkeiten siehe *Cotropia/Kesan/Schwartz*, Minnesota Law Review 2014, 649, die zusätzlich mittels diverser Statistiken eine empirische Analyse des Klageverhaltens von Patentverwertungsgesellschaften vornehmen.

1053 Siehe hierzu die FAQ der unternehmenseigenen Webseite.

einen Gesamtertrag an erwirtschafteten Lizenzgebühren von über 3 Mrd. US-Dollar aus, wovon rund 500 Mio. US-Dollar an die tatsächlichen Schöpfer der technischen Lehre ausgeschüttet worden seien.[1054] Auch in Deutschland geht *Intellectual Ventures* mittlerweile verstärkt gegen Unternehmen aus ihrem Patent-Portfolio vor und reichte 2015 eine Vielzahl von Patentverletzungsklagen gegen Unternehmen wie *Vodafone,* die *Deutsche Telekom* sowie *Telefonica* ein, die den Abschluss von Lizenzverträgen im Vorfeld verweigerten.[1055] Neben der Tatsache, dass *Intellectual Ventures* mittlerweile der größte und ertragreichste Patentverwerter weltweit ist,[1056] gilt es gleichsam zu beachten, dass das Unternehmen zusehends verstärkt im Bereich FuE tätig ist, was dem oben angeführten Definitionsansatz des *Trolling* dem Grunde nach zuwiderläuft.[1057] Das Beispiel *Intellectual Ventures* zeigt die Notwendigkeit, wie wichtig eine differenzierte Auseinandersetzung mit dem Terminus des *Trolling* ist, um der Frage nachgehen zu können, inwieweit diese konkrete Patentstrategie auch missbräuchlich im Rechtssinne ist, da *Intellectual Ventures* gerne als klassischer Patent Troll beschrieben wird,[1058] gleichsam aber stark im Bereich FuE tätig ist.

2. *Acacia Research Corporation* und *Round Rock Research LLP*

Ein weiteres Unternehmen, welches sich der reinen Verwertung von Patenten verschrieben hat, ist *Acacia Research Corporation,* welches nach eigenen Angaben bereits 1,3 Mrd. US-Dollar an Lizenzgebühren eingenommen und hiervon insgesamt 705 Mio. US-Dollar an die Erfinder bzw. Patentinhaber ausgezahlt haben soll.[1059] Hierfür sei das Unternehmen mittlerweile über 1.480 Lizenzierungsvereinbarungen in über 184 verschiedenen Technologiebereichen eingegangen.[1060]

1054 Siehe hierzu die FAQ der unternehmenseigenen Webseite.

1055 Vgl. die Pressemitteilungen auf der Homepage des Unternehmens unter „Legal Updates", abrufbar unter http://www.intellectualventures.com/news/legal-updates.

1056 Vgl. *Wettach/Hohensee*, Wirtschafts-Woche, Artikel vom 30. November 2013.

1057 Für eine akademische Auseinandersetzung mit dem Unternehmen *Intellectual Ventures,* siehe *Ewing/Feldman*, Stanford Technology Law Review 2012, 1, 3–15, die bereits 2012 deutlich machen, dass *Intellectual Ventures* das fünft größte Patent-Portfolio der USA besitzt und über ein Firmengeflecht von rund 1.276 Briefkastenfirmen verfügt, welche wiederum rund 8.000 Patente halten und 3.000 Patentanmeldungen verwalten.

1058 Siehe *Roberts*, GIGAOM Research, Artikel vom 25. März 2012, der im Hinblick auf *Intellectual Ventures* von einem *„super-troll"* spricht.

1059 Vgl. die Unternehmenshomepage unter „About Us".

1060 Vgl. den dritten Quartalsbericht 2015 von *ACACIA*, S. 13, abrufbar unter: http://www.sec.gov/Archives/edgar/data/934549/000093454915000060/actg10q09302015.

Im Jahr 2012 erwarb das Unternehmen diverse Patente über drahtlose Technologien vom *Nokia Siemens Netzwerk*[1061] sowie ein Portfolio an 4G-Technologie für 160 Mio. US-Dollar durch den Aufkauf des Unternehmens *Adaptix*.[1062] In dem letzten Jahrzehnt war *Acacia* schätzungsweise in über 280 Patentstreitigkeiten, sowohl als Klägerin als auch als Beklagte involviert[1063] und geht nach wie vor aggressiv gegen vermeintliche Verletzter ihrer Patente vor.[1064]

Weitaus defensiver in der Außendarstellung geht *Round Rock Research LLP* mit den eigenen Unternehmensdaten um und gibt lediglich an, dass das firmeneigene Patent-Portfolio mehrere tausend Schutzrechte umfasst.[1065] Eigenen Angaben nach besteht das Geschäftsmodell des Unternehmens in der Technologieentwicklung und Patentlizenzierung sowie der eigenen Anmeldung von Schutzrechten weltweit,[1066] was ebenfalls gegen die klassische Definition des *Trolling* spricht. Alleine das Unternehmen *Micron*, einer der führenden Hersteller von Halbleitern, übertrug zwischen 3.400 bis 4.000 Patente auf *Round Rock*, was rund 20% des damaligen Patent-Portfolios von *Micron* ausmachte.[1067] Zusätzlich zählen zu den Lizenznehmern von *Round Rock* Technologie- und

---

htm#s55850D6DD6DF23B81F108AD8F16F9327; zusätzlich wird in dem Quartalsbericht auf S. 8 ausgeführt, dass: „*Acacia's only identifiable intangible assets at September 30, 2015 and December 31, 2014 are patents and patent rights.*"

1061 Ein multinationales Telekommunikationsunternehmen, welches 2007 als Gemeinschaftsunternehmen zwischen der finnischen *Nokia Oyj* und der deutschen *Siemens AG* gegründet wurde. *Siemens Networks* und *Nokia Networks* wurden am 1. April 2007 zusammengeführt. So entstand das nach addiertem Umsatz zweitgrößte Mobilfunkunternehmen. *Siemens* teilte am 1. Juli 2013 mit, dass *Nokia* den *Siemens*-Anteil des Unternehmens für 1,7 Mrd. Euro übernehmen und fortan alleiniger Eigentümer sein werde. Nach der Übernahme wurde das Unternehmen in *Nokia Solutions and Networks* umbenannt. Im April 2014 erklärte *Nokia* – nach dem Verkauf der Mobilfunksparte an *Microsoft* – eine nochmalige Umbenennung in *Nokia Networks*.

1062 *Dummett*, The Wall Street Journal, Artikel vom 12. Januar 2012.

1063 *Ewing/Feldman*, Stanford Technology Law Review 2012, 1, 16.

1064 Vgl. dazu insbesondere Spiegel-Online, Artikel vom 22. Dezember 2016, bei dem es um den neu entfachten Patentstreit zwischen *Nokia* und *Apple* und überdies auch um die Rolle von *Acacia* geht.

1065 Vgl. die Unternehmenshomepage, unter http://roundrockresearch.com/index.html.

1066 Die Angaben sind auf der unternehmenseigenen Homepage abrufbar.

1067 Vgl. die Zahl von 3.400 Patenten bei *Ewing/Feldman*, Stanford Technology Law Review 2012, 1, 17; siehe *Swedberg*, RFID Journal, Artikel vom 19. Dezember 2013, die von rund 4.000 Patenten ausgeht.

Unternehmensgrößen aus nahezu allen Bereichen der Telekommunikations- und Informationsindustrie, wie etwa *Apple*, *Sony*, *HTC*, *IBM* etc.[1068]

3. *IPCom*

Verwertungsgesellschaften treten nicht nur in den USA auf, sondern zunehmend auch in Europa.[1069] Exemplarisch dient hierfür das in München ansässige Unternehmen *IPCom*, welches nach eigenen Angaben weltweit über 1.000 Patente in rund 160 Patentfamilien für den Mobilfunk und rund 35 Patentfamilien, die für die wesentlichen Mobilfunkstandards der Generation 2G und 3G standard-essentiell sind, halten.[1070] Das Unternehmen gründete sich 2006 und erwarb nach der Abspaltung ihrer Mobilfunkbranche und dem Scheitern der danach geführten Verhandlungen mit *Nokia* rund 268 Patente für Mobilfunktechnologien von der *Robert Bosch GmbH*.[1071] Das Unternehmen erlangte insbesondere durch eine nicht näher bezifferte Lizenzvereinbarung in dreistelliger Millionenhöhe mit der *Deutschen Telekom*[1072] sowie einer Schadensersatzklage gegen *Apple* und *HTC* wegen der Verletzung eines UMTS-Patents mit einer Schadensersatzforderung von 1,57 Mrd. Euro, deutschlandweit Bekanntheit.[1073]

1068 Vgl. http://roundrockresearch.com/lic.html.

1069 Vgl. dazu schon die ausführliche Analyse für die Europäische Kommission bei *Thumm/Gabison*, Patent assertion entities in Europe, 2016 sowie *Darts-IP*, NPE Litigation in the European Union, 2018, S. 6 als auch die Auswertung bei Unified Patents, abrufbar unter: https://www.unifiedpatents.com/insights/2017/12/26/2017-patent-dispute-report-year-in-review; vgl. dazu auch *Stierle*, Das nicht-praktizierte Patent, 2018, S. 35 ff.

1070 Vgl. die unternehmenseigene Homepage.

1071 Die Informationsgewinnung über *IPCom* gestaltet sich mehr als schwierig, da das Unternehmen zuletzt Geschäftszahlen aus dem Gründungsjahr 2006 veröffentlichte und ein zutiefst undurchsichtiges Firmengeflecht aufgebaut hat. Vgl. die wohl einzige anschauliche Auseinandersetzung mit dem Unternehmen sowie einem Schaubild zu dem Firmengeflecht bei *Kirsch*, iX – Magazin für professionelle Informationstechnik 6/2014, 84; zu dem Erwerb der Patente von der *Robert Bosch GmbH* äußert sich *IPCom* im Rahmen des Verfahrens vor dem High Court gegen *Nokia*, vgl. *IPCom v Nokia* [2012] EWHC 1446 (Ch), Rn. 7.

1072 *Reuters*, Artikel vom 03. Juli 2013; *Holland*, Heise-Online, Artikel vom 04. Juli 2013.

1073 Das in Rede stehende europäische Patent EP1841268 (B1) (*Access of a mobile station to a random access channel in dependence of its user class)* wurde ursprünglich von der Einspruchskammer des EPA im April 2012 für ungültig erklärt. Die darauffolgende Beschwerde von *IPCom* hatte Erfolg, da die Beschwerdekammer dem Widerruf stattgab und das Verfahren zu einer weiteren Klärung an die Einspruchsabteilung zurückverwies. Diese bestätigte das Patent im Januar 2014, was *IPCom* zum Anlass

Aufsehen erregte auch die gerichtliche Auseinandersetzung zwischen *IPCom* und *Nokia* in der zeitweise Schadensersatzforderungen in Höhe von 12 Mrd. Euro kolportiert wurden.[1074] Ausgangspunkt der medial verfolgten Auseinandersetzung war ein Patentverletzungsverfahren vor dem LG Mannheim, bei dem das Gericht urteilte, dass *Nokia* das in Rede stehende Patent von *IPCom* verletze.[1075] Die Berufung vor dem OLG Karlsruhe war wiederum für *Nokia* erfolgreich, da das OLG die Patentverletzung als nicht gegeben erachtete, gleichsam aber die Revision zum BGH wegen grundsätzlicher Bedeutung für eine Vielzahl weiterer Fälle zuließ.[1076] Die höchstrichterliche Entscheidung in dieser Sache wird jedoch nicht mehr erfolgen, da der Patentschutz der streitgegenständlichen Patente (bzw. Patentfamilien) von *IPCom* zu Beginn des Jahres 2020 ausgelaufen ist.[1077]

IV. Pro und Contra bezüglich Patentverwertungsgesellschaften

Die Ausführungen lassen zumindest keinen Zweifel daran, dass sich die reine Patentverwertung zu einem sehr lukrativen Industriezweig entwickelt hat, in dem sich mit etwas Geschick äußerst hohe Gewinne realisieren lassen. Daher ist es kaum verwunderlich, dass diese Form des Patenteinsatzes zunehmend argwöhnisch betrachtet und im wissenschaftlichen Diskurs zumeist negativ aufgefasst wird. Der einleitende Überblick über das Auftreten von Patentverwertungsgesellschaften im Wirtschaftsverkehr soll folglich mit einer kurzen Zusammenfassung der aktuellen Rezeption dieses Geschäftsmodells im wissenschaftlichen Diskurs beschlossen werden.[1078]

---

nahm, mit einer Schadensersatzklage in Höhe von 1,57 Mrd. Euro gegen *Apple* und *HTC* vor dem LG Mannheim vorzugehen, vgl. die ausführliche Berichterstattung bei *Kirsch*, Heise-Online vom 28. Februar 2014, mit Verweisen auf die vorangegangenen Verfahrensschritte; das Bundespatentgericht wies die Nichtigkeitsklage von *Apple* und *HTC* gegen das in Rede stehende europäische Patent von *IPCom* nach mündlicher Verhandlung am 9. Oktober 2019 ab.

1074 Vgl. zu der Medienberichterstattung exemplarisch *Postinett*, Handelsblatt, Artikel vom 30. Januar 2008.

1075 LG Mannheim, Urteil vom 18. Februar 2011 – 7 O 100/10, zitiert nach *juris*.

1076 OLG Karlsruhe, Urteil vom 09. Juli 2014 – 6 U 29/11, zitiert nach *juris*.

1077 vgl. dazu die Mitteilung auf der unternehmenseigenen Homepage, unter https://www.ipcom-munich.com/post/how-ipcom-kept-the-mobile-phone-industry-on-tenterhooks-for-13-years im Rahmen derer die unterschiedlichen Rechtsstreitigkeiten ebenfalls nachgezeichnet werden.

1078 Siehe dazu auch die Rezeption bei *Stierle*, Das nicht-praktizierte Patent, 2018, S. 86 ff.

1. Negative Aspekte der Patentverwertungsgesellschaften

Im Zusammenhang mit der weitestgehend negativen Bewertung von Patentverwertungsgesellschaften, soll zunächst ein Blick auf die geschätzten Kosten geworfen werden, die nach Meinung einiger Kommentatoren im Zusammenhang mit der Monetarisierung von Patenten durch Verwertungsgesellschaften entstehen würden. Vorab ist festzustellen, dass die Aussagekraft der vorliegenden Studien für den europäischen Raum eher begrenzt ist, da sie ausnahmslos aus dem angloamerikanischen Bereich stammen und sich auf die wissenschaftliche Bewertung der Kosten für die amerikanische Wirtschaft beziehen.[1079] Dennoch geben die Zahlen einer bereits vor mehreren Jahren veröffentliche Studie von *Bessen/Ford/Meurer* ein gutes Gefühl dafür, welche ökonomischen Kosten und Implikationen die strategische Verwertung von Patenten mittels der reinen Verwertungsstrategie mit sich bringen können. Die Autoren kamen zu dem Ergebnis, dass durch Patentverwertungsgesellschaften jährlich Kosten von rund 30 Mrd. US-Dollar entstünden und diese in den letzten zwanzig Jahren Kosten in Höhe von rund 500 Mrd. US-Dollar für die amerikanische Wirtschaft verursacht hätten.[1080] Eine weitere viel zitierte und in diesem Zusammenhang meist exemplarisch genannte Studie von *Bessen/Meurer* kommt zu dem Ergebnis, dass von Verwertungsgesellschaften geführte Prozesse alleine im Jahr 2012 Kosten in Höhe von 29 Mrd. US-Dollar produziert hätten.[1081] Eine dritte Studie

---

1079 Vgl. dazu aber die ausführliche Analyse für die Europäische Kommission bei *Thumm/Gabison*, Patent assertion entities in Europe, 2016.

1080 Vgl. *Bessen/Ford/Meurer*, Boston University School of Law, Law and Economics Research Paper No. 11–45 vom 19. September 2011, S. 4, 17, 25. Zur Ermittlung der Zahlen griffen die Autoren auf die Datenbank *PatentFreedom* zurück, welche insgesamt 1.630 Fälle an Rechtstreitigkeiten beinhaltet, in denen reine Lizenzierungsfirmen verwickelt sind. Diese Streitigkeiten richteten sich gegen 4114 Unternehmen. Hiervon bezogen sich 62% auf Softwarepatente. Die Autoren stützten sich weniger auf die Prozesskosten und eventuelle zugesprochene Schadensersatzsummen. Vielmehr wurde die Entwicklung der Börsenwerte der verklagten Unternehmen untersucht. Hiernach verloren diese zwischen 1990 und 2010 rund 20 Mrd. US-Dollar ihrer Marktbewertung. Das Problem habe sich den Autoren nach jüngst deutlich verschärft. So sei der Durchschnittsverlust an den Börsen in den vergangenen vier Jahren auf 83 Mrd. US-Dollar gestiegen.

1081 Vgl. *Bessen/Meurer*, Cornell Law Review 2014, 387. Siehe dazu auch die kritische Auseinandersetzung mit diesem Beitrag bei *Schwartz/Kesan*, Cornell Law Review 2014, 425 sowie *Olson*, Cornell Law Review 2014, 140, 141 ff., der sich mit beiden Studien objektiv auseinandersetzt.

des Unternehmens *RPX – Rational Patent* wiederum weist für das Jahr 2014 Kosten in Höhe von 12 Mrd. US-Dollar aus für Vergleichszahlungen, Prozesskosten sowie Anwaltsgebühren.[1082] Dasselbe Unternehmen bezifferte auf der gleichen Berechnungsgrundlage für 2013 Kosten in Höhe von 12,8 Mrd. US-Dollar für die amerikanische Wirtschaft.[1083]

Bei den vorliegenden Studien ist jedoch stets zu beachten, dass sie zum Teil auf Schätzungen beruhen, auf freiwilligen Unternehmensdaten basieren und darüber hinaus nicht unerheblicher Kritik ausgesetzt sind. Exemplarisch dient hierfür die Kritik an der viel zitierten Studie von *Bessen/Meurer* aus 2014, die nach eigenen Aussagen 250 Unternehmen befragten und auf die Datenbank der *RPX – Rational Patent* zurückgegriffen haben, um zu den Ergebnissen ihrer Studie zu gelangen.[1084] Das Unternehmen *RPX – Rational Patent* weist nach eigenen Angaben für die Jahre 2013 jedoch Kosten in Höhe von 12,8 Mrd. US-Dollar bzw. für 2014 12 Mrd. US-Dollar aus. Es erscheint zumindest unwahrscheinlich, dass zwischen den Jahren 2011 und 2013 der Kostenunterschied rund 16 Mrd. US-Dollar beträgt, sofern beide Studien auf den gleichen Daten beruhen.[1085] Auch erscheint der methodische Ansatz der Studie fragwürdig, da die Autoren den Gang der Untersuchung weder völlig offenlegen noch extern überprüfen ließen im Sinne einer *peer-review*.[1086] Des Weiteren verwendet die Studie eine derart weite Definition von Verwertungsgesellschaften, ohne eine sinnvolle Unterteilung und Abgrenzung vorzunehmen, was das letztliche Ergebnis ebenfalls stark verwässert.[1087] Abschließend trägt auch die teilweise Finanzierung der Studie durch die *Coalition for Patent Fairness*, eine Gruppe von Unternehmen,

1082 RPX – Rational Patent, 2014 NPE Cost Report – High-level Findings, abrufbar unter: http://chipsnetwork.org/wp-content/uploads/2012/09/2014-NPE-Cost-Report.pdf.

1083 RPX – Rational Patent, 2013 NPE Cost Report – High-level Findings, abrufbar unter: http://www.rpxcorp.com/wp-content/uploads/2014/01/RPX-2013-NPE-Cost-Report-High-level-Findings.pdf.

1084 *Bessen/Meurer*, Cornell Law Review 2014, 387, 394.

1085 Siehe auch *Wild*, iam-media, Artikel vom 10. Mai 2015.

1086 Kritisch dazu *Schwartz/Kesan*, Cornell Law Review 2014, 425, 434 ff.

1087 Vgl. die Definition von NPEs bei *Bessen/Meurer*, Cornell Law Review 2014, 387, 395: „[…] *patent assertion entities, individual inventors, universities, and non-competing entities (operating companies asserting patents well outside the area in which they make products and compete).*" Weiterhin werden auch produzierende Unternehmen mit einbezogen, sofern sie „[…] *outside the area in which they make products.*" agieren, vgl. *ders.*, S. 395.

die sich stark für eine Reform des Patentsystems einsetzen, um Klagen durch Verwertungsgesellschaften einzudämmen, ihr Übriges für die überaus hohe Kostenschätzung bei.

Darüber hinaus existiert eine Vielzahl weiterer Studien die Belegen sollen, dass Verwertungsgesellschaften bevorzugt Großkonzerne attackieren,[1088] dazu neigen *forum-shopping* zu betreiben,[1089] die Kosten für Patentverletzungsverfahren durch Verwertungsgesellschaften für Unternehmen ein signifikantes finanzielles Risiko darstellen,[1090] der Nutzen von Verwertungsgesellschaften für Einzelerfinder gering sei,[1091] das Ansteigen von Patentverletzungsklagen durch Verwertungsgesellschaften einen bedeutsamen Rückgang an Ausgaben für FuE zur Folge hätte[1092] und gleichsam die Möglichkeit für Firmen Risikokapital zu erlangen erheblich sänke.[1093] Ohne näher auf die einzelnen Studien einzugehen, ist ihnen allen der Umstand gemein, dass das Geschäftsmodell reiner Verwertungsgesellschaften überwiegend abgelehnt wird und sich nur äußerst selten eine positive Rezeption des *Trolling* im wissenschaftlichen Diskurs findet.[1094] Über das Für und Wieder derartiger Studien lässt sich vorliegend streiten und die Argumentation des Einzelnen wird in der Regel maßgeblich von der eigenen Rolle im Patentsystem und den hierbei verfolgten Interessen abhängen. Es kann jedoch nicht von der Hand gewiesen werden, dass der Großteil der im Zusammenhang mit dem *Trolling* veröffentlichten Auseinandersetzungen ein negatives Narrativ verwenden und diese konkrete Patentstrategie als besondere Bedrohung für das Patentsystem angesehen wird.

1088 *Cohen/Gurun/Kominers*, Harvard Business Scholl Working Paper No. 15-002 vom 24. April 2016.

1089 *Leychkis*, Yale Journal of Law and Technology 2007, 193.

1090 *Sandrik*, Louisiana Law Review 2012, 873.

1091 *Bessen/Ford/Meurer*, Boston University School of Law, Law and Economics Research Paper No. 11–45 vom 19. September 2011.

1092 *Tucker*, Massachusetts Institute of Technology (MIT) – Management Science (MS) Working Paper vom 14. April 2014; *Reitzig/Henkel/Schneider*, Industrial and Corporate Change 2010, 947 ff.; *Chien*, Santa Clara University School of Law Legal Studies Research Papers Series No. 26–13, September 2013; *Smeets*, The State University of New Jersey – Management & Global Business Working Papers vom 28. April 2014.

1093 Ausführlich *Kiebzak/Rafert/Tucker*, Research Policy 2016, 218.

1094 Statt aller *Kessler*, Mitteilungen 2011, 489.

2. Positive Wirkungen der Patentverwertungsgesellschaften

Trotz der überwiegenden Kritik an dem Geschäftsmodell reiner Verwertungsgesellschaften muss gleichsam konstatiert werden, dass ihnen auch positive Eigenschaften zugesprochen werden müssen.[1095] In erster Linie sollen Verwertungsgesellschaften die Fluktuation von Patenten im allgemeinen Wirtschaftsverkehr befördern und dadurch sowohl eine Steigerung der Allokationseffizienz als auch eine schnellere Verbreiterung technischen Wissens fördern.[1096] Dies kann vor allem Einzelerfindern und Forschungseinrichtungen zugutekommen, denen es entweder nicht auf eine Kommerzialisierung ankommt, oder die diese überhaupt nicht realisieren könnten, aber dennoch in finanzieller Hinsicht von der Erfindung profitieren wollen.[1097] Ferner ist zu beachten, dass eine Rechtsdurchsetzung gegenüber Großunternehmen nicht selten an den limitierten finanziellen Ressourcen und fehlendem Know-how kleinerer Erfinder scheitert. Mehr noch ist zu beobachten, dass dieser Umstand von Großunternehmen mitunter gezielt dadurch ausgenutzt wird, dass Patente bewusst verletzt werden in der Gewissheit, dass kein Prozess angestrengt wird[1098] oder aber so lange prozessiert wird, bis der Patentinhaber mangels Ressourcen aufgibt.[1099] Man kann demnach auch den Standpunkt vertreten, dass Patentverwertungsgesellschaften

---

1095 Vgl. etwa *McDonough III*, Emory Law Journal 2006, 189, der dem Geschäftsmodell des *Trolling* durchaus positiv gegenübersteht und in Patentverwertungsgesellschaften wichtige Akteure im Wirtschaftsverkehr sieht.

1096 *McDonough III*, Emory Law Journal 2006, 189, 211 ff.; *Morgan*, The Federal Circuit Bar Journal 2008, 165, 173 ff.; *Jones*, George Mason Law Review 2007, 1035, 1042 ff.

1097 Für die Vorteile, die für Einzelerfinder durch Patentverwertungsgesellschaften entstehen, vgl. *Jones*, George Mason Law Review 2007, 1035, 1047 ff. und *Magliocca*, Notre Dame Law Review 2007, 1809, 1817.

1098 Brief of the United Invetors Association and Technology Licensing Corporation as Amici Curiae in Support of Respondent, *eBay Inc. v. MercExchange LLC*, No. 05–130, 2006, WL 622121, S. 7: „*When I approached a large company with my invention to offer it for licensing, their exact words were: if we decide to manufacture this, just sue us* […]. *The large company figured that litigation was too expensive for the independent inventor, so it never took his offer to license the technology seriously.*"

1099 *Magliocca*, Notre Dame Law Review 2007, 1809, 1817; *Detkin*, The John Marshall Law Review of Intellectual Property Law 2007, 636, 640; vgl. auch *Ronspies*, The John Marshall Law Review of Intellectual Property Law 2004, 184 ff. mit einem Vergleich der Kosten, die kleinere Erfinder im Gegensatz zu Großunternehmen zu tragen haben, wenn sie ihre Patente in Gerichtsverfahren geltend machen.

ebenfalls ihren Beitrag zur Effizienzsteigerung leisten, da erst ihr Geschäftsmodell dazu führt, dass viele Patente überhaupt verwertet werden.[1100]

V. Zusammenfassung

Die Darstellung von Verwertungsgesellschaften macht deutlich, dass das Geschäftsmodell rein auf die Patentakquirierung zum Zwecke deren Monetarisierung durch Lizenzierung abzielt, ohne weitergehende Interessen in Verbindung mit der Erfindung zu verfolgen. Im Unterschied zu den Patentvollstreckungsgesellschaften wirtschaften Patentverwertungsgesellschaften auf eigene Rechnung und verfolgen ausschließlich eigene Gewinnerzielungsabsichten.[1101] Am Beispiel von *Intellectual Ventures* wird jedoch gleichzeitig deutlich, dass Verwertungsgesellschaften auch eigene FuE-Aktivitäten vornehmen können, um zusätzliche Schutzrechte als Verwertungstools zu generieren. Tatsächlich bringen Patentverwertungsgesellschaften auch eine Reihe positiver Effekte mit sich, die im Rahmen der Diskussion nicht gänzlich außen vor gelassen werden dürfen.[1102] Nicht jede gerichtliche Geltendmachung einer potentiellen Patentverletzung oder die Drohung mit einer solchen durch eine Verwertungsgesellschaft ist per se als illegitim zu bewerten. Für die wissenschaftliche Auseinandersetzung ist folglich eine Definition des *Trolling* als Strategie notwendig, damit die legitime von einer illegitimen Patentverwertung abgegrenzt werden kann.

B. Verwertungsgesellschaften in der amerikanischen und deutschen Rechtspraxis

Viele der Kommentatoren gründen ihre Definitionsversuche auf Gerichtsverfahren deren Sachverhalte sich dadurch gleichen, dass eine der Parteien des Patentverletzungsverfahrens eine Verwertungsgesellschaft war und die erworbenen Patente wegen vermeintlicher Schutzrechtsverletzungen gegen Großunternehmen durchzusetzen versuchte. Dementsprechend soll das Auftreten

---

1100 Vgl. *Lamping*, Patentschutz und Marktmacht, 2010, S. 385, der von einer Arbeitsteilung in einer Volkswirtschaft spricht, in der jeder das tut, was er am besten kann. Einer erfindet, einer produziert und ein Dritter klagt.

1101 So auch *Ferrill*, North Carolina Journal of Law & Technology 2005, 367, 374.

1102 Siehe hierzu etwa So etwa *McDonough III*, Emory Law Journal 2006, 189, 211 ff.; *Morgan*, The Federal Circuit Bar Journal 2008, 165, 173 ff.; *Jones*, George Mason Law Review 2007, 1035, 1042 ff.

von Verwertungsgesellschaften in der jüngeren amerikanischen und deutschen Rechtssprechungspraxis anhand einiger Fälle näher beleuchtet werden.[1103]

I. *Trolling* in der amerikanischen Rechtspraxis

Die Debatte um den strategischen Einsatz von Schutzrechten mittels des *Trolling* entbrannte in den USA vornehmlich anhand dreier Gerichtsverfahren[1104] und führte zu einer sich hieran anschließenden intensiven rechtspolitischen Diskussion,[1105] die weit über die rein patentrechtliche Wahrnehmung hinausging und sogar den ehemaligen US-Präsidenten, *Barack Obama*, auf den Plan rief.[1106] Darüber hinaus wurden die Verfahren auch in der deutschen patentrechtlichen Diskussion zur Kenntnis genommen und fanden gleichsam Anklang im wissenschaftlichen Diskurs.[1107] Teil dieser Debatte war auch die Ausgestaltung des amerikanischen Patentsystems selbst, bzw. die Vergabepraxis des USPTO im Hinblick auf die Patentfähigkeit von Softwareprogrammen und Geschäftsmodellen, die den jeweiligen Rechtstreitigkeiten zugrunde lagen.

1. *NTP Inc. v. RIM Ltd.*

Welche Ausmaße gerichtliche Patentstreitigkeiten für ein Unternehmen haben können, wird anhand des Rechtsstreits zwischen den Unternehmen *RIM* und *NTP* deutlich.[1108] *RIM*, welches 1999 durch den Vertrieb der Blackberry-Mobiltelefone

---

1103 Eine Analyse der medialen Ausschlachtung der Rechtsstreitigkeiten zwischen *eBay* und *MercExchange* bieten *Dolak/Bettinger*, Akron Intellectual Property Journal 2008, 1, 2 ff.

1104 Vorliegend werden nur drei Verfahren exemplarisch dargestellt. Für eine Übersicht über weitere Verfahren, siehe *Ann*, in: Prinz zu Waldeck und Pyrmont/Adelmann/Brauneis/Drexl/Nack (Hrsg.), FS Straus, 2009, S. 355.

1105 Vgl. die Auseinandersetzung mit der amerikanischen Diskussion unter Nennung des Meinungsstandes in der Literatur und Rechtsprechung zu dieser Thematik im Nachgang des *eBay Inc. v MercExchange LLC* Urteils, bei *Ntouvas*, GRUR Int. 2006, 889; siehe zu dieser Thematik ferner *Ohly*, GRUR Int. 2008, 787, 789 ff.

1106 Bei einer von *Google* ausgerichteten Veranstaltung im Sillicon Valley sprach der ehemalige US-Präsident auch über die Strategie des *Trolling* und führte diesbezüglich aus „[NPEs] *don't actually produce anything themselves* […]. *They are essentially trying to leverage and hijack somebody else's idea and see if they can extort some money out of them.*", vgl. dazu *Fuchs*, Business Insider, Artikel vom 15. Februar 2013.

1107 *Ohly*, GRUR Int. 2008, 787, 788 ff.; *Uhrich*, ZGE/IPJ 2009, 59, 60 ff. sowie *Stierle*, Das nicht-praktizierte Patent, 2018.

1108 *NTP Inc. v. Research In Motion, Ltd.*, 418 F.3d 1282 (C.A. Fed., 2005); für das Berufungsverfahren, siehe *NTP Inc. v. Research In Motion, Ltd.*, 418 F.3d 1282, 1320–21

und der Möglichkeit der E-Mail-Push-Technologie weltberühmt wurde, sah sich Anfang 2001 nach gescheiterten Lizenzverhandlungen einer Verletzungsklage von *NTP* ausgesetzt, welche auf einem Patentbündel für die kabellose E-Mail Übertragung fußte.[1109] Neben einer Verurteilung zur Zahlung eines Schadensersatzes in Höhe von 53,7 Mio. US-Dollar sprach das Gericht ebenso eine Unterlassungsverfügung gegen *RIM* aus, welche den Vertrieb und das Anbieten der Blackberry-Mobiltelefone zum Gegenstand hatte.[1110] Nur gegen eine Sicherheitsleistung in Höhe von 240 Mio. US-Dollar wurde der Vollzug der Unterlassungsverfügung im öffentlichen Interesse für die Dauer der Berufung suspendiert, da *RIM* andernfalls gezwungen gewesen wäre, den Blackberry-Dienst einzustellen. Nicht nur, dass dies wirtschaftlich verheerende Folgen für das Unternehmen selbst gehabt hätte, vielmehr wäre dies auch mit negativen Konsequenzen für die Allgemeinheit verbunden, da das Blackberry-Mobiltelefon global insbesondere unter Geschäftsleuten das Standard-Kommunikationsgerät darstellte und *NTP* die Technik selbst nicht anbot. Ironischerweise hätte eine Einstellung des Blackberry-Dienstes vor allem die US-Regierung getroffen, da diese besonders auf die Blackberry-Technologie angewiesen war. In einer Stellungnahme an den *Federal Court* deutete das US-Justizministerium unmissverständlich auf diesen Umstand hin und formulierte die ausdrückliche Bitte, dass eine mögliche Unterlassungsverfügung gegen den Blackberry-Service ausgesetzt werden müsse, um die Arbeit der US-Regierung nicht zu gefährden.[1111] Der anschließend im März 2006 geschlossene Vergleich war mit 612,5 Mio. US-Dollar ein einträgliches Geschäft für *NTP* und in der Höhe sicherlich auch von der Erkenntnis der wirtschaftlichen Risiken der Unterlassungsverfügung für *RIM* getragen.[1112]

(Fed. Cir. 2005); einen ausführlichen Bericht über die Prozessgeschichte findet sich bei *Eisler*, Washingtonian, Artikel vom 01. September 2005.

1109 *NTP* hielt insgesamt fünf Patente, die den Abruf elektronischer Daten mittels einer kabellosen Verbindung bewerkstelligten, vgl. U.S. Patent No. 6,317,592; U.S. Patent No. 5,819,172; U.S. Patent No. 6,067,451; U.S. Patent No. 5,625,670 und U.S. Patent No. 5,436,960; eine gute Zusammenfassung des Verfahrens findet sich bei *Lamping*, Patentschutz und Marktmacht, 2010, S. 389 ff.

1110 Die Jury sprach eine Schadensersatzsumme von 33 Mio. US-Dollar aus. Dieser Betrag wurde im Sinne des Strafschadensersatzes aufgrund vorsätzlichen Patentverletzung vom Gericht noch auf 55 Mio. US-Dollar erhöht, vgl. *NTP Inc. v. Research In Motion, Ltd.*, 418 F.3d 1282, 1320–21 (Fed. Cir. 2005).

1111 vgl. *Noguchi*, The Washington Post, Artikel vom 12. November 2005.

1112 Einige Autoren bezweifeln, dass es sich bei diesem Verfahren tatsächlich um einen „Paradefall" des *Trolling* handelt. *Thomas Campagna*, Erfinder der streitgegenständlichen Technologie, war einer der Teilhaber von *NTP* und versuchte mitunter wohl

2. *Eolas Technologies Inc. v. Microsoft Corp.*

Grundlage des Verfahrens zwischen *Eolas* und *Microsoft*[1113] war der Vorwurf von *Eolas*, dass *Microsoft* durch seinen *Internet Explorer* ein Patent der *University of California* verletze, deren Nutzung *Eolas* im Wege der ausschließlichen Lizenz eingeräumt wurde.[1114] Nach Auffassung der Kläger deckte das streitgegenständliche Softwarepatent die sog. „*Plug-In*"-Technologie ab, welche in modernen Browsern wie dem *Internet Explorer* verwendet wird. Nach erfolglosen Lizenzverhandlungen mit mehreren Unternehmen Ende der 1990er-Jahre, erhob *Eolas* 1999 Klage beim *District Court* und erstritt einen erstinstanzlichen Schadensersatzanspruch wegen Patentverletzung gegen *Microsoft* in Höhe von 521 Mio. US-Dollar. Trotz bestehender Bedenken seitens des Gerichts aufgrund unverhältnismäßiger Kosten für das Unternehmen wurde gegen *Microsoft* zusätzlich noch eine Unterlassungsverfügung erlassen, welche die Einstellung des Betriebs des *Internet Explorers* zur Konsequenz gehabt hätte.[1115] Aufgrund der 2004 eingelegten Berufung beim *Court of Appeal for the Federal Circuit* wurde der Rechtsstreit zwar zurück an den *District Court* verwiesen, gleichsam hielt das Berufungsgericht aber sowohl den Unterlassungs- als auch den Schadensersatzanspruch aufrecht.[1116] Im Juli 2007 traten beide Parteien vor der erneuten Verhandlung vor dem *District Court* in Vergleichsverhandlungen ein und einigten sich auf eine endgültige Streitbeilegung zu einer nicht näher genannten Lizenzgebühr und Einmalzahlung von *Microsoft* an *Eolas*.[1117] Der Fall beinhaltete

---

auch sein Patent gegenüber dem Großkonzern zu verteidigen, vgl. hierzu *Ohly*, GRUR Int. 2008, 787, 791 und *Uhrich*, ZGE 2009, 59, 63. Siehe auch die Kritik dazu bei *Kessler*, Mitteilungen 2011, 489, 490. Dieser argumentiert, dass das Verfahren *NTP* gegen *RIM* weder einen alltäglichen Rechtsstreit darstelle noch eine verwerfliche Vorgehensweise von *NTP* festzustellen sei. Vielmehr sähe es in der Realität so aus, dass Großunternehmen häufig bewusst Patente kleinerer Unternehmen in der Hoffnung verletzen, dass man den Patentinhaber entweder mit geringen Lizenzgebühre „abspeisen" oder diesen gar mit dem Anstrengen eines Nichtigkeitsverfahren einschüchtern könne.

1113 *Eolas Technologies Inc. v. Microsoft Corp.*, 399 F.3d 1325 (Fed. Cir. 2005).

1114 Konkret handelte es sich um das US-Patent No. 5,838,906 „*Distributed hypermedia method for automatically invoking external application providing interaction and display of embedded objects within a hypermedia document.*"; siehe zu der Darstellung des Verfahrens auch *Frick*, *Patent-Trolling*, 2014, S. 39 ff.

1115 *Eolas Technologies Inc. v. Microsoft Corp.*, 399 F.3d 1325, 1332 (Fed. Cir. 2005).

1116 *Eolas Technologies Inc. v. Microsoft Corp.*, 399 F.3d 1325 (Fed. Cir. 2005).

1117 Dass es eine nicht unerhebliche Summe gewesen sein muss, lässt sich aus dem Brief des leitenden Geschäftsführers, *Mark C. Swords* an die Aktionäre von *Eolas* ableiten,

neben der hohen Schadensersatzsumme und den höchstwahrscheinlich ebenso hohen Lizenzgebühren zwei weitere Komponenten, die für Aufsehen sorgten. Zum einen stellte die patentierte Erfindung nach damaliger Auffassung eine Schlüsseltechnologie für das Internet-*Browsing* dar, weswegen dessen Bestand teilweise sogar als massive Bedrohung für die generelle Funktionsfähigkeit des Internets angesehen wurde.[1118] Zum anderen stieß die Tatsache auf Kritik, dass *Eolas* eine rein profitorientierte Verwertungsgesellschaft ist und aus ehemaligen Forschern der *University of California* sowie Juristen besteht. Tatsächlich wurde die Erfindung durch Mittel der *University of California* von *Michael D. Doyle* entwickelt, der der spätere Begründer von *Eolas* ist und sich von der *University of California* eine ausschließliche Lizenz an der Erfindung sichern konnte.[1119]

3. *MercExchange LLC v. eBay Inc.*

Der wohl am kontroversesten diskutierte Rechtsstreit betraf die rechtliche Auseinandersetzung zwischen dem Unternehmen *MercExchange* und *eBay*.[1120] *MercExchange* war Inhaber diverser Patente, die sich vereinfacht gesagt auf den Warenverkauf über ein abgesichertes Netzwerk im Internet bezogen. Das streitgegenständliche Schutzrecht, aus dem das Unternehmen gegen *eBay* vorging, beschrieb die Errichtung eines Online-Marktplatzes mittels dessen Waren entweder über den sofortigen Kauf oder im Wege einer Live-Auktion angeboten und verkauft werden können, mithin ein reines Geschäftsmodell.[1121] Weltweit erlangte das Konzept der Live-Auktion durch *eBay* große Popularität und entwickelte sich seit der Aufnahme des Geschäftsbetriebes im Jahr 1995 zu einem der größten Internet-Unternehmen überhaupt.[1122] Im Bewusstsein, dass die betriebene Onlineplattform unter Umständen im Konflikt mit den Schutzrechten von *MercExchange* stehen könnte, bemühte sich *eBay* bereits im Jahr 2000 erfolglos

---

in dem ihnen mitgeteilt wurde, dass aufgrund der Einigung mit *Microsoft* eine Dividende pro Aktie in Höhe von 60–72 US-Dollar ausgezahlt werde.

1118 Vgl. den Brief von *Tim Berners-Lee*, einem der Mitbegründer des *World Wide Webs*, an *Hon. James E. Rogan*, den damaligen Direktor des USPTO mit der Bitte, dass Patent von *Eolas* für nichtig erklären zu lassen.

1119 Die Informationen sind auf der unternehmenseigenen Homepage unter http://www.eolas.com/about_us.html abrufbar.

1120 *MercExchange LLC v. eBay Inc.*, 275 F. Supp. 2d 695 (District Court) und *MercExchange LLC v. eBay Inc.*, 402 F.3d 1323, 1325 (Fed. Cir. 2005).

1121 Siehe hierzu das U.S. Patent No. 5,845,265.

1122 Die Popularität von *eBay* nimmt jedoch in den letzten Jahren stetig ab, vgl. die Zusammenfassung der Gründe bei *Kaiser/Fuerst*, Welt-Online, Artikel vom 16. Juli 2015.

um den Erwerb jener Patente. Im Gegenzug reichte *MercExchange* Klage gegen *eBay* ein.[1123] Im Kern drehte sich die gerichtlich zu klärende Frage darum, ob das Anbieten der „Sofort-Kauf"-Option durch *eBay* das Patent von *MercExchange* verletzte. Tatsächlich erlangte der Rechtsstreit seine Aufmerksamkeit weniger wegen der tatsächlichen rechtlichen Fragestellung, sondern vielmehr weil sich die Gerichte zum ersten Mal mit der Beurteilung der Frage konfrontiert sahen, ob die Geltendmachung von patentrechtlichen Abwehrinstrumentarien durch eine reine Verwertungsgesellschaft zwangsläufig zum Erlass einer Unterlassungsverfügung führen müsse.[1124] Im Ergebnis musste geklärt werden, ob die Unterlassungsverfügung zwingende Rechtsfolge einer Patentverletzung ist oder vielmehr primär auf Billigkeitserwägungen fußt.[1125] Das Gericht nahm in dem Urteil eine Abkehr von der bis dahin gefestigten Rechtsprechung vor und stellte die Erteilung einer Unterlassungsverfügung unter bestimmte Voraussetzungen – mithin unter einem Verhältnismäßigkeitsvorbehalt.[1126] Nach Zurückweisung an den *District Court* urteilte dieser im Lichte der vom *Supreme Court* aufgestellten Maßstäbe und versagte die Unterlassungsverfügung für *MercExchange*. Trotz dieses positiven Ausgangs für *eBay* unterbreitete das Unternehmen dem Patentinhaber ein Kaufangebot und erwarb die streitgegenständlichen Patente zu einem nicht öffentlich kommunizierten Kaufpreis.[1127]

4. Das *Trolling* als vermeintlich rein amerikanisches Problem

Beeinflusst durch solche Gerichtsverfahren wird im Zusammenhang mit dem *Trolling* von vielen Autoren häufig darauf verwiesen, dass eine untrennbare Verbindung zwischen dem *Trolling* und der Qualität der hierfür verwendeten

---

1123 Eine gute Zusammenfassung der Verhandlungen findet sich bei *Wolverton*, CNet, Artikel vom 05. September 2002.

1124 Der Verfahrenskomplex rund um den Rechtsstreit zwischen *MercExchange v. eBay* wird bei *Lamping*, Patentschutz und Marktmacht, 2010, S. 392 ff. und *Frick*, *Patent-Trolling*, 2014, S. 41 ff. erschöpfend dargestellt.

1125 Der amerikanische Unterlassungsanspruch ist eine *Equitable Remedy*, deren Umfang im Ermessensspielraum des Gerichts steht und an besondere Voraussetzungen geknüpft ist. Vgl. dazu *Dobbs*, Handbook on the Law of Remedies, 1980, S. 28 ff. und *Zweigert/Kötz*, Einführung in die Rechtsvergleichung, 3. Auflage 1996, S. 184 ff.

1126 Dieser sog. *Four-Factors-Test* wird ausführlich bei *Uhrich*, ZGE/IPJ 2009, 59, 66 ff. und *Frick*, *Patent-Trolling*, 2014, S. 41 ff. besprochen.

1127 Vgl. die Pressemitteilung von *eBay* vom 28. Februar 2008, abrufbar unter: http://files.shareholder.com/downloads/ebay/3019577316x0x175182/DA64AEF4-B963-4487-B109-E88316119B59/EBAY_News_2008_2_28_General.pdf.

Patente bestünde.[1128] Zusätzlich wird vereinzelt die Frage aufgeworfen, ob das *Trolling* nicht grundsätzlich eher ein amerikanisches Problem darstelle und insbesondere Europa die negativen Auswirkungen nicht zu fürchten brauche.[1129] Besonders in Bezug auf Verwertungsgesellschaften wird unter Verweis auf die eben angeführten Patentstreitigkeiten aus der jüngeren Vergangenheit zum Teil der Vorwurf artikuliert, dass bestimmte Eigenheiten des amerikanischen Patentsystems erst den Nährboden für derartige Patentstrategien bereitet hätten.[1130] Dieser Argumentation folgend, bestünde ein offensichtlicher Zusammenhang zwischen der zugrundeliegenden technischen Handlungslehre der Patente und dem hieraus resultierenden Missbrauchspotential.[1131] Folglich soll ein Blick auf die Patentierungsvoraussetzungen der USA geworfen werden, welche sich zumindest mit Blick auf die Patentfähigkeit bestimmter Technologiebereiche von Europa und Deutschland deutlich unterscheiden – namentlich der Patente für computerimplementierter Software und Geschäftsmodelle.

1128 *Jacob*, GRUR Jahrestagung vom 23. Mai 2008, S. 2 ff.; *Osterrieth*, GRUR 2009, 540, 541; *Magliocca*, Notre Dame Law Review 2007, 1809, 1827; *Rantanen*, Santa Clara Computer and High Technology Law Journal 2006, 159, 166 ff.; *McDonough III*, Emory Law Journal 2006, 189, 202 ff.; *de Bisthoven*, Stanford-Vienna TTLF Working Paper No. 19 2013, S. 39 ff.; vgl. auch *Janicke*, GRUR Int. 2007, 791, 792; siehe jedoch auch die Studie von *Fischer/Henkel*, Research Policy 2012, 1519, die zu dem Ergebnis kommen, dass beim *Trolling* zwar häufig *„qualitativ schwache"* Schutzrechte verwendet werden, die „Qualität" aber mittlerweile in vielen Fällen höher als erwartet sei und zunehmend auch „starke" Schutzrechte im Rahmen des *Trolling* zum Einsatz kommen; vgl. diesbezüglich auch die umfassende Analyse bei *Hilty*, in: Drexl/Hilty/Boy/Godt/Remiche (Hrsg.), FS Ullrich, 2009, S. 91 ff.

1129 Mit dieser Frage setzt sich in der deutschen Literatur insbesondere *Ohly*, GRUR Int. 2008, 787, 788 ff. auseinander; so auch *Uhrich*, ZGE/IPJ 2009, 59 und *Osterrieth*, GRUR 2009, 540. Zustimmend ferner *Reitzig/Henkel/Heath*, Research Policy 2007, 134, 136 und *Lamping*, Patentschutz und Marktmacht, 2010, S. 386; *Frick*, *Patent-Trolling*, 2014 sowie *Stierle*, Das nicht-praktizierte Patent, 2018, S. 245 ff.

1130 So beispielsweise *Reitboeck*, GRUR Int. 2013, 419, 420; *Ohly*, GRUR Int. 2008, 787, 788 ff.

1131 Ausdrücklich *Ohly*, GRUR Int. 2008, 787, 791. Siehe auch *Osterrieth*, GRUR 2009, 540, 541, der ebenfalls davon ausgeht, dass häufig Patente von zweifelhaftem Rechtsbestand verwertet werden. Vgl. ferner *Janicke*, GRUR Int. 2007, 791, 792, der einen *„breiten Konsens, dass etwas mit der Qualität der in den USA erteilten Patente ernsthaft nicht stimmt"* annimmt.

a. Rechtliche Rahmenbedingungen der Patentiervoraussetzungen in den USA

Die USA bieten einem Erfinder weitaus mehr Möglichkeiten, Schutz für technische Erfindungslehren zu erlangen, als es nach dem EPÜ der Fall ist. So ist es in den USA möglich sowohl technische Handlungslehren im Bereich computerimplementierter Softwareprogramme, als auch reine Geschäftsmodelle als Erfindung zu patentieren. Darüber hinaus bestehen auch keine Beschränkungen im Hinblick auf die Patentierbarkeit humanbiologischen Materials wie etwa Stammzellen, einem Schutzobjekt, das in Deutschland nicht patentfähig ist, in anderen Mitgliedstaaten der EU jedoch durchaus schutzfähig sein kann.[1132] Diese Beispiele zeigen zum einen auf, dass in Bezug auf die Frage der schutzfähigen Patentgegenstand ein teilweise anderes Verständnis zwischen den USA dem EPÜ sowie dem deutschen Gesetzgeber vorherrscht und zum anderen wird deutlich, dass trotz internationaler Harmonisierungsbestrebungen stets Unterschiede in den einzelnen Rechtsordnungen bestehen und im Ergebnis lediglich die Festlegung globaler Mindestanforderungen gelungen ist.[1133]

1132 Vgl. *Hofmann*, in: Adolf-Arndt-Kreis (Hrsg.), Menschliches Leben – was ist das?: Humangenetik zwischen Markt, Moral, und Recht?, 2004, S. 63, 63–64, der mit Blick auf die Frage, wo die Forschung mit aus zerstörten menschlichen Embryonen herrührenden Stammzellen unter bestimmten Bedingungen zugelassen sind, ausführt: *„Rechtlich beschränkt, aber grundsätzlich zulässig sind die inkriminierten Forschungen in Dänemark, Finnland, Großbritannien, den Niederlanden, Japan, Australien; rechtliche Restriktionen fehlen gänzlich in Israel und den USA. In der Schweiz, Frankreich, Kanada und Südkorea sind Lockerungen des bestehenden Verbotes eingeleitet.“* Hierzu auch *Batista*, GRUR Int. 2013, 514 ff., der sich mit dieser Thematik im Nachgang der Entscheidung EuGH, Rs. C-34/10 ECLI:EU:C:2011:669 Slg. 2011 I-09821 – *Oliver Brüstle/Greenpeace e.V* befasste, bei der es im Kern um die Frage ging, in wieweit aus menschlichen Embryonen stammenden Stammzellen patentierbar sind.

1133 Diese Formulierung mag etwas überspitzt sein, verdeutlicht aber, dass trotz der nunmehr jahrhundertelangen Harmonisierungsbestrebungen nach wie vor große Unterschiede zwischen den großen Industrienationen bestehen. Zu beachten ist ferner, dass im Hinblick auf die USA sicherlich auch marktwirtschaftliche und politische Interessen für die Ausweitung der Patentierbarkeit auf Bereiche wie Software und Geschäftsmodelle sowie insbesondere dem humanbiologischen Material federführend waren.

b. Grundlagen des amerikanischen Patentrechts

Das erste Patentrecht wurde bereits 1790 in der amerikanischen Verfassung verankert, mit der Folge, dass das Patentrecht Verfassungsrang genießt.[1134] Rechtsgrundlage für die Vergabe von Patenten ist Art. I, Sec. 8, Clause 8 USC. Die Voraussetzungen der Patentierbarkeit sind in Title 35 USC §§ 101 ff. dargelegt, wonach ein Patent für eine Erfindung (*patent-eligible subject matter*), welche neu (*novelty*), nicht naheliegend (*non-obviousness*) und anwendbar (*utility*) ist, vergeben wird. Die Rechte des Patentinhabers sind in Title 35 USC § 154 sec. (a), (1) festgelegt und vermitteln dem Patentinhaber dem Grunde nach die gleichen negativen Verbietungsrechte wie ein deutsches Patent.[1135] Die Dauer des Patentschutzes beträgt ebenfalls 20 Jahre und bedarf der staatlichen Erteilung durch das USPTO. Aus rechtsvergleichender Sicht muss im Ergebnis zunächst festgehalten werden, dass sich im Vergleich zu der europäischen bzw. nationalen Rechtslage zumindest keine grundlegenden Unterschiede zwischen den Patentsystemen ergeben, da sich die Tatbestandsvoraussetzungen für die Patentfähigkeit grundsätzlich gleichen, der originäre Schutzrechtserwerb durch die Anmeldung bei dem zuständigen Patentamt erfolgt und sowohl der derivative Erwerb im Wege des Rechtskaufs sowie der Einräumung von Nutzungsrechten mittels dessen Lizenzierung keine nennenswerten Schranken aufweisen.[1136] Im Folgenden soll ein kurzer Blick auf die Möglichkeit der Patentierung von Softwareprogrammen sowie Geschäftsmodellen geworfen werden, mithin Schutzrechte, die für die oben angeführten amerikanischen Patentstreitverfahren gegenständlich waren.

c. Patente für computerimplementierte Softwareprogramme

Die Möglichkeit in den USA Patente auf computerimplementierte Softwareprogramme zu erhalten, besteht seit den 1980er Jahren. Dem Wesen des Common-Laws entsprechend, beruht die Patentierbarkeit auf der Rechtsfortbildung der Judikative im Sinne des Case-Laws.[1137] Im Gegensatz zu den USA ist in

---

1134 Vgl. für die geschichtliche Entwicklung des amerikanischen Patentsystem *Merges/Duffy*, Patent Law and Policy, 7. Auflage 2017, S. 1 ff.

1135 Einführend zu der Thematik etwa *Butler/Molnia*, in: Mayer/Butler/Molnia (Hrsg.), Das US-Patent, 5. Auflage 2017, Rn. 16 ff.

1136 Siehe hierzu auch den guten Überblick über das amerikanische Patentrecht und dessen Durchsetzung bei *Maloney*, in: Heath (Hrsg.), Patent Enforcement Worldwide, 3. Auflage 2015, S. 473 ff.

1137 Hierzu ausführlich *Merges/Duffy*, Patent Law and Policy, 7. Auflage 2017, S. 1 ff. und 69 ff.; siehe ferner *Schauwecker*, GRUR Int. 2010, 1, 2 ff. und den rechtsvergleichenden Beitrag bei *Laub*, GRUR Int. 2006, 629.

Deutschland gem. § 1 Abs. 3 Nr. 3 PatG der Schutz von computerimplementierten Softwareprogrammen stark eingeschränkt, da das Gesetz ausdrücklich hervorhebt, dass Programme für Datenverarbeitungsanlagen nicht als Erfindung im Sinne des § 1 Abs. 1 PatG angesehen werden.[1138] Auch das europäische Pendant hierzu enthält in Art. 52 Abs. 2 lit. c EPÜ eine wortgleiche Regelung, wonach reine Computerprogramme nicht als patentierbare Erfindung anzusehen sind, da sie keinen ausreichenden technischen Charakter besitzen.[1139]

Software- bzw. Computerprogramme können nach Maßgabe des § 1 Abs. 4 PatG bzw. Art. 52 Abs. 3 EPC nur patentierbar sein, wenn diese in irgendeiner Art in ein technisches Gerät implementiert sind.[1140] Erforderlich hierfür ist eine Software, die einen über das Zusammenspiel mit der Hardware hinausgehenden technischen Inhalt aufweist.[1141] In Anbetracht der Tatsache, dass Art. 27 Abs. 1 S. 1 TRIPS zum einen die Patentfähigkeit auf allen Gebieten der Technik voraussetzt und eine Schutzversagung computerimplementierter technischer Lösungswege zum anderen dem technischen Fortschritt abträglich wäre sowie dem Wesen des Patentrechts zuwiderlaufen würde, muss die Patentfähigkeit auch in Europa und Deutschland grundsätzlich gegeben sein.[1142] Die hiesige Handhabung der Patentämter sowie der Rechtsprechung ist im Hinblick auf die Patentfähigkeit jedoch deutlich restriktiver, was die folgenden Zahlen belegen: Das USPTO erteilte seit 1980 rund 602.321 derartige

---

1138 Ein Überblick über die Entscheidungspraxis der deutschen Rechtsprechung, dem EPA sowie DPMA bzgl. der Patentierbarkeit von Computersoftware findet sich bei *Kraßer/Ann*, Patentrecht, 7. Auflage 2016, § 12, Rn. 8 ff.

1139 Die Debatte über die Patentierbarkeit von Software ist in Europa ebenfalls allgegenwärtig, vgl. die Beiträge von *Kilian*, GRUR Int. 2011, 895; *Schwarz*, GRUR 2014, 224 sowie die Auseinandersetzung bei *Nack*, Die patentierbare Erfindung, 2002, S. 67 ff.

1140 Vgl. den gescheiterten Vorschlag für eine Richtlinie des europäischen Parlaments und des Rates über die Patentierbarkeit computerimplementierter Erfindungen vom 20. Februar 2002, KOM(2002) 92 endg.

1141 Vgl. die kurze und prägnante Darstellung mit Hinweisen zu den Deutungsansätzen in der deutschen Rechtsprechung, der Entscheidungspraxis der Beschwerdekammer des EPA und dem Meinungsstand in der deutschen Literatur bei *Kraßer/Ann*, Patentrecht, 7. Auflage 2016, § 12, Rn. 22 ff.; *Nack*, in: Haedicke/Timmann (Hrsg.), Handbuch des Patentrechts, 2012, § 2, Rn. 248 ff. sowie *Osterrieth*, Patentrecht, 5. Auflage 2015, Rn. 371 ff.

1142 *Schiuma*, GRUR Int. 1998, 852, 854; siehe ferner die dezidierte Stellungnahme bei *Mellulis*, in: Benkard (Hrsg.), EPÜ, 3. Auflage 2019, Art. 52, Rn. 220 ff., der sich für eine zurückhaltende Patenterteilung für computerimplementierte Softwareprogramme ausspricht.

Patente auf Erfindungen im Bereich Software- und Computertechnologie bis 2017. Für Europa weist das EPA in dem gleichen Zeitraum insgesamt nur ca. 59.000 erteilte Patente für computerimplementierte Softwareprogramme aus.[1143] Die großzügige Auslegung der Patentierbarkeit von computerimplementierten Softwareprogrammen in den USA liegt mitunter auch daran, dass das USPTO sich im Nachgang der für die Patentfähigkeit computerimplementierter Software maßgeblichen *Diehr*-Entscheidung[1144] mit einer Fülle von Anmeldungen konfrontiert sah, mit denen die Behörde mangels geschulter Prüfer und nicht vorhandener Richtlinien zur Prüfung der Erfindungshöhe auf diesem Technologiefeld schlichtweg überfordert war.[1145] Die explosionsartigen Anmeldezahlen führten im Ergebnis dazu, dass sich eine regelrechte Rechtsunsicherheit im USPTO breitmachte wie mit den vielen Anmeldungen umzugehen sei, was sicherlich auch damit zusammenhing, dass es über 30 verschiedene Tests zur Prüfung computerimplementierter Softwareprogramme gab.[1146] Im Ergebnis lässt sich somit festhalten, dass die sowieso bereits überlasteten Patentämter mit der schieren Flut an Neuanmeldungen aus diesem neuen Technologiebereich nicht mehr zurechtkamen und infolgedessen eine Vielzahl von Patenten mit zweifelhaftem Rechtsbestand erteilten.[1147]

d. Patente für Geschäftsmodelle

Mit dieser Entwicklung ist die Patentfähigkeit von Geschäftsmodellen, sog. *business methods*, eng verbunden.[1148] Die Frage der Patentierbarkeit von

---

1143 Dies Zahlen ergeben sich aus dem statistischen Datencenter der WIPO, welche auf der organisationseigenen Homepage abrufbar sind.

1144 *Diamond v. Diehr* 450 U.S. 175, 194–220 (1981); vgl. zu der Entscheidung *Merges/Duffy*, Patent Law and Policy, 7. Auflage 2017, S. 133 ff.; siehe ferner auch *de Bisthoven*, Stanford-Vienna TTLF Working Paper No. 19 2013, S. 48 ff.

1145 Diese Befürchtung wurde bereits im Verfahren *Gottschalk v. Benson, 409* U.S. 63 (1972) geäußert und bewahrheitete sich im Nachgang der *Diehr*-Entscheidung, vgl. *Dreyfuss*, Santa Clara High Technology Law Journal 2000, 263.

1146 Vgl. USPTO, Interim Guidelines for Examination of Patent Applications for Patent Subject Matter Eligibility of 22 Nov 2005, abrufbar auf der Homepage des USPTO, unter Learning and Resources, Official Gazette.

1147 *Schauwecker*, GRUR Int. 2010, 1, 4; so auch *de Bisthoven*, Stanford-Vienna TTLF Working Paper No. 19 2013, S. 36 ff.; *Allison/Lemley/Walker*, Stanford Law and Economics Olin Working Paper No. 398 vom 16. September 2010, S. 27 ff.; sowie *Burk/Lemley*, The Patent Crisis and How the Courts Can Solve It, 2009, S. 22 ff.

1148 Siehe instruktiv dazu *Jänich*, GRUR 2003, 483.

Geschäftsmodellen wurde schon 1908 in einem Gerichtsverfahren thematisiert und dahingehend beantwortet, dass deren Patentierbarkeit per se unzulässig sei.[1149] Mit dem technologischen Vormarsch von Computertechnologien in den 1990er Jahren änderte sich diese Auffassung mit einem Urteil aus dem Jahre 1998, bei dem das Gericht feststellte, dass eine per se nicht Patentierbarkeit von Geschäftsmodellen nicht mit den gesetzlichen Vorgaben vereinbar wäre.[1150] Vielmehr dürfe es keinen Unterschied machen, ob es sich um eine Erfindung technischer Natur handelt oder um eine Erfindung auf der Grundlage eines Geschäftsmodells. Da Computertechnologien zu diesem Zeitpunkt bereits unaufhaltsam in der Finanzwelt Einzug hielten und Erfindungen im Bereich computerimplementierter Softwareprogramme grundsätzlich patentierbar waren, galt dies nunmehr auch für Geschäftsmodelle.[1151] Erst im Jahre 2010 fällte der *US Supreme Court* in dem Verfahren *Bilski v. Kappos* ein Urteil, welches sich erneut mit der Frage der Patentierbarkeit von Geschäftsmodellen befasste und für Rechtsklarheit sorgte.[1152] Durch die in der Entscheidung vorgenommene Einführung des sog. „*machine-or-transformation-test*“,[1153] welcher bei Geschäftsmodellen nunmehr zur Anwendung kommt und hohe Hürden für eine Patentierbarkeit aufstellt, entspricht die Situation in den USA in etwa dem restriktiven europäischen Ansatz.[1154] Art. 52 Abs. 2 lit. c EPC schließt eine Patentierbarkeit von Geschäftsmodellen grundsätzlich aus, da „Pläne, Regeln und

---

1149 Die Entscheidung *Hotel Security Checking Co. v. Lorraine Co.*, 160 F. 467 (2d Cir. 1908), wird im Schrifttum und vom USPTO zumeist zitiert, um die Patentierbarkeit von Geschäftsmethoden abzulehnen, vgl. *Wright*, John Marshall Review Intellectual Property Law 2002, 30, 30 ff.

1150 *State Street Bank v. Signature Financial Group*, 149 F.3d 1368 (Fed. Cir. 1998).

1151 Vgl. hierzu treffend *Merges/Duffy*, Patent Law and Policy, 7. Auflage 2017, S. 133 ff.

1152 *Bilski v. Kappos*, 561 U.S. (2010); siehe für die Vorinstanz *Re Bilski*, 545 F.3d 943, 88 U.S.P.Q.2d 1385 (Fed. Cir. 2008).

1153 Vereinfacht gesagt fragt dieser Test danach, „*if a process qualifies for consideration if it (1) is implemented by a particular machine in a non-conventional and non-trivial manner or (2) transforms an article from one state to another.*“ Vgl. ausführlich dazu auch *Lemley/Risch/Sichelman/Wagner*, Stanford Law Review 2011, 1315, 1316 ff.

1154 Siehe die grundlegende Entscheidung EPA, T 931/95, ABl. 2001, 441 – *Steuerung eines Pensionssystems/PBS PARTNERSHIP* gegen die Patentierbarkeit von Geschäftsmodellen in Europa, bei der festgestellt wurde, dass allein wirtschaftsorientierte Konzeptionen und Verfahrensweisen für geschäftliche Tätigkeiten keine Erfindungen im Sinne des Art. 52 EPÜ seien; vgl. zu der Rechtsprechung des EPA und den nationalen Gerichten die Ausführungen bei *Melullis*, in: Benkard (Hrsg.), EPÜ, 3. Auflage 2019, Art. 52, Rn. 218 ff.

Verfahren [...] für geschäftliche Tätigkeiten [...]" nicht patentfähig sind. Wie bei computerimplementierten Softwarepatenten ist lediglich erneut der „Umweg" über die Implementierung des Geschäftsmodells in eine technische Erfindung möglich, da nach Art. 52 Abs. 3 EPÜ und § 1 Abs. 4 PatG die Ausnahme nur „als solche" gilt. Der Umstand, dass die Frage der Patentierbarkeit von Geschäftsmodellen in den USA zwölf Jahre lang ungeklärt war, führte jedoch dazu, dass in dieser Zeit eine Vielzahl von allgemein und vage gehaltenen Patenten angemeldet und erteilt wurden.[1155] Derartige Patente scheinen besonders attraktiv für den strategischen Einsatz im Wege des *Trolling* zu sein, wie es in dem Verfahren *MercExchange v. eBay* anschaulich zu beobachten war.

5. Fazit: Kein Problem für Europa?

Mit Blick auf die eben dargestellten unterschiedlichen Patentierungsmöglichkeiten in den USA, kann nicht gänzlich von der Hand gewiesen werden, dass in gewisser Weise ein Zusammenhang zwischen bestimmten Patentkategorien und einem erhöhten Missbrauchspotential besteht. Gestützt wird diese konkrete Annahme zudem durch die angeführten Rechtsstreitigkeiten. Im Verfahren zwischen *MercExchange* und *eBay* bezog sich das Klagepatent auf die Umschreibung einer Internet-Plattform für elektronische Märkte mittels derer Waren im Rahmen einer Live-Auktion oder über die „Sofort-Kauf" Funktion verkauft werden können. Das streitgegenständliche Patent im Verfahren *Eolas* gegen *Microsoft* deckte die sog. „*Plug-In*" Technologie ab, welche grundsätzlich in Rahmen des Internet-*Browsing* verwendet wird und zumindest damals als Schlüsseltechnologie angesehen wurde. In der Rechtssache *RIM* gegen *NTP* beruhte das Schutzrecht auf einer sehr allgemeinen Beschreibung einer Technologie, die das drahtlose Versenden von E-Mails mittels eines Funknetzwerks bewerkstelligen konnte. Es bestehen somit deutliche Anzeichen dafür, dass vor allem die praktische Prüfung der Erfindungshöhe durch das USPTO in der Tat zu der Erteilung von Patenten geführt hat, denen ein zweifelhafter Rechtsbestand unterstellt

---

1155 *de Bisthoven*, Stanford-Vienna TTLF Working Paper No. 19 2013, S. 52; vgl. auch *Meurer*, Washington University Journal of Law & Policy 2002, 309, der bereits früh darauf hinwies, dass die Patentfähigkeit von Geschäftsmodellen eine Patentflut mit insgesamt negative Folgen nach sich ziehen wird, wie etwa ansteigende Kosten durch einen Zuwachs an Patentverwertungen und Patentprozessen auf Grundlage der vagen Geschäftsmodellpatente. Siehe auch *Duffy*, Stanford Law Review 2011, 1248, der ebenfalls zu dem Schluss kommt, dass die unklare Rechtslage für die Erteilung von Patenten auf Geschäftsmodellen insgesamt eher abträglich war.

werden kann.[1156] Die Gründe hierfür sind vor allem im Bestehen ursprünglicher Rechtsunsicherheiten aufgrund fehlender bzw. unklarer höchstrichterlicher Entscheidungen, der zunehmenden Patentflut, mangelnder Vorgaben und fehlendem Fachwissen der Patentprüfer sowie einer hieraus temporär existierenden Überforderungslage des USPTO zu suchen. Die Ausführungen machen jedoch auch deutlich, dass sich die Vergabepraxis des USPTO vor allem im Bereich der Softwarepatente und Patente für Geschäftsmodelle von einer liberalen zu einer restriktiven Handhabung gewandelt hat. Letztlich stellt dies jedoch ein Problem auf administrativer Ebene dar, welches der Patentverwertung mittels des *Trolling* vorgelagert ist und auf dieser Ebene, nämlich der Patenterteilung durch die Behörde selbst, behandelt werden muss.

Für die Bearbeitung muss ferner festgestellt werden, dass auch die bestehenden Unterschiede zwischen den Patentierungsvoraussetzungen nicht dazu führen, dass der strategische Einsatz von Patenten mittels des *Trolling* globale Auswirkungen zeitigt und sich nicht auf eine Rechtsordnung beschränken lässt.[1157] Eine bereits im Jahr 2018 veröffentliche Studie hat aufgezeigt, dass sich auch in der Europäischen Union sowie in Deutschland zunehmend Aktivitäten von Unternehmen zeigen, die sich der Strategie des *Trolling* zu eigen machen. So stieg beispielsweise die Anzahl an Klagen durch nicht-praktizierende Patentinhaber zwischen den Jahren 2007 bis 2016 um durchschnittliche 19%.[1158] Zwar lassen sich die Klageverfahren in den USA und der Europäischen Union nicht in absoluten Zahlen vergleichen – im Jahr 2017 wurden ca. 173 Klagen in

---

1156 So auch *Ohly*, GRUR Int. 2008, 787, 791 ff.; *Reitboeck*, GRUR Int. 2013, 419, 421 ff. und *de Bisthoven*, Stanford-Vienna TTLF Working Paper No. 19 2013, S. 39 ff.; siehe ferner auch die Studie von *Allison/Lemley/Walker*, Stanford Law and Economics Olin Working Paper No. 398 vom 16. September 2010 die das Verhältnis von Patentqualität und der gerichtlichen Geltendmachung dieser Patente untersuchen und zu dem Schluss kommen, dass Patente, aus denen mehrfach gegen unterschiedliche potentielle Patentverletzer vorgegangen wird, in den meisten Fällen prozessual unterliegen. Dies sei auf die mangelnde Patentqualität selbst zurückzuführen. In diesem Zusammenhang ferner auch *Lemley/Shapiro*, Texas Law Review 2007, 1991, 1992 ff.

1157 Vgl. etwa die neue Studie bei *Sergheraert/Marques*, Mitteilungen, 2019, 9, 10, die aufzeigen, dass gerade in Deutschland rund ein Fünftel aller Patentrechtsstreitigkeiten durch nicht-operative Patentinhaber geführt werden; sowie vergleichbare Studien bei *Geradin*, Patent Assertion Entities and EUR Competition Law, George Mason University Law and Economics Research Paper Series 16-08, 4. Februar 2016, S. 3 sowie *Darts-IP*, NPE Litigation in the European Union, 2018, S. 6.

1158 *Darts-IP*, NPE Litigation in the European Union, 2018, S. 6.

Europa[1159] und ca. 1.000 Klagen in den USA[1160] von Patentinhabern unter der Verwendung der Strategie des *Trolling* anhängig gemacht -, gleichwohl dürfte sich der grundsätzliche Trend einer zunehmenden gerichtlichen Geltendmachung fortsetzen.[1161] Insbesondere in dem Bereich der Informationstechnologie steht die Patentfähigkeit zahlreicher sich eng miteinander verzahnter Technologien auch in Europa außer Frage, was zu der Bildung von Patentdickichten führt, die das *Trolling* ebenfalls fördern. Das Gleiche gilt für den hiesigen Pharmabereich, der stark zur Anwendung defensiver Patentstrategien neigt.[1162] Auch ist es kein originär amerikanisches Phänomen, dass der technische Fortschritt und die zum Patent angemeldeten erfinderischen Schritte in den Industriebereichen grundsätzlich kleiner werden. Dies hängt maßgeblich damit zusammen, dass die Entwicklung technischer Neuerungen kostenintensiver und anspruchsvoller wird und technischer Fortschritt heutzutage häufig darin besteht, kleinteilige Entwicklungsschritte auf bestehende Technologien aufzusatteln, sich mithin also in inkrementellen Entwicklungsschritten statt Innovationssprüngen manifestiert.[1163]

Sofern es um die Frage geht, ob sich die rechtlichen Rahmenbedingungen von Patentübertragungen bzw. -lizenzierung als Verwertungsstrategie zwischen den USA und Europa derart stark unterscheiden, dass sich hierdurch Unterschiede

---

1159 *Ibid.*

1160 Vgl. dazu die Auswertung bei Unified Patents, abrufbar unter: https://www.unifiedpatents.com/insights/2017/12/26/2017-patent-dispute-report-year-in-review.

1161 Vgl. dazu auch die Studie bei *Thumm/Gabison*, Patent assertion entities in Europe, 2016, S. 55, die die weitere Entwicklung nicht allzu kritisch sahen; schließlich dazu auch *Schellhorn*, Der patentrechtliche Unterlassungsanspruch, 2020, S. 24.

1162 Vgl. Abschlussbericht, S. 18; *Straus*, GRUR Int. 2009, 93; vgl. auch *Zech*, ZWeR 2011, 312, 313 ff. der diesen Themenkomplex mit einer „defensiven Patentstrategie" umschreibt; vgl. auch *Rosenich*, Mitteilungen 2014, 306, 307, der sowohl für den Pharma- als auch IT-Bereich die Defensivpublikation als probates und immer stärker zum Einsatz kommende Mittel im Rahmen der unternehmenseigenen IP-Strategie ansieht.

1163 Dies ist etwa besonders im Bereich von Softwareentwicklungen der Fall, die stark auf sequentielle Innovationen beruhen und nicht selten auf hunderten vorangegangenen Innovationen aufbauen, vgl. hierzu *Campbell-Kelly*, Michigan Telecommunications and Technology Law Review 2005, 191, 192; zur abhängigen Schöpfung im Allgemeinen *Krusemarck*, Die abhängige Schöpfung im Recht des geistigen Eigentums, 2013.

für die Attraktivität des *Trolling* mit Blick auf eine Rechtsordnung ergeben, kann diese verneint werden.[1164]

II. *Trolling* in der deutschen Rechtsprechungspraxis

Die bisweilen in Deutschland aufgetretenen Verfahren unter Beteiligung einer reinen Patentverwertungsgesellschaft sind objektiv betrachtet nicht minder spektakulär und von den zugrundeliegenden Sachverhalten in gewisser Weise mit den amerikanischen identisch.[1165] Hierbei drängen sich die durch mehrere Instanzen führenden Rechtsstreitigkeiten des Patentverwerters *IPCom* gegen *Nokia, HTC* und *Apple* auf, welche Patente aus dem Mobilfunksektor zum Gegenstand hatten.

1. *IPCom GmbH & Co. KG* gegen *Nokia*

Wie bereits angeklungen, erhob das in Pullach ansässige Unternehmen *IPCom* im Januar 2008 eine Schadensersatzklage aufgrund vermeintlicher Patentverletzung gegen *Nokia*[1166] mit einer (medial kolportierten) Schadensersatzforderung in Höhe von rund 12 Mrd. Euro.[1167] Nach Auffassung der Klägerin umfasse das streitgegenständliche Patent eine Erfindung die mittlerweile zum Grundstock des UMTS-Standards geworden und somit als standard-essentiell zu bewerten sei.[1168] Konkret beschreibt das

---

1164 So auch *Ohly*, GRUR Int. 2008, 787, 791 ff.; *Reitboeck*, GRUR Int. 2013, 419, 421 ff. und *de Bisthoven*, Stanford-Vienna TTLF Working Paper No. 19 2013, S. 39 ff.; siehe ferner auch die Studie von *Allison/Lemley/Walker*, Stanford Law and Economics Olin Working Paper No. 398 vom 16. September 2010.

1165 *Fischer/Henkel*, Research Policy 2012, 1519; vgl. dazu auch die umfassende Analyse bei *Hilty*, in: Drexl/Hilty/Boy/Godt/Remiche (Hrsg.), FS Ullrich, 2009, S. 91 ff.

1166 LG Mannheim, Urteil vom 18. Februar 2011 - 7 O 100/10, zitiert nach *juris*.

1167 Siehe nur *Postinett*, Handelsblatt, Artikel vom 30. Januar 2008. An dieser Forderung bestehen jedoch Zweifel. Der Sprecher von *IPCom* bezeichnete diese Forderung selbst als *„eine Erfindung"*, ohne jedoch Angaben zu der konkreten Summe zu machen, vgl. *Kirsch*, Heise-Online, Artikel vom 09. Juli 2014.

1168 Des Weiteren rühmte sich *IPCom* damit, dass rund 35 der insgesamt 160 erworbenen Patentfamilien der *Robert Bosch GmbH* standard-essentielle Patente aus dem Bereich des Mobilfunksektors enhalten, die für die generelle SIM-Karten Nutzung und dem *Multimedia Messaging Service* (MMS) in allen gängigen Smartphones verwendet werden würden, vgl. das Interview mit *Christoph Schoeller*, Geschäftsführer der *IPCom*, *Hagen*, Sueddeutsche.de, Artikel vom 10. Mai 2010.

Patent[1169] ein technisches Verfahren zur Erteilung von gestaffelten Zugriffsrechten auf einen konkreten Telekommunikationskanal. Insbesondere für die Erreichbarkeit von Rettungsdiensten sowie der Polizei ist die Technik essentiell, da sie es ihnen ermöglicht selbst bei einer hohen Netzauslastung bis hin zu einer Überlastung des Netzes noch zu telefonieren und das UMTS-Netz zu benutzen. In den gegenständlichen Verfahren sah das LG Mannheim die Verletzung des Schutzrechts von *IPcom* als erwiesen an und untersagte *Nokia* den Vertrieb von Mobilfunkgeräten unter Verwendung der streitgegenständlichen Technologie.[1170] Daraufhin legte *Nokia* Berufung beim OLG Karlsruhe ein und war mit dieser wiederum erfolgreich.[1171] Das OLG änderte das Urteil des LG Mannheim ab und wies die Klage von *IPCom* mangels Patentverletzung zurück. Der Senat war der Auffassung, dass der bestehende UMTS-Standard in einem entscheidenden Punkt keinen Gebrauch von dem streitgegenständlichen Patent mache und überdies auch keine Verletzung durch eine äquivalente Verwendung vorläge.[1172] Folglich fehle es bereits an einer Benutzungshandlung, die die Patentverletzung begründen könne. Aufgrund der Relevanz der Entscheidung für eine Vielzahl paralleler Verfahren mit erheblicher wirtschaftlicher Bedeutung, lies das OLG die Revision zum BGH zu. Die höchstrichterliche Entscheidung in dieser Sache wird jedoch nicht mehr erfolgen, da der Patentschutz der streitgegenständlichen Patente (bzw. Patentfamilien) von *IPCom* zu Beginn des Jahres 2020 ausgelaufen ist.[1173]

2. *IPCom GmbH & Co. KG* gegen *HTC*

In weiteren Verfahren ging *IPCom* aus demselben Patent gegen den Mobilfunkhersteller *HTC* vor, bei dem das LG Mannheim ebenfalls eine Verletzung des

1169 Bei dem Patent handelte es sich um den deutschen Teil des europäischen Patents EP 1 841 268 B1.

1170 LG Mannheim, Urteil vom 18. Februar 2011 – 7 O 100/10, zitiert nach *juris*.

1171 OLG Karlsruhe, Urteil vom 09. Juli 2014 – Az. 6 U 29/11, zitiert nach *juris*.

1172 *IPCom* reichte während des Berufungsverfahrens in einem parallelen Einspruchsverfahren vor der Einspruchsabteilung des EPA einen geänderten Patentanspruch ein, der von diesem für gewährbar erachtet wurde. Hieraufhin machte *IPCom* diesen geänderten Anspruch im Berufungsverfahren zur Grundlage der Verletzungsklage, vgl. OLG Karlsruhe, Urteil vom 09. Juli 2014 – Az. 6 U 29/11, zitiert nach *juris*.

1173 vgl. dazu die Mitteilung auf der unternehmenseigenen Homepage, unter https://www.ipcom-munich.com/post/how-ipcom-kept-the-mobile-phone-industry-on-tenterhooks-for-13-years im Rahmen derer die unterschiedlichen Rechtsstreitigkeiten ebenfalls nachgezeichnet werden.

streitgegenständlichen Patents durch die Beklagte feststellte.[1174] Trotz Unterliegens und drohendem Verkaufsstopp aufgrund der ergangenen Unterlassungsverfügung zog *HTC* die eingelegte Berufung aufgrund taktischer Erwägungen zurück.[1175] Interessanterweise machte *HTC* in dem Verfahren vor dem LG Mannheim geltend, dass das Begehr nach einem Unterlassungstitel gegen *HTC* rechtsmissbräuchlich im Sinne des § 242 BGB sei, da die Klägerin den Anspruch instrumentalisiere.[1176] Dem trat das Gericht mit der Begründung entgegen, dass das patentrechtlich gewährte subjektive Ausschließlichkeitsrecht gegenüber jedermann wirke und der Gesetzgeber überdies die Wahrnehmung dieser Rechte nicht an die eigene Benutzung des Schutzrechts geknüpft habe. Folglich sei auch die Durchsetzung der Verwertungsabsicht durch die Lizenzvergabe ein berechtigtes und schutzwürdiges Eigeninteresse.[1177] Auch lehnte das Gericht die vorgebrachte Unverhältnismäßigkeit der Unterlassungsverfügung in dem konkreten Fall mit der Begründung ab, dass der Unterlassungsanspruch gemäß der gesetzgeberischen Wertung „*gerade die verfassungsrechtlich geschützte Ausschließlichkeitsbefugnis absichert*" und damit „*der Einwand der Unverhältnismäßigkeit auf atypische vom Gesetzgeber nicht vorhersehbare Ausnahmefälle beschränkt*" sei.[1178] Bezogen auf den Umstand, dass *IPCom* als reine Verwertungsgesellschaft den Unterlassungsanspruch geltend machte, führte die Kammer weiter aus, dass „*nach Auffassung der Kammer* [dies] *kein solcher Ausnahmefall* [sei], *sondern dem Patentsystem als Teil der geltenden Rechts- und Wirtschaftsordnung immanent, zumal auch eine Patentverwertungsgesellschaft mit Rücksicht auf bestehende Lizenzverträge in der Regel zu solch einem Vorgehen angehalten sein wird.*"[1179] Daraufhin erließ das LG Mannheim unter anderem eine Unterlassungsverfügung gegen *HTC*, was einen Verkaufsstopp bestimmter Mobilfunkgeräte von *HTC* bedeutet hätte. Neben der eingelegten und später zurückgezogenen Berufung zum OLG Karlsruhe stellte *HTC* zusätzlich einen Antrag auf Vollstreckungsschutz beim OLG Karlsruhe, welchem gegen eine Sicherheitsleistung von 7,5 Mio. EUR stattgegeben wurde.[1180]

1174 LG Mannheim, InstGE 11, 9 – *UMTS-fähiges Mobiltelefon.*

1175 Zu den hintergründigen taktischen Erwägungen, vgl. *Brodersen*, aeromobile, Artikel vom 25. November 2011.

1176 LG Mannheim, InstGE 11, 9, Rn. 34 – *UMTS-fähiges Mobiltelefon.*

1177 LG Mannheim, InstGE 11, 9, Rn. 96 – *UMTS-fähiges Mobiltelefon.*

1178 LG Mannheim, InstGE 11, 9, Rn. 97 – *UMTS-fähiges Mobiltelefon.*

1179 LG Mannheim, InstGE 11, 9, Rn. 97 – *UMTS-fähiges Mobiltelefon.*

1180 OLG Karlsruhe, Urteil vom 11. Mai 2009 – 6 U 38/ 09, zitiert nach *juris.*

3. Weitere Verfahren der *IPCom* gegen *HTC* und *Apple*

In der Folge ging *IPCom* weiter gegen große Mobilfunkanbieter im In- und Ausland auf Grundlage des angeblich standard-essentiellen UMTS-Patents vor, jedoch mit überschaubarem Erfolg.[1181] Zwar konnte *IPCom* einen Teilerfolg im Einspruchsverfahren vor dem EPA verbuchen, welches die Einsprüche gegen die Gültigkeit des Patents von *HTC*, *Vodafone*, *Ericsson* und *Apple* abwies und das Patent unter inhaltlicher und substantieller Einschränkung für gültig erklärte.[1182] Dennoch hatte eine von *IPcom* angestrengte Schadensersatzklage in Höhe von 1,57 Mrd. EUR gegen *Apple* keinen Erfolg und wurde mangels positiv festgestellter Patentverletzung vom LG Mannheim abgewiesen.[1183] In etwa das gleiche Schicksal ereilte *IPcom* in einem weiteren Verfahren gegen *HTC*, bei dem es jedoch noch nicht um Schadensersatzforderungen ging, sondern vielmehr um das Begehr von *IPcom* gerichtlich festzustellen, dass eine Patentverletzung durch positive Benutzung durch *HTC* vorläge.[1184] *IPCom* legte Rechtsmittel in beiden Verfahren ein, welche mit Blick auf die vorangegangenen Gerichtsentscheidungen zumindest keine überwiegend positive Prognose aus Sicht der Patentverwertungsgesellschaft zulassen. Aufgrund des Auslaufens des Patentschutzes der Patente (bzw. Patentfamilien) von *IPCom*, wird auch in dieser Sache keine verbindliche, höchstrichterliche Entscheidung erfolgen. Aus Sicht von *IPCom* dürfte dies besonders ärgerlich erscheinen, da das BPatG die Nichtigkeitsklage von *Apple* und *HTC* betreffend den deutschen Teil des europäischen Patents am 9. Oktober 2019 abgewiesen hat.[1185]

4. Zwischenfazit

In Anbetracht der dargelegten Patentstreitverfahren wird deutlich, dass es Patentverwertungsgesellschaften in erster Linie auf die Verwertung des Schutzrechts im Wege der Lizenzierung ankommt. Führen die Verhandlungen nicht zu dem angestrebten Ergebnis eines Lizenzvertragsabschlusses, wird erst im Anschluss daran der Weg über die gerichtliche Geltendmachung von

---

1181 Das LG Düsseldorf stellte beispielsweise eine Patentverletzung durch *Vodafone* fest, vgl. LG Düsseldorf, Urteil vom 24. April 2012, 4b O 273/10, zitiert nach *juris*.

1182 Vgl. dazu *Kannenberg*, Heise-Online, Artikel vom 22. Januar 2014.

1183 LG Mannheim, Urteile vom 28. Februar 2014, 2 O 53/12 und 2 O 95/13, beide zitiert nach *juris*.

1184 LG Mannheim, Urteile vom 28. Februar 2014, 2 O 53/12 und 2 O 95/13, beide zitiert nach *juris*.

1185 BPatG, Urteil vom 9. Oktober 2019, 6 Ni 34/17 (EP), zitiert nach *juris*.

Unterlassungs- und Schadensersatzansprüchen gesucht. Sowohl das intensive Ersuchen nach Lizenzvereinbarungen als auch die hieran anknüpfende gerichtliche Geltendmachung nach gescheiterten Verhandlungen sind jedoch für sich genommen rechtlich legitime Ausübungen des Ausschließlichkeitsrechts und können ohne weitere Anhaltspunkte nicht als missbräuchlich im Rechtssinne gewertet werden. Dennoch erwecken das zum Teil aggressive Auftreten von Verwertungsgesellschaften am Markt, der massenhafte Ankauf von Schutzrechten, die fehlende eigene Entwicklungstätigkeit und die Drohung mit der Erwirkung von Unterlassungsverfügungen ein gewisses Unbehagen dergestalt, als dass sich die Frage aufdrängt, ob das *Trolling* mit dem Sinn und Zweck des Patentsystems noch vereinbar ist. Damit dieser Frage nachgegangen werden kann, muss ein Merkmalraster des *Trolling* erarbeitet werden, um darauf aufbauend die legitime von der illegitimen Patentverwertung abgrenzen zu können.

C. Merkmale des *Trolling*

Ausgangspunkt für den Aufbau eines Merkmalrasters muss die sprachliche Entwicklung des Begriffs des *Trolling* sein. Hieran anknüpfend ergibt sich sodann Stück für Stück das Merkmalraster, welches es ermöglicht das *Trolling* anhand der geltenden patentrechtlichen Rahmenbedingungen zu bewerten und mögliche Lösungsansätze *de lege lata* und *de lege ferenda* zu entwickeln.[1186]

I. Begriffliche Verortung des *Trolling* nach *Peter Detkin*

Nähert man sich dem Begriff des *Trolling* aus einer wissenschaftlichen Perspektive, lassen sich bereits im Vorfeld zwei Feststellungen treffen: Trotz diverser Versuche dem Begriff Konturen zu verleihen,[1187] hat sich bis heute keine

---

1186 Für ein elaboriertes Merkmalraster im Hinblick auf *non-practicing-entities*, siehe auch *Stierle*, Das nicht-praktizierte Patent, 2018, S. 245 ff.

1187 Für einen Ausschnitt aus der anglo-amerikanische Literatur, siehe *de Bisthoven*, Stanford-Vienna TTLF Working Papers No.19, 2013, S. 6 ff.; *Chisum*, The John Marshall Review of Intellectual Property Law 2005, 336, 340; *Chan/Fawcett*, Intellectual Property Law Bulletin, Herbst 2005, 1, 1 ff.; *Bessen/Meurer*, Cornell Law Review, 2014, 387, 388 ff.; *Chien*, North Carolina Law Review 2009, 1571, 1577 ff.; *Magliocca*, Notre Dame Law Review 2007, 1809, 1809 ff.; *Osenga*, Connecticut Law Review 2014, 435, 442 ff.; *Rantanen*, Santa Clara Computer and High Technology Law Journal 2006, 159, 163 ff.; für deutschsprachige Beiträge, siehe *Ohly*, GRUR Int. 2008, 787, 787; *Osterrieth*, GRUR 2009, 540, 541 ff.; *Uhrich*, ZGE/IPJ 2009, 59, 60; *Frick*, *Patent-Trolling*, 2014, S. 33 ff.; *Sonnenberg*, Der Unterlassungsanspruch, 2014; *Lamping*, Patentschutz und Marktmacht, 2010, S. 365 ff.; *Sergheraert/Marques*,

allgemeingültige Definition herauskristallisiert,[1188] welche das Phänomen treffend und allgemein verbindlich beschreibt.[1189] Darüber hinaus wird der Begriff zumeist dazu genutzt, einem Unternehmen oder respektive einem Einzelnen den Vorwurf des innovations- bzw. wirtschaftsschädigenden Verhaltens zu machen.[1190] Mit an Sicherheit grenzender Wahrscheinlichkeit kann *Peter Detkin*, ehemaliger *Assistant General Counsel* bei *Intel Corporation*, als Schöpfer der Wortkreation Patent *Troll* angesehen werden.[1191] In den neunziger Jahren sah sich der international agierende Hersteller von Halbleitern, *Intel*, mit einer Vielzahl von Schadensersatzansprüchen konfrontiert, welche auf der angeblichen Verletzung von Patentrechten fußten,[1192] wobei keiner der Anspruchssteller eigens operativ oder zumindest forschend auf dem Markt für Halbleiter tätig war. Vermutlich waren es insbesondere zwei Umstände, die *Detkin* zu der ersten Definition des *Trolling* veranlassten. Zum einen die Höhe der addierten

---

Mitteilungen, 2019, 9 und *Hess-Blumer*, sic! 2009, 851 für eine Bewertung des *Trolling* nach schweizerischem Recht.

1188 Ausdrücklich *Bessen/Meurer*, Cornell Law Review 2014, 387, 396 und *Osenga*, Connecticut Law Review 2014, 435, 442.

1189 Siehe *Schwartz/Kesan*, Cornell Law Review 2014, 425, 429–430 welche ausführlich den Streit darstellen, ob Universitäten und Einzelerfinder unter den Begriff des Patent *Trolls* zu subsumieren seien.

1190 *Feldman/Ewing*, Stanford Technology Law Review 2012, 1: „*Troll activity is generally reviled by operating companies as falling somewhere between extortion and a drag on innovation.*"; *Lemley/Melamed*, Columbia Law Review 2013, 2117, 2124: „*According to one estimate noted above, trolls cost the economy $500 billion over the last twenty years, mostly in the IT industry. Other reports suggest that patent trolls inhibit innovation at the firms they sue.*"; *Sichelman*, Stanford Law Review 2010, 341, 369: „*[Patent Trolls] tend to exploit litigation and licensing market defects to extract unwarranted rents from commercializers* […]." *Ohly*, GRUR Int. 2008, 787, 787: „*Auch wenn an dieser Stelle deutlich wird, dass es sich um einen plakativen und ungenauen Begriff handelt* […] *zeigt sich hier doch ein Problem: Das Patent soll Innovationen fördern, der „Troll" behindert aber die Innovation.*"

1191 *Brenda Sandburg* war die erste Autorin, die das prominente Zitat von *Peter Detkin* niederschrieb und hiermit die Primärquelle für die Definition des Patent *Trolls* lieferte, vgl. *Sandburg*, The Recorder, Artikel vom 30. Juli 2001. Bis auf wenige Ausnahmen, beziehen sich ausnahmslos alle Autoren auf den Artikel von *Brenda Sandburg*; statt aller, *Uhrich*, ZGE/IPJ 2009, 59, Fn. 1: „*Der Begriff geht offenbar auf „The Patents Video" zurück, einer Art Aufklärungsfilm über geistiges Eigentum aus dem Jahr 1994. An Popularität gewann der Begriff schließlich wegen Peter Detkins, dem ehemaligen Leiter der Rechtsabteilung von Intel.*"

1192 *Sandburg*, The Recorder, Artikel vom 30. Juli 2001, S. 1.

Forderungen gegen *Intel*, welche sich im Jahre 1999 auf ungefähr 15 Mrd. US-Dollar beliefen.[1193] Zum anderen die Tatsache, dass die Anspruchsteller keine Konkurrenten, sondern reine Verwertungsgesellschaften waren, denen es nur um die bloße Verwertung des Patents ging. Die eigene Sichtweise auf die Geschehnisse formulierte *Detkin* wie folgt: „*We were sued for libel for the use of the term 'patent extortionist' so I came up with 'patent trolls'. A patent troll is somebody who tries to make a lot of money of a patent that they are not practicing and have no intention of practicing and in most cases never practiced.*“[1194]

Diesem Definitionsversuch folgend, lassen sich zwei Voraussetzungen für das Vorliegen des *Trolling* festmachen: Erstens geht es ausschließlich um die besonders effiziente Monetarisierung des Patents im Wege der Lizenzierung und zweitens besteht keinerlei Intention, die patentierte Erfindung in irgendeiner Form selber zu nutzen. Bereits auf den ersten Blick fällt auf, dass die schwammige Definition mangels Trennschärfe nicht wirklich für eine wissenschaftliche Auseinandersetzung taugt, da hierunter gleichsam Forschungseinrichtungen wie Universitäten, Einzelerfinder oder aber produzierende Unternehmen zu subsumieren wären, die ihre Technologien zwar Lizenzieren, aber keine eigene Produktion auf Grundlage der in Rede stehenden Patente unterhalten.[1195] Erwähnung soll auch die Auffassung von *Justice Kennedy* finden, der in dem Rechtsstreit *MercExchange v. eBay* bezüglich der Thematik recht pointiert formuliert hat: „*An industry has developed in which firms use patents not as a basis for producing and selling goods but, instead, primarily for obtaining licensing fees. [...] For these firms, an injunction, and the potentially serious sanctions arising from its violation, can be employed as a bargaining tool to charge exorbitant fees to companies that seek to buy licenses to practice the patent. [...] When the patented invention is but a small component of the product the companies seek to produce and the threat of an injunction is employed simply for undue leverage in negotiations, legal damages may well be sufficient to compensate for the infringement and an injunction may not serve the public interest.*“[1196]

Die ursprüngliche Definition von *Detkin* erfuhr über die Jahre besonders im anglo-amerikanischen Rechtsraum diverse Modifikationen und Erweiterungen,

---

1193 *Sandburg*, The Recorder, Artikel vom 30. Juli 2001, S. 1.

1194 *Sandburg*, The Recorder, Artikel vom 30. Juli 200130. Juli 2001, S. 1.

1195 Eine gute Darstellung der Entwicklung bzgl. der verschiedenen Definitionsansätzen unter Einbeziehung der angeführten Kritik findet sich bei *Chien*, North Carolina Law Review 2009, 1571, 1577 ff.

1196 *U.S. Supreme Court*, GRUR Int. 2006, 782, 784.

wobei die allermeisten Kommentatoren von einer allgemeinverbindlichen Definition mittlerweile Abstand nehmen und vielmehr versuchen, dem Phänomen durch Herausarbeitung eines Merkmalrasters gerecht zu werden.[1197] Als einer der wenigen deutschsprachigen Autoren knüpft *Ohly* an die Definition *Detkins* an und beschreibt das Wesen des *Trolling* anhand eines Merkmalkatalogs: „*Erstens ist er nicht erfinderisch tätig, betreibt also weder Forschung noch Entwicklung. Zweitens kauft er fremde Patente in großer Zahl auf, nicht zuletzt aus der Insolvenzmasse von Technologieunternehmen. Drittens beabsichtigt er nicht, die geschützten Erfindungen selbst zur Herstellung von Produkten zu nutzen. Vielmehr besteht viertens sein Geschäftsmodell darin, andere Unternehmen, die auf die erfinderische Lehre für ihre Produkte angewiesen sind, mit Verletzungsklagen zu bedrohen und so Lizenzgebühren zu erlangen oder an gerichtlich zugesprochenem Schadensersatz wegen Patentverletzung zu verdienen.*“[1198]

Trotz des Umstandes, dass es auch dieser Definition an einer klaren Ab- und Eingrenzung des zu untersuchenden Verhaltens mangelt, soll dieser Definitionsansatz als Ausgangspunkt für das Auffinden des Merkmalrasters dienen.

II. Abgrenzung der unterschiedlich am Markt auftretenden Patentverwerter

Das erste Unterscheidungsmerkmal ist im Wesen des Patentverwerters selbst zu suchen. Ein zu weit gefasster Anwendungsbereich führt dazu, dass auch solche Patentverwerter unter das *Trolling* fallen, die zwar ähnliche Charakteristika aufweisen, gleichsam aber den technischen Fortschritt fördern und schützenswerte Eigeninteressen verfolgen.[1199] Für die vorzunehmende Abgrenzung bietet

1197 Vgl. *Risch*, Seton Hall Law Review 2012, 457, 458 ff.; *Ferrill*, North Carolina Journal of Law & Technology 2005, 367; *Bessen/Meurer*, Cornell Law Review 2014, 387, 388; *Chien*, North Carolina Law Review 2009, 1571, 1577 ff.; *Rantanen*, Santa Clara Computer and High Technology Law Journal 2006, 159; *Magliocca*, Notre Dame Law Review 2007, 1809 und *Brennan/Hsueh/Okhuma/Sahashi*, Tokugikon 2007, 73; eine recht deutliche Definition findet sich beispielsweise bei *Subramanian*, IIC 2008, 419, 428, der ausführt, dass: „*Patent „troll“ refers to entities that do not commercialise their patents but instead seek unreasonable royalties against alleged infringers, thus effectively earning their living from patent disputes.*“

1198 *Ohly*, GRUR Int. 2008, 787, 787 bezieht sich auf den Begriff des Patent *Trolls* als Kennzeichen für ein Unternehmen.

1199 Die besondere wirtschaftliche Bedeutung von Patentlizenzen wird von den meisten Autoren hervorgehoben, siehe *Groß*, Der Lizenzvertrag, 12. Auflage 2020, Rn. 1 ff.; *Osterrieth*, Patentrecht, 5. Auflage 2015, Rn. 675; *Haedicke*, in: Haedicke/Timmann

sich eine Grobeinteilung in Erfinder, produzierende Unternehmen und nicht-operative Unternehmen an.[1200]

1. Einzelerfinder und Forschungseinrichtungen

Einzelerfinder und Forschungseinrichtungen, wie etwa Universitäten, sollten in der Regel nicht unter *Trolling* subsumiert werden, obwohl auch diese Marktakteure teilweise ähnlich konsequent den Abschluss von Lizenzverträgen forcieren oder gerichtlich gegen vermeintliche Verletzer vorgehen, ohne jedoch selber zu produzieren.[1201] Dies bedeutet im Umkehrschluss jedoch nicht, dass ein Erfinder nicht auch als Patent *Troll* am Markt auftreten kann, wie es etwa im Fall des Unternehmens *MercExchange* zu beobachten war, das die dem Rechtsstreit mit *eBay* zugrundeliegende Technologie selber erfunden und patentiert hat.[1202] Für die Abgrenzung entscheidend ist somit nicht die erfinderische Tätigkeit selbst, sondern die der Tätigkeit zugrundeliegende Intention und hieran anknüpfende Beziehung des Erfinders zu seiner Erfindung. Erfindern geht es primär um die Schaffung eines Mehrwerts in Form des technischen Fortschritts, der durch die neue technische Handlungslehre verwirklicht wird. Sofern keine eigene Kommerzialisierung möglich oder gewünscht ist, wird die Erfindung im Wege der Lizenzierung verwertet und Produzenten werden in die Lage versetzt, die Erfindung weiterzuentwickeln oder zu kommerzialisieren.[1203] Die Wertzumessung im Falle des *Trolling* knüpft nicht an die technische Handlungslehre selbst, sondern vielmehr an die abstrakte Schutzhülle des Ausschließlichkeitsrechts an,

---

(Hrsg.), Handbuch des Patentrechts, 2012, § 4, Rn. 57 ff.; a.A. *Winzer*, Der Lizenzvertrag, 2014, Teil 1. B. Rn. 39 ff., der die wirtschaftliche Bedeutung in aller Regel für überschätzt und als „*wirtschaftlich-finanziell unbedeutender Vorgänge*" ansieht.

1200 Im Ergebnis sind der Kategorisierung und unterschiedlichen Einteilung keine Grenzen gesetzt. Exemplarisch sei der Versuch von *Allison/Lemley/Walker*, University of Pennsylvania Law Review, Dezember 2009, 1, 25 genannt, die Patentinhaber in 12 verschiedene Kategorien einteilen.

1201 Vgl. *Vaikhari*, Indian Journal of Intellectual Property Law 2008, 33, 33 unter Verweis auf und *Rantanen*, Santa Clara Computer and High Technology Law Journal 2006, 159, 167 ff. die den Erfinder mit einem Grundbesitzer vergleichen, der sein Feld bestellt. Dieser geht gegen Dritte vor, um seine Ernte zu verteidigen, der Patent *Troll* hingegen geht gegen Dritte vor, um diese von seinem Land fernzuhalten.

1202 *McCarthy*, Washington Post, Artikel vom 06. Januar 2005; aufgegriffen auch von *Rantanen*, Santa Clara Computer and High Technology Law Journal 2006, 159, 164 und 168.

1203 *de Bisthoven*, Stanford-Vienna TTLF Working Papers No.19, 2013, S. 14.

welches durch die Lizenzierung erst den gewünschten Mehrwert schafft. Eine konkrete Produktion oder Weiterentwicklung auf Grundlage der Erfindung ist für das *Trolling* nicht von Relevanz.[1204] Die Übergänge können dem Grunde nach fließend sein, eine aggressive Verteidigung oder Lizenzierung durch einen Erfinder macht ihn jedoch nicht bereits zum *Troll*, sondern stellt eine legitime Ausübung des Ausschließlichkeitsrechts dar.

2. Produzierende Unternehmen

Als zweite Gruppe von Patentverwertern kommen produzierende Unternehmen in Betracht. Hierbei kann sich eine differenziertere Sichtweise bei solchen Unternehmen ergeben, die zwar selber produzieren und/oder FuE betreiben, gleichsam aber auch eine Strategie des *Trolling* verfolgen.[1205] Im Sinne des *Trolling* unproblematisch sind Patentankäufe oder Anmeldungen, die sowohl zur eigenen Produktion oder weiterführenden FuE als auch zur Lizenzierung verwendet und im Zweifel gerichtlich geltend gemacht werden, sofern sie im eigenen aktiven Marktsegment zur Anwendung kommen. Dies stellt eine legitime Ausübung des Patents im Wettbewerb dar und fördert überdies zusätzlich den technischen Fortschritt. Gleiches muss auch dann gelten, wenn die akquirierten Schutzrechte rein zum Zwecke der Lizenzierung oder aber sogar im Sinne einer defensiven Patentstrategie zwecks Sperrung der Konkurrenz erworben werden, sofern es sich um Schutzrechte aus dem Technologiebereich handelt, auf dem das Unternehmen tätig ist. In einem solchen Fall stellt das Patent ein Mittel des Wettbewerbskampfes dar, der unter bestimmten Voraussetzungen zwar auch an rechtliche Grenzen stößt, zumindest aber keine Form des klassischen *Trolling* darstellt.

Erfolgen Patentanmeldungen oder aber deren Erwerb aber in Technologiebereichen und Märkten, auf denen das Unternehmen weder aktuell aktiv ist noch zukünftig aktiv werden will, so kann das Verhalten als *Trolling* gewertet werden, sofern die Monetarisierung durch Lizenzierung oder Schadensersatzklagen das wesentliche Motiv der eigenen Tätigkeit darstellt. In einem solchen Fall steht lediglich das abstrakte Schutzrecht zum Zwecke der finanziellen Verwertung im Vordergrund, nicht jedoch die Erlangung von Wettbewerbsvorteilen.

1204 *Rantanen*, Santa Clara Computer and High Technology Law Journal 2006, 159, 168; *de Bisthoven*, Stanford-Vienna TTLF Working Papers No.19, 2013, S. 14.

1205 *Rantanen*, Santa Clara Computer and High Technology Law Journal 2006, 159, 167 und *Vaikhari*, Indian Journal of Intellectual Property Law 2008, 33, 34, die als einige der wenigen Autoren eine derartige Differenzierung vornehmen.

Ausschlaggebend ist die Frage, ob es sich um eine Form des Wettbewerbskampfes unter direkten Wettbewerbern handelt, oder aber um das Erwirtschaften von Lizenzgebühren.[1206] Ist lediglich Letzteres der Fall, so ist auch ein an sich operatives Unternehmen im Hinblick auf die Schutzrechte, die außerhalb des eigenen Marktsegments eingesetzt werden, als nicht-operativ anzusehen. Im Ergebnis ist somit festzuhalten, dass sich auch produzierende Unternehmen des *Trolling* bedienen können, um rein finanzielle Interessen zu verfolgen.

3. Nicht-operative Unternehmen bzw. *non-practicing-entities*

Wie von *Ohly* angeführt, kennzeichnet sich das *Trolling* dadurch, dass der Patentinhaber weder beabsichtigt die Erfindung selber in Form der Produktherstellung zu verwerten noch weiterführende FuE auf Grundlage der Erfindung vorzunehmen.[1207] Im Einklang mit dieser Grundannahme hat sich zunehmend der neutralere Begriff der *non-practicing-entities* entwickelt, um Unternehmen zu beschreiben, die sich der Strategie des *Trolling* bedienen.[1208] *De Bisthoven* definiert eine *non-practicing-entity* treffenderweise dahin gehend, dass „*The term NPE usually refers to a patentee that does not make products or „practice" its inventions.*"[1209] Sowohl die Darstellung der historischen *patent sharks*, als auch die der Parteien in den angeführten Rechtsstreitigkeiten legen nahe, dass diese Grundvoraussetzung auf *trollende* Unternehmen grundsätzlich zutrifft, da *NTP*,[1210] *Eolas*, *MercExchange* und *IPCom* allesamt nicht produzierende Unternehmen sind, die keinerlei Ambitionen hegen, die eigenen Patente zum Zwecke der Produktherstellung zu verwenden. So sinnvoll eine neutralere Umschreibung mittels der *non-practicing entities* auch ist, muss bedacht werden, dass

---

1206 A.A. *de Bisthoven*, Stanford-Vienna TTLF Working Papers No.19, 2013, S. 15, der operative Unternehmen grundsätzlich nicht unter das *Trolling* subsumieren will, da sie im weitesten Sinne als Marktteilnehmer gewertet werden könnten.

1207 Dies stellt freilich keine exklusive Meinung *Ohly's* dar, sondern entspricht allgemeinem Konsens.

1208 Diesen Begriff verwenden *Stierle*, Das nicht-praktizierte Patent, 2018, S. 245 ff.; Bessen/*Meurer*, Cornell Law Review 2014, 387; *Chien*, North Carolina Law Review 2009, 1571, 1574; *de Bisthoven*, Stanford-Vienna TTLF Working Papers No.19, 2013, S. 9; *Subramanian*, IIC 2008, 419; *Olsen*, Cornell Law Review 2004, 140; *Reitboeck*, GRUR Int. 2013, 419, der von „*nicht operativen Patentinhabern*" spricht.

1209 Vgl. *de Bisthoven*, Stanford-Vienna TTLF Working Papers No.19, 2013, S. 9.

1210 *NTP* wurde beispielsweise lediglich zum Zwecke der Patentverwertung durch den Erfinder *Thomas Campagna Jr.* und dem Patentanwalt *Donald Stout* gegründet, vgl. *Subramanian*, IIC 2008, 419, 428.

hierunter auch immer noch die bereits behandelten Forschungseinrichtungen bzw. Einzelerfinder fallen, die entweder noch mit der Kommerzialisierung des Patents warten oder aber mangels finanzieller Ressourcen und Kapazitäten gar nicht in der Lage sind, das Patent derart zu verwerten.[1211]

Neben der fehlenden eigenen Produktion ist somit als zweites Wesensmerkmal des *Trolling*, die fehlende eigene Weiterentwicklung der Erfindung zu fordern. Bereits bei der Untersuchung fehlenden Eigeninteresses an FuE auf Grundlage bestehender Patente im Rahmen der defensiven Patentstrategie wurde deutlich, dass eine solche Feststellung mitunter schwer durchführbar ist. Da es sich beim Anwender einer defensiven Patentstrategie jedoch um operative Unternehmen handelt, gestaltet sich diese Feststellung beim *Trolling* aus zweierlei Gründen wesentlich einfacher. Zunächst ist zu berücksichtigen, dass es beim *Trolling* einzig und alleine auf eine maximale Gewinnerzielung durch das Auslizenzieren ohne die Durchsetzung ankommt. Eine eigene FuE-Arbeit ist denklogisch mit dieser Zielsetzung unvereinbar, da diese hohe finanzielle Investitionen erfordert.[1212] Hinzu kommt, dass häufig die Kapazitäten für eine Weiterentwicklung gar nicht vorhanden sind und auch hier der Aufbau zusätzliche Gewinneinbußen nach sich zöge mit zudem ungewissen Gewinnaussichten. Eigene FuE-Tätigkeiten stehen folglich in einem Widerspruch zu der Zielsetzung maximale Gewinnerträge aus fremden Nutzungen zu generieren. Auch diesbezüglich wird das Ergebnis durch die vorgenannten Unternehmen gestützt, da keines der Patentverwerter eigene FuE betreibt.

1211 Die gleiche Kritik an der Begrifflichkeit äußern auch *Fischer/Henkel*, Research Policy 2012, 1519, 1520.

1212 Diese Zielsetzung entspricht der ganz herrschenden Sichtweise auf das Geschäftsmodell des *Trolling*, obwohl dies nicht immer so ausdrücklich formuliert wird wie etwa bei *Sandburg*, The Recorder, Artikel vom 30. Juli 2001, S. 1, die die Gewinnerzielungsabsicht des *Trolling* mit folgender Metapher umschreibt: „*Intel was plagued by a fearsome band of evil trolls – patent trolls, to be exact – who wanted a glittering pot of gold in exchange for doing absolutely nothing.*" oder etwa *Subramanian*, IIC 2008, 419, 428, der ausführt: „*Patent „troll" refers to entities that do not commercialise their patens but instead seek unreasonable royalties againts alleged infringers, thus effectively earning their living from patent disputes.*" vgl. auch *Ohly*, GRUR Int. 2008, 787, 787 und *Frick*, *Patent-Trolling*, 2014, S. 56, die die Gewinnerzielungsabsicht in den Vordergrund stellen.

4. Zusammenfassung der gefundenen Erkenntnisse

Als erstes Wesensmerkmal des *Trolling* kann somit die fehlende eigene Produktion auf Grundlage der patentierten Technologien in Verbindung mit fehlendem Eigeninteresse an weiterführender FuE festgehalten werden. Mit anderen Worten handelt es sich um Unternehmen, die weder vertikal integriert sind noch in irgendeiner Form an der Wertschöpfungskette der Erfindung teilnehmen, da sie keine operativen Marktakteure sind. Allerdings können ausnahmsweise auch Erfinder und produzierende Unternehmen hierunter fallen. Dies ist immer dann anzunehmen, wenn das Schutzrecht alleine zur Generierung von Lizenzgebühren eingesetzt wird, nicht jedoch zur Förderung des technischen Fortschritts oder der Produktion eigener Produkte. In einer solchen Situation sind nämlich auch Erfinder und produzierende Unternehmen nicht als aktive Marktakteure zu klassifizieren, sondern als nicht-operative Teilnehmer. Für sich genommen sind beide Umstände jedoch wesentliche Bestandteile des Ausschließlichkeitsrechts, welches *de lege lata* von dessen Inhaber keinerlei Benutzung der Erfindung selbst fordert. Getreu den Worten *Lemleys* ist somit festzustellen: „*Troll is as troll does. Universities will sometimes be bad actors. Nonmanufacturing patent owners will sometimes be bad actors. Manufacturing patent owners will sometimes be bad actors.*“[1213] Demnach müssen weitere Anknüpfungspunkte herausgearbeitet werden, um die Strategie des *Trolling* näher einzugrenzen, da die reine Aktivität am Markt nur eines von mehreren Merkmalen für eine trennscharfe Abgrenzung darstellen kann.

III. Die konkrete Vorgehensweise beim *Trolling*

Bei einer Auseinandersetzung mit dem *Trolling* wird deutlich, dass die zugrunde liegenden Sachverhalte einem sehr ähnlichen Muster folgen, mithin einer Art Geschäftsmodell.[1214] Nach Auffassung *Lemleys* soll dieses beim *Trolling* auf die Herbeiführung eines Zustandes gründen, in dem eine bestehende Zwangslage gezielt zum Zwecke der Lizenzierung ausgenutzt wird: „*[Patent Trolls are] engaged in hiding the ball, waiting until people have developed an industry and then popping up and demanding a disproportionate share of royalties based on irreversible*

1213 *Lemley*, Fordham Intellectual Property, Media and Entertainment Law Journal 2008, 610, 630.

1214 Einige Kommentatoren verwenden diesbezüglich den Begriff des *Modus Operandi*, vgl. *de Bisthoven*, Stanford-Vienna TTLF Working Papers No.19, 2013, S. 16 und *Vaikhari*, Indian Journal of Intellectual Property Law 2008, 33, 34.

investments."[1215] Tatsächlich ist es mit Blick auf die dargestellten Gerichtsverfahren nicht von der Hand zu weisen, dass ein wesentlicher Teil des *Trolling* darin besteht, Zwangslagen zu kreieren, in denen der Abschluss einer Lizenzvereinbarung für den potentiellen Verletzer nahezu unvermeidlich erscheint.[1216] Potentielle Lizenznehmer finden sich beim *Trolling* nicht selten in einem Dilemma dahingehend wieder, als das entweder ein kostspieliger Prozess mit ungewissem Ausgang geführt oder aber der Abschluss eines Lizenzvertrages mit ungleich starken Verhandlungspositionen zugunsten des Patentinhabers eingegangen werden muss. Dem Zeitpunkt des Herantretens an den potentiellen Verletzer kommt hierbei besondere Bedeutung zu, da dieser beim *Trolling* mit Bedacht auf den größtmöglichen Nachteil des Verwenders gewählt wird. Die Verhandlungsposition des Patentinhabers ist nämlich umso stärker, je erfolgreicher das patentverwertende Produkt am Markt ist, da eine Unterlassungsverfügung erhebliche wirtschaftliche Konsequenzen haben kann bis hin zum Totalverlust getätigter Investitionen. Hierbei kommt es dem Unternehmen beim *Trolling* nicht auf eine gezielte gerichtliche Auseinandersetzung als solche an, sondern vielmehr auf die Drohung mit dieser. Für die Ausarbeitung eines Geschäftsmodells ergibt sich somit, dass zunächst eine (potentielle) Patentverletzung vorliegen muss, welche beim *Trolling* vor allem durch die Anwendung bestimmter Taktiken herbeigeführt wird. Sodann muss der Zeitpunkt des Herantretens sinnvoll gewählt werden, damit der drohende Unterlassungsanspruch größtmöglichen Druck auf den vermeintlichen Verletzer entfalten kann. Des Weiteren ist zu untersuchen, welche zusätzlichen Faktoren die geschaffene Drohkulisse zum Nachteil für den anvisierten Lizenznehmer verstärken können, sodass der Abschluss eines Lizenzvertrages lukrativer als eine rechtliche Auseinandersetzung erscheint.

1. Die potentielle Patentverletzung als Ausgangspunkt

Die Auslösung der beschriebenen Risiken im Zusammenhang mit einem Patentverletzungsverfahren bedarf denklogisch eines vorgelagerten Schritts in Form einer zumindest potentiell bestehenden Patentverletzung. Hierfür muss der gewissermaßen auserkorene Lizenznehmer zumindest im Verdacht einer

---

1215 *Lemley*, Fordham Intellectual Property, Media and Entertainment Law Journal 2008, 610, 629.

1216 Exemplarisch kann diesbezüglich das Verfahren *NTP v. RIM* angeführt werden, bei dem die Untersagung des weiteren Vertriebs der Blackberry-Mobilfunktelefone ein wirtschaftliches Desaster mit unabsehbaren Konsequenzen für das wirtschaftliche Überleben des Unternehmens dargestellt hätte.

möglicherweise begangenen Patentverletzung stehen und überdies auch keine Umstellung auf alternative Umgehungslösungen für durchführbar halten. Nur dann wird er überhaupt bereit sein, über den Abschluss eines Lizenzvertrages nachzudenken.

a. Vorsätzliche Patentverletzung

Liegt etwa eine ganz bewusste und vorsätzliche Patentverletzung vor, ist der Zustand des Verletztseins auf Seiten des Patentinhabers unproblematisch gegeben. Eine bewusste Verletzung stellt in der Praxis keine Seltenheit dar und erfolgt meist dann, wenn die Entwicklung von Umgehungslösungen finanziell unattraktiv oder technisch undurchführbar ist.[1217] Häufig wird bei der bewussten Patentverletzung die Hoffnung gehegt, hierbei nicht entdeckt zu werden, was in Anbetracht der zum einen unüberblickbaren Fülle an bestehenden Patenten und zum anderen der gleichsam schwierigen Überwachung des Marktes auf mögliche Patentverletzungen hin, nicht abwegig erscheint.[1218] Im Ergebnis wird die Bereitschaft zum Abschluss eines Lizenzvertrages in einer solchen Situation bedeutend höher sein, als in Fällen einer „bloß" fahrlässigen Verletzung, denn es nicht auszuschließen ist, dass ein Unternehmen diese mögliche Konsequenz gewissermaßen einpreist oder aber hierauf gerichtete Rücklagen bildet.

b. Fahrlässige und unbewusste Patentverletzung

Bedeutend häufiger wird es sich jedoch um fahrlässige Patentverletzungen handeln, bei denen der Verwender das Schutzrecht schlichtweg übersehen hat. Hierfür stellen die stetig anwachsenden Anmeldezahlen, Patente für immer kleinteiligere Entwicklungsschritte und Patentdickichte die maßgeblichen Ursachen dar. Eine erschwerte Durchführbarkeit der *freedom-to-act* Recherche führt zwangsläufig dazu, dass bestehende Schutzrechte übersehen und verletzt

---

1217 Grundlegend hierzu *Lemley*, Michigan State Law Review 2008, 19, 21: „*Both researchers and companies in component industries simply ignore patents. Virtually everyone does it. They do it at all stages of endeavour. Companies and lawyers tell engineers not to read patents in starting their research, lest their knowledge of the patent disadvantage the company by making it a wilful infringer.*"

1218 Vgl. etwa den interessanten Beitrag von *Ascheid*, in: Leistner (Hrsg.), Europäischen Perspektiven des geistigen Eigentums, 2010, S. 3, 6 ff., der eindrücklich aufzeigt, dass eine hinreichende Recherche bezüglich des Auffindens allein von standardessentiellen Schutzrechten im Mobilfunksektor nicht mehr zeitnah möglich ist, was vor allem an der Masse an Schutzrechten liegt.

beispielsweise führt im Rahmen seiner Untersuchung der *Troll*-Thematik den *patent ambush* als Unterfall der U-Boot-Patente als gezielte Taktik des *Trolling* an, um den Zustand des Verletztseins zu kreieren.[1237] *Ambush* Fälle kennzeichnen sich dadurch, dass der Hinterhalt im Kontext einer SSO erfolgt, wobei zwischen einer gemeinsamen FuE zur Entwicklung eines neuen Standards und der Zusammenführung diverser bestehender Schutzrechte in eine SSO zu unterscheiden ist.[1238] Hierbei muss beachtet werden, dass bei gemeinsamer FuE nicht vom klassischen *Trolling* gesprochen werden kann, da die hier beschriebenen Patentverwerter weder eigene FuE betreiben, noch ein derartiges Interesse hegen. Dennoch ist es denkbar, dass auch ein reiner Patentverwerter in eine SSO aufgenommen wird und – entgegen der Satzung der SSO – nur teilweise seine bestehenden Schutzrechte offenlegt mit dem Ziel, nach einvernehmlicher Standardsetzung an die Standardverwender mit Lizenzentgeltforderungen heranzutreten. Gelingt es einem Patentverwerter in einen derartigen Standard aufgenommen zu werden, ist der Hebel für die Lizenzverhandlungen denkbar groß, da eine Nutzung des Standards nicht ohne Erlaubnis des Pateninhabers möglich ist. Angestrebte Synergieeffekte verpuffen in einer solchen Situation regelrecht und können im Extremfall zu höheren Preisen für Verbraucher führen, etwa dann, wenn die zu entrichteten Lizenzgebühren auf die Preise der auf dem Standard beruhenden Produkte umgelegt werden.[1239]

Law and Economics Review 2010, 280; für eine kritische Auseinandersetzung mit der grundsätzlich negativen Rezeption von „*hold-up*“ Konstellation und einem Beitrag dazu, dass derartige Situation wettbewerbsfördern sein können, siehe *Geradin/Rato*, European Competition Journal 2007, 101.

1237 *Frick*, *Patent-Trolling*, 2014, S. 71; freilich ohne Differenzierung dergestalt, dass das klassische *Trolling* nicht mit eigener F&E-Aktivitäten einhergeht und somit eher selten im Rahmen von SSO erfolgen wird.

1238 *Heyers*, WRP 2014, 1253; *Klees*, EWS 2008, 449; *Fischmann*, GRUR Int. 2010, 185; *Fröhlich*, GRUR 2008, 205.

1239 Vgl. hierzu den Report des United States Department of Justice and Federal Trade Commission, Antitrust Enforcement and Intellectual Property Rights: Promoting Innovation and Competition, 2007, S. 38, die in diesem Zusammenhang darauf hinweisen, dass die Höhe der Lizenzgebühren vor allem von den Umstellungskosten auf einen anderen Standard abhängen und die Gefahr besteht, dass entweder die Lizenzgebühren oder die Umstellungskosten auf die Verbraucher umgelegt werden; so auch *Frick*, *Patent-Trolling*, 2014, S. 71.

d. Exkurs: U-Boot-Patente und *continuation applications*

Einige Autoren[1240] führen in diesem Zusammenhang auch den Einsatz von sog. U-Boot-Patenten an, die in einem engen Zusammenhang mit der sog. *continuation application* stehen[1241] und eine Besonderheit des amerikanischen Patentrechts darstellen.[1242] U-Boot-Patente kennzeichnen sich durch eine bestimmte Strategie im Rahmen der Patentanmeldung und werden folglich von solchen *trollenden* Unternehmen verwendet, die bis zu einem gewissen Grad FuE betreiben, diese Ergebnisse jedoch zum Zwecke der Lizenzierung anmelden und nicht, um den technischen Fortschritt zu mehren.[1243] Wie der Terminus U-Boot es bereits erahnen lässt, sollen hiermit Schutzrechte bezeichnet werden, deren Offenlegung durch Erteilung so lange herausgezögert werden, bis der richtige Zeitpunkt gekommen ist, um „aus dem Wasser aufzutauchen" und Dritte zu überraschen. Nach einer Gesetzesreform zum Beginn des 21. Jahrhunderts ist diese Form der Offenlegungsverhinderung jedoch nicht mehr ohne Weiteres möglich, da nunmehr eine automatische Offenlegung nach 18 Monaten erfolgt, vgl. Title 35 USC § 122 sec. (b), (1), (A). Eine Verzögerung ist nur noch in solchen Fällen möglich, in denen der Anmelder versichert, dass keine weiteren Anmeldungen außerhalb der USA erfolgt sind.[1244]

1240 So etwa *Frick*, *Patent-Trolling*, 2014, S. 62 ff. und *de Bisthoven*, Stanford-Vienna TTLF Working Papers No.19, 2013, S. 6 ff.

1241 Streng genommen sind U-Boot-Patente das Resultat der *continuation application*, vgl. *Lemley/Moore*, Boston University Law Review 2004, 63, 79. Die allermeisten Autoren behandeln U-Boot-Patente jedoch als eigenständiges Phänomen, vgl. *Subramanian*, IIC 2008, 419, 430 und *Frick*, *Patent-Trolling*, 2014, S. 62 ff.

1242 Eine Darstellung dieses Themenkomplexes für den anglo-amerikanischen Raum findet sich bei *Lemley/Moore*, Boston University Law Review 2004, 63; vgl. auch *Brennan/Hsueh/Okhuma/Sahashi*, Tokugikon 2007, 73, 75 ff., die in den U-Boot-Patenten die Vorreiter der heutigen Patent *Trolle* sehen; im Ergebnis so auch *de Bisthoven*, Stanford-Vienna TTLF Working Papers No.19, 2013, S. 6 ff.

1243 Hierzu *Ntouvas*, GRUR Int. 2006, 889, 891, dessen Auseinandersetzung mit dem Urteil im Rechtsstreit zwischen *eBay v. MercExchange* schlussfolgert, dass das *submarine patenting* häufig im Bereich computerimplementierter Technologien stattfindet, was daran liegt, dass das Auffinden von Softwareerfindungen weitaus weniger Ressourcen benötigt, als etwa andere Technologiebereiche, die physische Ressourcen benötigen.

1244 Vgl. Title 35 USC § 122 sec. (b), (2), (B), (i). Eingeführt durch die Gesetzesreform Public Law 106–113, 106th Congress vom 29. November 2000; vgl. *Browning*, Berkeley Technology Law Journal 2008, 247, 255, der das Auftreten von U-Boot-Patenten durch die Gesetzesänderungen mittlerweile für nahezu ausgeschlossen

Mit dem U-Boot-Patent eng verknüpft ist die sogenannte *continuation application*.[1245] Diese beschreibt dem Grunde nach eine weitere Schutzrechtsanmeldung, die auf eine bereits bestehende, behördlich examinierte und patentierte technische Lehre aufbaut und zusätzliche Patentansprüche für diese Erfindung geltend macht.[1246] Dem Anmelder kommt es hierbei gerade darauf an, die Priorität des Basispatents zu erhalten, auf dem die *continuation application* letztlich aufbaut, da es hierdurch möglich ist bestimmte Verwendungsformen durch Dritte regelrecht einzufangen, die bei der Erstanmeldung noch nicht bestanden.[1247] Dieser Praxis wurden nunmehr ebenfalls legislative Grenzen gesetzt, wonach mittlerweile nur noch maximal zwei *continuations* pro offenbarter Erfindung möglich sein sollen.[1248] Das dargelegte Vorgehen ist auf nationaler Ebene aufgrund der unterschiedlichen Ausgestaltung des Anmeldeverfahrens sowohl in Europa als auch in Deutschland nur in sehr engen Grenzen möglich.[1249]

3. Der patentrechtliche Unterlassungsanspruch als entscheidender Faktor

Die dargestellte Vorgehensweise im Sinne eines Geschäftsmodells dient dem *Troll* dazu eine möglichst lückenlose Drohkulisse aufzubauen, um diese als Hebel für die Erzielung eines finanziell lukrativen Lizenzangebotes einzusetzen. Bei einer solchen Drohkulisse kommt dem patentrechtlichen Unterlassungsanspruch die entscheidende Bedeutung zu, wenn er mit den vorgenannten Faktoren kombiniert wird.[1250] Verhandlungen über die mögliche Lizenzierung der

---

hält. Im Ergebnis ähnlich, aber vorsichtiger formulierend *Lemley/Moore*, Boston University Law Review 2004, 63, 80.

1245 *Eisenberg*, Continuation Patent Applications, 2000, S. 1 ff., der die Voraussetzungen mit Beispielen darstellt; siehe ferner *Baumgärtel/Ehlers/Fleuchaus/Königer*, GRUR Int. 2007, 498.

1246 Dazu ausführlich *Browning*, Berkeley Technology Law Journal 2008, 248, 249 ff.

1247 Vgl. *Subramanian*, IIC 2008, 419, 430, „*Continuation patents allow opportunistic behaviour such as filing modifications of patent claims after approval in order to capture a market player's product or process which may not have infringed upon the original claim.*"

1248 *de Bisthoven*, Stanford-Vienna TTLF Working Paper No. 19 2013, S. 7.

1249 Vgl. die eingehende Untersuchung im Hinblick auf die Möglichkeit von U-Boot-Patenten in Deutschland bei *Frick, Patent-Trolling*, 2014, S. 65 ff.

1250 Dass das Drohpotential der Unterlassungsverfügung mithin das konstitutive Element des *Trolling* darstellt, wird dem Grunde nach von allen Kommentatoren unisono angeführt.

Erfindung erfolgen im Schatten des möglichen Scheiterns und der hieraus folgenden Konsequenzen einer Unterlassungsverfügung, was beim *Trolling* dazu führt, dass das Machtverhältnis entscheidend zugunsten des Pateninhabers verschoben wird und Verhandlungsineffizienzen durch eine ungleiche Risikoverteilung entstehen.[1251]

a. Ausgestaltung des Unterlassungsanspruchs gem. § 139 Abs. 1 PatG

Seine rechtliche Grundlage findet der Unterlassungsanspruch in § 139 Abs. 1 PatG. Er gilt für nationale Patente sowie gemäß Art. 64 Abs. 1 EPÜ für den deutschen Teil des europäischen Patents.[1252] Die Geltendmachung des Anspruchs setzt tatbestandlich sowohl eine Verletzungshandlung als auch die Wiederholungs- bzw. Erstbegehungsgefahr voraus (§ 139 Abs. 1 PatG). Der Unterlassungsanspruch bietet dem Patentinhaber Schutz in zweierlei Hinsicht: Auf der einen Seite kann sich dieser gegen eine Verletzung mittels der Unterlassungsanordnung wehren, sofern eine Wiederholungsgefahr besteht; auf der anderen Seite reicht auch die konkrete Drohung einer bevorstehende Patentverletzung bereits aus, um die Person, von der die Erstbegehungsgefahr ausgeht, zum Schuldner eines vorbeugenden Unterlassungsanspruchs werden zu lassen.[1253] Seinem Wesen nach ist der Anspruch auf die Prävention zukünftiger Verletzungshandlungen durch Dritte gerichtet (und hat nicht primär die Schadensverhütung als solche zum Ziel).[1254] Ein Verschulden ist für die Verwirklichung des Tatbestandes des § 139 Abs. 1 PatG demnach nicht erforderlich. Der Unterlassungsanspruch entsteht folglich auch dann, wenn die Verletzung schuldlos begangen wurde.[1255]

1251 Siehe zu der Thematik der Verhandlungseffizienz *Geiger*, Industrielle Verhandlungen, 2007, S. 104 ff.

1252 Durch § 139 Abs. 1 PatG wird Art. 11 S. 1 der DRL umgesetzt, der die Möglichkeit der gerichtlichen Unterlassungsanordnung im Falle der Patentverletzung vorsieht; für einen rechtvergleichenden Beitrag zu der Ausgestaltung des amerikanischen, britischen und deutschen patentrechtlichen Unterlassungsanspruchs im Lichte des *Trolling*, siehe *Uhrich*, ZGE/IPJ 2009, 59, 63 ff.

1253 Für eine grundsätzliche Auseinandersetzung mit dem patentrechtlichen Unterlassungsanspruch vgl. *Heusch*, in: Harmsen/Jüngst/Rödiger (Hrsg.), FS Meibom, 2010, S. 135 und *Kamlah*, in: Haedicke/Timmann (Hrsg.), Handbuch des Patentrechts, 2012, § 10, Rn. 24 ff.

1254 Hierzu ausführlich *Picker*, AcP 1978, 499, 501 ff.

1255 Dies ergibt sich bereits aus dem Umkehrschluss zu § 139 Abs. 2 PatG, wonach der Schadensersatzanspruch ein Verschulden erfordert. Grundlegend zu der Feststellung, dass der Unterlassungsanspruch verschuldensunabhängig besteht RGZ 101, 135, 138 sowie BGHZ 14, 163, 170; siehe ferner *Mes*, Patentgesetz, 5. Auflage 2020,

b. Tatsächliche Vermutungswirkung zugunsten des Patentinhabers

Sofern eine rechtswidrige Patentbenutzung in der Vergangenheit festgestellt wurde, besteht eine tatsächliche Vermutung für das Bestehen der Wiederholungsgefahr,[1256] die sich dem Grunde nach auch auf alle im Kern vergleichbaren Verletzungsformen bezieht.[1257] Nur in seltensten Fällen wird bei einer festgestellten Verletzungshandlung keine Wiederholungsgefahr anzunehmen sein.[1258] An die Ausräumung der Wiederholungsgefahr sind überdies strenge Anforderungen zu stellen und diese ist nur dann prozessual zu verneinen, sofern bewiesen wird, dass jegliche Wahrscheinlichkeit fehlt, oder eine solche Wahrscheinlichkeit bis zum Schluss der mündlichen Verhandlung beseitigt worden ist.[1259] Für die Begründung der Erstbegehungsgefahr müssen zudem Tatsachen vorliegen, die den Eintritt einer Verletzung ernstlich nahelegen.[1260] Der Gläubiger des Unterlassungsanspruchs ist diesbezüglich beweispflichtig und muss hinreichende Nachweise für das Vorliegen der Erstbegehungsgefahr vorbringen.[1261]

---

§ 139, Rn. 76; *Kamlah*, in: Haedicke/Timmann (Hrsg.), Handbuch des Patentrechts, 2012, § 10, Rn. 28; *Keukenschrijver*, in: Busse/Keukenschrijver (Hrsg.), Patentgesetz, 8. Auflage 2016, § 139, Rn. 45.

1256 BGHZ 117, 264, 272; BGH, GRUR 1993, 53, 55 – *Ausländischer Inserent*; BGH, GRUR 2003, 1031, 1033 – *Kupplung für optische Geräte*; vgl. für weitere Nennungen der Rechtsprechung *Keukenschrijver*, in: Busse/Keukenschrijver (Hrsg.), Patentgesetz, 8. Auflage 2016, § 139, Rn. 57, Fn. 187.

1257 BGH, GRUR 1989, 445, 446 – *Professorenbezeichnung in der Arztwerbung*; BGH, GRUR 1996, 290, 291 – *Wegfall der Wiederholungsgefahr I*; BGH, GRUR 1997, 379, 380 – *Wegfall der Wiederholungsgefahr II*; BGH, GRUR 2002, 187, 188 – *Lieferstörung*. Vgl. auch *Keukenschrijver*, in: Busse/Keukenschrijver (Hrsg.), Patentgesetz, 8. Auflage 2016, § 139, Rn. 57, Fn. 187 m.w.N.

1258 Diese war in etwa zu verneinen, als die Verletzungsform eine unbeabsichtigte und schnell aufgegebene Fehlkonstruktion darstellte, welche lediglich durch die fehlerhafte Gestaltung die Merkmale des Patents aufwies, vgl. RG, GRUR 1941, 31, 33.

1259 BGHZ 14, 163, 167; BGH, GRUR 1959, 367, 374; BGH, GRUR 2003, 1031, 1033 – *Kopplung für optische Geräte*; *Grabinski/Zülch*, in: Benkard (Hrsg.), Patentgesetz, 11. Auflage 2015, § 139, Rn. 30; für die Anforderungen der Ausräumung im Prozess, siehe *Kühnen*, Handbuch der Patentverletzung, 12. Auflage 2020, Abschnitt D, Rn. 329 ff.

1260 BGHZ 2, 394, 394; BGH, GRUR 1970, 358, 360 – *Heißläuferdetektor*; BGH, GRUR 1999, 1097, 1099 – *Preissturz ohne Ende*; siehe zu der Frage der Ausräumung der Erstbegehungsgefahr auch ausführlich *Büch*, in: Büscher/Erdmann/Haedicke/Köhler/Loschelder (Hrsg.), FS Bornkamm, 2014, S. 15 ff.

1261 *Kühnen*, Handbuch der Patentverletzung, 12. Auflage 2020, Abschnitt D, Rn. 354 ff.

c. Umfassende Einschränkung in zeitlicher und sachlicher Hinsicht

Sowohl in sachlicher als auch in zeitlicher Hinsicht entfaltet eine Unterlassungsverfügung weitreichende Einschränkungen für den Verletzer. Zeitlich muss der Verletzer jegliche Benutzungshandlung für die gesamte Dauer des Patentschutzes unterlassen, ohne dass dies gesondert im Urteil erwähnt werden müsste.[1262] Sachlich erstreckt sich die Unterlassungsverfügung auf solche Benutzungshandlungen, die in der Urteilsformel konkret erfassten Verletzungsform mit Blick auf die Merkmale des geltend gemachten Patentanspruchs.[1263] Umfasst werden nicht nur wortgetreue Benutzungshandlungen sondern auch solche, die dem Kern der Verletzungshandlung gleichen, da die Urteilsformel verallgemeinerungsfähig und weit auszulegen ist.[1264] Dem Patentinhaber beim *Trolling* wird es naturgemäß darauf ankommen, alle tatsächlich vorgenommenen und in der Zukunft mit hoher Wahrscheinlichkeit geplanten Benutzungshandlungen in den Klageantrag aufzunehmen, um ein größtmögliches Drohpotential zu erlangen. Für das *Trolling* von besonderem Vorteil ist der Umstand, dass sich der Erlass der Unterlassungsverfügung nicht nach dem „Wert“ oder der „Qualität“ des Schutzrechts selbst bemisst. Demnach kann die verletzte Erfindung im Vergleich zum Gesamtprodukt nur einen marginalen Wert haben, dass Gesamtprodukt darf aber nicht weiter vertrieben werden, solange die verletze Erfindung noch verwendet wird.[1265]

d. Fehlendes richterliches Ermessen bezüglich des Verfügungserlasses

Von besonderer Relevanz für den Patentinhaber ist der Umstand, dass dem Gericht im Patentverletzungsprozess kein Ermessen bezüglich der Frage eingeräumt wird, ob eine Unterlassungsverfügung erlassen wird oder nicht. Liegen alle Tatbestandsvoraussetzung vor, ist der Erlass der Verfügung durch das

---

1262 RGZ 148, 400, 403 – *Kostenrevision*; BGHZ 107, 46, 60 – *Ethofumesat*.

1263 BGH, GRUR 2012, 485, 487 – *Rohrreinigungsdüse II*; so bereits schon RGZ 147, 27, 31 und RGZ 156, 321, 327–328; *Grabinski/Zülch*, in: Benkard (Hrsg.), Patentgesetz, 11. Auflage 2015, § 139, Rn. 35a.

1264 RGZ 147, 27, 29; RG GRUR 1935, 428, 429; LG Düsseldorf, GRUR 1967, 135, 136; *Grabinski/Zülch*, in: Benkard (Hrsg.), Patentgesetz, 11. Auflage 2015, § 139, Rn. 35a; *Kamlah*, in: Haedicke/Timmann (Hrsg.), Handbuch des Patentrechts, 2012, § 10, Rn. 45 ff.; *Keukenschrijver*, in: Busse/Keukenschrijver (Hrsg.), Patentgesetz, 8. Auflage 2016, § 139, Rn. 60–61.

1265 In Bezug auf das *Trolling*, vgl. *Schickedanz*, GRUR Int. 2009, 901, 903; *Ohly*, GRUR Int. 2008, 787, 791; *Frick*, *Patent-Trolling*, 2014, S. 76.

erkennende Gericht zwingende Konsequenz.[1266] Hierdurch geht der nationale Gesetzgeber weiter, als es die umzusetzende DRL vorgibt.[1267] Diese postuliert jedoch nur Mindestanforderungen, sodass eine weitergehende Sanktionierung des Verletzers durch den deutschen Gesetzgeber, vorbehaltlich weiterer Untersuchungen, zunächst im Einklang mit der Richtlinie steht.[1268] Im Gegensatz zu den Ansprüchen aus §§ 140a ff. PatG steht der Unterlassungsanspruch in der deutschen Rechtspraxis nicht unter dem Verhältnismäßigkeitsgrundsatz.[1269] Dem Unterlassungsanspruch erwächst hierdurch offensichtlich ein erhebliches Drohpotential, welches sich der Patentinhaber beim *Trolling* nach Belieben zunutze machen kann und dies selbstverständlich auch tut.

e. Faktische Konsequenzen für den Patentverletzer nach Verfügungserlass

Im Bestreben ein umfassendes Schutzniveau des Patentinhabers zu gewährleisten, bezieht sich der Unterlassungsanspruch auf alle vom Verletzer durchgeführten gewerblichen Tätigkeiten. Faktisch bedeutet dies ein kompletter Produktions-, Verkaufs- bzw. Vertriebsstopp der Patent benutzenden Produkte. Die wirtschaftlichen Implikationen für das Unternehmen können verheerend sein, da zunächst keine weitere Amortisierung der aufgewendeten Kosten erfolgen kann. Zu den reinen Produktionskosten müssen weitere Kosten addiert werden, wie etwa Betriebs-, Lager-, Werbe-, Forschungs-, u.U. Vernichtungs- und Vertriebskosten, die allesamt versunkene Investitionen darstellen, sofern eine

---

1266 *Mes*, Patentgesetz, 5. Auflage 2020, § 139, Rn. 42, unter Hinweis auf den aktuellen Stand der Diskussion zu möglichen Einschränkungen des patentrechtlichen Unterlassungsanspruch; *Kamlah*, in: Haedicke/Timmann (Hrsg.), Handbuch des Patentrechts, 2012, § 10, Rn. 25; *Uhrich*, ZGE/IPJ 2009, 59, 78 ff.; *Ohly*, GRUR Int. 2008, 787, 795; *Osterrieth*, Patentrecht, 5. Auflage 2015, Rn. 984; ausführlich zum patentrechtlichen Unterlassungsanspruch auch *Mes*, in: Krieger/Lutter/Schmidt (Hrsg.), FS Hoffmann-Becking, 2013, S. 821 ff.; ferner *Keukenschrijver*, in: Busse/Keukenschrijver (Hrsg.), Patentgesetz, 8. Auflage 2016, § 139, Rn. 92 der im Hinblick auf die zwingende Rechtsfolge darauf hinweist, dass die Debatte durch das Aufkommen von Verwertungsgesellschaften neu entbrannte.

1267 Siehe hierzu unter Kapitel 3, § 2, A, I, 2, a-c.

1268 Vgl. Art. 2 Abs. 1 DRL.

1269 Siehe *Heusch*, in: Harmsen/Jüngst/Rödiger (Hrsg.), FS Meibom, 2010, S. 135, der die zwingende Folge des Unterlassungsanspruchs unter Verweis auf Art. 3 Abs. 2 DRL sowie §§ 242, 251 Abs. 2 und 275 Abs. 2 BGB kritisiert.

Substituierbarkeit nicht möglich ist.[1270] Abschließend muss ebenfalls noch die in aller Regel zu entrichtende Schadensersatzsumme plus Zinsen einkalkuliert werden, um das ganze wirtschaftliche Ausmaß beziffern zu können. Selbst wenn die Substituierbarkeit der streitgegenständlichen Technologie jedoch möglich ist, müssen zumindest direkte und indirekte Umstellungskosten berücksichtigt werden, die sich gleichsam um den Schadensersatz für die vergangene Nutzung erhöhen. Im Zuge einer technologischen Umstellung sind des Weiteren mögliche Marktanteilseinbußen einzubeziehen, die mit einem längerfristigen Verkaufsstopp und Auffinden einer Alternative einhergehen und nicht selten mit einer Beschädigung der Unternehmensreputation korrelieren. Die Unterlassungsverfügung kann für den Beklagten somit im Ergebnis unkalkulierbare und irreversible Schäden nach sich ziehen.

Bei objektiver Betrachtung ist der Rechtsfolge der Unterlassungsverfügung zunächst auch uneingeschränkt zuzustimmen, da nicht einzusehen wäre, warum ein Dritter durch vorsätzliches oder fahrlässiges Handeln quasi kostenlos von der geistigen Leistung eines anderen profitieren soll. Unter normalen Umständen wird in einer solchen Situation meistens eine beiderseitige (Kreuz-)Lizenzbereitschaft zu grundsätzlich marktüblichen Konditionen bestehen.[1271] Selbst wenn diese Bereitschaft nicht besteht und ein Wettbewerber schlicht gegen einen anderen vorgeht, so verteidigt er seine Wettbewerbsposition. Beim *Trolling* hingegen kann sich der Patentinhaber aus der Unterlassung selbst keinen wettbewerblichen Vorteil schaffen, außer seine Chancen auf ein einträgliches Lizenzgeschäft zu steigern.[1272] Ob dies dem Sinn und Zweck des Unterlassungsanspruchs gerecht wird, ist zumindest fragwürdig und wird im weiteren Verlauf der Bearbeitung noch zu untersuchen sein.[1273]

1270 Für die Darstellung der Folgen des Unterlassungsanspruchs im Kontext mit dem *Trolling*, siehe auch *Frick*, *Patent-Trolling*, 2014, S. 76.

1271 Siehe dazu die empirischen Befunde bei *Krusemarck*, Die abhängige Schöpfung im Recht des geistigen Eigentums, 2013, S. 135 ff.

1272 Dies ist allgemeiner Konsens unter Autoren, die sich mit dem *Trolling* befassen, vgl. statt aller *Kessler*, Mitteilungen 2011, 489, der nicht völlig zu Unrecht anmerkt, dass insbesondere für klein- und mittelständische Unternehmen eine Patentverwertungsgesellschaft häufig der einzige Weg ist überhaupt Lizenzverträge mit Großunternehmen abzuschließen und diese Bereitschaft häufig erst durch die gerichtliche Geltendmachung steigt.

1273 Siehe hierzu vor allem unten die ausführliche Untersuchung hinsichtlich der möglichen Einschränkbarkeit des patentrechtlichen Unterlassungsanspruchs unter Kapitel 3, § 2, A-E.

4. Der patentrechtliche Schadensersatzanspruch als komplementäres Druckmittel

Neben dem Unterlassungsanspruch steht einem Patentinhaber bei einer festgestellten Patentverletzung naturgemäß auch ein Anspruch auf Ersatz des erlittenen Schadens zu (vgl. § 139 Abs. 2 S. 1 PatG). Vorliegend ist vor allem von Interesse, ob der Schadensersatzanspruch eine ähnlich einschüchternde Wirkung wie der Unterlassungsanspruch entfalten kann und somit für das *Trolling* gleichsam gut geeignet wäre. Hierbei ist erneut ein Blick auf die amerikanische Rechtsordnung und dessen Eigenheiten in Bezug auf den Schadensersatzanspruch zu werfen, da diesem definitiv eine finanzielle Anreizwirkung zukommt, welche für die Zielsetzung des *Trolling* zusätzlich fruchtbar gemacht werden kann.

a. Ausgestaltung des Schadensersatzanspruchs aus § 139 Abs. 2 S. 1 PatG

Das Auslösen des in § 139 Abs. 2 S. 1 PatG geregelten Schadensersatzanspruchs setzt neben der Verwirklichung einer Patentverletzung ebenso Verschulden in Form von Fahrlässigkeit oder Vorsatz voraus. Das nationale PatG setzt hiermit Art. 13 Abs. 1 DRL um und ist folgerichtig auch im Lichte dieser auszulegen. Sinn und Zweck des Anspruchs ist die Kompensierung eines erlittenen Schadens des Gläubigers, wobei dem nationalen Schadensersatzrecht sowohl die Zuerkennung eines Strafschadensersatzes als auch der Sanktionsgedanke grundsätzlich fremd sind.[1274] Dies gilt auch für einen möglichen „Verletzerzuschlag", welcher beispielsweise zu dem wirtschaftlich erlittenen Schaden addiert werden könnte.[1275]

Im Gegensatz zum Anspruch auf Unterlassen kann eine lediglich potentiell bestehende Erstbegehungsgefahr noch keinen kompensationsfähigen Schadensersatzanspruch aufgrund einer möglichen Schutzrechtsverletzung begründen, da es vielmehr der Feststellung zumindest eines konkreten Verletzungsfalles

---

1274 Dazu sogleich.

1275 Ablehnend insofern BGHZ 77, 16, 26; siehe auch BGHZ 97, 37, 49 ff. – *Filmmusik* in dem der BGH deutlich machte, dass ein 100% Verletzeraufschlag, welcher bei der Verletzung des Urheberrechts grundsätzlich möglich ist, aufgrund des Ausnahmecharakters nicht auf andere Schutzrechte übertragbar sei. So auch BGH, GRUR 1990, 353, 355 – *Raubkopien*; siehe ferner die Nachweise bei *Keukenschrijver*, in: Busse/Keukenschrijver (Hrsg.), Patentgesetz, 8. Auflage 2016, § 139, Rn. 168; vgl. zu der Diskussion über die Einführung eines solchen Zuschlags im Rahmen der Umsetzung der DRL *Kraßer/Ann*, Patentrecht, 7. Auflage 2016, § 35, Rn. 88 ff.

bedarf.[1276] In aller Regel kann durch das Vorliegen der rechtswidrigen Patentbenutzung das Verschulden indiziert werden.[1277] Mit Blick auf den im Falle der Fahrlässigkeit anzuwendenden Sorgfaltsmaßstab ist festzustellen, dass die Rechtsprechung strenge Maßstäbe an die einzuhaltende Sorgfaltspflicht anlegt und insbesondere von Gewerbetreibenden erwartet wird, dass diese sich über das Bestehen fremder Schutzrechte im Wege einer umfassenden Recherche informieren. Hierbei gilt, dass je größer das Unternehmen ist, desto höher die erforderliche Sorgfalt, die angelegt werden muss, um die Verletzung fremder Patente zu vermeiden.[1278]

Nach gerichtlicher Feststellung einer schuldhaft begangenen Patentverletzung steht dem Gläubiger nach ständiger Rechtsprechung[1279] mit Blick auf die konkrete Schadensberechnung ein Wahlrecht zu.[1280] Dieser kann für die Kompensation des erlittenen Schadens entweder den konkreten Schadensersatz nach den §§ 249–252 BGB verlangen, ein angemessenes Nutzungsentgelt im Wege der

---

1276 RGZ 107, 251, 255; BGH, GRUR 1965, 496, 497 – *Formsand II*; BGH, GRUR 2000, 907, 910 – *Filialleiterfehler*; *Keukenschrijver*, in: Busse/Keukenschrijver (Hrsg.), Patentgesetz, 8. Auflage 2016, § 139, Rn. 97–99.

1277 So etwa die Rechtsprechung, vgl. BGH, GRUR 1977, 250, 252 – *Kunsttoffhohlprofil I*; BGH, GRUR 1993, 460, 464 – *Wandabstreifer* und Teile der Literatur, vgl. *Osterrieth*, Patentrecht, 5. Auflage 2015, Rn. 989 und *Kühnen*, Handbuch der Patentverletzung, 12. Auflage 2020, Abschnitt D, Rn. 450; *Grabinski/Zülch*, in: Benkard (Hrsg.), Patentgesetz, 11. Auflage 2015, § 139, Rn. 43; a.A. *Kamlah*, in: Haedicke/Timmann (Hrsg.), Handbuch des Patentrechts, 2012, § 10, Rn. 66, der darauf hinweist, dass die Aussage als dogmatisches Konzept abzulehnen sei, diese aber als Faustformel zuträfe.

1278 Diesbezüglich wurde in der Literatur vielfach Kritik geübt. Siehe *Kraßer/Ann*, Patentgesetz, 7. Auflage 2016, § 35, Rn. 49 ff. mit diversen Nennungen zur Rechtsprechung und Literatur zu dem Sorgfaltsmaßstab sowie Fn. 48 mit einer Übersicht über die diversen kritischen Stimmen aus der Literatur.

1279 Vgl. RGZ 35, 63, 67 ff. – *Ariston*; RGZ 43, 56, 58 f. – *Maischevergärung*; RGZ 156, 65, 67 – *Scheidenspiegel*; BGH, GRUR 1962, 401, 402 – *Kreuzbodenventilsäcke III*; BGH, GRUR 1962, 509, 511 – *Dia-Rähmchen II*, jeweils m.w.N. Zur Entwicklung der Rechtsprechung im Allgemeinen *Rogge*, in: Bruchhausen/Hefermehl/Hommelhoff/Messer (Hrsg.), FS Nirk, 1992, S. 929, 929 ff.

1280 Dieses Wahlrecht besteht nicht nur bei der Patentverletzung, sondern vielmehr generell bei der Verletzung von gewerblichen Schutzrechten, vgl. hierzu *Kraßer*, GRUR Int. 1980, 259 ff.; *Ullmann*, GRUR 1978, 617; *Delahaye*, GRUR 1986, 217; *Körner*, in: Baur/Hopt/Mailänder (Hrsg.), FS Steindorff, 1990, 877 ff. und Heermann, GRUR 1999, 625.

Lizenzanalogie fordern oder die Herausgabe des Verletzergewinns begehren.[1281] Diese Art der Schadensberechnung ist überdies auch unionsrechtlich durch Art. 13 DRL vorgeschrieben und nunmehr gesetzlich im § 139 Abs. 2 PatG kodifiziert. Aufgrund der Tatsache, dass die Berechnung des konkreten Schadens erhebliche Schwierigkeiten bereitet, bevorzugt die Praxis seit Langem die Lizenzanalogie als vermeintlich sicherste und einfachste Methode, den zu ersetzenden Schaden zu berechnen.[1282]

b. Der nationale und amerikanische Schadensersatzanspruch im Vergleich

Die Attraktivität der Geltendmachung eines Schutzrechts zum Zwecke der Generierung von Schadensersatzsummen ist eng mit der Frage verbunden, welche Ertragsaussichten im Falle eines bestehenden Anspruchs für den Patentinhaber zu erwarten sind. Am attraktivsten erscheint der strategische Einsatz des Schadensersatzanspruchs für solche Verwertungsgesellschaften, denen es in erster Linie auf die aktive Monetarisierung eines Schutzrechts ankommt.[1283] Anknüpfend an den Umstand, dass in der nationalen Praxis in aller der Regel die Schadensberechnung im Wege der angemessenen Lizenzgebühr gewählt wird, ist der Schadensersatzanspruch nicht per se dazu geeignet Summen zu generieren, die im Falle einer freien Lizenzvereinbarung unter Umständen möglich wären. Dabei ist zu unterstellen, dass der entsprechende strategische Einsatz eines Schutzrechts dazu führen soll, dass „überhöhte" Lizenzgebühren entrichtet werden, die in freien und drucklosen Verhandlungen so nicht zu erzielen wären.[1284] Dies bedeutet jedoch nicht, dass der strategische Einsatz eines

1281 Dieser Dreiklang ist seit nunmehr fast 140 Jahren anerkannt, vgl. hierzu ROHGE 22, 338, 340 ff. – *Theater* sowie RGZ 35, 63, 67 ff. – *Ariston*; siehe auch die Ausführungen bei Bruchhausen, GRUR 1980, 515, 520.

1282 Nach *Haft/Reimann*, Mitteilungen 2003, 437, 437 erfolgt diese Wahl der Schadensberechnung in 95% der patentrechtlichen Schadensersatzklagen. Ausführlich hierzu *Kamlah*, in: Haedicke/Timmann (Hrsg.), Handbuch des Patentrechts, 2012, § 10, Rn. 93 ff. und *Metzger*, in: Remien (Hrsg.), Schadensersatz im europäischen Privat- und Wirtschaftsrecht, 2012, S. 209, 220.

1283 Der Aufbau und die Geltendmachung von Schutzrechten aus einem Patent-Portfolio zielen in erster Linie auf die Behinderung der Konkurrenz ab, nicht jedoch auf die Erzielung von Schadensersatzsummen.

1284 Dies stellt den klassischen Vorwurf und die Kritik am *Trolling* dar, vgl. nur *Osterrieth*, GRUR 2009, 540, 542; *Ohly*, GRUR Int. 2008, 787, 787 ff.; vgl. aus der englischsprachigen Literatur nur *Rantanen*, Santa Clara Computer & High Technology Law Journal 2006, 159, 160; *Chan/Fawcett*, Intellectual Property Law Bulletin 2005, 1, 3.

Schadensersatzanspruchs nicht durchaus lukrativ sein kann, was ein Blick auf die Rechtslage der USA verdeutlicht.[1285]

i. Der amerikanische Schadensersatzanspruch im Patentrecht

Es ist festzustellen, dass zwischen den USA und Europa nicht unerhebliche Unterschiede mit Blick auf die Höhe der gewährten Schadensersatzsummen bestehen, da diese im Falle von Patentverletzungen in den USA signifikant höher ausfallen können, als dies in Europa der Fall ist. Der in Title 35 USC § 284 kodifizierte Schadensersatzanspruch gewährt dem Geschädigten Ersatz des erlittenen Schadens im Sinne einer Totalreparation, da alle Schäden kompensationsfähig sind, die eine vorhersehbare Folge der Schutzrechtsverletzung darstellen.[1286] Der konkret zu ersetzende Schaden darf jedoch nicht unterhalb einer angemessenen Lizenzgebühr liegen.[1287] Im Gegensatz zu der Anwendung unterschiedlicher Berechnungsmethoden zur Höhe des zu ersetzenden Schadens in Deutschland, bestehen in den USA lediglich zwei derartige Methoden – der Ersatz des entgangenen Gewinns sowie die Lizenzanalogie.[1288] Hierbei ist zu beachten, dass sich die Geltendmachung des entgangenen Gewinns als Schadensersatzsumme aus Sicht einer Verwertungsgesellschaft aufgrund der faktischen Darlegungs- und Beweislast in den allermeisten Fällen als unüberwindbare Hürde erweist und in aller Regel nur die Berechnung nach der Lizenzanalogie infrage kommt.[1289]

1285 Instruktiv dem amerikanischen Patentverletzungsverfahren *Müller-Stoy*, GRUR Int. 2005, 558.

1286 *Fromson v. Western Litho Plate & Supp. Co.*, 853 F.2d 1568 (Fed. Cir. 1988), Rn. 44 ff.

1287 Vgl. den Wortlaut des 35 USC § 284 „Upon finding for the claimant the court shall award the claimant damages adequate to compensate for the infringement, but in no event less than a reasonable royalty for the use made of the invention by the infringer, together with interest and costs as fixed by the court."

1288 Siehe *Panduit Corp. v. Stahlin Bros. Fibre Works Inc.*, 575 F. 2d 1152 (6th Cir. 1978) für eine Berechnung nach dem entgangenen Gewinn; *Georgia-Pacific Corp. v. US Plywood Corp.* 318 F.Supp. 1116, 1120 (S.D.N.Y. 1970) für eine Berechnung auf Grundlage einer angemessenen Lizenzgebühr und *State Industries Inc. v. Mor-Flo Industries Inc.*, 883 F.2d 1573 (Fed. Cir. 1989) für eine Berechnung auf der Grundlage beider Methoden; ausführlich hierzu auch *Müller-Stoy*, GRUR Int. 2005, 558, 558 ff.

1289 Für den Ersatz des entgangenen Gewinns muss der Geschädigte darlegen, dass: *„für sein Produkt im streitgegenständlichen Zeitraum eine Nachfrage bestand* […]*; in diesem Zeitraum keine vergleichbaren, nichtverletzenden Produkte erhältlich waren* […]*; seine eigene Produktions- und Marketingkapazitäten zur Befriedigung dieser Nachfrage ausgereicht hätten* […]*; sowie eine detaillierte Berechnung der Höhe des Gewinns, den er erzielt hätte* […]", vgl. *Müller-Stoy*, GRUR Int. 2005, 558, 559 mit diversen

Zwar ist es dem Patentinhaber auch hierdurch möglich sein Schutzrecht zu monetarisieren, jedoch nicht mit einem gewünschten „Mehrertrag", der bei Abschluss eines Lizenzvertrages unter Zuhilfenahme des Drohpotentials des Unterlassungsanspruchs unter Umständen realisierbar wäre.

Die Attraktivität des amerikanischen Schadensersatzanspruchs rührt jedoch von einer anderen Tatsache her. Unter der Voraussetzung, dass das Gericht im Verfahren eine vorsätzliche Patentverletzung für bewiesen hält, ist es diesem gemäß 35 USC § 284 gesetzlich gestattet, den festgestellten Schadensersatz im äußersten Fall um das Dreifache zu erhöhen (sog. *treble damages*).[1290] Diese Befugnis kann dazu führen, dass zum Teil horrende Schadensersatzsummen zugesprochen werden, wie etwa das Verfahren *Centocor Ortho Biotech Inc. v. Abbott Laboratories* zeigt, bei dem eine Jury in einem Patentverletzungsverfahren für eine vorsätzliche Schutzrechtsverletzung eine Gesamtschadenssumme von 1,67 Mrd. US-Dollar festsetzte.[1291] In dem dargestellten Rechtsstreit zwischen *Kodak* und *Polaroid* setzte das anerkennende Gericht für die vorsätzliche Patentverletzung durch *Kodak* eine Schadensersatzsumme von immerhin 925 Mio. US-Dollar fest. Derartige Schadensersatzsummen stellen sicherlich nicht die Regel, sondern in der Höhe vielmehr die Ausnahmen dar. Dennoch

---

Nachweisen zur Rechtsprechung in Fn. 53. Dies wird einer Verwertungsgesellschaft nicht gelingen, da sie ihrem Wesen nach gerade nicht operativ am Markt tätig wird. So auch *Frick*, *Patent-Trolling*, 2014, S. 82.

1290 Häufig auch als „*punitive*", „*triple*" oder „*treble damages*" bezeichnet. Solche werden bereits seit über 200 Jahren in den USA erteilt, vgl. die grundlegende Entscheidung *Genay v. Norris*, 1 S.C.L. (1 Bay) 6 (1784); *Coryell v. Colbaugh*, 1 N.J.L. 77 (1791); siehe zu dieser Thematik ausführlich *Schwarze*, NZG 2003, 804 ff. und *Shander*, Villanova Law Review 1994, 1105; die Vorgabe der vorsätzlichen Schutzrechtsverletzung ist zwar nicht gesetzlich kodifiziert, entspricht aber gefestigter amerikanischer Rechtsprechung, vgl. *Janicke*, GRUR Int. 2007, 791, 796; vgl. aber auch das Verfahren *Electro Scientific v. General Scanning Inc.*, 247 F.3d 1341 (Fed. Cir. 2001), Rn. 60, bei der das Gericht ausführt, dass es auch bei einer vorsätzlichen Patentverletzung stets im Ermessen des Gerichts steht, ob ein Schadensersatz im Wege der „*treble damages*" erhöht wird oder nicht.

1291 Das Berufungsgericht hob die Entscheidung jedoch wieder auf und erklärte das Klagepatent für nichtig, vgl. *Centocor Ortho Biotech Inc. v. Abbott Laboratories,* 07-CV-0139 (Fed. Cir. 2011); siehe auch den kritischen Entwurf einer Studie hierzu von *Mazzeo/Hillel/Zyontz*, International Review of Law and Economics 2011, 58 ff., die zu dem Ergebnis kommen, dass die besonders hohen Schadensersatzsummen absolute Ausnahmen seien und für den Zeitraum von 1995–2009 beispielsweise nur in acht Verfahren Schadensersatzsummen über 200 Mio. US-Dollar zugesprochen wurden.

wird auch deutlich, dass der Sanktionsgedanke im amerikanischen Schadensrecht dazu führen kann, dass exorbitante Schadensersatzsummen im Einzelfall mit existenzbedrohenden Folgen aufgerufen werden.[1292]

ii. Möglichkeit eines nationalen Strafschadensersatzes

Wie bereits angeklungen, ist dem deutschen Schadensrecht sowohl eine Sanktionsfunktion als auch die Gewährung eines „Verletzerzuschlags" fremd.[1293] Dennoch wurde im Rahmen der Umsetzung der DRL über die Zubilligung von *treble damages* nach amerikanischem Vorbild diskutiert.[1294] Den Befürwortern ist diesbezüglich zuzugestehen, dass eine Verdoppelung oder sogar Verdreifachung der Lizenzgebühr dem deutschen Recht tatsächlich nicht per se fremd ist. Eine solche Erhöhung ist zumindest bei musikalischen Aufführungsrechten,[1295] Urheberrechtsverletzungen,[1296] wettbewerbswidriger Leistungsübernahme[1297] sowie medialen Persönlichkeitsrechtsverletzungen[1298] unter bestimmten Voraussetzungen gebilligt worden. Diese Fälle stellen jedoch Ausnahmen dergestalt dar, als dass sie ausschließlich den zugrunde liegenden Besonderheiten der jeweiligen Sachverhalte Rechnung tragen und nicht verallgemeinerungsfähig sind.[1299] Des Weiteren wurde in Richtung eines möglichen Strafschadensersatzes

---

1292 Eine Übersicht über die zehn Verfahren mit den höchsten Schadensersatzsummen aus den Jahren 1995–2011 findet sich bei *de Bisthoven*, Stanford-Vienna TTLF Working Paper No. 19 2013, S. 54.

1293 Siehe zum Ganzen auch *Kochendörfer*, ZUM 2009, 389.

1294 Vgl. hierzu nur den Beitrag von *Kämper*, GRUR Int. 2008, 539, 540 ff., der den Stand der Diskussion mit zahlreichen Nennungen der Literatur und Rechtsprechung darstellt; siehe zu dem Meinungsstand auch *Frick*, *Patent-Trolling*, 2014, S. 84 ff. ferner *Keukenschrijver*, in: Busse/Keukenschrijver (Hrsg.), Patentgesetz, 8. Auflage 2016, § 139, Rn. 169 sowie *Pitz*, in: Fitzner/Lutz/Bodewig (Hrsg.), Patentrecht, 4. Auflage 2012, § 139, Rn. 151 ff.

1295 BGHZ 59, 286, 289 ff. – *doppelte Tarifgebühr*; BGHZ, 97, 37, 49 – *Filmmusik*.

1296 OLG Düsseldorf, NJW-RR 1999, 194, 195; OLG Düsseldorf, GRUR-RR 2006, 393, 393 ff.

1297 BGHZ 122, 262, 267 – *Kollektion Holiday*; BGH, GRUR 2002, 795, 797 – *Titelexklusivität*.

1298 BGHZ 128, 1, 6 ff. – *Carolin von Monaco*.

1299 Den Ausnahmecharakter hervorhebend etwa BGHZ 77, 16, 26 – *Tolbutamid*; BGHZ, 97, 37, 49 – *Filmmusik*; siehe auch die dezidierten Ausführungen des schweizerischen Bundesgerichts zu der deutschen Rechtslage in GRUR Int. 1998, 341 ff., welches sich ebenfalls gegen einen Verletzerzuschlag ausspricht, *„so wünschenswert er rechtspolitisch auch sein mag."* Im Ergebnis so auch *Keukenschrijver*, in: Busse/Keukenschrijver (Hrsg.), Patentgesetz, 8. Auflage 2016, § 139, Rn. 169.

argumentiert, dass der Richtlinientext offen formuliert sei, lediglich eine „Untergrenze“ fordere und diese auch nur „mindestens“ einer Lizenzanalogie entsprechen müsse.[1300] Von daher solle eine pauschale doppelte Lizenzgebühr zugrunde gelegt werden, da einer einfachen Lizenzgebühr keine ausreichende Abschreckungswirkung zukomme.[1301]

Zu beachten ist ferner, dass der Gesetzgeber trotz Kenntnis bezüglich der divergierenden Auffassungen mit Blick auf die Höhe des Schadensersatzes der Forderung nach einer Ausweitung der Schadensersatzpflicht nicht gefolgt ist.[1302] Begründet wurde dies mit dem Umstand, dass im Gegensatz zum Strafrecht das Zivilrecht keine Sanktionsfunktion kenne und eine gewünschte strafrechtliche Sanktionierung durch die bestehende Gesetzeslage ausreichend Schutz für Inhaber von gewerblichen Schutzrechten bereithalte.[1303] Hinzu kommt, dass dem deutschen Schadensrecht das Ausgleichsprinzip aus § 249 BGB zugrunde liegt, nach dem der Geschädigte so zu stellen ist, als wäre das schädigende Ereignis nicht

---

1300 Vgl. den Richtlinienwortlaut des Art. 13 Abs. 1 lit. b DRL: „[…] in geeigneten Fällen den Schadensersatz als Pauschalbetrag festsetzen, und zwar auf der Grundlage von Faktoren wie mindestens dem Betrag der Vergütung oder Gebühr, die der Verletzer hätte entrichten müssen, wenn er die Erlaubnis zur Nutzung des betreffenden Rechts des geistigen Eigentums eingeholt hätte.“ So argumentierend und für eine gesetzliche Kodifizierung eines dreifachen patentrechtlichen Schadensersatzes eintretend, *Kunz-Hallstein/Loschelder*, GRUR 2005, 747, 747; vgl. zu der Diskussion im Allgemeinen *Kämper*, GRUR Int. 2008, 539, 542 ff.

1301 Für eine grundsätzliche Erhöhung der Schadenshöhe im Falle einer Patentverletzung mit der Argumentation, dass eine einfache Lizenzgebühr insbesondere bei Patentverletzungen nur unzureichenden Schadensersatz gewährleiste, siehe schon früh *Kraßer*, GRUR Int. 1980, 259, 265; *Pietzcker*, GRUR Int. 1979, 343, 346; *Preu*, GRUR 1979, 753, 758 ff. sowie für eine dreifache Berechnung *Kunz-Hallstein/Loschelder*, GRUR 2005, 747, 747.

1302 Hierbei ist jedoch festzustellen, dass aufgrund der wenig präzisen Formulierung der Vorschrift die Frage der Zulässigkeit eines Verletzerzuschlags im Einzelfall ungeklärt ist und auch die vorhandenen Gesetzesunterlagen undeutlich sind. So wird auf der einen Seite der Einführung einer doppelten Lizenzgebühr vom Bundesrat eine klare Absage erteilt, vgl. BT-Drs. 16/5048, S. 61 ff. und auf der anderen Seite das Festhalten an den bisherigen Grundsätzen der „GEMA-Rechtsprechung“ bekräftigt, vgl. BT-Drs. 16/5048, S. 48 und letztlich die Möglichkeit eine höhere Schadenssumme als die fiktive Lizenzgebühr für ebenfalls zulässig erachtet, BT-Drs. 16/5048, S. 37.

1303 Siehe BT-Drs. 16/5048, S. 37; hierzu *Metzger*, in: Remien (Hrsg.), Schadensersatz im europäischen Privat- und Wirtschaftsrecht, 2012, S. 209, 224–225.

eingetreten.[1304] Bereits aus diesem Grunde ist die Gewährung eines Strafschadensersatzes nach amerikanischem Vorbild abzulehnen. Folglich ist sowohl die generelle Einführung eines Strafschadensersatzes, als auch eine analoge Anwendung der Grundsätze der Rechtsprechung in anderen Sachverhalten, abzulehnen.

c. Keine vergleichbare Bedeutung des Unterlassungs- und Schadensersatzanspruchs für das *Trolling*

Im Ergebnis macht dieser Umstand den strategischen Einsatz des deutschen Schadensersatzanspruchs noch unattraktiver. Der nationale Schadensersatzanspruch eignet sich unter der jetzigen Rechtslage für den strategischen Einsatz zumindest dann nicht, wenn hierdurch finanzielle Ziele verfolgt werden, da sich diese unter dem gezielten Einsatz des Unterlassungsanspruchs bedeutend besser realisieren lassen.[1305] Für einen strategischen Einsatz kann der Schadensersatzanspruch jedoch im Rahmen von Lizenzverhandlungen fruchtbar gemacht werden. Etwa dann, wenn dieser derart instrumentalisiert wird, dass er die Drohkulisse des Unterlassungsanspruchs noch verstärkt und hierdurch die bereits vorhandene Verhandlungsposition des Patentinhabers zusätzlich stärkt.

5. Verstärkung der Drohkulisse durch das Hinzutreten zusätzlicher Faktoren

Die außergerichtliche Streitbeilegung durch den Abschluss eines Lizenzvertrages wird in Anbetracht der möglichen wirtschaftlichen Konsequenzen des Unterlassungsanspruchs im Falle des *Trolling* nicht selten die lukrativere Alternative für den Patentverwender sein. Fraglich ist, welche weiteren Faktoren die bereits bestehende Drohkulisse noch zusätzlich zum Nachteil des Verwenders verstärken können. Zu denken ist hierbei an die generellen Risiken, die ein gerichtliches Patentstreitverfahren für den Beklagten mit sich bringt, sowie die bestehende Informationsasymmetrie zwischen den Parteien, welche eine erfolgsversprechende Verteidigung ungleich schwerer erscheinen lässt.

a. Risiken im Zusammenhang mit einem gerichtlichen Patentstreitverfahren

Selbst wenn berechtigte Zweifel an dem rechtlichen Bestand des Schutzrechts oder aber an einer tatsächlichen Verletzungshandlung bestehen, erscheint die

---

1304 Vgl. zu dem Grundsatz der Totalreparation im deutschen Schadensrecht *Schiemann*, in: Staudinger, 2017, § 249, Rn. 2 ff.

1305 So auch *Frick*, *Patent-Trolling*, 2014, S. 88.

Umgehung eines Prozesses aus den folgenden Gründen nicht selten als die rational gesehen sinnvollere Entscheidung: Zumeist wird das Prozessrisiko weit überwiegend vom Patentverwender getragen, da eine Unterlassungsverfügung weitaus schwerwiegendere Konsequenzen für den operativen Anwender nach sich zieht, als ein Verlust des Rechtsstreits für den nicht-operativen Patentinhaber, der keine Marktposition verteidigt. Hinzu kommt, dass Patentstreitverfahren aus zeitlicher und finanzieller Sicht unkalkulierbare Faktoren beinhalten und unter Umständen unternehmenseigene Ressourcen über einen langen Zeitraum binden können. Letztlich ist auch der Ausgang eines solchen Prozesses nur schwer prognostizierbar, was das Risikomanagement erheblich erschwert.[1306] Darüber hinaus können Patentstreitigkeiten weitere negative Implikationen für das angegriffene Unternehmen mit sich bringen, die nicht direkt an den Erfolg oder Misserfolg des Rechtsstreits selbst gekoppelt sind. Hierbei ist zunächst an einen Reputationsverlust dahingehend zu denken, als dass ein medial begleitetes Patentstreitverfahren sich nicht besonders förderlich auf den Ruf des betroffenen Unternehmens auswirkt. Dies kann so weit gehen, dass bestehende Kapitalgeber nervös und potentielle Investoren unter Umständen sogar abgeschreckt werden und ihr Engagement im Zweifel überdenken.[1307] Es ist überdies zu beobachten, dass sich öffentlich publizierte Rechtsstreitigkeiten zudem auf die Kapital- und Finanzmärkte dergestalt auswirken können, dass mit Kursverlusten an den Aktienmärkten zu rechnen ist, oder die Unternehmensbewertung durch Analysten herabgestuft wird.[1308] Neben diesen unkalkulierbaren potentiellen Risiken tritt eine unerwünschte Bindung von Ressourcen im Unternehmen, welche im Zweifel den Geschäftsbetrieb nicht nur unerheblich beeinträchtigen und aus der im Extremfall sogar eine Minderung der Innovationskraft resultieren

---

1306 *Magliocca*, Notre Dame Law Review 2007, 1809, 1814–1815; *Lamping*, Patentschutz und Marktmacht, 2010, S. 376; *Rantanen*, Santa Clara Computer and High Technology Law Journal 2006, 159,161; *Conrad*, The Review of Litigation 2007, 119, 122; *de Bisthoven*, Stanford-Vienna TTLF Working Papers No.19, 2013, S. 19 ff.

1307 Vgl. *Meurer*, Boston College Law Review 2003, 509, 521 ff. der darauf hinweist, dass sich Investoren mit begrenzten Marktinformationen häufig von Kriterien wie dem bestehenden Cash-Flow leiten lassen, welcher bei aufwendigen Patentstreitverfahren in Mitleidenschaft gezogen werden kann und diese daher unter Umständen eine abschreckende Wirkung entfaltet. Siehe dazu auch *Lamping*, Patentschutz und Marktmacht, 2010, S. 378.

1308 Siehe zu den Auswirkungen von Rechtsstreitigkeiten für Unternehmen auf den Finanz- und Kapitalmärkten ausführlich *Ewing*, Hastings Science & Technology Law Journal, Winter 2012, 1, 68 m.w.N., der davon ausgeht, dass der Aktienkurs

kann.[1309] Die Summe der vorgenannten Gründe lässt die außergerichtliche Streitbeilegung für den Patentverwender derart attraktiv erscheinen, dass die Chancen auf den Abschluss eines Lizenzvertrages aus Sicht des Patentinhabers bedeutend besser stehen, als wenn sich beide Akteure mehr oder weniger auf Augenhöhe begegnen.

b. Drohung mit dem Vorgehen gegen nachgelagerte Marktstufen

Die Drohkulisse lässt sich noch zusätzlich durch die Ankündigung des Patentinhabers steigern, gegen die Händler und Abnehmer des Verwenders gerichtlich vorzugehen, da diese durch den Verkauf der potentiell patentverletzenden Ware ebenfalls eine mögliche Schutzrechtsverletzung begehen.[1310] Eine solche Hebelwirkung ist nicht zu unterschätzen, da hierdurch die nachfolgenden Marktstufen bewusst instrumentalisiert werden und sich der Druck auf den vermeintlichen Verletzer zusätzlich potenzieren lässt.[1311] Bereits die reine Drohung mit einer Abmahnung gegenüber den nachgelagerten Marktstufen kann somit die Lizenzbereitschaft des Verwenders erheblich steigern. Sobald durch eine flächendeckende Abmahnung auch nur der Eindruck entsteht, dass ein Hersteller unter Umständen Schutzrechtsverletzungen begeht und somit mittelbar auch die nachfolgenden Marktstufen rechtlich zur Verantwortung gezogen werden können, kann eine erhebliche Verunsicherung am Markt mit der Konsequenz entstehen, dass es zu einer vorläufigen Auslistung der vermeintlich patentverletzenden Produkte aus dem Sortiment sowie Bestellungsrückgängen etc. kommt.

---

eines Unternehmens direkt nach Bekanntwerden der eigenen Verwicklung in ein gerichtliches Patentstreitverfahren durchschnittlich um bis zu 10 % fallen kann. Siehe ferner *Matolcsy/Lianto*, Journal of Banking and Finance 1995, 891, 900 ff.; *May*, Journal of Banking and Finance 2010, 2822, 2835 ff.; sowie *Schroeter*, Ratings, 2014, S. 68, jeweils m.w.N.

1309 *Barker*, Duke Law & Technology Review 2005, 1, 4; *Chuang*, Southern California Interdisciplinary Law Journal 2006, 215, 233 ff.

1310 Dies ergibt sich bereits aus dem Gesetzeswortlaut, der es gemäß § 9 S. 2 Nr. 1 PatG jedem Dritten untersagt, ohne die Zustimmung des Patentinhabers „ein Erzeugnis, das Gegenstand des Patents ist, herzustellen, anzubieten, in Verkehr zu bringen oder zu gebrauchen oder zu den genannten Zwecken entweder einzuführen oder zu besitzen." Dies gilt nach § 9 S. 2 Nr. 2 PatG auch für Verfahrenspatente, vgl. *Scharen*, in: Benkard (Hrsg.), Patentgesetz, 11. Auflage 2015, § 9, Rn. 40 ff.; *Kraßer/Ann*, Patentrecht, 7. Auflage 2016, § 33, Rn. 111 ff.

1311 Diese Möglichkeit im Zusammenhang mit dem Aufbau der Drohkulisse beim *Trolling* wirft auch *Frick*, *Patent-Trolling*, 2014, S. 78–79 auf.

Im schlimmsten Fall wirkt sich diese Verunsicherung auch auf nicht patentverletzende Produkte des angegriffenen Unternehmens aus, etwa weil das Vertrauen in den Hersteller nachhaltig gestört wird.[1312] Ferner besteht die zusätzliche Gefahr, dass die Händler im Falle einer gerichtlichen Feststellung der Patentverletzung eigens im Wege der Schadensersatzklage gegen den Hersteller vorgehen könnten und es zu einer regelrechten Kettenreaktion kommt, die gleichsam vom Patentverwender nicht zu kontrollieren wäre und seine Verhandlungsposition zusätzlich schwächt.

c. Fehlende Waffengleichheit aufgrund bestehender Informationsasymmetrie

Das bloße Wesen des *Trolls* verstärkt die beschriebenen Risiken ebenfalls, da er selber kein Marktteilnehmer ist und daher eine nur sehr begrenzte Gegenangriffsfläche anbietet. Dem Verwender steht dem Grunde nach nur das Verteidigungsmittel der Nichtigkeitsklage zur Verfügung. Bei Klagen unter Beteiligung von Patentverwertungsgesellschaften ist nämlich zu berücksichtigen, dass der reine Patentverwerter lediglich das Risiko der Vernichtung seines Klagepatents zu fürchten hat, ohne das hiermit auch eine Beeinträchtigung der wirtschaftlichen Verwertung in Form des Produktionsstopps einhergehen würde.[1313] Dem Wesen des nicht produzierenden und nicht forschenden Patentverwerters entspricht es weiterhin, dass dieser keinerlei Interesse an einer Streitbeilegung zum Zwecke der gegenseitigen Kreuzlizenzierung hat, wie es häufig bei Unternehmen in hoch innovativen Technologiebereichen vorkommt.[1314] Auch braucht der Patentinhaber nicht das Risiko der Widerklage zu fürchten, welches unter operativen Marktakteuren zu einem bedeutend defensiveren Klageverhalten führt, einem Umstand, der mit dem Terminus der „*mutually assured destruction*" treffend beschrieben wird.[1315] Dieser Begriff umschreibt den gegenwärtigen Zustand gegenseitiger patentrechtlicher Abhängigkeiten in hoch technisierten Industrien, welcher gewissermaßen zu einem Patentwaffenstillstand führt,

---

1312 Vgl. *Chakraborty*, in: Haedicke/Timmann (Hrsg.), Handbuch des Patentrechts, 2012, § 11, Rn. 598, der vom Verlust von Kundebeziehungen spricht, weil ein streitgegenständliches Produkt nicht mehr verfügbar ist.

1313 *Osterrieth*, GRUR 2009, 540, 542; *Lamping*, Patentschutz und Marktmacht, 2010, S. 376.

1314 *Chisum*, The John Marshall Review of Intellectual Property Law 2005, 336, 340; *Magliocca*, Notre Dame Law Review 2007, 1809, 1817.

1315 Ein Umstand der von *Hauck*, WRP 2013, 1446 angeführt wird.

da die gerichtliche Geltendmachung von Patenten eines Unternehmens häufig Gegenklagen des angegriffenen Unternehmens nach sich zieht, was nicht selten in einem erbitterten Patentkrieg mündet, ohne einen wirklichen Sieger hervorzubringen.[1316] Ein weiterer Nachteil für den Patentverwender ist das Bestehen einer gewissen Informationsasymmetrie. Es entspricht der üblichen Vorgehensweise, dass sich die Parteien eines Rechtsstreits im Vorfeld mit allerhand Informationen über die Gegenseite versorgen, um bestmöglich vorbereitet zu sein. Dies ist bei Verwertungsgesellschaften meist schwierig, da sie im Verborgenen agieren und gegenüber den attackierten Unternehmen den Vorteil genießen, dass diese meist Großunternehmen sind,[1317] über die sich weitaus einfacher Informationen beschaffen lassen, die im Prozess verwendet werden können.[1318]

d. Soziales Dilemma des *first-movers*

Abschließend ist auch das aufkommende soziale Dilemma zu berücksichtigen, welches gegen eine gerichtliche Klärung der Patentstreitigkeit sprechen kann.[1319] In stark innovationsabhängigen Märkten kann es vorkommen, dass mehrere Wettbewerber die streitgegenständliche Technologie verwenden, aber nur ein Verwender vom Patentinhaber tatsächlich angegriffen wird. Aus einer wettbewerblichen Sichtweise erlangt der angegriffene Verwender keinen Vorteil gegenüber seinen Konkurrenten, etwa in Form von steigenden Marktanteilen, wenn er gegen den Patentinhaber prozessiert. Entweder er obsiegt mit der Konsequenz, dass alle Konkurrenten die Technologie weiterhin frei nutzen können, ohne einen Eigenbeitrag geleistet zu haben; oder aber er unterliegt und muss die Kosten des Gerichtsverfahrens selber tragen, während die Wettbewerber womöglich bereits am Auffinden von Alternativtechnologien arbeiten, finanzielle Rücklagen bilden und sich unternehmensintern eine Verteidigungsstrategie zurechtlegen konnten. Die Gesetzmäßigkeit wonach dem *first-mover* in der Regel die Vorteile für ein Wagnis zuerst zu Teil werden und somit grundsätzlich Anreize für initiatives Verhalten schaffen, wird zugunsten des Patentinhabers ausgehebelt.[1320]

1316 Vgl. zu den großen Patentkriegen des 20. Jahrhunderts *Warshofsky*, The Patent Wars, 1994 sowie aus neuerer Zeit *Jakobs*, NZKart 2014, 394, 395 ff.

1317 Siehe *Legrand*, Houston Law Review 2007, 1175, 1187, der davon spricht, dass Patent *Trolle* Großunternehmen als Geisel halten würden.

1318 *de Bisthoven*, Stanford-Vienna TTLF Working Papers No.19, 2013, S. 21.

1319 Siehe auch *Lamping*, Patentschutz und Marktmacht, 2010, S. 379.

1320 Zu den Vorteilen des *first-movers*, siehe *Lieberman/Montgomery*, Strategic Management Journal 1988, 41.

Nach allem Gesagten wird der Verwender nicht selten zu dem Entschluss kommen, dass der Eingang einer Lizenzvereinbarung die wirtschaftlich rationalere Entscheidung sein wird, da die Alternativen aufgrund der bestehenden Ungewissheiten ein häufig zu hohes Risiko des Investitionsverlustes bergen.[1321] Die beschriebene Drohkulisse ist somit durch die Schaffung von Verhandlungsineffizienzen ein besonders effektives Mittel, um den Abschluss eines lukrativen Lizenzvertrages voranzutreiben.

IV. Zusammenfassung der gewonnenen Erkenntnisse

Die gefundenen Erkenntnisse lassen sich im Ergebnis zu einem Merkmalraster des *Trolling* zusammenfassen, welches in der Regel die folgenden Kriterien aufweist:

(1) **Fehlende Teilnahme am Wettbewerb**: Ein Patent *Troll* verwertet seine Patente auf Märkten, auf denen er weder aktuell noch potentiell tätig und somit als nicht-operativer Marktakteur zu klassifizieren ist. Anvisierte Ziele des *Trolls* sind Unternehmen, mit denen dieser in keinerlei reellem oder potentiellem Wettbewerb steht. Für die Abgrenzung zu anderen Patentverwertern ist der Umstand maßgeblich, dass der Patentinhaber beim *Trolling* am Markt nie als Innovator, Produzent oder Dienstleister auftreten wird und nur aus vormals fremden Schutzrechten vorgeht. Sofern es sich beim Patentinhaber um ein an sich produzierendes Unternehmen handelt, so kann immer dann vom *Trolling* ausgegangen werden, wenn sich die strategisch eingesetzten Schutzrechte auf unternehmensfremde Märkte und Technologien beziehen, auf denen auch ein operatives Unternehmen als nicht-operativer Marktakteur zu klassifizieren ist.

(2) **Eine wiederkehrende Vorgehensweise**: Die einzige Zielsetzung, die ein *Troll* verfolgt, ist die derivative Akquise von Schutzrechten zum Zwecke der lukrativen finanziellen Verwertung.[1322] Hierfür wird die gesamte Geschäftstätigkeit auf die optimale Monetarisierung der technischen Erfindungslehre ausgerichtet, ohne dass hiermit ein korrespondierendes Interesse an der Erfindung selbst einhergeht. Bewusst setzt der *Troll* verschiedene

---

1321 Siehe *Kieff/Wagner*, The Washington Times, Artikel vom 29. Mai 2006, die in diesem Kontext ausführen: „*Negotiating against the backdrop of an injunction may seem like having a gun to one's head, especially when patentee is not practicing the invention.*"

1322 Vgl. *Scott Morton/Shapiro*, Antitrust Law Journal 2014, 463, 465 ff. die den Anstieg strategischer Patentakquirierungen umfassend beleuchten.

Taktiken ein, um den Zustand des Verletztseins herbeizuführen und durch das gezielte Abwarten mit der Geltendmachung Zwangslagen zu kreieren. Nicht selten wartet der Patentinhaber trotz Kenntnis der potentiellen Verletzung bewusst so lange ab, bis der Verwender hohe Investitionen auf die Erfindung getätigt hat. Sowohl die Höhe der Investitionen als auch die tatsächliche Möglichkeit der technischen Substitution können den Verwender bei fehlender Amortisierungsmöglichkeit in eine wirtschaftlich prekäre Lage versetzen. Diesbezüglich wird sodann das Drohpotential des Unterlassungsanspruchs als entscheidender Hebel für die Lizenzverhandlungen eingesetzt, um bewusst Verhandlungsineffizienzen zu schaffen, welche durch das Hinzutreten weiterer Faktoren noch zusätzlich verstärkt werden. Überdies erfüllen die akquirierten Schutzrechte keinerlei wettbewerbliche Zwecksetzungen im Sinne einer Marktabsicherung, des Schutzes getätigter Investitionen oder der Schaffung von Wettbewerbsvorteilen gegenüber Dritten. Eine Einbettung der Technologien in anderweitige Patentstrategien erfolgt somit nicht und minimiert die eigene Angriffsfläche des *Trolls* erheblich.

(3) **Die Art und Weise der Geltendmachung**: Beim *Trolling* ist die gerichtliche Geltendmachung einer potentiellen Patentverletzung nur ein zusätzliches Druckmittel zum Zwecke des Abschlusses einer lukrativen Lizenzvereinbarung. Die angestrebte Unterlassungsverfügung bringt dem Patentinhaber keinen wettbewerblichen Vorteil, sondern soll nur die wirtschaftliche Lage des Verwenders bedrohen. Geht ein normaler Marktakteur gegen einen Dritten aus dem Patent vor, so versucht er sein Schutzrecht zu verteidigen. Geht ein *Troll* aus einem Schutzrecht gegen Dritte vor, so sollen die Monetarisierungschancen gesteigert werden. Somit ist diese Strategie nicht primär auf die Führung von Gerichtsverfahren ausgelegt, die Risiken eines Prozesses werden jedoch hinreichend für die aufzubauende Drohkulisse fruchtbar gemacht, Gerichtsverfahren zumindest bewusst provoziert werden, in der Hoffnung des vorherigen Einlenkens des angegriffenen Verwenders.

Nachfolgend soll untersucht werden, inwieweit das geltende Recht mögliche Schranken zur Unterbindung des hier beschriebenen *Trolling* bereithält. Hierfür sind in erster Linie die rechtlichen Rahmenbedingungen für die Lizenzierung eines Patents herauszuarbeiten, da die einträgliche Monetarisierung des Patents im Wege der Lizenzierung den Kern des Geschäftsmodells beim *Trolling* ausmacht. Im Hinblick auf die vorgelagerte Akquise des Schutzrechts ist auf die bereits getätigten Ausführungen im Rahmen der defensiven Patentstrategie zu verweisen, da sich diesbezüglich keine Unterschiede ergeben.

D. Rechtliche Rahmenbedingungen für die Lizenzierung von Patenten

Neben der vollständigen Übertragung des Rechts aus dem Patent im Wege des Rechtskaufs, ist die Lizenzierung des Schutzrechts in der Praxis bedeutend verbreiteter und stellt die mit Abstand wichtigste Form dar.[1323] Die wirtschaftliche Bedeutung der patentrechtlichen Lizenz kann kaum überschätzt werden und übersteigt die Verwertung des Patents durch dessen Übertragung auf einen Dritten um ein Vielfaches.[1324] In ihrem Kern ist die Lizenz die Erlaubnis eines Dritten, die in dem Schutzrecht verkörperte Lehre in der Form, wie sie dem Patentrechtsinhaber selber vorbehalten ist, zu benutzen.

I. Terminologische Abgrenzung: Ausschließliche und nichtausschließliche Lizenz

Terminologisch unterscheidet man zunächst zwischen einer Lizenz und einem Lizenzvertrag. Mit dem Begriff der Lizenz wird gemeinhin die Nutzungsbefugnis an dem Recht aus dem Patent umschrieben.[1325] Der Lizenzvertrag hingegen beschreibt das der Nutzungsbefugnis an dem Patent zugrunde liegende

---

1323 Eine beschränkte Rechtsübertragung kann insbesondere in der Erteilung beschränkter dinglicher Rechte erfolgen wie beispielsweise einem Pfandrecht nach §§ 1273 ff. BGB sowie einschließlich des Pfändungspfandrechts. So beispielsweise bei BGHZ 125, 334, 337 ff. – *Rotationsbürstwerkzeug*. Gleichsam ist auch die Bestellung eines Nießbrauchs an dem Patent gemäß §§ 1068 ff. BGB möglich, vgl. hierzu *Haedicke*, in: Haedicke /Timmann (Hrsg.), Handbuch des Patentrechts, 2012, § 4, Rn. 234 ff.

1324 Die besondere wirtschaftliche Bedeutung von Patentlizenzen wird von den meisten Autoren hervorgehoben, siehe in diesem Zusammenhang *Groß*, Der Lizenzvertrag, 12. Auflage 2020, Rn. 1 ff.; *Osterrieth*, Patentrecht, 5. Auflage 2015, Rn. 675; *Haedicke*, in: Haedicke/Timmann (Hrsg.), Handbuch des Patentrechts, 2012, § 4, Rn. 57 ff.; a.A. *Winzer*, Der Lizenzvertrag, 2014, Teil 1. B. Rn. 39 ff., der die wirtschaftliche Bedeutung in aller Regel als überschätzt und diese vielmehr für „*Regelungen wirtschaftlich-finanziell unbedeutender Vorgänge*" hält.

1325 Vgl. zum Wesen der Lizenz *Kraßer/Ann*, Patentrecht, 7. Auflage 2016, § 40, Rn. 26: „*Die Lizenz ist im Kern die Erlaubnis, die technische Lehre, die Gegenstand eines Schutzrechts ist oder werden soll, in einer gesetzlich dem Schutzrechtsinhaber vorbehaltenden Weise zu benutzen: sie ist Benutzungserlaubnis hinsichtlich des Schutzgegenstandes.*"

Grundgeschäft.[1326] Weiterhin werden Lizenzen nach § 15 Abs. 2 S. 1 PatG in Nutzungsbefugnisse mit ausschließlichem und nichtausschließlichem Charakter eingeteilt, was im Ergebnis lediglich die Anzahl der Personen betrifft, die das Patent tatsächlich nutzen dürfen. Unter einer nichtausschließlichen Nutzungsbefugnis versteht man eine einfache Lizenz, die dem Lizenznehmer die gewöhnlichen Nutzungsbefugnisse aus § 9 PatG einräumt.[1327] Es bestehen lediglich die wechselseitigen Rechte und Pflichten der Vertragsparteien untereinander, die aus der schuldrechtlichen (vertraglichen) Beziehung des Lizenzvertrages selbst herrühren.

Dem entgegen gewährt die Lizenz mit ausschließlichem Charakter dem Lizenznehmer weiter reichende Befugnisse. Die ausschließliche Lizenz überträgt dem Lizenznehmer ein „dingliches" Nutzungsrecht an der technischen Lehre, welches den Lizenznehmer dazu ermächtigt, das Patent als Einziger in dem Geltungsbereich des Lizenzvertrags zu nutzen unter Umständen sogar bis zum vollkommenen Ausschluss des Patentinhabers selbst von den Befugnissen aus § 9 PatG.[1328] Hierin besteht der wesentliche Unterschied zu einer vollumfänglichen Rechtsübertragung des Patents, nach der keinerlei Rechtsposition mehr bei dem Veräußerer verbleibt. Lizenzen werden vertraglich erteilt und bedürfen für ihre Wirksamkeit weder nach dem PatG, EPÜ noch dem zukünftigen EEP einer bestimmten Form um Wirksamkeit zu erlangen.[1329] Ebenso wie bei der vollständigen Rechtsübertragung, bedarf es für die Wirksamkeit einer ausschließlichen Lizenz keiner Eintragung nach § 30 Abs. 4 PatG in die Patentrolle, da dieser auch hier eine rein deklaratorische Wirkung zukommt.[1330]

1326 *Haedicke*, in: Haedicke/Timmann (Hrsg.), Handbuch des Patentrechts, 2012, § 4, Rn. 57; *Jestaedt*, Patentrecht, 2. Auflage 2008, Rn. 762; *Ullmann/Deichfuß*, in: Benkard (Hrsg.), Patentgesetz, 11. Auflage 2015, § 15, Rn. 54.

1327 BGHZ 83, 251, 256 ff. – *Verankerungsteil*; *Groß*, Der Lizenzvertrag, 12. Auflage 2020, Rn. 39; *Bartenbach*, Patentlizenz- und Know-how-Vertrag, 7. Auflage 2013, Rn. 89 ff. sowie *Kraßer*, GRUR Int. 1983, 537.

1328 *Groß*, Der Lizenzvertrag, 12. Auflage 2020, Rn. 36; *Hacker*, in: Busse/Keukenschrijver (Hrsg.), Patentgesetz, 8. Auflage 2016, § 15, Rn. 58; *Jestaedt*, Patentrecht, 2. Auflage 2008, Rn. 764; *Kraßer/Ann*, Patentrecht, 7. Auflage 2016, § 40, Rn. 31; *Bartenbach*, Patentlizenz- und Know-how-Vertrag, 7. Auflage 2013, Rn. 89 ff.

1329 *Groß*, Der Lizenzvertrag, 12. Auflage 2020, Rn. 46 ff.; *Ullmann/Deichfuß*, in: Benkard (Hrsg.), Patentgesetz, 11. Auflage 2015, § 15, Rn. 75.

1330 Das Gleiche gilt mithin für Lizenzen an europäischen Patentanmeldungen. Vgl. hierzu die Regeln 22–24 EPÜ; *Haedicke*, in: Haedicke/Timmann (Hrsg.), Handbuch des Patentrechts, 2012, § 4, Rn. 64.

II. Überblick über nationale und europäische Rechtsquellen der Patentlizenzierung

Trotz der gehobenen wirtschaftlichen Bedeutung von Patentlizenzen ist der Bestand an gesetzlichen Regelungen als eher rudimentär zu bezeichnen.[1331] Lange Zeit fanden Lizenzverträge in deutschen gesetzlichen Regelungen überhaupt keinen Anklang, einem Zustand, der sich erst mit der bis heute geltenden Neufassung des Patentgesetzes und der Einführung des § 15 Abs. 2 PatG von 1981 änderte.[1332] Mangels weiterer spezialgesetzlicher Regelungen sind in nationaler Hinsicht überdies die Regeln des BGB einschlägig, wobei hier zu beachten ist, dass die Aufspaltung der in dem Patent verbürgten Befugnisse an keine gesetzlich vorgegebenen Typen gebunden ist.[1333] Allen voran die in § 311 Abs. 1 BGB verbürgte Vertragsfreiheit[1334] gewährt den Parteien der Lizenzvereinbarung ein hohes Maß an Gestaltungsspielräumen, wobei insbesondere wettbewerbsrechtliche sowie zivilrechtliche Schranken zu beachten sind.[1335] Diese Gestaltungsfreiheit spiegelt sich vor allem im Hinblick auf die Entrichtung der Lizenzgebühr sowie dessen Höhe wieder, bei der ebenfalls keine spezialgesetzlichen Vorgaben berücksichtigt werden müssen.

1331 Zumindest was die Kodifizierung im PatG, EPÜ oder EEP angeht. Dies bedeutet aber nicht, dass sich das anzuwendende Recht bei grenzüberschreitenden Sachverhalten nicht grundsätzlich nach einer Vielzahl von staatsvertraglichen Regelungen, Empfehlungen und Modellgesetzen richtet, vgl. hierzu *Pfaff/Nagel*, in: Pfaff/Osterrieth (Hrsg.), Lizenzverträge Teil A, 4. Auflage 2018, Rn. 55 ff.

1332 Zu beachten ist jedoch, dass die Kodifizierung der Einräumung von Nutzungsbefugnissen in Form der Lizenz im Sinne der Rechtssicherheit lediglich die bereits in der Rechtsprechung entwickelten Grundsätze aufgriff, vgl. die Begründung zum GpatG, BlPMZ 1979, 280r.

1333 Siehe hierzu *Jänich*, Geistiges Eigentum, 2002, S. 240, m.w.N.

1334 Das Vorliegen der Vertragsfreiheit steht nicht in § 311 Abs. 1 BGB geschrieben, sondern wird als Grundprinzip des nationalen BGB vorausgesetzt, vgl. *Emmerich*, in: Säcker/Rixecker/Oetker/Limpberg (Hrsg.), MüKo-BGB Band 3, 8. Auflage 2019, § 311, Rn. 1 ff.; *Gehrlein*, in: Bamberger/Roth/Hau/Poseck (Hrsg.), BGB, 4. Auflage 2019, § 311, Rn. 2; *Larenz*, Lehrbuch des Schuldrechts Band 1 Allgemeiner Teil, 14. Auflage 1987, S. 41.

1335 Vgl. zu diesen wettbewerbsrechtlichen Grenzen Kapitel 2, § 2, D und Kapitel 3, § 2, E. Aus zivilrechtlicher Sicht kann ein Lizenzvertrag gegen die guten Sitten nach § 138 BGB, hier in Form des Wuchers gem. § 138 Abs. 2 BGB sowie gegen ein gesetzliches Verbot aus § 134 BGB verstoßen.

In europäischer Hinsicht stellt sich der Bestand an Regelungen ebenfalls als eher übersichtlich dar. Art. 73 EPÜ legt für vertragliche Lizenzen fest, dass eine europäische Patentanmeldung ganz oder teilweise Gegenstand von Lizenzen sein kann, für alle oder einen Teil der Hoheitsgebiete der benannten Staaten. In materiell-rechtlicher Hinsicht richten sich deren Wirksamkeitsvoraussetzungen gemäß Art. 74 EPÜ nach den Regeln des nationalen Rechts.

Dennoch wird sich nicht selten die Frage nach dem anzuwendenden Recht stellen, vor allem dann, wenn Unternehmen global agieren. Bei einem grenzüberschreitenden Sachverhalt bestimmt sich die Frage nach dem anwendbaren Recht nach den Regeln des internationalen Privatrechts, wobei allen voran die europarechtlichen Regelungen bezüglich vertraglicher Schuldverhältnisse nach der Rom-I-VO[1336] zu berücksichtigen sind.[1337] Der Verordnung folgend gelten nach Art. 3 Abs. 1 S. 1 und Art. 12 Rom-I-VO die Regeln der Rechtsordnung, dem sich die Parteien ausdrücklich oder des im Wege der Auslegung zu ermittelnden Willens unterworfen haben (hilfsweise bietet Art. 4 Rom-I-VO Abhilfe).[1338]

Dieser Überblick zeigt, dass sich die Anzahl an kodifizierten Regelungen für die Lizenzierung des Schutzrechts schnell erschöpft. Maßgeblich für die Auslegung des Lizenzvertrages sowie der hieraus resultierenden Bestimmungen über die Rechte und Pflichten des Lizenzgebers und -nehmers aus dem Lizenzvertrag ist stets die Rechtsordnung, der sich die Parteien selber unterwerfen. Die Lizenzierung des Schutzrechts selbst ist in keiner (relevanten) Rechtsordnung nennenswerten rechtlichen oder wirtschaftlichen Schranken unterworfen, was die Attraktivität der Verwertung im Wege der Lizenzierung auf der einen Seite steigert, auf der anderen Seite aber auch lediglich Ausdruck der freien Verwertung des Patents als Wirtschaftsgut ist. Erst diese einfache Möglichkeit der Verwertung lässt das Patent selbst zu einem relevanten Wirtschaftsgut erstarken.

1336 Verordnung (EG) Nr. 593/2008 des Europäischen Parlaments und des Rates vom 17. Juni 2008 über das auf vertragliche Schuldverhältnisse anzuwendende Recht (Rom I), ABl. Nr. L 177 S. 6, ber. 2009 Nr. L 309 S. 87.

1337 Zusätzlich besteht noch ein Geflecht an internationalen, staatsvertraglichen Regelungen etc., welche jedoch selbst den Lizenzvertragsparteien häufig nicht geläufig sind. Eine Übersicht zu den verschiedenen Regelungen findet sich bei *Pfaff/Nagel*, in: Pfaff/Osterrieth (Hrsg.), Lizenzverträge Teil A, 4. Auflage 2018, Rn. 55 ff.

1338 Vgl. zur Anwendung des internationalen Privatrechts bei grenzüberschreitenden Lizenzverträgen *Stimmel*, GRUR Int. 2010, 783; *Ullmann/Deichfuß*, in: Benkard (Hrsg.), Patentgesetz, 11. Auflage 2015, § 15, Rn. 222 ff.

III. Rechtliche Vorgaben bezüglich der Höhe der zu entrichtenden Lizenzgebühren

1. Fehlende rechtliche Vorgaben als Ausgangspunkt

Die Lizenzgebühr kann gewissermaßen als das Herzstück des Lizenzvertrages bezeichnet werden und wird üblicherweise eine der Hauptleistungspflichten des Lizenzvertrages darstellen.[1339] Sie ist die vertraglich festgelegte Gegenleistung für die Nutzung der rechtlichen Monopolstellung des Ausschließlichkeitsrechts und sollte nach Art und Umfang im Lichte der wirtschaftlichen Interessen beider Vertragsparteien unter Einbeziehung der allgemeinen Marktlage ausgehandelt werden.[1340] Für die Art und Höhe der zu entrichtenden Gebühr bestehen jedoch keinerlei gesetzliche Vorgaben; vielmehr sind diese Faktoren grundsätzlich als Bestandteile der Vertragsautonomie dem Verhandlungsgeschick der Parteien unterworfen.[1341] In der Praxis stellt vor allem die Höhe der Gebühr den entscheidenden Streitpunkt der Lizenzvertragsverhandlungen dar, was darauf zurückzuführen ist, dass in Abgrenzung zu Diensterfindungen die pauschale Festlegung einer angemessenen Lizenzgebühr für freie Erfinder schlichtweg nicht möglich ist.[1342] Auch ein Blick in die Rechtsprechung bezüglich der Ermittlung einer angemessenen Lizenzgebühr im Rahmen des Schadensersatzes bei Patentverletzungen zeigt, dass sich sowohl das RG als auch der BGH lediglich allgemeiner Grundsätze bedienen. Hiernach sei die Lizenzgebühr nach Maßstäben wie dem „üblichen und Billigen“, dem „vernünftigen“, nach dem „objektiven“ bzw.

1339 *Winzer*, Der Lizenzvertrag, 2014, Teil 2. B. Rn. 116; *Groß*, Der Lizenzvertrag, 12. Auflage 2020, Rn. 98; *Zurth*, in: Obergfell/Hauck (Hrsg.), Lizenzvertragsrecht, 2016, Kap. 3, Rn. 62.

1340 *Bartenbach*, Patentlizenz- und Know-how-Vertrag, 7. Auflage 2013, Rn. 1675.

1341 Grundsätzlich stellt sie eine Beteiligung des Lizenzgebers am wirtschaftlichen Erfolg des Lizenznehmers durch die Nutzung des lizenzierten Patents dar, vgl. BGH, WM 2004, 596, 598.

1342 Das Schrifttum ist bzgl. der Frage, nach welchen Maßstäben die Vergütung der privaten Erfindung zu bemessen sei und ob überhaupt belastbare Maßstäbe anwendbar sind, schier unüberblickbar. Grundlegend hierzu ist auf das Werk von *Lüdecke*, Lizenzgebühren für Erfindungen, 1955 zu verweisen. Siehe aus der aktuellen Literatur siehe *Groß*, Der Lizenzvertrag, 12. Auflage 2020, Rn. 98, Fn. 1, der eine beeindruckende Fülle an Nachweisen zu der Thematik auflistet, sowie *ders.* Rn. 99, in der eine umfassende, nicht abschließende Liste der zu beachtenden Kriterien für die Bemessung aufgelistet wird, welche weit mehr als 50 Kriterien umfasst.

„sachlichen" Wert, oder aber nach dem, was bei vertraglicher Übereinkunft vereinbart worden wäre, zu bemessen (z.B. im Wege der Lizenzanalogie).[1343]

Somit kann konstatiert werden, dass keine allgemeinverbindliche und verlässliche Methode existiert, nach der der wirtschaftliche Wert einer geistigen Schöpfung hinreichend bestimmbar ist und die finanzielle Quantifizierung derartiger Güter die Wirtschaftswissenschaften teilweise vor eine unlösbare Aufgabe stellt.[1344] Dies bedeutet für die Praxis dennoch nicht, dass sich der Wert eines Patents überhaupt nicht ermitteln lässt. In aller Regel wird diese Aufgabe nur durch das Einholen kostspieliger Sachverständigengutachten zu lösen sein, welche in teils aufwendiger forensischer Arbeit den Wert einer Erfindung nach unterschiedlichen Bewertungsmaßstäben ermitteln müssen, um auf dieser Grundlage sodann die ungefähre Bemessung einer angemessenen Lizenzgebühr vornehmen zu können.[1345]

2. Auffinden möglicher Referenzwerte für eine angemessene Lizenzgebühr

Sofern bereits in Ermangelung allgemeinverbindlicher Maßstäbe die konkrete Bemessung einer angemessenen und marktüblichen Lizenzgebühr in der Praxis erhebliche Schwierigkeiten bereitet, erscheint der häufig erhobene Vorwurf, dass das Ziel des *Trolling* die Erwirtschaftung überhöhter Lizenzgebühren sei, nur schwer haltbar.[1346] Im Hinblick auf die Bemessung des Wertes eines Patents führte *Machlup* bereits treffend aus, dass die Möglichkeit eine höhere als die

---

1343 Siehe nur RGZ 95, 220, 221 ff.; RGZ 144, 187, 189 ff.; RG, GRUR 1943, 288, 290 ff.; sowie BGH, BB 1962, 467, 467; BGH, GRUR 1992, 597, 598 ff. – *Steuereinrichtung*; BGH, GRUR 1993, 55, 56 ff. – *Tchibo/Rolex II*; BGH, NJW 2000, 213, 214 ff. siehe auch *Groß*, Der Lizenzvertrag, 12. Auflage 2020, Rn. 101, Fn. 2 mit unzähligen weiteren Nennungen.

1344 Schwierigkeit der Patentbewertung anhand wirtschaftswissenschaftlicher Bewertungsansätze widmet sich zudem die Arbeit von *Neuburger*, Die Bewertung von Patenten, 2005, der am Schluss zu dem Ergebnis kommt, dass es unterschiedliche Bewertungsansätze gibt, die jeweils ihre Vor- und Nachteile haben und einen eigenen praktischen Bewertungsansatz für die allgemeine monetäre Bewertung eines Patents entwirft.

1345 *Neuburger*, Die Bewertung von Patenten, 2005, S. 50 ff., der die verschiedenen Bewertungsansätze aufzeigt.

1346 Dieser Vorwurf wird mehr oder minder von allen Kommentatoren aufgegriffen, die sich mit der Thematik rund um das *Trolling* befassen.

marktübliche Vergütung für ein Patent zu verlangen, eine logische Konsequenz des Patentsystems sei: „*Since it is the very essence of patents to restrict competition and permit output to be kept below, and price above, competitive levels, it is difficult to conceive of economic criteria by which one could judge whether output is less than 'reasonably practicable' and price is 'unreasonably high'.*“[1347]

Grundsätzlich muss angenommen werden, dass nur solche Lizenzgebühren angemessen sind, die mit dem Schutzgedanken des Patentsystems im Hinblick auf den Investitions- und Innovationsschutz vereinbar sind. Maßgebend hierfür muss in erster Linie der nachgefragte, patentimmanente Wert sein, der die Erfindung auch widerspiegelt.[1348] Beim *Trolling* müsste dies vor allem der Kaufpreis des Schutzrechts sein, da zusätzliche FuE-Kosten nicht angefallen sind und diese nur den originären Patenterwerber betreffen. Sofern der Erwerbspreis jedoch den ausschließlichen Referenzmaßstab für die Bewertung einer angemessenen Lizenzgebühr darstellen würde, würde der marktwirtschaftliche Wert der Erfindung nur unzureichend berücksichtigt werden, was wiederum gegen eine volkswirtschaftlich sinnvolle Selektion spräche.[1349]

Zusätzlich dazu darf die oben getätigte Feststellung, dass sich die Lizenzgebühr vor allem auch an der Interessenlage der Parteien bemisst, nicht vergessen werden. Naturgemäß fällt diese beim *Trolling* eher zugunsten des Patentinhabers aus, dessen Interesse rein im Abschluss des Lizenzvertrages besteht, ohne eine korrespondierende wettbewerbliche Zielsetzung zu verfolgen oder aber das Risiko eines Investitionsverlustes zu fürchten. Dies mag im Einzelfall für den Verwender eine missliche Situation darstellen. Dass jedoch ein Interessen- oder aber Kräftegleichgewicht zwischen den Parteien bestehen müsste, kann auch in Anbetracht des *Trolling* nicht gefordert werden. Hierbei darf nicht vergessen werden, dass sich Großunternehmen nicht selten selbst eine ungleiche Risikoverteilung im Rahmen von Verhandlungen zunutze machen. So etwa dann, wenn vorsätzlich Schutzrechte kleinerer Unternehmen oder Einzelerfinder in der Hoffnung verwendet werden, nicht entdeckt zu werden, um anschließend die Angst vor einem Prozess auf der Gegenseite auszunutzen, oder diese mit aggressiven Lizenzvertragsforderungen regelrecht zu Abschlüssen zu zwingen.[1350] Von welcher Perspektive man es auch betrachtet, ist aus einer patentrechtlichen

1347 *Machlup*, An Economic Review of the Patent System, 1958, S. 12.

1348 *Lamping*, Patentschutz und Marktmacht, 2010, S. 402.

1349 Vgl. *Lamping*, Patentschutz und Marktmacht, 2010, S. 403, der den Erwerbspreis des Patents als Referenzmaßstab zugrunde legt.

1350 Vgl. dazu insbesondere *Lemley*, Michigan State Law Review 2008, 19.

Sichtweise keine pauschale und angemessene Lizenzgebühr von vornherein zu ermitteln und stellt vielmehr eine Frage der Umstände des konkreten Einzelfalls dar.[1351] Ob somit im Falle des *Trolling* konkret von einer überzogenen Gebührenforderung gesprochen werden kann, sollte nur im Einzelfall anhand einer umfassenden Gesamtschau ermittelt werden. Diesbezüglich könnte unter Umständen nur das an objektive Kriterien anknüpfende kartellrechtliche Missbrauchsverbot Abhilfe schaffen.[1352]

§ 2. Schranken nach deutschem Recht *de lege lata*

Nach Darlegung der konkreten Patentstrategie des *Trolling* und den hiermit korrespondierenden rechtlichen Rahmenbedingungen soll nunmehr geprüft werden, inwieweit das nationale Recht Schranken bereithält. Dabei kommt dem patentrechtlichen Unterlassungsanspruch bei der Auffindung bestehender Schranken eine wesentliche Bedeutung zu. Berücksichtigt man, dass sowohl der derivative Patentrechtserwerb, als auch der zugrunde liegende rechtsgeschäftliche Vorgang der Patentlizenzierung schrankenlos zulässig ist und überdies auch die Höhe der Lizenzforderungen zumindest keinen patentrechtlichen Schranken unterworfen ist, wird diese Notwendigkeit umso deutlicher. Bei der Untersuchung kommt es primär darauf an herauszufinden, ob der nationale Unterlassungsanspruch einschränkbar ist und wenn ja, unter welchen Voraussetzungen. Darüber hinaus stellen sich Folgefragen dergestalt, welche möglichen lauterkeits-, zivil- oder aber verfahrensrechtliche Schranken dem *Trolling* entgegengehalten werden können und ob diese Patentstrategie nicht unter Umständen im kartellrechtlichen Sinne rechtsmissbräuchlich ist.

A. Patentrechtliche Schranken

Aus patentrechtlicher Sicht erscheint nur die Einschränkbarkeit des Unterlassungsanspruchs als probates Mittel, um dem *Trolling* etwas entgegenzusetzen. Sofern eine Beschränkung unter bestimmten Voraussetzungen möglich wäre, könnte die Drohkulisse derart abgeschwächt werden, dass die entstehenden Verhandlungsineffizienzen zwischen den widerstreitenden Parteien im Vorfeld erst gar nicht, oder nur in abgeschwächter Form entstehen.

1351 So bereits schon ausführlich *Bußmann*, GRUR 1977, 121, 131 ff., m.w.N.
1352 Vgl. hierzu Kapitel 3, § 2, E.

I. Einschränkbarkeit des patentrechtlichen Unterlassungsanspruchs

Gleich in doppelter Hinsicht stellt der patentrechtliche Unterlassungsanspruch das Kernelement des Ausschließlichkeitsrechts dar. In präventiver Hinsicht bei bestehender Erstbegehungsgefahr und sowohl in präventiver als auch in sanktionierender Hinsicht, bei einer bereits begangenen Verletzung bei gleichzeitiger Wiederholungsgefahr. An der übergeordneten Wichtigkeit dieses Anspruchs besteht kein Zweifel. Bestünde nur der Schadensersatzanspruch als einziges Verteidigungsmittel für den Patentinhaber, käme dies in etwa einer Art des Lizenzzwangs gleich und würde einen nur unzureichenden rechtlichen Schutz bedeuten.[1353] Dennoch stellt sich die Frage, ob eine schrankenlose Gewährung des Anspruchs auch dann notwendig erscheint, wenn die zugrunde liegende Zielsetzung der Rechtsverfolgung dem Sinn und Zweck der patentrechtlichen Abwehrinstrumentarien zuwiderläuft und somit gute Gründe gegen die zwingende Rechtsfolge sprächen. Dies ist beim *Trolling* zu beobachten, da die Unterlassungsverfügung weder dem Schutz der eigenen Erfindung noch der Verfolgung eigener wettbewerblicher Interessen dient. Vielmehr sollen die wirtschaftlichen Konsequenzen für den Verwender durch die Unterlassungsverfügung instrumentalisiert werden, um den Abschluss eines Lizenzvertrages zu erzwingen. Um es mit den Worten des OLG Karlsruhe zu verdeutlichen, wenn der Patentinhaber: „*An der tatsächlichen Unterlassung von Herstellung und Lieferung patentgemäßer Vorrichtungen* […] *kein erhebliches wirtschaftliches Interesse* [hat]."[1354] Folglich ist zu untersuchen, inwieweit potentielle Einschränkungsmöglichkeiten für den geltenden patentrechtlichen Unterlassungsanspruch existieren.

1. Wortlaut, Systematik und Telos des § 139 Abs. 1 S. 1 PatG

Ausgangspunkt einer Untersuchung muss demnach zwingend die Norm selbst sein, welche auf ihren Wortlaut, der systematischen Stellung im Gesetz und dem Willen des Gesetzgebers hin näher zu beleuchten ist.

a. Auslegung anhand des Wortlauts

§ 139 Abs. 1 S. 1 PatG schreibt wortwörtlich vor: „Wer entgegen den §§ 9 bis 13 eine patentierte Erfindung benutzt, kann von dem Verletzten bei Wiederholungsgefahr auf Unterlassung in Anspruch genommen werden. Der Anspruch besteht auch dann, wenn eine Zuwiderhandlung erstmalig droht." Auf den ersten Blick

1353 In diesem Sinne auch *Uhrich*, ZGE/IPJ 2009, 59, 62.

1354 OLG Karlsruhe, 11. Mai 2009 – 6 U 38/09, Rn. 14, zit. nach *juris*.

erscheint die Schussfolgerung zwingend, dass der Wortlaut eindeutig gegen die Einschränkbarkeit des Unterlassungsanspruchs spricht. Berücksichtigt man jedoch die Argumentation von *Heusch*, dass das Recht Abweichungen auch dort anerkennt, wo der Wortlaut eigentlich keine Ausnahme zulässt, so erscheint das Wortlautargument zumindest nicht unumstößlich.[1355] Das allgemeine Zivilrecht postuliert beispielsweise die ausdrückliche Pflicht des Käufers, den Kaufpreis an den Verkäufer (§ 433 Abs. 2 BGB) oder des Bestellers den Werklohn an den Werkunternehmer zu entrichten (§ 631 Abs. 1 BGB). Dennoch ist eine Abweichung von dem zwingenden gesetzlichen Wortlaut dann vorgesehen, wenn der Verkäufer/Werkunternehmer mit einer eigenen Gegenforderung aufrechnet (§ 387 ff. BGB), der Anspruch verjährt (§ 194 ff. BGB) oder aber die Zustimmung der gesetzlichen Vertreter verweigert wird (§ 108 Abs. 2 BGB).[1356] Dennoch erscheint das bloße Bestehen gesetzlicher Ausnahmeregelungen als Begründung ungeeignet, um gegen die eindeutige Wortlautgrenze des § 139 Abs. 1 S. 1 PatG zu argumentieren.[1357]

b. Systematische Auslegung

Diese Sichtweise wird zusätzlich von einer systematischen Auslegung der patentrechtlichen Vorschriften gestützt. Entgegen des eindeutigen Wortlauts des § 139 Abs. 1 S. 1 PatG findet sich in den weit überwiegenden Ansprüchen des Patentinhabers ein gesetzlich kodifizierter Verhältnismäßigkeitsvorbehalt, der die Rechtsfolge in das Ermessen des erkennenden Gerichts stellt, vgl. §§ 140a

1355 Vgl. zu diesem Gedankengang *Heusch*, in: Harmsen/Jüngst/Rödiger (Hrsg.), FS Meibom, 2010, S. 135 ff.; so auch *Pitz*, in: Fitzner/Lutz/Bodewig (Hrsg.), Patentrecht, 4. Auflage 2012, § 139, Rn. 74.

1356 Des Weiteren führt *Heusch* an, dass auch Mörder gem. § 211 Abs. 1 StGB nicht zwangsläufig eine lebenslange Freiheitsstrafe verbüßen müssen, wenn sie etwa gem. § 21 StGB vermindert schuldfähig sind, vgl. *ders*, in: Harmsen/Jüngst/Rödiger (Hrsg.), FS Meibom, 2010, S. 135, 135.

1357 Zumal auch der patentrechtliche Unterlassungsanspruch gem. §§ 141 Abs. 1 PatG i.V.m. § 199 Abs. 5 BGB den allgemeinen Verjährungsregeln unterliegt. Dieser kann auch nicht mit der Argumentation ausgeschlossen werden, dass dieser aufgrund einer bestehende Wiederholungsgefahr immer neu entstünde, vgl. *Kraßer/Ann*, Patentrecht, 7. Auflage 2016, § 35, Rn. 147; so auch *Grabinski/Zülch*, in: Benkard (Hrsg.), Patentgesetz, 11. Auflage 2015, § 141, Rn. 5; gegen eine Einschränkung aufgrund des eindeutigen Wortlauts *Uhrich*, ZGE/IPJ 2009, 59, 79; *Ohly*, GRUR Int. 2008, 787, 795; *Keukenschrijver*, in: Busse/Keukenschrijver (Hrsg.), Patentgesetz, 8. Auflage 2016, § 139, Rn. 92.

Abs. 4, 140b Abs. 4, 140c Abs. 2, 140d Abs. 2 PatG. Zusätzlich dazu fehlt im Patentrecht eine dem § 8 Abs. 4 UWG vergleichbare Vorschrift, nach der die missbräuchliche Geltendmachung des Unterlassungsanspruchs unzulässig ist. Somit stützt auch eine systematische Auslegung des § 139 Abs. 1 S. 1 PatG das gefundene Ergebnis auf Grundlage des Wortlauts, dass der Anspruch unter keinem Verhältnismäßigkeitsvorbehalt steht.

c. Teleologische Auslegung

Vielmehr sah der Gesetzgeber im Rahmen der Umsetzung der DRL,[1358] mit Ausnahme der sprachlichen Aufnahme der Erstbegehungsgefahr in § 139 Abs. 1 S. 1 PatG, keinen weiterführenden Handlungsbedarf im Hinblick auf den Unterlassungsanspruch, obwohl ein solcher Verhältnismäßigkeitsvorbehalt in den §§ 140 ff. PatG explizit eingeführt wurde.[1359] Sowohl die Gesetzesbegründung als auch der Regierungsentwurf schweigen zu der Frage des Verhältnismäßigkeitsvorbehalts im Rahmen des § 139 Abs. 1 S. 1 PatG. Bereits aus dieser gesetzgeberischen Wertung heraus scheint *e contrario* der Umkehrschluss zu folgen, dass ein solcher Vorbehalt für § 139 Abs. 1 PatG gerade nicht besteht.[1360]

d. Zwischenergebnis

Die Ablehnung eines unmittelbaren Verhältnismäßigkeitsvorbehalts aus § 139 Abs. 1 S. 1 PatG bedeutet jedoch nicht, dass sich der Unterlassungsanspruch nicht aus anderen Erwägungen einer Verhältnismäßigkeitskontrolle unterziehen müsste. Diesbezüglich drängt sich zunächst eine Bewertung des § 139 Abs. 1 S. 1 PatG am Maßstab höherrangigen Rechts auf, namentlich der DRL. Diese macht zum einen direkte Vorgaben im Hinblick auf die konkrete Ausgestaltung des nationalen Unterlassungsanspruchs in den Art. 11 ff. DRL und signalisiert in Art. 3 Abs. 2 DRL überdies, dass die Implementierung eines Verhältnismäßigkeitsvorbehalts im Rahmen der Anspruchsausgestaltung

---

1358 Richtlinie 2004/48/EG des Europäischen Parlaments und des Rates vom 29.4.2004 zur Durchsetzung der Rechte des geistigen Eigentums, ABl. L 195 v. 2.6.2004, S. 16 ff.

1359 Vgl. Regierungsentwurf, BT-Drucks. 16/5048 v. 20.4.2007, S. 37.

1360 So auch ausdrücklich *Uhrich*, ZGE/IPJ 2009, 59, 79; *Ohly*, GRUR Int. 2008, 787, 795; *Keukenschrijver*, in: Busse/Keukenschrijver (Hrsg.), Patentgesetz, 8. Auflage 2016, § 139, Rn. 92; *Pitz*, in: Fitzner/Lutz/Bodewig (Hrsg.), Patentrecht, 4. Auflage 2012, § 139, Rn. 74, im Ergebnis so auch *Osterrieth*, GRUR 2009, 540, 543; a.A. *Heusch*, in: Harmsen/Jüngst/Rödiger (Hrsg.), FS Meibom, 2010, S. 135 ff.

grundsätzlich möglich ist. Somit ist zu prüfen, ob § 139 Abs. 1 S. 1 PatG unter Umständen im Wege einer richtlinienkonformen Auslegung unter einem Verhältnismäßigkeitsvorbehalt stehen könnte.[1361]

2. Bewertung am Maßstab der DRL

Mit Blick auf die DRL bietet es sich an, deren relevanten Vorgaben und konkrete Umsetzung in das nationale Recht zu beleuchten, um sodann eine richtlinienkonforme Auslegung des § 139 Abs. 1 S. 1 PatG vornehmen zu können. Hierbei kommt es maßgeblich auf das Verständnis der in diesem Zusammenhang zu beachtenden *contra legem* Auslegungsgrenze an.[1362]

a. Vorgaben der DRL bezüglich des Unterlassungsanspruchs

Konkrete europarechtliche Vorgaben für den nationalen Unterlassungsanspruch finden sich zunächst in Art. 11 DRL, welcher jedoch keine inhaltlichen Anforderungen an die Ausgestaltung des Anspruchs vorgibt, sondern lediglich dessen grundsätzliche Existenz voraussetzt.[1363] Darüber hinaus eröffnet Art. 12 DRL den nationalen Gesetzgebern die Möglichkeit, eine gesetzliche Grundlage für die Gewährung von Ersatzmaßnahmen für solche Fälle zu kodifizieren, bei denen der gerichtliche Erlass einer Unterlassungsverfügung unverhältnismäßige Schäden nach sich ziehen würde. Abschließend werden die Mitgliedstaaten in Art. 3 Abs. 2 DRL dazu verpflichtet, dass die zu ergreifenden Maßnahmen „*wirksam, verhältnismäßig und abschreckend*“ sind.

1361 Eine solche Untersuchung nehmen auch *Uhrich*, ZGE/IPJ 2009, 59, 87 ff.; *Ohly*, GRUR Int. 2008, 787, 795 ff.; *Heusch*, in: Harmsen/Jüngst/Rödiger (Hrsg.), FS Meibom, 2010, S. 135, 142; *Pitz*, in: Fitzner/Lutz/Bodewig (Hrsg.), Patentrecht, 4. Auflage 2012, § 139, Rn. 78 sowie *Sonnenberg*, Der Unterlassungsanspruch, 2014, S. 82 ff. vor.

1362 Grundlegend dazu EuGH, Urteil vom 04. Juni 2006, Rs. C-212/04, ECLI:EU:C:2006:443, Rn. 110 – *Adeneler*; EuGH, Urteil vom 15. April 2008, Rs. C-268/06, ECLI:EU:C:2008:223, Rn. 100 ff. – *Impact*; siehe zu der *contra legem* Auslegungsgrenze instruktiv *Manthey/Unseld*, DÖV 2011, 921; grundlegend *Baldauf*, Richtlinienverstoß, 2013, S. 101 ff.

1363 Vgl. Art. 11 DRL in dem es unter der Überschrift „Gerichtliche Anordnung“ heißt: „Die Mitgliedstaaten stellen sicher, dass die zuständigen Gerichte bei Feststellung einer Verletzung eines Rechts des geistigen Eigentums eine Anordnung gegen den Verletzer erlassen können, die ihm die weitere Verletzung des betreffenden Rechts untersagt.“

b. Umsetzung der DRL in das nationale Recht

i. Unterlassungsanspruch nach Art. 11 DRL

Bezüglich des patentrechtlichen Unterlassungsanspruchs sah der Gesetzgeber keinen inhaltlichen Handlungsbedarf. Die bisherige rechtliche Ausgestaltung des § 139 Abs. 1 PatG entsprach insoweit bereits den Vorgaben des Art. 11 DRL. Insbesondere bestand bereits die Möglichkeit, die Störerhaftung Dritter über § 139 Abs. 1 PatG zu erfassen, welche von Art. 11 S. 3 DRL ausdrücklich gefordert wurde. Lediglich in sprachlicher Hinsicht wurde der Unterlassungsanspruch quasi erweitert, in dem nunmehr ausdrücklich auch die bereits rechtlich vollumfänglich anerkannte Erstbegehungsgefahr in den Gesetzestext aufgenommen wurde, vgl. § 139 Abs. 1 PatG.[1364] Eine Änderung der bereits existenten Rechtslage bezweckte der Gesetzgeber im Hinblick auf den Unterlassungsanspruch somit nicht.

ii. Ersatzmaßnahmen nach Art. 12 DRL

Die Möglichkeit in Fällen von unverhältnismäßig hohen Schäden durch den gerichtlichen Erlass von Unterlassungsverfügungen Ersatzmaßnahmen nach Art. 12 DRL zu implementieren, ergriff der Gesetzgeber im Patentrecht nicht. Lediglich im Urheberrecht sah man legislativen Handlungsbedarf und fasste die dort bereits existierende Ablösungsbefugnis in § 100 UrhG neu.[1365] Nach Art. 12 DRL stand es den Mitgliedstaaten gerade frei, Regelungen zu treffen, nach denen der Betroffene bei einer unvorsätzlichen und nicht fahrlässigen Rechtsverletzung auf Antrag eine angemessene Entschädigung in Geld entrichten könne, sofern ein unverhältnismäßig großer Schaden entstünde und die Entschädigung angemessen wäre.[1366]

iii. Verhältnismäßigkeitsprinzip nach Art. 3 Abs. 2 DRL

Das Verhältnismäßigkeitsprinzip findet in Art. 3 DRL konkrete Erwähnung und fordert nach dessen Abs. 1 die Mitgliedstaaten in Übereinstimmung mit Art. 41 Abs. 1 und 2 TRIPS auf, dass alle Maßnahmen, Verfahren und Rechtsbehelfe zur Durchsetzung der Rechte des geistigen Eigentums insbesondere fair,

---

1364 Vgl. die BR-Drs. 64/07 vom 26. Januar 2007, S. 86; siehe hierzu auch *Berlit*, WRP 2007, 732.

1365 Siehe dazu auch unter Kapitel 3, § 2, B, III.

1366 Hierzu *Dreier*, GRUR Int. 2004, 706, 712; vgl. auch den korrespondierenden Erwägungsgrund 25 der DRL.

gerecht, erforderlich, nicht unnötig kompliziert und kostspielig sein sollen.[1367] Art. 3 Abs. 2 DRL verlangt darüber hinaus, dass diese Maßnahmen, Verfahren und Rechtsbehelfe wirksam, verhältnismäßig und abschreckend sind. Eine Konkretisierung der Pflichten, die sich aus Art. 3 Abs. 1 und 2 DRL für die Mitgliedstaaten ergeben, findet sich in dem Erwägungsgrund 17, wonach jegliche Maßnahmen, Verfahren und Rechtsbehelfe so ausgestaltet werden sollen, dass sie den spezifischen Merkmalen des Einzelfalls unter Berücksichtigung des jeweiligen Schutzrechts hinreichend Rechnung tragen.[1368] Demnach wäre das Verhältnismäßigkeitsprinzip dem Grunde nach bei der Umsetzung der Richtlinie zu beachten gewesen, da diesem in der DRL wohl mehr Gewicht als nur einem rein programmatischen Charakter zukommt.[1369]

Im Rahmen der Umsetzung der DRL sah Art. 2 Nr. 3 Durchführungsgesetz zwar vor, dass § 139 Abs. 1 PatG geändert wird, jedoch lediglich in klarstellender Hinsicht.[1370] Eine weiterführende Berücksichtigung fand Art. 3 Abs. 2 DRL zumindest nicht im Hinblick auf den patentrechtlichen Unterlassungsanspruch, da sich die diesbezügliche Gesetzesbegründung vollkommen ausschweigt. Trotz grundsätzlicher Anerkennung der Vorgaben aus Art. 3 Abs. 2 DRL in der Gesetzesbegründung,[1371] sah der Gesetzgeber nur bei den §§ 140a-140d PatG Handlungsbedarf, welche teilweise sprachlich neu gefasst oder gänzlich neu kodifiziert wurden und nunmehr eine Verhältnismäßigkeitsprüfung ausdrücklich vorsehen.[1372] Folglich ist im Ergebnis festzuhalten, dass das Gebot der Verhältnismäßigkeit aus Art. 3 Abs. 2 DRL vom deutschen Gesetzgeber im Hinblick

1367 So ausdrücklich Art. 3 Abs. 1 DRL, vgl. dazu den Beitrag von *Knaak*, GRUR int. 2004, 745, 747; siehe auch *Hartz*, ZUM 2005, 376, 377.

1368 Vgl. Erwägungsgrund 17 der DRL.

1369 So ausdrücklich *Knaak*, GRUR Int. 2004, 745, 747; *Uhrich*, ZGE/IPJ 2009, 59, 88–89; a.A. *Eisenkolb*, GRUR 2007, 387, 392, die von einem rein programmatischen Charakter ausgeht und die Regelung für zu unbestimmt hält, um dieser eine unmittelbare Wirkung zuzusprechen. Tatsächlich geht die DRL mit Art. 3 weiter als die Vorgaben des TRIPS-Abkommens, da nunmehr alle Maßnahmen, Rechtsbehelfe und Verfahren auf Grundlage der DRL unter das Prinzip fallen. Dafür, dass dem Prinzip mehr als nur eine klarstellende Bedeutung zukommt, spricht auch der Umstand, dass das Verhältnismäßigkeitsprinzip nicht in dem Richtlinienvorschlag der Kommission auftaucht, vgl. *Knaak*, GRUR Int. 2004, 745, 747.

1370 Siehe erneut *Dörre/Maaßen*, GRUR-RR 2008, 217, 217.

1371 BT-Drs. 16/5048, S. 25.

1372 BT-Drs. 16/5048, S. 37 ff.; ausführlich dazu auch *Berlit*, WRP 2007, 732, 732 ff.

auf den patentrechtlichen Unterlassungsanspruch nicht in dem Maße berücksichtigt wurde, wie es bei den Ansprüchen aus §§ 140a-140d PatG geschah.[1373]

iv. Richtlinienkonforme Auslegung

Fraglich ist somit, ob trotz offensichtlicher Wertung des Gesetzgebers, den Unterlassungsanspruch nicht unter einen generellen Verhältnismäßigkeitsvorbehalt zu stellen,[1374] dem Art. 3 Abs. 2 DRL und den korrespondierenden Erwägungsgründen nicht dennoch im Wege der richtlinienkonformen Auslegung Geltung verliehen werden kann.[1375] Für die richtlinienkonforme Auslegung sind zunächst zeitliche und sachliche Vorgaben zu berücksichtigen. In zeitlicher Hinsicht entsteht die Verpflichtung zur richtlinienkonformen Auslegung durch die erkennenden Gerichte erst nach Ablauf der Umsetzungsfrist[1376] und in sachlicher Hinsicht ist zu beachten, dass diese dort an ihre Grenzen stößt, wo sie zu einer *contra legem* Auslegung des nationalen Rechts führen würde,[1377] da Richtlinien ansonsten in letzter Konsequenz unmittelbar anwendbar wären.[1378] Vorliegend ist zumindest die zeitliche Vorgabe des Art. 20 DRL erfüllt, sodass § 139 Abs. 1 S. 1 PatG nunmehr im Lichte der DRL richtlinienkonform auszulegen ist. Mit Blick auf die konkrete Herangehensweise des Rechtsanwenders

---

1373 *Sonnenberg*, Der Unterlassungsanspruch, 2014, S. 92; *Heusch*, in: Harmsen/Jüngst/Rödiger (Hrsg.), FS Meibom, 2010, S. 135, 142 und *Haft/Nack/Lunze/Heusch/Schohe/Joachim*, GRUR Int. 2011, 927, 930, die davon ausgehen, dass der Gesetzgeber das Verhältnismäßigkeitsprinzip in § 139 Abs. 1 S. 1 PatG bereits als hinreichend berücksichtigt ansah und daher keinen Verhältnismäßigkeitsvorbehalt in § 139 Abs. 1 PatG aufgenommen habe.

1374 Dieses Ergebnis drängt sich förmlich auf, wenn man sich den Wortlaut und die Systematik des § 139 PatG anschaut und den Umstand berücksichtigt, dass auch im Rahmen der Umsetzung der DRL keine gegenläufigen Tendenzen erkennbar wurden.

1375 Welche innerhalb des juristischen Auslegungskanons grundlegend akzeptiert wird. Hierzu *Auer*, NJW 2007, 1106 m.w.N. sowie *Gebauer*, in: Gebauer/Wiedmann (Hrsg.), Zivilrecht unter europäischem Einfluss, 2. Auflage 2010, Kap. 4, Rn. 17 ff.; im Hinblick auf die DRL auch ausführlich *Eisenkolb*, GRUR 2007, 387.

1376 So etwa EuGH, Urteil vom 04. Juni 2006, Rs. C-212/04, ECLI:EU:C:2006:443, Rn. 124 – *Adeneler*; differenzierter etwa *Auer*, NJW 2007, 1106, 1008; siehe zu der nicht ganz einheitlichen Auffassung in Rechtsprechung und Literatur auch *Schroeder*, in: Streinz (Hrsg.), EUV/AEUV, 3. Auflage 2018, Art. 288, Rn. 115 m.w.N.

1377 EuGH, Urteil vom 04. Juni 2006, Rs. C-212/04, ECLI:EU:C:2006:443, Rn. 110 – *Adeneler*; EuGH, Urteil vom 15. April 2008, Rs. C-268/06, ECLI:EU:C:2008:223, Rn. 100 ff. – *Impact*.

1378 *Höpfner*, Die systemkonforme Auslegung, 2008, S. 273; *Unberath*, ZEuP 2005, 5, 6.

in Form der nationalen Gerichte stellt der EuGH in ständiger Rechtsprechung fest, dass das erkennende Gericht unter Einbeziehung des gesamten nationalen Rechts, sowie unter Zugrundelegung aller anerkannten Auslegungsmethoden alles in seiner Zuständigkeit liegende tun müsse, damit die in Rede stehende Richtlinie ihre volle Wirksamkeit erlangen könne und das gefundene Ergebnis mit der Zielsetzung der Richtlinie übereinstimme.[1379]

Im Rahmen der richtlinienkonformen Auslegung des § 139 Abs. 1 S. 1 PatG bestehen jedoch nicht unerhebliche Bedenken mit Blick auf die *contra legem* Grenze der Auslegung nationalen Rechts. In dem Bestreben durch die richtlinienkonforme Auslegung das nationale Recht *„soweit wie möglich am Wortlaut und Zweck der Richtlinie auszurichten, um das mit der Richtlinie verfolgte Ziel zu erreichen"*,[1380] stellt sich die Frage nach den Grenzen einer solchen Auslegung.[1381] Eine solche soll laut EuGH in jedem Fall in dem eindeutigen Wortlaut der jeweiligen Vorschrift liegen, da dieser den notwendigen Entscheidungsspielraum für die vorzunehmende Auslegung festlegt.[1382] Somit ist eine Auslegung, die über den Wortlaut der nationalen Vorschrift hinausgeht, grundsätzlich als *contra legem* abzulehnen. Wic hinreichend dargelegt worden ist, ist dieser im Falle des § 139 Abs. 1 S. 1 PatG insoweit eindeutig, als dass er keiner Einschränkung anhand allgemeiner Verhältnismäßigkeitserwägungen zugänglich ist.

Zwar hat der BGH mittlerweile festgestellt, dass der Wortlaut etwa dann keine absolute Grenze der richtlinienkonformen Auslegung darstellen könne, wenn die nationale Vorschrift im Wege der teleologischen Reduktion auf ein mit der Richtlinie vereinbares Maß reduziert werden kann;[1383] hierfür bedarf es aber des Vorliegens einer verdeckten Regelungslücke im Sinne einer

---

1379 Siehe nur EuGH, Urteil vom 04. Juni 2006, Rs. C-212/04, ECLI:EU:C:2006:443, Rn. 111 – *Adeneler*; EuGH Urteil vom 19. Januar 2010, Rs. C-555/07, ECLI:EU:C:2010:21, Rn. 47 – *Kücükdeveci*.

1380 EuGH, Urteil vom 10. April 1984, Rs. C-106/89, ECLI:EU:C:1990:395, Rn. 8 – *Marleasing*, EuGH, Urteil vom 27. Juni 2000, verb. Rs. C-240/98 und C-244/98, ECLI:EU:C:2000:346, Rn. 30 – *Océano/Quintero*; EuGH, Urteil vom 09. März 2004, verb. Rs. C-397/01 bis C-403/01, ECLI:EU:C:2004:584, Rn. 110 – *Pfeiffer*.

1381 Siehe zum Ganzen *Schroeder*, in: Streinz (Hrsg.), EUV/AEUV, 3. Auflage 2018, Art. 288, Rn. 113–114.

1382 Generalanwalt *Lenz*, Schlussantrag vom 09. Februar 1994 in der Rs. C-91/92, ECLI:EU:C:1994:45, Rn. 37 – *Faccini Dori*; *Nettesheim*, AöR 1994, 261, 266, 287; differenzierter *Manthey/Unseld*, DÖV 2011, 921, 924 ff.

1383 BGHZ 179, 27, 35, Rn. 22 – *Nutzungsersatz bei Nachlieferung*.

planwidrigen Unvollständigkeit des Gesetzes.[1384] Eine solche liegt im Falle des § 139 Abs. 1 S. 1 PatG aufgrund des eindeutigen Willens des Gesetzgebers aber gerade nicht vor. Es ist insbesondere nicht davon auszugehen, dass die dezidierte Auseinandersetzung des Gesetzgebers mit der Implementierung des Verhältnismäßigkeitsvorbehalts in den §§ 140a ff. PatG unter gleichzeitigem Ausschweigen bezüglich des Unterlassungsanspruchs dahingehend zu werten ist, dass die Umsetzung eines solchen zwar gewünscht, aber vergessen bzw. das Verhältnismäßigkeitsprinzip im § 139 Abs. 1 S. 1 PatG bereits als nicht hinreichend berücksichtigt angesehen wurde.[1385]

Selbst wenn man in Bezug auf die *contra legem* Grenze den Standpunkt vertritt, dass hiermit nicht zwingend eine Auslegung über die Wortlautgrenze verhindert werden soll, sondern vielmehr eine Rechtsfindung, die mit den Methoden des jeweiligen nationalen Rechts nicht vereinbar sind,[1386] so ist vorliegend das Ergebnis dasselbe. Folglich verstößt eine richtlinienkonforme Auslegung des § 139 Abs. 1 S. 1 PatG im Lichte des Art. 3 Abs. 2 DRL dergestalt, dass im Wege dessen der nationale patentrechtliche Unterlassungsanspruch unter einem Verhältnismäßigkeitsvorbehalt zu stellen wäre, gegen die *contra legem* Auslegungsgrenze und ist im Ergebnis somit abzulehnen.[1387]

1384 BGHZ 179, 27, 35, Rn. 22 – *Nutzungsersatz bei Nachlieferung*; so bereits BGHZ 149, 165, 174.

1385 *Sonnenberg*, Der Unterlassungsanspruch, 2014, S. 92; *Heusch*, in: Harmsen/Jüngst/Rödiger (Hrsg.), FS Meibom, 2010, S. 135, 142 und *Haft/Nack/Lunze/Heusch/Schohe/Joachim*, GRUR Int. 2011, 927, 930.

1386 *Schroeder*, in: Streinz (Hrsg.), EUV/AEUV, 3. Auflage 2018, Art. 288, Rn. 113–114.

1387 *Uhrich*, ZGE/IPJ 2009, 59, 91, der für ein Vorabentscheidungsverfahren gem. Art. 267 AEUV votiert; ebenfalls gegen eine Auslegung über den Wortlaut hinaus *Eisenkolb*, GRUR 2007, 387, 389; im Ergebnis so auch *Frick*, *Patent-Trolling*, 2014, S. 420; a.A. wohl *Ohly*, GRUR Int. 2008, 787, 796 ff., der zwar die fehlende Umsetzung erkennt, aber neben dem allgemeinen zivilrechtlichen Verhältnismäßigkeitsgrundsatz auch auf einen allgemeinen europäischen Verhältnismäßigkeitsgrundsatz rekurriert; diese Ansicht ablehnend *Heusch*, in: Harmsen/Jüngst/Rödiger (Hrsg.), FS Meibom, 2010, S. 135, 142, der davon ausgeht, dass der Gesetzgeber von einer grundsätzlichen Einschränkbarkeit des patentrechtlichen Unterlassungsanspruchs auf Grundlage des zivilrechtlichen Verhältnismäßigkeitsprinzips ausgeht und daher auch keinen Umsetzungsbedarf sah, da Deutschland ansonsten von der Kommission auf die fehlerhafte Umsetzung hingewiesen worden wäre.

c. Zwischenergebnis

Es gilt somit zunächst festzuhalten, dass der Richtliniengesetzgeber nach der hier vertretenden Auffassung, dem Verhältnismäßigkeitsprinzip mehr als nur rein programmatischen Charakter einräumen wollte (vgl. Art. 3 DRL i.V.m. Erwägungsgrund 17). Gleichzeitig muss ebenfalls festgestellt werden, dass der deutsche Gesetzgeber sich bewusst gegen die Möglichkeit entschieden hat, den patentrechtlichen Unterlassungsanspruch unter einen Verhältnismäßigkeitsvorbehalt zu stellen. Diese deutliche gesetzgeberische Wertung darf auch nicht durch eine richtlinienkonforme Auslegung des § 139 Abs. 1 S. 1 PatG unterlaufen werden, da eine solche gegen die *contra legem* Auslegungsgrenze verstößt.

Insofern schlägt auch die Argumentation von *Heusch* nicht durch, der annimmt, dass der deutsche Gesetzgeber von vornherein davon ausging, dass der patentrechtliche Unterlassungsanspruch unter einem allgemeine Verhältnismäßigkeitsvorbehalt stünde und allein deswegen keine weitergehenden legislativen Änderungen bezüglich des § 139 Abs. 1 S. 1 PatG vorgenommen habe.[1388] *Heusch* begründet diese Ansicht unter anderem damit, dass ansonsten die DRL fehlerhaft umgesetzt worden wäre und eine Aufforderung zur Berichtigung durch die Kommission hätte erfolgen müssen, was zutreffend nicht der Fall war. Hierbei verkennt der Autor jedoch zweierlei: Zum einen hat sich der nationale Gesetzgeber ganz bewusst gegen eine solche Umsetzung entschieden, ohne damit implizit ausdrücken zu wollen, dass von einem allgemeinen Verhältnismäßigkeitsvorbehalt auszugehen sei;[1389] zum anderen ist die nicht erfolgte Rüge durch die Kommission vielmehr darauf zurückzuführen, dass die Richtlinie die Kodifikation des Verhältnismäßigkeitsvorbehalts zwar erwünscht, es aber den Mitgliedstaaten überlässt, diesen auch einzuführen und bezüglich des Unterlassungsanspruchs lediglich dessen Existenz verlangt.

Dies liegt mitunter vor allem auch daran, dass der DRL lediglich der Charakter der Mindestharmonisierung innewohnt.[1390] Ein diesbezüglich weiterführender Verhältnismäßigkeitsvorbehalt ist somit rein fakultativer Natur und dessen

1388 *Heusch*, in: Harmsen/Jüngst/Rödiger (Hrsg.), FS Meibom, 2010, S. 135, 142; so auch *Sonnenberg*, Der Unterlassungsanspruch, 2014, S. 92; *Haft/Nack/Lunze/Heusch/Schohe/Joachim*, GRUR Int. 2011, 927, 930.

1389 Vor allem kann in das Ausschweigen des Gesetzgebers keine solche Erkenntnis hineininterpretiert werden.

1390 Vgl. etwa Art. 2 Abs. 1 DRL sowie deren Erwägungsgründe 13, 14 und 23; *Amschewitz*, Die Durchsetzungsrichtlinie und ihre Umsetzung ins deutsche Recht, 2008, S. 99 sowie *Dreier*, GRUR Int. 2004, 706, 710.

Nichtumsetzung führt somit nicht zu einer fehlerhaften Richtlinienumsetzung. Vielmehr kann daraus die zusätzliche Schlussfolgerung gezogen werden, dass der deutsche Gesetzgeber von seinem unionsrechtlich eingeräumten Handlungsspielraum Gebrauch gemacht hat und sich auch von dieser Warte aus eine richtlinienkonforme Auslegung gegen den Willen des Gesetzgebers verbietet. Folglich muss untersucht werden, ob der Unterlassungsanspruch nicht zumindest im Wege des allgemeinen zivilrechtlichen Verhältnismäßigkeitsgrundsatzes einschränkbar wäre. Eine solche Einschränkung würde auch nicht in Kollision mit der DRL stehen, da diese einen solchen Vorbehalt ausdrücklich begrüßt, die Implementierung jedoch den Mitgliedstaaten überlässt. Die mögliche Einschränkbarkeit des Unterlassungsanspruchs auf der Grundlage nationaler Vorschriften oder genuin nationaler Rechtsgrundsätze muss sich sodann auch nur an einem nationalen Maßstab messen lassen.

3. Bewertung aufgrund allgemeiner Verhältnismäßigkeitserwägungen

Dem deutschen Privatrecht ist der Umstand nicht fremd, dass die Ausübung von Rechten zu einer Kollision mit Rechten und Interessen Dritter führen kann und es hierfür Instrumentarien geben muss, die solche Konflikte ausgleichend lösen. Neben dem Bestehen einer Vielzahl solcher privatrechtlicher Instrumente, wie etwa dem Prinzip von Treu und Glauben aus § 242 BGB,[1391] zählt hierzu insbesondere auch das Prinzip der Verhältnismäßigkeit, welches als übergeordnetes allgemeines Rechtsprinzip des Privatrechts anerkannt ist.[1392] Im Lichte dieses Prinzips kann etwa die Anspruchserfüllung durch den Schuldner nicht verlangt werden, wenn die Leistung unter Beachtung des Inhalts des Schuldverhältnisses und der Gebote nach Treu und Glauben in einem groben Missverhältnis zum Leistungsinteresse des Gläubigers steht (§ 275 Abs. 2 BGB). Des Weiteren kann der Gläubiger eines Schadensersatzanspruchs dann nicht auf Naturalrestitution (§ 249 ff. BGB) bestehen, wenn die Wiederherstellung nur mit unverhältnismäßigem Aufwand verbunden wäre (§ 251 Abs. 2 S. 1 BGB). Darüber hinaus wird auch der Unterlassungs- und Beseitigungsanspruch des Grundeigentümers (§ 1004 Abs. 1 BGB) im Falle der wesentlichen Beeinträchtigung durch

---

1391 Neben diesem wesentlichen Prinzip der deutschen Privatrechtsordnung sind beispielsweise das Verbot des Rechtsmissbrauchs aus §§ 242, 826 BGB, die ergänzenden Vertragsauslegung gem. §§ 133, 157 BGB oder aber auch Treuepflichten im Arbeits- und Gesellschaftsrecht zu nennen.

1392 Vgl. die grundlegende Arbeit hierzu von *Bieder*, Das ungeschriebene Verhältnismäßigkeitsprinzip als Schranke privater Rechtsausübung, 2007.

ortsübliche Immissionen (§ 906 Abs. 2 BGB) und des gutgläubigen Überbaus (§ 912 BGB), zum reinen Zahlungsanspruch reduziert, sofern dieser sich für den Störer als unverhältnismäßig darstellt. Ferner wird gerade auch im Hinblick auf eine Einschränkung des patentrechtlichen Unterlassungsanspruchs auf die Ansichten von *Tetzner* und *Kraßer* im Zusammenhang mit dem *Trolling* rekurriert,[1393] welche ebenfalls Verhältnismäßigkeitserwägungen anstellen. Die verschiedenen Anknüpfungspunkte sollen im nachfolgenden Abschnitt auf ihre Übertragung auf den Unterlassungsanspruch aus § 139 Abs. 1 S. 1 PatG hin überprüft werden.

a. Verhältnismäßigkeitsvorbehalt nach Auffassung *Tetzners* und *Ohly*

Trotz Übersteigen der Wortlautgrenze und fehlender systematischer Stütze im Gesetz, findet sich im patentrechtlichen Schrifttum nach wie vor die Auffassung *Tetzners* aus dem Jahr 1972 wieder.[1394] Nach dessen Ansicht könne die Durchsetzung des Beseitigungs- oder Unterlassungsanspruchs dann als unzulässig anzusehen sein, wenn dies zu einer unverhältnismäßigen Vernichtung wirtschaftlicher Werte führe.[1395] Seine Auffassung entwickelte *Tetzner* im Zusammenhang mit dem untrennbaren Einbau beweglicher Erfindungen in unbewegliche Anlagen, welche durch den Beseitigungs- oder Unterlassungsanspruch zerstört würden. Diesbezüglich postulierte *Tetzner*, dass der Unterlassungsanspruch durch den Einbau zwar nicht untergehe, der Patentinhaber aber nicht ohne Rücksicht auf den entstehenden Schaden des Verletzers aus dem Patent vorgehen könne. Vielmehr müsse ein Interessenausgleich zwischen den Parteien unter Berücksichtigung aller Umstände des Einzelfalls durchgeführt werden.[1396] Diesen Gedankengang aufgreifend führt *Ohly* aus, dass eine Durchsetzung etwaiger Ansprüche als missbräuchlich anzusehen sei, wenn hierdurch große wirtschaftliche Werte zerstört werden würden, etwa wenn bei der Herstellung kostenintensiver Gegenstände fahrlässig patentverletzende Teile verwendet

1393 So etwa *Sonnenberg*, Der Unterlassungsanspruch, 2014, S. 188 ff. und 198 ff.; *Uhrich*, ZGE/IPJ 2009, 59, 83–84.

1394 *Tetzner*, Das materielle Patentrecht der Bundesrepublik Deutschland, 1972, § 1, Rn. 33; dies ist im Ergebnis nicht ganz richtig, vielmehr entwickelte *Tetzner* diese Ansicht bereits im Jahr 1942, vgl. *ders*, Deutsches Gemein- und Wirtschaftsrecht 1942, 44, 45.

1395 Zustimmend etwa *Kraßer/Ann*, Patentrecht, 7. Auflage 2016, § 35, Rn. 156; *Grabinski/Zülch*, in: Benkard (Hrsg.), Patentgesetz, 11. Auflage 2015, § 139, Rn. 26.

1396 *Tetzner*, Das materielle Patentrecht der Bundesrepublik Deutschland, 1972, § 1, Rn. 33.

werden und deren Werte im Verhältnis zu dem Gesamtprodukt unbedeutend seien. In einem solchen Fall könne der Unterlassungsanspruch nur mit der Auflage erhoben werden, dass das Gesamtprodukt umzubauen sei; wenn auch dies nur mit unverhältnismäßigen Kosten durchführbar wäre, sei der Verwender lediglich Schadensersatzpflichtig.[1397]

Trotz dieses auf den ersten Blick sehr vielversprechenden Lösungsansatzes ist eine Übertragung der Lehren *Tetzners* auf die hier zu untersuchende Strategie des *Trolling* dennoch im Ergebnis abzulehnen. Zunächst ist zu berücksichtigen, dass *Tetzner* seine Auffassung anhand eines speziellen Sonderfalles entwickelt hat, welcher das Sachenrecht betrifft. Die diesbezüglich zugrundeliegenden Interessenlagen des starken Begrenzungen unterworfenen Grundeigentums auf der einen Seite und den unbegrenzt verfügbaren immateriellen Gütern auf der anderen Seite, schließt eine mögliche Vergleichbarkeit dem Grunde nach bereits von vornherein aus.[1398] Zum anderen und weitaus bedenklicher ist die ideologische Herkunft der Ansicht *Tetzners*, welche überdies gegen deren Übertragung auf den patentrechtlichen Unterlassungsanspruch spricht. Hierfür muss verdeutlicht werden, dass die eben angeführte Sichtweise *Tetzners* in seinem Lehrbuch aus dem Jahr 1972 nicht zum ersten Mal von dem Autor geäußert wurde.[1399] Einen ganz ähnlichen Erklärungsansatz bezüglich der Lösung entsprechender Fälle hatte *Tetzner* bereits 1942 veröffentlicht, in der er den Gemeinnutz vor den Eigennutz stellte.[1400] Dies entspricht letztlich dem antiindividualistischen Eigentumsbegriff der Nationalsozialisten[1401] und manifestiert eine ideologische Nähe zum nationalsozialistischen Gedankengut.[1402] Dem Art. 14 GG zugrundeliegendem Verständnis von Eigentum als Ausschließlichkeitsrecht wird die

---

1397 *Ohly*, GRUR Int. 2008, 787, 796, zusätzlich bemüht der Autor noch Analogien zum Marken-, Urheber und Lauterkeitsrecht; *Kraßer/Ann*, Patentrecht, 7. Auflage 2016, § 35, Rn. 156 argumentieren gleichermaßen.

1398 Siehe hierzu ausführlich *Uhrich*, ZGE/IPJ 2009, 59, 84.

1399 *Uhrich*, ZGE/IPJ 2009, 59, 84; a.A. *Sonnenberg*, Der Unterlassungsanspruch, 2014, S. 199 ff.

1400 Wortwörtlich führt dieser aus, dass „*jede Rechtsausübung, die gegen die Gemeininteressen verstößt, missbräuchlich*“ wäre und demnach „*auch die Ausübung der aus dem Patentrecht entspringenden Ansprüche* […] *nicht erfolgen, wenn sie die unverhältnismäßige Vernichtung wirtschaftlicher Werte zur Folge*“ habe, *Tetzner*, Deutsches Gemein- und Wirtschaftsrecht 1942, 44, 45.

1401 Siehe hierzu ausführlich *Stolleis*, Gemeinwohlformeln im nationalsozialistischen Recht, 1974, S. 114 ff.

1402 *Tetzner*, Deutsches Gemein- und Wirtschaftsrecht 1942, 44, 45.

Überhöhung des Gemeinnutzes jedoch nicht gerecht und ist somit mit dem heute vorherrschenden Eigentumsverständnis unvereinbar. Mangels alternativer Fundierung der dargestellten Ansicht ist eine Übertragung in das geltende Patentrecht somit aus den angeführten Gründen im Ergebnis abzulehnen.[1403]

b. Weiterentwicklung der Verhältnismäßigkeitserwägung durch *Kraßer*

Den Gedanken von *Tetzner* führt *Kraßer* weiter und will in der Geltendmachung des Unterlassungsanspruchs unter bestimmten Voraussetzungen eine unverhältnismäßige Rechtsausübung erkennen. Nach dessen Ansicht liegt eine derartige Unverhältnismäßigkeit vor, wenn der patentverletzende Teil (unvorsätzlich bzw. nicht grob fahrlässig) in ein kostspieliges Gesamtprodukt implementiert und in den Verkehr gebracht wurde, dessen Wert im Vergleich zu dem Wert des Gesamtprodukts jedoch unbedeutend ist. Eine Unterlassungsverfügung ist dann nur mit der Maßgabe zu erlassen, das Gesamtprodukt umzubauen. Ist dieser Umbau entweder wirtschaftlich (unverhältnismäßige Kosten) oder technisch unmöglich (bestimmungsgemäße Verwendbarkeit), solle bei schuldhaftem Eingriff Schadensersatz und bei schuldlosem Eingriff nur der Bereicherungsanspruch gefordert werden dürfen.[1404] Zusammengefasst sieht diese Ansicht eine

---

1403 So auch *Uhrich*, ZGE/IPJ 2009, 59, 84; trotz dieser durschlagenden Gründe stimmen *Kraßer/Ann*, Patentrecht, 7. Auflage 2016, § 35, Rn. 156; *Grabinski/Zülch*, in: Benkard (Hrsg.), Patentgesetz, 11. Auflage 2015, § 139, Rn. 26 und *Ohly*, GRUR Int. 2008, 787, 796 der Ansicht *Tetzners* zu. Im Ergebnis sieht auch *Sonnenberg*, Der Unterlassungsanspruch, 2014, S. 199 ff. keinerlei Bedenken in der ideologischen Herkunft dieser Ansicht, hält deren Übertragbarkeit auf den patentrechtlichen Unterlassungsanspruch jedoch nicht für notwendig.

1404 Vgl. *Kraßer/Ann*, Patentrecht, 7. Auflage 2016, § 35, Rn. 156: „*Wenn bei der Herstellung umfangreicher, kostspieliger Gegenstände, insbesondere unbeweglicher Sachen, ohne Vorsatz und grobe Fahrlässigkeit einzelne patentverletzend hergestellte oder in Verkehr gebrachte Teile eingebaut werden, deren Wert im Verhältnis zu demjenigen des Gesamtgegenstands unbedeutend ist, sollte der patentrechtliche Anspruch auf Unterlassung des Gebrauchs dieser Teile nur mit der Maßgabe erhoben werden können, dass der Gesamtgegenstand umzubauen ist. Kann dies nicht ohne Beeinträchtigung seiner bestimmungsgemäßen Verwendbarkeit oder nur mit unverhältnismäßigen Kosten geschehen, sollte nicht Unterlassung des Gebrauchs, sondern bei schuldhaftem Eingriff nur Schadenersatz gefordert werden können, bei schuldlosem nur Bereicherungsausgleich.*"; zustimmend auch *Pitz*, in: Fitzner/Lutz/Bodewig (Hrsg.), Patentrecht, 4. Auflage 2012, § 139, Rn. 78.

aus § 1004 BGB unter bestimmten Voraussetzungen ausgeschlossen ist und in analoger Anwendung der §§ 906 Abs. 2 und 912 Abs. 2 BGB zu einem Zahlungsanspruch reduziert wird, sofern die an sich rechtlich legitime Forderung der Beseitigung für den Anspruchsgegner unverhältnismäßig erscheint und nur mit unzumutbaren Aufwendungen zu erfüllen wäre.[1414] Als tragendes Argument wird angeführt, dass die rechtliche Rückabwicklung ohne Rücksicht auf die widerstreitenden Interessen weder praktisch durchführbar noch erwünscht und zudem nicht erkennbar sei, wieso ein schuldhaft Handelnder nach § 251 Abs. 2 S. 1 BGB privilegiert werden könne, eine solche Privilegierung dem schuldlos Handelnden nach § 1004 BGB jedoch verwehrt bleiben solle.[1415] Eine Übertragung dieses Grundsatzes auf Schutzrechte im Allgemeinen und dem patentrechtlichen Unterlassungsanspruch im Konkreten erscheint indes fragwürdig, da sich vorliegend erneut zwei diametral entgegengesetzte Interessenlagen gegenüberstehen.[1416]

Das Grundeigentum als äußerst begrenzt verfügbares und der Rivalität ausgesetztes Gut steht im Widerstreit zur unbegrenzten Verfügbarkeit nicht rivalisierender immaterieller Güter, die erst durch einen Akt staatlicher Intervention zum Ausschließlichkeitsrecht werden und sodann erst einer Rivalität ausgesetzt sind.[1417] Immaterielle Güter können zum einen beliebig erschaffen werden und zum anderen ist es bei einem Patent in vielen Fällen möglich, um die patentierte Erfindung „herum zu erfinden", was im Falle von Immobiliarsachen nur schwerlich denkbar ist. Überdies ist zu beachten, dass die §§ 906 und 912 BGB aufgrund ihrer besonderen Voraussetzungen nicht verallgemeinerungsfähig sind und der Beseitigungs- bzw. Unterlassungsanspruch gerade den Kern des Eigentumsrechts ausmacht mit dem Ziel, bestehende unbefugte Eingriffe in fremde Eigentumssphären zu unterbinden. Der allgemeine zivilrechtliche Grundsatz der Verhältnismäßigkeit, welcher sich unter anderem aus den sachenrechtlichen Normen der §§ 906 und 912 BGB herleiten lässt, ist aufgrund seiner spezialgesetzlichen Regelung nicht auf den patentrechtlichen

---

1414 *Larenz/Canaris*, Lehrbuch des Schuldrechts, Bd. II/2, 13. Auflage 1994, 701 ff.; *Lettl*, JuS 2005, 871, 877.

1415 Siehe zum Ganzen auch *Ohly*, GRUR Int. 2008, 787, 796.

1416 Für eine Übertragung auf den Unterlassungsanspruch im Patentrecht *Ohly*, GRUR Int. 2008, 787, 796.

1417 *Guellec/van Pottelsberghe*, The Economics of the European Patent System, 2007, S. 49 und *Landes/Posner*, The Economic Structure of Intellectual Property Law, 2003, S. 13 ff.

Unterlassungsanspruch übertragbar.[1418] Ferner ist zu beachten, dass durch die Einführung des § 275 Abs. 2 BGB im Zuge der Schuldrechtsreform ein Rückgriff auf § 251 Abs. 2 S. 1 BGB nach Ansicht der Rechtsprechung nicht mehr notwendig ist und eine Beschränkung des § 1004 Abs. 1 BGB nunmehr ebenfalls auf Grundlage des Verhältnismäßigkeitsgrundsatzes aus § 275 Abs. 2 BGB zu erfolgen hat.[1419]

d. § 251 Abs. 2 S. 1 BGB

Trotz der mittlerweile ablehnenden Haltung gegenüber einer Anwendung des § 251 Abs. 2 S. 1 BGB auf § 1004 BGB stellt sich die Frage, ob eine vom sachenrechtlichen Blickwinkel losgelöste Anwendung der Norm auf den patentrechtlichen Unterlassungsanspruch nicht dahingehend zielführend erscheint, als dass dieser einen Geldersatz für eine Schutzrechtsverletzung anbieten würde und insofern dem monetären Interesse des Patentinhabers beim *Trolling* entspräche. Nach dem Wortlaut des § 251 Abs. 2 S. 1 BGB reichen bereits unverhältnismäßige Aufwendungen für den Ersatzpflichtigen aus, um den Gläubiger eines Anspruchs auf den reinen Geldersatz zu verweisen.[1420] Anknüpfungspunkt für die Unverhältnismäßigkeit ist ein Wertvergleich zwischen den notwendigen Herstellungskosten und dem Wert des geschädigten Rechtsgutes.[1421] Darüber hinaus muss das Integritätsinteresse des Gläubigers im Rahmen der Bewertung

---

1418 *Uhrich*, ZGE/IPJ 2009, 59, 86; im Ergebnis wohl auch *Keukenschrijver*, in: Busse/Keukenschrijver (Hrsg.), Patentgesetz, 8. Auflage 2016, § 139, Rn. 92; a.A. *Ohly*, GRUR Int. 2008, 787, 796; vgl. auch *Heusch*, in: Harmsen/Jüngst/Rödiger (Hrsg.), FS Meibom, 2010, S. 135, 140, der die Übertragbarkeit der Wertung aus § 251 Abs. 2 BGB auf den patentrechtlichen Unterlassungsanspruch mit der Begründung ablehnt, dass dieser eigentlich dem Schadensrecht zuzuordnen sei.

1419 BGH, NJW 2008, 3122, 3123; bestätigt durch BGH, NJW-RR 2010, 315, 315.

1420 Vgl. den Wortlaut des § 251 Abs. 2 S. 1 BGB: „Der Ersatzpflichtige kann den Gläubiger in Geld entschädigen, wenn die Herstellung nur mit unverhältnismäßigen Aufwendungen möglich ist. Die aus der Heilbehandlung eines verletzten Tieres entstandenen Aufwendungen sind nicht bereits dann unverhältnismäßig, wenn sie dessen Wert erheblich übersteigen."

1421 *Oetker*, in: Säcker/Rixecker/Oetker/Limpberg (Hrsg.), MüKo-BGB Band 2, 8. Auflage 2019, § 251, Rn. 38, der zumindest auch weiteren Begleitumstände, wie ein Verschulden des Ersatzpflichtigen mit einbeziehen will. Diese Ansicht wird mit der Kodifizierung des § 275 Abs. 2 S. 1 BGB jedoch hinfällig sein, vgl. so nunmehr BGH, NJW 2008, 3122, 3123 bestätigt durch BGH, NJW-RR 2010, 315, 315.

mit einfließen, da § 251 Abs. 2 S. 1 BGB insofern als Korrektiv zu der reinen Naturalrestitution des § 249 BGB gesehen wird.[1422]

Dieser reine Vergleich der Vermögensinteressen vermag jedoch keine Einbeziehung der gesonderten Begleitumstände des *Trolling* zuzulassen. Die Bewertungsgrundlage fußt rein auf einer Gegenüberstellung der jeweiligen Vermögensinteressen, welche im vorliegenden Fall zudem nur schwer zu umreißen sind. Genau genommen müssten die Herstellungskosten des Schutzrechts in ein Verhältnis zu den finanziellen Aufwendungen des Verwenders gesetzt werden, die dieser durch die zukünftige Nichtverwendung aufgrund der Unterlassungsverfügung zu tragen hätte. Hierdurch würde der Anwendungsbereich der Verhältnismäßigkeitsprüfung aber zu weit ausufern und immer dann zu einem reinen Geldersatzanspruch bei festgestellter Patentverletzung führen, wenn die wirtschaftlichen Gesamtkosten der Nichtverwendung des Patents dessen Herstellungskosten erheblich übersteigen. Bereits die Feststellung der konkreten Herstellungskosten erscheint zudem problematisch, da ein Patentinhaber beim *Trolling* Schutzrechte lediglich erwirbt und keine FuE-Ausgaben tätigt. Auch erscheint es recht wahrscheinlich, dass gerade in Bereichen der Informationstechnologien Produkte mit vielen hundert Patenten durchaus Schutzrechte verwenden, deren Herstellungskosten in keinem Verhältnis zu den Kosten stehen, die anfallen würden, wenn das Gesamtprodukt nicht mehr ohne die konkrete Technologie vertrieben werden könnte. Im Ergebnis würde dadurch eine Art Zwangslizenzierung vorgenommen werden, die zum einen die Anwendungserfordernisse des § 24 PatG erheblich unterminieren und zum anderen das Ausschließlichkeitsrecht per se massiv entwerten würde. Bereits aus diesen Gründen[1423] ist eine Anwendung des § 251 Abs. 2 BGB auf den § 139 Abs. 1 S. 1 PatG abzulehnen.[1424]

1422 *Oetker*, in: Säcker/Rixecker/Oetker/Limpberg (Hrsg.), MüKo-BGB Band 2, 8. Auflage 2019, § 251, Rn. 35 ff.

1423 Hinzu kommen zudem dogmatische Bedenken bei einer Anwendung des § 251 Abs. 2 BGB auf den § 139 Abs. 1 S. 1 PatG, vgl. *Sonnenberg*, Der Unterlassungsanspruch, 2014, S. 197.

1424 Im Ergebnis so auch *Heusch*, in: Harmsen/Jüngst/Rödiger (Hrsg.), FS Meibom, 2010, S. 135, 140 und *Sonnenberg*, Der Unterlassungsanspruch, 2014, S. 198; offen gelassen von *Ohly*, GRUR Int. 2008, 787, 796.

e. § 275 Abs. 2 S. 1 BGB

Durch die Schuldrechtsreform erfuhr das Prinzip der Verhältnismäßigkeit eine weitere Kodifizierung in § 275 Abs. 2 S. 1 BGB, der nach der Überzeugung des Gesetzgebers ebenfalls eine Ausprägung des allgemeinen Verhältnismäßigkeitsgrundsatzes darstellt und durch diese Vorschrift explizit zur Geltung kommen solle.[1425] Nach verbreiteter Auffassung gilt die Norm in entsprechender Anwendung auch für dingliche Ansprüche.[1426] Darüber hinaus hob der BGH hervor, dass die Vorschrift nicht auf vertragliche Ansprüche begrenzt sei, sondern vielmehr auf Leistungspflichten aller Art Anwendung findet, mithin also auch auf gesetzliche Schuldverhältnisse und gesetzliche Verpflichtungen.[1427] Diese Klarstellung führt dazu, dass einer Anwendung auf den patentrechtlichen Unterlassungsanspruch zumindest keine grundsätzlichen Anwendungsvorbehalte entgegenstehen. Ihrem Regelungsgehalt entsprechend findet die Norm auf solche Fälle Anwendung, bei denen das Interesse des Gläubigers an der Leistungspflicht des Schuldners zurücktreten muss, aufgrund einer bestehenden wirtschaftlichen Unmöglichkeit, von der immer dann auszugehen ist, wenn die Leistungspflicht fernab jeglicher Proportionalität wäre.[1428] Hierfür muss zwischen dem Leistungsinteresse des Gläubigers und dem dafür notwendigen Aufwand des Schuldners ein grobes Missverhältnis festgestellt werden, welches in einer Gesamtschau unter Einbeziehung der Umstände des jeweiligen Einzelfalls zu erfolgen hat.[1429] Zu beachten ist ferner, dass die Norm die Einbeziehung weiterer Begleitumstände in die Bewertung nicht zulässt, die außerhalb des Leistungsinteresses des Gläubigers und dem dazu notwendigen Schuldneraufwand liegen.[1430] Insofern ist das Gebot von Treu und Glauben bereits in dem

1425 BT-Drs. 14/6040, S. 130 „*Diese Vorschriften stellen Ausprägungen eines allgemeinen Rechtsgedankens dar* […] *den § 275 Abs. 2 Satz 1 RE hier zur Geltung bringt.*"

1426 Vgl. BGH, NJW 2008, 3122, der die Erhebung des Einwands nach § 275 Abs. 2 BGB auch auf § 1004 Abs. 1 BGB ausdrücklich anerkennt; *Canaris*, JZ 2004, 214, 224; *Ohly*, GRUR Int. 2008, 787, 796; a.A. *Ernst*, in: Säcker/Rixecker/Oetker/Limpberg (Hrsg.), MüKo-BGB Band 2, 8. Auflage 2019, § 275, Rn. 15.

1427 BGH, NJW 2008, 3122, 3123 m.w.N. zum Stand der Literatur; bestätigt durch BGH, NJW-RR 2010, 315; generell ablehnend *Korth*, ZJS 2008, 647 ff.

1428 Die Frage der wirtschaftlichen Unmöglichkeit stellte eine der umstrittensten Punkte der Schuldrechtsreform vom 01. Januar 2002 dar, vgl. *Ernst/Zimmermann*, Zivilrechtswissenschaft und Schuldrechtsreform, 2001, S. 49 ff.

1429 Instruktiv *Caspers*, in: Staudinger, 2014, § 275, Rn. 92 ff.

1430 *Ernst*, in: Säcker/Rixecker/Oetker/Limpberg (Hrsg.), MüKo-BGB Band 2, 8. Auflage 2019, § 275, Rn. 83 ff.

Merkmal des groben Missverhältnisses hinreichend berücksichtigt.[1431] Tatsächlich erscheint der in § 275 Abs. 2 S. 1 BGB festgeschriebene Ausfluss des Verhältnismäßigkeitsgrundsatzes auf den ersten Blick geeignet, den patentrechtlichen Unterlassungsanspruch in bestimmten Fällen einzuschränken.[1432] Entgegen der spezialgesetzlichen sachenrechtlichen Regelungen der §§ 906 und 912 BGB ist die Norm im allgemeinen Schuldrecht implementiert worden und löst aufgrund seiner gesetzlichen Stellung keine vergleichbaren systematischen Bedenken aus, die gegen eine Anwendung auf § 139 Abs. 1 S. 1 PatG sprechen würden.[1433] Auch streitet die höchstrichterliche Wertung des BGH, den § 275 Abs. 2 S. 1 BGB auch auf gesetzliche Schuldverhältnisse anzuwenden, für eine Anwendbarkeit des Verhältnismäßigkeitsgrundsatzes auf § 139 Abs. 1 S. 1 PatG. Bedenken gegen eine Anwendung können sich insofern nur aus der konkreten Anwendung der tatbestandlichen Voraussetzungen des § 275 Abs. 2 BGB im Hinblick auf das Patentrecht ergeben. Der vorliegenden Zwecksetzung entsprechend muss folglich anhand des *Trolling* geprüft werden, auf welche konkreten Interessen rekurriert werden sollte, um eine generelle Übertragbarkeit abschließend bewerten zu können.

Die Feststellung dahingehend, welche Interessen in einer patentrechtlichen Konstellation wie der des *Trolling* konkret einzubeziehen wären, erscheint nicht ganz so eindeutig, wie man vermuten könnte. Maßgeblicher Bezugspunkt für die Bewertung muss das Leistungsinteresse des Gläubigers sein. Denn nur anhand dessen kann die zu verlangende und zu erwartende Leistung des Schuldners bemessen werden.[1434] Das Interesse des Patentverwerters als Gläubiger des Unterlassungsanspruchs zielt dem Grunde nach nur vordergründig auf den Erlass der Verfügung ab. Vielmehr ist sein Interesse auf den Abschluss eines lukrativen Lizenzvertrages gerichtet, also mithin eine rein wirtschaftlich getragene Zielsetzung, welche durch die Unterlassungsverfügung jedoch erheblich gefördert wird.[1435] An der tatsächlichen Nichtbenutzung der Erfindung durch den Beklagten besteht aus wettbewerblicher Sicht keinerlei Interesse, sondern

---

1431 *Looschelder/Olzen*, in: Staudinger, 2015, § 242, Rn. 270.

1432 *Uhrich*, ZGE/IPJ 2009, 59, 86, der eine klare Positionierung vermeidet; *Ohly*, GRUR Int. 2008, 787, 796 hält die Vorschrift für auf den patentrechtlichen Unterlassungsanspruch anwendbar.

1433 *Heusch*, in: Harmsen/Jüngst/Rödiger (Hrsg.), FS Meibom, 2010, S. 135, 140; vgl. ferner *Uhrich*, ZGE/IPJ 2009, 59, 86.

1434 *Canaris*, JZ 2001, 499, 501; *Stadler*, in: Stürner (Hrsg.), Jauernig BGB, 18. Auflage 2021, § 275, Rn. 25.

1435 *Caspers*, in: Staudinger, 2014, § 275, Rn. 93.

nur insofern, als dass die gerichtlich angeordnete Nichtbenutzung die Chance auf den Abschluss des angestrebten Lizenzvertrages zusätzlich erhöht. Weitere Beweggründe, wie etwa der Wunsch bestehende Marktstörungen zu beseitigen bzw. die Erfindung aus einem genuinen Erfinderwillen gegenüber anderen zu verteidigen, spielen beim *Trolling* keine Rolle, können aber noch in die Bewertung des Leistungsinteresses des Gläubigers mit einfließen. Weitere Begleitumstände, wie etwa das Schaffen des Verletztseins mittels gezielter Taktiken und der konkrete Aufbau der Drohkulisse können hingegen nicht in die Bewertung der Verhältnismäßigkeit nach § 275 Abs. 2 S. 1 BGB einbezogen werden, da das Einfallstor nach Treu und Glauben bereits im Rahmen des groben Missverhältnisses Anklang gefunden hat. Das Interesse des Patentinhabers beim *Trolling* ist im Rahmen des § 275 Abs. 2 S. 1 BGB somit auf den Erlass der Unterlassungsverfügung gerichtet, da nur der Erlass die Chancen auf den Abschluss eines Lizenzvertrages erhöhen wird und objektiv betrachtet zudem ein legitimes Interesse eines Patentinhabers darstellt.

An diesem Begehr des Gläubigers muss sich der Aufwand des Schuldners, also vorliegend des Patentverwenders, messen lassen, welcher sodann nicht in einem groben Missverhältnis zu dem Interesse des Patentinhabers an dem Erlass der Unterlassungsverfügung stehen darf. Das Interesse an dem Verfügungserlass ist im Falle des *Trolling* als hoch einzuschätzen, da nur so noch die Chance auf eine Monetarisierung des Schutzrechts existiert und das Patent für dessen Inhaber beim *Trolling* ansonsten wertlos wäre. Mit der Formulierung des Schuldneraufwands beschreibt das Gesetz im Wesentlichen den wirtschaftlichen Aufwand, den der Schuldner betreiben muss, um das Gläubigerinteresse zu befriedigen.[1436] Auf die Konstellation des *Trolling* übertragen, bedeutet dies somit in erster Linie den finanziellen Aufwand, den der Verwender betreiben muss, um dem Gläubigerinteresse an der Verfügung zu entsprechen. Mit anderen Worten also die wirtschaftlichen Einbußen einer Untersagung der weiteren Verwendung, die zu entrichtenden Kosten für den zu erwartenden Schadensersatz der vergangenen Nutzung sowie den Kosten, die für das Auffinden einer möglichen Umgehungslösung aufgewendet werden müssen. Hierbei ist zusätzlich zu beachten, dass sich der zu erwartende Schuldneraufwand gem. § 275 Abs. 2 S. 2 BGB erhöht, sofern dieser das Leistungshindernis vertreten muss. Vorliegend kann sich dieses Erfordernis nur auf die Patentverletzung beziehen[1437] und bedeutet, dass

1436 *Caspers*, in: Staudinger, 2014, § 275, Rn. 98; differenzierter *Ernst*, in: Säcker/Rixecker/Oetker/Limpberg (Hrsg.), MüKo-BGB Band 2, 8. Auflage 2019, § 275, Rn. 83 ff.

1437 So auch *Uhrich*, ZGE/IPJ 2009, 59, 86, Fn. 144; siehe auch *Canaris*, JZ 2001, 499, 503 ff. zu der Bezugnahme des Schuldnerverhaltens im Rahmen des § 275 Abs. 2 S. 1 BGB.

sich eine vorsätzliche oder grob fahrlässige Schutzrechtsverletzung auf die Frage des zu erwartenden Aufwandes des Verwenders durchschlägt. Die Quintessenz der Untersuchung liegt somit darin, dass die Forderung des Unterlassungsanspruchs durch den Patentverwerter dann unverhältnismäßig im Lichte des § 275 Abs. 2 S. 1 BGB wäre, wenn das Gläubigerinteresse an der Unterlassungsverfügung in einem groben Missverhältnis zu den wirtschaftlichen Aufwendungen des Schuldners im Falle der Untersagung der weiteren Nutzung steht. Die Feststellung eines solchen groben Missverhältnisses gestaltet sich in der Praxis naturgemäß mehr als schwierig und das Auffinden klarer Faustformeln verbietet sich bereits aufgrund der klaren Einzelfallabwägung des § 275 Abs. 2 S. 1 BGB.[1438] Im Hinblick auf den patentrechtlichen Unterlassungsanspruch wird wohl nur ein existenzbedrohender wirtschaftlicher Aufwand ausreichen können, um ein grobes Missverhältnis zwischen dem Gläubigerinteresse und dem Schuldneraufwand feststellen zu können, da an das Tatbestandsmerkmal grundsätzlich hohe Hürden zu stellen sind. Dies gilt umso mehr, als dass der Gläubiger bei Vorliegen der Tatbestandsvoraussetzungen und fehlendem Vertretenmüssen des Schuldners seinen Anspruch ersatzlos verliert.[1439]

Im Ergebnis ist eine Übertragung des Rechtsgedankens aus § 275 Abs. 2 BGB auf § 139 Abs. 1 S. 1 PatG trotz erfolgsversprechender Ansätze dennoch abzulehnen. Die Bewertung der Unverhältnismäßigkeit lässt zunächst keine Bewertung der konkreten Begleitumstände des *Trolling* zu und ist im Bestreben, praktische Lösungen zu finden, zu unflexibel. Darüber hinaus sind an die Feststellung des groben Missverhältnisses hohe Anforderungen zu stellen, damit nicht jede Rechtsdurchsetzung, die den Verwender unter Umständen empfindlich beeinträchtigt, auch als unverhältnismäßig erachtet wird und dem Patentinhaber somit sein Unterlassungsanspruch ersatzlos versagt wird. Aufgrund der fehlenden Praktikabilität und undifferenzierten Rechtsfolge ist eine Anwendung auf § 139 Abs. 1 S. 1 PatG somit abzulehnen.[1440]

1438 *Caspers*, in: Staudinger, 2014, § 275, Rn. 101; so auch *Ernst*, in: Säcker/Rixecker/Oetker/Limpberg (Hrsg.), MüKo-BGB Band 2, 8. Auflage 2019, § 275, Rn. 94 ff, die beide darauf abstellen, was ein vernünftig denkender Mensch unter Zugrundelegung des Einzelfalls entscheiden würde; hingegen nehmen *Huber/Faust*, Schuldrechtsmodernisierung, 2002, Kap. 2, Rn. 67 ff. eine Kategorisierung vor.

1439 BT-Drs. 14/6040, S. 130.

1440 So auch *Sonnenberg*, Der Unterlassungsanspruch, 2014, S. 196.

II. Fazit

Die Untersuchung hat in erster Linie ergeben, dass die Einschränkbarkeit des patenrechtlichen Unterlassungsanspruchs zu verneinen ist. Gegen eine solche Annahme spricht der eindeutige Wortlaut der Norm, deren systematische Stellung im Anspruchsgefüge des neunten Abschnittes des PatG sowie der Wille des Gesetzgebers, welcher im Rahmen der Umsetzung der DRL konkret zutage getreten ist. Auch führte die Untersuchung nach einem möglichen Verhältnismäßigkeitsvorbehalt des § 139 Abs. 1 S. 1 PatG auf Grundlage einer richtlinienkonformen Auslegung im Lichte des Art. 3 Abs. 2 DRL zu demselben Ergebnis, da eine solche gegen die *contra legem* Auslegungsgrenze verstoßen würde und sich somit auch aus höherrangigem Recht kein Verhältnismäßigkeitsvorbehalt ableiten lässt. Des Weiteren ist auch eine Übertragung des Verhältnismäßigkeitsgrundsatzes nach der Auffassung *Tetzners* und *Kraßers* aus unterschiedlichen Gründen abzulehnen. Die weitere Prüfung ließ zudem deutlich werden, dass aufgrund der diametral entgegenstehenden Interessen eine Übertragung des allgemeinen Verhältnismäßigkeitsgrundsatzes, der sich aus den sachenrechtlichen Normen der §§ 906 Abs. 2, 912 Abs. 1 i.V.m. 251 Abs. 2 S. 1 BGB herleiten lässt, im Ergebnis ausscheiden muss. Letztlich erschien lediglich der in § 275 Abs. 2 S. 1 BGB verbriefte Verhältnismäßigkeitsgrundsatz erfolgversprechend, um den patentrechtlichen Unterlassungsanspruch in vertretbarer Weise einzuschränken. Dieser ist jedoch aufgrund seiner unflexiblen Handhabe und starren Rechtsfolge in der Rechtsanwendung ebenfalls nicht übertragbar.

B. Lauterkeitsrechtliche Schranken

Nunmehr stellt sich die Folgefrage, ob der Unterlassungsanspruch nicht auf Grundlage weiterer Vorschriften einschränkbar wäre. Diesbezüglich kommen vor allem die lauterkeitsrechtlichen Tatbestände des Verstoßes gegen die gezielte Behinderung von Mitbewerbern nach § 4 Abs. 4 UWG sowie die lauterkeitsrechtliche Einschränkung des Unterlassungsanspruchs aufgrund dessen missbräuchlicher Verwendung nach § 8 Abs. 4 UWG in Betracht. Ferner bietet auch das Urheberrecht in § 100 UrhG (bzw. § 45 DesignG) eine Vorschrift, die unter Umständen in analoger Anwendung auf den Unterlassungsanspruch übertragen werden könnte.

I. Verstoß gegen § 4 Nr. 4 UWG als Einschränkung des Unterlassungsanspruchs

Im Rahmen der defensiven Patentstrategie wurde bereits angemerkt, dass in der patentrechtlichen Diskussion bezüglich des *Trolling* über eine Anwendbarkeit des § 4 Nr. 4 UWG nachgedacht wird.[1441] Als Anknüpfungspunkt wird die bereits dargestellte Parallele zum Markenrecht gezogen, nach der der zweckwidrige Einsatz von Kennzeichen als Mittel des Wettbewerbskampfes, sowie die Anmeldung eines Zeichens mit Behinderungsabsicht als unlauter angesehen werden. Aus lauterkeitsrechtlichen Gesichtspunkten wird insbesondere die Geltendmachung von Unterlassungsansprüchen auf Grundlage reiner Spekulationsmarken wegen eines Verstoßes gegen § 4 Nr. 4 UWG vielfach abgelehnt.[1442] Für eine Anwendung auf das *Trolling* müssen erneut die Tatbestandsvoraussetzungen des § 4 Nr. 4 UWG auf deren Vorliegen hin überprüft werden.

Im Gegensatz zur Geltendmachung von Sperrpatenten kann die Geltendmachung des Unterlassungsanspruchs beim *Trolling* noch als eine geschäftliche Handlung im Sinne des § 2 Abs. 1 Nr. 1 UWG angesehen werden. Der notwendige objektive Zusammenhang zwischen der durch die Handlung bewirkten Einschränkung der wettbewerblichen Mitbewerberinteressen und der eigenen Absatz- bzw. Bezugsförderung kann unter den folgenden Gesichtspunkten bejaht werden: Mittels der Androhung bzw. Geltendmachung des Unterlassungsanspruchs wird dadurch auf die wettbewerblichen Interessen des Verwenders eingewirkt, dass dieser im Zweifel bereit sein wird, eine Lizenzierungsvereinbarung mit dem Patentinhaber einzugehen, was gleichzeitig den Absatz an Lizenzvereinbarungen des Patentinhabers fördert.[1443] Eine geschäftliche Handlung ist beim *Trolling* somit in der Geltendmachung durch den Patentinhaber zu erkennen. Die zusätzliche Forderung der Behinderung liegt sodann sogar gänzlich

---

1441 Vgl. *Uhrich*, ZGE/IPJ 2009, 59, 81; *Ohly*, GRUR Int. 2008, 787, 795; *Sonnenberg*, Der Unterlassungsanspruch, 2014, S. 156 ff. und *Lamping*, Patentschutz und Marktmacht, 2010, S. 439.

1442 BGH, GRUR 2001, 242, 244 – *Classe E*; BGH, GRUR 2009, 780, 782 – *Ivadal*; BGH, GRUR 2012, 429, 429–430 – *Simca*; OLG Frankfurt, MarkenR 2013, 151 – *Spekulationsmarke*; *v. Gamm*, in: Büscher/Dittmer/Schiwy (Hrsg.), Gewerblicher Rechtsschutz, Urheberrecht, Medienrecht, 3. Auflage 2015, § 8 MarkenG, Rn. 92; im Ergebnis auch *Köhler*, in: Köhler/Bornkamm/Feddersen (Hrsg.), UWG, 39. Auflage 2021, § 4, Rn. 4.86; *Götting/Hetmank*, in: Fezer/Büscher/Obergfell (Hrsg.), UWG, 3. Auflage 2016, § 4 Nr. 4, Rn. 153.

1443 So auch *Sonnenberg*, Der Unterlassungsanspruch, 2014, S. 157.

unproblematisch vor, da sowohl die Untersagung durch eine Unterlassungsverfügung als auch die Notwendigkeit der Lizenzierung den Patentverwender in seiner wettbewerblichen Entfaltungsmöglichkeit beeinträchtigt und dieser nur durch den Abschluss eines Lizenzvertrages wettbewerblich uneingeschränkt handeln kann.

Bedeutend größer wird der argumentative Aufwand bezüglich des Vorliegens einer gezielten Behinderung gegenüber einem Mitbewerber sein. Die Rechtsprechung geht davon aus, dass nur dann von einer gezielten Behinderung gesprochen werden kann, wenn bei einer objektiven Würdigung der Gesamtumstände die angegriffene Handlung in erster Linie auf die Beeinträchtigung der wettbewerblichen Entfaltung des Mitbewerbers gerichtet ist und nicht zur Förderung der eigenen wettbewerblichen Entfaltung vorgenommen wird.[1444] Somit ist vor allem die Intention des Handelnden maßgeblich für die Bewertung der gezielten Behinderung.[1445] Diese Intention ist beim *Trolling* eindeutig auf die Erzielung eines möglichst hohen finanziellen Ertrags durch die Auslizenzierung des Patents gerichtet und nicht vordergründig auf die Beschränkung der wettbewerblichen Entfaltungsmöglichkeit des Verwenders. Für den Patentinhaber ist es gerade von Nutzen, wenn möglichst viele Unternehmen die patentierte Technologie verwenden, damit die Zahl der potentiellen Lizenzverträge steigt. De facto wird dadurch auch der vom Patentsystem gewünschten Diffusion von Wissen Rechnung getragen. Denn je mehr Verwender eine Technologie nutzen, desto größer werden die Chancen den technischen Fortschritt durch neue Produkte oder Technologien zu fördern. Ein reiner Schaden für den Verwender, der durch die Untersagung bei gleichzeitiger Nicht-Lizenzierung entsteht, bedeutet keinen Vorteil für den Patentinhaber, sondern auch für diesen einen Nachteil, da das Patent nicht wie gewünscht monetarisiert werden kann.[1446] Das reine Interesse an einer maximalen Ausbeutung des Verwenders durch die Lizenzierung des Patents, ohne dabei mit der Rechtsdurchsetzung primär die wettbewerbliche Beschränkung zu forcieren, ist jedoch nicht mit der gezielten Behinderungsabsicht im Sinne des § 4 Nr. 4 UWG gleichzusetzen und im Ergebnis somit als Einschränkung des Unterlassungsanspruchs abzulehnen.[1447]

1444 BGH, GRUR 2008, 621, 624 – *AKADEMIKS*; BGH, GRUR 2005, 581, 582 – *The Colour of Elégance*.

1445 BGH, GRUR 2008, 621, 624 – *AKADEMIKS*.

1446 Abgesehen von den potentiellen Schadensersatzzahlungen, die ein Verwender im Falle des Obsiegens des Patentinhabers an diesen zu entrichten hat.

1447 So auch *Sonnenberg*, Der Unterlassungsanspruch, 2014, S. 160; offen gelassen bei *Ohly*, GRUR Int. 2008, 787, 795.

II. Analoge Anwendung des § 8 Abs. 4 UWG auf den Unterlassungsanspruch

Des Weiteren wird im Zusammenhang mit dem *Trolling* teilweise eine analoge Anwendung des § 8 Abs. 4 UWG diskutiert, im Ergebnis jedoch richtigerweise verneint.[1448] § 8 Abs. 4 UWG sanktioniert die Geltendmachung lauterkeitsrechtlicher Unterlassungs- und Beseitigungsansprüche, sofern sie nach den Gesamtumständen als missbräuchlich zu bewerten sind. Die Notwendigkeit der speziellen Ausformung des Rechtsmissbrauchs im Lauterkeitsrecht[1449] ist mit der Tatsache zu begründen, dass ein einzelner Wettbewerbsverstoß bereits eine Vielzahl von Unterlassungsansprüchen durch Verbände und Einzelpersonen nach sich ziehen kann, vgl. § 8 Abs. 3 UWG.[1450] Solche Mehrfachabmahnungen sind für den Adressaten insofern nachteilig, als dass dieser jedem Abmahnenden die Kosten für die berechtigte Abmahnung zu ersetzen hat (§ 12 Abs. 1 S. 2 UWG). Dieses, teilweise auch als „Kostenschinderei“[1451] bezeichnete Verhalten, tritt verstärkt im Online-Bereich auf, wo mittels entsprechender Software UWG-Verstöße mit relativ geringem Kostenaufwand ermittelt werden können und es somit ein Leichtes ist, potentielle Rechtsverletzer vielfach abzumahnen, um erhebliche Geldbeträge zu generieren.[1452] § 8 Abs. 4 UWG stellt demnach eine nicht analogiefähige spezialgesetzlich geregelte Einschränkung des weit gefassten Kreises der Anspruchsberechtigten aus § 8 Abs. 3 UWG dar.[1453] Eine

---

1448 Siehe *Uhrich*, ZGE/IPJ 2009, 59, 81; *Ohly*, GRUR Int. 2008, 787, 795; *Heusch*, in: Harmsen/Jüngst/Rödiger (Hrsg.), FS Meibom, 2010, S. 135, 139; *Sonnenberg*, Der Unterlassungsanspruch, 2014, S. 166.

1449 Dies ist nicht gänzlich unumstritten, siehe dazu beispielsweise *Köhler*, in: Ohly/Bodewig/Dreier/Götting/Haedicke/Lehmann (Hrsg.), FS Schricker, 2005, 725, 726 ff. und *Rath/Hausen*, WRP 2007, 133, 134 ff., die den § 8 Abs. 4 UWG als Spezialfall des Rechtsmissbrauchs ansehen und bei Vorliegen des Missbrauchs ein Erlöschen des Unterlassungsanspruchs als Rechtsfolge vorsehen; a.A. etwa *Büch*, in: Teplitzky (Hrsg.), Wettbewerbsrechtliche Ansprüche und Verfahren, 12. Auflage 2019, Kap. 13, Rn. 50 ff.

1450 BGH, GRUR 1999, 509, 510 – *Vorratslücke*.

1451 So etwa *Uhrich*, ZGE/IPJ 2009, 59, 81; *Sonnenberg*, Der Unterlassungsanspruch, 2014, S. 167.

1452 *Weiden*, GRUR 2011, 309, 310; vgl. für die ähnliche Problematik im Urheberrecht *Möller*, NJW 2011, 2560.

1453 BGH, GRUR 2000, 1089, 1090 – *Missbräuchliche Mehrfachabmahnung*; BGH, GRUR 2001, 260, 261 – *Vielfachabmahner*.

analoge Anwendung auf den patentrechtlichen Unterlassungsanspruch scheitert somit.[1454]

III. Exkurs: Urheberrechtliche Schranken

Eine Einschränkbarkeit des Unterlassungsanspruchs könnte sich letztlich durch eine analoge Anwendung der sog. Abwendungsbefugnis des schuldlos handelnden Verletzers im Urheberrecht aus § 100 S. 1 UrhG anbieten (vgl. den inhaltsgleichen § 45 DesignG).[1455] Dieser sieht jeweils eine Einschränkung des Unterlassungsanspruchs vor, sofern der Verletzer schuldlos handelt, ein unverhältnismäßig großer Schaden durch die Anspruchserfüllung erwachsen würde und eine Abfindung in Geld für den Verletzten zumutbar wäre.[1456] Des Weiteren regelt § 100 S. 2 UrhG (vgl. § 45 S. 2 DesignG), dass der zu zahlende Betrag sich danach zu bemessen habe, was bei einer vertraglich geregelten Nutzungseinräumung vereinbart worden wäre. Abschließend stellt § 100 S. 3 UrhG (vgl. § 45 S. 3 DesignG) klar, dass mit der Zahlung konkludent die Einwilligung in die weitere Verwertung im üblichen Umfang erteilt wird. Auf den ersten Blick erscheint eine Übertragung dieses Grundsatzes in Fällen des *Trolling* sinnvoll. Zum einen geschieht es nicht selten, dass Schutzrechte aufgrund der Schutzrechtsfülle, dem Bestehen von Patentdickichten sowie den angewandten Taktiken zur Schaffung des Verletztseins im Rahmen des *Trolling* zwar nicht schuldlos aber häufig zumindest fahrlässig übersehen werden und es dadurch zu unter Umständen irreversiblen Schäden auf Seiten des Verwenders kommen kann. Zum anderen erscheint die Zahlung einer angemessenen Lizenzgebühr in einer

---

1454 BGH, GRUR 2013, 176, 177 – *Ferienluxuswohnung*; BGH, GRUR 2012, 949, 950 – *Missbräuchliche Vertragsstrafe*; *Büscher*, in: Fezer/Büscher/Obergfell (Hrsg.), UWG, 3. Auflage 2016, § 8, Rn. 282; *Pokrant*, in: Büscher/Erdmann/Haedicke/Köhler/Loschelder (Hrsg.), FS Bornkamm, 2014, S. 1053, 1061 m.w.N.; ausführlich dazu auch *Büch*, in: Teplitzky (Hrsg.), Wettbewerbsrechtliche Ansprüche und Verfahren, 11. Auflage 2016, Kap. 13, Rn. 50 ff; aus der patentrechtlichen Diskussion etwa *Uhrich*, ZGE/IPJ 2009, 59, 81; *Sonnenberg*, Der Unterlassungsanspruch, 2014, S. 166; *Heusch*, in: Harmsen/Jüngst/Rödiger (Hrsg.), FS Meibom, 2010, S. 135, 139.

1455 Eine solche Untersuchung nehmen auch *Uhrich*, ZGE/IPJ 2009, 59, 84–85; *Frick*, *Patent-Trolling*, 2014, S. 413–414 und *Sonnenberg*, Der Unterlassungsanspruch, 2014, S. 169 vor.

1456 Für einen Überblick über die Abwendungsbefugnis im Urheberrecht *Dreier*, in: Dreier/Schulze (Hrsg.), Urheberrechtsgesetz, 6. Auflage 2018, § 100, Rn. 3 ff.; für die gleich ausgestaltete Ablösungsbefugnis im Designrecht, siehe *Günther*, in: Günther/Beyerlein (Hrsg.), DesignG, 3. Auflage 2015, § 45, Rn. 1 ff.

solchen Konstellation, ohne dem Druckmittel der Unterlassungsverfügung ausgesetzt zu sein, auch objektiv betrachtet als ein angemessener Ausgleich.[1457]

1. Fehlende vergleichbare Interessenlage

Für eine Analogie im Rechtssinn muss sowohl eine planwidrige Regelungslücke als auch eine vergleichbare Interessenlage vorliegen. Der Gesetzgeber hat laut amtlicher Gesetzesbegründung bei Erlass der Vorschriften den Sonderfall von Gemeinschaftswerken und hierbei insbesondere Filmwerke im Sinn gehabt, welche naturgemäß mit urheberrechtlichen Unsicherheiten behaften sind.[1458] Nicht selten wirken bei der Filmherstellung mehrere Personen kooperativ zusammen, was die Unsicherheit dahingehend erhöht, dass sich hieran beteiligte Personen unverschuldet kein Nutzungsrecht haben einräumen lassen und dies selbstredend auch im Urheberrecht eine Rechtsverletzung mit der Möglichkeit einer Unterlassungsverfügung darstellt.[1459] Zwar beinhalten moderne Produkte teilweise ebenfalls eine ungeahnte Vielzahl patentierter Technologien verschiedenster Rechteinhaber, die ebenfalls aufgrund von Patentdickichten übersehen werden können, die Ausgangslage ist jedoch eine andere. Beim Film arbeiten die beteiligten Personen in der Regel kooperativ an der Entstehung des Werkes zusammen. Dies ist bei der Entwicklung eines komplexen Produktes auf Grundlage von Erfindungen jedoch in den allermeisten Situationen gerade nicht der Fall. Sofern der Patentinhaber nicht mit anderen Patentinhabern im Rahmen

---

1457 Im Ergebnis entspricht dies auch der Auffassung von *Ahrens/McGuire*, Modellgesetz für Geistiges Eigentum, 2012, S. 162, deren § 56 GGE sich ebenfalls für eine generelle Einschränkbarkeit des Unterlassungsanspruchs auf Grundlage der § 100 UrhG bzw. § 45 DesignG (ex. § 45 GeschmMG) ausspricht.

1458 Vgl. den Wortlaut bei BT-Drs. IV/270, S. 105: „*Bei der großen Zahl der Personen, die Rechte am Filmwerk geltend machen können, und der oft bestehenden Unsicherheit über den Kreis dieser Personen kann dies in der Praxis vorkommen, ohne daß den Filmhersteller ein Verschulden trifft. Stellt sich das Versäumnis erst heraus, nachdem das Filmwerk unter großem Kostenaufwand fertiggestellt ist, so würde der betreffende Rechtsinhaber ohne die vorgeschlagene Sonderregelung die Auswertung des Filmwerkes untersagen und die Vernichtung des Filmstreifens verlangen können. Mit Rücksicht auf den im Filmwerk verkörperten hohen wirtschaftlichen Wert würde eine solche Rechtsfolge häufig zu der Bedeutung der unverschuldeten Rechtsverletzung ganz außer Verhältnis stehen.*“

1459 Vgl. § 97 Abs. 1 S. 1 UrhG, der besagt „Wer das Urheberrecht oder ein anderes nach diesem Gesetz geschütztes Recht widerrechtlich verletzt, kann von dem Verletzten auf Beseitigung der Beeinträchtigung, bei Wiederholungsgefahr auf Unterlassung in Anspruch genommen werden.“

einer Forschungskooperation zusammenarbeitet, bedient sich dieser somit einer Vielzahl verschiedener bereits erworbener, lizenzierter oder aber unrechtmäßig verwendeter Erfindung. Im Gegensatz zur Filmherstellung trägt jedoch nur der Patentverwerter selber Sorge, keine Schutzrechte zu übersehen. Bei der Herstellung eines Filmwerkes hingegen ist das Risiko zumeist unkontrollierter auf viele Personen verteilt, was den Gesetzgeber letztlich zum Erlass der Ablösungsbefugnis erwogen hat, um einen Ausgleich für derartige Risiken zu schaffen. Hinzu kommt der Umstand, dass das Urheberrecht im Gegensatz zum Patentrecht kein Registerrecht ist und folglich bereits die Feststellung der Rechtsinhaberschaft problematisch sein kann, im Patentrecht jedoch eindeutig ist.[1460]

Sonnenberg hingegen vertritt die Auffassung, dass vorliegend sehr wohl eine vergleichbare Interessenlage mit dem patentrechtlichen Unterlassungsanspruch vorliegen würde. Nach dessen Auffassung habe der Gesetzgeber weder nur Filmwerke noch reine „Gemeinschafts-“, sondern vielmehr „Gesamtwerke“ als Regelungsobjekt im Sinn gehabt und wollte somit mit der Ablösungsbefugnis den generellen Umstand der Schaffung einer neuen geistigen Schöpfung unter Zuhilfenahme fremder Schöpfungen regeln. Insofern sei dieser Gedanke auch auf die eben bereits beschriebene Situation im Patentrecht übertragbar, was sich zusätzlich noch damit begründen lasse, dass § 45 DesignG gerade keine urheberrechtlichen Werke beinhalte und der der Norm zugrundeliegende Rechtsgedanke somit verallgemeinerungsfähig sei.[1461] Der Autor verkennt hierbei jedoch, dass der Gesetzgeber eine eindeutige Wertung in § 24 PatG getroffen hat, die durch eine analoge Anwendung des § 100 UrhG bzw. § 45 DesignG umgangen werden würde. Von einer vergleichbaren Interessenlage kann somit nicht ausgegangen werden, da die Verpflichtung Dritten einen Zugang zu der eigenen technischen Handlungslehre zu ermöglichen an dem Vorliegen eines öffentlichen Interesses der Allgemeinheit (§ 24 Abs. 1 Nr. 2 PatG) oder aber an dem Bestehen eines technischen Fortschritts mit erheblicher wirtschaftlicher Bedeutung (§ 24 Abs. 2 Nr. 2 PatG) geknüpft ist.

2. Fehlende planwidrige Regelungslücke

Eine analoge Anwendung des § 100 UrhG bzw. § 45 DesignG scheitert letztlich auch an dem Erfordernis der planwidrigen Regelungslücke. Der Gesetzgeber hatte im Rahmen der Umsetzung der DRL erwogen, die Möglichkeit eine Ersetzungsbefugnis nach dessen Art. 12 auch im Patentrecht einzuführen, sah von

---

1460 So auch *Frick*, *Patent-Trolling*, 2014, S. 415.

1461 *Sonnenberg*, Der Unterlassungsanspruch, 2014, S. 169–170.

einer Umsetzung jedoch ganz bewusst ab.[1462] Diese Wertung des Gesetzgebers ist demnach auch für den vorliegenden Fall zu berücksichtigen, weswegen eine analoge Anwendung auf den patentrechtlichen Unterlassungsanspruch mangels planwidriger Regelungslücke im Ergebnis abzulehnen ist.[1463]

C. Zivilrechtliche Schranken

Aus materiell-rechtlicher Sicht stellt sich somit die weiterführende Frage, ob das Verhalten im Rahmen des *Trolling* als unzulässige Rechtsausübung im Sinne des § 242 BGB zu werten ist. Vorliegend kommt nur ein möglicher Verstoß gegen das Rechtsmissbrauchsverbot aus § 242 BGB in Betracht, da weder in dem Aufbau der dargestellten Drohkulisse noch in der nachfolgenden Geltendmachung des Unterlassungsanspruchs eine schikanöse Rechtsausübung im Sinne des § 226 BGB oder eine vorsätzliche sittenwidrige Schädigung nach § 826 BGB zu sehen ist und weitere zivilrechtliche Schranken nicht ersichtlich sind.[1464] Das Ziel des *Trolling* ist nicht primär die Schädigung oder Schikane des Patentverwenders, sondern lediglich die Generierung hoher finanzieller Erträge. Somit kommt eine tatbestandliche Anwendung der §§ 226 und 826 BGB von vornherein nicht in Betracht.

I. Eingrenzung anhand der Fallgruppen

In Anbetracht der groben Kategorisierungen des Rechtsmissbrauchs in drei Fallgruppen sind mit Blick auf das *Trolling* vor allem zwei Kategorien von gesteigertem Interesse für die weitere Bearbeitung. Zunächst lässt sich über eine Verwirkung des Rechts nachdenken, etwa dann, wenn mit der Geltendmachung trotz bestehender Kenntnis der Patentverletzung bewusst so lange abgewartet wird, bis der Verwender in eine wirtschaftliche Zwangslage gerät. Darüber hinaus ist zu untersuchen, ob die bloße Geltendmachung des Unterlassungsanspruchs zum Zweck der Druckausübung nicht ein Rechtsmissbrauch darstellt. Abschließend muss untersucht werden, ob die aufgestellten Grundsätze

---

1462 BT-Drs. 16/5048, S. 32: „*Wegen des fakultativen Charakters von Artikel 12 besteht insoweit kein Umsetzungsbedarf.*" So auch *Dreier*, GRUR Int. 2004, 706, 712.

1463 *Uhrich*, ZGE/IPJ 2009, 59, 85; *Sonnenberg*, Der Unterlassungsanspruch, 2014, S. 170. und *Heusch*, in: Harmsen/Jüngst/Rödiger (Hrsg.), FS Meibom, 2010, S. 135, 139; a.A. *Peukert/Kur*, GRUR Int. 2006, 292, 296.

1464 *Heusch*, in: Harmsen/Jüngst/Rödiger (Hrsg.), FS Meibom, 2010, S. 135, 147 sieht zumindest § 226 BGB als erfüllt an, wenn die Unterlassungsverfügung als Druckmittel für die Lizenzierung von standard-essentiellen Schutzrechten eingesetzt wird.

des BGH in dessen *Classe E*-Entscheidung bezüglich der Geltendmachung einer Hinterhaltsmarke auf das *Trolling* übertragen werden können.

II. Widerspruch zwischen früherem und gegenwärtigem Verhalten

Wie bereits im Rahmen der defensiven Patentstrategie dargestellt, bedarf es für die Bejahung des Verwirkungseinwandes einer Kumulation aus Zeit- und Umstandsmoment sowie des Bestehens eines wertvollen Besitzstandes.

1. Zeitmoment

Die Verwirkungsfrist muss stets im Zusammenhang mit den Umständen des konkreten Einzelfalls betrachtet werden und gewährt dem Patentinhaber trotz Kenntnis einer bestehenden Schutzrechtsverletzung ein gewisses Zuwarten mit der Rechtsverfolgung, was sowohl auf die generell kurze Schutzdauer als auch auf die konkreten wettbewerblichen Umstände zurückzuführen ist.[1465]

a. Besonderheiten des *Trolling*

Im Falle des *Trolling* ergeben sich dahingehend Besonderheiten, dass die Geltendmachung des Patents in der Regel bewusst erst dann erfolgt, wenn der Verwender die technische Handlungslehre bereits in einem Produkt am Markt verwendet, um größtmöglichen Druck auszuüben. Zwar muss auch einem nichtproduzierenden Unternehmen eine „reaktionsfreie Zeit"[1466] bei Kenntnis einer Verletzung seiner Rechte zugestanden werden, diese verkürzt sich aber dann, wenn entweder bereits ein schützenswerter Besitzstand aufgebaut wurde, oder aber der Verwender im Begriff ist einen solchen aufzubauen und der Patentinhaber davon Kenntnis besitzt.[1467] Der verwerflichen Intention eines Patentinhabers dahingehend, trotz Kenntnis der Patentverletzung solange abzuwarten, bis der Verwender durch seine Investitionen sprichwörtlich „in der Falle sitzt", könnte durch eine Verkürzung der Verwirkungsfrist entgegengetreten werden.

b. Verwirkungsfrist bei Wechsel des Patentinhabers

Die Strategie des *Trolling* gründet gerade darauf, dass bereits bestehende Schutzrechte erworben und somit nicht von deren originären Anmeldern geltend gemacht werden. Dies wirft die Frage auf, inwiefern sich der Wechsel der

---

1465 Vgl. dazu bereits Kapitel 2, § 2, C, III, 1–2.
1466 *Kraßer/Ann*, Patentrecht, 7. Auflage 2016, § 3, Rn. 40.
1467 *Sonnenberg*, Der Unterlassungsanspruch, 2014, S. 203.

Inhaberschaft auf die Verwirkungsfrist im Rahmen des § 242 BGB auswirkt.[1468] Zum Teil wird angenommen, dass ein Rechtsinhaberwechsel zu einem Neubeginn der Verwirkungsfrist führt, da der Rechtsnachfolger andersartige Interessen als der vormalige Inhaber verfolgen kann.[1469] Sofern der neue Inhaber jedoch von den verwirkungsbegründenden Umständen Kenntnis hatte, trifft diesen die gleiche Verantwortung wie den Rechtsvorgänger, was dazu führt, dass ein bereits verwirktes Recht nicht durch den Wechsel des Rechtsinhabers wieder „aufleben" kann.[1470] Im Ergebnis ist der Umstand der Rechtsnachfolge im Rahmen der Gesamtbetrachtung zu bewerten, da eine pauschale Antwort nicht interessengerecht erscheint.[1471] Es ist zu unterscheiden, ob der Verwender von der Übertragung des Rechts Kenntnis hatte oder nicht. Sofern Kenntnis bestand, spricht dies gegen ein Festhalten an einem Duldungsanschein, denn der Verwender kann nicht per se davon ausgehen, dass der neue Inhaber eine bestehende Patentverletzung ohne Weiteres dulden wird. War ihm der Übergang hingegen nicht bekannt, was nicht selten mit einer generellen Unkenntnis über das Bestehen des beeinträchtigenden Schutzrechts einhergeht, läuft die Verwirkungsfrist ohne Unterbrechung weiter.[1472] Insoweit erwächst einem Patentinhaber beim *Trolling* kein Vorteil, denn die vormalige Untätigkeit des Patentinhabers wird ihm gegebenenfalls zugerechnet.

2. Umstandsmoment

Ferner muss für die Verwirkung der Umstandsmoment bejaht werden, welcher im Falle des *Trolling* schwer nachzuweisen sein wird. Zumeist fehlt es an einem bestehenden Duldungsanschein für den Verwender. Beim *Trolling* ist zu beobachten, dass der Verwender häufig überhaupt keine Kenntnis von dem

---

1468 Der Fall ist dann unproblematisch, wenn die zu veranschlagende Verwirkungsfrist bereits bei dem Rechtsvorgänger eingetreten wäre. Ist dies der Fall, so ändert auch die Rechtsübertragung auf einen Dritten nichts an der Versagung der Ansprüche. Dazu bereits *Siebert*, Verwirkung und Unzulässigkeit der Rechtsausübung, 1934, S. 176.

1469 *Looschelder/Olzen*, in: Staudinger, 2015, § 242, Rn. 305.

1470 *Schubert*, in: Säcker/Rixecker/Oetker/Limpberg (Hrsg.), MüKo-BGB Band 2, 8. Auflage 2019, § 242, Rn. 402 ff.

1471 Eine Übertragung der Verjährungsvorschriften scheitert bereits an den entgegenstehenden Interessenlagen der Rechtsinstitute der Verwirkung und Verjährung, vgl. BGH, NJW 2003, 288, 289.

1472 Im Ergebnis so auch *Steinke*, Die Verwirkung im Immaterialgüterrecht, 2006, S. 50 und *Sonnenberg*, Der Unterlassungsanspruch, 2014, S. 205.

verletzten Schutzrecht hat, was mitunter an den gezielten Taktiken zur Schaffung des Verletztseins auf Seiten des Patentinhabers liegt. Zwar schließt die Unkenntnis über das Bestehen des fremden Schutzrechts den Verwirkungseinwand nicht per se aus und kann laut BGH auch bei fahrlässiger Unkenntnis zu einer Versagung der geltend gemachten Ansprüche führen.[1473] Der Verwender muss sich diese Unkenntnis jedoch dann zurechnen lassen, wenn er das Nichtauffinden des Schutzrechts fahrlässig zu vertreten hat, da er seiner Pflicht zur *freedom-to-act*-Recherche nur unzureichend nachgekommen ist. Denn hätte er die Schutzrechtsverletzung erkennen können, sind höhere Anforderungen an den schutzwürdigen Besitzstand und der Verwirkungsfrist zu stellen, um dem vorzunehmenden Interessenausgleich gerecht zu werden.[1474] Die mittlerweile undurchsichtige Patentlage darf ebenso wenig nicht-operativen Patentinhabern im Rahmen der Verwirkung zum Nachteil gereichen, indem die fahrlässige Unkenntnis des Verwenders hinsichtlich der Patentlage wiederum für diesen vorteilhaft wäre. Gegen einen Duldungsanschein spricht häufig auch der Umstand, dass der Patentinhaber vor der konkreten Geltendmachung des Unterlassungsanspruchs mit einer Lizenzforderung an den Verwender herantritt und eine gerichtliche Geltendmachung nicht selten erst im Nachgang langwieriger Lizenzverhandlungen erfolgt.[1475] Ein Duldungsanschein kann somit nur vor Aufnahme von Lizenzverhandlungen entstanden sein und muss für die Bejahung der Verwirkung zudem auch nach Ablauf der Verwirkungsfrist bestanden haben. Aufgrund der Wechselwirkung zwischen Zeit- und Umstandsmoment könnte ein besonders schützenswerter Besitzstand ein schwaches Zeitmoment zwar aufwiegen,[1476] in der Praxis wird dies aller Wahrscheinlichkeit nach aber ebenfalls selten vorliegen.

1473 BGHZ 146, 217 – *Temperaturwächter* (in BGHZ 146, 217 nicht abgedruckt, vgl. BGH, GRUR 2001, 323, 326 – *Temperaturwächter*); a.A. LG Düsseldorf, GRUR 1990, 117, 119 – *Strickwarenhandel II*, da mangels Kenntnis auch kein Vertrauen entstehen könne.

1474 *Bukow*, in: Haedicke/Timmann (Hrsg.), Handbuch des Patentrechts, 2012, § 9, Rn. 306.

1475 Sowohl den dargestellten drei amerikanischen Gerichtsverfahren als auch den Rechtsstreitigkeiten zwischen der *IPCom* und den Mobilfunkherstellern gingen teils mehrjährige Verhandlungen voraus, vgl. dazu Kapitel 3, § 1, B, II, 1–3.

1476 *Sonnenberg*, Der Unterlassungsanspruch, 2014, S. 208.

3. Zusammenfassung

Eine Versagung des Unterlassungsanspruchs aufgrund einer Verwirkung stellt vorliegend keine probate Schranke für das *Trolling* dar. Die kurze Schutzdauer des Patents, gepaart mit einer auch für nicht-operative Patentinhaber zuzugestehende Frist mit der Geltendmachung abzuwarten, führt in der Regel zu keinem Ablauf der Verwirkungsfrist auf Seiten des Patentinhabers zum Zeitpunkt der konkreten Geltendmachung. Denn auch nicht-operative Patentinhaber können Gefahr laufen, wegen unberechtigter Schutzrechtsverwarnung in Anspruch genommen zu werden, was ein gewisses Abwarten legitimiert. Der Wechsel der Inhaberschaft vermag an der Verwirkungsfrist in den meisten Fällen ebenfalls nichts ändern. Zu beachten ist ferner, dass es auch beim *Trolling* für den Patentinhaber erst möglich sein wird, eine Patentverletzung anhand des marktreifen Produkts auszumachen, um entsprechend tätig zu werden. Zu diesem Zeitpunkt sind bereits erhebliche Investitionen auf die Benutzung des Patents durch den Verletzer verwendet worden, sodass ein unter Umständen mehrjähriges Zuwarten auf Seiten des Patentinhabers weder allzu realistisch noch notwendig erscheint, da der Amortisierungsdruck schon existiert. Der zusätzlich zu fordernde Duldungsanschein verlangt zudem ein Vertrauen des Verwenders auf die nicht mehr erfolgende Geltendmachung, was bei der häufig fehlenden Kenntnis von Lizenzgebühren schwerlich als Duldungsanschein gewertet werden kann. Selbst ein besonders wertvoller Besitzstand wird bei einem schwachen Zeit- und Umstandsmoment mit Blick auf den Duldungsanschein nicht zu einer Verwirkung führen können, wenn man berücksichtigt, dass die patentrechtliche Verwirkung erst einmal höchstrichterlich anerkannt und hierbei ein Zuwarten von 14 Jahren festgestellt wurde.[1477]

III. Gegenwärtiges missbräuchliches Verhalten

Ein gegenwärtig missbräuchliches Verhalten ist immer dann anzunehmen, wenn die Art und Weise der Rechtsausübung zu missbilligen ist, dieser kein schützenswertes Interesse zugrunde liegt oder aber die Interessen der Gegenseite weitaus überwiegen.[1478] Hierbei gilt der stets zu beachtende Grundsatz, dass gesetzlich oder vertraglich begründete Rechtspositionen zu akzeptieren und

1477 BGHZ 146, 217 – *Temperaturwächter*; für eine Übersicht über die Behandlung der patentrechtlichen Verwirkung in der Rechtsprechung, siehe *Steinke*, Die Verwirkung im Immaterialgüterrecht, 2006, S. 152 ff.

1478 *Looschelder/Olzen*, in: Staudinger, 2015, § 242, Rn. 255–256.

Eingriffe von der Rechtsordnung in diese nur bei einer unerträglichen Unbilligkeit gerechtfertigt sind.

1. Fehlende Schutzwürdigkeit der verfolgten Interessen

Eine unzulässige Rechtsausübung ist etwa dann gegeben, wenn im Einzelfall das zugrundeliegende Interesse an der selbigen als nicht schutzwürdig anmutet und von der Rechtsordnung zu missbilligen ist.[1479] Diese Fallgruppe ist eng mit dem fehlenden Eigeninteresse an der Rechtsausübung verbunden, von dieser aber dann zu unterscheiden, wenn zwar das zugrundeliegende Interesse schutzwürdig ist, die konkrete Ausübung im Einzelfall aber das zu fordernde Eigeninteresse vermissen lässt. Beim *Trolling* geht es dem Patentinhaber lediglich um die bestmögliche Monetarisierung der eigenen Schutzrechte im Wege deren Auslizenzierung. Folglich stehen rein monetäre Interessen im Vordergrund und keine wettbewerblichen Aspekte, die mit der Verteidigung des Patents einhergehen würden. Diese reine Profitorientierung stellt aber noch keinen Umstand dar, der im Wege des Rechtsmissbrauchseinwands eingeschränkt werden dürfte.[1480] Das Streben nach finanziellen Erträgen ist eine legitime wirtschaftliche Zielsetzung, die zudem auch nicht durch die Forderung hoher Lizenzgebühren ihre Schutzwürdigkeit verliert.[1481] Somit vermag auch eine exzessive Lizenzentgeltforderung im Einzelfall nicht die generelle Schutzwürdigkeit mit der Konsequenz abgesprochen werden, dass die Rechtsausübung als rechtsmissbräuchlich anzusehen ist.[1482]

2. Geringfügigkeit

Zudem könnte eine rechtsmissbräuchliche Ausübung des Unterlassungsanspruchs in Betracht gezogen werden, in Fällen, in denen die Schutzrechtsverletzung durch den Verwender nur marginal ist, die Durchsetzung des Anspruchs hingegen erhebliche Konsequenzen für diesen hätte.[1483] Fälle der Geringfügigkeit

1479 *Schubert*, in: Säcker/Rixecker/Oetker/Limpberg (Hrsg.), MüKo-BGB Band 2, 8. Auflage 2019, § 242, Rn. 467.

1480 *Sutschet*, in: Bamberger/Roth/Hau/Poseck (Hrsg.), BGB, 4. Auflage 2019, § 242, Rn. 94 ff.

1481 A.A. *Osterrieht*, GRUR 2009, 540, 544.

1482 Im Ergebnis so wohl auch *Meibom/Nack*, in: Prinz zu Waldeck und Pyrmont/Adelmann/Brauneis/Drexl/Nack (Hrsg.), FS Straus, 2009, S. 495, 500–501.

1483 *Schubert*, in: Säcker/Rixecker/Oetker/Limpberg (Hrsg.), MüKo-BGB Band 2, 8. Auflage 2019, § 242, Rn. 446.

zeichnen sich dadurch aus, dass zwar ein sachliches Interesse an der Geltendmachung besteht, dieses aber aufgrund einer atypischen Interessenlage zulasten des Dritten zurückstehen muss, da dessen Schutzbedürftigkeit weitaus höher wiegt.[1484] Geringfügigkeit wäre vorliegend dem Grunde nach in zwei Varianten denkbar. Zunächst könnte sich eine Geringfügigkeit daraus ergeben, dass bei der gerichtlichen Feststellung der Patentverletzung zutage tritt, dass dem Schutzbereich des Patents eine nur minimale Beeinträchtigung widerfährt und in Anbetracht der fehlenden Eigennutzung die Geltendmachung als Verstoß gegen das Übermaßverbot gewertet werden könnte.[1485] Für eine solche Annahme müsste dem deutschen Recht jedoch eine Differenzierung im Hinblick auf den Grad der Beeinträchtigung und der hieraus resultierenden Geltendmachungsbefugnis bekannt sein, was jedoch nicht der Fall ist.[1486] Lediglich im Rahmen der Zwangslizenz erkennt das deutsche Recht die Möglichkeit an, einem Patent aufgrund dessen Bedeutung für das öffentliche Interesse eine unterschiedliche Bewertung anhand dessen innovativen oder technischen Werts zu Teil werden zu lassen.

Auch wäre ein Fall der Geringfügigkeit im Sinne einer atypischen Interesselage anzudenken, wenn die Konsequenzen der Geltendmachung derartige wirtschaftliche Schäden bei dem Verwender verursachen würden, dass dessen Belange als weitaus schutzwürdiger einzustufen wären. Dies entspräche der bereits angeführten Situation des groben Missverhältnisses im Rahmen des § 275 Abs. 2 BGB. Sofern sich die Unzumutbarkeit aufgrund bestehender Geringfügigkeit lediglich auf eine Abwägung zwischen dem Gläubigerinteresse und dem wirtschaftlichen Aufwand des Schuldners zu dessen Erfüllung bezieht, ist für § 242 BGB jedoch keinen Raum mehr, da das grobe Missverhältnis aus § 275 Abs. 2 BGB den Grundsatz von Treu und Glauben bereits hinreichend berücksichtigt und demnach der Anwendung des § 242 BGB im Wege der Spezialität vorgeht.[1487] Somit eignet sich eine nur geringfügige Rechtsverletzung nicht

1484 *Looschelder/Olzen*, in: Staudinger, 2015, § 242, Rn. 262–263; *Canaris*, JZ 1987, 993, 1002.

1485 Das Gesetz kennt derartige Erwägungen etwa in §§ 281 Abs. 1 S. 3, 320 Abs. 2, 323 Abs. 5 S. 2 und 324 BGB.

1486 In Art. 9a Abs. 4 Schweizer Patentgesetz findet sich beispielsweise eine Sonderbestimmung, die hinsichtlich des Parallelimports für Patente mit „untergeordneter Bedeutung" eine Ausnahme macht.

1487 Umfassend dazu *Looschelder/Olzen*, in: Staudinger, 2015, § 242, Rn. 267 ff.

für die Einschränkung des Unterlassungsanspruchs im Lichte des Rechtsmissbrauchsverbots nach § 242 BGB.[1488]

3. Mangelndes Eigeninteresse an der Rechtsausübung

Abschließend könnte sich ein Rechtsmissbrauch aufgrund fehlenden Eigeninteresses des Schutzrechtsinhabers an der Rechtsfolge der Rechtsausübung ergeben. Sofern diesem ein solches fehlt, liegt ein Verstoß gegen § 242 BGB zumindest nahe.[1489] Zwar wird bei fehlendem Eigeninteresse nicht selten die Schädigung des Schuldners ebenfalls von Bedeutung sein, im Gegensatz zu § 226 BGB muss die Verwirklichung des § 242 BGB aufgrund fehlenden Eigeninteresses an der Rechtsausübung jedoch nicht das tragende Element darstellen. Bezüglich des *Trolling* treten durchaus solche Bedenken auf, da der Patentinhaber an der konkreten Folge der Rechtsausübung, nämlich dem Unterlassen der weiteren Benutzung mangels eigener Marktteilnahme, keinerlei Nutzen hat.[1490] Vielmehr ist der anvisierte Verfügungserlass lediglich Mittel zum Zweck, um den Abschluss eines Lizenzvertrages zu erreichen. Eine andere Sachlage würde sich ergeben, wenn der Patentinhaber bereits ausschließliche Lizenzen erteilt hätte und ihn somit die Verpflichtung trifft, gegen vermeintliche Patentverletzungen vorzugehen.[1491] Dennoch ist auch im Falle des *Trolling* ein bestehendes Eigeninteresse darin zu sehen, dass sowohl eine Verletzung seines Ausschließlichkeitsrechts vorliegt und der Verwender in den allermeisten Fällen den Abschluss eines Lizenzvertrages im Vorfeld der gerichtlichen Auseinandersetzung abgelehnt hat.[1492] Insofern kann das schützenswerte Begehr darin gesehen werden, das Ausschließlichkeitsrecht überhaupt zu verteidigen, auch wenn durch die konkrete Unterlassung mangels eigener Marktteilnahme insofern kein wettbewerblicher Vorteil

---

1488 Vgl. Art. 9a Abs. 4 Schweizer PatG, der eine Einschränkung in diese Richtung bei Parallelimporten zulässt. Siehe dazu *Sonnenberg*, Der Unterlassungsanspruch, 2014, S. 187.

1489 BGH, NJW 2008, 3438, 3438; *Looschelder/Olzen*, in: Staudinger, 2015, § 242, Rn. 258; *Schubert*, in: Säcker/Rixecker/Oetker/Limpberg (Hrsg.), MüKo-BGB Band 2, 8. Auflage 2019, § 242, Rn. 459; *Teichmann*, JA 1985, 497, 499.

1490 Diese Bedenken äußerte bereits das OLG Karlsruhe, Urteil vom 11. Mai 2009 – 6 U 38/09, Rn. 14, zit. nach *juris*; siehe dazu auch *Osterrieth*, GRUR 2009, 540, 544 und *Sonnenberg*, Der Unterlassungsanspruch, 2014, S. 185.

1491 Diesen Umstand wirft etwa *Osterrieth*, GRUR 2009, 540, 544 auf. So auch LG Mannheim, Urteil vom 27. Februar 2009, Az. 7 O 94/08, Rn. 97, zit. nach *juris*.

1492 Dies ist zumindest bei allen hier dargestellten Fällen der Rechtsprechung unter Teilnahme einer Patentverwertungsgesellschaft der Fall gewesen.

entsteht. Geht der Patentinhaber nach gescheiterten Lizenzverhandlungen nämlich nicht gegen die andauernde unberechtigte Verwendung vor, erwächst ihm überhaupt kein Nutzen mehr aus der Erfindung. Zu bedenken ist hierbei auch, dass eine nicht vorgenommene Geltendmachung weitere Verwender ermutigen könnte, das Patent ohne Erlaubnis zu benutzen, was eine zusätzliche wirtschaftliche Entwertung für den Patentinhaber bedeuten würde.

Bei der Bewertung des fehlenden Eigeninteresses ist zusätzlich auf die Zielsetzung der Vorschrift abzustellen, die das in Rede stehende Recht gewährt.[1493] Für die Geltendmachung des Unterlassungsanspruchs nach § 139 Abs. 1 S. 1 PatG sind lediglich die dargestellten objektiven Tatbestandsvoraussetzungen zu erfüllen.[1494] Eine darüber hinaus gehende Zweckgebundenheit ist nicht erforderlich.[1495] Insofern macht das Patentrecht keinen Unterschied zwischen den jeweiligen Patentinhabern und deren mit der Rechtsdurchsetzung verfolgten Zielsetzungen. Würde die Durchsetzung des Unterlassungsanspruchs aufgrund fehlender eigener Marktpräsenz und der Verfolgung rein monetärer Interessen vorliegend am fehlenden Eigeninteresse scheitern, müsste dies gleichermaßen auch für Einzelerfinder und alle weiteren Patentinhaber gelten, die keine Marktposition verteidigen würden. Im Ergebnis würde das dazu führen, dass das Patent als Wirtschaftsgut in Gänze stark beeinträchtigt wird[1496] und die Rechtsdurchsetzung von nicht-operativen Marktteilnehmern somit immer wegen fehlendem Eigeninteresse abzulehnen.[1497] Demnach ist bei der Geltendmachung des Unterlassungsanspruchs im Rahmen des *Trolling* auch von einem Eigeninteresse an der Rechtsfolge auszugehen und der Einwand der unzulässigen Rechtsausübung nach § 242 BGB abzulehnen.[1498]

4. Zwischenfazit

Die vorgenommene Untersuchung hat aufgezeigt, dass die Geltendmachung des Unterlassungsanspruchs beim *Trolling* weder mittels des Verwirkungseinwandes noch aufgrund einer feststellbaren unzulässigen Rechtsausübung eingeschränkt werden kann. Abschließend muss untersucht werden, inwieweit die vom BGH

1493 *Looschelder/Olzen*, in: Staudinger, 2015, § 242, Rn. 262 ff.

1494 Siehe hierzu unter Kapitel 3, § 1, C, III, 3, a-e.

1495 *Ann*, in: Prinz zu Waldeck und Pyrmont/Adelmann/Brauneis/Drexl/Nack (Hrsg.), FS Straus, 2009, S. 355, 361.

1496 *Ders.*, S. 355, 361.

1497 Im Ergebnis so auch *Sonnenberg*, Der Unterlassungsanspruch, 2014, S. 186.

1498 A.A wohl *Ohly*, GRUR Int. 2008, 787, 794 ff.

aufgestellten Grundsätze bezüglich einer Hinterhaltsmarke[1499] auf das *Trolling* übertragbar sind.

IV. Übertragung der *Classe E*-Rechtsprechung des BGH auf das *Trolling*

Das *Classe E*-Verfahren des BGH wird von einigen Autoren als paradigmatische Parallele angeführt, um die dort aufgestellten höchstrichterlichen Grundsätze auch im Hinblick auf das *Trolling* fruchtbar zu machen.[1500] Gerne wird im Zusammenhang mit dem Verfahren auch von dem Auftreten eines „Markentrolls" gesprochen, um bereits in sprachlicher Hinsicht an der Vergleichbarkeit keine Zweifel aufkommen zu lassen.[1501] Ob die höchstrichterliche Rechtsprechung auf das *Trolling* übertragbar ist, bedarf jedoch einer eingehenden Untersuchung.

1. Darstellung der wesentlichen Entscheidungsgründe

Dem Verfahren lag der folgende Sachverhalt zugrunde:[1502] Noch vor Markteinführung und korrespondierender Markenanmeldung der neuen Mercedes E-Klasse durch die damalige *DaimlerChrysler AG*, meldete eine Privatperson zunächst in Frankreich[1503] und nachfolgend in Deutschland[1504] das Zeichen „Classe E" als IR-Marke für sich an, ohne selber einen eigenen Geschäftsbetrieb zu unterhalten. Für den französischen Markt erklärte sich die *DaimlerChrysler AG* seinerzeit noch bereit, eine ausschließliche Lizenzvereinbarung mit einer Einmalzahlung in Höhe von 150.000 DM einzugehen. Für Deutschland scheiterten die gleichartigen Verhandlungen jedoch und führten letztlich zu einer gerichtlichen Auseinandersetzung, in der die *DaimlerChrysler AG* die Löschung der Marke aufgrund rechtsmissbräuchlichen Verhaltens beantragte

1499 Der Begriff des Hinterhaltszeichens wurde bereits unter Geltung des Warenzeichenrechts verwendet, vgl. *Baumbach/Hefermehl*, Warenzeichenrecht, 12. Auflage 1985, § 1 WZG, Rn. 51.

1500 *Ohly*, GRUR Int. 2008, 787, 792 ff.; *Uhrich*, ZGE/IPJ 2009, 59, 82; *Osterrieth*, GRUR 2009, 540, 543 ff.; *Sonnenberg*, Der Unterlassungsanspruch, 2014, 209 ff.; *Frick*, *Patent-Trolling*, 2014, S. 157 ff. sowie *Lamping*, Patentschutz und Marktmacht, 2010, S. 438.

1501 Lediglich *Uhrich*, ZGE/IPJ 2009, 59, 82 verwendet diesen Begriff nicht.

1502 Vgl. dazu BGH, GRUR 2001, 242, 242 ff. – *Classe E*.

1503 Die Anmeldung erfolgte am 24. November 1992.

1504 Im November 1995 wurde für Deutschland die internationale Registrierung der Marke „*Classe E*" vorgenommen, welche am 19. April 1993 beantragt wurde.

und der BGH das dem Antrag stattgebende Berufungsurteil des OLG Frankfurt bestätigte. Das OLG begründete die Löschung der Marke damit, dass es rechtsmissbräuchlich sei, wenn ein Markeninhaber zunächst eine Vielzahl von Marken für unterschiedliche Waren oder Dienstleistungen anmelde, für diese Marken keinen ernsthaften Benutzungswillen hege und letztlich eine derartige Markenhortung lediglich zu dem Zweck verfolge, Dritte mit Schadensersatz- und Unterlassungsklagen zu überziehen.[1505] Im Hinblick auf diese Art der Markenverwendung spricht das OLG ausdrücklich vom funktionswidrigen Einsatz durch eine sog. Hinterhaltsmarke.[1506] Nach Ansicht des BGH war dies in dem vorliegenden Sachverhalt erfüllt, da der Markeninhaber eine Vielzahl unterschiedlichster Marken unterhielt, ohne jedoch selber auf Grundlage dieser gewerblich tätig zu sein. Dem Markeninhaber ging es laut BGH lediglich darum so lange zuzuwarten, bis ein Unternehmen die Benutzung seiner Marken aufnahm, um den Benutzer anschließend mit Geldforderungen und der Androhung von Unterlassungsverfügungen zu überziehen.

2. Vergleichbarkeit der zugrundeliegenden Sachverhalte

Betrachtet man nur die Vorgehensweise des Markenrechtsinhabers in dem zugrundeliegenden Sachverhalt der *Classe E*-Entscheidung, so drängt sich eine oberflächliche Parallele zwischen der marken- und patentrechtlichen Vorgehensweise beim *Trolling* förmlich auf.[1507] Der Schutzrechtseinsatz erfolgt nahezu identisch und zielt auf die Schaffung von Zwangslagen und Verhandlungsineffizienzen ab, in denen der Marken- bzw. Patentverwender sich nahezu gezwungen sieht, dem Abschluss eines Lizenzvertrages zuzustimmen. Die dargestellte Vorgehensweise beim *Trolling* hat hinreichend aufgezeigt, dass sich der Patentinhaber gezielter Taktiken bedient, um den Zustand eines solchen Verletztseins zu erreichen und eine Drohkulisse aufzubauen, sodass die Risiken für den Verwender unkalkulierbar werden und der Abschluss des Lizenzvertrages aus betriebswirtschaftlicher Sicht als die rationalere Entscheidung anmutet. Trotz dieser offensichtlich gleichgelagerten Fallgestaltung, darf eine Übertragung der Rechtsprechung bezüglich eines gewerblichen Schutzrechts auf ein anderes gewerbliches Schutzrecht nur durch einen Vergleich der Gemeinsamkeiten und

---

1505 OLG Frankfurt, WRP 1997, 1208, 1209 ff. – *Classe E*; dazu auch *Kiethe/Groeschke*, WRP 1997, 269, 273.

1506 OLG Frankfurt, WRP 1997, 1208, 1209 ff. – *Classe E.*

1507 So auch *Ohly*, GRUR Int. 2008, 787, 792.

Unterschiede im Hinblick auf die zugrundeliegenden Sachverhalte erfolgen und muss somit nachfolgend weitergehend untersucht werden.[1508]

a. Vorbehaltlose Gewährung des Unterlassungsanspruchs

Im Rahmen der Bewertung des Beklagtenverhaltens stellte der BGH im Einklang mit der Argumentation des OLG Frankfurt fest, dass sich der Markeninhaber gezielt des Druckmittels der vorbehaltlos zu gewährenden Unterlassungsverfügung bediente, um den Abschluss eines Lizenzvertrages voranzutreiben.[1509] Eine solche Instrumentalisierung des Unterlassungsanspruchs erfolgt beim *Trolling* gleichermaßen. Mit Blick auf das Rechtsinstitut des Unterlassungsanspruchs besteht somit die Gemeinsamkeit beider Sachverhalte darin, dass sowohl der marken- als auch der patentrechtliche Unterlassungsanspruch bei einer festgestellten Schutzrechtsverletzung von der Rechtsordnung grundsätzlich vorbehaltlos gewährt wird und sich demnach besonders gut dazu eignet, als Druckmittel in Lizenzverhandlungen eingesetzt zu werden.[1510]

Dennoch muss bei einer Vergleichbarkeit der vorbehaltlosen Gewährung des jeweiligen Verteidigungsmittels beachtet werden, dass die Einschränkbarkeit des markenrechtlichen Unterlassungsanspruchs aufgrund Rechtsmissbrauchserwägungen durch die Rechtsprechung in diversen Fallgruppen hinlänglich anerkannt und durch eine entsprechende Kasuistik geprägt ist, da das Missbrauchspotential einer Marke aufgrund der bedeutend einfacheren Schutzrechtserlangung im Vergleich zum Patent ungleich höher ausfällt.[1511] Im Patentrecht hingegen existiert weder eine vergleichbare Kasuistik noch ist der Einwand des Rechtsmissbrauchs gegen die Geltendmachung des Unterlassungsanspruchs in vergleichbarer Form anerkannt. Das Fehlen einer solchen Kasuistik hinsichtlich des Rechtsmissbrauchseinwandes im Patentrecht bedeutet zwar freilich nicht, dass eine Einschränkbarkeit des patentrechtlichen Unterlassungsanspruchs nicht grundsätzlich möglich wäre.[1512] Dennoch verdeutlicht dieser Umstand gleichzeitig auch, dass die Rechtsprechung im Falle des Patentrechts bedeutend

---

1508 Eine derartige Untersuchung nehmen auch *Sonnenberg*, Der Unterlassungsanspruch, 2014, 209 ff. und *Frick*, *Patent-Trolling*, 2014, S. 157 ff. vor.

1509 BGH, GRUR 2001, 242, 246 – *Classe E.*

1510 Vgl. den Wortlaut des § 14 Abs. 5 MarkenG.

1511 Siehe dazu ausführlich *Wiedmann*, Der Rechtsmissbrauch im Markenrecht, 2002, S. 82 ff.; vgl. den Versuch, aus der Kasuistik Leitlinien herauszuarbeiten bei *Ohly*, in: Ohly/Sosnitza (Hrsg.), UWG, 7. Auflage 2016, § 4, Rn. 4/78–4/83.

1512 So auch ausdrücklich LG Mannheim, InstGE 11, 9, Rn. 97 – *UMTS-fähiges Mobiltelefon.*

defensiver mit der Möglichkeit einer Einschränkung des § 139 Abs. 1 PatG auf Grundlage des § 242 BGB umgeht und die Versagung, wenn überhaupt, nur in äußerst seltenen Ausnahmefällen zulässt.

b. Keine Vergleichbarkeit hinsichtlich der zugrunde liegenden Schutzgüter

Die Rechtsprechung stellte im Rahmen der Abwägung hinsichtlich des Rechtsmissbrauchs im *Classe E*-Verfahren des Weiteren darauf ab, dass die streitgegenständliche Marke von geringer schöpferischer Leistung sei, wenig Unterscheidungskraft besitze und die geforderte Lizenzgebühr in keinem Verhältnis zu dem eigentlichen Wert der Marke stünde.[1513] Mit anderen Worten wird auf der einen Seite auf die Diskrepanz zwischen dem Wert der Marke und der geforderten Lizenzgebühr hingewiesen und auf der anderen Seite die geringe schöpferische Leistung des Markenanmelders als Faktor für die Beurteilung des Rechtsmissbrauchs herangezogen. Gegen eine vergleichbare Einbeziehung der Wertigkeit eines Patents im Rahmen der Gewährung oder Versagung eines Unterlassungsanspruchs sprechen bereits grundlegende Unterschiede zwischen dem Patent und der Marke, welche sowohl hinsichtlich der bloßen Schutzrechtserlangung als auch bezüglich des jeweils zugrundeliegenden Schutzgutes selbst begründet sind.

Das Patent gewährt dessen Inhaber Schutz für eine Erfindung auf allen Gebieten der Technik, welche neu, gewerblich anwendbar und auf einer erfinderischen Tätigkeit beruht.[1514] Eine Marke hingegen kann jedes Zeichen sein, das graphisch darstellbar und geeignet ist, Waren und Dienstleistungen eines Unternehmens von denjenigen eines anderen Unternehmens zu unterscheiden.[1515] Für die patentrechtliche Schutzrechtserlangung ist es zudem von wesentlicher Bedeutung, dass sich die schutzsuchende Erfindung vom globalen Stand der Technik abgrenzt und letztlich zu einer Mehrung des technischen Wissens der Allgemeinheit führt. Gerade hierfür wird dem Patentinhaber sodann ein 20 Jahre währendes Schutzrecht gewährt, welches ihm die alleinige wirtschaftliche Verwertung garantiert und gleichzeitig jeden Dritten von der unberechtigten Verwertung der Erfindung ausschließt. Bereits aus tatbestandlicher Sicht sind für die Erlangung

---

1513 BGH, GRUR 2001, 242, 246 – *Classe E.*

1514 Vgl. § 1 Abs. 1 PatG.

1515 Vgl. § 3 Abs. 1 MarkenG; siehe zu den Voraussetzungen auch BGH, GRUR 2004, 506, 506 – *Stabtaschenlampe II* sowie instruktiv die Kommentierung bei *Fezer*, Markenrecht, 4. Auflage 2009, § 3, Rn. 360 ff.

des Patentschutzes somit weitaus höhere Hürden zu bewältigen, als es für eine Marke der Fall ist, und stellt zusätzlich einen tatsächlichen Mehrwert für die Allgemeinheit in Form eines anwachsenden technischen Fortschritts dar. Ohne die Leistung eines Markenanmelders schmälern zu wollen, ist die schöpferische Leistung die einer technischen Erfindung zugrunde liegt somit im Allgemeinen höher zu bewerten, als die eines Zeichens, welches „nur" graphisch darstellbar und hinreichend unterscheidungskräftig ist.[1516] Die hiermit korrespondierende einfachere Erlangung einer Marke als Ausschließlichkeitsrecht lässt das Missbrauchspotential durch Sperr- und Spekulationsmarken somit bedeutend höher ausfallen, als das eines Patents und rechtfertigt somit die Würdigung des Wertes der Marke im Vergleich zu den geforderten Lizenzgebühren.[1517]

Hieran kann auch der Umstand nichts ändern, dass der Patentinhaber das Schutzrecht beim *Trolling* nicht selber entwickelt und angemeldet, sondern lediglich derivativ erworben hat. Die Beantwortung der Frage, ob das wesentliche patentrechtliche Abwehrinstrument in Form des Unterlassungsanspruchs eingeschränkt werden kann oder nicht, darf nämlich nicht an dem Erwerbsvorgang oder der gewerblichen Betätigung des Patentinhabers geknüpft sein, da ansonsten eine erhebliche Entwertung des § 139 Abs. 1 PatG droht. Eine Übertragung dieser konkreten Wertung der Gerichte im *Classe E*-Verfahren auf das

---

1516 So auch *Ohly*, GRUR Int. 2008, 787, 795. Das Markenrecht unterscheidet zwischen abstrakter und konkreter Unterscheidungskraft. Für die Schutzfähigkeit des Zeichens muss die abstrakte Unterscheidungskraft vorliegen, welche die generelle Eignung eines Zeichens zur Übermittlung eindeutiger Informationen über die Herkunft einer Ware/Dienstleistung beschreibt, vgl. EuGH, Urteil vom 24. Juni 2004, Rs. C-49/02, ECLI:EU:C:2004:384, Slg. 2004, I-6129, Rn. 37 – *Heidelberger Bauchemie/BPatG*. Die konkrete Unterscheidungskraft stellt hingegen ein absolutes Schutzhindernis gem. § 8 Abs. 2 Nr. 1 MarkenG dar und geht der Frage nach, ob das konkrete Zeichen, anders als die abstrakte Unterscheidungskraft, bezogen auf die konkreten Waren bzw. Dienstleistungen als Herkunftshinweis dienen kann, vgl. zu der Abgrenzung zwischen abstrakter und konkreter Unterscheidungskraft *Fezer*, Markenrecht, 4. Auflage 2009, § 8, Rn. 36.

1517 Vgl. auch *Meister*, WRP 1995, 1005, 1007 ff. und *Wiedmann*, Der Rechtsmissbrauch im Markenrecht, 2002, S. 176 ff., die ebenfalls darauf hinweisen, dass Einschränkung des markenrechtlichen Unterlassungsanspruchs durch die Rechtsprechung im Falle von Sperr- und Hinterhaltsmarken sowie der Hortung von Schutzrechten bedeutend relevanter ist, da der Einwand der Nichtbenutzung erst fünf Jahre nach Anmeldung des Zeichens eingreift (§§ 25, 26 MarkenG).

Patentrecht ist somit mangels Vergleichbarkeit der zugrundeliegenden Schutzgüter entschieden abzulehnen.[1518]

c. Markenrechtlicher Benutzungswille als Anknüpfungspunkt für den Rechtsmissbrauchseinwand

Wie bereits angeführt, muss sowohl der Markenanmelder als auch der Markeninhaber den generellen Willen hegen, die Marke auch tatsächlich zu benutzen.[1519] Die Schutzwürdigkeit der Marke hängt nämlich spätestens nach Ablauf der fünfjährigen Benutzungsschonfrist maßgeblich von ihrer Benutzung ab, vgl. §§ 25 und 26 MarkenG.[1520] Da es sich bei dem Benutzungswillen des Markeninhabers um ein subjektives Element handelt, gilt insofern die widerlegbare Vermutung, dass ein solcher Wille auch tatsächlich existiert.[1521] Gerade wegen der nicht notwendigen Akzessorietät der Marke zu einem Geschäftsbetrieb,[1522] ist bei der Beurteilung hinsichtlich des Vorliegens bzw. Nicht-Vorliegens des Benutzungswillens im Markenrecht grundsätzlich auf die Indizien der Gesamtumstände abzustellen.[1523] Eine solche Bewertung nahmen die Gerichte im *Classe E*-Verfahren vor und stützten die Beurteilung des Markeninhaberverhaltens als Rechtsmissbrauch im Wesentlichen auf das Fehlen eines solchen Benutzungswillens und versagten demnach den Unterlassungsanspruch nach § 242 BGB.[1524] Mit anderen Worten fußte die Bejahung des Rechtsmissbrauchs vor allem auf dem Umstand, dass der Schutzrechtsinhaber bereits bei der Markenanmeldung keinen hiermit korrespondierenden Benutzungswillen hegte und auch im Nachgang der Schutzrechtserteilung keine ernsthafte Benutzung anstrebte.

Das Erfordernis des Benutzungswillens für die Aufrechterhaltung des Markenschutzes stellt somit die größte Hürde für eine Übertragung der *Classe*

1518 Dem Grunde nach so auch *Ohly*, GRUR Int. 2008, 787, 795.

1519 BGH, GRUR 2001, 242, 244 – *Classe E*, m.w.N.

1520 BGH, GRUR 2001, 242, 244 ff. – *Classe E*; *Füllkrug*, WRP 2006, 664, 665 und 673.

1521 BGH, GRUR 2001, 242, 245 – *Classe E*; BGH, GRUR 2009, 780, 782 – *Ivadal*; *Fezer*, Markenrecht, 4. Auflage 2009, § 3, Rn. 226.

1522 Die frühere Voraussetzung nach der der Markenanmelder ein Geschäftsbetrieb unterhalten musste wurde nicht in das MarkenG übernommen, vgl. BGH, GRUR 2001, 242, 244 – *Classe E*; näher dazu auch *Fezer*, Markenrecht, 4. Auflage 2009, § 3, Rn. 179 ff.

1523 *Füllkrug*, WRP 2006, 664, 673.

1524 BGH, GRUR 2001, 242, 244 ff. – *Classe E*.

E-Rechtsprechung auf das Patentrecht dar.[1525] Entgegen der markenrechtlichen Benutzungsanordnung existiert im Patentrecht aus gutem Grund weder ein Zwang die eigene Erfindung gewerblich auszuführen noch verlangt das geltende Patentrecht von dem Patentinhaber überhaupt das Vorliegen eines generellen Willens der gewerblichen Anwendung seiner Schutzrechte. Folgerichtig wäre eine Übertragung der *Classe E*-Rechtsprechung auf das *Trolling* unter diesem Gesichtspunkt systemwidrig, da eine Versagung des patentrechtlichen Unterlassungsanspruchs aufgrund des fehlenden Benutzungswillens des Patentinhabers in einem krassen Widerspruch zu der grundlegenden Neutralität des Patentrechts hinsichtlich der patentrechtlichen Ausführung- oder aber Nicht-Ausführung des Schutzrechts stehen würde. Eine Aufgabe dieser Neutralität durch die Versagung einer möglichen Unterlassungsanordnung wird vom Patentrecht nur in engen Grenzen gewährt, etwa wenn dem Verwender ein Vorbenutzungsrecht nach § 12 PatG zusteht oder aber eine gerechtfertigte Nutzungshandlung des § 11 Nr. 1–6 PatG vorliegt.

Darüber hinaus eröffnet das Patentrecht einem Dritten grundsätzlich die Möglichkeit, eine Zwangslizenz zu erlangen, sofern die strengen Voraussetzungen des § 24 PatG vorliegen. Im Markenrecht existiert hingegen keine vergleichbare Möglichkeit der Zwangslizenzerteilung, was dazu führt, dass einem offensichtlich rechtsmissbräuchlichen Verhalten eines Markeninhabers wie etwa im *Classe E*-Verfahren vor Ablauf der fünfjährigen Benutzungsschonfrist keine anderweitige Schranke entgegengesetzt werden kann.[1526] Bei dieser Betrachtung muss zusätzlich berücksichtigt werden, dass sich der Markeninhaber im *Classe E*-Verfahren durch die Ausnutzung eines im Ausland erworbenen Rufes etwas angeeignet hat, was ihm nicht zusteht. Beim *Trolling* greift der Patentinhaber hingegen nicht in vergleichbarer Weise in den fremden Besitzstand eines Dritten ein, sondern erwirbt die systemkonformen Schutzrechte in einer rechtlich legitimen Weise und macht diese aufgrund einer Verletzung seines Schutzrechts sodann geltend.[1527]

1525 *Ohly*, GRUR Int. 2008, 787, 795; *Uhrich*, ZGE/IPJ 2009, 59, 82; generell kritisch zu der Übertragung markenrechtlicher Grundsätze auf das Patentrecht *Lamping*, Patentschutz und Markmacht, 2010, S. 439; vgl. auch *Sonnenberg*, Der Unterlassungsanspruch, 2014, 214 ff. und *Frick*, *Patent-Trolling*, 2014, S. 160 ff.

1526 Vgl. auch *Meister*, WRP 1995, 1005, 1007 ff. und *Wiedmann*, Der Rechtsmissbrauch im Markenrecht, 2002, S. 176 ff.

1527 *Ohly*, GRUR Int. 2008, 787, 795.

d. Zusammenfassung

Im Ergebnis ist somit eine Übertragung der *Classe E*-Rechtsprechung auf das *Trolling* abzulehnen.[1528] Zwar ergeben sich bei einer Gegenüberstellung der zugrundeliegenden Sachverhalte durchaus oberflächliche Parallelen. Bei einer näheren Betrachtung der maßgeblichen Begründung des Rechtsmissbrauchs durch die Rechtsprechung zeigt sich jedoch, dass diese nicht derart verallgemeinerungsfähig sind, um auf das Patentrecht übertragen zu werden. Neben den angeführten Punkten, die gegen eine Fruchtbarmachung der Rechtsprechung auf das *Trolling* sprechen, muss letztlich auch berücksichtigt werden, dass bei einer Anwendung des § 242 BGB auf § 139 Abs. 1 PatG Wertungswidersprüche auf Rechtsfolgenebene zu erwarten wären.[1529]

Im Falle einer positiven Bejahung der rechtsmissbräuchlichen Geltendmachung des patentrechtlichen Unterlassungsanspruchs, wäre dem Patentinhaber zunächst dessen Durchsetzung zu versagen. Fraglich wäre sodann, ob sich der Einwand des § 242 BGB insoweit nur auf den Unterlassungs- oder aber auch auf den patentrechtlichen Schadensersatzanspruch beziehen würde, wobei keine durchschlagenden Gründe ersichtlich sind, auf deren Grundlage dem Patentinhaber auch ein Anspruch auf Kompensation versagt werden könnte. Erhält der Patentinhaber somit nur einen Ersatz des Schadens für die vergangene Nutzung, wäre er fortan schutzlos gestellt, da der Patentverwender aufgrund der mangelnden Durchsetzbarkeit des § 139 Abs. 1 PatG das fremde Recht entgeltlos weiterverwenden könnte. Würde dem Patentinhaber hingegen auch ein Kompensationsanspruch für die weitere Nutzung in Form eines Schadensersatzanspruches zustehen, so führt der Einwand des § 242 BGB letztlich zu einer de facto Zwangslizenzierung des Patents, was wiederum gegen die eindeutige Wertung des § 24 PatG verstoßen würde. Folglich ergeben sich auch auf Ebene der Rechtsfolge erhebliche Wertungswidersprüche und dem Grunde nach unauflösbare Probleme, die im Ergebnis den unberechtigten Patentverwender, der

---

1528 A.A. *Sonnenberg*, Der Unterlassungsanspruch, 2014, S. 216; im Ergebnis wohl auch *Frick*, *Patent-Trolling*, 2014, S. 166, wenn man den Kern der Rechtsprechung *„destilliert"*.

1529 Interessanterweise wird die theoretische Einschränkung des *Trolling* am Maßstab des § 242 BGB zwar explizit von *Ohly*, GRUR Int. 2008, 787, 794 und *Uhrich*, ZGE/IPJ 2009, 59, 82 gesehen und grundsätzlich bejaht. Die praktische Anwendung auf den Unterlassungsanspruch wird wiederum abgelehnt, weil die Rechtsfolge aus § 242 BGB nach Auffassung der Autoren alle weiteren Ansprüche versagt und dies zu weit gehen würde.

letztlich eine Rechtsverletzung begeht, über Gebühr bevorteilen. Auch von dieser Warte aus ist eine Anwendung des § 242 BGB auf die Geltendmachung der patentrechtlichen Abwehrinstrumentarien im Rahmen des *Trolling* somit entschieden abzulehnen.

V. Exkurs: Die BGH-Entscheidung in Sachen Wärmetauscher

In einer jüngeren Entscheidung setzte sich der BGH in der Rechtssache „Wärmetauscher" vertieft mit der Frage auseinander, inwieweit dem Verletzer eines Patents eine Aufbrauchfrist zugestanden werden könne.[1530] Hierunter versteht man die Möglichkeit für den Verletzer, sein rechtsverletzendes Verhalten für einen festgelegten Zeitraum fortsetzen zu dürfen – also gewissermaßen aufzubrauchen.[1531] Etwaige Aufbrauchfristen wurden von der Rechtsprechung ursprünglich im Rahmen des Wettbewerbsrechts entwickelt und sind mittlerweile auch im Rahmen von gewerblichen Schutzrechten weitgehend anerkannt,[1532] im Patentrecht jedoch bis dato weitestgehend nicht von der Rechtsprechung thematisiert worden.[1533]

Die Klägerin des zugrundeliegenden Rechtsstreits ist eine nicht-operative Patentverwertungsgesellschaft und Inhaberin eines Patents für ein Heizsystem, welches die Beklagte in ihre Cabriolets verbaute. Entgegen der Auffassung der Instanzgerichte, die in der Verwendung des Heizsystems durch die Beklagte keine patentverletzende Handlung sah,[1534] sah der BGH in der Revision eine Anspruchsverwirklichung durch die beanstandete Ausführungsform und

---

1530 BGH, GRUR 2016, 1031 – *Wärmetauscher*.

1531 Vgl. hierzu instruktiv *Berlit*, Aufbrauchfrist im gewerblichen Rechtsschutz, 1997, S. 7.

1532 Vgl. die ausführliche Darstellung bei *Schellhorn*, Der patentrechtliche Unterlassungsanspruch, 2020, S. 224 im Hinblick auf die Entwicklung von Aufbrauchfristen in der deutschen Rechtsanwendung.

1533 Für das Patentrecht wurde eine entsprechende Aufbrauchfrist erstmalig in dem Verfahren BGH, GRUR 1981, 259 – *Heuwerbungsmaschinen II* diskutiert. Aufgrund des Ablaufs des Klagepatents bedurfte es jedoch keiner finalen Auseinandersetzung des BGH mit der Frage der Zulässigkeit von Aufbrauchfristen im Patentrecht, vgl. hierzu auch ausführlich *Berlit*, Aufbrauchfrist im gewerblichen Rechtsschutz, 1997, S. 111 sowie *Osterrieth*, in: Büscher/Glöckner (Hrsg.), FS Fezer, 2016, S. 1035, 1042; *Schellhorn*, Der patentrechtliche Unterlassungsanspruch, 2020, S. 237 mit weiteren Nachweisen.

1534 So die Auffassung des LG Mannheim, Urteil vom 17. Januar 2012, 2 O 112/07, zitiert nach *juris* sowie das OLG Karlsruhe, Urteil vom 7. August 2013, 6 U 12/12, BeckRS 2016, 15028 – *Heizsystem*.

bejahte die Verletzung des Klagepatents unter Äquivalenzgesichtspunkten.[1535] Zudem befasste sich der Senat mit der Einräumung einer Aufbrauchfrist im engeren Sinne und erkannte die grundsätzliche Möglichkeit den patentrechtlichen Unterlassungsanspruch durch Aufbrauchfristen zu begrenzen an, lehnte die Anwendung einer solchen Aufbrauchfrist in der vorliegenden Entscheidung jedoch ab.[1536] Unter Verweis auf den Grundsatz von Treu und Glauben (§ 242 BGB) könne aus Sicht des BGH eine Aufbrauchfrist im Einzelfall geboten sein, sofern die sofortige Durchsetzung des patentrechtlichen Unterlassungsanspruchs durch den Inhaber des Patents unter Berücksichtigung seiner Interessen gegenüber dem Verletzer eine durch das Ausschließlichkeitsrecht nicht gerechtfertigte und daher unverhältnismäßige Härte darstelle und daher treuwidrig sei.[1537] Das Zugestehen einer Aufbrauchfrist könne aus Sicht des Senats in Betracht kommen, wenn dem Verletzer bei sofortiger Wirkung der Unterlassungsverpflichtung unverhältnismäßige Nachteile entstünden und eine befristete Fortsetzung des angegriffenen Verhaltens für den Verletzten keine unzumutbare Beeinträchtigung mit sich bringe. Eine solche könne jedoch nur in engen Ausnahmefällen in Betracht kommen.[1538]

Zwar erscheint die Anwendbarkeit von Aufbrauchfristen nunmehr auch im Patentrecht gemeinhin anerkannt, dürfte für eine Anwendbarkeit auf die Strategie des *Trolling* jedoch nur in seltenen Ausnahmefällen Abhilfe schaffen. Der BGH lehnte die Anwendung in der Rechtsache „Wärmetauscher“ mit der Begründung ab, dass das patentgeschützte Element nur einen kleinen Teil bzw. ein einzelnes Element eines komplexen Liefergegenstandes (hier ein Automobil) ausmachte, namentlich ein einziges Bauteil (hier der Fahrzeugsitz). Dieser Teil sei allerdings nicht funktionswesentlich, weil die generelle Einsatzfähigkeit und Nutzbarkeit nicht nur des Fahrzeugs, sondern ebenso des Fahrzeugsitzes auch ohne das implementierte Heizsystem nicht beeinträchtigt werde.[1539] Zudem seien aus Sicht des BGH auch keine Verschuldensgesichtspunkte für die Beklagte positiv ins Feld zu führen, weil diese sich zu keinem Zeitpunkt um eine Lizenz des Heizsystems bemüht habe.[1540]

1535 BGH, GRUR 2016, 1031 – *Wärmetauscher.*

1536 BGH, GRUR 2016, 1031, Rn. 40, 55 ff. – *Wärmetauscher.*

1537 BGH, GRUR 2016, 1031, Rn. 42 – *Wärmetauscher.*

1538 BGH, GRUR 2016, 1031, Rn. 45 – *Wärmetauscher*; vgl. hierzu auch *Stierle*, Das nicht-praktizierte Patent, 2018, S. 77 ff.

1539 BGH, GRUR 2016, 1031, Rn. 52 – *Wärmetauscher.*

1540 BGH, GRUR 2016, 1031, Rn. 53 – *Wärmetauscher.*

Folglich dürfte eine vorübergehende Aufbrauchfrist zugunsten eines Verletzers nur dann gegenüber einem nicht-operativen Patentinhaber ernsthaft in Betracht kommen, wenn die patentgeschützte Leere funktionswesentlich ist und sich aus dieser Wesentlichkeit eine unverhältnismäßige Härte bei sofortiger Beachtung einer Unterlassungsverpflichtung ergeben würde. Dies erscheint mit Blick auf die Strategie des *Trolling* eher selten der Fall zu sein,[1541] da es sich – wie aufgezeigt[1542] – in der Regel nicht um solche Patente handelt, für die es keinerlei substituierbare technische Lehren gibt und diese somit in den seltensten Fällen funktionswesentlich sein dürften.[1543] Vielmehr kennzeichnet sich die Strategie des *Trolling* durch seine konkrete Vorgehensweise zur Schaffung von Zwangslagen auf Seiten des Verwenders. Dabei ist es gerade nicht zwingend erforderlich, dass die technische Lehre funktionswesentlich bzw. nicht substituierbar ist.[1544]

D. Verfahrensrechtliche Schranken

Des Weiteren ist zu untersuchen, ob das nationale Recht nicht weniger belastende, aber gleichsam effektive Anknüpfungspunkte bereithält, mittels derer dem *Trolling* insofern beizukommen ist, als dass sich im Vorfeld existierende Verhandlungsineffizienzen im Gerichtsverfahren wieder ausgleichen lassen.[1545] Hierfür ist es erforderlich, dass ein angegriffener Verwender dem Druck der aufgebauten Drohkulisse standhält und entgegen der hinlänglich aufgezeigten Risiken die gerichtliche Auseinandersetzung sucht. Diese Notwendigkeit wurde im Zusammenhang mit dem *Trolling* zutreffend von *Lamping* wie folgt zusammengefasst: „*Das Patent ist die einzige Stärke und zugleich die einzige verwundbare Stelle eines Patentinhabers, der auf dem Produkt- und Dienstleistungsmarkt nicht tätig ist – sozusagen seine Achillessehne.*"[1546] Aus verfahrensrechtlicher Sicht

---

1541 Vgl. hierzu auch die intensive Auseinandersetzung zu den notwendigen Voraussetzungen für eine Anwendbarkeit der Aufbrauchfrist im Patentrecht nach Maßgabe der Entscheidung bei *Schellhorn*, Der patentrechtliche Unterlassungsanspruch, 2020, S. 241 ff.

1542 Vgl. hierzu oben unter Kapitel 3, § 1, C.

1543 A.A. wohl *Stierle*, Das nicht-praktizierte Patent, 2018, S. 287 ff.

1544 Vgl. hierzu die ausführliche Untersuchung unter Kapitel 3, § 1, C, III, 1–5.

1545 Die Fruchtbarmachung möglicher prozessualer Lösungsansätze gegen das *Trolling* geht vor allem auf *Osterrieth*, GRUR 2009, 540 zurück; siehe auch *Frick*, *Patent-Trolling*, 2014, S. 438 ff., der mögliche prozessuale Lösungen vor allem in der Streitwertherabsetzung nach § 144 PatG, dem Zwang zur Klagekonzentration nach § 145 PatG und der Abwendung der Zwangsvollstreckung nach § 712 ZPO sieht.

1546 *Lamping*, Patentschutz und Marktmacht, 2010, S. 379.

ist vor allem an eine großzügigere Aussetzung des Verletzungsverfahrens nach § 148 ZPO zu denken, bei gleichzeitiger Erhebung der Nichtigkeitsklage gegen das streitgegenständliche Schutzrecht. Sofern eine Aussetzung nicht erfolgt, kann dem Beklagten noch die Möglichkeit einer Einstellung der vorläufigen Zwangsvollstreckung nach §§ 719 und 712 ZPO insofern weiterhelfen, als dass der Abschluss des Nichtigkeitsverfahrens noch zu erwarten wäre, oder aber zumindest der volle Rechtsweg ausgeschöpft werden soll, ohne den Gefahren der Unterlassungsverfügungsvollstreckung bereits ausgesetzt zu sein.

I. Aussetzung des Verletzungsverfahrens nach § 148 ZPO

Für den Beklagten bietet sich aus verfahrenstaktischen Gesichtspunkten vor allem die Anstrengung einer Nichtigkeitsklage als Verteidigungsmittel an, um gegen das streitgegenständliche Patent vorzugehen. Dies hat zum einen den Vorteil, dass im Falle der Nichtigerklärung weder eine rückwirkende noch zukünftige Lizenzgebühr zu entrichten ist oder aber dem Angreifer Schadensersatz für die vergangene Nutzung zusteht. Von Nachteil ist hierbei neben der mit Unsicherheiten behafteten Vorabprognose, ob das Nichtigkeitsverfahren Aussicht auf Erfolg hat, zudem die Ungewissheit, ob das Verletzungsverfahren nach § 148 ZPO bis zum Ausgang des Nichtigkeitsverfahrens ausgesetzt wird. Die Notwendigkeit der Aussetzung ist dem patentrechtlichen Trennungssystem geschuldet – einer deutschen Eigenheit – die dem Anwender des *Trolling* zusätzliche Vorteile gegenüber dem potentiellen Verletzer verschafft.

1. Grundlagen des deutschen Trennungsprinzips

Für das Patentverletzungsverfahren ist auf nationaler Ebene zu beachten, dass dieses einer deutschen Eigenheit folgt, nämlich der Trennung des Verletzungs- und Nichtigkeitsverfahrens. Dies entspricht der Kompetenzverteilung zwischen dem DPMA und EPA sowie dem BPatG auf der einen Seite und den Zivilgerichten auf der anderen Seite – dem sogenannten Trennungsprinzip.[1547] Diesem

1547 Dem Grunde nach besteht keine allgemeingültige Definition des Trennungsprinzips. Dies wird bereits daran deutlich, dass kein Stichwortverzeichnis der einschlägigen Patentrechtskommentare den Begriff überhaupt aufführt, trotz Verwendung in der Rechtsprechung, vgl. nur LG Düsseldorf, InstGE 10, 193, Rn. 71; OLG Düsseldorf, InstGE 7, 147, Rn. 77 – *Kleinleistungsschalter*. Siehe zu dem Trennungsprinzip instruktiv *Pitz*, Patentverletzungsverfahren, 2. Auflage 2010, Rn. 138 sowie die ausführliche Auseinandersetzung bei *Wuttke/Guntz*, Mitteilungen 2012, 477 ff.; aus der älteren Literatur *Horn*, GRUR 1969, 169 sowie der rechtsvergleichende Beitrag bei *Stauder*,

Prinzip folgend befindet das BPatG darüber, ob das Streitpatent im Rahmen des Klägerantrages für nichtig zu erklären ist, wohingegen das Verletzungsgericht prüft, ob eine angegriffene Verletzungsform in den Schutzbereich des Klagepatents fällt.[1548] Im Rahmen dessen besteht die Bindung des Verletzungsrichters an den Erteilungsakt, was dazu führt, dass das Verletzungsgericht keine Befugnis dahingehend innehat über den Rechtsbestand des Klagepatents zu befinden;[1549] dem BPatG aber gleichsam ebenfalls nicht die Kompetenz zusteht, über den Schutzumfang des strittigen Patents zu entscheiden, was wiederum dem Verletzungsgericht vorbehalten ist.[1550] Im Verletzungsprozess ist der Einwand der Nichtigkeit des Klagepatents dementsprechend nicht zugelassen und eine Nichtigkeitswiderklage ist wegen der ausschließlichen Zuständigkeit des BPatG nicht möglich.[1551] Vielmehr steht es im Ermessen des Gerichts, das Verfahren auf Antrag des Beklagten nach § 148 ZPO auszusetzen, sofern gegen das strittige Patent Einspruch eingelegt, bzw. Nichtigkeitsklage erhoben wurde. Lediglich dem BGH kommt dahingehend eine Doppelrolle zu, als dass dieser letztinstanzlich – selbstverständlich gleichsam in getrennten Verfahren – über beide Fragestellungen entscheiden muss.[1552]

2. Nachteile des nationalen Trennungsprinzips

Diese nationalstaatliche Eigenheit birgt unter bestimmten Umständen die Gefahr der Schaffung paradoxer Ergebnisse dergestalt, dass ein Urteil im Verletzungsprozess auf Grundlage eines Patents gefällt werden kann, dessen Bestand in einem Parallelverfahren vor dem BPatG überprüft und im Nachhinein von diesem für unwirksam erklärt werden kann.[1553] Das Entstehen solcher Ergebnisse

---

GRUR Int. 1983, 234, 237 ff.; ferner *Kraßer/Ann*, Patentrecht, 7. Auflage 2016, § 36, Rn. 70; kritisch zu dem vorherrschenden Trennungsprinzip *Köllner/Weber*, Mitteilungen 2014, 429, 436.

1548 Allgemein hierzu *Münster-Horstkotte*, Mitteilungen 2012, 1 ff.

1549 BGH, GRUR 1979, 624, 625 – *Umlegbare Scheibe*; siehe auch die Nachweise bei *Rogge*, in: Benkard (Hrsg.), Patentgesetz, 11. Auflage 2015, § 22, Rn. 7; a.A. etwa *Kaess*, GRUR 2009, 276, 279.

1550 BGHZ 103, 262, 264 – *Düngerstreuer*; siehe auch die Nachweise bei *Rogge*, in: Benkard (Hrsg.), Patentgesetz, 11. Auflage 2015, § 22, Rn. 7.

1551 *Pitz*, Patentverletzungsverfahren, 2. Auflage 2010, Rn. 138.

1552 *Zigann*, in: Haedicke/Timmann (Hrsg.), Handbuch des Patentrechts, 2012, § 11, Rn. 1.

1553 Vgl. insbesondere *Köllner/Weber*, Mitteilungen 2014, 429, 436, die darauf hinweisen, dass 28% der Verletzungsverfahren am LG Düsseldorf in der ersten Instanz nicht ausgesetzt werden und folglich auf Grundlage eines bestehenden Patents eine

wird maßgeblich vom Faktor Zeit beeinflusst, da der Patentverletzer bis zur endgültigen Entscheidung des BPatG an die Entscheidung des Verletzungsgerichts gebunden ist. Folglich ist es möglich, dass ein Dritter im Verletzungsverfahren unterliegt, ihm gegenüber eine Unterlassungsverfügung ergeht und dem Kläger ein Vernichtungsanspruch gemäß § 140a Abs. 1 PatG – trotz eines parallel anhängigen Nichtigkeitsverfahrens – zuerkannt wird. Dauert das Nichtigkeitsverfahren länger und wird beispielsweise erst Monate später das Klagepatent von dem BPatG für nichtig erklärt, so kann ein möglicher Verkaufsstopp patentbefangener Ware oder gar deren Vernichtung zu erheblichen wirtschaftlichen Konsequenzen und irreparablen Schäden für den Beklagten führen, bis hin zu dessen Insolvenz.[1554] In Anbetracht der Tatsache, dass das Verletzungsverfahren statistisch gesehen je nach angerufenem Gericht zwischen 7–16 Monate dauert und das Nichtigkeitsverfahren zwischen 18–24 Monate in Anspruch nimmt, stellt dies kein bloß theoretisches Szenario dar, sondern vielmehr eine reelle Gefahr, der sich Unternehmen ausgesetzt sehen.[1555] Des Weiteren muss ebenso festgehalten werden, dass ein solches zweispuriges Verfahren überdies die Gefahr von divergierender Auslegung zwischen dem Verletzungs- und Patentgericht birgt, mit der Konsequenz, dass diese zu einer abweichenden Bewertung des Schutzgegenstands gelangen.[1556]

Anhand der Ausführungen wird deutlich, dass der Patentinhaber durch das bestehende nationale Trennungssystem gegenüber der anderen Prozesspartei privilegiert ist. Diese nationale Eigenheit vermag die Attraktivität des Standort Deutschlands für Patentverletzungsklagen auch im Sinne des *Trolling* nicht unerheblich zu steigern.[1557] Denn die zu erwartende Verteidigung des angegriffenen Unternehmens wird mit hoher Wahrscheinlichkeit auch die Anstrengung des

---

Verletzungshandlung überprüft wird, während gleichzeitig ein Nichtigkeitsverfahren beim BPatG anhängig ist; siehe mit ganz ähnlicher Kritik *Wuttke/Guntz*, Mitteilungen 2012, 477, 483.

1554 So ausdrücklich *Wuttke/Guntz*, Mitteilungen 2012, 477, 480.

1555 Diese Zahlen führen etwa *Wuttke/Guntz*, Mitteilungen 2012, 477, 480 an.

1556 Vgl. hierzu den europäisch rechtsvergleichenden Beitrag bei *Clerix*, EPI-Information 2009, 14, 17 sowie *Münster-Horstkotte*, Mitteilungen 2012, 1, 2 ff. und *Wuttke/Guntz*, Mitteilungen 2012, 477, 480.

1557 So auch *Köllner/Weber*, Mitteillungen 2014, 429, 436 und *Wuttke/Guntz*, Mitteillungen 2012, 477 ff., die zu dem Ergebnis kommen, dass das Trennungsprinzip den Kläger derart privilegiert, dass dies den Standort Deutschland für Klagen besonders attraktiv erscheinen lässt.

Nichtigkeitsverfahrens bezüglich des Klagepatents umfassen,[1558] führt jedoch nicht zur automatischen Aussetzung des Verletzungsverfahrens. Die zeitliche Divergenz beider Verfahren begünstigt den klagenden Patentinhaber beim *Trolling* somit dahingehend, dass sich aufgrund der Verfahrenslänge die Bereitschaft erhöht, bei einer nur möglichen späteren Nichtigerklärung des Schutzrechts eine Lizenzvereinbarung einzugehen. Gleichzeitig ist zu bedenken, dass es sich beim Anwender des *Trolling* um ein nicht-operatives Unternehmen handelt, welches weder genuine wettbewerbliche Interessen an der Durchsetzung der patentrechtlichen Abwehrmechanismen verfolgt noch eine eigene Marktposition verteidigt. Folglich stellt sich somit die Frage, ob die im Lichte dieser negativen Auswirkungen des Trennungsprinzips im Allgemeinen und dem *Trolling* im Konkreten nicht über eine großzügigere Aussetzung des Verletzungserfahrens nachzudenken wäre.

3. Großzügigere Aussetzung des Verletzungsverfahrens im Falle des *Trolling*

Der/die Beklagte muss im Falle des *Trolling* somit zunächst den Rechtsbestand des in Rede stehenden Patents in Form der Nichtigkeitsklage angreifen und gleichzeitig einen Antrag auf Aussetzung des Verletzungsprozesses nach § 148 ZPO stellen.[1559] Die Anwendbarkeit des § 148 ZPO steht unter der grundlegenden Prämisse, dass die Frage nach dem Rechtsbestand des Patents vorgreiflich ist,[1560] was nur dann zutrifft, wenn für den Ausgang des Verletzungsverfahrens die Frage nach dem Rechtsbestand des Schutzrechts maßgeblich ist.[1561] Mithin steht die Anordnung des Gerichts auf Aussetzung im Ermessen des erkennenden

---

1558 *Stauder*, GRUR Int. 1983, 234, 241, geht davon aus, dass in rund 50 % der Verletzungsklagen die Nichtigkeitsklage als Verteidigungsmittel gegen das Klagepatent erhoben wird.

1559 Für den Antrag auf Aussetzung muss das Nichtigkeitsverfahren anhängig sein, dies ergibt sich bereits aus dem Gesetzeswortlaut, da § 148 ZPO von einem „anhängigen" Rechtsstreit spricht. A.A. *Kaess*, GRUR 2009, 276, 279, der im Falle von „Trivialpatenten" und unter Verweis auf BGH, GRUR 2001, 242, 244 – *Classe E* dem Verletzungsrichter eine eigene Entscheidungsbefugnis zusprechen will, die sich auf eine offenkundige Schutzunfähigkeit stützen soll und sich aus den §§ 242 und 226 BGB herleiten ließe.

1560 Vgl. zur Vorgreiflichkeit *Fritsche*, in: Krüger/Rauscher (Hrsg.), MüKo-ZPO Band 1, 6. Auflage 2020, § 148, Rn. 1 ff.

1561 *Bukow*, in: Haedicke/Timmann (Hrsg.), Handbuch des Patentrechts, 2012, § 9, Rn. 166.

Gerichts.[1562] Insofern muss sich zugunsten des Klägers eine Patentverletzung feststellen lassen, die durch eine nachträgliche Nichtigerklärung sodann hinfällig werden würde.[1563] Besteht ansonsten eine unklare Verletzungslage, so ist der Bestand des Schutzrechts nicht vorgreiflich und für eine Aussetzung nach § 148 ZPO kein Raum.[1564] Da im Rahmen des *Trolling* der Zustand des Verletztseins gerade mittels der unterschiedlich angewendeten Taktiken bewusst herbeigeführt und es sodann häufig um die Frage des Rechtsbestandes geht, sind die Grundvoraussetzungen des § 148 ZPO zunächst erfüllt. Die aktuelle Handhabe des § 148 ZPO bezüglich der Aussetzung des Verletzungsverfahrens zugunsten des Nichtigkeitsverfahrens, kennzeichnet sich nach wie vor jedoch durch starke Zurückhaltung.[1565]

Von einer Aussetzung ist momentan nur dann auszugehen, wenn eine sehr hohe Wahrscheinlichkeit für die Nichtigerklärung besteht. Mithin müssen überwiegende Erfolgsaussichten im Nichtigkeitsverfahren für die Aussetzung sprechen.[1566] Unter dem Gesichtspunkt, den Erteilungsakt nicht zu sehr zu entwerten und die Bindung des Verletzergerichts an die behördliche Erteilung beizubehalten, ist diesem Erfordernis auch grundsätzlich zuzustimmen.[1567] Um eine Aussetzung zu erreichen, muss der Antragsteller somit zunächst die die Nichtigkeit begründenden Umstände derart glaubhaft machen,[1568] dass hieraus die Wahrscheinlichkeit für die Nichtigerklärung des Klagepatents hinreichend abgeleitet

---

1562 *Greger*, in: Zöller (Hrsg.), ZPO, 33. Auflage 2020, § 148, Rn. 7.

1563 *Kühnen*, Handbuch der Patentverletzung, 12. Auflage 2020, Abschnitt E, Rn. 608 ff.

1564 So etwa *Kühnen*, Handbuch der Patentverletzung, 12. Auflage 2020, Abschnitt E, Rn. 608; a.A. OLG München, InstGE 11, 192 – *abstrakte Vorgreiflichkeit*, dass bereits die theoretische mögliche Erheblichkeit des Rechtsbestandes für die Vorgreiflichkeit als ausreichend erachtet.

1565 Siehe *Osterrieth*, GRUR 2009, 540, 543, der diese Schranke als einziger im Hinblick auf das *Trolling* anspricht. Vgl. auch *Ohly*, GRUR Int. 2008, 787, 792, der diesen Anknüpfungspunkt zwar anführt, aber in Fn. 9a auf den Beitrag von *Osterrieth* verweist.

1566 BGH, GRUR 1987, 284, 284 – *Transportfahrzeug*; OLG Düsseldorf, GRUR 1979, 188, 188 – *Flachdachabläufe*; BGH, Mitteilungen 1997, 257, 258 – *Steinknacker*.

1567 *Bukow*, in: Haedicke/Timmann (Hrsg.), Handbuch des Patentrechts, 2012, § 9, Rn. 167; *Kraßer/Ann*, Patentrecht, 7. Auflage 2016, § 36, Rn. 72.

1568 BGH, GRUR 1958, 75, 76 – *Tonfilmwand*; *Grabinski/Zülch*, in. Benkard (Hrsg.), Patentgesetz, 11. Auflage 2015, § 139, Rn. 107.

werden kann.[1569] Hierbei bedarf es einer Würdigung der Gesamtumstände des jeweiligen Einzelfalls durch das erkennende Verletzungsgericht.[1570] Der Antrag auf Aussetzung bei Vorgreiflichkeit nach § 148 ZPO könnte einem Beklagten im Falle des *Trolling* insoweit weiterhelfen, als dass das erkennende Gericht im Rahmen der durchzuführenden Ermessensabwägung[1571] die Vorgehensweise des *Trolls* in die Bewertung mit einbezieht und bei der Entscheidung bezüglich der Aussetzung mitberücksichtigt. Selbstredend darf eine solche Einbeziehung nur unter der Prämisse erfolgen, dass nach wie vor nicht unerhebliche Zweifel an dem Rechtsbestand des streitgegenständlichen Patents glaubhaft gemacht werden, sofern der Antrag auf Aussetzung nach § 148 ZPO nicht zu einem beliebten Beklagteneinwand avancieren soll, um im Zweifel lediglich den Prozess in die Länge zu ziehen.[1572] Im Zusammenhang mit der konkreten Geltendmachung könnten aber weitere Faktoren den Ausschlag zugunsten des Beklagten geben, wenn die vorzunehmende Prüfung durch das erkennende Gericht keine eindeutige Bewertung der Erfolgswahrscheinlichkeit im Nichtigkeitsverfahren zulässt. Dies ist der Fall, wenn mit anderen Worten zwar gute und überwiegende, aber eben keine zwingenden Gründe für die Nichtigkeit und somit einer Bejahung der Aussetzung feststellbar sind.[1573]

Für eine Bewertung der Gesamtumstände im Rahmen der Ermessensentscheidung[1574] können die ausgearbeiteten Merkmale des *Trolling* in die Entscheidungsfindung mit einbezogen werden.[1575] Zu berücksichtigen wäre etwa der bewusst gewählte Zeitpunkt der Geltendmachung zum größtmöglichen Nachteil

1569 BGH, GRUR 1987, 284, 284 – *Transportfahrzeug*; OLG Düsseldorf, GRUR 1979, 188, 188 – *Flachdachabläufe*; OLG Düsseldorf, GRUR 2009, 53 – *Brandschutzvorrichtung*; *Fock/Bartenbach*, Mitteilungen 2010, 155.

1570 Grundlegend *Rogge*, GRUR Int. 1996, 386, 387; *Zigann*, in: Haedicke/Timmann (Hrsg.), Handbuch des Patentrechts, 2012, § 11, Rn. 428.

1571 Siehe OLG München, InstGE 11, 192, Rn. 3 ff. – *abstrakte Vorgreiflichkeit*; *Mes*, Patentgesetz, 5. Auflage 2020, § 139, Rn. 368; *Zigann*, in: Haedicke/Timmann (Hrsg.), Handbuch des Patentrechts, 2012, § 11, Rn. 425; *Keukenschrijver/Kaess*, in: Busse/Keukenschrijver (Hrsg.), Patentgesetz, 8. Auflage 2016, § 140, Rn. 3.

1572 Für die ähnlich gelagerte Problematik im Hinblick auf die Einrede der Unverhältnismäßigkeit im Markenrecht, siehe *Ingerl/Rohnke*, Markengesetz, 3. Auflage 2010, Vor. §§ 14–19d, Rn. 382 ff.

1573 Zu der Schutzfähigkeit technischer Schutzrechte im Verletzungsverfahren, siehe *Kaess*, GRUR 2009, 276.

1574 *Greger*, in: Zöller (Hrsg.), ZPO, 33. Auflage 2020, § 148, Rn. 7.

1575 Vgl. hierzu auch *Sonnenberg*, Der Unterlassungsanspruch, 2014, 102 ff.

des Beklagten; eine im Vorfeld ausgesprochene Drohung mit den erheblichen Verlusten im Falle einer Unterlassungsverfügung; die Erkenntnis, dass mit der Geltendmachung keine wettbewerblichen oder wirtschaftlichen Zielsetzungen verfolgt werden, sondern die Klage lediglich die Monetarisierungsabsichten eines nicht-operativen Marktteilnehmers zum Gegenstand hat oder der Grad der Abhängigkeit des potentiellen Verletzers von dem Schutzrecht, sofern dieser die Technologie konkret für die Produktion bzw. für ein am Markt befindliches Produkt verwendet.[1576] Ferner dürften abschließend auch die zu erwartenden Schäden für den Beklagten mit in die Bewertung einfließen. Sofern diese Schäden irreversibler oder gar existenzvernichtender Natur sind, spricht dies zusätzlich für eine Aussetzung. Im Rahmen dieser Interessenabwägung dürfen gleichsam die Belange des Klägers nicht außer Acht gelassen werden. Zu beachten ist hierbei vor allem, dass das Interesse des Schutzrechtsinhabers an einer reibungslosen Durchsetzung seiner Rechte schwer wiegt und in erster Linie Vorrang vor dem Bedürfnis des Beklagten beansprucht, der die Abwendung rechtlicher Konsequenzen seiner Handlung begehrt. Dies gilt umso mehr, wenn es um die Durchsetzung des patentrechtlichen Unterlassungsanspruchs als Kern des Ausschließlichkeitsrechts geht, da ansonsten eine Entwertung des zeitlich begrenzten Schutzrechts erfolgen könnte.[1577]

Stehen sich somit jedoch reine Monetarisierungsinteressen in Verbindung mit der Rechtsverfolgung eines Patentverwerters und erhebliche wirtschaftliche Risiken eines potentiellen Verletzers gegenüber, so ist schwer nachvollziehbar, wieso eine Aussetzung zugunsten des Verwenders dem Grunde nach abzulehnen wäre, sofern das Schutzrecht bereits selbst berechtigte Zweifel an dessen Bestand weckt.[1578] Hierdurch erfolgt auch keine unzumutbare Einschränkung der Rechte des Patentinhabers.[1579] Denn die real bestehenden Inkongruenzen zwischen Verletzungs- und Nichtigkeitsverfahren können zu Schäden beim Verwender führen, die unter Umständen nicht mehr rückgängig zu machen sind.

1576 So auch *Pitz*, in: Fitzner/Lutz/Bodewig (Hrsg.), Patentrecht, 4. Auflage 2012, § 139, Rn. 76.

1577 So auch *Bukow*, in: Haedicke/Timmann (Hrsg.), Handbuch des Patentrechts, 2012, § 9, Rn. 168.

1578 Neben der möglichen Nichtigkeit des Patents als Aussetzungsgrund müssen die widerstreitenden Interessen der Parteien ebenfalls berücksichtigt werden, vgl. *Zigann*, in: Haedicke/Timmann (Hrsg.), Handbuch des Patentrechts, 2012, § 11, Rn. 425.

1579 Zumal diesem stets das Recht der sofortigen Beschwerde gegen die Aussetzung nach § 252 ZPO zusteht.

Im Lichte einer solchen Gefahr kann dem Patentverwerter zugemutet werden, auf die Befriedigung seiner möglichen Unterlassungs- und Schadensersatzansprüche bis zum Abschluss des Nichtigkeitsverfahrens zu warten.[1580] Auch ist keine Verwässerung des Unterlassungsanspruchs zu befürchten, wenn es dem Patentverwerter überhaupt nicht auf eine Vereitelung existierender Marktstörungen ankommt. Ferner wird der Patentinhaber keines Vorteils verlustig, denn auch ein erst zeitlich verzögertes Urteil führt im Falle des Obsiegens dazu, dass rückwirkend sowohl eine angemessene Lizenzgebühr bzw. ein angemessener Schadensersatz zu entrichten ist.[1581] Vielmehr vermag eine großzügigere Handhabung der Aussetzung einen Beklagten vor irreversiblen Schäden zu schützen, die eine Nichtaussetzung mit nachfolgender Unterlassungsverfügung und späterer Nichtigerklärung mit sich bringen könnte.[1582] Zusätzlich berücksichtigt ein solches Vorgehen zumindest implizit die Wertung der Rechtsordnung dahingehend, dass das Vorgehen beim *Trolling* zwar von geltendem Recht gedeckt sein mag, dass bewusste Ausnutzen von Zwangslagen jedoch nicht unbesehen gebilligt und wenigstens gewissen „Restriktionen" unterworfen werden kann. Gleichzeitig stellt dieses Vorgehen auch einen noch hinnehmbaren Eingriff in die Rechte des Patentinhabers und seinem Interesse an einer effektiven Rechtsdurchsetzung dar. Im Endeffekt lässt sich hieran auch die ganz grundsätzliche Frage aufwerfen, ob das aktuelle Trennungssystem nach wie vor Geltung beanspruchen muss oder aber im Bestreben, eine höhere Rechtssicherheit zu schaffen nicht abgeschafft werden sollte. Die durchaus notwendige Diskussion muss jedoch an anderer Stelle geführt werden und soll vorliegend nicht weiter erörtert werden.

II. Vollstreckungsschutzmaßnahmen

Sofern der Patentinhaber im Patentstreit- oder einstweiligen Verfügungsverfahren obsiegt, wird das erkennende Gericht in aller Regel das Urteil für vorläufig

1580 So auch die Argumentation bzgl. der Aussetzung der Zwangsvollstreckung nach § 712 ZPO im Nachgang eines einstweiligen Verfügungsverfahrens des OLG Karlsruhe, 11. Mai 2009 - 6 U 38/09, Rn. 14, zit. nach *juris*.

1581 Siehe aber auch *Fock/Bartenbach*, Mitteilungen 2010, 155, 160, die sich gegen eine Berücksichtigung der wirtschaftlichen Nachteile eines Beklagten im Rahmen der Interessenabwägung aussprechen.

1582 Kritisch *Sonnenberg*, Der Unterlassungsanspruch, 2014, 104, der anführt, dass der Schuldner hinreichend über den Antrag auf Einstellung der Zwangsvollstreckung nach §§ 712 und 719 ZPO geschützt sei.

vollstreckbar erklären, was dazu führt, dass der Beklagte die angegriffene Ausführungsform zukünftig unterlassen und somit vom Markt nehmen muss.[1583] Sofern der Beklagte entweder das Verfahren in der Hauptsache anstrengen oder den Rechtsweg voll ausschöpfen möchte, kann dem Druckmittel der Unterlassungsverfügung sodann nur noch durch eine großzügigere Einstellung der vorläufigen Vollstreckung nach §§ 712 oder 719 ZPO entgegengetreten werden.[1584] Für die vorliegende Zwecke muss zwischen den unterschiedlichen Phasen des Rechtsstreits unterschieden werden. Sofern der Beklagte im Falle der Niederlage in der Hauptsache das Rechtsmittel der Berufung oder des Einspruchs einlegt, ist § 719 Abs. 1 ZPO die einschlägige Norm, im Falle der Revision § 719 Abs. 2 ZPO. Erkennt der Beklagte bereits im Prozess die Gefahr eines für ihn negativen Verfahrensausgangs, so kann dieser noch vor Abschluss der mündlichen Verhandlung einen Antrag auf Vollstreckungsschutz nach § 712 ZPO stellen. Letzterer Antrag ist vor allem im einstweiligen Verfügungsverfahren der statthafte Rechtsbehelf, da § 719 Abs. 1 ZPO tatbestandlich an die Einlegung des Rechtsmittels der Berufung anknüpft.

1. Schutzantrag des Schuldners nach § 712 ZPO

Für die Einstellung der vorläufigen Vollstreckbarkeit muss nach dem Wortlaut des § 712 Abs. 1 ZPO ein nicht zu ersetzender Nachteil für den Vollstreckungsschuldner durch die Vollstreckung entstehen, welcher auch insbesondere nicht durch einen nachträglichen Schadensersatz in Geld ausgeglichen werden kann und somit nur durch einen Antrag und gleichzeitiger Sicherheitsleistung oder Hinterlegung abwendbar wäre.[1585] Die Gewährung des erweiterten Vollstreckungsschutzes ist grundsätzlich eher ein Ausnahmefall, da es Patentinhabern gerade im Verletzungsprozess ermöglicht werden soll, auch aus einem noch nicht rechtskräftigen Urteil vollstrecken zu können.[1586] Gleichzeitig sollen die

---

1583 Vgl. auch *Chakraborty*, in: Haedicke/Timmann (Hrsg.), Handbuch des Patentrechts, 2012, § 11, Rn. 597 ff., der ebenfalls das Problem der Patentverwertung durch Verwertungsgesellschaften anspricht.

1584 Für eine Bewertung am Maßstab des § 712 ZPO, siehe *Osterrieth*, GRUR 2009, 540, 543 und *Frick*, *Patent-Trolling*, 2014, S. 440.

1585 Sofern der Schuldner zur Abgabe einer Sicherheitsleistung nicht im Stande ist, kann die Vollstreckung für vorläufig nicht vollstreckbar erklärt werden oder auf die in § 720a Abs. 1 und 2 ZPO niedergelegten Maßregeln beschränkt werden, vgl. § 712 Abs. 1 S. 2 ZPO.

1586 Dies gilt vor allem, wenn nach §§ 709, 711 ZPO eine Sicherheitsleistung durch den Gläubiger erbracht wird.

Schuldnerinteressen durch die Möglichkeit der Kompensation aufgrund einer unberechtigten Vollstreckung nach § 717 Abs. 2 und 3 ZPO gewahrt werden.[1587]

Die gegenwärtige Rechtsprechung wird durch eine restriktive Handhabung des § 712 Abs. 1 ZPO geprägt und erkennt in der Einstellung sowohl der Produktion auf Grundlage der technischen Lehre, als auch aller weiterer zusammenhängenden Geschäftstätigkeiten, in aller Regel noch keinen hinreichenden Nachteil im Sinne des § 712 ZPO.[1588] Ausreichend wird gegenwärtig wohl nur die Gefahr der Existenzvernichtung[1589] oder Auslösung exzessiver Schadensersatzforderungen Dritter und einer diesbezüglichen eidesstattlichen Versicherung sein, um im Einzelfall die Einstellung nach § 712 ZPO herbeizuführen.[1590] Diesbezüglich führt *Osterrieth* an, dass das Erfordernis des *„nicht zu ersetzenden Nachteils"* das Einfallstor für Billigkeitserwägungen durch das erkennende Gericht darstellen könnte und hierdurch die Begleitumstände des Einzelfalls stärker zu berücksichtigen wären. Gleichzeitig bestünde ein hinreichender Schutz des Patentinhabers über § 712 Abs. 2 ZPO, dessen Interessen ebenfalls hinreichend gewahrt werden könnten.[1591] Um dem Umstand der zeitlichen Begrenzung des Patentschutzes hinreichend Rechnung zu tragen, ist zwar eine restriktive Handhabung der möglichen Einstellung der Zwangsvollstreckung zu fordern, diese Wertung ist aber gleichzeitig nicht unumstößlich. So hat beispielsweise das OLG Düsseldorf in seiner viel zitierten Entscheidung *Flachdachabläufe* bereits 1979 festgestellt, dass *„ein Verzicht auf die als patentverletzend zu bewertenden Handlungen* [...] *sich daher regelmäßig in besonderem Maße nachteilig auf die Umsätze und die*

1587 *Voß*, in: Fitzner/Lutz/Bodewig (Hrsg.), Patentrecht, 4. Auflage 2012, Vor § 139, Rn. 195; ausführlich dazu aus der aktuellen Literatur, vgl. *Zhu/Kouskoutis*, GRUR 2019, 886.

1588 OLG Düsseldorf, GRUR 1979, 188, 189 – *Flachdachabläufe*; *Osterrieth*, GRUR 2009, 540, 543; die Literatur geht ebenfalls von einem sehr strengen Maßstab hinsichtlich des „nicht zu ersetzenden Nachteils" aus, vgl. *Voß*, in: Fitzner/Lutz/Bodewig (Hrsg.), Patentrecht, 4. Auflage 2012, Vor § 139, Rn. 195; *Kühnen*, Handbuch der Patentverletzung, 12. Auflage 2020, Abschnitt H, Rn. 47 ff.; vgl. ferner *Sonnenberg*, Der Unterlassungsanspruch, 2014, S. 106 m.w.N.

1589 *Voß*, in: Fitzner/Lutz/Bodewig (Hrsg.), Patentrecht, 4. Auflage 2012, Vor § 139, Rn. 195; *Kühnen*, Handbuch der Patentverletzung, 12. Auflage 2020, Abschnitt H, Rn. 47; *Zhu/Kouskoutis*, GRUR 2019, 886; LG Mannheim, InstGE 11, 9, Rn. 137 – *UMTS-fähiges Mobiltelefon* und LG Mannheim, Urteil vom 18. Februar 2011 – 7 O 100/10, Rn. 243, zit. nach *juris*.

1590 OLG Düsseldorf, GRUR 1979, 188, 189 – *Flachdachabläufe*; OLG Düsseldorf, InstGE 8, 117, Rn. 14 ff. – *Fahrbare Betonpumpe*.

1591 *Osterrieth*, GRUR 2009, 540, 545.

weitere geschäftliche Entwicklung des schuldnerischen Betriebes aus[wirkt].“[1592] und dass bei einer Vollstreckung aus einer Verurteilung wegen Patentverletzung bei einem Schuldner die Voraussetzungen des § 712 Abs. 1 ZPO ohne Weiteres gegeben seien. Höher wiege jedoch das Interesse des Patentinhabers, der durch die Einstellung der Vollstreckung einen Einbruch seiner Monopolstellung am Markt befürchten muss und sich eine für ihn nachteilige Konkurrenzsituation entwickeln könnte.[1593]

Im Falle des *Trolling* besteht hingegen keine Konkurrenzsituation und aufgrund der fehlenden Marktpräsenz ist auch keine Monopolstellung beeinträchtigt.[1594] Folglich könnte bei zusätzlicher Ausschlagung eines angemessenen Lizenzangebots durch den Schuldner die Bewertung im Rahmen des § 712 Abs. 1 und 2 ZPO zu dessen Gunsten ausfallen, da insofern keine durchschlagenden Bedenken gegen eine solche Rechtsanwendung im Einzelfall bestehen.[1595] Ob für die Bewertung des erheblichen Nachteils nur existenzvernichtende Schäden zu verlangen wären, wie es zumindest teilweise für den Antrag nach § 719 Abs. 1 ZPO gefordert wird[1596] oder aber auch „erhebliche Gewinneinbußen“ ausreichen, wie von *Osterrieth* angeführt,[1597] ist nicht allgemeinverbindlich zu beurteilen. Die Nachteile müssen zumindest derart schwerwiegend sein, dass aus der Unterlassung erhebliche und höchstwahrscheinlich irreversible wirtschaftliche Schäden resultieren,[1598] sodass aufgrund einer objektiven Betrachtung von einem unbilligen Ergebnis für den Verwender gesprochen

---

1592 OLG Düsseldorf, GRUR 1979, 188, 189 – *Flachdachabläufe.*

1593 OLG Düsseldorf, GRUR 1979, 188, 189 – *Flachdachabläufe,* wobei auch die begrenzte Laufzeit des Patents und das Wesen des Unterlassungsanspruchs als wichtigstes Verteidigungsmittel des Patentinhabers tragende Gründe für die Versagung der Einstellung nach § 712 Abs. 1 ZPO darstellten.

1594 Zu der Frage, ob das Patent eine rechtliche oder wirtschaftliche Monopolstellung gewährt, siehe Kapitel 1, § 2, A-B.

1595 So ist auch die Entscheidung des OLG Karlsruhe, InstGE 11, 124 – *UMTS-Standard* zu verstehen, bei der die gleichen Erwägungen im Rahmen des § 719 Abs. 1 ZPO angestellt wurden; siehe auch *Osterrieth*, GRUR 2009, 540, 545; a.A. wohl *Sonnenberg*, Der Unterlassungsanspruch, 2014, S. 107.

1596 Siehe dazu sogleich.

1597 *Osterrieth*, GRUR 2009, 540, 545.

1598 Neben den zu erwartenden Gewinneinbußen ist zusätzlich an einen möglichen Marktanteils- und/oder Reputationsverlust zu denken sowie die möglicherweise negativen Implikationen auf die nachgelagerten Marktstufen zu berücksichtigen.

werden kann, da aus dessen Verlusten der Patentinhaber keinerlei wirtschaftlichen Eigennutzen zieht.[1599]

2. Einstweilige Zwangsvollstreckungseinstellung nach §§ 719 Abs. 1 S. 1, 707 Abs. 1 S. 1 ZPO

Der Antrag auf Einstellung der vorläufigen Zwangsvollstreckung nach § 719 Abs. 1 S. 1, 707 Abs. 1 S. 1 ZPO setzt zwingend die gleichzeitige Einlegung der Berufung voraus, vgl. § 719 Abs. 1 S. 1 ZPO.

a. Berufungserfolgsaussichten

Auf Grundlage der Antragsbegründung muss das erkennende Gericht im Wege einer summarischen Prüfung die Erfolgsaussichten der Berufung vornehmen, wobei die zu treffende Ermessensentscheidung[1600] auch im Hinblick auf Interessen der jeweiligen Parteien fußt.[1601] Diese Interessenabwägung wird maßgeblich von den Erfolgsaussichten des Berufungsverfahrens getragen, denn sofern dieses bereits keine Aussicht auf Erfolg hat, ist eine Aussetzung der Zwangsvollstreckung nicht sinnvoll begründbar und kann auch die Auswirkungen des *Trolling* nicht abschwächen.

Des Weiteren ist umstritten, welche Anforderungen an den Antrag zu stellen sind und somit unter welchen Voraussetzungen eine Einstellung anzuordnen wäre. Vertreten wird beispielsweise, dass die bestehenden Erfolgsaussichten der summarischen Prüfung in Verbindung mit einer Interessenabwägung zugunsten des Schuldners bereits ausreichen sollen, um die Einstellung anzuordnen.[1602] Auf der anderen Seite wird angeführt, dass der Schuldner zusätzlich noch das Eintreten eines irreversiblen Schadens darlegen muss, der durch die Vollstreckung entstünde.[1603] Wo hierbei die konkrete Trennlinie verläuft, vermag nicht

---

1599 Siehe auch *Kühnen*, Handbuch der Patentverletzung, 12. Auflage 2020, Abschnitt H, Rn. 67, der wohl nur die drohende Insolvenz als ausreichenden Einstellungsgrund ansieht. Vgl. ferner *Sonnenberg*, Der Unterlassungsanspruch, 2014, S. 108, der das rein monetäre Interesse einer *non-practicing entity* als nicht erschwerenden Umstand im Hinblick auf den vorzunehmenden Interessenausgleich anerkennen will.

1600 *Götz*, in: Krüger/Rauscher (Hrsg.), MüKo-ZPO Band 2, 6. Auflage 2020, § 719, Rn. 1.

1601 *Chakraborty*, in: Haedicke/Timmann (Hrsg.), Handbuch des Patentrechts, 2012, § 11, Rn. 604.

1602 OLG Düsseldorf, InstGE 11, 124, 1. Leitsatz – *UMTS-Standard*.

1603 OLG Düsseldorf, InstGE 9, 117, Rn. 2 – *Sicherheitsschaltgerät*; hieran fehlt es beispielsweise, wenn der Beklagte eine abgewandelte technische Ausführungsform

abschließend beurteilt zu werden.[1604] Allem voran steht zumindest die zu fordernde Erfolgsaussicht des Obsiegens im Berufungsverfahren. Liegt diese schon nicht vor, darf eine Einstellung sowieso nur in Ausnahmefällen vorgenommen werden, da auch vorliegend die Interessen des Schutzrechtsinhabers an einer effektiven Rechtsdurchsetzung unter gleichzeitiger Berücksichtigung der kurzen Schutzdauer des Patents hohe Hürden an die Einschränkbarkeit stellen.[1605]

b. Abwägung der widerstreitenden Interessen

Dennoch stellt die Interessenlage im Falle des *Trolling* einen Spezialfall dar, dessen Begleitumstände auch vorliegend im Rahmen der vorzunehmenden Interessenabwägung erneut mit einbezogen werden können.[1606] Ohne diese Umstände abermals zu erörtern, muss bei einer möglichen Einstellung der Zwangsvollstreckung festgestellt werden, dass hieran hohe Anforderungen zu stellen sind, sofern die Interessenabwägung die geringeren Erfolgsaussichten des Berufungsverfahrens überwiegen soll.[1607] Der Fokus muss klar auf die zu erwartenden Nachteilen bzw. Schäden gerichtet sein, die durch die vorläufige Vollstreckung der Unterlassungsverfügung entstehen würden. Diese dürften nur durchgreifen, wenn sie tatsächlich existenzvernichtend oder aber irreversibel wären.[1608]

---

vertreiben kann, die nach seinem Dafürhalten nicht patentverletzend wäre, vgl. OLG Düsseldorf, InstGE 13, 256, Rn. 6 – *UMTS-Standard II.*

1604 Einen Mittelweg führt *Chakraborty*, in: Haedicke/Timmann (Hrsg.), Handbuch des Patentrechts, 2012, § 11, Rn. 607 an, der es für ausreichend ansieht, wenn „*die Berufung nicht ohne Erfolgsaussichten ist und er Schuldner zudem gravierende, im Rahmen der Interessenabwägung zu berücksichtigende Nachteile glaubhaft macht.*“

1605 Wie auch im Rahmen der rechtlichen Würdigung bezüglich der generellen Einschränkung des Unterlassungsanspruchs muss berücksichtigt werden, dass bei einer leichtfertigen Beschränkung das Schutzrecht zu verwässern droht und der Unterlassungsanspruch somit faktisch leerlaufen würde, vgl. dazu BGH, GRUR 2000, 862, 862–863 – *Spannvorrichtung*; OLG Düsseldorf, GRUR 1979, 188, 189 – *Flachdachabläufe*; OLG Düsseldorf, InstGE 8, 117, Rn. 14 – *Fahrbare Betonpumpe.*

1606 Siehe im Hinblick auf das Begehr einer reinen Patentverwertungsgesellschaft das bereits oben angeführte Verfahren vor dem OLG Karlsruhe, InstGE 11, 124 ff. – *UMTS-Standard*; so auch *Kaess*, in: Busse/Keukenschrijver (Hrsg.), Patentgesetz, 8. Auflage 2016, Vor § 143, Rn. 353.

1607 Ausdrücklich *Chakraborty*, in: Haedicke/Timmann (Hrsg.), Handbuch des Patentrechts, 2012, § 11, Rn. 611.

1608 Allgemeinwohlbelange können hingegen in den allermeisten Fällen nicht berücksichtigt werden. Siehe OLG Düsseldorf, InstGE 8, 117, Rn. 17 – *Fahrbare Betonpumpe*, bei dem der drohende Verlust von Arbeitsplätzen nicht für eine Einstellung ausreichte.

Auf der anderen Seite könnten weniger invasive Schäden auch dann ausreichen, wenn der Patentinhaber keinen wettbewerblichen Nutzen an der zukünftigen Unterlassung hat, gegenwärtig rein finanzielle Motive verfolgt und diesem sodann ein Abwarten bis zum Abschluss der Berufung gegen eine entsprechende Sicherheitsleistung des Schuldners zuzumuten wäre.[1609]

Im Gegensatz zu einer Aussetzung nach § 148 ZPO aufgrund einer möglichen Nichtigerklärung des streitgegenständlichen Patents, muss bei einem Antrag nach § 719 Abs. 1 ZPO berücksichtigt werden, dass eine Patentverletzung bereits erstinstanzlich festgestellt worden ist und unter normalen Umständen dem Patentinhaber die Unterlassungsverfügung als Kern des Ausschließlichkeitsrechts zwingend zusteht. Dementsprechend muss die Interessenabwägung auf einer differenzierteren Bewertungsgrundlage fußen, als es im Lichte einer Aussetzung nach § 148 ZPO der Fall wäre. Insofern stellte sich eine großzügigere Einstellung der Zwangsvollstreckung nur als Abhilfe gegen das *Trolling* dar, wenn der Beklagte dem nachfolgenden Berufungsverfahren hinreichende Erfolgsaussichten beimisst.[1610] Zu beachten ist ferner, dass die Einstellung in den allermeisten Fällen auch nur gegen eine Sicherheitsleistung durch den Schuldner erfolgen wird, § 719 Abs. 1 i.V.m. § 707 Abs. 1 S. 1 ZPO.

III. Zusammenfassung

Die Untersuchung möglicher prozessualer Lösungsansätze hat gezeigt, dass verfahrensrechtliche Instrumentarien dem *Trolling* nur bedingt Grenzen setzen können. Einfallstor für eine Berücksichtigung der Begleitumstände kann stets nur die jeweilige Interessenabwägung im Rahmen einer gerichtlichen Ermessensentscheidung sein. Sofern an dem Rechtsbestand des angreifenden Patents nicht unerhebliche Zweifel begründet sind, bestehen im Falle des *Trolling* gute Argumente für eine großzügigere Aussetzungspraxis der Verletzungsgerichte im Verletzungsverfahren nach § 148 ZPO. Auch im Hinblick auf eine großzügigere Einstellung der vorläufigen Vollstreckung sollten die Gerichte den Umstand mit einbeziehen, dass es sich beim *Trolling* um nicht-operative Marktakteure handelt, denen keine wettbewerblichen Vorteile aus der Unterlassung erwachsen, das Verletztsein nicht selten sogar taktisch eingefädelt haben und lediglich monetäre Zielsetzungen verfolgen. So wäre der Beklagte zumindest bis

1609 Dies lässt die Argumentation des OLG Karlsruhe, InstGE 11, 124, Rn. 12 ff. – *UMTS-Standard* vermuten.

1610 So auch *Sonnenberg*, Der Unterlassungsanspruch, 2014, S. 110; *Pitz*, in: Fitzner/Lutz/Bodewig (Hrsg.), Patentrecht, 4. Auflage 2012, § 139, Rn. 76.

zum rechtskräftigen Abschluss der Hauptsache geschützt. Gleichzeitig dürfen die Gefahren für einen Verwender auch nicht über Gebühr bewertet werden, da der umfassende Schutz des Patents selbst ein hohes Gut ist und die angeführten Lösungsansätze nicht zu einer schleichenden Stigmatisierung des Geschäftsmodells der Patentverwertung führen dürfen. Auch eine reine Verwertungsgesellschaft muss grundsätzlich wie jeder andere Patentinhaber behandelt werden und die gleichen Rechte genießen.

E. Kartellrechtliche Schranken

Abschließend bedarf es nunmehr ebenfalls einer Bewertung des *Trolling* am Maßstab der kartellrechtlichen Missbrauchsaufsicht. Die Entscheidung des Patentinhabers sein Schutzrecht mittels der Lizenzierung gewinnbringend zu verwerten, ist aus wettbewerbsrechtlicher Sicht nicht mit einem Unwerturteil verbunden, sondern fällt zunächst uneingeschränkt unter dessen wettbewerbliche Freiheit. Gleichwohl ist anhand der vorangegangenen Untersuchung deutlich geworden, dass die konkret angewandte Vorgehensweise nicht nur patent-, lauterkeits-, zivil- und verfahrensrechtliche Bedenken auslöst, sondern auch aus wettbewerbsrechtlicher Sicht Anhaltspunkte für eine Untersuchung liefert. In diesem Zusammenhang bieten sich für die vorzunehmende Untersuchung zwei wesentliche Anknüpfungspunkte an.[1611]

In erster Linie muss der Frage nachgegangen werden, ob die Forderung von Lizenzgebühren unter Umständen als Ausbeutungsmissbrauch im Sinne des Art. 102 Abs. 2 lit. a AEUV zu bewerten ist. Nach Art. 102 Abs. 2 lit. a AEUV ist die Erzwingung unangemessener Preise aufgrund einer beherrschenden Stellung verboten und könnte sich vorliegend dadurch äußern, dass der Patentinhaber die bewusst geschaffene Zwangslage gegenüber dem Patentverwender ausnutzt, um unangemessene Lizenzgebühren zu erzwingen. Von wesentlicher Bedeutung ist dabei das Auffinden belastbarer Parameter, anhand derer eine Unterscheidung zwischen angemessenen und unangemessenen Lizenzforderungen erst ermöglicht wird. Darüber hinaus kennzeichnet das *Trolling*, dass im Nachgang gescheiterter Lizenzverhandlungen der patentrechtliche Unterlassungsanspruch zum Zwecke der weiteren Druckausübung geltend gemacht wird. Folglich muss im Anschluss an die erste Frage überprüft werden, ob eine

---

1611 Vgl. in diesem Zusammenhang auch die Untersuchungen des *Trolling* aus einer wettbewerbsrechtlichen Perspektive bei *Lamping*, Patentschutz und Marktmacht, 2010, S. 400 ff.; *Sonnenberg*. Der Unterlassungsanspruch, 2014, S. 126 ff. und rudimentär auch bei *Frick*, *Patent-Trolling*, 2014, S. 392 ff.

solche Geltendmachung als Rechtsverfolgungsmissbrauch anzusehen ist. Denn auch die Ausübung patentrechtlicher Abwehrbefugnisse kann unter bestimmten Voraussetzungen einen Anwendungsfall der Missbrauchsaufsicht darstellen.[1612]

Bevor jedoch auf die beiden angeführten Verhaltensweisen gesondert eingegangen werden kann, muss geprüft werden, unter welchen Umständen einem nicht-operativen Patentinhaber eine marktbeherrschende Stellung zukommt, damit die Anwendung nicht bereits an der fehlenden Normadressateneigenschaft scheitert.

I. Marktbeherrschung eines nicht-operativen Marktteilnehmers

Da es sich beim *Trolling* in der Regel um einen nicht-operativen Patentinhaber handelt, kann sich dessen marktbeherrschende Stellung ohne eigene Produktionsaktivitäten zwangsläufig nur auf den Technologie- bzw. Lizenzmarkt erstrecken.[1613] Dabei spielt es für die Marktabgrenzung keine Rolle, dass sich das Scheitern einer potentiellen Lizenzvereinbarung aufgrund der Forderung unangemessener Lizenzgebühren verbunden mit der nachfolgenden Untersagung einer weiteren Vertreibung der Erzeugnisse, die die patentierte Erfindung verwenden, negativ auf den nachgelagerten Produktmarkt auswirkt, aber keinerlei Konsequenzen für den vorgelagerten Technologie- bzw. Lizenzmarkt zeitigt. Für die Bewertung maßgeblich ist ausschließlich die Stellung des Patentinhabers auf dem Technologie- bzw. Lizenzmarkt, da dieser auch nur dort wirtschaftlich aktiv ist.

1. Strukturelle Verbindung zwischen vor- und nachgelagertem Markt

In diesem Zusammenhang wird vereinzelt vertreten,[1614] dass das Vorliegen eines kartellrechtlichen Missbrauchs grundsätzlich dann abzulehnen sei, wenn der beherrschte Markt nicht mit dem Markt identisch ist, auf dem sich der Missbrauch der beherrschenden Stellung auch konkret auswirkt (sog. Marktdivergenz).[1615] Dem entgegen vertritt die weit überwiegende Auffassung in

---

1612 A.A. etwa *Lamping*, Patentschutz und Marktmacht, 2010, S. 325–326, der missbräuchliche Verletzungs- und Unterlassungsklagen als Fall der Generalklausel des Art. 102 Abs. 1 AEUV ansieht.

1613 *Sonnenberg*, Der Unterlassungsanspruch, 2014, S. 124; *Burghartz*, Technische Standards, Patente und Wettbewerb, 2011, S. 201; unklar etwa die Abgrenzung bei *Frick*, *Patent-Trolling*, 2014, S. 394 ff.

1614 So etwa *Doherty*, Common Market Law Review 2001, 397, 411 und *König/Loetz*, EWS 2000, 377, 381.

1615 Vgl. *Ahlenstiel*, Marktabgrenzung in der Internetökonomie, 2008, S. 325 ff.

der Literatur und Rechtsprechung die Ansicht,[1616] dass es für die Bejahung des Marktmachtmissbrauchs insoweit ausreiche, wenn sich die missbräuchliche Beherrschung eines Marktes lediglich auf einen anderen Markt auswirke, ohne eine hiermit korrespondierende eigene Marktaktivität zu verfolgen. Hiernach ist es dem Grunde nach irrelevant, auf welchen Markt sich die missbräuchliche Ausnutzung der Marktbeherrschung konkret auswirke, so lange es auf irgendeinem ein Markt zu einer Beeinträchtigung des Restwettbewerbes komme.

Der erstgenannten Ansicht ist auf der einen Seite zwar zugutezuhalten, dass sich die besondere Verantwortung des beherrschenden Unternehmens für den verbliebenen Restwettbewerb in erster Linie auf den eigens aktiven Markt bezieht und dieser gerade wegen der Existenz des beherrschenden Unternehmens besonders schutzwürdig ist. Auf der anderen Seite kann eine eigene Marktaktivität als konstitutiver tatbestandlicher Anknüpfungspunkt für die Missbrauchsaufsicht nicht verlangt werden, da ansonsten der Machttransfer auf andere Märkte nie mittels des Wettbewerbsrechts unterbunden werden könnte. Eine effektive Missbrauchsaufsicht so weit reichen muss, wie sich der negative Einfluss der missbräuchlichen Ausnutzung einer beherrschenden Stellung auch auswirkt.[1617] Um jedoch einen interessengerechten Ausgleich zu finden und einer Überdehnung des Missbrauchsverbots vorzubeugen, wird von der letztgenannten Ansicht zumindest eine hinreichend enge Verbindung zwischen den beiden betroffenen Märkten gefordert.[1618] Eine solche Verbindung ist zumindest immer dann gegeben, wenn das Erzeugnis des vorgelagerten Marktes zwingend notwendig ist, um auf dem nachgelagerten Markt aktiv zu werden und demnach eine strukturelle Abhängigkeit zwischen beiden Märkten besteht.[1619]

1616 Vgl. zum Ganzen auch *Hötte*, Die kartellrechtliche Zwangslizenz im Patentrecht, 2011, S. 77–78 mit diversen Nennungen zum Meinungsstand.

1617 *Wielsch*, Zugangsregeln, 2008, S. 142; *Mestmäcker/Schweitzer*, Europäisches Wettbewerbsrecht, 3. Auflage 2014, § 19, Rn. 36, der von einer strukturellen Verbindung zwischen den Märkten spricht.

1618 EuGH, Urteil vom 14. November 1996, Rs. C-333/94 P, ECLI:EU:C:1996:436, Slg. 1996, I-5987, Rn. 27 – *Tetra Pak II*; EuGH, Urteil vom 15. März 2007, Rs. C-95/04 P, ECLI: EU:C:2007:166, Slg. 2007, I-2331, Rn. 127 – *British Airways/Kommission*; vgl. die weiteren Nachweise dazu bei *Hötte*, Die kartellrechtliche Zwangslizenz im Patentrecht, 2011, S. 78, Fn. 286.

1619 EuGH, Urteil vom 06. April 1995, verb. Rs. C-241/91 P u. C-242/91 P, ECLI: EU:C:1995:98, Slg. 1995, I-743, Rn. 52 ff. – *Magill*; BGHZ 160, 67, 73 ff. – *Standard-Spundfass*; *Sonnenberg*, Der Unterlassungsanspruch, 2014, S. 124; *Hötte*, Die kartellrechtliche Zwangslizenz im Patentrecht, 2011, S. 79; im Ergebnis auch *Burghartz*, Technische Standards, Patente und Wettbewerb, 2011, S. 203 ff.

Übertragen auf das *Trolling* sollte in der Regel immer dann von einer engen strukturellen Verbindung zwischen den betroffenen Märkten ausgegangen werden, wenn die in Rede stehende Erfindung auf dem vorgelagerten Technologiemarkt notwendig ist, um ein konkretes Produkt herzustellen und auf dem nachgelagerten Produktmarkt zu vertreiben. Betrachtet man die Verfahren, die vorliegend im Zusammenhang mit dem *Trolling* dargestellt wurden, ist dies beispielsweise ausnahmslos der Fall gewesen. Folglich kann eine strukturelle Verbindung zwischen vor- und nachgelagertem Markt in den spezifischen Sachverhaltskonstellationen des *Trolling* dem Grunde nach vorausgesetzt werden.

2. Anwendung des Bedarfsmarktkonzepts auf das *Trolling*

Anhand der allgemeinen Kriterien muss untersucht werden, ob die patentierte Erfindung auf dem relevanten Markt beherrschend ist oder nicht. Nach dem Bedarfsmarktkonzept kommt es aus Sicht der Marktgegenseite darauf an, inwiefern substituierbare Technologien existieren, die eine vergleichbare Lösung für das technische Problem darstellen und für die angestrebte gewerbliche Anwendung gleichwertig in Betracht kommen. Der sachlich relevante Markt umfasst somit all jene technischen Handlungslehren, die aus Sicht der Marktgegenseite auf dem nachgelagerten Produktmarkt den gleichen technischen Effekt für die Funktionsweise des Produkts haben wie die Technologie des Patentinhabers. Für die Zurechnung der jeweiligen Erfindungen zu dem relevanten Markt kommt es darauf an, dass die einzubeziehende Technologie Patentschutz genießt, da die technische Lösung eines Problems im Mittelpunkt der Marktabgrenzung steht.[1620] Fehlen aus Sicht der Marktgegenseite substituierbare Technologien und sind diese Technologien für die Herstellung von Erzeugnissen essentiell, besteht für den Patentinhaber ein nicht mehr zu kontrollierender Verhaltensspielraum durch den Restwettbewerb und eröffnet diesem eine beherrschende Stellung auf dem Technologie- und demnach auch Lizenzmarkt.

3. Besonderheiten bezüglich des *Trolling* und der Marktbeherrschung

Nicht selten wird die Frage nach der marktbeherrschenden Stellung das entscheidende Hindernis für die Anwendung der Missbrauchsaufsicht auf das

---

1620 Für die Frage der Substituierbarkeit kommt es meist viel wesentlicher darauf an, mit welchen Kosten die Anwendung einer anderen Technologie verbunden ist. Eine technisch mögliche Substitution ist nicht per se mit einer faktisch durchführbaren Substitution gleichzusetzen, vgl. dazu *Burghartz*, Technische Standards, Patente und Wettbewerb, 2011, S. 201.

Trolling sein. Eine produktvermittelte Marktbeherrschung kommt mangels eigener Produktionstätigkeit per se schon nicht in Betracht. Auch ist nicht davon auszugehen, dass dem Patentinhaber eine solche Stellung anhand bestehender wettbewerblicher Gesamtumstände aufgrund der gängigen Marktmachtfaktoren wie Marktanteile, FuE-Aktivitäten, vertikaler Integration, Finanzkraft etc. zukommt, wie es etwa bei Unternehmen im Falle der defensiven Patentstrategie zu beobachten ist und auch dort in der Regel erst zur Anwendung der Missbrauchsaufsicht führt. Eine marktbeherrschende Stellung auf dem Technologie- bzw. Lizenzmarkt kann sich, wenn überhaupt, nur auf Grundlage des einzelnen Schutzrechts oder eines Schutzrechtsbündels ergeben, was am ehesten bei standard-essentiellen, oder Pionierpatenten bzw. Grundlageninnovationen der Fall sein dürfte.[1621]

Denkbar wäre ein Erwerb solcher Patente etwa im Falle einer Unternehmensinsolvenz, wobei auch dann unmittelbare Wettbewerber des zahlungsunfähigen Patentinhabers versuchen werden, wirtschaftlich wertvolle Patente aus der Insolvenzmasse zu akquirieren, um diese gerade nicht in die Hände reiner Verwertungsgesellschaften fallen zu lassen.[1622] Am realistischsten erscheint es etwa, dass eine Verwertungsgesellschaft zunächst ungenutzte Schutzrechte aus einem bestimmten Technologiefeld erlangt, die zumindest ein wettbewerbliches Potential aufweisen und nach längerem Zuwarten erst aufgrund des Bedeutungszuwachses der Technologie eine besondere Machtstellung entwickelt.

Es erscheint jedoch fraglich, ob es für eine erfolgreiche *Trolling*-Strategie überhaupt erstrebenswert ist, Schutzrechte zu erlangen und einzusetzen, die zu einer marktbeherrschenden Stellung führen. Zweifelsohne würden beispielsweise standard-essentielle Patente für einen nicht-operativen Marktteilnehmer auf der einen Seite eine noch bessere Verhandlungsposition bedeuten und die Höhe der generierbaren Lizenzentgelte zugunsten des Patentinhabers positiv beeinflussen. Auf der anderen Seite führt ein solcher Umstand aber auch zu einer Anwendbarkeit der Missbrauchsaufsicht und schmälert dadurch die geschaffenen Verhandlungsineffizienzen unter gleichzeitiger Steigerung der Verteidigungsmöglichkeit des Verwenders, was für eine erfolgreiche Strategie des *Trolling* wiederum abträglich wäre. Die besondere „Effektivität“ des *Trolling*

1621 So auch *Ohly*, GRUR Int. 2008, 787, 793; *Uhrich*, ZGE/IPJ, 2009, 59, 80; im Ergebnis sind auch die Ausführungen von *Schickedanz*, GRUR Int. 2009, 902, 902 so zu verstehen. Allgemein betrachtet *Heinemann*, Immaterialgüterschutz, 2002, S. 167 ff., ohne sich jedoch auf das *Trolling* zu beziehen.

1622 *de Bisthoven*, Stanford-Vienna TTLF Working Papers No. 19, 2013, S. 69 ff.

rührt nämlich häufig nicht von der Einzigartigkeit der Erfindung und gänzlich fehlenden Substitutionsmöglichkeiten her, sondern vielmehr vom Geschick des Patentinhabers, Verhandlungsineffizienzen und Drucksituationen zu schaffen.[1623] In solch spezifischen Fällen wird eine betriebsinterne Umstellung auf andere Technologien gerade nicht deswegen unterlassen, weil es keine substituierbaren Erfindungen gäbe. Vielmehr wird von einer Umstellung abgesehen, weil die Patentverletzung zu spät entdeckt wurde und aufgrund des vorläufigen Produktions- und Vertriebsstopps des patentverwendenden Produkts hiermit korrespondierende Umstellungskosten und meist nicht unerhebliche Umsatzeinbußen drohen. Beim *Trolling* werden diese Faktoren durch das bewusste Zuwarten so gezielt ausgenutzt, dass die zu erwartende Kostenbelastung und möglichen Reputationsverluste letztlich den Ausschlag dafür geben, auf das Lizenzangebot des Patentinhabers einzugehen, auch wenn es sich um eine relativ unbedeutende Erfindung handelt.[1624] Die Patentstrategie des *Trolling* macht sich somit nicht die Bedeutung der Erfindung aus technischer Sicht und möglicherweise korrespondierender Marktstärke zunutze, sondern vielmehr die geschaffene Zwangslage, welche auch bereits durch weniger bedeutende Erfindungen für ein Gesamtprodukt entstehen.

Von dieser Warte aus betrachtet, erscheint es für das *Trolling* sogar erstrebenswerter Schutzrechte einzusetzen, die unterhalb der Marktbeherrschung rangieren, um keine zusätzliche wettbewerbsrechtliche Angriffsfläche zu bieten. Somit wird die Missbrauchsaufsicht aus tatbestandlicher Sicht wohl nur in äußerst seltenen Fällen eine geeignete Maßnahme für das *Trolling* darstellen, da nicht die Marktbeherrschung des Patentinhabers der ausschlaggebende Hebel für den „erfolgreichen" Patenteinsatz ist, sondern vielmehr die geschickt geschaffenen Verhandlungsineffizienzen.[1625]

1623 *Schickedanz*, GRUR Int. 2009, 901 setzt sich dezidiert mit dem Einsatz von geschützten Bauteilen in komplexen Vorrichtungen aus und beleuchtet dabei auch die Rolle des *Trolling*.

1624 Vgl. auch *Ohly*, GRUR Int. 2008, 787, 793, der bezüglich der hier diskutierten Fälle aus den USA zu Recht darauf hinweist, dass es sich bei den Patenten um Technologien mit „geringer Erfindungshöhe" handelte, deren Verwendung hätte vermieden werden können, wenn diese rechtzeitig erkannt worden wären.

1625 So auch *Walz*, GRUR Int. 2013, 718, 720; *Frick*, *Patent-Trolling*, 2014, S. 398 und *Uhrich*, ZGE/IPJ, 2009, 59, 80, der einer Bejahung der marktbeherrschenden Stellung beim *Trolling* zumindest skeptisch gegenübersteht.

II. Forderung überhöhter Lizenzgebühren als Ausbeutungsmissbrauch nach Art. 102 Abs. 2 lit. a AEUV

Kommt dem Patentinhaber hingegen eine beherrschende Stellung auf Grundlage der technischen Erfindungslehre zu, stellt sich die Frage nach deren möglicherweise missbräuchlichen Ausnutzung. Entsprechend der dargelegten Vorgehensweise beim *Trolling* ist zunächst die Forderung unangemessener Lizenzgebühren im Lichte der eigens für die Lizenzverhandlungen aufgebauten Drohkulisse zu bewerten. Sofern der Verwender nämlich auf die Technologie angewiesen ist, kann sich die geschaffene Verhandlungsineffizienz in einer überhöhten Lizenzentgeltforderung widerspiegeln und als möglicher Ausbeutungsmissbrauch unter Art. 102 Abs. 2 lit. a AEUV fallen.

Nach Art. 102 Abs. 2 lit. a AEUV kann ein Missbrauch insbesondere in „der unmittelbaren oder mittelbaren Erzwingung von unangemessenen Einkaufs- oder Verkaufspreisen oder sonstigen Geschäftsbedingungen" bestehen, worunter auch die Forderung unangemessener Lizenzentgelte zu subsumieren ist. Primärer Schutzzweck der bezweckten Preis- und Konditionenkontrolle ist in erster Linie der Verbraucherschutz, der negativ beeinträchtigt werden kann, wenn finanzielle Mehrkosten aufgrund technologischer Ineffizienzen sich solange auf die nachgelagerte Marktstufe abwälzen, bis sich die Preise für den Endverbraucher erhöhen und im Ergebnis der Konsumentenwohlfahrt schaden.[1626] Folglich soll mittels Art. 102 Abs. 2 lit. a AEUV in letzter Konsequenz die Ausbeutung der jeweils nachgelagerten Marktstufen unterbunden werden. Im Falle des Patents entspricht es aber bereits dem Lohn des Erfinders, auf Grundlage des Ausschließlichkeitsrechts von der Marktgegenseite höhere Preise für die Verwendung der Technologie zu verlangen.[1627] Dem Verbot des Ausbeutungsmissbrauchs kommt daher die mitunter schwierige Aufgabe zu, einer möglichen Ausuferung der Preissetzungsfreiheit des Patentinhabers gegenzusteuern, um dann korrigierend einzugreifen, wenn *unangemessene* Preise oder Konditionen

1626 *Fuchs*, in: Immenga/Mestmäcker (Hrsg.), Wettbewerbsrecht, 6. Auflage 2019, Art. 102 AEUV, Rn. 168; *Bulst*, in: Langen/Bunte (Hrsg.), Kartellrecht, 13. Auflage 2018, Art. 102 AEUV, Rn. 163; *Jung*, in Grabitz/Hilf/Nettesheim (Hrsg.), Das Recht der EU, 71. Lfg. 2020, Art. 102 AEUV, Rn. 166; *Lamping*, Patentschutz und Marktmacht, 2012, S. 185; im Ergebnis so auch *Mestmäcker/Schweitzer*, Europäisches Wettbewerbsrecht, 3. Auflage 2014, § 18, Rn. 1.

1627 Dies erkannte bereits *Machlup*, An Economic Review of the Patent System, 1958, S. 12: „*Since it is the very essence of patents to restrict competition* […] *and price above, competitive levels* […]."

aufgrund der beherrschenden Stellung *erzwungen* werden. Für die Beurteilung des *Trolling* ist das Auffinden einer klaren Bezugsgröße von wesentlicher Bedeutung. Nur wenn hinreichende Bewertungsparameter existieren, anhand derer festgestellt werden kann, ab wann die jeweils geforderte Lizenzgebühr noch der freiheitlichen wettbewerblichen Betätigung des Patentinhabers unterfällt und ab wann sich die Forderung im kartellrechtlichen Sinne als unangemessen darstellt, kann die Missbrauchsaufsicht überhaupt eine Abhilfemöglichkeit darstellen.

1. Tatbestandliches „Erzwingen"

Ein tatbestandliches „Erzwingen" liegt immer dann vor, wenn Geschäftsbedingungen oder Preise von der einen Vertragspartei der anderen Vertragspartei einseitig auferlegt werden.[1628] Naturgemäß wird es sich beim *Trolling* um den Patentinhaber handeln, der als potentielle Vertragspartei die anvisierte Lizenzentgeltforderung einseitig dem Patentverwender diktiert. Entgegen einer vermeintlich notwendigen Druckausübung zur Erfüllung des Er*zwingens*, wird der tatbestandlich geforderte Zwang bereits durch die beherrschende Machtstellung selbst bewirkt.[1629] Eine zusätzliche Einwirkung auf die Vertragspartei, um einen entgegenstehenden Willen zu „brechen", ist nicht erforderlich.[1630] Aufgrund der gezielten Schaffung von Verhandlungsineffizienzen werden sich die Lizenzverhandlungen beim *Trolling* in aller Regel als einseitige Auferlegung der Entgeltforderung darstellen und nicht als freie Verhandlung unter Wettbewerbsakteuren auf Augenhöhe. Von einem Erzwingen ist auch bereits dann auszugehen, wenn der Patentverwender eine unangemessene Lizenzforderung des Patentinhabers sofort und uneingeschränkt akzeptiert, da der Missbrauch nach objektiven Kriterien zu bestimmen ist.[1631]

1628 *Fuchs*, in: Immenga/Mestmäcker (Hrsg.), Wettbewerbsrecht, 6. Auflage 2019, Art. 102 AEUV, Rn. 174; *Schröter/Bartl*, in: von der Groeben/Schwarze/Hatje (Hrsg.), Europäisches Unionsrecht, 7. Auflage 2015, Art. 102 AEUV, Rn. 191.

1629 *Schröter/Bartl*, in: von der Groeben/Schwarze/Hatje (Hrsg.), Europäisches Unionsrecht, 7. Auflage 2015, Art. 102 AEUV, Rn. 191; *Fuchs*, in: Immenga/Mestmäcker (Hrsg.), Wettbewerbsrecht, 6. Auflage 2019, Art. 102 AEUV, Rn. 174.

1630 *Bulst*, in: Langen/Bunte (Hrsg.), Kartellrecht, 13. Auflage 2018, Art. 102 AEUV, Rn. 161.

1631 *Fuchs*, in: Immenga/Mestmäcker (Hrsg.), Wettbewerbsrecht, 6. Auflage 2019, Art. 102 AEUV, Rn. 174; *Schröter/Bartl*, in: von der Groeben/Schwarze/Hatje (Hrsg.), Europäisches Unionsrecht, 7. Auflage 2015, Art. 102 AEUV, Rn. 191, jeweils m.w.N.

2. Tatbestandliche Festlegung einer „unangemessenen“ Lizenzgebühr

Für die wettbewerbsrechtliche Beurteilung des *Trolling* ist neben der marktbeherrschenden Stellung die Bewertung einer geforderten Lizenzgebühr als angemessen bzw. unangemessen weitaus problematischer, als das Erzwingen einer Gebühr. Preise sind immer dann als wettbewerbsrechtlich kritisch zu bewerten, wenn sie in einem Missverhältnis zu dem wirtschaftlichen Wert der erbrachten Leistung stehen.[1632] Naturgemäß bereitet diese Feststellung in der Praxis erhebliche Schwierigkeiten.[1633] Für das Patentrecht urteilte der EuGH bereits in der Rechtssache *Parke Davis*, dass sich ein Ausbeutungsmissbrauch auf Grundlage des Patents nicht schon deswegen ergebe, weil der verlangte Preis höher liege als vergleichbare Preise für nicht patentierte Erfindungen.[1634] Das Verlangen höherer Preise für patentverwendende Produkte im Vergleich zu nicht patentverwendenden substituierbaren Produkten erscheint zudem unbedenklich, da meist nicht unerhebliche Kosten für das Auffinden der neuen technischen Handlungslehre im Rahmen von FuE-Aktivitäten investiert werden und zudem zusätzliche Kosten für die Aufrechterhaltung des Schutzes anfallen.[1635] Nur so kann der Innovationsanreiz gewahrt werden. Nichts anderes kann bei der Lizenzierung eines Patents gelten. Entweder stellt die Patentverwertung durch die Lizenzierung eine zusätzliche Möglichkeit dar, die aufgewendeten Kosten zu amortisieren oder es ist im Falle nicht-produzierender Patentinhaber die einzige Möglichkeit, überhaupt einen Lohn für die Mehrung des Standes der Technik zu generieren.

Vor dem Hintergrund dieses Belohnungs- und Kompensationsgedankens wird vereinzelt die Ansicht geäußert, dass auch das Verlangen außergewöhnlich hoher Lizenzgebühren grundsätzlich nicht als Missbrauch zu werten sei. Denn

1632 Vgl. EuGH, Urteil vom 13. November 1975, Rs. 26/75, ECLI:EU:C:1975:150, Slg. 1975, 1367, Rn. 11/12 ff. – *General Motors/Kommission*; EuGH, Urteil vom 14. Februar 1978, Rs. 27/76, ECLI:EU:C:1978:22, Slg. 1978, 207, Rn. 248/257 – *United* Brands; EuGH, Urteil vom 11. November 1986, Rs. 226/84, ECLI:EU:C:1986:421, Slg. 1986, 3263, Rn. 27 ff. – *British Leyland*. Siehe ferner *Bulst*, in: Langen/Bunte (Hrsg.), Kartellrecht, 13. Auflage 2018, Art. 102 AEUV, Rn. 166 ff. jeweils m.w.N.

1633 Zusammenfassend dazu *Heutz*, Das Spannungsverhältnis, 2010, S. 216 ff.

1634 EuGH, Urteil vom 29. Februar 1968, Rs. 24/67, ECLI:EU:C:1968:11, Slg. 1968, 86, 113 – *Parke, Davis/Probel*.

1635 Nicht anders ist die Feststellung in EuGH, Urteil vom 05. Oktober 1988, Rs. 53/87, ECLI:EU:C:1988:472, Slg. 1988, 6039, Rn. 17 – *CICRA u.a./Renault* unter Verweis auf EuGH, Urteil vom 29. Februar 1968, Rs. 24/67, ECLI:EU:C:1968:11, Slg. 1968, 86, 113 – *Parke, Davis/Probel* zu verstehen.

das Verwertungsrecht des Schutzrechtsinhabers umfasse ebenso die Ausbeutung von Lizenznehmern.[1636] Da eine solche Sichtweise das tatsächlich existierende Missbrauchspotential von Schutzrechten jedoch gänzlich ausblenden würde, sollte dieses extensive Verständnis eines Missbrauchs zumindest dann vorliegen, wenn die Lizenzforderung selbst für einen beherrschten Markt ausnahmsweise außergewöhnlich hoch sei.[1637] Auch eine derart schutzrechtsfreundliche Sichtweise entbindet den Rechtsanwender aber nicht von der Notwendigkeit, einen Referenzrahmen für die konkrete Bewertung des Einzelfalls anzuwenden. Umschreibungen wie „außergewöhnlich hohe Preise“ schaffen genauso wenig Rechtsklarheit wie die Feststellung, dass ein Missverhältnis zwischen dem „wirtschaftlichen Wert“ einer Erfindung und dem dafür geforderten Preis als unangemessen zu bewerten sei. Folglich oblag es schon früh der rechtswissenschaftlichen Praxis, geeignete Konzepte für die konkrete Anwendung des Ausbeutungsmissbrauchs zu entwickeln.

a. Bewertungskonzepte für die Festlegung der Unangemessenheit

Im Wesentlichen haben sich zwei Konzepte als heranzuziehende Bewertungsmethoden durchgesetzt: das Gewinnbegrenzungskonzept und das Vergleichsmarktkonzept, wobei Ersteres eine Kosten-Gewinn-Analyse vornimmt und Letzteres auf einem Vergleich zwischen geforderten und hypothetischen Markpreisen fußt.[1638] Letztlich geht es bei beiden Konzepten um die Frage, ob das beherrschende Unternehmen in der Lage ist, einen Preis am Markt aufzurufen, der unter normalen Wettbewerbsbedingungen so nicht hätte verlangt werden können und nur auf die exponierte Marktmacht des Produzenten zurückzuführen ist.[1639]

1636 So etwa *Jung*, ZWeR 2004, 379, 388 und wohl auch *Krieger*, GRUR 1979, 350, 352.

1637 *Jung*, ZWeR 2004, 379, 389; *Caspar*, ZHR 2002, 685, 702.

1638 Bezüglich der einzelnen Ansätze sei auf die gängige Kommentarliteratur verwiesen, vgl. etwa die extensive Darstellung bei *Brand*, in: Jaeger/Kokott/Pohlmann/Schroeder (Hrsg.), FK, Lfg. 85 2015, Art. 102 AEUV, Rn. 179 ff. sowie die ebenfalls gute Zusammenfassung bei *Kuhn*, WuW 2006, 578, 579 ff.

1639 EuGH, Urteil vom 14. Februar 1978, Rs. 27/76, ECLI:EU:C:1978:22, Slg. 1978, 207, Rn. 248/257 – *United* Brands; EuGH, Urteil vom 11. November 1986, Rs. 226/84, ECLI:EU:C:1986:421, Slg. 1986, 3263, Rn. 27 ff. – *British Leyland*.

i. Gewinnbegrenzungskonzept

Das Gewinnbegrenzungskonzept versucht, die Angemessenheit eines Preises durch eine Gegenüberstellung der konkreten Entstehungskosten für ein Erzeugnis auf der einen Seite und dem hierfür geforderten Marktpreis auf der anderen Seite zu ermitteln.[1640] Ein in diesem Sinne angemessener Produktpreis berechnet sich auf Grundlage der konkreten Gesamtkosten sowie einer Verzinsung des dafür eingesetzten Kapitals.[1641] Im Lichte einer betriebswirtschaftlichen Vollkostenrechnung[1642] beinhalten die im Zusammenhang mit dem konkreten Erzeugnis angefallenen Entstehungskosten nicht nur die Investitionsausgaben der zugrundeliegenden FuE, sondern zusätzlich alle weiteren tatsächlichen Produktions- und Betriebskosten, die für die Herstellung des Erzeugnisses aufgewendet wurden.[1643] Sodann müssen die auf dieser Basis ermittelten Gesamtkosten in Relation zu dem geforderten Marktpreis gesetzt werden. Bezogen auf ein Patent stehen also vordergründig die FuE-Kosten in Relation zu der geforderten Lizenzgebühr. Offenbart diese Gegenüberstellung ein übertriebenes Missverhältnis zwischen den aufgewendeten Kosten und dem geforderten Preis, ist anhand des Gewinnbegrenzungskonzepts von einem Missbrauch im Sinne des Art. 102 Abs. 2 lit. a AEUV auszugehen.[1644]

1640 Dieses Konzept wurde zum ersten Mal in EuGH, Urteil vom 14. Februar 1978, Rs. 27/76, ECLI:EU:C:1978:22, Slg. 1978, 207, Rn. 235/241 ff. – *United Brands* angewandt; vgl. dazu nur *Fuchs*, in: Immenga/Mestmäcker (Hrsg.), Wettbewerbsrecht, 6. Auflage 2019, Art. 102, Rn. 176 ff. und *Schröter/Bartl*, in: Schröter/Jakob/Klotz/Mederer (Hrsg.), Europäisches Wettbewerbsrecht, 2. Auflage 2014, Art. 102 AEUV, Rn. 192 ff. siehe ferner auch *Brand*, in: Jaeger/Kokott/Pohlmann/Schroeder (Hrsg.), FK, Lfg. 85 2015, Art. 102 AEUV, Rn. 185 ff. und *Lamping*, Patentschutz und Marktmacht, 2010, 189, die von einem zweistufigen Test ausgehen.

1641 *Mestmäcker/Schweitzer*, Europäisches Wettbewerbsrecht, 3. Auflage 2014, § 18, Rn. 3; *Schröter/Bartl*, in: Schröter/Jakob/Klotz/Mederer, Europäisches Wettbewerbsrecht, 2. Auflage 2014, Art. 102 AEUV, Rn. 192; *Kuhn*, WuW 2006, 578, 582.

1642 Siehe zu den Einzelheiten *Eilmansberger/Bien*, in: Bornkamm/Montag/Säcker (Hrsg.), MüKo-Wettbewerbsrecht Band 1, 3. Auflage 2020, Art. 102, Rn. 343–344.

1643 Nach Kommission, Entscheidung vom 23. Juni 2004, Case COMP/A.36.570/D3, Rn. 204 – *Sundbusserne/Helsingborg*; und Kommission, Entscheidung vom 23. Juni 2004, Case COMP/A.36.568/D3, Rn. 226 – *Scandlines/Helsingborg* können hierbei auch weitere Faktoren in die Bewertung mit einfließen, wie etwa Opportunitätskosten, der immaterielle Wert des Gutes, versunkene Kosten etc.

1644 Dies entspricht ständiger Rechtsprechung, vgl. nur EuGH, Urteil vom 13. November 1975, Rs. 26/75, ECLI:EU:C:1975:150, Slg. 1975, 1367, Rn. 11/12 ff. – *General Motors/Kommission*; EuGH, Urteil vom 14. Februar 1978, Rs. 27/76,

Trotz der grundsätzlichen Billigung dieses Konzepts durch die europäische Rechtsprechung[1645] wurde diese Bewertungsmethode im Rahmen des Ausbeutungsmissbrauchs bis heute nur höchst selten angewandt und lässt keine verlässlichen Rückschlüsse für die Beantwortung der Frage zu, ab wann ein konkretes Missverhältnis und somit eine Unangemessenheit eines Preises anzunehmen ist.[1646] In der Entscheidung *Deutsche Post AG* etwa wurde ein übertriebenes Missverhältnis zwischen den aufgewandten Kosten und dem wirtschaftlichen Wert der Leistung im Verhältnis zu dem konkret geforderten Preis angenommen, der einen Aufschlag von 25% beinhaltete.[1647] Aufgrund der insofern einzigartigen Festlegung konkreter Schwellenwerte durch die Rechtsprechung ist eine hiervon abgeleitete Daumenregel, nach der eine Gewinnspanne von über 25% als Schwellenwert für ein übertriebenes Missverhältnis sprechen würde, nicht verallgemeinerungsfähig und kann nicht für eine generelle Pauschalisierung herhalten.[1648] Dem Grunde nach ist in diesem Kontext nur ein Negativbefund dergestalt möglich, dass in der *United Brands* Entscheidung eine Gewinnspanne von 7% noch nicht als missbräuchlich angesehen wurde.[1649] Folglich ist die in diesem Zusammenhang drängendste Frage, wann von einem übertriebenen

---

ECLI:EU:C:1978:22, Slg. 1978, 207, Rn. 248/257 – *United* Brands; EuGH, Urteil vom 17. Mai 2001, Rs. C-340/99, ECLI:EU:C:2001:281, Slg. 2001, I-4109, Rn. 46 – *TNT Traco*; a.A. *Schröter/Bartl*, in: Schröter/Jakob/Klotz/Mederer (Hrsg.), Europäisches Wettbewerbsrecht, 2. Auflage 2014, Art. 102, Rn. 192, die ein besonders krasses Missverhältnis nur als Indiz für einen Missbrauch gelten lassen wollen.

1645 So z.B. Kommission, Entscheidung vom 20. März 2001, Case COMP/35.141, ABl. L 125/2001, 27 – *Deutsche Post AG*.

1646 Vgl. dazu *Eilmansberger/Bien*, in: Bornkamm/Montag/Säcker (Hrsg.), MüKo-Wettbewerbsrecht Band 1, 3. Auflage 2020, Art. 102, Rn. 343 ff. und *Brand*, in: Jaeger/Kokott/Pohlmann/Schroeder (Hrsg.), FK, Lfg. 85 2015, Art. 102 AEUV, Rn. 191.

1647 Kommission, Entscheidung vom 20. März 2001, Case COMP/35.141, ABl. L 125/2001, 27, Rn. 34 ff. – *Deutsche Post AG*.

1648 *Brand*, in: Jaeger/Kokott/Pohlmann/Schroeder (Hrsg.), FK, Lfg. 85 2015, Art. 102 AEUV, Rn. 191.

1649 EuGH, Urteil vom 14. Februar 1978, Rs. 27/76, ECLI:EU:C:1978:22, Slg. 1978, 207, Rn. 261/266 – *United* Brands; *de Bronett*, in: Wiedemann (Hrsg.), Handbuch des Kartellrechts, 3. Auflage 2016, § 22, Rn. 62 liest daraus, dass die Erheblichkeitsschwelle bei einer Gewinnspanne von unter 10% nicht überschritten sein kann; *Scholz*, in: Wiedemann (Hrsg.), Handbuch des Kartellrechts, 4. Auflage 2020, § 22, Rn. 87 äußert hingegen keine dahingehende Einschätzung; diese Ansicht ablehnend etwa *Brand*, in: Jaeger/Kokott/Pohlmann/Schroeder (Hrsg.), FK, Lfg. 85 2015, Art. 102 AEUV, Rn. 191.

Missverhältnis im Sinne des Gewinnbegrenzungskonzepts auszugehen ist, nach wie vor offen und vermag für das *Trolling* keine belastbaren Referenzwerte zu schaffen.

ii. Vergleichsmarktkonzept

Hinsichtlich des Vergleichsmarktkonzepts wird die Angemessenheit von Preisen durch eine komparative Gegenüberstellung ermittelt, bei dem die konkret geforderten Preise mit den Preisen verglichen werden, die auf Grundlage eines hypothetisch funktionierenden Wettbewerbs in dem zugrundeliegenden Sachverhalt zu erwarten wären (sog. Als-ob-Wettbewerb).[1650] Unangemessen sind die aufgerufenen Preise nach dem Vergleichsmarktkonzept immer dann, wenn sie eine „erhebliche" Differenz zu den Preisen aufweisen, die zu erwarten gewesen wären und das marktbeherrschende Unternehmen diese Differenz nicht zu rechtfertigen vermag.[1651] Für den zugrunde zu legenden Vergleichsmarkt können der sachlich, räumlich und/oder zeitlich relevante Markt herangezogen werden, um einen praktischen Referenzrahmen für die Bewertung zu ermöglichen.[1652]

Ausgangspunkt wird bei dieser Bewertung in der Regel der räumliche Vergleichsmarkt sein, da dieser faktisch am besten dazu geeignet ist, einen Preisvergleich durchzuführen.[1653] Bezugsgrößen sind vorliegend die Lizenzgebühren, die vergleichbare Unternehmen oder aber der jeweilige Normadressat selbst für gleichwertige oder unter Umständen dieselben Erzeugnisse auf vergleichbaren Märkten verlangt.[1654] Das räumliche Vergleichsmarktkonzept bietet etwa dann

---

1650 Der Begriff des „als-ob-Wettbewerbs" geht wohl auf *Miksch*, Zeitschrift für die gesamte Staatswissenschaft 1948, 310 zurück; vgl. zum Vergleichsmarktkonzept ausführlich *Wiedemann*, in: Wiedemann (Hrsg.), Handbuch des Kartellrechts, 4. Auflage 2020, § 23, Rn. 202 ff.

1651 So wurde es zwar in EuGH, Urteil vom 13. Juli 1989, Rs. 110/88, ECLI:EU:C:1989:326, Slg. 1989, 2811, Rn. 25 – *Lucazeau/SACEM* festgelegt, ohne eine Klarstellung bezüglich der Frage zu liefern, wann die Erheblichkeit erreicht ist. Zustimmend etwa *Mestmäcker/Schweitzer*, Europäisches Wettbewerbsrecht, 3. Auflage 2014, § 18, Rn. 5.

1652 *Schröter/Bartl*, in: Schröter/Jakob/Klotz/Mederer (Hrsg.), Europäisches Wettbewerbsrecht, 2. Auflage 2014, Art. 102, 198; *Hötte*, Die kartellrechtliche Zwangslizenz im Patentrecht, 2011, S. 119.

1653 *Brand*, in: Jaeger/Kokott/Pohlmann/Schroeder (Hrsg.), FK, Lfg. 85 2015, Art. 102 AEUV, Rn. 196; *Deselaers*, in Grabitz/Hilf/Nettesheim (Hrsg.), Das Recht der EU, 71. Lfg. 2020, Art. 102 AEUV, Rn. 400; *Lamping*, Patentschutz und Marktmacht, 2010, S. 190.

1654 *Bulst*, in: Langen/Bunte (Hrsg.), Kartellrecht, 13. Auflage 2018, Art. 102 AEUV, Rn. 1701 ff, mit Rechtsprechungsnachweisen.

wertvolle Anhaltspunkte, wenn die in Rede stehende Technologie in anderen Mitgliedstaaten ebenfalls patentrechtlichen Schutz genießt und vom jeweiligen Patentinhaber auf dem Vergleichsmarkt an Dritte lizenziert wird.[1655] Bei einem sachlichen Vergleichsmarkt werden keine Märkte auf ihre Gleichartigkeit hin bewertet. Vielmehr müssen die vom Patentinhaber geforderten Lizenzgebühren für ein Erzeugnis mit den Lizenzgebühren verglichen werden, die für vergleichbare Technologien auf demselben Markt gefordert werden.[1656] Bezogen auf ein Patent ist das sachliche Vergleichsmarktkonzept aber nicht besonders vielversprechend, da es keinen vergleichbaren sachlichen Markt geben kann. Ist der Patentinhaber nämlich auf dem Technologie- und Lizenzmarkt beherrschend, bestehen aus Sicht der Marktgegenseite gerade wegen der Beherrschung keine hinreichend substituierbaren Erfindungen. Dies führt dazu, dass keine lizenzierte Technologie als Referenzwert existiert und somit als Vergleichsgrundlage dienen könnte.[1657] Letztlich stellt das zeitliche Vergleichsmarktkonzept auf das frühere Verhalten des beherrschenden Unternehmens ab und fragt danach, ob unter Zugrundelegung steigender Mehrkosten bei funktionierendem Wettbewerb eine vergleichbare Erhöhung der Lizenzgebühren möglich wäre.[1658] Stetig steigende Lizenzgebühren wären ein Indiz für einen Missbrauch, wenn gleichzeitig keine Mehrkosten für den Patentinhaber entstehen, die einen Preisanstieg grundsätzlich rechtfertigen würden.[1659]

1655 Vgl. etwa *Hötte*, Die kartellrechtliche Zwangslizenz im Patentrecht, 2011, S. 120 und *Sonnenberg*, Der Unterlassungsanspruch, 2014, S. 127.

1656 *Huttenlauch*, in: Loewenheim et al. (Hrsg.), Kartellrecht, 4. Auflage 2020, Art. 102 AEUV, Rn. 189; vgl. auch *Brand*, in: Jaeger/Kokott/Pohlmann/Schroeder (Hrsg.), FK, Lfg. 85 2015, Art. 102 AEUV, Rn. 196, der dem sachlichen Vergleichsmarktkonzept eine nur geringe Bedeutung zuspricht.

1657 *Geradin*, Antitrust Law Journal 2009, 329, 343; *Bartmann*, Grenzen der Monopolisierung, 2005, S. 343; insofern nicht ganz eindeutig *Lamping*, Patentschutz und Marktmacht, 2010, S. 191.

1658 Insofern wurde das zeitliche Vergleichsmarktkonzept lediglich im Verfahren EuGH, Urteil vom 11. November 1986, Rs. 226/84, ECLI:EU:C:1986:421, Slg. 1986, 3263, Rn. 25 ff. – *British* Leyland angewandt; vgl. dazu auch *Fuchs*, Immenga/Mestmäcker (Hrsg.), Wettbewerbsrecht, 6. Auflage 2019, Art. 102 AEUV, Rn. 184 ff.

1659 *Geradin*, Antitrust Law Journal 2009, 329, 345; *Hötte*, Die kartellrechtliche Zwangslizenz im Patentrecht, 2011, S. 120.

iii. Beobachtungen hinsichtlich der tatsächlichen Anwendung beider Konzepte

Die Anwendung beider Konzepte bereitet in der Praxis nicht unerhebliche Probleme und vermag trotz ihrer Notwendigkeit nicht darüber hinwegzutäuschen, dass es bei der Bewertung des Ausbeutungsmissbrauchs stets auf die besonderen Umstände des Einzelfalls ankommt.[1660] Größtes Manko beider Bewertungsgrundlagen ist das Fehlen einer europäischen Entscheidungspraxis. Ohne Rückgriff auf eindeutige Bewertungsmaßstäbe und in Ermangelung klarer Leitlinien für die Bewertung eines übertriebenen Missverhältnisses (Gewinnbegrenzungskonzepts) oder aber eines erheblichen Ungleichgewichts (Vergleichsmarktkonzepts), ist eine Beurteilung von Lizenzgebühren als unangemessen nur schwerlich durchführbar. Darüber hinaus sind weitere Defizite bei der Anwendung der jeweiligen Konzepte zu erkennen, wie die nachfolgenden Ausführungen deutlich machen.

Gerade das Gewinnbegrenzungskonzept stößt mitunter auf heftige Kritik im Schrifttum und sieht sich teilweise nicht unwesentlichen Gegenargumenten ausgesetzt.[1661] Die vorgebrachte Kritik bezieht sich vor allem auf den Vorwurf mangelnder Praktikabilität sowie auf die rein statische Betrachtungsweise, die die Dynamik des Wettbewerbsprozesses nicht ausreichend berücksichtige.[1662] Darüber hinaus bereitet vor allem die Beantwortung der Frage Schwierigkeiten, auf welche Bezugsgröße konkret abzustellen sei, um einen angemessenen Preis für ein Patent als Referenzrahmen heranzuziehen.[1663] Anknüpfungspunkte können sowohl die reinen Entstehungskosten in Form von Inventions- und Innovationskosten als auch der marktwirtschaftliche Wert der konkreten Erfindung sein. Letztlich wäre auch eine Kumulation beider Bezugsgrößen als weiterer Anknüpfungspunkt denkbar. Vermag bereits die exakte Feststellung der reinen Entstehungskosten für ein Erzeugnis aus praktischer Sicht erhebliche Probleme

---

1660 *Deselaers*, in Grabitz/Hilf/Nettesheim (Hrsg.), Das Recht der EU, 71. Lfg. 2020, Art. 102 AEUV, Rn. 406.

1661 Siehe dazu insbesondere *Fuchs*, Immenga/Mestmäcker (Hrsg.), Wettbewerbsrecht, 6. Auflage 2019, Art. 102 AEUV, Rn. 176 ff.; *Bulst*, in: Langen/Bunte (Hrsg.), Kartellrecht, 13. Auflage 2018, Art. 102 AEUV, Rn. 167 ff.

1662 Vgl. etwa *Fuchs*, in: Immenga/Mestmäcker (Hrsg.), Wettbewerbsrecht, 6. Auflage 2019, Art. 102 AEUV, Rn. 176 ff. und *Schröter/Bartl*, in: Schröter/Jakob/Klotz/Mederer (Hrsg.), Europäisches Wettbewerbsrecht, 2. Auflage 2014, Art. 102, 196 jeweils mit diversen Nachweisen.

1663 Auf Probleme in diesem Zusammenhang weist bereits *Bußmann*, GRUR 1977, 121, 127 ff. ausführlich hin.

zu bereiten, lässt der wirtschaftliche Wert einer Erfindung als Bezugsgröße das Auffinden eines Referenzpreises ungleich problematischer sein, da die Feststellung des tatsächlichen marktwirtschaftlichen Wertes einer Erfindung ein „*Buch mit sieben Siegeln*" ist, wie *Lamping* es treffend beschreibt.[1664] Im Falle des *Trolling* entschärft sich zumindest die Problematik im Zusammenhang mit dem Auffinden der Entstehungskosten, da in Ermangelung eigener Produktionstätigkeiten des Patentinhabers keine anderweitigen Aufwendungen vorzuweisen sind als die derivativen Erwerbs-, sowie die Schutzaufrechterhaltungskosten und nur diese summierten Kosten den Bezugspunkt des Referenzrahmens darstellen können.[1665]

Die Anwendung des Vergleichsmarktkonzepts erscheint auf den ersten Blick praktikabler, da sich die Unangemessenheit eines Preises anhand eines Diskriminierungsbefundes ermitteln lässt und nicht wie bei dem Gewinnbegrenzungskonzept auf einem Ausbeutungsbefund beruht.[1666] Dennoch muss sich auch dieses Konzept den Vorwurf gefallen lassen, dass es dann keinen befriedigenden preislichen Referenzwert liefert, wenn es gerade an einer Vergleichbarkeit der Märkte mangelt und keine hinreichende Basis für realistische, vergleichbare Wettbewerbsbedingungen existiert.[1667] Vor allem hinsichtlich der Vergleichbarkeit von Patentlizenzen stößt die Bewertungsgrundlage auf erhebliche Probleme, weil es in Fällen einer geschützten Erfindung an einem vergleichbaren Markt für substituierbare Erfindungen häufig fehlen wird.[1668] Letztlich geht das

---

1664 So die Formulierung bei *Lamping*, Patentschutz und Marktmacht, 2010, S. 190, der konkret auf diese Anwendungsproblematik hinweist und zudem anführt, dass der anzusetzende Referenzwert eines geistigen Werkes sich auf die rechnerische Kombination aus den „*Gestehungskosten zuzüglich der innovationspolitischen Anreizkosten*" ermitteln lassen müsse. Gleichzeitig führt der Autor an, dass letztere Kosten nahezu unberechenbar sind.

1665 *Sonnenberg*, Der Unterlassungsanspruch, 2014, S. 128.

1666 *Lamping*, Patentschutz und Marktmacht, 2010, S. 191.

1667 *Schröter/Bartl*, in: Schröter/Jakob/Klotz/Mederer (Hrsg.), Europäisches Wettbewerbsrecht, 2. Auflage 2014, Art. 102, Rn. 197; *Fuchs*, in: Immenga/Mestmäcker (Hrsg.), Wettbewerbsrecht, 6. Auflage 2019, Art. 102 AEUV, Rn. 181; *Heutz*, Das Spannungsverhältnis, 2010, S. 216.

1668 In EuGH, Urteil vom 13. Juli 1989, Rs. 395/87, ECLI:EU:C:1989:319, Slg. 1989, 2521 und 2565, Rn. 34 ff. – *Tournier* ging der Gerichtshof von der Anwendung des Vergleichsmarktkonzepts im Falle von Lizenzen für gewerbliche Schutzrechte aus und sieht die geforderten Gebühren als überhöht an, wenn sie von der Honorierung vergleichbarer Schutzrechte auf vergleichbaren Märkten abweichen, vgl. dazu

Vergleichsmarktkonzept zudem von einem optimalen Referenzrahmen auf den zu vergleichenden Märkten aus, bei dem das Referenzpreisniveau stets aufgrund eines optimal funktionierenden Wettbewerbs entsteht, was ebenfalls nur selten der Fall sein wird.[1669] Obwohl beide Konzepte mit teilweise unlösbaren Problemen konfrontiert werden, hat sich gleichwohl das Vergleichsmarktkonzept als primäre Bewertungsgrundlage eines Preishöhenmissbrauchs in der kartellrechtlichen Praxis durchgesetzt.[1670]

b. Übertragung der gefundenen Erkenntnisse auf das *Trolling*

i. Zwingende Notwendigkeit einer Einzelfallbetrachtung

Ungeachtet der jeweiligen Praktikabilitätsprobleme und den damit verbundenen Schwierigkeiten, belastbare Aussagen zu treffen, kann von einer Anwendung beider Konzepte auf das *Trolling* nicht abgesehen werden. Die Durchsetzung der kartellrechtlichen Missbrauchsaufsicht darf nicht daran scheitern, dass es an präzisen Berechnungsmethoden fehlt.[1671] Das Vergleichsmarktkonzept bietet sich bei Patentlizenzen vor allem in räumlicher Hinsicht immer dann an, wenn die zugrundeliegende Technologie in anderen Mitgliedstaaten ebenfalls Schutz genießt und dort von dem Inhaber an Dritte lizenziert wird. Dem entgegen wird ein sachlicher Vergleichsmarkt bei einem Patent in aller Regel nicht gegeben sein, denn aus Sicht der Marktgegenseite existieren keine substituierbaren Technologien.[1672] In solchen Konstellationen kann das zeitliche Vergleichsmarktkonzept unter Umständen Abhilfe schaffen, sofern der Patentinhaber

---

auch *Fuchs*, in: Immenga/Mestmäcker (Hrsg.), Wettbewerbsrecht, 6. Auflage 2019, Art. 102 AEUV, Rn. 181 ff.

1669 *Schröter/Bartl*, in: Schröter/Jakob/Klotz/Mederer (Hrsg.), Europäisches Wettbewerbsrecht, 2. Auflage 2014, Art. 102, Rn. 197; *Lamping*, Patentschutz und Marktmacht, 2010, S. 191.

1670 *Schröter/Bartl*, in: Schröter/Jakob/Klotz/Mederer (Hrsg.), Europäisches Wettbewerbsrecht, 2. Auflage 2014, Art. 102, 197; *Bulst*, in: Langen/Bunte (Hrsg.), Kartellrecht, 13. Auflage 2018, Art. 102 AEUV, Rn. 171–175; so wohl auch *Fuchs*, in: Immenga/Mestmäcker (Hrsg.), Wettbewerbsrecht, 6. Auflage 2019, Art. 102 AEUV, Rn. 176 ff.; soweit ersichtlich entschied der EuGH in Fällen überhöhter Lizenzgebühren für gewerbliche Schutzrechte bis heute auch nur auf Grundlage des Vergleichsmarktkonzepts, vgl. EuGH, Urteil vom 13. Juli 1989, Rs. 395/87, ECLI:EU:C:1989:319, Slg. 1989, 2521 und 2565, Leitsatz 4 – *Tournier*.

1671 So auch *Fuchs*, in: Lange/Klippel/Ohly (Hrsg.), Geistiges Eigentum und Wettbewerb, 2009, S. 147, 171.

1672 *Sonnenberg*, Der Unterlassungsanspruch, 2014, S. 127.

in der Vergangenheit bereits Lizenzen erteilt hat und sich eine Erhöhung der Gebühren nicht durch eine höhere Kostenbelastung rechtfertigen lässt. Hierfür muss der Patentinhaber in der Vergangenheit jedoch schon Lizenzen für die konkrete Erfindung erteilt haben. Zwar war dies in den hier behandelten Sachverhalten des *Trolling* nicht der Fall, erscheint aber auch nicht gänzlich abwegig, denn eine flächendeckende Lizenzierung des Patents und der damit verbundenen Möglichkeit, höhere Lizenzeinnahmen zu generieren, ist grundsätzlich im Sinne des Patentinhabers, der auf eine maximale Monetarisierung des Schutzrechts abzielt.[1673] Schwierigkeiten bereitet dann „nur" noch die Frage, ab wann eine mögliche Differenz „erheblich" und auch keiner Rechtfertigung durch den Patentinhaber zugänglich ist.

In Fällen, in denen kein Vergleichsmarkt auffindbar ist, bietet sich für das *Trolling* erst recht ein Rückgriff auf das Gewinnbegrenzungskonzept an.[1674] Für die Bejahung der Unangemessenheit geforderter Lizenzgebühren müssen diese Gesamtkosten sodann in einem übertriebenen Missverhältnis zu der Forderung des Patentinhabers stehen, um eine Lizenzforderung dem Vorwurf des Ausbeutungsmissbrauchs auszusetzen.

Letztlich ist es vorliegend aber nicht möglich, konkrete Aussagen über verbindliche Referenz- oder Schwellenwerte zu treffen, nach denen Lizenzgebühren beim *Trolling* als unangemessen zu werten sind und unter welchen Voraussetzungen noch von angemessenen Gebühren gesprochen werden kann.[1675] Beide anerkannten Bewertungskonzepte fußen auf der Verwendung von Begrifflichkeiten, die ausschließlich im Lichte einer Einzelfallbetrachtung mit Leben gefüllt werden können und ohne verbindliche Anhaltspunkte in der Rechtsprechung nicht verallgemeinerungsfähig sind.[1676] Von daher ist es notwendig, abstrakt zu

1673 Vgl. hierzu OLG Düsseldorf, Beschluss vom 17. November 2016, I-15 U 66/15, BeckRS 2016, 21067, bei dem der Senat die Anforderungen an die Erteilung einer FRAND-Lizenz im Nachgang der Entscheidung des EuGH in Sachen *Huawei Technologies/ZTE* näher konkretisiert.

1674 *Hötte*, Die kartellrechtliche Zwangslizenz im Patentrecht, 2011, S. 121; *Sonnenberg*, Der Unterlassungsanspruch, 2014, S. 128; *Lamping*, Patentschutz und Marktmacht, 2010, S. 191 ff.; vgl. ferner *Bartmann*, Grenzen der Monopolisierung, 2005, S. 343, die davon ausgeht, dass das Vergleichsmarktkonzept im Kontext gewerblicher Schutzrechte nicht wirklich zur Anwendung gelangen kann.

1675 Wieviel eine Erfindung tatsächlich „Wert" ist, ist nahezu unmöglich zu beziffern, vgl. dazu bereits *Bußmann*, GRUR 1977, 131, 132 ff.

1676 Der Preishöhenmissbrauch spielt mitunter wegen dieser Schwierigkeiten nur sehr untergeordnete Rolle in der europäischen Rechtsprechungspraxis, vgl. *Brand*, in: Jaeger/Kokott/Pohlmann/Schroeder (Hrsg.), FK, Lfg. 85 2015, Art. 102 AEUV,

formulieren, woran sich die vorzunehmende Einzelfallbetrachtung zu orientieren hat, damit letztlich das Verhältnis der gegenseitigen Komplementarität beider Rechtsgebiete zueinander gewahrt wird.

ii. Berücksichtigung patentrechtlicher Besonderheiten bei der Einzelfallbewertung

Die Missbrauchsaufsicht muss sich in erster Linie nach den ausschlaggebenden innovationspolitischen Zielen des Patentschutzes in Form des technischen Fortschritts richten und darf diesen nicht mittels wettbewerbsrechtlicher Beschränkungen über Gebühr beeinträchtigen. Zu invasive Eingriffe der Missbrauchsaufsicht auf bestehende Lizenzvereinbarungen sowie Lizenzentgeltforderungen können eine Beeinträchtigung der patentimmanenten Anreizfunktion nach sich ziehen und müssen von dieser Warte aus betrachtet auf ein Minimum beschränkt bleiben.[1677] Dies gilt auch dann, wenn es sich bei dem Patentinhaber um einen nicht-operativen Patentverwerter handelt, bei dem keine vergleichbaren Innovationsanreize gewahrt werden müssen. Selbst ein wettbewerbsrechtlicher Eingriff in die Lizenzierungspraxis eines nicht-operativen Patentinhabers ist zwangsläufig mit einer Signalwirkung für alle weiteren Patentinhaber verbunden und kann den Innovationsanreiz für Dritte auch dann negativ beeinflussen, wenn eine eigene Betroffenheit oder Anwendung einer gleichgelagerten Patentstrategie gar nicht vorliegt. Exzessive Eingriffe durch die Missbrauchsaufsicht bergen nämlich stets die Gefahr, einen größeren volkswirtschaftlichen Schaden nach sich zu ziehen als zu erwarten wäre, wenn von einem Eingriff in die Lizenzierungspraxis beim *Trolling* nur sehr restriktiv oder gar nicht Gebrauch gemacht wird. Gleichzeitig darf die Forderung exzessiver Lizenzgebühren auf Grundlage eines Schutzrechts nicht gänzlich vom Ausbeutungsmissbrauch nach Art. 102 Abs. 2 lit. a AEUV ausgenommen werden, wie es etwa vereinzelt

---

Rn. 191; *Faull/Nikpay*, The EC Law of Competition, 3. Auflage 2014, Rn. 4; *Eilmansberger/Bien*, in: Bornkamm/Montag/Säcker (Hrsg.), MüKo-Wettbewerbsrecht Band 1, 3. Auflage 2020, Art. 102, Rn. 341.

1677 Ein besonders restriktives Verständnis der kartellrechtlichen Preiskontrolle legt etwa *Fuchs*, in: Immenga/Mestmäcker (Hrsg.), Wettbewerbsrecht, 6. Auflage 2019, Art. 102 AEUV, Rn. 169 ff. an den Tag, der „*Preiskontrollen* […] *innerhalb des Missbrauchstatbestands eher als Notbehelf*" ansieht; kritisch dazu auch *Heinemann*, Immaterialgüterschutz, 2002, S. 463, Fn. 1054.

gefordert wird.[1678] Es ist vielmehr ein Balanceakt, bei dem der Rechtsanwender das existierende Spannungsverhältnis behutsam auflösen muss.

Als unangemessen sind zumindest solche Lizenzforderungen anzusehen, die mit dem Innovationsschutz- und Investitionsschutzgedanken des Patentrechts nicht mehr vereinbar sind und somit auch nicht mehr von diesen gedeckt werden. Daraus folgt, dass der gerechtfertigte Lohn aus dem Patent sich nur unmittelbar aus dem technischen Fortschritt in Form der Innovation und dem daran anknüpfenden wirtschaftlichen Marktwert ergeben kann, da nur diese beiden Anknüpfungspunkte als Determinanten dem Konzept des Leistungswettbewerbs entsprechen.[1679] Für eine solche Bewertung muss die in Rede stehende Erfindung als Gegenstand der Lizenzvereinbarung individuell betrachtet und eine Gesamtbewertung vorgenommen werden, bei der eine Vielzahl von Faktoren eine Rolle spielen. Hierzu zählen etwa Art und Umfang der technischen Handlungslehre, die Erfindungshöhe im Sinne einer technischen Komplexität der Lösung, die Integration der Erfindung in ein übergeordnetes Technologiefeld und die wesentlichen Wettbewerbs- und Marktverhältnisse auf dem konkreten Technologiemarkt.[1680] Nur so kann sich überhaupt einer Bewertung des Marktwertes aus wettbewerbsrechtlicher Sicht angenähert werden.

Bei der Betrachtung eines Patents im wettbewerblichen Kontext muss zudem beachtet werden, dass die Höhe der geforderten Lizenzgebühren auf unterschiedlichen Märkten stark divergieren und insbesondere auf dynamischen Märkten bedeutend höher liegen als auf „traditionellen" Märkten.[1681] Dies liegt vor allem an den teilweise sehr kurz bemessenen Innovationszyklen, sodass getätigte Investitionen nur für einen begrenzten Zeitraum amortisierbar sind und die dazu notwendigen Lizenzgebühren von vornherein höher angesetzt werden müssen.[1682] Nur so kann auf innovationsgetriebenen Märkten die Anreizfunktion des Patentschutzes überhaupt gewahrt werden, um getätigte Investitionen zu decken, neue Investitionen zu tätigen und Gewinne zu erwirtschaften. Selbst bei einem offensichtlichen Missverhältnis zwischen den Entstehungskosten der

---

1678 *Korah*, European Intellectual Property Review 1988, 381, 383 und *Govaere*, The Use and Abuse of Intellectual Property Rights, 1996, S. 259 ff.

1679 In diese Richtung auch *Turner*, Antitrust Law Journal 1984, 485, 486 ff.

1680 Die Liste lässt sich dem Grunde nach beliebig fortführen, vgl. dazu auch *Lamping*, Patentschutz und Marktmacht, 2010, S. 412 ff.

1681 So auch anerkennend *Brand*, in: Jaeger/Kokott/Pohlmann/Schroeder (Hrsg.), FK, Lfg. 85 2015, Art. 102 AEUV, Rn. 191.

1682 Hierzu ausführlich *Bishop/Walker*, The Economics of EC Competition Law, 3. Auflage 2010, Rn. 6–015.

Erfindung und den geforderten Lizenzgebühren sind unter patentrechtlichen Gesichtspunkten somit Rechtfertigungsgründe denkbar, welche vor allem in den Besonderheiten des Marktes selbst angelegt sind.

Beim *Trolling* wird eine nicht-operative Verwertungsgesellschaft in Ermangelung eigener FuE-Aktivitäten selbstredend nicht unter demselben Druck stehen, die Kosten auf einem dynamischen Markt schnellstmöglich zu amortisieren, wie es bei forschenden Unternehmen der Fall ist. Gleichzeitig wäre es ungerechtfertigt, von einem nicht-operativen Patentinhaber ein deutlich niedrigeres Lizenzentgeltniveau zu fordern, bloß, weil das Schutzrecht derivativ erworben wurde. Wie bereits im Rahmen eines möglichen Marktmachtmissbrauchs durch den Patentrechtserwerb erörtert wurde, wird der derivative Rechtserwerber dem originären Rechtserwerber in jeder Hinsicht gleichgestellt. Folglich ist eine nachfolgende Ungleichbehandlung auf Ebene der Lizenzentgelthöhe nicht überzeugend, sofern im Ergebnis nicht doch eine Ungleichbehandlung zwischen dem originären und derivativen Patentrechtserwerber mittels des Kartellrechts geschaffen werden soll. Sofern die Forderung sowohl in Relation zu Kosten aus Erwerb zuzüglich Aufrechterhaltungskosten als auch zu dem allgemeinen Preisniveau des Marktes steht, ist eine Ungleichbehandlung ungerechtfertigt, da zudem auch ein nicht-operativer Patentinhaber aufgrund der Dynamik des Marktes seine Kosten nur für einen begrenzten Zeitraum amortisieren kann. Die besonderen Marktumstände können folglich dazu führen, dass auch eine höhere Differenz zwischen dem marktwirtschaftlichen Wert der technischen Innovation und den verlangten Lizenzentgeltforderungen zu einer anderen Bewertung führt, als dies beispielsweise auf einem anderen Markt der Fall wäre.

Dem entgegen dürfen exogene Faktoren des *Trolling* wie die bewusst geschaffenen Verhandlungsineffizienzen, der Aufbau einer Drohkulisse sowie das Ausnutzen des Unterlassungsanspruchs als Druckmittel keine wertbildenden Größen darstellen, die von dem gerechten Lohn aus der Erfindung selbst umfasst werden.[1683] Mit anderen Worten kann der Patentinhaber einen angemessenen Lohn in Form einer angemessenen Lizenzgebühr nur in einem solchen Umfang fordern, wie er sich unmittelbar aus der Nachfrage nach den im Patent selbst verkörperten Erfindung liegenden intrinsischen Anreizen ergibt.[1684] Der

---

1683 *Lamping*, Patentschutz und Marktmacht, 2010, S. 402.

1684 Im Ergebnis so auch Kommission, Entscheidung vom 23. Juni 2004, Case COMP/A.36.570/D3, Rn. 204–208 – *Sundbusserne/Helsingborg*; und Kommission, Entscheidung vom 23. Juni 2004, Case COMP/A.36.568/D3, Rn. 226–233 – *Scandlines/Helsingborg*.

„strategische" Wert zählt hingegen nicht dazu. Alles was über diesen Lohn hinausgeht, ist aus innovationspolitischen und gesamtwirtschaftlichen Gesichtspunkten überflüssig und bedarf einer gesonderten Rechtfertigung, um sich nicht dem Vorwurf der Unangemessenheit ausgesetzt zu sehen.[1685]

Als Anknüpfungs- und Bezugspunkt für die Bewertung angemessener Lizenzgebühren bietet sich beim *Trolling* somit vor allem die Summe der Erwerbs- und Schutzaufrechterhaltungskosten an, welche im Sinne des Gewinnbegrenzungskonzepts, unter Berücksichtigung der eben genannten Faktoren, in Relation zu den konkret geforderten Gebühren gesetzt werden müssen. Eine Abweichung von diesem Referenzwert als Bewertungsmaßstab wäre etwa dann angebracht, wenn sich im Sinne des Vergleichsmarktkonzepts ein krasses Missverhältnis zwischen den Erwerbs- und Schutzaufrechterhaltungskosten einer Technologie und den vergleichbaren Kosten einer vergleichbaren Technologie auf einem vergleichbaren Markt ergeben würde.

3. Ergebnis

Anhand der vorangegangenen Untersuchung muss festgestellt werden, dass das Verbot des Ausbeutungsmissbrauchs nach Art. 102 Abs. 2 lit. a AEUV nur in sehr engen Grenzen eine geeignete Schranke für das *Trolling* bietet. In den meisten Fällen wird eine Anwendung der Missbrauchsaufsicht bereits am Vorliegen der Normadressateneigenschaft in Ermangelung einer marktbeherrschenden Stellung scheitern. Das *Trolling* ist im Wesentlichen nicht aufgrund der aus wettbewerblicher Sicht marktstarken Erfindung erfolgreich, sondern vielmehr aufgrund des geschickten Einsatzes des Schutzrechts durch die Schaffung von Verhandlungsineffizienzen. Es existieren zudem überzeugende Argumente für die Annahme, dass ein besonders marktstarkes Patent dem *Trolling* eher abträglich ist, da solche Schutzrechte zum einen bedeutend schwieriger zu akquirieren sind und zum anderen keinen wirklichen Mehrwert für den Patentinhaber aus monetärer Sicht schaffen. Im Umkehrschluss kann ein weniger marktstarkes Patent nämlich den gleichen Druck auf den Verwender erzeugen und entzieht sich zugleich dem Anwendungsbereich der Missbrauchsaufsicht.

Sofern jedoch eine marktbeherrschende Stellung festgestellt werden kann, ist die Anwendung der Missbrauchsaufsicht auf die konkret geforderten

---

1685 A.A. etwa *Beier*, in: Westermann/Rosener (Hrsg.), FS Quack, 1991, S. 15, 20, Fn. 11 und *Friden*, Common Market Law Review 1989, 193, 211, die davon ausgehen, dass jeder Preis gerechtfertigt ist, den ein Schutzrechtsinhaber auf dem Markt generieren kann.

Lizenzgebühren ebenfalls nur mit geringen Erfolgsaussichten verbunden. Problematisch ist in erster Linie das Auffinden eines konkreten Referenzrahmens, der es vermag angemessene von unangemessenen Gebührenforderungen abzugrenzen. Selbst bei Zugrundelegung der derivativen Erwerbskosten unter Zurechnung der Schutzaufrechterhaltungskosten im Sinne des Gewinnbegrenzungskonzepts, ist ein Referenzrahmen für eine unverhältnismäßige Differenz nur schwer ermittelbar. Wann eine Lizenzgebühr letztendlich noch mit den Investitionsschutz- und Innovationsschutzgedanken des Patentschutzes vereinbar ist und wann nicht, kann sich nur anhand des jeweiligen Einzelfalls unter Einbeziehung aller wesentlichen wettbewerblichen Gesamtumstände ergeben. Abzustellen ist hierbei nur auf die technologische Innovation und deren marktwirtschaftlichen Wert, welcher sich aus der dem Patent innewohnenden intrinsischen Nachfrage ergibt. Alles, was darüber hinausgeht, stellt einen Ausbeutungsmissbrauch dar, da es zu einer Verfälschung des Leistungswettbewerbs führt. Praktisch wird dieser Nachweis dennoch nur schwerlich gelingen können, was das Potential der Missbrauchsaufsicht als Schranke für das *Trolling* im Ergebnis bedeutend schmälert.

III. Geltendmachung des Unterlassungsanspruchs als Rechtsverfolgungsmissbrauch

Unabhängig davon, ob eine konkret geforderte Lizenzgebühr im wettbewerbsrechtlichen Sinne als angemessen oder unangemessen zu bewerten ist, kann auch das Verhalten des Patentinhabers nach dem vorläufigen Scheitern der anvisierten Lizenzvereinbarung wettbewerbsrechtliche Fragen aufwerfen. Wie im Laufe der Bearbeitung deutlich wurde, wird der Patentinhaber beim *Trolling* mit an Sicherheit grenzender Wahrscheinlichkeit nach Ablehnung des Lizenzangebots den Unterlassungsanspruch geltend machen, um den Abschluss des Lizenzvertrages doch noch durch die Druckausübung zu erzwingen. Auch eine solche grundsätzlich legitime Rechtsverfolgung kann aus wettbewerbsrechtlicher Sicht Bedenken auslösen, wenn sich die Geltendmachung als missbräuchliche Ausnutzung der patentrechtlichen Abwehrbefugnisse eines marktbeherrschenden Unternehmens geriert.[1686] Vor diesem Hintergrund stellt sich somit die abschließende

1686 Grundlegend zu der Frage, wann die Rechtsverfolgung einen Missbrauch darstellt, *Grün*, Behinderungsmissbrauch durch strategischen Rechtsschutz, 2006. Untersuchungen konkret bezüglich des *Trolling* finden sich bei *Sonnenberg*, Der Unterlassungsanspruch, 2014, S. 136 ff.; *Lamping*, Patentschutz und Marktmacht, 2010, S. 405 ff. sowie rudimentär bei *Frick*, *Patent-Trolling*, 2014, S. 404–405.

Frage, ob der patentrechtliche Unterlassungsanspruch nach § 139 Abs. 1 PatG nicht mittels des Art. 102 AEUV einschränkbar wäre.[1687]

Sofern die nachfolgende Untersuchung zu dem Ergebnis kommt, dass die Ausübung der patentrechtlichen Abwehrbefugnisse aus kartellrechtlicher Sicht missbräuchlich wäre, stünde dem Patentverwender im Prozess sodann der Rechtsmissbrauchseinwand nach § 242 BGB zu. In einem solchen Fall wäre es treuwidrig, dem Patentinhaber den patentrechtlichen Unterlassungsanspruch zunächst zuzusprechen, da dem Patentverwender seinerseits wiederum ein Anspruch auf Unterlassen des Kartellrechtsverstoßes nach § 33 Abs. 1 GWB i.V.m. Art. 102 AEUV zusteht, der vorliegend auf die Untersagung der weiteren Patentverwendung durch die Geltendmachung des Unterlassungsanspruchs gerichtet ist. Insofern läge eine Parallele zu dem kartellrechtlichen Zwangslizenzeinwand im Verletzungsprozess vor, denn dem Patentinhaber wird in derartigen Fällen die Rechtsdurchsetzung nach § 242 BGB gerade deswegen untersagt, weil dem Patentverwender gleichzeitig ein Anspruch auf Erteilung einer kartellrechtlichen Zwangslizenz zusteht. Folglich bedarf es somit der Untersuchung, unter welchen Voraussetzungen die Geltendmachung des Unterlassungsanspruchs die Anwendung der Missbrauchsaufsicht auslösen kann.[1688] Freilich muss für die nachfolgende Prüfung die Normadressateneigenschaft in Form einer marktbeherrschenden Stellung auf Seiten des Patentinhabers vorliegen, welche vorab zu prüfen ist und nach den bereits dargelegten Grundsätzen zu erfolgen hat.

1. Bewertung der patentrechtlichen Rechtsverfolgung als Missbrauch

Die Möglichkeit eines Schutzrechtsinhabers seine Abwehransprüche schrankenlos geltend zu machen, ist nach der hier erfolgten Untersuchung nicht nur nach dem geltenden Patent- und Zivilrecht zwingend zu gewährleisten, sondern muss gleichsam auch vom geltenden Kartellrecht vollumfänglich gewahrt werden.[1689]

1687 Vgl. bereits die ausführliche Untersuchung hinsichtlich der Möglichkeit den patentrechtlichen Unterlassungsanspruch einzuschränken, unter Kapitel 3, § 2, A-E.

1688 Hinsichtlich des *Trolling* so auch *von Meibom/Nack*, in: Prinz zu Waldeck und Pyrmont/Adelmann/Brauneis/Drexl/Nack (Hrsg.), FS Straus, 2009, S. 495, 506.

1689 Dies folgt schon aus dem allgemeinen Grundsatz, die eigenen Rechte uneingeschränkt gerichtlich geltend machen zu können und diese einer gerichtlichen Kontrolle zuzuführen – mithin der Wahrung des Rechts, vgl. Art. 6 und 13 EMRK. Zu diesem allgemeinen Rechtsgrundsatz schon EuGH, Urteil vom 13. Dezember 1979, Rs. 44/79, ECLI:EU:C:1979:290, Slg. 1979, 3727, Rn. 17 ff. – *Hauer/Rheinland Pfalz*; konkret bezogen auf die EMRK EuG, Urteil vom 17. Juli 1998, Rs. T-111/96, ECLI:EU:T:1998:183, Slg. 1998, II-2937, Rn. 60 – *ITT Promedia/Kommission*.

Dieser wesentliche Rechtsgrundsatz darf auch nicht durch die bloße Tatsache ausgehöhlt werden, dass der Rechteinhaber über eine marktbeherrschende Stellung verfügt. Grundsätzlich bestätigt wurde diese Selbstverständlichkeit erstmals in der Kommissionsentscheidung *BBI/Boosey & Hawkes* mit den Worten, dass ein beherrschendes Unternehmen berechtigt ist *„die zum Schutz seiner Geschäftsinteressen erforderlichen Maßnahmen zu ergreifen.“*[1690] Zugleich erfolgte in dem nachfolgenden Satz eine Einschränkung dergestalt, dass *„Diese Maßnahmen* [...] *jedoch fair sein und in einem angemessen Verhältnis zu der Bedrohung stehen* [*müssen*].“[1691], ohne jedoch konkret darauf einzugehen, was unter den Begriffen „fair“ und „angemessen“ genau zu verstehen ist.

a. Das *ITT/Promedia* Verfahren als Ausgangspunkt

Mit Fragen rund um den Themenkreis des Rechtsverfolgungsmissbrauchs befasste sich die europäische Entscheidungspraxis nach der *BBI/Boosey & Hawkes*-Entscheidung dem Grunde nach erstmalig und insoweit auch bis dato letztmalig nur in dem EuG-Verfahren *ITT/Promedia* ausführlich.[1692] Ausdrücklich ist die missbräuchliche Geltendmachung einer formalen Rechtsstellung nach Auffassung des Gerichts erster Instanz dann, wenn sie (1) *„vernünftigerweise nicht als Geltendmachung der Rechte des betreffenden Unternehmens verstanden werden und daher nur dazu dienen kann, den Gegner zu belästigen.“*[1693] und dies (2) *„Teil eines Planes gewesen sei, den Wettbewerb zu beseitigen.“*[1694]

1690 Kommission, Entscheidung von 29. Juli 1987, Rs. IV/32.279, ABl. 1987, L 286/36, Rn. 19 – *BBI/Boosey &Hawkes.*

1691 Kommission, Entscheidung von 29. Juli 1987, Rs. IV/32.279, ABl. 1987, L 286/36, Rn. 19 – *BBI/Boosey &Hawkes.*

1692 EuG, Urteil vom 17. Juli 1998, Rs. T-111/96, ECLI:EU:T:1998:183, Slg. 1998, II-2937, Rn. 62 ff. – *ITT Promedia/Kommission*; siehe ferner dazu *Grün*, Behinderungsmissbrauch durch strategischen Rechtsschutz, 2006, S. 90 ff.; zwar waren auch in Kommission, Entscheidung von 29. Juli 1987, Rs. IV/32.279, ABl. 1987, L 286/36, Rn. 19 ff. – *BBI/Boosey &Hawkes* urheberrechtliche Verletzungsklagen Gegenstand des Verfahrens, die Kommission betonte jedoch nur, dass eine Verteidigung des marktbeherrschenden Rechtsinhabers nicht über seine Geschäftsinteressen hinausgehen dürfe.

1693 EuG, Urteil vom 17. Juli 1998, Rs. T-111/96, ECLI:EU:T:1998:183, Slg. 1998, II-2937, Rn. 72 – *ITT Promedia/Kommission.*

1694 EuG, Urteil vom 17. Juli 1998, Rs. T-111/96, ECLI:EU:T:1998:183, Slg. 1998, II-2937, Rn. 89 – *ITT Promedia/Kommission*; *Huttenlauch,* in: Loewenheim et al. (Hrsg.), Kartellrecht, 4. Auflage 2020, Art. 102, Rn. 291 führen in diesem Zusammenhang an, dass sich die europäische Rechtsprechung zunehmend dem Schikaneverbot nach

Die erste Voraussetzung fragt nicht danach, ob die erhobene Klage nach objektiven Kriterien begründet oder unbegründet war, sondern vielmehr, ob dem Kläger bei Klageerhebung Redlichkeit unterstellt werden kann. Davon ist immer dann auszugehen, wenn aus Sicht des Rechteinhabers der Zweck der Klageerhebung die Durchsetzung seiner ihm zustehenden Rechte bedeutet und nicht zum Zwecke der Behinderung Dritter erfolgt.[1695] Konnte der Kläger hingegen von vornherein schon objektiv betrachtet nicht davon ausgehen, dass ihm die geltend gemachten Rechte auch tatsächlich zustehen, kann von einer absichtlichen Belästigung des Gegners und somit Erfüllung des ersten Merkmals ausgegangen werden.[1696] Das zweite Kriterium ist aus Sicht der Kommission sowie dem bestätigenden Gericht dann erfüllt, wenn die Klagerhebung auf die Beseitigung des Wettbewerbs angelegt sei.[1697] Dies könne nicht bereits daraus gefolgert werden, dass eine unbegründete Klage erhoben werde, sondern bedarf vielmehr noch der Feststellung einer wettbewerbswidrigen Zielverfolgung. Ist in der Klageerhebung nicht der vernünftige Versuch zu erblicken, eigene Rechte gegenüber Konkurrenten durchzusetzen, müsse für eine Bewertung als Missbrauch die Klage gewissermaßen als Teil eines Planes gewertet werden, der die Beseitigung des Wettbewerbs ersuche.[1698] Um von dem zwingend zu gewährenden Zugang eines Rechteinhabers zu den Gerichten und einer Überprüfung seiner Rechte mittels des Kartellrechts eine Ausnahme zu machen, müssen beide Kriterien zudem kumulativ vorliegen und vor allem eng ausgelegt werden.[1699]

---

§ 226 BGB annähere; zustimmend etwa *Lamping*, Patentschutz und Marktmacht, 2010, S. 407, Fn. 1268.

1695 So auch *Grün*, Behinderungsmissbrauch durch strategischen Rechtsschutz, 2006, S. 91; missverständlich hingegen *Lamping*, Patentschutz und Marktmacht, 2010, S. 407.

1696 Es kann von einem marktbeherrschenden Unternehmen hingegen auch nicht gefordert werden, dass der Zugang zu den Gerichten nur dann uneingeschränkt gewährt wird, wenn die potentielle Klage vollumfänglich auf ihren Erfolg hin überprüft werden müsste, vgl. EuG, Urteil vom 17. Juli 1998, Rs. T-111/96, ECLI:EU:T:1998:183, Slg. 1998, II-2937, Rn. 94–96 – *ITT Promedia/Kommission.*

1697 EuG, Urteil vom 17. Juli 1998, Rs. T-111/96, ECLI:EU:T:1998:183, Slg. 1998, II-2937, Rn. 55 ff. – *ITT Promedia/Kommission.*

1698 EuG, Urteil vom 17. Juli 1998, Rs. T-111/96, ECLI:EU:T:1998:183, Slg. 1998, II-2937, Rn. 55 ff. – *ITT Promedia/Kommission.*

1699 EuG, Urteil vom 17. Juli 1998, Rs. T-111/96, ECLI:EU:T:1998:183, Slg. 1998, II-2937, Rn. 61 – *ITT Promedia/Kommission.*

b. Übertragung auf das *Trolling*

Auch hinsichtlich dieser speziellen Problematik ist der Rückgriff auf eine europäische Entscheidungspraxis, geschweige denn einer gefestigten Judikatur, nicht möglich. Diesem Umstand entsprechend wird in der Literatur lediglich anerkannt, dass die Geltendmachung von Verletzungsklagen bei Vorliegen der strengen Voraussetzungen der *ITT-Promedia*-Entscheidung einen Anwendungsfall des Art. 102 AEUV darstellen kann.[1700] Nachfolgend muss überprüft werden, inwieweit beide Rechtsprechungskriterien auf das *Trolling* und dem speziellen Wesen dieser Strategie konkret zu übertragen wären.

i. Ausgangslage: Druckausübung zum Zwecke des Lizenzabschlusses

Bei objektiver Betrachtung der konkreten Vorgehensweise erscheint eine Übertragung der aufgestellten Rechtsprechungskriterien auf das *Trolling* fragwürdig.[1701] Der zugrundeliegende Sachverhalt der *ITT-Promedia*-Entscheidung hatte das Verhalten zweier ehemaliger Geschäftspartner zum Gegenstand, die sich nach einem geschäftlichen Bruch mit gegenseitigen Klagen überzogen und bei dem die hieraus resultierenden Beeinträchtigungen des einen Unternehmens in einem unmittelbaren Vorteil des anderen Unternehmens mündeten.[1702] Mittels gegenseitiger Unterlassungsklagen sollte der Geschäftsbetrieb des jeweiligen anderen gezielt gestört werden, um aus dieser Störung eigene wettbewerbliche Vorteile ziehen zu können.

Das *Trolling* hingegen zielt nicht primär auf eine Beeinträchtigung der weiteren Produktion des angegriffenen Produkts durch die Unterlassung ab, sondern vielmehr auf den Abschluss einer Lizenzvereinbarung. Eine Beeinträchtigung des Verwenders durch die Untersagung der weiteren Nutzung führt zu keinem unmittelbaren Vorteil des nicht-operativen Patentinhabers, da lediglich die

---

1700 *Schröter/Bartl*, in: Schröter/Jakob/Klotz/Mederer (Hrsg.), Europäisches Wettbewerbsrecht, 2. Auflage 2014, Art. 102 AEUV, Rn. 216, wenn „*das vom Marktbeherrscher betriebene Verfahren dem doppelten Zweck der Beseitigung des Gegners und der Beseitigung von Wettbewerb dient.*“, strenger noch *Eilmansberger/Bien*, in: Bornkamm/Montag/Säcker (Hrsg.), MüKo-Wettbewerbsrecht Band 1, 3. Auflage 2020, Art. 102, Rn. 769.

1701 *von Meibom/Nack*, in: Prinz zu Waldeck und Pyrmont/Adelmann/Brauneis/Drexl/Nack (Hrsg.), FS Straus, 2009, S. 495, 507 führen hinsichtlich des *Trolling* an: „*It is apparent that the two Promedia criteria are rarely fulfilled.*“

1702 Zusammenfassend *Grün*, Behinderungsmissbrauch durch strategischen Rechtsschutz, 2006, S. 90 ff.

lukrative Monetarisierung des Schutzrechts im Vordergrund der Handlung steht. Faktisch kann die Untersagung sogar negative Auswirkungen auf das *Trolling* haben, wenn der Unterlassungsschuldner sich letztlich entschließt, seine patentverwendenden Produkte auf eine substituierbare Technologie umzustellen und die hieraus resultierenden Mehrkosten gezwungenermaßen in Kauf nimmt. Eine Monetarisierung des Schutzrechts kann sodann nur noch über den patentrechtlichen Schadensersatz erfolgen, welcher zum einen weniger lukrativ ist und zum anderen eine negative Signalwirkung für den Patentinhaber dergestalt nach sich ziehen kann, dass andere Patentverwender es dem unterliegenden Beklagten gleichtun, um einer drohenden Auseinandersetzung mit dem Patentinhaber von vornherein aus dem Weg zu gehen.

Bedenken bestehen hinsichtlich des *Trolling* auch bezüglich der Notwendigkeit den Wettbewerb mittels der Rechtsverfolgung auszuschalten, was bei den Parteien des *ITT Promedia*-Verfahrens die Triebfeder des Handelns darstellte. Zwischen dem Patentinhaber und dem Patentverwender besteht beim *Trolling* nämlich überhaupt kein Wettbewerbsverhältnis, welches mittels der Verletzungsklage beseitigt werden könnte.[1703] Es geht vielmehr um die Ausbeutung des Dritten durch hohe Lizenzgebühren und nicht um dessen Behinderung durch die effektive Verteidigung der technischen Lehre. Folglich besteht schon keine Vergleichbarkeit hinsichtlich des zugrundeliegenden Lebenssachverhalts der *ITT-Promedia*-Entscheidung auf der einen Seite und der konkreten Vorgehensweise des *Trolling* auf der anderen Seite, was eine Übertragung der Rechtsprechungsvoraussetzungen auf die Geltendmachung des patentrechtlichen Unterlassungsanspruchs ungleich schwerer werden lässt.[1704]

ii. Fehlende Redlichkeit bei reiner Instrumentalisierung eines Anspruchs

Trotz deutlicher Unterschiede zwischen der Ausgangslage der *ITT-Promedia*-Entscheidung und dem klassischen *Trolling* könnte über eine Fruchtbarmachung des Art. 102 AEUV hinsichtlich der Rechtsverfolgung eines nicht-operativen Patentinhabers dann nachgedacht werden, wenn man die Wertung des Gerichts hinreichend kondensiert und in einen größeren Gesamtzusammenhang setzt.

1703 In diesem Sinne auch *Sonnenberg*, Der Unterlassungsanspruch, 20104, S. 139.

1704 Im Ergebnis so auch *Sonnenberg*, Der Unterlassungsanspruch, 2014, S. 139 und *Frick*, *Patent-Trolling*, 2014, S. 405, der sich aufgrund dieser Erkenntnis grundsätzliche gegen die Anwendung des wettbewerbsrechtlichen Missbrauchsverbots auf das *Trolling* ausspricht.

Das EuG stellt auf die Redlichkeit des Rechteinhabers ab und fragt danach, ob dieser vernünftigerweise ein ihm aus seiner Sicht zustehendes Recht einklagen möchte, oder ob dieser mit der Klage lediglich die Beeinträchtigung des Beklagten bezweckt. Abstrahiert betrachtet könne man auch danach fragen, ob der Rechteinhaber mit der Rechtsverfolgung legitime Interessen verfolgt, oder ob die Klageerhebung ein Mittel des Wettbewerbskampfes ist und lediglich als Behinderungsinstrument eingesetzt werden soll.[1705] Eine Antwort darauf kann sich nur durch eine Gesamtschau aller Einzelheiten ergeben, bei der untersucht wird, ob die Geltendmachung evident unangemessen ist, weil hierdurch dem Restwettbewerb eine stärkere Beeinträchtigung widerfährt, als es für die Interessenwahrnehmung des Rechteinhabers notwendig erscheint.[1706] Die Durchsetzung des Patents dient in erster Linie idealerweise der Verhinderung des Imitationswettbewerbs, dem Schutz eigener Investitionen sowie der Verteidigung einer eigens vorbehaltenen wirtschaftlichen Verwertung. Vor diesem Hintergrund ist es auch einem nicht-operativen Schutzrechtsinhaber grundsätzlich unbenommen, den Unterlassungsanspruch uneingeschränkt geltend zu machen.[1707]

Hingegen könnte eine Instrumentalisierung dieser Befugnisse zulasten des Wettbewerbs durch die Geltendmachung dann anzunehmen sein, wenn durch die anvisierte Untersagung lediglich die Aufgabe der eigenen Exklusivität zu einem höchstmöglichen Lizenzentgelt erreicht werden soll[1708] und zur Verwirklichung dieses Ziels eine Angebotsverknappung sowie mögliche Verzögerung technischen Fortschritts absichtlich zulasten der Allgemeinheit eingesetzt werden würde. Durch eine Untersagung würden nicht nur Produkte vorerst vom Markt verschwinden, sondern zusätzlich dazu Mehrkosten für das angegriffene

---

1705 So auch *Lamping*, Patentschutz und Marktmacht, 2010, S. 406; *Eilmansberger/Bien*, in: Bornkamm/Montag/Säcker (Hrsg.), MüKo-Wettbewerbsrecht Band 1, 2. Auflage 2015, Art. 102, Rn. 608 forderten eine Verdrängung, Disziplinierung oder Marktzutrittsverweigerung durch die Geltendmachung, die in einer Veränderung der Marktstruktur münden müssen. Dieser Ansatz erscheint jedoch etwas zu streng und wurde in *Eilmansberger/Bien*, in: Bornkamm/Montag/Säcker (Hrsg.), MüKo-Wettbewerbsrecht Band 1, 3. Auflage 2020, Art. 102, Rn. 769 so nicht mehr aufrecht erhalten.

1706 *Sonnenberg*, Der Unterlassungsanspruch, 2014, S. 139 ff.; *Lamping*, Patentschutz und Marktmacht, 2010, S. 405 ff.; eine Verwirklichung der wettbewerbsrechtlichen Missbrauchsregeln wohl gänzlich ablehnen *Ann*, in: Prinz zu Waldeck und Pyrmont/Adelmann/Brauneis/Drexl/Nack (Hrsg.), FS Straus, 2009, S. 355, 362.

1707 *Ann*, in: Prinz zu Waldeck und Pyrmont/Adelmann/Brauneis/Drexl/Nack (Hrsg.), FS Straus, 2009, S. 355, 362.

1708 Ähnlich so schon *Rivette/Kline*, Rembrandts in the Attic, 2000, S. 132.

Unternehmen entstehen, die sich im Zweifel durch höhere Preise und eine Verzögerung weiterer Innovationen wiederum negativ für Verbraucher auswirken. Ohne gleichwertige Produkte anzubieten oder zumindest den anderen Funktionen des Patents Rechnung zu tragen, befriedigt die Geltendmachung nur die monetären Individualinteressen des Patentinhabers zulasten des Wettbewerbs.[1709] Im Ergebnis kann somit von einer wettbewerbsrechtlichen Warte aus die Geltendmachung des patentrechtlichen Unterlassungsanspruchs als funktionswidriger Patenteinsatz zulasten der Allgemeinheit und des technischen Fortschritts gewertet werden.[1710]

iii. Beseitigung des Wettbewerbs

Hinsichtlich der ersten zwingenden Voraussetzung der Rechtsprechung für das Vorliegen eines Rechtsverfolgungsmissbrauchs kann die mögliche Feststellung einer Instrumentalisierung des patentrechtlichen Unterlassungsanspruchs zwar unter Umständen die fehlende Redlichkeit überzeugend begründen. Dennoch vermag eine solche Feststellung nicht das zweite Kriterium der Wettbewerbsbeseitigung zu erfüllen. Selbst wenn der Einsatz patentrechtlicher Abwehrbefugnisse lediglich im Sinne einer Instrumentalisierung erfolgt, geht damit nicht gleichzeitig eine planmäßige Beseitigung des Wettbewerbs einher. Eine solche Beseitigung muss aber zum einen gesondert geprüft werden und zum anderen auch zwingend vorliegen. Nur wenn beide Voraussetzungen kumulativ erfüllt sind, kann ein Rechtsverfolgungsmissbrauch bejaht werden.[1711]

Von einer Wettbewerbsbeseitigung ist in den typischen Sachverhaltskonstellationen des *Trolling* aber nicht auszugehen. Der nicht-operative Patentinhaber verteidigt weder eine eigene Marktposition noch könnte ein anders gelagertes Wettbewerbsverhältnis zwischen dem Patentinhaber und Patentverwender konstruiert werden, welches beseitigt werden sollte. Faktisch befindet sich ein nicht-operativer Patentinhaber in überhaupt keinem Wettbewerbsverhältnis, da er weder auf einem Produktmarkt aktiv ist noch mit anderen Patentinhabern auf einem Technologie- bzw. Lizenzmarkt um Abnehmer seiner Erfindungen konkurriert. Vergegenwärtigt man sich erneut den Schutzzweck des Art. 102 AEUV

1709 Im Ergebnis so auch *Lamping*, Patentschutz und Marktmacht, 2010, S. 429 und *Sonnenberg*, Der Unterlassungsanspruch, 2014, S. 140.

1710 Derartige Erwägungen finden sich etwa bei *Sonnenberg*, Der Unterlassungsanspruch, 2014, S. 138 ff. und *Lamping*, Patentschutz und Marktmacht, 2010, S. 405 ff.

1711 EuG, Urteil vom 17. Juli 1998, Rs. T-111/96, ECLI:EU:T:1998:183, Slg. 1998, II-2937, Rn. 61 – *ITT Promedia/Kommission*.

in Form der Wahrung des Restwettbewerbs, kann von einem solchen Erfordernis auch nicht abgerückt werden. Nur wenn der Kläger sein Recht instrumentalisiert, um dadurch jeglichen Wettbewerb zu beseitigen, ist eine Einschränkung des allgemeinen Grundsatzes, die eigenen Rechte uneingeschränkt gerichtlich geltend machen zu können zuzulassen, und das Klagerecht einzuschränken.

Ohne eine weitere Konkretisierung der Rechtsfigur des Rechtsverfolgungsmissbrauchs durch die europäischen Rechtsprechungsorgane ist somit zwingend davon auszugehen, dass eine reine Instrumentalisierungsabsicht des patentrechtlichen Unterlassungsanspruchs nicht ausreichen wird, um eine Verletzung von Art. 102 AEUV bejahen zu können. Auch ist nicht zu erwarten, dass von den beiden Kriterien im Wesentlichen abgewichen wird, da es sich um eine Einschränkung eines essentiellen Rechtsgrundsatzes handelt, dessen Wahrung von großer Bedeutung ist, wie es auch das EuG mehrfach anerkannt hat. Somit scheitert eine Anwendung des Art. 102 AEUV auf den Spezialfall des *Trolling* durch die Abstrahierung der Rechtsprechung auf den Kern der funktionswidrigen Instrumentalisierung eines Rechts im Ergebnis an der Erfüllung der Voraussetzung der Wettbewerbsbeseitigung.

2. Ergebnis

Auch der Rechtsverfolgungsmissbrauch eignet sich demnach nicht als hinreichende Schranke für das *Trolling* bzw. für die Einschränkbarkeit des patentrechtlichen Unterlassungsanspruchs nach § 139 Abs. 1 PatG. Aufgrund fehlender europäischer Entscheidungspraxis bezüglich dieser speziellen Missbrauchsform muss im Rahmen der praktischen Anwendung der Rechtsprechungsgrundsätze zwingend von der Erforderlichkeit beider Voraussetzungen der *ITT-Promedia*-Entscheidung ausgegangen werden. Selbst bei einer möglichen Abstrahierung des Redlichkeitserfordernisses auf eine funktionswidrige Instrumentalisierung eines Rechts hin, wird der Rechtsanwender nicht von dem Erfordernis der Wettbewerbsbeseitigung entbunden. Da eine Kumulation beider Voraussetzungen beim *Trolling* mehr als unwahrscheinlich ist, wird sich die Geltendmachung des Unterlassungsanspruchs im Nachgang gescheiterter Lizenzverhandlungen nicht durch eine Fruchtbarmachung des Art. 102 AEUV unterbinden lassen.

§ 3. Schranken nach deutschem Recht *de lege ferenda*

Wie aufgezeigt, bieten die gegenwärtigen rechtlichen Rahmenbedingungen *de lege lata* keine überzeugenden Schranken gegen das *Trolling*. Dies wirft im Rahmen der Untersuchung die abschließende Frage auf, inwieweit mögliche Lösungsansätze *de lege ferenda* denkbar sind. Im Zusammenhang mit dem

Trolling wird besonders deutlich, dass die Wiedereinführung eines patentrechtlichen Ausführungszwangs als Schranke eine besondere Eignung hätte, um das Geschäftsmodell des *Trolling* zu erodieren. Der nicht-operative Patentinhaber wäre im Falle des Ausführungszwangs gezwungen, sein Schutzrecht tatsächlich gewerblich zu verwenden, was die Attraktivität des *Trolling* zumindest schmälern würde. Gleichwohl sprechen die weitaus überzeugenderen Argumente gegen die Wiedereinführung eines patentrechtlichen Ausführungszwangs, da die negativen Folgen für das Patentsystem insgesamt weitaus schwerer wiegen, als es die positiven Folgen einer Wiedereinführung zu rechtfertigen vermögen.[1712]

In Ermangelung anderweitiger Schranken für das *Trolling*[1713] muss zunächst über eine Neufassung des patentrechtlichen Unterlassungsanspruchs gem. § 139 PatG nachgedacht werden, da nach den Ergebnissen der vorliegenden Untersuchung eine Einschränkbarkeit des Anspruchs im Lichte eines Verhältnismäßigkeitsvorbehalts nur durch entsprechendes legislatives Tätigwerden möglich erscheint. Hierdurch wären beiden untersuchten Patentstrategien – und zuvorderst dem *Trolling* – eine wirksame Schranke dergestalt gesetzt, dass dem Unterlassungsanspruch sein Drohpotential genommen werden würde und dieser sich vor allem nicht mehr per se dazu eignet, eine Drohkulisse aufzubauen, um eine lukrative Lizenzvereinbarung „abzupressen". Zusätzlich dazu ist über die Fruchtbarmachung des Konzepts der relativen Marktmacht aus § 20 Abs. 1 GWB im Anwendungsbereich der europäischen Missbrauchsaufsicht nach Art. 102 AEUV nachzudenken, da hierdurch die Normadressateneigenschaft der selbigen erweitert werden würde und somit auch eine Anwendung auf nicht-operative Marktteilnehmer zumindest erfolgsversprechender wäre.

Abschließend muss über die Möglichkeit nachgedacht werden, die patentrechtlichen Erteilungsvoraussetzungen in Gänze anzuheben.[1714] Eine solche Anhebung könnte nicht nur Auswirkungen auf das Geschäftsmodell des *Trolling* als solches haben, sondern gleichsam auch positive Auswirkungen auf die defensive Patentstrategie zeitigen.[1715] Mindert sich der existierende Bestand an

---

1712 Vgl. insofern die Untersuchung im Rahmen der defensiven Patentstrategie unter Kapitel 2, § 3, B.

1713 Vgl. den Versuch weitere Lösungsansätze gegen das *Trolling* zu entwickeln bei *de Bisthoven*, Stanford-Vienna TTLF Working Papers No.19, 2013, S. 69 ff.

1714 Vgl. beispielsweise *Osterrieth*, in: Leible/Ohly/Zech (Hrsg.), Wissen – Märkte – Geistiges Eigentum, 2010, S. 69, der in diesem Zusammenhang eine generelle Systemkritik an der Patentvergabe als solche übt.

1715 Siehe auch *Ohly*, GRUR Int. 2008, 787, 792, der den Gedanken der Anhebung der Erteilungsvoraussetzungen im Lichte des *Trolling* ebenfalls anführt.

vergessenen und/oder inkrementellen Erfindungen, so verringert sich auch der Bestand an solchen Schutzrechten, die für die strategischen Zwecke im Sinne der konkreten Vorgehensweise beim *Trolling* bevorzugt verwendet werden.

A. Legislative Implementierung eines Verhältnismäßigkeitsvorbehalts in § 139 PatG

I. Nachzeichnung der rechtspolitischen Diskussion

Das in der nationalen patentrechtlichen Diskussion formulierte Bedürfnis, dem Verhalten von Patentinhabern in Form des *Trolling* dergestalt Einhalt zu gebieten, dass der Unterlassungsanspruch in bestimmten Konstellationen aus Gründen der Verhältnismäßigkeit zu versagen wäre, ist grundsätzlich nachvollziehbar.[1716] Gerade der Aufbau der Drohkulisse und die Schaffung von Zwangslagen führen dazu, dass dem Geschäftsmodell der Patentverwertung als solches auf nationaler Ebene überwiegend kritisch oder aber gänzlich ablehnend gegenübergetreten wird. So führt *Uhrich* beispielsweise den § 275 Abs. 2 S. 1 BGB für die Herleitung eines Verhältnismäßigkeitsvorbehalts an, welcher unter bestimmten Voraussetzungen auf den patentrechtlichen Unterlassungsanspruch übertragbar sei, die der Autor jedoch nicht näher erläutert.[1717] *Heusch* wiederum leitet einen solchen Vorbehalt aus der generellen Wertung der §§ 251 Abs. 2, 275 Abs. 2 S. 1, 242 B GB her und stellt sodann einige Anwendungsfälle dar, nach denen im Falle einer fehlenden eigenen Produktion des Patentinhabers, bei Vorliegen von standardessentiellen Patenten oder aber sofern das streitgegenständliche Patent nur einen geringen Anteil am Gesamtprodukt ausmache, eine Einschränkung aus Verhältnismäßigkeitsgesichtspunkten gerechtfertigt sei.[1718] *Ohly* wiederum rekurriert ebenfalls auf einen allgemeinen Verhältnismäßigkeitsgrundsatz, erkennt aber

---

1716 Grundlegend *Sonnenberg*, Der Unterlassungsanspruch, 2014, S. 94 ff.; *Frick*, *Patent-Trolling*, 2014; sowie die umfassende Untersuchung dieser Thematik hinsichtlich des *Trolling* bei *Stierle*, Das nicht-praktizierte Patent, 2018 sowie die umfassende Untersuchung zu der möglichen Einschränkbarkeit des Unterlassungsanspruchs bei *Schellhorn*, Der patentrechtliche Unterlassungsanspruch, 2020; vgl. auch die erneute Forderung eine notwendigen Einschränkbarkeit des patentrechtlichen Unterlassungsanspruchs bei *Stierle*, GRUR 2019, 873, 874 ff.

1717 *Uhrich*, ZGE/IPJ 2009, 59, 86, der sich jedoch nicht festlegen will und diesen Lösungsansatz vorbehaltlich einer tiefergreifenden Untersuchung anführt.

1718 *Heusch*, in: Harmsen/Jüngst/Rödiger (Hrsg.), FS Meibom, 2010, S. 135, 144 ff.; im Ergebnis so auch *Pitz*, in: Fitzner/Lutz/Bodewig (Hrsg.), Patentrecht, 4. Auflage 2012, § 139, Rn. 74 ff.

dem Grunde nach an, dass die Übertragung auf den patentrechtlichen Unterlassungsanspruch nicht so unbesehen möglich wäre.[1719] Gerade hier wird die ausgeprägte Intention besonders deutlich, gegen das *Trolling* rechtliche Instrumentarien ins Feld zu führen, da der Autor im Ergebnis feststellt, dass eine Einschränkbarkeit unter Verhältnismäßigkeitsgesichtspunkten schlicht existent sein müsse.[1720] Ähnlich wie bei *Heusch* sollen bestimmte Umstände für einen Verhältnismäßigkeitsvorbehalt sprechen, wie etwa, wenn der Anteil der patentierten Erfindung am Gesamtprodukt gering sei, die eigene Verwendung des Patents zu wettbewerblichen Zwecken fehle sowie eine rechtsfeindliche Gesinnung offensichtlich wäre.[1721] Auch die Rechtsfolgen müssen nach Meinung des Autors nicht starr sein, sondern können dem Verwender beispielsweise die Umgestaltung des Produkts in einem bestimmten Zeitraum abverlangen. Auch *Osterrieth* stellt ganz ähnliche Erwägungen an und befürwortet die Möglichkeit der Einschränkbarkeit ebenfalls unter gewissen Voraussetzungen.[1722] Interessanterweise knüpft dieser ganz konkret an das Modell des *Trolling* bzw. die reine Patentverwertung an, wenn es darum geht, Beispiele anzuführen, in denen eine Einschränkbarkeit möglich sein solle.[1723] Ferner sei in diesem Zusammenhang auch auf die Ausführungen bei *Stierle* hingewiesen, der die Einschränkbarkeit des patentrechtlichen Unterlassungsanspruchs bereits *de lege lata* als möglich ansieht. Mit Blick auf die derzeit bestehende Rechtsunsicherheit sowie aus Klarstellungsgründen votiert *Stierle* jedoch ebenfalls für eine Reformierung des § 139 Abs. 1 PatG.[1724] Demnach solle der Grundsatz des automatischen Unterlassungsanspruch bestehen bleiben, in einem neu einzufügenden § 139 Abs. 1 S. 3 PatG jedoch eine Ausnahme für die rechtsmissbräuchliche Durchsetzung § 139 Abs. 1 PatG eingefügt

---

1719 Vgl. *Ohly*, GRUR Int. 2008, 787, 796 ff., der diesen aus denselben normativen Anknüpfungspunkten herleitet.

1720 *Ohly*, GRUR Int. 2008, 787, 796.

1721 *Ohly*, GRUR Int. 2008, 787, 796 ff., ohne Erläuterung wie die subjektive Akzentuierung ausgestaltet sein sollte.

1722 So bereits *Osterrieth*, GRUR 2009, 540, 543 ff. und in der Folge auch knapp zehn Jahre später, *ders.*, GRUR 2018, 985, 990 ff.

1723 *Osterrieth*, GRUR 2009, 540, 545: „*Im Ergebnis geht es darum, mögliche Grenzen der Rechtsausübung zu prüfen für Fallkonstellationen, in denen man sich fragt, ob die Durchsetzung von Unterlassungsansprüchen und der damit verbundene Eingriff in den Wettbewerb durch den Patentinhaber, weder forscht noch produziert, sondern fremde Patente aufkauft und auslizenziert, noch von dem Sinn und Zweck des Patentsystems gedeckt ist.*“; so erneut *ders*, GRUR 2018, 985, 990–991.

1724 *Stierle*, GRUR 2019, 873, 874 ff.

werden. Dabei hat *Stierle* unter anderem auch die Fälle des *Trolling* im Blick.[1725] Schließlich votiert *Schellhorn* im Ergebnis gegen eine legislative Einschränkung des patentrechtlichen Unterlassungsanspruchs und weist darauf hin, dass die bereits bestehenden gesetzlichen Möglichkeiten vielmehr durch die Rechtsprechung voll ausgeschöpft werden müssten.[1726]

II. Aktuelle Reformbestrebungen: Das Zweite Gesetz zur Vereinfachung und Modernisierung des Patentrechts

Vor dem Hintergrund der hier nachgezeichneten Diskussion über das Für und Wider einer Einschränkung des patentrechtlichen Unterlassungsanspruchs legte das BMJV Mitte Januar 2020 einen Diskussionsentwurf eines Zweiten Gesetzes zur Vereinfachung und Modernisierung des Patentrechts vor.[1727]

Der Diskussionsentwurf geht insbesondere auf Initiativen der Industrie zurück und fußt auf einzelne Entscheidungen der deutschen Instanzgerichte, in denen das Bestehen eines patentrechtlichen Unterlassungsanspruchs zulasten der Patentverwender bejaht wurde. Aus Sicht der unterlegenen Parteien sei in den Verfahren von dem jeweils erkennenden Gericht jedoch keine hinreichende Berücksichtigung von Verhältnismäßigkeitserwägungen vorgenommen worden.[1728] Im Rahmen der sich an den Entwurf des BMJV anknüpfenden Diskussionen haben sich vier Fallgruppen herauskristallisiert, die mit Blick auf die Gewährung des patentrechtlichen Unterlassungsanspruchs besondere Schwierigkeiten aufweisen. Hierzu zählen neben (i) komplexen Erzeugnissen (ii) und standardessentiellen Patenten (iii) Fälle mit besonderem Drittinteresse, insbesondere auch (iv) nicht-praktizierende Patentinhaber.[1729]

1725 *Stierle*, GRUR 2019, 873, 885, der das *Trolling* als Nicht-Praktizierung des Patents umschreibt, vgl. auch die entsprechende Dissertation zu dem Thema, *ders.*, Das nicht-praktizierte Patent, 2018.

1726 Vgl. hierzu *Schellhorn*, Der patentrechtliche Unterlassungsanspruch, 2020, S. 377 sowie die entsprechenden Abschnitte dessen ausführlichen Auseinandersetzung mit dieser Thematik.

1727 Abrufbar unter www.bmjv.de/SharedDocs/Gesetzgebungsverfahren/DE/PatMoG_2.html.

1728 Vgl. hierzu instruktiv die Erläuterungen in der Stellungnahme der Deutschen Vereinigung für gewerblichen Rechtsschutz und Urheberrecht e.V. zum 2. Patentrechtsmodernisierungsgesetz vom 16. März 2020, S. 3.

1729 Stellungnahme der Deutschen Vereinigung für gewerblichen Rechtsschutz und Urheberrecht e.V. zum 2. Patentrechtsmodernisierungsgesetz vom 16. März 2020, S. 3.

Nach erneut intensiv geführten Diskussionen im Anschluss an den Entwurf, die sich vornehmlich an der geplanten Implementierung eines Verhältnismäßigkeitsvorbehalts im Rahmen des § 139 Abs. 1 PatG-DiskE[1730] entzündeten,[1731] legte das BMJV am 1. September 2020 einen in Teilen überarbeiteten Referentenentwurf des Gesetzes[1732] sowie am 28. Oktober 2020 einen entsprechenden Regierungsentwurf vor.[1733]

Für die vorliegende Bearbeitung ist ausschließlich die vorgeschlagene Implementierung eines Verhältnismäßigkeitsvorbehalts in § 139 Abs. 1 PatG-RegE von Interesse. Nach dem Regierungsentwurf soll § 139 Abs. 1 PatG wie folgt geändert werden:

> „Der Anspruch ist ausgeschlossen, soweit die Inanspruchnahme aufgrund der besonderen Umstände des Einzelfalls für den Verletzer oder Dritte zu einer unverhältnismäßigen, durch das Ausschließlichkeitsrecht nicht gerechtfertigten Härte führen würde. In diesem Fall kann der Verletzte einen Ausgleich in Geld verlangen, soweit dies angemessen erscheint. Der Schadensersatzanspruch nach Absatz 2 bleibt hiervon unberührt."

Aus Sicht des BMJV besteht im Patentrecht Klarstellungsbedarf mit Blick auf den patentrechtlichen Unterlassungsanspruch,[1734] weil die instanzgerichtliche Rechtsprechung die bisher existierenden legislativen Rahmenbedingungen zur Prüfung einer unverhältnismäßigen Gewährung des patentrechtlichen Unterlassungsanspruchs bei Patentverletzungen nur sehr zurückhaltend anwendet bzw. die gesetzgeberischen Möglichkeiten nicht hinreichend ausschöpft.[1735]

1730 Der Entwurf sah mit Blick auf § 139 Abs. 1 PatG-DiskE den folgenden Zusatz vor: „Der Anspruch ist ausgeschlossen, soweit die Durchsetzung des Unterlassungsanspruchs unverhältnismäßig ist, weil sie aufgrund besonderer Umstände unter Beachtung des Interesses des Patentinhabers gegenüber dem Verletzer und der Gebote von Treu und Glauben eine durch das Ausschließlichkeitsrecht nicht gerechtfertigte Härte darstellt."; siehe dazu ausführlich *Stierle*, GRUR 2020, 262.

1731 Die Stellungnahmen sind allesamt unter https://www.bmjv.de/SharedDocs/Gesetzgebungsverfahren/DE/PatMoG_2.html abrufbar.

1732 Abrufbar unter https://www.bmjv.de/SharedDocs/Gesetzgebungsverfahren/Dokumente/RefE_PatMog2.pdf?__blob=publicationFile&v=1.

1733 Abrufbar unter https://www.bmjv.de/SharedDocs/Gesetzgebungsverfahren/DE/PatMoG_2.html. Im Folgenden RegE.

1734 RegE, S. 1, 32.

1735 RegE, S. 32; So bereits das Ergebnis von *Schellhorn*, Der patentrechtliche Unterlassungsanspruch, 2020, S. 377, der die bestehenden gesetzgeberischen Möglichkeiten jedoch als ausreichend ansieht, so dass es einer Novellierung des § 139 Abs. 1 PatG gerade nicht bedarf.

Gleichzeitig konstatiert das BMJV, dass die Bedeutung eines starken patentrechtlichen Unterlassungsanspruchs für die Durchsetzung des Ausschließlichkeitsrechts unverzichtbar sei.[1736] Folglich müsse die Einschränkung des Unterlassungsanspruchs auf Ausnahmefälle beschränkt bleiben.[1737]

Als Maßstab für die gesetzgeberischen Überlegungen wird im Wesentlichen auf die Entscheidung des BGH in der Rechtssache „Wärmetauscher" Bezug genommen,[1738] die eine Beschränkung des Unterlassungsanspruchs nach den Grundsätzen von Treu und Glauben in Ausnahmefällen bereits zulässt.[1739]

III. Kritische Würdigung

Die mit der Reform verbundene Zielsetzung des BMJV hinsichtlich der bereits bestehenden Rechtslage eine Klarstellung zu bewirken, quasi als Verhaltensaufforderung für die Instanzgerichte, wird mit Blick auf § 139 Abs. 1 PatG-RegE in der jetzigen Form jedoch nicht erreicht.

1. Bewertung des § 139 Abs. 1 PatG-RegE

Die mit der geplanten Änderung in § 139 Abs. 1 PatG-RegE zu lösen versuchte Problematik wird im Regierungsentwurf unter Bezugnahme auf die Entscheidung des BGH in Sachen „Wärmetauscher" damit erläutert, dass die Durchsetzung eines patentrechtlichen Unterlassungsanspruchs gegenüber dem Verletzer eine unverhältnismäßige Härte darstellen könne und in einem solchen Fall treuwidrig sei.[1740]

Der Regierungsentwurf knüpft insofern jedoch nicht daran an, dass die Durchsetzung des Unterlassungsanspruchs unverhältnismäßig ist, sondern vielmehr dessen **Erfüllung** (bzw. dessen „**Inanspruchnahme**").[1741] Eine entsprechende Anknüpfung lässt sich der Entscheidung des BGH in Sachen „Wärmetauscher"

1736 RegE, S. 34.

1737 RegE, S. 34.

1738 RegE, S. 33; BGH, GRUR 2016, 1031 – *Wärmetauscher*.

1739 Vgl. dazu bereits Kapitel 3, § 2, C, V. sowie ausführlich *Schellhorn*, Der patentrechtliche Unterlassungsanspruch, 2020, S. 238 ff.

1740 RegE, S. 34.

1741 Interessanterweise sprach der Referentenentwurf noch von der „Erfüllung" des Unterlassungsanspruchs. Der Regierungsentwurf verwendet nunmehr den Terminus der „Inanspruchnahme", was aber im Ergebnis nur eine anderweitige Formulierung darstellt, inhaltlich aber mit der Erfüllung gleichbedeutend sein dürfte.

hingegen nicht entnehmen.[1742] Da der Unterlassungsanspruch bereits im Zeitpunkt der Verletzung des Patents entsteht, kann der Regierungsentwurf nur so verstanden werden, dass durch den Patentinhaber eine Vorabprüfung dergestalt erfolgen muss, ob eine Inanspruchnahme des Anspruchs unter den Voraussetzungen des § 139 Abs. 1 PatG-RegE zu einem späteren Zeitpunkt (nämlich der Erfüllung) wiederum zu einer Versagung des Selbigen führen könnte, da die Erfüllung eine unverhältnismäßige Härte für den Verletzer darstellen würde. Hierdurch wird eine wesentliche Vorverlagerung der Prüfung hinsichtlich der „Rechtmäßigkeit" der Geltendmachung des Unterlassungsanspruchs durch den Patentinhaber bewirkt. Die hierfür wesentlichen Aspekte die der BGH in seiner Entscheidung „Wärmetauscher" berücksichtigt hat, könnten in einer solchen Vorabprognose streng genommen nicht mehr zum Tragen kommen.[1743] Die wesentlichen (nachteiligen) Umstände für den Verletzer, welche sich erst bei der tatsächlichen Erfüllung der titulierten Unterlassungsverfügung zeigen und sich vor allem auch ändern können, sind in einer entsprechend vorverlagerten Prognose nicht möglich. Im Ergebnis wird somit das Interesse des Patentinhabers an einem umfassenden Schutz seines Ausschließlichkeitsrechts tendenziell geschwächt statt gestärkt.

Darüber hinaus kodifiziert § 139 Abs. 1 PatG-RegE einen **allgemeinen Verhältnismäßigkeitsgrundsatz**. Hiernach muss geprüft werden, ob durch die Inanspruchnahme des Unterlassungsanspruchs eine unverhältnismäßige, durch das Wesen des Ausschließlichkeitsrechts nicht zu rechtfertigende Härte resultiert. Eine derart allgemeine Prüfung der Verhältnismäßigkeit ist in der Entscheidung des BGH in Sachen „Wärmetauscher" hingegen nicht angelegt. Zwar weist der Regierungsentwurf zu Recht darauf hin, dass sich aufgrund der Vielgestaltigkeit der denkbaren Fälle eine Auflistung von Regelbeispielen für die Verhältnismäßigkeitsprüfung verbietet.[1744] Gleichwohl beinhaltet der vorgeschlagene Gesetzestext bereits konkrete Anforderungen, die erfüllt sein müssen, damit die Erfüllung des patentrechtlichen Unterlassungsanspruchs als unverhältnismäßig zu bewerten ist.[1745]

1742 So auch die Stellungnahme der Deutschen Vereinigung für gewerblichen Rechtsschutz und Urheberrecht e.V. vom 29. September 2020, S. 4.

1743 Vgl. zu den besonderen Umständen BGH, GRUR 2016, 1031, Rn. 45 – *Wärmetauscher*.

1744 RegE, S. 62.

1745 Vgl. § 139 Abs. 1 PatrG-RegE: „Der Anspruch ist ausgeschlossen, soweit die Inanspruchnahme aufgrund der *besonderen Umstände des Einzelfall***s** für den *Verletzer oder Dritte* zu einer *unverhältnismäßigen*, durch das *Ausschließlichkeitsrecht nicht gerechtfertigten Härte* führen würde. In diesem Fall kann der Verletzte einen

Vor allem mit Blick auf den Begriff der **Unverhältnismäßigkeit** ergeben sich vorliegend Bedenken. Diese soll sich nach Maßgabe des Regierungsentwurfs aus einer Abwägung aller Umstände des Einzelfalls ergeben. Insoweit spricht § 139 Abs. 1 PatG-RegE nur von besonderen Umständen des Einzelfalls, ohne diese näher zu erläutern. Die Intention des Gesetzgebers mittels § 139 Abs. 1 PatG-RegE eine Klarstellung zu bewirken wird hierdurch somit nicht erreicht; vielmehr obliegt es dem Rechtsanwender diesem unbestimmten Rechtsbegriff Konturen zu verleihen. Die Unverhältnismäßigkeit nach § 139 Abs. 1 PatG-RegE muss zudem Folge der ungerechtfertigten Härte sein, welche wiederum aus den besonderen Umständen resultieren soll. Hierdurch wird im Ergebnis eine doppelte Kausalität in das Gesetz aufgenommen, welche ebenfalls durch den Rechtsanwender ausgefüllt werden muss. Ferner unterlässt der Regierungsentwurf es, den Begriff der unbilligen Härte näher zu beschreiben. Dies wäre umso begrüßenswerter, da dieser Begriff insofern keine Stütze im geltenden Patentrecht hat.[1746]

Schließlich verweist der Regierungsentwurf im Rahmen der vorzunehmenden Abwägung im Rahmen der Verhältnismäßigkeit auf die Berücksichtigung der Grundsätze von Treu und Glauben, vermag aber nicht über eine bloße Wiederholung der insofern von der Rechtsordnung bereits zu § 242 BGB entwickelten, allgemeingültigen Grundsätze hinauszugehen. Interessanterweise wird beispielhaft das Verhalten des Patentinhabers angeführt, der sich unter Umständen treuwidrig verhalte, sofern er mit der Geltendmachung des Unterlassungsanspruchs so lange zuwartet, bis der Verletzer erhebliche Investitionen getroffen hat.[1747] Dies stellt mithin einen deutlichen Fingerzeig auf die Strategie des *Trolling* dar, freilich ohne dies *expressis verbis* so zu betiteln. Wieso insofern nur der Patentinhaber treuwidrig handeln soll und nicht auch der Verletzer, der eine ihm nicht zustehende, patentierte Erfindung verwendet, ohne hierfür ein entsprechendes Nutzungsentgelt zu entrichten, bleibt im Regierungsentwurf jedoch offen. Im Ergebnis kann hierin sogar eine Signalwirkung für den Rechtsanwender gesehen werden, dass an die Durchsetzung des Unterlassungsanspruchs

---

Ausgleich in Geld verlangen, soweit dies angemessen erscheint. Der Schadensersatzanspruch nach Absatz 2 bleibt hiervon unberührt.

1746 Zwar ist der Begriff der „unbilligen Härte" im öffentlichen Recht gemeinhin anerkannt, eine unbesehene Übertragung auf das Patentrecht dürfte jedoch zweifelhaft sein.

1747 RegE, S. 61.

eines nicht-operativen Patentinhabers höhere Anforderungen zu stellen seien, als an die eines operativen Patentinhabers.

Im Ergebnis schafft der Gesetzgeber durch die geplante Implementierung des Verhältnismäßigkeitsvorbehalts bzw. durch die Verwendung des Terminus der „Unverhältnismäßigkeit" zusätzliche Rechtsunsicherheiten, als dass er die gewünschte Klarstellung fördert.

Ferner ist nicht nachvollziehbar, wieso das ursprünglich vorgesehene **Interesse des Patentinhabers** bei der vorzunehmenden Bewertung im Rahmen des § 139 Abs. 1 PatG-RegE gänzlich gestrichen wurde.[1748] Zwar dürfte grundsätzlich kein Zweifel daran bestehen, dass im Rahmen einer Abwägung über die Verhältnismäßigkeit einer Maßnahme die Interessen aller konkret Beteiligter zu berücksichtigen sind. Durch die explizite Streichung in § 139 Abs. 1 PatG-RegE im Vergleich zu § 139 Abs. 1 PatG-DiskE wird hingegen suggeriert, dass eine Gleichberechtigung der Interessen des Patentinhabers nicht mehr bestünde und es im Wesentlichen ausschließlich auf die Interessen des Verletzers ankomme. Sofern nach wie vor eine Berücksichtigung der Interessen sowohl des Patentinhabers als auch des Verletzers gewünscht wird, ist die vorgenommene Streichung nicht nachvollziehbar. Die Streichung birgt vor allem die Gefahr bestimmte Patentinhaber, wie etwa nicht-operative Patentinhaber zu stigmatisieren und deren Unterlassungsanspruch in Gänze zu schwächen. Insofern hat die Bearbeitung hinreichend aufgezeigt, dass auch ein nicht-operativer Patentinhaber ein legitimes Interesse an der Durchsetzung des Unterlassungsanspruchs haben kann, ohne dass es einer gesonderten Rechtfertigung hierfür bedarf.

Abschließend ist auch die avisierte Ausweitung des § 139 Abs. 1 PatG-RegE auf **Drittinteressen** abzulehnen. Die Einbeziehung der Interessen Dritter war in dem DiskE interessanterweise noch nicht enthalten. Dieses zusätzliche Kriterium findet keine Stütze in der bisherigen Bewertung von Unterlassungsansprüchen im Bereich gewerblicher Schutzrechte. Nur ausnahmsweise sind Interessen Dritter von Belang, etwa im Rahmen der Prüfung über die Erteilung einer patentrechtlichen Zwangslizenz nach § 24 Abs. 1 PatG, wobei sich das Interesse Dritter ausschließlich auf das öffentliche Interesse beschränkt.[1749] Die Verhältnismäßigkeitsprüfung erfährt somit eine extensive Ausweitung, die ausschließlich zulasten des Patentinhabers geht und keine sachliche Rechtfertigung in dem Regierungsentwurf findet. Diese beinhaltet lediglich eine Bezugnahme auf eine Mitteilung der Europäischen Kommission zur Durchsetzung der Rechte

---

1748 So aber noch § 139 Abs. 1 PatG-DiskE.

1749 Vgl. dazu bereits oben unter Kapitel 2, § 2, A, I, 1.

des geistigen Eigentums, nach der die Wahrung der Grundrechte aller Beteiligten sowie Dritter im Hinblick auf die zu treffende Maßnahme gewährleistet sein muss.[1750] § 139 Abs. 1 PatG-RegE geht mit seiner Formulierung, nach der die Gewährung des Unterlassungsanspruchs keine unverhältnismäßige Härte für Dritte darstellen dürfe, jedoch weit hinaus. Insofern sind beispielsweise finanzielle Einbußen (mithin eine „Härte") für Dritte denkbar, wenn sie aufgrund der Unterlassungsverfügung den Verletzer nicht mehr mit Vorprodukten beliefern können, in denen die patentverletzende Erfindung verbaut wird. Dass hierin bereits eine Verletzung der Grundrechte vorliegt, darf zwar bezweifelt werden. Ohne eine explizite gesetzgeberische Klarstellung dahingehend, dass Drittinteressen nur im Falle einer konkreten Grundrechtsverletzung zu berücksichtigen wären, steht dennoch zu befürchten, dass eine eben beschriebene finanzielle „Härte" ebenfalls als legitimes Interesse im Rahmen der Bewertung nach § 139 Abs. 1 PatG-RegE Berücksichtigung finden könnte. Dies gilt umso mehr, als dass der Gesetzgeber keinerlei zusätzlicher Ausführungen zu den zu berücksichtigenden Drittinteressen vornimmt und diese somit ohne Eingrenzung der ausschließlichen Bewertung durch die Rechtsprechung überlässt.

Zusammengefasst lässt sich somit festhalten, dass der geplante § 139 Abs. 1 PatG-RegE nicht zu einer Stärkung des patentrechtlichen Unterlassungsanspruchs führt, sondern vielmehr zu dessen Schwächung. Dies rührt im Wesentlichen daher, dass § 139 Abs. 1 PatG-RegE an (i) die Erfüllung statt an die Durchsetzbarkeit des Unterlassungsanspruchs anknüpft, (ii) wesentliche Kernbegriffe nicht näher erläutert sondern vielmehr durch den postulierten Verhältnismäßigkeitsvorbehalt weitere Rechtsunsicherheiten geschaffen werden, (iii) die Interessen des Patentinhabers keinen Anklang im Gesetzesentwurf finden und (iv) Drittinteressen in die Bewertung mit einfließen sollen, für deren Berücksichtigung in dieser Form keine sachliche Rechtfertigung angeführt wird.

2. Bewertung anhand rechtspolitischer Einwände

Das jetzige rechtliche Ergebnis in Form des § 139 Abs. 1 PatG-RegE mag zwar gesellschaftspolitisch wünschenswert sein, es sprechen jedoch neben den angeführten Kritikpunkten gerade im Hinblick auf das *Trolling* weitere rechtspolitische Einwände gegen die geplante Einschränkbarkeit des patentrechtlichen Unterlassungsanspruchs aufgrund eines Verhältnismäßigkeitsvorbehalts. Insofern muss zunächst festgestellt werden, dass jegliche Einschränkung des Unterlassungsanspruchs dem Patent seinen wesentlichen Kern nimmt und die

---

1750 RegE, S. 62.

Möglichkeit erheblich entwertet, das Ausschließlichkeitsrecht hinreichend zu verteidigen. Die Gewährung vollumfänglicher Verteidigungsmittel darf gerade nicht von der zugrundeliegenden Motivation des Patentinhabers im Hinblick auf die Rechtsverfolgung abhängen, sofern man den Patentschutz nicht in Gänze schwächen will.

Auch wenn die Motivation bezogen auf das hier untersuchte *Trolling* nicht mit dem eigentlichen Sinn und Zweck des Patentschutzes vereinbar sein mag, sofern diese lediglich auf die Monetarisierung des Schutzrechts unter Schaffung einer Drohkulisse abzielt,[1751] so muss gleichzeitig festgestellt werden, dass das Patentsystem vom Inhaber auch keine entsprechende (redliche) Motivation einfordert. Vielmehr verhält sich das Patentsystem dahingehend neutral und knüpft die Rechtsverfolgung an rein objektive Kriterien, denen insbesondere keine subjektive Akzentuierung im Sinne des § 242 BGB zukommt.[1752] Zwar verweist auch der Regierungsentwurf richtigerweise darauf, dass eine solche Einschränkung nur in engen Ausnahmefällen geschehen dürfe,[1753] ist offensichtlich, dass ein entsprechender Ausnahmefall vor allem an die Geltendmachung des Anspruchs durch nicht-operative Patentinhaber anknüpft, die mangels Marktaktivitäten keine Marktstörung beseitigen wollen, sondern ausschließlich finanzielle Interessen verfolgen.[1754] Mit anderen Worten an die hier behandelte Patentstrategie des *Trolling*.

Dies erscheint bereits dahingehend problematisch, als dass im Ergebnis somit das Modell der Patentverwertung als solches stigmatisiert wird und die Frage der Rechtsdurchsetzung *de facto* an das Wesen des Patentinhabers bzw. dessen wirtschaftlichen Geschäftsmodells anknüpft, was in letzter Konsequenz sogar zu einer Kollision mit dem Gleichheitsgrundsatz aus Art. 3 GG führen könnte.

1751 So etwa *Osterrieth*, GRUR 2009, 540, 545; so ebenfalls anklingend *ders.*, GRUR 2018, 985, 994–995.

1752 Zu einer solchen Einbeziehung im Rahmen eines möglichen Modells, nach dem eine Verhältnismäßigkeitsprüfung vorzunehmen sei, siehe *Ohly*, GRUR Int. 2008, 787, 797.

1753 So auch § 139 Abs. 1 PatG-RegE.

1754 Vgl. insofern die Stellungnahme der Deutschen Vereinigung für gewerblichen Rechtsschutz und Urheberrecht e.V. zum 2. Patentrechtsmodernisierungsgesetz vom 16. März 2020, S. 3 sowie bereits die entsprechenden Stimmen in der Literatur, etwa bei *Sonnenberg*, Der Unterlassungsanspruch, 2014, S. 220 ff.; *Ohly*, GRUR Int. 2008, 787, 794–795; *Osterrieth*, GRUR 2009, 540, 543 ff.; sowie *Uhrich*, ZGE/IPJ 2009, 59, 82.

Aus der überwiegend ablehnenden Haltung gegenüber diesem Geschäftsmodell die Notwendigkeit einer Einschränkbarkeit des Unterlassungsanspruchs abzuleiten, erscheint wenig überzeugend.[1755] Die bloße Durchsetzung eines Unterlassungsanspruchs durch einen reinen Patentverwerter ist auf Basis der hier vorgenommenen Untersuchung nur in den seltensten Fällen als unverhältnismäßige Rechtsausübung zu werten.[1756] Zwar würde sich für eine Bewertung der Unverhältnismäßigkeit das herausgearbeitete Geschäftsmodell des *Trolling* sowie die geschaffene Drohkulisse eignen, um Kriterien für eine Gesamtbewertung am Maßstab des § 139 Abs. 1 PatG-RegE aufzufinden und einzubeziehen. Das Einbeziehen solcher Faktoren führt jedoch im Ergebnis dazu, dass letztlich die Patentdurchsetzung eines Einzelerfinders, Forschungseinrichtungen und sogar operativen Marktakteuren stets einer gesonderten Bewertung über die Gewährung des Unterlassungsanspruchs nach sich zöge, sofern gerade das in Streit stehende Patent nicht verwendet wird. Mit Blick auf § 139 Abs. 1 PatG-RegE und der Möglichkeit der „Verhältnismäßigkeitsprüfung" wäre eine solch Untersuchung stets notwendig, damit nicht bereits die reine Verwertung von Schutzrechten per se durch Patentverwertungsgesellschaften oder aber nicht-operativen Patentinhabern zu einer Versagung des Unterlassungsanspruchs führt.[1757]

Des Weiteren führt die Einschränkung des Unterlassungsanspruchs im Wege eines Verhältnismäßigkeitsvorbehalts aufgrund fehlender eigener Verwendung des Patents durch den Patentinhaber im Ergebnis zu einer patentrechtlichen Zwangslizenz zulasten des Patentinhabers und zugunsten des Patentverwenders, bei der der nunmehr ausschließlich bestehende patentrechtliche Schadensersatzanspruch des Patentinhabers quasi das Lizenzentgelt darstellt. Auch unter diesen Gesichtspunkten wäre eine Anspruchsbeschränkung unter Verhältnismäßigkeitsgesichtspunkten auf den patentrechtlichen Schadensersatzanspruch, so wie in § 139 Abs. 1 PatG-RegE vorgesehen, abzulehnen, da der Gesetzgeber in § 24 PatG die patentrechtliche Zwangslizenz bereits hinreichend kodifiziert hat

---

1755 Insofern erscheint es kaum verwunderlich, dass die zu erwartende Änderung des § 139 Abs. 1 PatG-RegE maßgeblich auf Betreiben der entsprechenden Industrieverbände beruht, siehe dazu die Stellungnahme der Deutschen Vereinigung für gewerblichen Rechtsschutz und Urheberrecht e.V. zum 2. Patentrechtsmodernisierungsgesetz, S. 4.

1756 LG Mannheim, InstGE 11, 9 – *UMTS-fähiges Mobiltelefon*; und *Keukenschrijver*, in: Busse/Keukenschrijver (Hrsg.), Patentgesetz, 8. Auflage 2016, § 139, Rn. 92.

1757 Vgl. dazu schon *Ohly*, GRUR Int. 2008, 787, 797, der im Hinblick auf den Ausnahmecharakter einer solchen Lösung hinweist, dass „*Wann ein solcher Ausnahmefall vorliegt, kann kaum allgemein festgestellt werden.*"

und eine anderweitige Möglichkeit der Lizenzerlangung gegen den Willen des Patentinhabers nur im Falle der (nicht kodifizierten) kartellrechtlichen Zwangslizenz vorsieht.

Etwaige (gedankliche) Analogien zu der US-amerikanischen *equity*-Rechtsprechung, wonach ungerechtfertigte Härten durch *equity*-Erwägungen im Common Law ausgeglichen werden sollen und die patentrechtliche Unterlassungsverfügung im amerikanischen Recht eine solche *Equitable Remedy* darstellt,[1758] dessen Gewährung an besondere Voraussetzungen geknüpft ist und dessen konkreter Umfang im Ermessensspielraum des erkennenden Gerichts steht,[1759] verbieten sich bereits aus systematischen Erwägungen.[1760] Ein möglicher Vergleich mit der *equity*-Rechtsprechung hinkt zudem auch aus praktischen Erwägungen, da der patentrechtliche Schadensersatzanspruch in den USA durch die Möglichkeit der Gewährung von *treble damages* eine hohe Kompensation ermöglicht, die dem nationalen Schadensersatzanspruch hingegen fremd ist.[1761] Folglich besteht die Gefahr, dass sich Patentverwender ganz bewusst Lizenzverhandlungen entziehen, indem sie darauf hoffen, dass das erkennende Gericht dem Patentinhaber „lediglich" den Schadensersatzanspruch gewährt, welcher mit hoher Wahrscheinlichkeit niedriger ausfallen würde, als ein Lizenzentgelt, welches in freien Verhandlungen ermittelt werden würde.[1762] Das „Damoklesschwert" der *treble damages* vermag ein solches Verhalten verhindern und die Nachteile für einen nicht-operativen Patentinhaber durch die Versagung des Unterlassungsanspruchs insofern aufwiegen. In Ermangelung eines „Verletzerzuschlags" nach nationalem Recht ist ein solcher Ausgleich hierzulande hingegen nicht möglich.[1763] Wieso der Patentinhaber insofern derart schutzlos gestellt werden sollte – ganz gleich, ob es sich um eine reine Verwertungsgesellschaft

---

1758 Vgl. hierzu auch *Schellhorn*, Der patentrechtliche Unterlassungsanspruch, 2020, S. 107 ff. sowie 354 ff.

1759 Vgl. dazu grundlegend für das amerikanische Recht *Dobbs*, Handbook on the Law of Remedies, 1973, § 2.10; sowie *Uhrich*, ZGE/IPJ 2009, 59, 64 ff. für eine instruktive Übersicht zu dieser Thematik.

1760 Für eine vergleichbare Anwendung votieren im Ergebnis *Heusch*, in: Harmsen/Jüngst/Rödiger (Hrsg.), FS Meibom, 2010, S. 135, 143; *Pitz*, in: Fitzner/Lutz/Bodewig (Hrsg.), Patentrecht, 4. Auflage 2012, § 139, Rn. 74 ff. und wohl auch *Schröer*, GRUR Int. 2013, 1102, 1107, Fn. 22, der von einer Anwendung der *eBay*-Rechtsprechung im Lichte der *equity*-Rechtsprechung spricht.

1761 Vgl. dazu bereits ausführlich Kapitel 3, § 1, C, III, 4, b, i.

1762 Siehe dazu bereits die Ausführungen unter Kapitel 3, § 1, C, III, 4.

1763 Vgl. Kapitel 3, § 1, C, 4, III, b, ii.

handelt oder nicht –, kann von den Befürwortern eines solchen Lösungsansatzes sodann auch nicht überzeugend begründet werden.[1764]

Abschließend kann eine Einschränkung des Anspruchs zu erheblichen zeitlichen Verzögerungen führen, die für sich genommen schon einer überzeugenden Rechtfertigung bedürfen und vor allem in Anbetracht der kurzen Laufzeit des Patentschutzes zusätzliche Bedenken hervorrufen.[1765] Eine Verzögerung der Rechtsdurchsetzung etwa auf Grundlage eines allgemeinen Verhältnismäßigkeitsgrundsatzes wird einem Rechteinhaber nur schwer vermittelbar sein, ganz gleich, ob dieser ein reiner Patentverwerter ist oder nicht, denn auch in dieser Hinsicht muss jeder Patentinhaber gleich behandelt werden. Ironischerweise würde eine solche Einschränkbarkeit des Unterlassungsanspruchs auch im Widerspruch mit den zusätzlichen Vorgaben des Art. 3 Abs. 2 DRL stehen, der neben der Verhältnismäßigkeit auch die Gewährleistung einer wirksamen und abschreckenden Rechtsdurchsetzung fordert, welche im Falle der Einschränkung gerade nicht gegeben wäre.[1766] Zwar schließt das Bestehen eines Verhältnismäßigkeitsvorbehalts nicht die Wirksamkeit und abschreckende Wirkung eines Unterlassungsanspruchs aus, steigert diese aber auch nicht. Zudem besteht die Gefahr, dass sich die Einschränkbarkeit im Wege der Unverhältnismäßigkeit im patentrechtlichen Verletzungsprozess zu einem favorisierten und inflationär gebrauchten Verletzereinwand entwickeln kann,[1767] was die bereits so schon lange Dauer gerichtlicher Patentstreitverfahren noch zusätzlich in

---

1764 Siehe exemplarisch *Heusch*, in: Harmsen/Jüngst/Rödiger (Hrsg.), FS Meibom, 2010, S. 135, 143, der vor dem Hintergrund der *eBay*-Entscheidung und der Darstellung der dort angewandten *equity*-Grundsätze ausführt: „*Natürlich handelt es sich hierbei um eine Entscheidung aus dem equity law, dem Billigkeitsrecht,* […]. *Dennoch handelt es sich hierbei um eine interessengerechte und mit internationalem Recht in Einklang stehenden Entscheidung, vor der man sich auch in Deutschland nicht völlig verschließen kann, zumal* […] *die Verhältnismäßigkeit ja auch im deutschen Zivilrecht ein Grundsatz ist.*“

1765 Dieses Problem wird auch von *Heusch*, in: Harmsen/Jüngst/Rödiger (Hrsg.), FS Meibom, 2010, S. 135, 144 und *Ohly*, GRUR Int. 2008, 787, 797 gesehen.

1766 So im Ergebnis auch *Schellhorn*, Der patentrechtliche Unterlassungsanspruch, 2020, S. 375 ff.

1767 Auf diese Gefahr weisen auch *Ohly*, GRUR Int. 2008, 787, 797 und *Heusch*, in: Harmsen/Jüngst/Rödiger (Hrsg.), FS Meibom, 2010, S. 135 hin; für die gleichgelagerte Problematik im Markenrecht, siehe *Ingerl/Rohnke*, Markengesetz, 3. Auflage 2010, Vor. §§ 14–19d, Rn. 382 ff.

die Länge ziehen würde und somit auch aus prozessökonomischen Gründen abzulehnen wäre.

B. Das Konzept der relativen Marktmacht als Erweiterung der Normadressateneigenschaft in der europäischen Missbrauchsaufsicht

Vor dem Hintergrund der Ausführungen bietet es sich zudem an, auf europäischer Ebene über die Anwendung des Konzepts der sog. relativen Marktmacht nachzudenken, die in einigen europäischen Kartellrechtsordnungen den Kreis der Normadressaten auch auf Unternehmen ausweitet, die über keine beherrschende Stellung verfügen, aber gleichwohl aufgrund ihrer relativ wirkenden Machtposition in die Lage versetz werden, den Wettbewerb zu verfälschen.

Unternehmerische Macht, also die Fähigkeit sich gegenüber dem Wettbewerb und seinen Teilnehmern in Gänze unabhängig zu verhalten (*inter omnes*), kann sich auch gegenüber nur einzelnen Marktteilnehmern (*inter partes*) ergeben. Grund hierfür ist in erster Linie nicht die Marktstruktur an sich, sondern die vertikale Strukturierung der nachgelagerten Märkte, auf denen wettbewerbliche Abhängigkeitsverhältnisse entstehen.[1768] Nicht nur die fehlende Substituierbarkeit von Waren und Dienstleistungen ermöglicht es Unternehmen, sich gegenüber der Marktgegenseite weitestgehend autonom zu verhalten. Auch ein Mangel an Ausweich- und Umstellungsmöglichkeiten auf alternative Bezugs- oder Absatzmöglichkeiten führt zu einem entfallen des Wettbewerbsdrucks zwischen Unternehmen und eröffnet die Möglichkeit, sich missbräuchlicher Verhaltensweisen zu bedienen.[1769] Beim *Trolling* beispielsweise sind die bevorzugten Schutzrechte häufig substituierbar, wenn die fremde Patentinhaberschaft von dem Verwender frühzeitig erkannt worden wäre. In der Regel ist die Technologieumstellung jedoch nicht mehr mit einem wirtschaftlich vertretbaren Kapital- und Ressourcenaufwand möglich, was nichts anderes bedeutet, als dass eine relativ wirkende technologische Abhängigkeit entsteht. Die Möglichkeit, sich nunmehr gegenüber der Marktgegenseite weitestgehend unabhängig zu verhalten, obliegt wegen der fehlenden marktbeherrschenden Stellung keiner wettbewerbsrechtlichen Kontrolle mehr, was die Frage nach einer Anwendung des relativen Marktmachtkonzepts im Rahmen der europäischen Missbrauchsaufsicht aufwirft.

1768 Grundlegens schon *Arndt*, Recht, Macht und Wirtschaft, 1968, S. 12 ff.; aus der neueren Zeit *Taube*, Das Diskriminierungs- und Behinderungsverbot für „relativ Marktstarke" Unternehmen, 2006, S. 30 ff.

1769 Dazu bereits *Sack*, GRUR 1975, 511.

I. Die relative Marktmacht nach § 20 Abs. 1 GWB

Der wirtschaftlichen Erkenntnis folgend, dass sich Marktmacht auch nur in Relation zu einigen wenigen Marktakteuren herauskristallisiert, ist nach § 20 Abs. 1 S. 1 GWB das Behinderungs- und Diskriminierungsverbot aus § 19 Abs. 2 Nr. 1 GWB auch dann anzuwenden, wenn der Normadressat keine *inter omnes* wirkende marktbeherrschende Stellung innehat, die gegenüber jedem Marktteilnehmer wirkt.[1770] Ausreichend ist insofern eine bestehende relative Marktmacht, die ihre Wirkung nur zwischen einzelnen Unternehmen entfaltet. Laut Legaldefinition ist vom Vorliegen relativer Marktmacht immer dann auszugehen, wenn kleine oder mittlere Unternehmen sowohl als Abnehmer oder Anbieter von Waren oder gewerblichen Leistungen in einem Abhängigkeitsverhältnis zu dem Normadressaten stehen, da hinreichende Ausweichmöglichkeiten nicht existieren bzw. die Substitution aus anderen Gründen nicht durchführbar ist.[1771]

Mittels dieser gesetzlichen Ermächtigung wird der nationale Kartellrechtsanwender demnach in die Lage versetzt, gegen missbräuchliche Marktaktivitäten vorzugehen, die unterhalb der Eingriffsschwelle des Art. 102 AEUV bzw. § 19 Abs. 1 GWB liegen, aber gleichsam negative Folgen für den Wettbewerb haben können. Ausschlaggebend ist sowohl die Frage nach ausreichenden und zumutbaren Ausweichmöglichkeiten als auch das Abhängigkeitsverhältnis zwischen Normadressaten und dem kleinen bzw. mittleren Unternehmen. In der Literatur und Rechtsprechung haben sich diesbezüglich Fallgruppen entwickelt, die zwischen den unterschiedlichen Abhängigkeitsmöglichkeiten differenzieren:[1772] (1) unternehmensbedingte Abhängigkeit;[1773] (2) sortimentsbedingte

---

1770 Siehe *Taube*, Das Diskriminierungs- und Behinderungsverbot für „relativ Marktstarke“ Unternehmen, 2006, S. 167 ff. für weitere Mitgliedstaaten, in denen die relative Marktmacht anerkannt ist.

1771 Vgl. den Wortlaut des § 20 Abs. 1 GWB; siehe zu den einzelnen Voraussetzungen die Kommentierung bei *Nothdurft*, in: Langen/Bunte (Hrsg.), Kartellrecht, 13. Auflage 2018, § 20 GWB, Rn. 21 ff.

1772 *Loewenheim*, in: Loewenheim et al. (Hrsg.), Kartellrecht, 4. Auflage 2020, § 20 GWB, Rn. 20 ff.; *Nothdurft*, in: Langen/Bunte (Hrsg.), Kartellrecht, 13. Auflage 2018, § 20 GWB, Rn. 39 ff. sowie *Busche*, in: Busche/Röhling (Hrsg.), Kölner Kommentar zum Kartellrecht, 2017, § 20 GWB, Rn. 13 ff.

1773 Liegt vor, wenn die wirtschaftliche Verflechtung derart stark ist, dass ein Anbieter- oder Lieferantenwechsel nur mit schweren wettbewerblichen Nachteilen verbunden wäre, vgl. BGH, GRUR 1988, 642, 643 – *Opel-Blitz*.

Abhängigkeit;[1774] (3) nachfragebedingte Abhängigkeit;[1775] (4) technisch bedingte Abhängigkeit[1776] sowie (5) mangelbedingte Abhängigkeit[1777].

Auch hier können Patente etwa dann eine Rolle spielen, wenn die eigene wirtschaftliche Tätigkeit auf die patentierten Schutzrechte des Inhabers ausgerichtet und eine Substituierbarkeit aufgrund finanzieller, technologischer oder andersartiger Umstände, wie beispielsweise bei Netzwerkeffekten nicht möglich ist.[1778] Insofern kann sich eine bestehende technologische Abhängigkeit eines kleinen oder mittleren Unternehmens im Verhältnis zu dem Patentinhaber so darstellen, dass die fehlende Substituierbarkeit sich nur auf diesen Marktteilnehmer beschränkt. Im Verhältnis zu anderen Marktteilnehmern bestehen hingegen keinerlei Auswirkungen, da diese die Abhängigkeit umgehen können.

II. Anerkennung relativer Marktmacht auf europäischer Rechtsprechungsebene

Bereits mit der 2. GWB-Novelle wurde der nationale Normadressatenkreis der Missbrauchsaufsicht auf relativ marktmächtige Unternehmen erweitert (§ 26 Abs. 2 S. 2 a.F. GWB). Eine vergleichbare Vorschrift fehlt auf europäischer Ebene gänzlich, da sich der rechtliche Anknüpfungspunkt rein auf die Beherrschung eines Marktes beschränkt. Auch eine Auswertung der relevanten europäischen Rechtsprechungspraxis fällt mit Blick auf die Anerkennung der relativen Marktmacht eindeutig aus: Weder die Kommission noch die Europäischen Gerichte haben bis jetzt eine ihrer Entscheidungen hinsichtlich

1774 Gegeben, wenn der Abnehmer von Waren wettbewerblich gezwungen ist, die konkreten Waren im Sortiment zu führen, vgl. BGH, GRUR 1979, 560, 561 – *Fernsehgeräte*; BGH, GRUR 1976, 206, 207 – *Rossignol*.

1775 BGHZ 152, 97, 106 ff – *Konditionenanpassung*.

1776 Sofern sich der Hersteller von Produktspezifikationen auf einen großen Abnehmer mit seiner Produktionskapazität eingestellt hat, vgl. BGH, GRUR 1988, 640, 641 – *Reparaturbetrieb*.

1777 Hierfür bedarf es einer generellen Verknappung von Waren wie etwa in Zeiten der Ölkrise, vgl. KG, WuW 1974, 767, 770 – *Agip II*; *Bunte/Stancke*, Kartellrecht, 3. Auflage 2016, S. 332.

1778 Zu beobachten ist dies etwa in der Automobilbranche, in der Zulieferer häufig für einen Automobilkonzern direkt spezielle Erzeugnisse produzieren und sind aufgrund der oligopolistischen Marktstruktur wirtschaftlich stark abhängig, vgl. in diesem Sinne bereits *Williamson*, Administrative Science Quarterly 1991, 269, 281 ff.; *Taube*, Das Diskriminierungs- und Behinderungsverbot für „relativ Marktstarke" Unternehmen, 2006, S. 193 ff.

der Missbrauchsaufsicht auf das Vorliegen einer bloß relativen Marktmacht im *inter partes* Verhältnis gestützt.[1779] *Lamping* spricht bezüglich der Entscheidungspraxis der europäischen Organe davon, dass „*Gerichte und Kommission daher* [mehrfach] *eine gekünstelt enge Marktabgrenzung vorgenommen* [haben], *um* [...] *sich damit* [...] *vor einer Auseinandersetzung mit dem Abhängigkeitserfordernis zu drücken.*"[1780] Gleichwohl wurde die bestehende relative Marktmacht in diversen Entscheidungen angesprochen und zumindest als Stütze für die Bejahung einer marktbeherrschenden Stellung herangezogen.[1781] In diesem Zusammenhang sprechen der Gerichtshof und die Kommission auch vereinzelt vom „Zwangspartner" oder aber „unvermeidlichen Handelspartner",[1782] was gewissermaßen auf die Lehre vom „*partenaire obligatore*" zurückgeht und dem Grunde nach die wirtschaftliche Abhängigkeit eines Wirtschaftsteilnehmers von einem anderen Wirtschaftsteilnehmer im Vertikalverhältnis beschreibt.[1783]

Trotz dieses grundsätzlichen Anerkenntnisses der relativen Marktmacht durch die europäische Rechtsprechung erscheint es fraglich, ob die europäische Anwendungspraxis dahingehend verstanden werden darf, dass die relative

1779 Vgl. insbesondere *Lamping*, Patentschutz und Marktmacht, 2010, S. 177 ff. sowie Fn. 573 und 574 mit einer Auflistung aller Verfahren, in denen die relative Marktmacht von den europäischen Rechtsprechungsorganen angesprochen wurde.

1780 *Lamping*, Patentschutz und Marktmacht, 2010, S. 179; der Autor bezieht sich auf die Rechtssachen in *General Motors*, *British Leyland*, *Hugin*, *Commercial Solvents* und *Hilti*.

1781 So etwa in EuGH, Urteil vom 06. April 1995, verb. Rs. C-241/91 P u. C-242/91 P, ECLI:EU:C:1995:98, Slg. 1995, I-743, Rn. 47 – *Magill*; EuGH, Urteil vom 29. April 2004, Rs. C-418/01, ECLI:EU:C:2004:257, Slg. 2004, I-5069, Rn. 41–42 – *IMS-Health*; EuGH, Urteil vom 31. Mai 1979, Rs. 22/78, ECLI:EU:C:1979:138, Slg. 1979, 1869, Rn. 7 – *Hugin*.

1782 Vgl. die mannigfaltigen Nachweise zu den Entscheidungen bei *Eilmansberger/Bien*, in: Bornkamm/Montag/Säcker (Hrsg.), MüKo-Wettbewerbsrecht Band 1, 2. Auflage 2015, Art. 102, Rn. 75, Fn. 227; die in der aktuellen, 4. Auflage, leider nicht mehr thematisiert werden.

1783 Grundlegend zu diesem Konzept *Glais*, Revue de Marché Commun 1987, 203; ferner *Ritter/Braun*, European Competition Law, 3. Auflage 2005, S. 401–404 sowie *Ebenroth/Strittmatter*, Französisches Wettbewerbs- und Kartellrecht im Markt der Europäischen Union, 1995, S. 80 ff.; der Begriff des „obligatorischen Geschäftspartners" wird zudem in einigen Entscheidungen sinngemäß verwendet, vgl. nur EuGH, Urteil vom 13. Februar 1979, Rs. 85/76, ECLI:EU:C:1979:36, Slg. 1979, 461, Rn. 41 – *Hoffmann-La Roche*; EuG, Urteil vom 06. Oktober 1994, Rs. T-83/91, ECLI:EU:T:1994:246, Slg. 1994, II-775, Rn. 109 – *Tetra Pak/Kommission*.

Marktmacht in Zukunft als Anwendungsfall der Missbrauchsaufsicht angesehen werden kann.[1784] In den relevanten Entscheidungen wurde die wirtschaftliche Abhängigkeit einzelner Abnehmer mit dem Begriff des „Zwangspartners" nur insofern festgestellt, als dass sich die Machtposition auf Grundlage von temporär existierenden hohen Marktanteilen des Normadressaten ergab.[1785] Hierbei wurde der Befund der Marktbeherrschung aber nicht auf Grundlage der Abhängigkeit einzelner Abnehmer von der Marktgegenseite getroffen, wie es etwa für § 20 Abs. 1 GWB zu fordern ist.[1786] In den weiteren Fallkonstellationen ist die relative Marktmacht lediglich als unterstützendes Kriterium im Rahmen der Marktbeherrschung angeführt worden, welche nach den allgemeinen Grundsätzen festgestellt wurde und sich gegenüber allen Marktteilnehmern auswirkte und nicht nur gegenüber einzelnen.[1787] Ohne ausdrückliche Entscheidung des Gerichtshofs, inwieweit die subjektive wirtschaftliche Abhängigkeit eines Unternehmens von der vorgelagerten Marktstufe mangels eigener Substitutionsmöglichkeiten eine beherrschende Stellung im Lichte des Art. 102 AEUV begründen und dessen Anwendung nach sich ziehen könnte, erscheint eine Anwendung des relativen Marktmachtkonzepts im Rahmen des Art. 102 AEUV zumindest nach der bisherigen Entscheidungspraxis nicht möglich.

III. Notwendigkeit der Anwendung des relativen Marktmachtkonzepts

Eine Anwendung des Konzepts wäre aber im Lichte von Patentstrategien wie der des *Trolling* oder der defensiven Patentstrategie begrüßenswert, um

1784 Zustimmend etwa *Schröter/Bartl*, in: Schröter/Jakob/Klotz/Mederer (Hrsg.), Europäisches Wettbewerbsrecht, 2. Auflage 2014, Art. 102, Rn. 77; skeptisch dagegen *Jung*, in: Grabitz/Hilf/Nettesheim (Hrsg.), Das Recht der EU, 71. Lfg. 2020, Art. 102 AEUV, Rn. 67.

1785 EuGH, Urteil vom 13. Februar 1979, Rs. 85/76, ECLI:EU:C:1979:36, Slg. 1979, 461, Rn. 41 – *Hoffmann-La Roche*.

1786 *Eilmansberger/Bien*, in: Bornkamm/Montag/Säcker (Hrsg.), MüKo-Wettbewerbsrecht Band 1, 2. Auflage 2015, Art. 102, Rn. 75; so leider nicht mehr in der aktuellen, 4. Auflage, thematisiert.

1787 EuGH, Urteil vom 29. April 2004, Rs. C-418/01, ECLI:EU:C:2004:257, Slg. 2004, I-5069, Rn. 41–42 – *IMS-Health*; EuGH, Urteil vom 26. November 1989, Rs. C-7/97, ECLI:EU:C:1998:569, Slg. 1998, I-7791, Rn. 34–37 – *Bronner/Mediaprint*; EuGH, Urteil vom 06. April 1995, verb. Rs. C-241/91 P u. C-242/91 P, ECLI:EU:C:1995:98, Slg. 1995, I-743, Rn. 47 – *Magill*.

wettbewerbsbeschränkende Tendenzen in ihrer Gesamtheit zu unterbinden.[1788] Die Ablehnung dieses Konzepts ist zudem auch nicht vollumfänglich nachvollziehbar, sofern man sich das wesentliche Ziel des Wettbewerbsrechts in Form des institutionellen Schutzes des Wettbewerbs auf dem Binnenmarkt erneut vergegenwärtigt.[1789] Auch wenn relativ wirkende wirtschaftliche Abhängigkeiten im Verhältnis zum restlichen Wettbewerb auf den ersten Blick marginal anmuten, können sie dennoch in der Lage sein, den Wettbewerb zu verfälschen und folglich wiederum eine beeinträchtigende Wirkung für den Gesamtwettbewerb entfalten.[1790] Ohne gänzliche Möglichkeit solche Abhängigkeitsstrukturen unterhalb der Beherrschungsschwelle aufzubrechen und wettbewerbsrechtlich zu sanktionieren, ist der institutionelle Schutz des Wettbewerbs somit nicht universell, sondern vielmehr lückenhaft ausgeprägt. Gerade die entstehenden Abhängigkeiten im Hinblick auf gewerbliche Schutzrechte wie sie beim *Trolling* aber auch bei der Verweigerung, ein Sperrpatent zu lizenzieren, vorkommen, verdeutlichen die Schwäche des reinen Beherrschungskonzepts auf europäischer Ebene.

Mit einer Anwendung der relativen Marktmacht wäre zudem weder eine unkontrollierte Ausuferung des Beherrschungskonzepts[1791] noch eine Aufweichung der patentrechtlichen Ausschließlichkeitswirkung zu erwarten, da technologische Abhängigkeiten im Sinne einer wirtschaftlichen Abhängigkeit nicht per se unter das Missbrauchsverbot fallen würden. Eine Anwendung wäre nur dann systemkonform, wenn die Abhängigkeit kein Resultat des Marktprozesses mehr darstellt und somit durch anderweitige Faktoren den wirksamen Wettbewerb beeinträchtigt und verfälscht. Für eine Berücksichtigung des Konzepts der relativen Marktmacht wäre auch keine grundlegende Erneuerung der europäischen Missbrauchsaufsicht notwendig, sondern lediglich eine tatbestandliche Klarstellung der Normadressateneigenschaft. *Lamping* schlägt unter Bezugnahme auf die Formulierung des Art. 4 Abs. 2 des schweizerischen Kartellgesetzes eine Erweiterung der klassischen Marktdominanzdefinition vor und spricht

---

1788 *Eilmansberger/Bien*, in: Bornkamm/Montag/Säcker (Hrsg.), MüKo-Wettbewerbsrecht Band 1, 2. Auflage 2015, Art. 102, Rn. 75 (so leider nicht mehr in der aktuellen, 4. Auflage, thematisiert); *Lamping*, Patentschutz und Marktmacht 2010, S. 180 ff.; in diese Richtung wohl auch *Fuchs*, in: Immenga/Mestmäcker (Hrsg.), Wettbewerbsrecht, 6. Auflage 2019, Art. 102 AEUV, Rn. 85.

1789 Protokoll Nr. 27 über den Binnenmarkt und den Wettbewerb, ABl. 2008, C 115/01.

1790 *Lamping*, Patentschutz und Marktmacht, 2010, S. 181.

1791 *Schröter/Bartl*, in: von der Groeben/Schwarze/Hatje (Hrsg.), Europäisches Unionsrecht, 7. Auflage 2015, Art. 102 AEUV, Rn. 77 und *Jung*, in Grabitz/Hilf/Nettesheim (Hrsg.), Das Recht der EU, 71. Lfg. 2020, Art. 102 AEUV, Rn. 60 ff.

sich diesbezüglich dafür aus, dass diese in sprachlicher Hinsicht um eine Integration von vertikalen Abhängigkeitsverhältnissen erweitert werden solle.[1792] Dieser Sichtweise kann nur zugestimmt werden, denn es ist nicht einzusehen, wieso vertikale Abhängigkeitsverhältnisse im Gegensatz zu horizontalen Abhängigkeitsverhältnissen auf europäischer Ebene vernachlässigt werden, obwohl der Wettbewerb im Binnenmarkt in seiner Gesamtheit geschützt werden soll.

C. „Anhebung" der patentrechtlichen Erteilungsvoraussetzungen

Schließlich ist über die generelle Möglichkeit einer „Anhebung" der patentrechtlichen Erteilungsvoraussetzungen nachzudenken. Streng genommen geht es nicht um eine wortwörtliche „Anhebung" im Sinne zusätzlicher Tatbestandsvoraussetzungen, sondern vielmehr um potentielle Änderungen im Zusammenhang mit der patentrechtlichen Erteilungspraxis als solche, welche gleichsam in einer restriktiveren Handhabung der Erteilung selbst münden könnte. Die diesbezügliche Diskussion wurde maßgeblich im Lichte der *Raising-the-Bar*-Initiative[1793] des EPA geführt, was die vorliegende Wortwahl der „Anhebung" in sprachlicher Hinsicht hinlänglich erläutern sollte. Triebfeder dieses Gedankengangs ist die Annahme, dass eine „Anhebung" der Erteilungsvoraussetzungen bzw. deren restriktivere Auslegung zwangsläufig zu einem Rückgang der Patenterteilungen im Ganzen führen würde und insgesamt weniger Schutzrechte auf dem Markt den bestehenden negativen Entwicklungen im Patentrecht entgegenwirken könnten. Bei der vorliegenden Untersuchung ist jedoch zu beachten, dass keine Diskussion über die optimale Ausgestaltung der Erteilungsvoraussetzungen geführt werden kann und das Bedürfnis, die patentrechtlichen Tatbestandsmerkmale optimal auszutarieren, nur durch eine umfangreiche und

1792 Vgl. *Lamping*, Patentschutz und Marktmacht, 2010, S. 181, in der der Autor wörtlich anführt: „*Vorbild wäre in diesem Fall Art. 4 Abs. 2 des schweizerischen Kartellgesetzes, das von einer Verhaltensunabhängigkeit gegenüber „Mitbewerbern, Anbieter oder Nachfragern" spricht.*"

1793 Die *Raising-the-Bar*-Initiative wurde als besonderer Fokus der zukünftigen Arbeit des EPA in dessen Jahresbericht 2007 erstmals deutlich formuliert, siehe *EPA*, Jahresbericht 2007, S. 8 ff. Hieran knüpften sich weitere Maßnahmen des EPA an, welche schließlich in einer Änderung der Ausführungsverordnung und hiermit verbundenen Straffung des Erteilungsverfahrens mündeten, vgl. dazu sogleich.

tiefgreifende wissenschaftliche Auseinandersetzung mit dem Themenkomplex befriedigt werden kann.[1794]

I. Anknüpfungspunkte für eine „Anhebung" der Erteilungsvoraussetzungen

Sofern von einer „Anhebung" der Erteilungsvoraussetzungen gesprochen wird, bedarf es in erster Linie des Auffindens geeigneter Anknüpfungspunkte.

1. Eingrenzung der patentfähigen Materie nach *Magliocca*

Hierfür bietet sich zum einen der Ansatz von *Magliocca* an, der die Frage aufwirft, ob der Anwendungsbereich der patentfähigen Materie nicht selbst eingeschränkt werden müsse, um dadurch zweifelhaften Technologien den Patentschutz zu versagen und gleichzeitig ein höheres Maß an Rechtssicherheit zu gewährleisten.[1795] Diese Überlegung wird von *Magliocca* vor dem Hintergrund des Rechtsstreits zwischen *NTP* und *RIM*[1796] im Zusammenhang mit der Patentstrategie des *Trolling* diskutiert und zielt vor allem auf eine Eigenheit des amerikanischen Patensystems ab. Zumindest zeitweise erteilte das USPTO nämlich zum einen Softwarepatente mit zweifelhaftem Rechtsbestand in einem nicht unerheblichen Ausmaß und zum anderen sprach das USPTO zudem auch Geschäftsmodellen temporär die Patentfähigkeit zu, einer Patentmaterie, die dem europäischen Rechtskreis fremd ist. Dennoch ist eine Auseinandersetzung mit der Frage, ob Patente für ausnahmslos jeden Bereich der Technik vergeben werden können bzw. müssen, der patentrechtlichen Diskussion nicht fremd. Zwar sehen sowohl § 1 Abs. 1 PatG als auch Art. 52 Abs. 1 EPÜ und Art. 27 Abs. 1 S. 1 TRIPS vor, dass Patente für Erfindungen auf allen Gebieten der Technik erteilt werden

1794 Abhandlungen zu dieser Thematik im Zusammenhang mit dem Vorwurf der Vergabe „schwacher" Patente durch die Patentämter, finden sich bei *Graf*, Lewis & Clark Law Review 2007, 495; *King*, in: Cohen/Merrill (Hrsg.), Patents in the Knowledge-Based Economy, 2003, S. 54; *Hall/Harhoff*, Berkeley Technology Law Journal 2004, 989; *Hsieh*, Southern California Law Review 2004, 683; *Graham/Hall/Harhoff/Mowery*, in: Cohen/Merrill (Hrsg.), Patents in the Knowledge-Based Economy, 2003, S. 74 und *Hilty*, in: Drexl/Hilty/Boy/Godt/Remiche (Hrsg.), FS Ullrich, 2009, S. 92.

1795 Vgl. *Magliocca*, Notre Dame Law Review 2007, 1809, 1835, der diesen Ansatz vor allem im Hinblick auf die amerikanische Möglichkeit der Vergabe von Softwarepatenten und Patenten auf Geschäftsmodelle anführt.

1796 *NTP Inc. v. Research In Motion, Ltd.*, 418 F.3d 1282 (C.A. Fed., 2005); für das Berufungsverfahren, siehe *NTP Inc. v. Research In Motion, Ltd.*, 418 F.3d 1282, 1320–21 (Fed. Cir. 2005).

sollen, § 2 Abs. 2 Nr. 1–4 PatG kodifiziert jedoch umgehend Ausnahmen von diesem Grundsatz, etwa für Verfahren zum Klonen von menschlichen Lebewesen (vgl. § 2 Abs. 2 Nr. 1 PatG).[1797]

2. Restriktivere Handhabung der „erfinderischen Tätigkeit" im Patenterteilungsverfahren nach *Osterrieth*

Ein zweiter Anknüpfungspunkt, der in der Literatur Anklang gefunden hat, stellt die Forderung nach einer restriktiveren Anwendung des Erfordernisses der erfinderischen Tätigkeit dar.[1798] Dieser Ansatz wurde in seiner Ausdrücklichkeit von *Osterrieth* formuliert, der die erfinderische Tätigkeit als den Schlüsselbegriff des Patentrechts ansieht.[1799] Kern des Gedankens ist die Frage nach der grundsätzlichen Ausrichtung des Patentsystems, welches sich nach Auffassung des Autors entscheiden müsse, ob bereits inkrementelle Fortschritte schutzfähig sein sollen, oder aber nur radikale Innovationssprünge zur Vergabe des Ausschließlichkeitsrechts führen dürfen.[1800] Dieser Ansatz verfolgt keine grundsätzliche

---

1797 § 2 Abs. 2 PatG dient maßgeblich der Umsetzung der Richtlinie 98/44/EG über den rechtlichen Schutz biotechnologischer Erfindungen vom 06. Juli 1998 (Biotechnologierichtlinie, ABl. EG Nr. L 213, 30.071998, S. 13); Zusätzlich kodifizierte der Gesetzgeber in § 2 Abs. 1 PatG den Grundsatz, dass Patente nicht für Erfindungen erteilt werden, deren gewerbliche Verwendung gegen die öffentliche Ordnung oder die guten Sitten verstoßen würden. Die Vorschrift ist jedoch unglücklich formuliert, da es nicht Aufgabe der Erteilungsbehörde ist, die gewerbliche Verwendung einer Erfindung auf einen möglichen Gesetzesverstoß hin zu überprüfen. Besonders kritisch in diesem Zusammenhang *Melullis*, in: Benkard (Hrsg.), Patentgesetzt, 11. Auflage 2015, § 2, Rn. 16 ff.; neutraler *Keukenschrijver*, in: Busse/Keukenschrijver (Hrsg.), Patentgesetz, 8. Auflage 2016, § 2, Rn. 8 ff.; außerhalb der Biotechnologien kommt der Generalklausel des Patentierverbots nach § 2 Abs. 1 PatG jedoch nur geringe Bedeutung zu, vgl. den Überblick bei *Fitzner*, in: Zollner/Fitzner (Hrsg.), FS Nordemann, 1999, S. 51 ff.

1798 Dieses Erfordernis ist in § 4 S. 1 PatG niedergelegt und lautet: „Eine Erfindung gilt als auf einer erfinderischen Tätigkeit beruhend, wenn sie sich für den Fachmann nicht in naheliegender Weise aus dem Stand der Technik ergibt."; gemeinhin wird auch von der „Erfindungshöhe" gesprochen.

1799 *Osterrieth*, in: Leible/Ohly/Zech (Hrsg.), Wissen – Märkte – Geistiges Eigentum, 2010, S. 69 ff.; diesen Ansatz spricht auch *Hilty*, in: Drexl/Hilty/Boy/Godt/Remiche (Hrsg.), FS Ullrich, 2009, S. 91, 103 ff. an.

1800 Vereinfacht gesagt ist *Osterrieth* der generellen Auffassung, dass die aktuelle Vergabepraxis des DPMA und EPA zu der Erteilung von Patenten minderer Qualität führen würden, vgl. *Osterrieth*, in: Leible/Ohly/Zech (Hrsg.), Wissen – Märkte – Geistiges

Einschränkung der patentfähigen Materie als solche, sondern vielmehr eine restriktivere Handhabung der bereits bestehenden Tatbestandsvoraussetzungen durch die Erteilungsbehörden einerseits sowie andererseits eine Verbesserung der Rahmenbedingung im Hinblick auf die Patentprüfung selbst.[1801] Als größte Herausforderung für das Patentsystem sieht *Osterrieht* die Erfassung und Prüfung der Neuheit, sowie den zugrundeliegenden Stand der Technik, welcher wiederum der Bewertung der Erfindungshöhe zugrunde liegt. Die „Anhebung" liegt somit in der konkreten Handhabung des patentrechtlichen Bewertungsmaßstabs in Form der Neuheit aus § 3 PatG sowie der Frage, wann eine erfinderische Tätigkeit im Sinne des § 4 S. 1 PatG anzunehmen sei und wie der hierfür relevante Stand der Technik am effektivsten aufzufinden ist.

3. Die *Raising-the-Bar*-Initiative des EPA

2007 veröffentlichte das EPA eine Studie mit dem Titel „*Future Workload*", einem mit Vorschlägen versehenen Strategiepapier, das sich zum Teil mit der Frage beschäftigte, wie die zu dem Zeitpunkt bereits existierende und in der Zukunft zu erwartende zunehmende Arbeitsbelastung des Patentamtes bewältigt werden könnte.[1802] Unter anderem wurde im Rahmen dieses Strategiepapiers auch das Vorhaben einer kosteneffizienteren und effektiveren Erteilungspraxis formuliert, welche mit der Notwendigkeit gleichgesetzt wurde nur solche Ausschließlichkeitsrechte zu erteilen, denen ein hinreichender erfinderischer Verdienst zukommt und welche mit dem Schlagwort des *Raising the Bar* umrissen wurde.[1803] Einige patentrechtliche Kommentatoren verbanden fortan mit dem Schlagwort *Raising the Bar* das Bedürfnis einer generell strengeren Beurteilung der erfinderischen Tätigkeit durch das EPA und sahen sich mitunter darin bestätigt, dass sich das EPA wiederum indirekt eingestand, dass aufgrund der Patentflut vermehrt Patente minderer Qualität vergeben werden würden.[1804] Diese

---

Eigentum, 2010, S. 69, 70 ff. diesen Vorwurf artikulierte *Osterrieth* bereits mehrfach, vgl. *ders.*, GRUR 2009, 540, 541, sowie *ders.*, Patentrecht, 5. Auflage 2015, Rn. 27 ff.

1801 Ausdrücklich *Osterrieth*, in: Leible/Ohly/Zech (Hrsg.), Wissen – Märkte – Geistiges Eigentum, 2010, S. 69, 78.

1802 Zitiert nach *Adam/Grabinski*, in: Benkard (Hrsg.), EPÜ, 3. Auflage 2019, Vor Präambel, Rn. 31.

1803 Zitiert nach *Adam/Grabinski*, in: Benkard (Hrsg.), EPÜ, 3. Auflage 2019, Vor Präambel, Rn. 31.

1804 Ausdrücklich *Osterrieth*, in: Leible/Ohly/Zech (Hrsg.), Wissen – Märkte – Geistiges Eigentum, 2010, S. 69, 73; so auch *Teschemacher*, VPP-Rundbrief 2010, 61, 61 ff.; *Zech*, ZWeR 2011, 312, 320 vermutet ohne weiterführende Begründung, dass die

Sichtweise entspricht jedoch nicht der Auffassung des EPA, welches in einer Mitteilung vom Juni 2009 bezüglich der *Raising-the-Bar*-Initiative ausführte, dass die mit dem Strategiepapier verbundenen Änderungen dem Zweck dienten, zum einen die Qualität der im Patentamt eingehenden Patentanmeldungen zu verbessern und zum anderen das Erteilungsverfahren an sich zu straffen.[1805] Darüber hinaus verdeutlichte das EPA in einer weiteren Mitteilung, dass die mit *Raising the Bar* umschriebenen Maßnahmen gerade nicht darauf abzielten, die tatbestandlichen Anforderungen an die erfinderische Tätigkeit zu erhöhen und dadurch womöglich strengere Anforderungen für den Patentschutz beim EPA im weltweiten Vergleich zu festigen.[1806]

Vielmehr war das oben beschriebene Strategiepapier die Grundlage für eine Änderung der Ausführungsordnung des EPA, welche zum 01. April 2010 in Kraft trat und diverse Änderung für das Erteilungsverfahren beinhaltete.[1807] Der Fokus der Änderungen lag insbesondere auf der Straffung des gesamten Erteilungsverfahrens, was insbesondere durch die Zusammenlegung der Recherche zum Stande der Technik und der anschließenden Prüfung der Anmeldung erreicht werden sollte.[1808] Bezogen auf die erfinderische Tätigkeit sollten die Änderungen den Patentprüfer insbesondere in die Lage versetzen, die bereits bestehenden Patentierungsstandards des EPA einheitlich und effizient in allen Technologiesegmenten zur Anwendung kommen zu lassen. Weiterführende Änderungen oder gar ein strengerer Prüfungsmaßstab im Hinblick auf die erfinderische Tätigkeit sind weder den Prüfungsrichtlinien des EPA noch anderslautenden Mitteilungen des EPA zu entnehmen.[1809] Sofern man in der *Raising-the-Bar*-Initiative einen dritten Anknüpfungspunkt für potentielle Veränderungen im Zusammenhang mit dem patentrechtlichen Erteilungsverfahren sieht, so unterscheidet sich dieser von dem *Osterrieths* dahingehend, dass das

---

Raising-the-Bar-Initiative des EPA zu einer Einschränkung des Schutzes von Folgeinnovationen führen würde (Fn. 44). Im Ergebnis so auch *Correa*, IIC 2012, 747, 749; siehe zum Ganzen auch *Adam/Grabinski*, in: Benkard (Hrsg.), EPÜ, 3. Auflage 2019, Vor Präambel, Rn. 31–32.

1805 Vgl. ABl. EPA 2009, S. 533, Ziff. 1.

1806 Zitiert nach *Adam/Grabinski*, in: Benkard (Hrsg.), 2. Auflage 2012, Vor Präambel, Rn. 31.

1807 Die einzelnen Änderungen der Ausführungsordnung sind auf der behördeneigenen Homepage abrufbar unter https://www.epo.org/law-practice/legal-texts/epc/amendments_de.html.

1808 *Adam/Grabinski*, in: Benkard (Hrsg.), EPÜ, 3. Auflage 2019, Vor Präambel, Rn. 32.

1809 *Adam/Grabinski*, in: Benkard (Hrsg.), EPÜ, 3. Auflage 2019, Vor Präambel, Rn. 32.

Tatbestandsmerkmal der erfinderischen Tätigkeit nicht restriktiver ausgelegt werden muss, sondern vielmehr die Prüfung durch den Patentprüfer effizienter und sorgfältiger durchzuführen ist.

II. Würdigung der einzelnen Anknüpfungspunkte

Dem eingangs angeführten Anknüpfungspunkt von *Magliocca* ist zuzugestehen, dass eine Begrenzung der patentfähigen Materie grundsätzlich dazu geeignet wäre, solche Bereiche vom Patentschutz auszuklammern, denen beispielsweise ethische oder sittliche Grundüberzeugungen entgegenstehen oder die Technologiebereiche umfassen, die aus Sichtweise eines objektiven Technikverständnisses des Patentsystems[1810] zumindest ambivalent anmuten. Sperrpatente und Patentdickichte würden sodann in bestimmten Technologiebereichen mangels Patentfähigkeit gar nicht erst entstehen können. Zu beachten ist ferner, dass dieser Lösungsansatz sich vor allem auf die negativen Entwicklungen durch die Erteilungspraxis des USPTO im Hinblick auf die extensive Vergabe von Softwarepatenten und Patenten auf Geschäftsmodellen bezieht, wobei Letzteren tatsächlich ein fragwürdiges Verständnis von der generellen Patentfähigkeit zugrunde liegt und deren Patentfähigkeit in Europa zu Recht grundsätzlich versagt wird. Die Versagung erfolgt jedoch nicht aufgrund eines niedergelegten Katalogs, der patentfähige von patentunfähigen Materien unterscheidet, sondern vielmehr durch die strikte Anwendung der Patentierungsvoraussetzungen, die gem. § 1 Abs. 1 PatG bzw. Art. 52 EPÜ einen technischen Charakter der Erfindung voraussetzen, was bei Softwareerfindungen bereits eher seltener der Fall ist und bei Geschäftsmodellen nur in absoluten Ausnahmefällen. Somit besteht weder auf nationaler noch auf europäischer Ebene die Notwendigkeit einer generellen, unter Umständen legislativen, Einschränkung der patenfähigen Materie, sofern die bestehenden Tatbestandsmerkmale hinreichend angewendet werden. Dass ein legislatives Eingreifen für bestimmte Technologiebereiche wie etwa der Biotechnologie dennoch der Fall ist, lässt sich mit den angeführten

1810 Aus dem Regelungszusammenhang des § 1 Abs. 1 PatG ergibt sich, dass der Technikbegriff objektiv zu bestimmen ist, vgl. instruktiv *Schar*, Mitteilungen 1998, 322. Selbstredend ist auch der Begriff der Technik gesetzlich nicht definiert und stellt ein vom Rechtsanwender auszufüllender unbestimmten Rechtsbegriff dar, vgl. BGHZ 144, 282, 286, 287 – *Datenverarbeitungsanlage*. Des Weiteren wird auf die gängige Kommentarliteratur verwiesen, vgl. nur *Bacher*, in: Benkard (Hrsg.), Patentgesetz, 11. Auflage 2015, § 1, Rn. 40 ff.

ethischen und moralischen Grundüberzeugungen einer Gesellschaft rechtfertigen.[1811] Hierbei stehen jedoch keine Fragen der generellen Technizität einer Erfindung im Vordergrund, sondern vielmehr grundlegende Überzeugungen und Wertevorstellungen einer Gesellschaft bezüglich der Behandlung des Lebens im Zusammenhang mit der wissenschaftlichen Forschung und der möglichen anschließenden gewerblichen Verwertbarkeit.[1812] Bei derart grundlegenden Fragen, die letztlich auch das Verständnis von der Menschenwürde tangieren, ist eine gesetzgeberische Einschränkung der patentfähigen Materie zu begrüßen, in allen anderen Fällen jedoch mangels Notwendigkeit abzulehnen.

Überzeugender ist vielmehr der von *Osterrieth* formulierte Ansatz, dass die Prüfung der erfinderischen Tätigkeit restriktiver erfolgen müsse. Zwar ist die Prüfung der Erfindungshöhe stets eine Frage des Einzelfalls, sofern jedoch der ausufernde Stand der Technik effizienter erfasst werden kann, ist die Frage nach der Neuheit der Erfindung präziser zu beurteilen und die hierauf beruhende Bewertung des Naheliegens bzw. des Nicht-Naheliegens der Erfindung im Rahmen der Erfindungshöhe insgesamt vielversprechender.[1813] Hierdurch können auch Patentierungen im „Grenzbereich" effektiver unterbunden werden, da nicht jeder inkrementellen Weiterentwicklung Patentfähigkeit zukommen würde. Eine im Ergebnis restriktivere Erteilungspraxis kann sodann vor allem die Schaffung von Patentdickichten erheblich eindämmen und insgesamt zu weniger Patenterteilungen führen. Dies wiederum vermag den strategischen

---

1811 Einen guten Überblick über den Stand der extrem kontroversen Diskussion mit diversen Nennungen im Zusammenhang mit dem Erlass der Biotechnologierichtlinie findet sich bei *Keukenschrijver*, in: Busse/Keukenschrijver (Hrsg.), Patentgesetz, 8. Auflage 2016, § 2, Rn. 25 ff.

1812 Prominenz hat beispielsweise das Schlagwort „*kein Patent auf Leben*" erlangt, vgl. etwa die Beiträge zu dieser Debatte bei *Haedicke*, JuS 2002, 113 und *Frahm/Gebauer*, EuR 2002, 78, die sich dezidiert mit der Klage der Niederlande vor dem EuGH auf Nichtigerklärung der Biotechnologierichtlinie auseinandersetzen und in diesem Rahmen die vielschichtige Diskussion nachzeichnen, vgl. EuGH, Urteil vom 25.7.2000, Rs. C-377/98, ECLI:EU:C:2001:523, Slg. 2001, I-7079 – *Niederlande/Parlament und Rat.*

1813 Im Kern erfordert die Bewertung der erfinderischen Tätigkeit das Vorliegen von vier Aspekten: die im Patentanspruch definierte technische Lehre; den Beurteilungshorizont des Fachmanns; den Stand der Technik und das Nicht-Naheliegen der Erfindung, vgl. dazu *Nägerl*, in: Haedicke/Timmann (Hrsg.), Handbuch des Patentrechts, 2012, § 2, Rn. 536 ff.

Einsatz von Schutzrechten mit innovationshemmenden Auswirkungen generell zu erschweren, wie es etwa bei *Trolling* zu beobachten ist.

Hieran knüpft letztlich auch die durchgeführte *Raising-the-Bar*-Initiative des EPA an, die ganz gezielt die Effizienzsteigerung des Patenterteilungsverfahrens zum Gegenstand hatte und zu dessen Straffung führte. Diesbezüglich bleibt lediglich die hier nicht abschließend zu beantwortende Frage offen, ob die bereits durchgeführten Maßnahmen hinreichend Abhilfe geschafft haben. Für eine Verbesserung der Erteilungspraxis der europäischen Patentämter im Ganzen bedarf es nach der hier vertretenen Auffassung eine Kumulation mehrerer Maßnahmen.[1814]

III. Notwendige Maßnahmen für eine restriktivere Erteilungspraxis

In erster Linie bedarf es zunächst einer personellen Aufstockung kompetenter Prüfer, denen mehr Zeit für die einzelne Anmeldung eingeräumt wird und die insgesamt einer geringeren Arbeitsbelastung ausgesetzt sind. Zusätzlich muss eine ständige Weiterbildung gerade in solchen Technologiebereichen erfolgen, die besonders innovativ und schnelllebig sind, damit keine fachliche Überforderungssituation eintritt.[1815] Des Weiteren muss eine effizientere Recherche bezüglich des grundlegenden Bewertungsmaßstabs des Standes der Technik gewährleistet werden, was hinreichende technische Rahmenbedingungen in Form von Datenbanken, einer umfassenden Kategorisierung und qualitativ hochwertigen Recherchetools beinhaltet. Abschließend bedürfte es zusätzlich eines hohen Grades an Vernetzung zwischen den Prüfern in Form eines flächendeckenden Netzwerkes aus allen Patenterteilungsbehörden zumindest des EPÜ-Raumes, damit ein kohärenter Standard etabliert und durchgesetzt werden kann. Diese administrativen Stellschrauben erscheinen am vielversprechendsten, sofern man das Patentsystem als Ganzes stärken und negativen Entwicklungen durch den strategischen Einsatz von Patenten zumindest teilweise begegnen möchte.[1816] Dass durch solche Maßnahmen weder Sperrpositionen

1814 Siehe hierzu *Hilty*, in: Drexl/Hilty/Boy/Godt/Remiche (Hrsg.), FS Ullrich, 2009, S. 91, 98 ff., der in diesem Kontext ebenfalls eine Reihe von Lösungsansätzen formuliert.

1815 Eine solche fachliche Überforderungssituation entstand nachweislich bei den Patentprüfern des USPTO im Zusammenhang mit der Vergabe von Softwarepatenten und Patenten für Geschäftsmodelle, vgl. Kapitel 3, § 1, B, I, 4, c-d.

1816 Im Ergebnis so auch *Osterrieth*, in: Leible/Ohly/Zech (Hrsg.), Wissen – Märkte – Geistiges Eigentum, 2010, S. 69, 78 und *Ohly*, GRUR Int. 2008, 787, 792; offen gelassen bei *Hilty*, in: Drexl/Hilty/Boy/Godt/Remiche (Hrsg.), FS Ullrich, 2009, S. 91, 104; gegen eine generelle Stärkung des Patentschutzes durch eine restriktivere

per se verhindert werden, noch jedwede negative und innovationshemmende Tendenz unterbunden werden könnte, liegt auf der Hand. Eine Anhebung der Erteilungsvoraussetzungen im Sinne zusätzlicher Voraussetzungen ist jedoch nicht notwendig, vielmehr die effizientere Anwendung der selbigen.

§ 4. Fazit bezüglich des *Trolling*

Die Handlungsform des *Trolling* beschreibt ihrem Wesen nach die reine Verwertung von Patenten durch die bestmögliche Monetarisierung des Schutzrechts im Wege der Lizenzierung. Beim Anwender dieser Strategie handelt es sich in aller Regel um eine reine Verwertungsgesellschaft, die das jeweilige Patent von vornherein nur als Investitionsobjekt erwirbt und weder eigene FuE-Aktivitäten unterhält noch selbst operativ tätig ist. Das Geschäftsmodell als konkrete Vorgehensweise lässt sich dahingehend beschreiben, dass Schutzrechte gezielt eingesetzt werden, um größtmöglichen Druck auf den (potentiellen) Verwender der geschützten Technologie aufzubauen und Verhandlungsineffizienzen zu schaffen. Hierfür werden bestimmte Taktiken angewandt, bei denen das (potentielle) Verletztsein bewusst herbeigeführt wird. Sofern ein möglicher Verwender ausgemacht wurde, wird mit dem Herantreten an diesen in der Regel so lange gewartet, bis der Patentinhaber davon ausgehen kann, dass sich der anvisierte Lizenznehmer in einer Zwangslage befindet, in der freie Verhandlungen nicht möglich sind. Dies ist immer dann der Fall, wenn der (potentielle) Verwender erhebliche Investitionen auf die Erfindung getätigt hat, die amortisiert werden müssen und/oder ein patentgestütztes Produkt vertreibt, dessen Verkaufsstopp einen erheblichen, unter Umständen irreversiblen wirtschaftlichen Schaden bedeuten würde. Sodann kann die gezielte Drohung mit einer Unterlassungsverfügung gepaart mit den Risiken eines Patentverletzungsprozesses die Verhandlungsposition des Patentinhabers derart stärken, dass der Abschluss eines Lizenzvertrages als die rational sinnvollere Entscheidung anzusehen ist, auch wenn die geforderte Lizenzgebühr höher liegt, als es den marktüblichen Gepflogenheiten entspricht. Hierbei kommt dem Patentinhaber zusätzlich zugute, dass dieser nur wenig Angriffsfläche bietet, da er mangels eigener Marktposition keinen Gegenangriff auf den eigenen Besitzstand befürchten muss und diesem lediglich die Nichtigerklärung des streitgegenständlichen Patents droht.

Anwendung der Erteilungsvoraussetzungen etwa *Mazzoleni/Nelson*, Research Policy 1998, 273, 280 ff.

Das geltende Patentrecht vermag auf die beschriebene Vorgehensweise *de lege lata* nur in sehr engen Grenzen Antworten zu geben. Dies liegt vor allem daran, dass weder dem derivativen Erwerb noch der Patentlizenzierung nennenswerte Schranken gezogen sind. Insofern erscheint lediglich die Einschränkbarkeit des patentrechtlichen Unterlassungsanspruchs als vielversprechender Lösungsansatz, um sowohl der Drohkulisse als auch den geschaffenen Verhandlungsineffizienzen zu begegnen. Die Untersuchung hat diesbezüglich jedoch aufgezeigt, dass § 139 Abs. 1 S. 1 PatG aufgrund des eindeutigen Wortlauts, der systematischen Stellung und dem Willen des Gesetzgebers unter keinem Verhältnismäßigkeitsvorbehalt steht. Ein solcher ist auch nicht durch eine richtlinienkonforme Auslegung anhand der DRL herzuleiten, da diese gegen die *contra legem* Auslegungsgrenze verstoßen würde. Weitere Einschränkungsmöglichkeiten, etwa aufgrund lauterkeitsrechtlicher Erwägungen oder aber einer Analogie zum Urheber- bzw. Designrecht, scheitern ebenfalls. Das Gleiche gilt für die Untersuchung, den Unterlassungsanspruch auf Grundlage des allgemeinen Verhältnismäßigkeitsgebotes einzuschränken, da auch hier die überzeugenderen Gründe gegen einen solchen Lösungsansatz sprechen. Eine Einschränkbarkeit des Unterlassungsanspruchs ist aus materiell-rechtlicher Sicht auch nicht durch eine Fruchtbarmachung des § 242 BGB zu erreichen, da der Patentinhaber auch beim *Trolling* legitime Rechtsverfolgungsinteressen geltend machen kann, die im Ergebnis schwerer wiegen, als die möglichen Konsequenzen für einen Patentverwender im Falle einer möglichen Unterlassungsverfügung. Selbst die an sich vielversprechend anmutende Übertragung der markenrechtlichen *Classe E*-Rechtsprechung auf das Patentrecht ist im Ergebnis abzulehnen, da eine Versagung des patentrechtlichen Unterlassungsanspruchs auf Grundlage der maßgeblichen Wertungen letztlich systemwidrig wäre und gegen wesentliche Wertungen des Patentrechts verstoßen würde. Folglich stellt auch der Einwand der unzulässigen Rechtsausübung keine reelle Schranke für das *Trolling* dar. Die weiteren verfahrensrechtlichen Schranken stellen zudem komplementäre Rechtsbehelfe dar, die durch den Beklagten unter gewissen Voraussetzungen fruchtbar gemacht werden könnten, um zumindest irreversible Schäden abzuwehren.

Letztlich kann auch das geltende Kartellrecht dem *Trolling* nur in einem sehr begrenzten Umfang Schranken ziehen. Auch die Beurteilung des *Trolling* am Maßstab des Missbrauchsverbots hat trotz vielversprechender Vorzeichen aufgezeigt, dass die existierenden tatbestandlichen Hürden gegen eine erfolgsversprechende Fruchtbarmachung des Art. 102 AEUV (respektive §§ 19–20 GWB) auf das *Trolling* sprechen. Die insofern besonders problematische Feststellung einer marktbeherrschenden Stellung des Patentinhabers wird beim *Trolling* besonders evident, da es sich bei dem Anwender der Strategie um ein nicht-operatives und in der Regel nicht marktbeherrschendes Unternehmen handelt, das überdies für eine erfolgreiche Anwendung des dargelegten Geschäftsmodells keine marktstarken Patente benötigt und demnach nur äußerst selten als Normadressat der Missbrauchsaufsicht in Betracht kommen wird. Diesbezüglich könnte die Anwendung des relativen Marktmachtkonzepts *de lege ferenda* auf die europäische Missbrauchsaufsicht nach Art. 102 AEUV zu einer Überwindung der Probleme bei der Feststellung der Normadressateneigenschaft führen, um im Falle der technologischen Abhängigkeit, die konkrete Forderung von Lizenzgebühren sowie die anschließende Rechtswahrnehmung des Patentinhabers aus einer kartellrechtlichen Perspektive untersuchen zu können.

Wie bereits im Rahmen der defensiven Patentstrategie angesprochen, kann die Lizenzverweigerung durch einen nicht-operativen Patentinhaber beim *Trolling* einen Missbrauch im Lichte des Art. 102 AEUV konstatieren, sofern die marktbeherrschende Stellung festgestellt wird. Sofern die konkret geforderte Lizenzsumme des Patentinhabers sodann zum Objekt der kartellrechtlichen Untersuchung gemacht werden kann, besteht durch die Anwendung des Gewinnbegrenzungskonzepts zumindest die realistische Möglichkeit, die Höhe des Entgeltes konkret zu bewerten und unter Umständen zu regulieren. Problematisch ist hierbei jedoch das Auffinden eines klaren Referenzwertes für die jeweilige Bewertung, welcher zudem die Besonderheiten des Patents und dessen innovationspolitischen Zielsetzungen auf den unterschiedlichen Technologiemärkten berücksichtigen muss. Ob und wenn ja, wann eine Lizenzgebühr im Falle des *Trolling* angemessen ist, lässt sich folglich nur anhand des konkreten Einzelfalls beurteilen und ist keiner Vorabprognose zugänglich. Das Kartellrecht eignet sich hingegen nicht als generelle Schranke für das *Trolling*, sondern kann auch hier nur in seltenen Ausnahmefällen fruchtbar gemacht werden.

Schließlich stellt die Missbrauchsaufsicht dann für das *Trolling* überhaupt keine praktikable Lösung dar, sofern gegen die Geltendmachung des patentrechtlichen Unterlassungsanspruchs vorgegangen werden soll. Dahingehend sind die Vorgaben der europäischen Rechtsprechungspraxis in dem einschlägigen *ITT-Promedia*-Verfahren eindeutig und lassen sich nicht auf die spezielle Sachverhaltskonstellation des *Trolling* anwenden. Sofern die Geltendmachung eigener Rechte mitunter auch auf die Beseitigung des Wettbewerbs abzielen muss, um die Missbrauchsaufsicht auszulösen, wird dies im Falle des *Trolling* mangels der verfolgten Zielsetzung mit der Patentstrategie nicht gelingen.

Im Hinblick auf das *Trolling* muss im Ergebnis konstatiert werden, dass das Modell der reinen Patentverwertung auf der einen Seite sicherlich nicht dem Ideal des Erfindungsschutzes entspricht und viele Teilnehmer am Patentsystem hieran durchaus berechtigte Kritik äußern. Auf der anderen Seite muss gleichsam festgehalten werden, dass sich Verwertungsgesellschaften lediglich die Vorgaben und Rahmenbedingungen des geltenden Patentsystems zunutze machen und im Kern ihr rechtlich gewährtes Ausschließlichkeitsrecht genauso verteidigen, wie es Einzelerfinder, Forschungseinrichtungen oder Großkonzerne tun. Bei all der berechtigten Kritik muss zudem angeführt werden, dass große Unternehmen es mit den Schutzrechten Dritter selbst nicht immer ganz so genau nehmen und vielfach zu beobachten ist, dass Patente ganz bewusst verletzt werden, in der Hoffnung, nicht erwischt zu werden oder aber die eigene, stärkere Verhandlungsposition gegenüber kleineren Erfindern oder Unternehmen für die eigenen Belange in ähnlich druckvoller Weise auszunutzen.[1817] Von dieser Perspektive her können Verwertungsgesellschaften sogar durchaus positive Auswirkungen auf das Patentsystem haben, etwa dann, wenn sie Einzelerfinder oder kleine Unternehmen unterstützen, ihre Schutzrechte gegenüber Dritten effektiv zu verteidigen. Das *Trolling* hat zwar nicht mehr viel mit dem eigentlichen Sinn und Zweck der Innovationsförderung des Patentrechts gemein, muss aber gleichzeitig von einem starken Patentsystem ausgehalten werden und darf nicht auf der Grundlage von rechtspolitisch gewollten Ergebnissen eingeschränkt werden. Die insoweit „einzige" wirkliche Schranke könnte dem *Trolling* nur dann gezogen werden, wenn der § 139 PatG *de lege ferenda* unter einen Verhältnismäßigkeitsvorbehalt gestellt werden würde, was letztlich nur durch eine Gesetzesänderung möglich wäre. Insofern erscheint die zu erwartenden Implementierung des § 139 Abs. 1 PatG-RegE in der derzeitigen Form jedoch nicht geeignet, um entsprechende Abhilfe zu schaffen, sondern birgt vielmehr die Gefahr einer Schwächung des patentrechtlichen Unterlassungsanspruchs anstatt der gewünschten Stärkung.

Im Zusammenhang sowohl mit dem *Trolling* als auch mit der defensiven Patentstrategie erscheint lediglich die bereits begonnene und auch in Zukunft weiterzuverfolgende Straffung und Verbesserung der Erteilungspraxis der

---

1817 *Lemley*, Michigan State Law Review 2008, 19, 21: „*Both researchers and companies in component industries simply ignore patents. Virtually everyone does it. They do it at all stages of endeavour. Companies and lawyers tell engineers not to read patents in starting their research, lest their knowledge of the patent disadvantage the company by making it a wilful infringer.*", in einer umfassenden Untersuchung (u.a. hinsichtlich des *Trolling*) für den US-amerikanischen Raum wirft der Autor rund acht Jahre später die Frage auf, ob es überhaupt legislative Beschränkungen für das *Trolling* bedarf, da dass Patentsystem eine erstaunliche „Stärke" aufweise, um sich etwaiger negativer Auswirkungen zu erwehren, vgl. *Lemley*, Texas Law Review, 2016, 1 ff.

Patentämter selbst die vielversprechendste Lösung zu sein. Nur durch eine Stärkung der Patentämter kann der Patentschutz im Ganzen verbessert und optimiert werden. Durch eine Aufstockung des Personals, eine Verringerung der Belastungssituationen einzelner Prüfer, verbesserter Recherche- und Prüfungsmöglichkeiten, Vereinheitlichung von Prüfungsstandards und eine fortwährende Weiterbildung des Prüfungspersonals lässt sich die viel beschworene und aktuell bestehende Qualität der Patente weiterhin hochhalten. Gerade massenhaften Patentanmeldungen für kleinste Entwicklungsschritte und die hierdurch bezweckte Schaffung von Patentdickichten lässt sich dadurch effektiv entgegentreten und kann auf lange Sicht zu einer Eindämmung dieser Entwicklung führen, auch wenn sich die darüber hinaus resultierenden Blockadesituationen jedoch auch durch gewissenhaftere Erteilungsprüfungen nicht gänzlich verhindern lassen.

Kapitel 4 – Gesamtergebnis

Die vorgenommene Untersuchung hat sowohl die defensive Patentstrategie als auch die Strategie des *Trolling* eingehend auf die Frage hin untersucht, ob ihnen der Vorwurf rechtsmissbräuchlicher Verhaltensweisen gemacht werden kann. Hierfür wurden die einzelnen Strategien umfassend unter patent-, lauterkeits-, zivil- und kartellrechtlichen Gesichtspunkten beleuchtet und anschließend bewertet. Im Folgenden werden die wesentlichen Ergebnisse dieser Untersuchung zusammengefasst.

Das **erste Kapitel** befasste sich zunächst mit dem **Sinn und Zweck des Patentschutzes,** dessen Zielsetzung in der Schaffung eines Anreizes für den Einzelnen, erfinderisch und innovativ tätig zu werden, liegt. Der Patentschutz verfolgt das Ziel, den Erfinder zu der Offenbarung dieser neu gewonnenen Erkenntnisse zu bewegen, damit das neue Wissen der Allgemeinheit zugutekommen und diese den sozialen und wirtschaftlichen Nutzen aus dem erweiterten Stand der Technik ziehen kann – mithin fördern Patente explizit den **technischen Fortschritt**. Durch die Gewährung eines Ausschließlichkeitsrechts wird der Erfinder von der Rechtsordnung für die Offenbarung seines Wissens belohnt, was ihn in die Lage versetzt, über die wirtschaftliche Verwertung der Erfindung unter gleichzeitigem Ausschluss Dritter frei zu verfügen. Hierdurch wird es dem Erfinder ermöglicht, seine Kosten zu amortisieren, einen Wettbewerbsvorteil zu erlangen und als Schöpfer der Erfindung (an)erkannt zu werden.

Diesen einzelnen Aspekten des Patentschutzes tragen die einzelnen **Patentrechtstheorien** jeweils Rechnung, die in dieser Form erstmals von *Machlup* formuliert wurden und stets kumulativ anzuwenden sind. Mittels der **ökonomischen Analyse des Patentrechts** wird in der wirtschafts- und rechtswissenschaftlichen Diskussion der zusätzliche Versuch unternommen, die **Rechtfertigung des Patentschutzes** und dessen Sinn und Zweck um ökonomische Aspekte zu erweitern. Aufgrund ihrer unterschiedlichen Begründungsansätze zeigen die Analysen zudem unterschiedliche Implikationen für das Patentsystem und sind somit nicht nur rein akademischer Natur. Aus einer ökonomischen Sichtweise lassen sich in der akademischen Diskussion diverse Begründungsansätze formulieren, die sich im Wesentlichen auf eine *ex-ante-* und *ex-post-***Betrachtung** des Patentschutzes stützen und durch die **Lehre von den Verfügungsrechten** ergänzt werden. Diesbezüglich vermag die *ex-ante-*Betrachtung und somit die dem Anreizmodell folgende Begründung des Patentschutzes trotz bestehender Kritik grundsätzlich zu überzeugen. Zusätzlich dazu birgt auch die

Kosten-Nutzen-Analyse des Patentschutzes einen Mehrwert dahingehend, dass hierdurch die Auswirkung des Patentschutzes auf die Veränderung der Gemeinwohlfahrt hin untersucht werden kann. Im Ergebnis leidet jedoch jeder ökonomische Begründungsansatz für die Rechtfertigung des Patentschutzes an der Problematik, dass sie konkrete und allgemeinverbindliche Ergebnisse schuldig bleiben. Somit kann die Fülle an ökonomischen Rechtfertigungsmodellen für sich genommen lediglich als Ergänzung zu den Patentrechtstheorien gesehen werden. Sie leisten indessen keinen Beitrag zu der Frage, wie der Patentschutz unter Umständen optimaler ausgestaltet werden kann.

Die Bezeichnung des **Patents als Monopolrecht** ist aus wirtschaftswissenschaftlicher Sicht in den allermeisten Fällen verfehlt, da Patente ihren Inhabern in der Regel kein Monopol im wirtschaftswissenschaftlichen Sinne vermitteln. Patentverwendende Produkte konkurrieren fast immer mit anderen Produkten, welche gleichermaßen der Bedarfsbefriedigung dienen und demnach aufgrund der alternativ möglichen Bedürfnisbefriedigung gegen eine patentinduzierte Monopolstellung sprechen. Aus rechtlicher Sicht ist hingegen die Aussage zutreffend, dass das Patent seinem Inhaber ein in sachlicher und zeitlicher Hinsicht eng umgrenztes Monopol an der alleinigen wirtschaftlichen Verwertung der Erfindung verleiht. Durch die Erfüllung der Tatbestandsvoraussetzungen gewährt die Rechtsordnung dem Erfinder ein Ausschließlichkeitsrecht, welches auf nationaler Ebene den Schutz von Art. 14 GG genießt und den Patentinhaber mit umfassenden Nutzungs- und Verbietungsrechten ausstattet. Da in einer Rechtsordnung kein Recht vollkommen schrankenlos gelten kann, erfährt das Patent seinerseits ebenfalls gewisse Beschränkungen, die in der Ausgestaltung des Patentschutzes selbst angelegt sind. Zunächst bestehen diverse **patentrechtliche Ausübungsbeschränkungen**, die sich dadurch manifestieren, dass Dritten die Verwendung des Patents unter gewissen Voraussetzungen nicht untersagt werden darf. Des Weiteren existieren **patentimmanente Wirkungsbeschränkungen**, die sich zum einen auf die zeitliche und räumliche Begrenzung des Patentschutzes beziehen und zum anderen auch durch die Erschöpfung des Rechts eintreten können.

Das **zweite Kapitel** widmete sich sodann dem Untersuchungsgegenstand der **defensiven Patentstrategie**. Die Untersuchung hat deutlich gemacht, dass es an einer allgemeinverbindlichen Definition der defensiven Patentstrategie mangelt und es insofern notwendig ist, diese tatbestandlich klar zu umreißen. Nach der hier vertretenen Auffassung bezweckt die defensive Patentstrategie ihrem Wesen nach in erster Linie die Blockade von direkten oder potentiellen Wettbewerbern unter Ausnutzung der dem Patent von Natur aus innewohnenden Sperrwirkung. Im Rahmen der defensiven Patentstrategie bedient sich der Strategieanwender unterschiedlicher Handlungsformen, um derartige Blockadesituationen zu kreieren. Dabei muss zwischen dem *Blocking* durch **Sperrpatente** und *Fencing* durch **Umzäunungs(sperr)patente** auf der einen Seite sowie der Schaffung von **Patentdickichten,** dem **sog.** *Thickening* auf der anderen Seite unterschieden werden.

Beim *Blocking* werden Sperrpatente bewusst angemeldet, um die weiteren Entwicklungstätigkeiten Dritter zu verhindern und den Zugang zu einer bestimmten Technologie oder im Zweifel zu einem gesamten Technologiemarkt zu blockieren. Die gleiche Blockadewirkung kann sodann auch durch das *Fencing* erfolgen, bei dem die Umzäunung fremder Technologien mittels der originären bzw. derivativen Schutzrechtserlangung angestrebt wird. Hierdurch lässt sich im Extremfall sogar das Entwicklungspotential ganzer Technologiebereiche empfindlich stören. Beide Handlungsformen eint der Umstand, dass das Sperrpatent nur dadurch überhaupt zu einem solchen wird, weil der Inhaber keinerlei Bereitschaft zeigt, das Patent zu lizenzieren oder aber es selbst in irgendeiner Form zu benutzen. Somit prägt insbesondere die subjektive Intention des Patentinhabers diese Form des strategischen Schutzrechtseinsatzes maßgeblich. Der gezielte Einsatz von Sperrpatenten birgt zudem die Gefahr **innovationshemmender Wirkungen**, welche je nach den Gesamtumständen stärker oder schwächer ausfallen können und sich gerade bei Sperrpatenten auf Grundlageninnovationen oder bei der systematischen Anhäufung von Verbesserungspatenten für ein bestimmtes Technologiefeld am stärksten auswirken. Bei der Schaffung von Patentdickichten im Rahmen einer defensiven Patentstrategie durch das *Thickening* werden Blockadesituationen indessen vielmehr in quantitativer Hinsicht erzeugt, da der Strategieanwender hierbei eine Vielzahl von Patentanmeldungen oder Patenterwerbsvorgänge vornimmt, um durch die Vielzahl an Schutzrechten eine „Vernebelung des Marktes" zu erreichen. Ein derartiges Schutzrechtsdickicht erschwert die ohnehin schon nahezu undurchführbare *freedom-to-act* Recherche für einen Dritten ungemein, bei der es darum geht, zu überprüfen, inwieweit bestimmte Technologien patentfrei sind, sich die Entwicklung von Umgehungslösungen anbietet oder aber Schutzrechte lizenziert werden müssen. Das Risiko, eine Patentverletzung trotz gewissenhafter Recherche zu begehen, wächst durch ein undurchsichtiges Patentdickicht mit einer Vielzahl von zum Teil hunderten Patenten um ein Produkt herum erheblich. Die mit einem Patentdickicht einhergehende innovationshemmende Wirkung kann sich auf drei Ebenen auswirken: Vor der Aufnahme von FuE-Aktivitäten durch einen Dritten, während bereits begonnener FuE-Aktivitäten eines Dritten sowie während der bereits angelaufenen oder durchgeführten Produktion von patentverwendenden Produkten durch einen Dritten. Auf jeder dieser drei

Ebenen sieht sich der Patentverwender mit Komplikationen konfrontiert, die im Extremfall dazu führen können, dass angestrebte FuE-Aktivitäten gar nicht erst begonnen werden können, laufende FuE-Aktivitäten eingestellt oder bereits laufende Produktionen gestoppt werden müssen.

Das geltende Patentrecht kann auf die innovationshemmenden Tendenzen der defensiven Patentstrategie *de lege lata* nur sehr begrenzte Antworten geben. Vordergründig liegt dies in erster Linie daran, dass weder dem originären noch dem derivativen Patentrechtserwerb wirkliche gesetzgeberische Grenzen gezogen werden. Schranken, wie etwa die Möglichkeit, eine **patentrechtliche Zwangslizenz nach § 24 Abs. 1 PatG** zu erlangen, scheitern hinsichtlich ihrer Fruchtbarmachung für die defensive Patentstrategie an den hohen tatbestandlichen Hürden für die Eröffnung des normativen Anwendungsbereiches. Das tatbestandlich geforderte **öffentliche Interesse** für die Erteilung einer Zwangslizenz ist derart restriktiv anzunehmen, dass aktuell nur ein Fall existiert, bei dem das BPatG – bestätigt durch den BGH – im einstweiligen Rechtsschutz dessen vorliegen bejahte und eine Zwangslizenz erteilte. In Anbetracht der Tatsache, dass dies der erste Fall einer gerichtlich gewährten Zwangslizenz nach § 24 Abs. 1 PatG seit Ende des Zweiten Weltkrieges ist, stellt die theoretische Möglichkeit der patentrechtlichen Zwangslizenz de facto keine praktische Lösungsmöglichkeit dar, um patentinduzierte Blockadesituationen aufzubrechen. Auch die grundsätzliche Möglichkeit für einen Dritten, Patentschutz für eine abhängige Erfindung zu erlangen, stellt im Falle eines entgegenstehenden Sperrpatents keine wirkliche Abhilfe dar. Um die Folgeinnovation auch tatsächlich kommerzialisieren zu können, muss der Patentinhaber mit dem jüngeren Schutzrecht den Inhaber des älteren Schutzrechts nach wie vor um eine Lizenz ersuchen. Weigert sich dieser, was im Falle eines Sperrpatents wahrscheinlich ist, bleibt dem Patentinhaber lediglich die Möglichkeit, eine Zwangslizenz nach **§ 24 Abs. 2 PatG** zu verlangen. Auch hier sind die tatbestandlichen Vorgaben jedoch derart hoch, dass die faktischen Erfolgsaussichten nur sehr gering sind. Dem Patentinhaber obliegt es nämlich, nachzuweisen, dass die neue Erfindung einen **technischen Fortschritt von wesentlicher Bedeutung** darstellt. Im Ergebnis kann und darf die Möglichkeit, eine Zwangslizenz an einem fremden Patent zu erlangen, auch nur in sehr engen Grenzen erfolgen, da hierdurch auf der einen Seite erheblich in die Dispositionsfreiheit des Patentinhabers eingegriffen wird und auf der anderen Seite jedem Eingriff in das Ausschließlichkeitsrecht des Patents die Gefahr innewohnt, dessen umfassenden Schutz zu verwässern. Nur in den seltensten Fällen darf somit das für die Zwangslizenz erforderlich öffentliche Interesse der Allgemeinheit oder die Annahme eines technischen Fortschritts von wesentlicher Bedeutung die Interessen des Patentinhabers an seiner freien Verfügungsgewalt überlagern und den Individualinteressen des Zwangslizenzersuchenden der Vorrang vor den Interessen des Patentinhabers eingeräumt werden.

Auch die ergänzende Untersuchung der defensiven Patentstrategie anhand des **lauterkeitsrechtlichen Verbots der Mitbewerberbehinderung sowie dem Rechtsmissbrauchsverbot** hat kein anderes Ergebnis zutage gefördert. Aus tatbestandlicher Sicht kann die Geltendmachung und Lizenzverweigerung von Sperrpatenten bereits nicht als geschäftliche Handlung im Sinne des § 2 Abs. 1 Nr. 1 UWG gewertet werden, wonach eine Anwendbarkeit des **§ 4 Nr. 4 UWG** von vornherein ausscheidet. Auch die sich aufdrängende **markenrechtliche Parallele zu Sperr- und Spekulationsmarken** ist vorliegend nicht auf die lauterkeitsrechtliche Bewertung von Sperrpatentanmeldungen bzw. massenhaften Schutzrechtsanmeldungen übertragbar, da dies in der ersten Konstellation zu einer Umgehung der gesetzgeberischen Wertung aus den §§ 12 und 24 PatG führen würde, und es in der zweiten Konstellation bereits an einer vergleichbaren Ausgangslage fehlt.

Eine Bewertung der defensiven Patentstrategie am **zivilrechtlichen Rechtsmissbrauchsverbot des § 242 BGB** kommt nur unter dem Gesichtspunkt der **Verwirkung** in Betracht. Diese scheitert jedoch in der Regel daran, dass in der Praxis weder ein langes Zuwarten noch die Schaffung eines Duldungsanscheins vorliegt, da es dem Sperrpatentinhaber gerade darauf ankommt, Dritten die weitere Nutzung zu untersagen. Demnach stellen auch diese beiden Rechtsinstitute keine Schranken für die defensive Patentstrategie dar.

Trotz vielversprechender Vorzeichen wurde des Weiteren deutlich, dass die Fruchtbarmachung des **kartellrechtlichen Missbrauchsverbots aus Art. 102 AEUV (respektive §§ 18–19 GWB)** in den allermeisten Fällen an den hohen tatbestandlichen Hürden scheitert. Hierbei stellt die wohl größte Hürde die Feststellung einer marktbeherrschenden Stellung des Patentinhabers dar, da eine solche in aller Regel gerade nicht bereits aus der bloßen Existenz des Patents selbst resultiert. Fehlt es darüber hinaus an einer anderweitig feststellbaren Marktbeherrschung, die durch das Patent vielmehr noch verstärkt wird, ist der Patentverwender nicht Normadressat des Missbrauchsverbots, was dessen Anwendung sperrt. Von einer patentinduzierten Marktmacht kann nur dann ausgegangen werden, wenn eine hinreichende Kongruenz zwischen der rechtlichen und wirtschaftlichen Monopolstellung festgestellt wird, damit aus dem Bestand des Schutzrechts selbst bereits die beherrschende Stellung resultiert. Eine solche Kongruenz mit der Folge, dass keine vergleichbaren technologischen Substitute existieren, welche die Bedürfnisbefriedigung gleichermaßen erfüllen, liegt in der

Regel nur bei *de facto* oder *de iure* **standard-essentiellen Patenten** oder aber bei **Pionierpatenten** bzw. **Patenten auf Grundlageninnovationen** vor.

Das Vorliegen einer **marktbeherrschenden Stellung** erscheint hinsichtlich der defensiven Patentstrategie jedoch gleichwohl realistischer als beim *Trolling* (dazu sogleich). Bei Unternehmen, die über derart große finanzielle Ressourcen verfügen, um gezielt Sperrpatente anzumelden und anzukaufen oder aber durch massenhafte Anmeldungen oder Zukäufe Patentdickichte zu schaffen, existiert zumindest eine weitaus höhere Wahrscheinlichkeit dafür, dass eine beherrschende Stellung auf eben diesem Technologiemarkt aufgrund anderer Faktoren resultiert. Dennoch gilt auch bezüglich Unternehmen, welche die defensive Patentstrategie in irgendeiner Form anwenden der Grundsatz, dass durch die bloße Existenz eines Dickichts oder aber Sperrpatenten in einem konkreten Technologiesegment nicht bereits auf das Bestehen einer beherrschenden Stellung auf dem konkreten Technologie- oder aber nachgelagerten Produktmarkt geschlossen werden darf. Vielmehr bedarf es auch hier stets der Prüfung anhand des jeweiligen Einzelfalls.

Selbst wenn die Feststellung einer marktbeherrschenden Stellung auf Seiten des Patentinhabers gelingt, hat die vorgenommene Untersuchung aufgezeigt, dass weder der **originäre noch der derivative Patentrechtserwerb als Missbrauch** einer solchen Stellung anzusehen sind. Auch besonders marktstarken Unternehmen muss es unter allen Umständen gestattet sein, die eigenen FuE-Ergebnisse zur Anmeldung zu bringen bzw. durch den Vollrechtserwerb sein Patent-Portfolio zu erweitern, ohne kartellrechtliche Restriktionen befürchten zu müssen. Hierbei ist es zudem irrelevant für die Bewertung, ob es sich um den originären oder derivativen Erwerb eines Sperrpatents oder aber den Aufbau eines Patentdickichts handelt. Insofern hält das Kartellrecht zum einen keine überzeugenden Instrumentarien bereit, mittels derer eine missbräuchliche subjektive Blockadeabsicht auch tatsächlich nachweisbar wäre, und zum anderen stehen einer Anwendung der Missbrauchsaufsicht auf beide Formen des Patentrechtserwerbs erhebliche rechtliche Bedenken entgegen. Potentielle Anknüpfungspunkte für eine kartellrechtliche Bewertung können sich, wenn überhaupt, erst auf der nachgelagerten Stufe der Lizenzverweigerung ergeben.

Bei der Bewertung der **generellen Lizenzverweigerung** eines Unternehmens ist zunächst zu berücksichtigen, dass die europäische Rechtsprechung auch diesbezüglich sehr hohe Vorgaben fordert, damit ein Schutzrechtsinhaber Dritten den Zugang zu dessen gewerblichen Schutzrecht gewähren muss. Die Übertragung dieser Vorgaben auf die defensive Patentstrategie hat deutlich gemacht, dass die Verpflichtung zur Zwangslizenzerteilung nur dann realistisch erscheint, wenn es sich bei den in Rede stehenden Patenten aus wettbewerblicher Sicht um besonders wesentliche Patente handelt. In der Form wird dies wohl ebenfalls nur bei standard-essentiellen oder Pionierpatenten bzw. bei Patenten auf Grundlageninnovationen der Fall sein. Der bloße Wunsch des Lizenzsuchers, mit den Sperrpatenten den technischen Fortschritt zu fördern und seine eigenen FuE-Aktivitäten auf Grundlage des Patents voran zu treiben, reicht hingegen noch nicht als Rechtfertigung aus, um in das Ausschließlichkeitsrecht des Patentinhabers mittels des Kartellrechts eingreifen zu können.

Liegen hingegen alle Voraussetzungen der **kartellrechtlichen Zwangslizenz** vor, stehen dem Lizenzsucher zwei Möglichkeiten offen, eine Zwangslizenz zu erlangen. Erstens kann der Lizenzsucher aktiv auf Erteilung der kartellrechtlichen Zwangslizenz im Wege der kartellrechtlichen Beseitigungs- bzw. Unterlassungsklage gem. § 33 Abs. 1 S. 1 GWB i.V.m. dem Missbrauchsverbot des Art. 102 AEUV (respektive der §§ 19–20 GWB) klagen. Zweitens kann der Patentverwender zudem den Einwand der kartellrechtlichen Zwangslizenz im patentrechtlichen Verletzungsprozess erheben. Hierbei müssen insbesondere die Rechtsprechungsvorgaben beachtet werden, die der BGH letztmalig in der Rechtssache *Orange-Book-Standard* formuliert hat und durch die Vorgaben des EuGH in der Rechtssache *Huawei/ZTE* zudem modifiziert werden müssen. Trotz dieser grundsätzlichen Möglichkeit eine kartellrechtliche Zwangslizenz im Falle von Sperrpatenten zu erlangen, muss insgesamt konstatiert werden, dass die kartellrechtlichen Instrumentarien im Falle der defensiven Patentstrategie selbst bei Vorliegen einer marktbeherrschenden Stellung nur unzureichende Schranken darstellen und nur in Ausnahmefällen die beschriebenen Blockadesituationen aufzulösen vermögen.

Bezüglich der Frage nach potentiellen Schranken *de lege ferenda* bietet sich auf den ersten Blick die **Implementierung eines subjektiven Elements** sowohl im vorgelagerten **Patenterteilungsverfahren** als auch im nachgelagerten **Nichtigkeitsverfahren** nach dem Vorbild der bösgläubigen Markenanmeldung aus § 8 Abs. 2 Nr. 14 bzw. § 50 Abs. 1 MarkenG an. Die eingehende Untersuchung hat jedoch aufgezeigt, dass die sprachliche und in Teilen auch tatbestandlichen Gemeinsamkeiten von Sperrpatenten und Sperrmarken auf der einen Seite sowie Spekulationsmarken und Patentdickichten auf der anderen Seite nicht darüber hinwegtäuschen können, dass durchschlagende Gründe gegen eine **Implementierung eines subjektiven Elements im Patenterteilungsverfahren** sprechen. Insofern besteht das unlösbare Problem in der konkreten Nachweisbarkeit der Bösgläubigkeit des Patentanmelders. Dieses zwingend konstitutive Element ist weder bei einer *ex-ante-* noch *ex-post-*Betrachtung zweifelsfrei festzustellen und führt somit anstatt zu einer erhöhten Rechtssicherheit vielmehr zu einer gesteigerten Rechtsunsicherheit auf Seiten der Patentanmelder. Neben der mangelnden Feststellbarkeit der Bösgläubigkeit aus einer *ex-ante*-Betrachtung und der hieraus resultierenden Rechtsunsicherheit spricht zudem die gesetzgeberische Wertung für ein rein objektives Patentanmeldungsverfahren sowie die fehlende Praktikabilität gegen einen solchen Lösungsansatz.

Gegen die **Implementierung eines subjektiven Elements im nachgelagerten Löschungsverfahren** spricht neben der ebenso schwierigen Feststellbarkeit der Bösgläubigkeit aus einer *ex-post*-Betrachtung überdies, dass die Nichtigerklärung eines tatbestandserfüllenden Patents nicht gerechtfertigt erscheint. Selbst das Vorliegen einer verwerflichen subjektiven Intention des Patentinhabers bei Anmeldung des Schutzrechts kann nicht darüber hinwegtäuschen, dass der Patentinhaber einen neuen Stand der Technik geschaffen, den technischen Fortschritt gemehrt und somit alles Erforderliche getan hat, um von der Rechtsordnung mit dem Ausschließlichkeitsrecht belohnt zu werden. Die in dem Patent verbürgte und behördlich bestätigte Erweiterung des Standes der Technik in Verbindung mit der konkreten Ausgestaltung des Schutzrechts selbst, stellen bereits derart hohe Hürden für die Implementierung subjektiver Elemente dar, dass von diesem Vorhaben im Ergebnis Abstand zu nehmen ist.

Abschließend vermag auch die **Wiedereinführung eines patentrechtlichen Ausführungszwangs** keinen überzeugenden Lösungsansatz zu begründen. Die in diesem Zusammenhang zu beachtenden Vorgaben der PVÜ und des TRIPS-Abkommens würden einer Implementierung wohl nicht zwangsläufig entgegenstehen. Gleichwohl steht eine solche Wiedereinführung im Konflikt mit dem Unionsrecht und ist bereits von dieser Warte aus abzulehnen. Darüber hinaus sprechen gerade wirtschaftliche Gründe gegen eine Wiedereinführung, da zu befürchten ist, dass Innovationen eher gehemmt denn gefördert werden und die gesetzliche Verpflichtung, Schutzrechte auch tatsächlich auszuführen, einen erheblichen Eingriff in die wirtschaftliche Privatautonomie des Patentinhabers bedeutet. Letztlich stellt die gewerbliche Ausübung eines Patents zudem keine Funktion des Patents dar, sodass ein solcher Zwang mit hoher Wahrscheinlichkeit mehr negative Folgen für das Patentsystem mit sich bringen würde, als dass es diesem nützen könnte.

Das **dritte Kapitel** widmete sich sodann dem Untersuchungsgegenstand des *Trolling*. Auch hinsichtlich dieses Untersuchungsgegenstandes hat die Bearbeitung deutlich gemacht, dass zuvorderst eine klare Definition der Patentstrategie notwendig ist, um eine wissenschaftliche Auseinandersetzung überhaupt erst zu ermöglichen.

Im Gegensatz zur defensiven Patentstrategie wird der Begriff des *Trolling* in der rechtswissenschaftlichen Diskussion weitaus inflationärer gebraucht, ohne dass damit die Beschreibung einer allgemeinverbindlichen Handlungsform einhergeht. Einigkeit besteht nur dahingehend, dass das *Trolling* als Strategie von der weit überwiegenden Mehrheit der patent- und rechtspolitischen Diskussion als negativ wahrgenommen wird. Nach der hier vertretenen Auffassung beschreibt die Handlungsform des *Trolling* ihrem Wesen nach die **reine Verwertung von Patenten** durch die **bestmögliche Monetarisierung** des Schutzrechts im **Wege der Lizenzierung**, ohne selber ein originäres Interesse an der dem Patent zugrundeliegenden Erfindung zu verfolgen. Besonders evident wurde diese Strategie durch aufsehenerregende Gerichtsverfahren in den USA, welche maßgeblich dazu beitrugen, dass sich überhaupt erst ein rechtspolitischer Diskurs über das Für und Wider solcher strategischer Handlungsformen entwickelte. Auch in Deutschland bekam die Diskussion Auftrieb durch diverse Rechtsstreitigkeiten des Patentverwerters *IPCom*, der gegen eine Vielzahl international agierender Mobilfunkunternehmen aus einem Patent-Portfolio gerichtlich vorging, welches *IPCom* zuvor von der *Robert Bosch AG* erworben hatte.

Bei den konkreten Anwendern der *Trolling*-Strategie handelt es sich in aller Regel um **reine Verwertungsgesellschaften**, die das in Rede stehende **Patent** von vornherein nur **als Investitionsobjekt erwerben** und **weder eigene FuE-Aktivitäten unterhalten noch selbst operativ auf einem Produktmarkt tätig sind**. Nicht selten muss für die Bewertung eines Patentinhabers am Maßstab des *Trolling* eine Abgrenzung zu solchen Patentverwertern erfolgen, die zwar ganz ähnliche Charakteristika aufweisen, gleichsam aber nicht unter das *Trolling* subsumiert werden können. Da das *Trolling* jedoch vielmehr eine Strategie ist, bei der es vor allem auch auf die Intention des Patentinhabers ankommt, die mit dem rechtlichen Schutz einhergehende Ausschlussfunktion lukrativ am Markt einzusetzen, kann dem Grunde nach jeder Patentinhaber die Strategie des *Trolling* anwenden. Somit können sich auch Einzelerfinder, Forschungseinrichtungen oder produzierende Unternehmen der Strategie des *Trolling* bedienen, sofern die hier im Rahmen dieser Untersuchung herausgearbeiteten und konstituierenden Wesensmerkmale der Strategie erfüllt sind und dabei insbesondere das konkrete Geschäftsmodell des *Trolling* angewandt wird.

Das **Geschäftsmodell des** *Trolling* lässt sich dahingehend beschreiben, dass Schutzrechte gezielt eingesetzt werden, um **größtmöglichen Druck** auf den (potentiellen) Verwender der geschützten Technologie aufzubauen und **Verhandlungsineffizienzen** zu schaffen, welche die Chancen auf den **Abschluss einer Lizenzvereinbarung** im Vergleich zu freien Verhandlungen wesentlich erhöhen. Hierfür werden bestimmte Taktiken angewandt, bei denen das (potentielle) Verletztsein des Patentinhabers erst bewusst durch diesen herbeigeführt wird. Sofern ein möglicher Verwender der patentierten Technologie von dem Patentinhaber am Markt ermittelt wird, wartet der Patentinhaber mit dem

Herantreten an diesen in der Regel so lange, bis der anvisierte Lizenznehmer sich in einer Zwangslage befindet, in der freie Verhandlungen über die Lizenzvereinbarung nicht möglich sind.

Freie Verhandlungen auf Seiten des Verwenders sind immer dann in einem nicht unerheblichen Maße beschränkt, wenn dieser bereits Investitionen auf die Erfindung selbst getätigt hat, die nunmehr amortisiert werden müssen und/oder ein patentgestütztes Produkt vertreibt, dessen Verkaufsstopp einen unter Umständen irreversiblen wirtschaftlichen Schaden bedeuten würde. In einer solchen Situation kann die **gezielte Drohung** des Patentinhabers **mit einer Unterlassungsverfügung** in Verbindung mit den Risiken eines ungewissen Patentverletzungsprozesses die Verhandlungsposition des Patentinhabers derart stärken, dass der Abschluss eines Lizenzvertrages aus Sicht des Verwenders als die rational sinnvollere Entscheidung anzusehen ist, auch wenn die geforderte Lizenzgebühr höher liegt, als es den marktüblichen Gepflogenheiten entspricht. **Komplementär** dazu kann der Patentinhaber auch den **patentrechtlichen Schadensersatzanspruch** geltend machen bzw. mit diesem drohen. Im Gegensatz zu den möglichen Konsequenzen einer Unterlassungsverfügung entfaltet der Schadensersatzanspruch jedoch ungleich weniger Druckpotential, sodass diesem nicht die gleiche Bedeutung für das *Trolling* zukommt. Dem Patentinhaber kommt für die Anwendung des Geschäftsmodells zusätzlich zugute, dass dieser selbst nur eine sehr geringe Angriffsfläche bietet und aufgrund der fehlenden eigenen Marktposition keinen Gegenangriff auf den eigenen Besitzstand befürchten muss. Das wesentliche Risiko eines Patentinhabers im Rahmen des *Trolling* besteht einzig und allein in der Gefahr, dass die streitgegenständlichen Patente für nichtig erklärt werden. Darüber hinausgehende Risiken sind dagegen nicht zu befürchten. Vielmehr trägt der Patentverwender das bedeutend höhere Risiko des ungewissen Ausgangs des Patentprozesses und sieht sich zudem mit dem **Dilemma des** *first-movers* konfrontiert, was im Ergebnis die Drohkulisse noch zusätzlich verschärft.

Auf die beschriebene Vorgehensweise beim *Trolling* vermag das geltende Patentrecht *de lege lata* nur in sehr engen Grenzen Antworten zu geben. Dies ist vor allem in dem Umstand begründet, dass von der Rechtsordnung weder dem derivativen Erwerb noch der Patentlizenzierung nennenswerte Schranken gezogen werden. Vor diesem Hintergrund erscheint die **Einschränkung des patentrechtlichen Unterlassungsanspruchs aus § 139 Abs. 1 S. 1 PatG** als die vielversprechendste Lösung, um sowohl der Drohkulisse als auch den geschaffenen Verhandlungsineffizienzen zu begegnen. Die diesbezügliche Untersuchung hat jedoch aufgezeigt, dass der patentrechtliche Unterlassungsanspruch aus § 139 Abs. 1 S. 1 PatG aufgrund seines eindeutigen Wortlauts, der systematischen

Stellung und des Willens des Gesetzgebers unter keinem Verhältnismäßigkeitsvorbehalt steht, der sich aus der vorgenommenen Normauslegung selbst ergibt. Auch aus einer **richtlinienkonformen Auslegung** der maßgeblichen **DRL** ist ein solcher Verhältnismäßigkeitsvorbehalt nicht herzuleiten, da diese Herleitung einen Verstoß gegen die *contra legem* Auslegungsgrenze bedeuten würde. Ähnlich ergebnislos erfolgte die weiterführende Untersuchung hinsichtlich der Möglichkeit, den patentrechtlichen Unterlassungsanspruch auf Grundlage des **allgemeinen Verhältnismäßigkeitsgrundsatzes** zu beschränken, der als übergeordnetes allgemeines Rechtsprinzip des Privatrechts anerkannt ist. Neben den allgemeinen Verhältnismäßigkeitsüberlegungen von *Tetzner* und *Kraßer*, scheiterte auch eine Übertragung des **sachenrechtlichen Verhältnismäßigkeitsgrundsatzes** sowie eine Anwendung der **Rechtsgedanken** der **§§ 251 Abs. 2 S. 1** und **275 Abs. 2 S. 1 BGB** auf § 139 Abs. 1 S. 1 PatG.

Weitere Einschränkungsmöglichkeiten, etwa aufgrund **lauterkeitsrechtlicher Erwägungen** oder einer **Analogie zum Urheber- bzw. Designrecht**, wurden ebenfalls angedacht, scheiterten aber bereits an der fehlenden Analogiefähigkeit der einschlägigen Normen.

Von wesentlicher Bedeutung war zudem die Untersuchung, ob die Ausübung des patentrechtlichen Unterlassungsanspruchs unter Umständen ein **Verstoß gegen § 242 BGB** konstituieren kann. Die Anwendung des **Verwirkungseinwandes** oder aber die Annahme einer **unzulässigen Rechtsausübung** konnte jedoch hinsichtlich des *Trolling* ebenfalls nicht festgestellt werden, da letztlich auch ein nicht-operativer Patentinhaber aus rechtlicher Sicht legitime Interessen mit der Geltendmachung des Unterlassungsanspruchs verfolgt.

Auch die mögliche **Übertragung der markenrechtlichen Grundsätze** aus dem *Classe-E*-Verfahren des BGH scheitert daran, dass eine Gegenüberstellung der zugrundeliegenden Sachverhalte zwar durchaus oberflächliche Parallelen zutage fördert. Bei einer näheren Betrachtung der maßgeblichen Begründung der Rechtsprechung für die Bejahung des rechtsmissbräuchlichen Einsatzes der streitgegenständlichen Marke zeigte sich jedoch auch, dass diese nicht derart verallgemeinerungsfähig ist, um auf das Patentrecht übertragen zu werden. Eine Übertragung wäre im Ergebnis aus patentrechtlicher Sicht systemwidrig.

Aus **verfahrensrechtlicher Sicht** können sowohl eine großzügigere Aussetzung des Verletzungsverfahrens nach § 148 ZPO sowie weitere Vollstreckungsschutzmaßnahmen zumindest komplementären Schutz in prozessualer Hinsicht bieten, die einem Beklagten Patentverwender unter gewissen Voraussetzungen zugutekommen, um drohende irreversible Schäden abzuwehren. Wirkungsvolle Schranken auf materiell-rechtlicher Ebene können dadurch aber ebenfalls nicht begründet werden.

Zu einem ganz ähnlichen Ergebnis wie bei der defensiven Patentstrategie gelangte die Untersuchung auch hinsichtlich der Bewertung des *Trolling* aus **kartellrechtlicher Perspektive**, wobei es bei der Bewertung maßgeblich auf die Forderung möglicherweise missbräuchlich erhöhter Lizenzgebühren und/oder der Geltendmachung des patentrechtlichen Unterlassungsanspruchs am Maßstab des kartellrechtlichen Missbrauchsverbots nach Art. 102 AEUV ankam. Wie bereits im Rahmen der defensiven Patentstrategie festgestellt, scheitert eine Anwendung der kartellrechtlichen Missbrauchsaufsicht in aller Regel an der Normadressateneigenschaft des Patentinhabers beim *Trolling*. Offensichtlich wird diese Problematik insbesondere beim *Trolling*, da es sich bei dem Patentinhaber um ein nicht-operatives und in der Regel nicht marktbeherrschendes Unternehmen handelt, das überdies für eine erfolgreiche Anwendung des herausgearbeiteten Geschäftsmodells überhaupt keine marktstarken Patente benötigt. Folglich werden die beim *Trolling* naturgemäß auftretenden Verwertungsgesellschaften nur äußerst selten als Normadressat der Missbrauchsaufsicht in Betracht kommen und aufgrund fehlender eigener Produktionstätigkeit dies auch nur auf einem vorgelagerten Technologie- oder aber Lizenzmarkt.

Liegt die Normadressateneigenschaft des Patentinhabers beim *Trolling* hingegen vor, ist die Frage zu beantworten, wann eine **Lizenzgebühr nicht mehr** als **angemessen, sondern** bereits als **missbräuchlich** anzusehen ist. Für diese konkrete Bewertung haben sich in Literatur und Rechtsprechung das **Vergleichsmarkts**- und das **Gewinnbegrenzungskonzept** durchgesetzt, wobei das Gewinnbegrenzungskonzept im Falle des *Trolling* die weitaus belastbare Möglichkeit darstellt, die Höhe des Lizenzentgeltes konkret zu bewerten und unter Umständen zu regulieren. Probleme bereitet bei beiden Konzepten das Auffinden eines eindeutigen Referenzwertes für die konkrete Bewertung, welcher in der Lage ist, auch die Besonderheiten des Patents und dessen innovationspolitischen Zielsetzungen auf den unterschiedlichen Technologiemärkten zu berücksichtigen. Ob eine Lizenzgebühr somit im Falle des *Trolling* angemessen ist, lässt sich nur anhand des konkreten Einzelfalls beurteilen und ist vorab keiner Prognose zugänglich.

Keine Schranke stellt die Missbrauchsaufsicht für das *Trolling* hingegen dann dar, sofern die **Geltendmachung des patentrechtlichen Unterlassungsanspruchs** an Art. 102 AEUV gemessen wird. Die Vorgaben der europäischen Rechtsprechungspraxis in dem diesbezüglich einschlägigen *ITT-Promedia*-Verfahren sind derart eindeutig, dass sie sich nicht auf die spezielle Sachverhaltskonstellation des *Trolling* anwenden lassen. Diese Aussage gilt zumindest dann, wenn die gerichtliche Geltendmachung eines Rechts mitunter auch auf eine vollständige Beseitigung des Wettbewerbs abzielen muss, wie es vom EuG gefordert wurde, da dieses Tatbestandsmerkmal im Falle des *Trolling* aufgrund der völlig unterschiedlichen Zielsetzung, die mit der Patentstrategie verfolgt wird, nicht erfüllt sein wird.

Abschließend wurde über mögliche Schranken *de lege ferenda* nachgedacht. Hierbei war zunächst die avisierte **Implementierung** eines **Verhältnismäßigkeitsvorbehalts** im Rahmen des **patentrechtlichen Unterlassungsanspruchs** nach **§ 139 Abs. 1 PatG-RegE** zu diskutieren, im Ergebnis aber aufgrund der Schwächen in der jetzigen Ausgestaltung abzulehnen. Vor dem Hintergrund der nachgezeichneten rechtspolitischen Diskussion kommt die Untersuchung zu dem Ergebnis, dass es eines solchen Vorbehalts nicht bedarf, da das Patentsystem Handlungsformen wie der des *Trolling* hinzunehmen hat, um sich durch eine Gesetzesänderung nicht der Gefahr ausgesetzt zu sehen, dass der Kern des Patents zusehends verwässert werden würde.

Als weiterer Lösungsansatz wurde die **Fruchtbarmachung des relativen Marktmachtkonzepts** diskutiert, welches in einer Vielzahl von europäischen Mitgliedstaaten sowie nach § 20 Abs. 1 GWB auch national anerkannt ist. Gerade in Fällen einer bloß technologischen Abhängigkeit, die sich lediglich zwischen dem Patentinhaber und dem Patentverwender darstellt, wäre eine Überwindung der Probleme im Zusammenhang mit der Normadressateneigenschaft möglich und zumindest die Forderung vermeintlich überhöhter Lizenzgebühren durch den Patentinhaber könnte leichter aus kartellrechtlicher Perspektive untersucht werden.

Abschließend widmete sich die Untersuchung der generellen Möglichkeit einer **„Anhebung" der patentrechtlichen Erteilungsvoraussetzungen**, wobei streng genommen keine wortwörtliche „Anhebung" im Sinne zusätzlicher Tatbestandsvoraussetzungen angedacht wurde. Bei der Untersuchung ging es vielmehr um die Möglichkeit, potentielle Änderungen im Zusammenhang mit der patentrechtlichen Erteilungspraxis als solche zu ermitteln, welche gleichsam in einer restriktiveren Handhabung der Patenterteilung selbst münden könnten. Vor diesem Hintergrund dienten als Anknüpfungspunkte insgesamt drei Ansätze: Die Eingrenzung der patentfähigen Materie nach *Magliocca*, die Restriktivere Handhabung der „erfinderischen Tätigkeit" im Patenterteilungsverfahren nach *Osterrieth*, sowie die *Raising-the-Bar*-Initiative des EPA.

Im Ergebnis ist eine **Eingrenzung der patentfähigen Materie** jedoch weder zielführend noch notwendig, um den aktuellen Entwicklungen des Patentrechts Abhilfe zu verschaffen. Überzeugend ist vielmehr der Ansatz von *Osterrieht*, den letztlich auch die *Raising-the-Bar*-Initiative aufgreift. Hierbei geht es vor allem um eine **Effizienzsteigerung des Patenterteilungsverfahrens** bei der eine restriktivere Patentvergabe durch eine intensivere und umfassendere Prüfung der

Tatbestandsvoraussetzungen angestrebt wird, was letztlich nur durch eine Stärkung der Patentämter erreicht werden kann.

Literaturverzeichnis

Ahlenstiel, Enno Marktabgrenzung in der Internetökonomie – Die Geltung der Wettbewerbsregeln des Artikels 82 EGV im Falle der Marktdivergenz, Hamburg 2008

Ahrens, Claus Gewerblicher Rechtsschutz, Tübingen 2008

Allison, John/Lemley, Mark/Walker, Joshua Extreme Value or Trolls on Top? The Characteristics of the most-litigated Patents, University of Pennsylvania Law Review, Dezember 2009, 1–37

Dies. Patent Quality and Settlement among Repeat Patent Litigants, Stanford Law and Economics Olin Working Paper No. 398 vom 16. September 2010, abrufbar unter: https://papers.ssrn.com/sol3/Papers.cfm?abstract_id=1677785

Amschewitz, Dennis Die Durchsetzungsrichtlinie und ihre Umsetzung im deutschen Recht, Tübingen 2008

Andermann, Jürgen Territorialitätsprinzip im Patentrecht und Gemeinsamer Markt – Eine Untersuchung des Verhältnisses von nationalem Patentrecht und EWG-Vertrag unter besonderer Berücksichtigung des Problems der sog. Parallelimporte (Zugleich ein Beitrag zum Verhältnis von Europäischem Gemeinschaftsrecht und Mitgliedstaatenrecht), Berlin 1975

Andewelt, Roger Analyses of Patent Pools under the Antitrust Laws, Antitrust Law Journal 1984, 611–639

Ann, Christoph Die idealistische Wurzel des Schutzes geistiger Leistungen, GRUR Int. 2004, 597–603

Ders. Patent Trolls – Menace or Myth?, in: Patents and Technological Progress in a Globalized World Liber Amicorum Joseph Straus, hrsg. von *Wolrad Prinz zu Waldeck und Pyrmont, Martin Adelmann, Robert Brauneis, Josef Drexl* und *Ralph Nack*, Berlin Heidelberg 2009, S. 355–364

Arndt, Helmut Recht, Macht und Wirtschaft, Berlin 1968

Arrow, Kenneth Economic Welfare and the Allocation of Resources for Invention, in: The Rate and Direction of Inventive Activity: Economic and Social Factors, hrsg. von Universities-National Bureau Committee for Economic Research, Committee on Economic Growth of the Social Science Research Council, Princeton 1962, S. 609–626

Ascheid, Gerd Neue technologische Entwicklungen im Mobilfunkbereich und ihre faktische Kanalisierung durch Patentrechte – Eine problemorientierte Perspektive aus der Praxis, in: Europäische Perspektiven des Geistigen Eigentums, hrsg. von *Matthias Leistner*, Tübingen 2010, S. 3–13

Auer, Marietta Neues zu Umfang und Grenzen der richtlinienkonformen Auslegung, NJW 2007, 1106–1109

Badenoch, George/Akyuz, Ishak Injunctions and Ongoing Royalties after eBay, Patent Litigation 2009, 581–600

Baldauf, Nicole Richtlinienverstoß und Verschiebung der Contra-legem-Grenze im Privatrechtsverhältnis, Tübingen 2013

Bamberger, Heinz Georg/Roth, Herbert/Hau, Wolfgang/Poseck, Roman Kommentar zum Bürgerliche Gesetzbuch Band 1 §§ 1–610 CISG, 4. Auflage, München 2019

Barker, David Troll or no Troll? Policing Patent Usage with an open Post-Grant Review, Duke Law & Technology Review 2005, 1–17

Bartenbach, Kurt Patentlizenz- und Know-how-Vertrag, 7. Auflage, Köln 2013

Ders./Volz, Franz-Eugen Arbeitnehmererfindungsgesetz – Kommentar zum Gesetz über Arbeitnehmererfindungen, 6. Auflage, Köln 2019

Bartmann, Jeannine Grenzen der Monopolisierung durch Urheberrechte am Beispiel von Datenbanken und Computerprogrammen – Eine rechtsvergleichende Studie des europäischen, deutschen und US-amerikanischen Rechts, Köln Berlin München 2005

Bartosch, Andreas Das Urteil des Europäischen Gerichts erster Instanz in der Rechtssache Microsoft, RIW 2007, 908–919

Basedow, Jürgen Die Entwicklung des Eigentumsrechts in der Europäischen Union, ZEuP 2016, 573–590

von Bassewitz, Katharina/Kramer, Birgit/Prinz zu Waldeck und Pyrmont, Wolrad Zusammenfassung des Vortrags „Innovationsschutz und Investitionsschutz für immaterielle Güter" von Prof. Dr. *Reto M. Hilty*, GRUR Int. 2004, 607–609

Batista, Pedro Henrique Zur Patentierung menschlicher embryonaler Stammzellen – kritische Würdigung der Entscheidung des EuGH im Fall *Brüstle*, GRUR Int. 2013, 514 – 524

Baumbach, Adolf/Hefermehl, Wolfgang Warenzeichenrecht und internationales Wettbewerbs- und Zeichenrecht – Warenzeichengesetz, Pariser Verbandsübereinkunft, Madrider Herkunftsabkommen, Madrider Markenabkommen, Nizzaer Klassifikationsabkommen, Zweiseitige Abkommen, 12. Auflage, München 1985

Baumgärtel, Gunnar/Ehlers, Jochen/Fleuchaus, Michael/Königer, Karsten Internationale Vereinigung für den Schutz des Geistigen Eigentums (AIPPI) – Berichte der Deutschen Landesgruppe für die Tagung des Geschäftsführenden Ausschusses der AIPPI vom 6. bis 9. Oktober 2007 in Singapur – Teilanmeldungen von Patenten sowie Patentanmeldungen in Form der „Continuation“-Anmeldung oder der „Continuation-in-part“-Anmeldung (Q 193), GRUR Int. 2007, 498–502

Beater, Axel Mitbewerber und sonstige unternehmerische Marktteilnehmer, WRP 2009, 768 –780

Ders. Das gezielte Behindern im Sinne von § 4 Nr.10 UWG, WRP 2011, 7–16

Bechtold, Stefan Zur rechtsökonomischen Analyse im Immaterialgüterrecht GRUR Int. 2008, 484–488

Beckmerhagen, Axel Die essential facilities doctrine im US-amerikanischen und europäischen Kartellrecht, Baden-Baden 2002

Beier, Friedrich-Karl Die herkömmlichen Patentrechtstheorien und die sozialistische Konzeption des Erfinderrechts GRUR Int. 1970, 1–6

Ders. Zukunftsprobleme des Patentrechts, GRUR 1972, 214–225

Ders. Zur Verwirkung im Patentrecht, GRUR 1976, 566–573

Ders. Das Patentwesen und seine Informationsfunktion – gestern und heute, GRUR 1977, 282–289

Ders. Die Bedeutung des Patentsystems für den technischen, wirtschaftlichen und sozialen Fortschritt, GRUR Int. 1979, 227–235

Ders. Mißbrauch einer beherrschenden Stellung durch Ausübung gewerblicher Schutzrechte?, in: Festschrift für Karlheinz Quack zum 65. Geburtstag am 03. Januar 1991, hrsg. von *Harm Peter Westermann* und *Wolfgang Rosener*, Berlin New York 1991, S. 15–32

Ders. Zur Zulässigkeit von Parallelimporten patentierter Erzeugnisse, GRUR Int. 1996, 1–9

Ders. Ausschließlichkeit, gesetzliche Lizenzen und Zwangslizenzen im Patent- und Musterrecht, GRUR 1998, 185–195

Benkard, Georg Europäisches Patentübereinkommen, 3. Auflage, München 2019

Ders. Patentgesetz Gebrauchsmustergesetz Patentkostengesetz, 11. Auflage, München 2015

Berg, Werner/Brankin, Sean-Paul Das AstraZeneca-Urteil des Gerichts der Europäischen Union, EuZW 2011, 91–94

Ders./Köbele, Michael Grenzen kartellrechtmäßigen Handelns nach der EU-Untersuchung des Arzneimittelsektors – Risiken und Chancen für betroffene Unternehmen, PharmR 2009, 581–591

Berkenfeld, Erich Das älteste Patentgesetz der Welt, GRUR 1949, 139–142

Besen, Marc „AstraZeneca“-Entscheidung des EuGH: Konsequenzen für die Missbrauchskontrolle, GRUR-Prax. 2013, 33–34

Ders./Gärtner, Anette/Mayer, Christian/Vormann, Thorsten Zum Kommissionsbericht über die Untersuchung des Arzneimittelsektors – Kritische Notizen aus patent- und kartellrechtlicher Sicht, PharmR 2009, 432–437

Besen, Stanley/Farrell, Joseph Choosing How to Compete: Strategies and tactics in Standardization, Journal of Economic Perspectives 1994, 117–131

van den Bergh, Roger/Lehmann, Michael Informationsökonomie und Verbraucherschutz im Wettbewerbs- und Warenzeichenrecht, GRUR Int. 1992, 588–599

Bernhardt, Wolfgang Lehrbuch des deutschen Patentrechts, 3. Auflage, München 1973

Ders. Die Bedeutung des Patentschutzes in der Industriegesellschaft, Köln Berlin Bonn München 1974

Berlit, Wolfgang Aufbrauchfrist im gewerblichen Rechtsschutz und Urheberrecht, München 1997

Ders. Auswirkungen des Gesetzes zur Verbesserung der Durchsetzung von Rechten des geistigen Eigentums im Patentrecht, WRP 2007, 732–738

Berthold, Gesine Evergreening von Arzneimittelpatenten – Schutzverlängernde Patentstrategien und die Möglichkeit ihrer Begrenzung im Recht der WTO, Baden-Baden 2011

Bessen, James/Ford, Jennifer/Meurer, Michael The Private and Social Costs of Patent-Trolls, Boston University School of Law, Law and Economics Research Paper No. 11–45 vom 19. September 2011, abrufbar unter: https://papers.ssrn.com/sol3/papers.cfm?abstract_id=1930272

Ders./Love, Brian Tax the patent trolls: Column, USA Today, Artikel vom 24. Juli 2013, abrufbar unter: http://www.usatoday.com/story/opinion/2013/07/24/tax-patent-trolls-lawsuits-column/2578675/

Ders./Maskin, Eric Sequential innovation, patents and limitation, RAND Journal of Economics 2009, 611–635

Ders./Meurer, Michael The Direct Costs from NPE Disputes, Cornell Law Review 2014, 387–424

Beth, Stephan Rechtsprobleme proprietärer Standards in der Softwareindustrie, Göttingen 2005

Beyers, Joe Managing Innovation Assets as Business Assets, in: Making Innovation Pay: People Who Turn IP into Shareholder Value, hrsg. von *Bruce Berman*, New Jersey 2006, S. 159–176

Bieder, Marcus Das ungeschriebene Verhältnismäßigkeitsprinzip als Schranke privater Rechtsausübung, München 2007

Bishop, Simon/Walker, Mike The economics of EC competition law: concepts, application and measurement, 3. Auflage, London 2010

Blind, Knut/Edler, Jakob/Frietsch, Rainer/Schmoch, Ulrich Erfindungen kontra Patente – Schwerpunktstudie „zur technologischen Leistungsfähigkeit Deutschlands" für das Bundesministerium für Bildung und Forschung, Fraunhofer-Institut für Systemtechnik und Innovationsförderung, Karlsruhe 2003, abrufbar unter: http://publica.fraunhofer.de/eprints/urn_nbn_de_0011-n-209178.pdf

Bodenhausen, Georg Pariser Verbandsübereinkunft zum Schutz des gewerblichen Eigentums – Kommentar, Köln Berlin Bonn München 1971

Bodewig, Theo Einige Überlegungen zur Erschöpfung bei Zwangslizenzen an standardessentiellen Patenten, GRUR Int. 2015, 626–634

Böck, Alexander Die Zwangslizenz im Spannungsfeld von gewerblichem Rechtsschutz und Kartellrecht, Tübingen 1992

Bösl, Raphael Der unklare Patentanspruch, Mitteilungen der deutschen Patentanwälte 1997, 174–176

Bollert, Gerhart Patente, Konzentration und Konzentrationspolitik – Eine Untersuchung volkswirtschaftlicher Probleme des Patentschutzes am Beispiel der Bundesrepublik Deutschland, Berlin 1968

Bornkamm, Joachim/Montag, Frank/Säcker, Franz Jürgen Münchener Kommentar Europäisches und Deutsches Wettbewerbsrecht – Kartellrecht Missbrauchs- und Fusionskontrolle, Band 1 – Europäisches Wettbewerbsrecht, 3. Auflage, München 2020

Bornkamm, Joachim/Montag, Frank/Säcker, Franz Jürgen Münchener Kommentar Europäisches und Deutsches Wettbewerbsrecht – Kartellrecht Missbrauchs- und Fusionskontrolle, Band 2 – Gesetz gegen Wettbewerbsbeschränkungen (GWB) §§ 1–96, 185, 186 – Verfahren vor den europäischen Gerichten, 3. Auflage, München 2020

Braendli, Paul Europäisches Patentrecht als Instrument zur Förderung spezifischer Wirtschaftszweige, in: Kreativität – Wirtschaft – Recht, hrsg. von *Najib Harabi*, Zürich 1996, S. 275–303

Brennan, Joe/Hsueh, Hui-Wen/Sahashi, Miyuki/Okhuma, Yasuo Patent Trolls in the US, Japan, Taiwan and Europe (Digest), Tokugikon 2007, 73–88

Brindöpke, Manon/Mross, Oliver Die Sektorenuntersuchung der Europäischen Kommission im Pharmasektor – ihre praktische Bedeutung, PharmR 2008, 268–273

de Bronett, Georg-Klaus Gemeinschaftsrechtliche Anmerkungen zum „Orange-Book-Standard"-Urteil des BGH, WuW 2009, 899–908

Browning, Matt Now You See Them, Now You Don't: The PTO's Rules on Claims and Continuations, Berkeley Technology Law Journal 2008, 247–279

Bruchhausen, Karl Der Schutzbereich des europäischen Patents, GRUR Int. 1974, 1–10

Ders. Gedanken zur Rechtsangleichung auf dem Gebiet des Sanktionensystems bei immateriellen Güterrechten in Europa, GRUR 1980, 515–522

Büch, Dirk Die Erstbegehungsgefahr und ihre Ausräumung im gewerblichen Rechtsschutz, in: Festschrift für Joachim Bornkamm zum 65. Geburtstag, hrsg. von *Wolfgang Büscher, Willi Erdmann, Maximilian Haedicke, Helmut Köhler* und *Michael Loschelder*, München 2014, S. 15–28

Büscher, Wolfgang/Dittmer, Stefan/Schiwy, Peter Gewerblicher Rechtsschutz, Urheberrecht, Medienrecht, 4. Auflage, Köln Berlin Bonn München 2020

Buhrow, Astrid/Nordemann, Jan Bernd Grenzen ausschließlicher Rechte geistigen Eigentums durch Kartellrecht, GRUR Int. 2005, 407–419

Bundesverband Deutscher Patentanwälte, Stellungnahme Entwurf eines Zweiten Gesetzes zur Vereinfachung und Modernisierung des Patentrechts vom 23. September 2020, abrufbar unter https://www.bmjv.de/SharedDocs/Gesetzgebungsverfahren/Stellungnahmen/2020/Downloads/092320_Stellungnahme_BDPA_RefE_PatMog.pdf;jsessionid=C0625349FF0EF07D2BFCED4E4F8A8E73.2_cid297?__blob=publicationFile&v=2

Bunte, Hermann-Josef/Stancke, Fabian Kartellrecht mit Vergaberecht und Beihilfenrecht – Lehrbuch für Studium und Praxis, 3. Auflage, München 2016

Burk, Dan/Lemley, Mark The Patent Crisis and How the Courts Can Solve It, Chicago London 2009

Burr, Wolfgang/Stephan, Michael/Soppe, Birthe/Weisheit, Steffen Patentmanagement – Strategischer Einsatz und ökonomische Bewertung von technologischen Schutzrechten, Stuttgart 2007

Busche, Jan Zur Auslegung von Patentansprüchen, in: Materielles Patentrecht Festschrift für Reimar König zum 70. Geburtstag, hrsg. von *Christoph Ann, Wilfried Anders, Uwe Dreiss, Bernhard Jestaedt* und *Dieter Stauder*, Köln Berlin Bonn München 2003, S. 49–62

Ders. Der Einwand der Zwangslizenz im Patentverletzungsverfahren, CIPReport 2009, 104–107

Ders./Röhling, Andreas Kölner Kommentar zum Kartellrecht, Band 1, §§ 1–34a GWB, Köln 2017

Ders./Stoll, Peter-Tobias/Wiebe, Andreas TRIPs – Internationales und europäisches Recht des geistigen Eigentums – Kommentar, 2. Auflage, Köln 2013

Busse, Rudolf/Keukenschrijver, Alfred Patentgesetz, 8. Auflage, Berlin 2016

Bussmann, Kurt/Pietzcker, Rolf/Kleine, Heinz Gewerblicher Rechtsschutz und Urheberrecht, 3. Auflage, Berlin 1962

Bußmann, Joachim Patentrecht und Marktwirtschaft, GRUR 1977, 121–135

Buxbaum, Richard Die dem Patentmonopol innewohnende Beschränkung, WuW 1966, 193–217

Campbell-Kelly, Martin Not All Bad: An Historical Perspective on Software Patents, Michigan Telecommunications and Technology Law Review 2005, 191–248

Canaris, Claus-Wilhelm Verstöße gegen das verfassungsrechtliche Übermaßverbot im Recht der Geschäftsfähigkeit und im Schadensersatzrecht, JZ 1987, 993–1004

Ders. Die Reform des Leistungsstörungsrecht, JZ 2001, 499–528

Ders. Die Behandlung nicht zu vertretender Leistungshindernisse nach § 275 Abs.2 BGB bei Stückkauf, JZ 2004, 214–224

Carrier, Michael A Roadmap to the Smartphone Patent Wars and FRAND Licensing, CPI Antitrust Chronicle Spring 2012, 1–7

Caspar, Matthias Die wettbewerbsrechtliche Begründung von Zwangslizenzen, ZHR 2002, 685–707

Chan, Jeremiah/Fawcett, Matthew Footsteps of the Patent Troll, Intellectual Property Law Bulletin, Herbst 2005, 1–11

Chappatte, Philippe FRAND commitments – the case for antitrust intervention, European Competition Journal 2009, 319–346

Cherry, Steven The Patent Profiteers, IEEE Spectrum 2004, 38–41

Chien, Colleen Of Trolls, Davids, Goliaths, and Kings: Narratives and Evidence in the Litigation of High-Tech Patents, North Carolina Law Review 2009, 1571–1615

Dies. Patent Assertion Entities, Presentation to the Dec 10, 2012 DOJ/FTC Hearing on PAEs, abrufbar unter: https://papers.ssrn.com/sol3/papers.cfm?abstract_id=2187314

Dies. Patent Assertion and Start-up Innovation, Santa Clara University School of Law Legal Studies Research Papers Series Paper No. 26–13 vom September 2013, abrufbar unter: http://papers.ssrn.com/sol3/papers.cfm?abstract_id=2321340

Chisum, Donald Reforming Patent Law Reform, The John Marshall Law Review of Intellectual Property Law 2005, 336–348

Chu, Angus Effects of blocking patents on R&D: a quantitative DGE analysis, Journal of Economic Growth 2009, 55–78

Chuang, Ashley Fixing the Failures of Software Patent Protection: Deterring Patent Trolling by Applying Industry-Specific Patentability Standards, Southern California Interdisciplinary Law Journal 2006, 215–251

Clarkson, Gavin Patent Informatics for Patent Thicket Detection: A Network Analytic Approach, Harvard Business School Doctoral Thesis 2004, abrufbar unter: https://www.researchgate.net/publication/255668909_Patent_Informatics_for_Patent_Thicket_Detection_A_Network_Analytic_Approach_for_Measuring_the_Density_of_Patent_Space

Clerix, André Invalidation proceedings as a counter-attack according to split litigation systems, EPI Information 2009, 14–20

Cohen, Lauren/Gurun, Umit/Kominers, Scott Duke Patent Trolls: Evidence from Targeted Firms, Harvard Business School Working Paper No. 15-002 vom 24. April 2016, abrufbar unter: http://papers.ssrn.com/sol3/papers.cfm?abstract_id=2464303

Cohen, Wesley/Nelson, Richard/Walsh, John Protecting their Intellectual Assets: Appropriability Conditions and why U.S. Manufacturing Firms Patent (or not), National Bureau of Economic Research, Working Paper 7552, February 2000, abrufbar unter: http://www.nber.org/papers/w7552.pdf

Colangelo, Guiseppe Avoiding the Tragedy of the Anticommons: Collective Rights Organizations, Patent Pools and the Role of Antitrust, LUISS Law and Economics Lab Working Paper No. IP-01-2004, abrufbar unter: https://papers.ssrn.com/sol3/papers.cfm?abstract_id=523122

Conde Gallego, Beatriz Die Anwendung des kartellrechtlichen Missbrauchsverbots auf „unerlässliche" Immaterialgüterrechte im Lichte der IMS Health- und Standard-Spundfass-Urteile, GRUR Int. 2006, 16–28

Dies. Unilateral refusal to license *indispensable* intellectual property rights – US and EU approaches, in: Research Handbook on Intellectual Property and Competition Law, hrsg. von *Josef Drexl*, Cheltenham UK – Northampton USA 2008, S. 215–238

Conrad, David Mining the Patent Thicket: The Supreme Court's Rejection of the Automatic Injunction Rule in eBay v. MercExchange, The Review of Litigation 2007, 119–155

Cooter, Robert/Ulen, Thomas Law & Economics, 6. Auflage, Boston 2012

Correa, Carlos Trade Related Aspects of Intellectual Property Rights. A Commentary on the TRIPS Agreement, 2. Auflage, Oxford 2020

Ders. Efforts to Raise the Bar in Patent Examination Need to Be Supported, IIC 2012, 747–750

Cotropia, Christopher/Kesan, Jay/Schwartz, David Unpacking Patent Assertion Entities (PAEs), Minnesota Law Review 2014, 649–703

Dam, Kennet Die ökonomischen Grundlagen des Patentrechts, in: Ökonomische Analyse der rechtlichen Organisation von Innovationen, hrsg. von *Claus Ott* und *Hans-Bernd Schäfer*, Tübingen 1994, S. 283–321

Damme, Felix Das Deutsche Patentrecht – Ein Handbuch für Praxis und Studium, Berlin 1906

Darts-IP, NPE Litigation in the European Union: Facts and Figures, Februar 2018

Davies, Robin Failed Attempts to Dwarf the Patent Trolls: Permanent Injunctions in Patent Infringement Cases under the proposed Patent Reform Act of 2005 and *Ebay v. MercExchange*, Cornell Journal of Law and Public Policy 2008, 431–452

Dawo, Sascha Immaterielle Güter in der Rechnungslegung nach HGB, IAS/IFRS und US-GAAP, Herne Berlin 2003

Delahaye, Hans Kernprobleme der Schadensberechnungsarten bei Schutzrechtsverletzungen, GRUR 1986, 217–221

Demsetz, Harold Toward a Theory of Property Rights, The American Economic Review 1967, 347–359

Derclaye, Estelle The IMS health decision and the reconciliation of copyright and competition law, European Law Review 2004, 687–697

Detkin, Peter Leveling the Patent Playing Field, The John Marshall Law Review of Intellectual Property Law 2007, 636–644

Deutsche Vereinigung für gewerblichen Rechtsschutz und Urheberrecht e.V., Stellungnahme der Vereinigung für gewerblichen Rechtsschutz und Urheberrecht e.V. (GRUR) zum Diskussionsentwurf eines Zweiten Gesetzes zur Vereinfachung und Modernisierung des Patentrechts vom 16. März 2020, abrufbar unter https://www.bmjv.de/SharedDocs/Gesetzgebungsverfahren/Stellungnahmen/2020/Downloads/03162020_Stellungnahme_GRUR_DiskE_PatMoG.pdf?__blob=publicationFile&v=3

Deutsche Vereinigung für gewerblichen Rechtsschutz und Urheberrecht e.V., Stellungnahme der Vereinigung für gewerblichen Rechtsschutz und Urheberrecht e.V. (GRUR) zum Referentenentwurf eines Zweiten Gesetzes zur Vereinfachung und Modernisierung des Patentrechts vom 29. September 2020, abrufbar unter https://www.bmjv.de/SharedDocs/Gesetzgebungsverfahren/Stellungnahmen/2020/Downloads/092920_Stellungnahme_GRUR-Deutschland_RefE_PatMog.pdf;jsessionid=C0625349FF0EF07D2BFCED4E4F8A8E73.2_cid297?__blob=publicationFile&v=2

Deutscher Anwalt Verein, Stellungnahme des Deutschen Anwaltvereins durch den Ausschuss Geistiges Eigentum zum Referentenentwurf eines Zweiten Gesetzes zur Vereinfachung und Modernisierung des Patentrechts, September 2020, abrufbar unter https://www.bmjv.de/SharedDocs/Gesetzgebungsverfahren/

Stellungnahmen/2020/Downloads/092320_Stellungnahme_DAV_RefE_PatMog.pdf;jsessionid=C0625349FF0EF07D2BFCED4E4F8A8E73.2_cid297?__blob=publicationFile&v=2.

Dieners, Peter/Reese, Ulrich Handbuch des Pharmarechts, München 2010

Dietz, Adolf Die Patentgesetzgebung der osteuropäischen Länder – Grundlagen der Patentgesetzgebung in der Sowjetunion, GRUR Int. 1976, 139–146

Dierolf, Johanna Patentverletzung im Äquivalenzbereich, Berlin 2008

Dinwoodie, Graeme/Dreyfuss, Rochelle Designing a Global Intellectual Property System Responsive to Change: The WTO, WIPO and Beyond, Houston Law Review 2009, 1187–1234

Dobbs, Dan Handbook on the Law of Remedies, St. Paul 1980

Dölemeyer, Barbara/Klippel, Diethelm Der Beitrag der deutschen Rechtswissenschaft zur Theorie des gewerblichen Rechtsschutzes und Urheberrechts, in: Festschrift zum hundertjährigen Bestehen der Deutschen Vereinigung für gewerblichen Rechtsschutz und Urheberecht und ihrer Zeitschrift Band I, hrsg. von *Friedrich-Karl Beier, Alfons Kraft, Gerhard Schricker* und *Elmar Wadle*, Weinheim 1991, S. 185–237

Doerfer, Achim Freibeuterei und Trolle bedrohen unsere Smartphones, Huffington Post, Artikel vom 17. Februar 2015, abrufbar unter: http://www.huffingtonpost.de/achim-doerfer/freibeuterei-und-trolle-bedrohen-unsere-smartphones_b_6334716.html

Dörre, Tanja/Maaßen, Stefan Das Gesetz zur Verbesserung der Durchsetzung von Rechten des geistigen Eigentums – Teil I: Änderungen im Patent-, Gebrauchsmuster-, Marken- und Geschmacksmusterrecht, GRUR-RR 2008, 217–222

Doherty, Barry Just what are Essential Facilities?, Common Market Law Review 2001, 397–436

Dolak, Lisa/Bettinger, Blaine eBay and the BlackBerry®: A Media Coverage Case Study, Akron Intellectual Property Journal 2008, 1–34

Doutrelepont, Carine Mißbräuchliche Ausübung von Urheberrechten? Bemerkungen zur Magill-Entscheidung des Gerichts 1. Instanz des Europäischen Gerichtshofs, GRUR Int. 1994, 302–308

Drasch, Wolfgang Die Rechtsgrundlagen des europäischen Einheitsrechts im Bereich des gewerblichen Eigentums (Art. EGV Artikel 100 a, EGV Artikel 235, EGV Artikel 36 und EGV Artikel 222 EGV), ZEuP 1998, 118–139

Dreier, Thomas Ausgleich, Abschreckung und andere Rechtsfolgen von Urheberrechtsverletzungen – Erste Gedanken zur EU-Richtlinie über die Maßnahmen und Verfahren zum Schutz der Rechte an geistigem Eigentum, GRUR Int. 2004, 706–712

Ders./Schulze, Gernot Urheberrechtsgesetz – Verwertungsgesellschaftengesetz – Kunsturhebergesetz – Kommentar, 6. Auflage, München 2018

Drexl, Josef Deceptive Conduct in the Patent World – A Case for US Antitrust and EU Competition Law?, in: Patents and Technological Progress in a Globalized World Liber Amicorum Joseph Straus, hrsg. von *Wolrad Prinz zu Waldeck und Pyrmont, Martin Adelmann, Robert Brauneis, Josef Drexl* und *Ralph Nack*, Berlin Heidelberg 2009, S. 137–156

Ders. „Pay-for-Delay" and Blocking Patents – Targeting Pharmaceutical Companies Under European Competition Law, IIC 2009, 751–755

Ders. AstraZeneca and the EU Sector Inquiry: When do Patent Filings violate Competition Law?, Max Planck Institute for Intellectual Property and Competition Law Research Paper No. 12-02, abrufbar unter: https://papers.ssrn.com/sol3/papers.cfm?abstract_id=2009276

Dreyfuss, Rochelle C. Are Business method Patents bad for Business?, Santa Clara High Technology Law Journal 2000, 263–280

D'Silva, Joel Pools, Thickets and Open Source Nanotechnology, European Intellectual Property Review 2009, 300–306

Duffy, John Rethinking the Prospect Theory of Patents, Chicago Law Review 2004, 439–510

Ders. Why Business Method Patents?, Stanford Law Review 2011, 1248–1288

Dummett, Ben Acacia to Acquire Adaptix for $160 Million, The Wall Street Journal, Artikel vom 12. Januar 2012, abrufbar unter: http://www.wsj.com/articles/SB10001424052970204409004577157470455118362

Du Mont, Jason A Non-Obvious Design: Reexamining the Origins of the Design Patent Standard, Gonzaga Law Review 2009/10, 531–609

Ebenroth, Carsten/Strittmatter, Marc Französisches Wettbewerbs- und Kartellrecht im Markt der Europäischen Union, Heidelberg 1995

Economides, Nicholas/White, Lawrence Networks and compatibility: Implications for antitrust, European Economic Review 1994, 651–662

Edison, Thomas Edison on Patents, Scientific American 1898, 19–21

Eichmann, Helmut Das europäische Geschmacksmusterrecht auf Abwegen?, GRUR Int. 1996, 859–876

Eilmansberger, Thomas Der Umgang marktbeherrschender Unternehmen mit Immaterialgüterrechten im Lichte des Art. 86 EWG, EuZW 1992, 625–634

Eisenberg, Howard Continuation Patent Application, 2000, abrufbar unter: http://www.mojonetworks.com/fileadmin/pdf/patents/patent_continuation.pdf

Eisenkolb, Julia Die Enforcement-Richtlinie und ihre Wirkung – Ist die Enforcement-Richtlinie mit Ablauf der Umsetzungsfrist unmittelbar wirksam?, GRUR 2007, 387–393

Eisler, Kim Blackberry Blues, Washingtonian, Artikel vom 01. September 2005, abrufbar unter: http://www.washingtonian.com/articles/work-education/blackberry-blues/

Engel, Christoph Innovationsanreize aus Wettbewerb und Kollusion, in: Geistiges Eigentum und Gemeinfreiheit, hrsg. von *Ansgar Ohly* und *Diethelm Klippel*, Tübingen 2007, S. 19–43

Ensthaler, Jürgen/Bock, Leonie Verhältnis zwischen Kartellrecht und Immaterialgüterrecht am Beispiel der Essential-Facility-Rechtsprechung von EuGH und EuG, GRUR 2009, 1–6

Ders. Muss der Erfindungsbegriff in § 1 PatG und Art. 52 EPÜ reformiert werden?, GRUR 2015, 150–152

Erlei, Mathias/Leschke, Martin/Sauerland, Dirk Institutionenökonomik, 3. Auflage, Stuttgart 2016

Ernst, Wolfgang/Zimmermann, Reinhard Zivilrechtswissenschaft und Schuldrechtsreform – Zum Diskussionsentwurf eines Schuldrechtsmodernisierungsgesetzes des Bundesministeriums der Justiz, Tübingen 2001

ETAN Expert Working Group Strategic Dimensions of Intellectual Property Rights in the context of Science and Technology Policy – Prepared by an independent ETAN Expert Working Group for the European Commission Directorate General XII – Science, Research and Development Directorate AP – Policy Co-ordination and Strategy, Final Report 1999

Europäische Kommission DG Competition discussion paper on the application of Article 82 of the Treaty to exclusionary abuses, Dezember 2005, abrufbar unter: http://ec.europa.eu/competition/antitrust/art82/discpaper2005.pdf

Europäisches Patentamt Scenarios for the Future, München 2007, abrufbar unter: http://documents.epo.org/projects/babylon/eponet.nsf/0/63A726D28B589B5BC12572DB00597683/$File/EPO_scenarios_bookmarked.pdf

Europäisches Patentamt Jahresbericht 2019, München 2019, abrufbar unter: https://www.epo.org/about-us/annual-reports-statistics/annual-report/2019_de.html

Ewing, Thomas Indirect Exploitation of Intellectual Property Rights By Corporations and Inventors – IP Privateering & Modern Letters of Marque & Reprisal, Hastings Science & Technology Law Journal, Winter 2012, 1–78

Ders./Feldman, Robin The Giants Among Us, Stanford Technology Law Review 2012, 1–47

Fähndrich, Martin/Ibbeken, Arne Gerichtszuständigkeit und anwendbares Recht im Falle grenzüberschreitender Verletzungen (Verletzungshandlungen) der Rechte des geistigen Eigentums (Q174) Bericht für die deutsche Landesgruppe, GRUR Int. 2003, 616–626

Ders./Tilmann, Winfried Patentnutzende Bereitstellungshandlungen bei Versuchen, GRUR 2001, 901–905

Farrell, Joseph/Hayes, John/Shapiro, Carl/Sullivan, Theresa Standard Setting, Patents, and Hold-Up, Antitrust Law Journal 2007, 603–670

Ders./Klemperer, Paul Coordination and Lock-In: Competition with Switching Costs and Network Effects, in: Handbook of Industrial Organization Volume 3, hrsg. von *Mark Armstrong* und *Robert Porter*, Amsterdam 2007, S. 1967–2072

Ders./Shapiro, Carl Dynamic Competition with Switching Costs, RAND Journal of Economics 1988, 123–137

Faull, Jonathan/Nikpay, Ali The EU Law of Competition, 3. Auflage, Oxford 2014

Ferrill, Elisabeth Patent Investment Trusts: Let's Build a PIT to Catch the Patent Trolls, North Carolina Journal of Law & Technology 2005, 367–394

Fezer, Karl-Heinz Der Benutzungszwang im Markenrecht, Berlin 1974

Ders. Nochmals – Kritik an der ökonomischen Analyse des Rechts, JZ 1988, 223–228

Ders. Objektive Theorie der Lauterkeit im Wettbewerb, in: Perspektive des Geistigen Eigentums und Wettbewerbsrechts – Festschrift für Gerhard Schricker zum 70. Geburtstag, hrsg. von *Ansgar Ohly, Theo Bodewig, Thomas Dreier, Horst-Peter Götting, Maximilian Haedicke* und *Michael Lehmann*, München 2005, S. 671–679

Ders. Markenrecht – Kommentar zum Markengesetz, zur Pariser Verbandsübereinkunft und zum Madrider Markenabkommen – Dokumentation des nationalen, europäischen und internationalen Kennzeichenrechts, 4. Auflage, München 2009

Ders./Büscher, Wolfgang/Obergfell, Eva Inés Lauterkeitsrecht – Kommentar zum Gesetz gegen unlauteren Wettbewerb (UWG), Band 2 §§ 3a bis 20 UWG – Anhang zu § 3 Abs. 3 UWG, 3. Auflage, München 2016

Fichert, Frank/Sohns, Anne Wettbewerbsschutz auf dem Markt für Server-Betriebssysteme, WuW 2004, 907–917

Fikentscher, Wolfgang/Theiss, Simone Josef Kohler und das Monopol: Ein Schlüssel zu TRIPS vs. WIPO?, in: Josef Kohler und der Schutz des geistigen Eigentums in Europa, hrsg. von *Johann Adrian, Wilhelm Nordemann* und *Artur-Axel Wandtke*, Berlin 1996, S. 55–72

Fischer, Timo/Henkel, Joachim Patent Trolls on Markets for Technology – An Empirical Analysis of Trolls' Patent Acquisitions, Research Policy 2012, 1519–1533

Fischmann, Filipe Die Pflicht zur Lizenzerteilung in Patent-Ambush-Fällen nach deutschem und europäischem Kartellrecht, GRUR Int. 2010, 185–195

Fisher, Matt Fundamentals of Patent Law Interpretation and Scope of Protection, Oxford 2007

Fisher, Matthew Classical Economics and Philosophy of the Patent System, Intellectual Property Quarterly 2005, 1–26

Fitzner, Uwe Der patentrechtliche Schutz von Erfindungen auf dem Gebiet der Biologie, in: Festschrift für Wilhelm Nordemann, hrsg. von *Bernward Zollner* und *Uwe Fitzner*, Baden-Baden 1999, S. 51–63

Ders./Lutz, Raimund/Bodewig, Theo Patentrechtskommentar PatG, GebrMG, IntPatÜG, PCT und EPÜ mit Nebenvorschriften, 4. Auflage, München 2012

Fock, Soenke/Bartenbach, Kurt Zur Aussetzung nach § 148 ZPO bei Patentverletzungsverfahren, Miteilungen der deutschen Patentanwälte 2010, 155–161

Folz, Christian Holger Technologiegemeinschaften und Gruppenfreistellung, Köln Berlin Bonn München 2002

Frahm, Katharina/Gebauer, Jochen Patent auf Leben? – Der Luxemburger Gerichtshof und die Biopatent-Richtlinie, EuR 2002, 78–95

Freier, Gottfried Patentverletzung und Versuchsprivileg, GRUR 1987, 664–668

Frick, Tobias Horst Patent-Trolling – Missbräuchliche Verwendung des Patentrechts?, Frankfurt am Main 2014

Friden, Georges Recent Developments in EEC Intellectual Property Law: the Distinction between Existence and Exercise revisited, Common Market Law Review 1989, 193–217

Fröhlich, Michael Standards und Patente – Die ETSI IPR Policy, GRUR 2008, 205–218

Früh, Alfred Immaterialgüterrechte und der relevante Markt – Eine wettbewerbsrechtliche und schutzrechtliche Würdigung technologischer Innovation, Köln 2012

Fuchs, Andreas Kartellrechtliche Grenzen der Forschungskooperation: Eine vergleichende Untersuchung nach US-amerikanischem, europäischem und deutschem Recht, Baden-Baden 1989

Ders. Entwicklung und Praktizierung von Industriestandards im Spannungsfeld von Immaterialgüter- und Kartellrecht, in: Geistiges Eigentum und Wettbewerb, hrsg. von *Knut Werner Lange*, *Diethelm Klippel* und *Ansgar Ohly*, Tübingen 2009, S. 147–176

Ders. Kartellrechtliche Schranken für patentrechtliche Unterlassungsklagen bei FRAND-Lizenzerklärungen für standardessentielle Patente – Perspektiven nach dem Urteil des EuGH im Fall „Huawei Technologies / ZTE“, NZKart 2015, 429–436

Ders. Die patentrechtliche Zwangslizenz – neue Perspektiven nach der Entscheidung des Bundesgerichtshofs im Fall „Raltegravir“?, in: Festschrift für Wolfgang Büscher, hrsg. von *Hans-Jürgen Ahrens, Joachim Bornkamm, Karl-Heinz Fezer, Thomas Koch, Mary-Rose McGuire* und *Gert Würtenberger*, Köln 2018, S. 621–637

Fuchs, Erin Obama Calls Patent Trolls Extortionists Who 'Hijack' People's Ideas, Business Insider, Artikel vom 15. Februar 2013, abrufbar unter: https://www.businessinsider.in/obama-calls-patent-trolls-extortionists-who-hijack-peoples-ideas/articleshow/21346949.cms

Füllkrug, Dieter Gedanken zur markenrechtlichen Einordnung der Spekulations- oder Sperrmarken, WRP 2006, 664–674

Fuest, Benedikt Die „Patenttrolle“ blasen zum Sturm auf Deutschland, Die Welt vom 10. Februar 2014, abrufbar unter: http://www.welt.de/wirtschaft/webwelt/article124702746/Die-Patenttrolle-blasen-zum-Sturm-auf-Deutschland.html

Gäfgen, Gérard Entwicklung und Stand der Theorie der Property Rights: Eine kritische Bestandsaufnahme, Serie A: Volkswirtschaftliche Beiträge, Fakultät für Wirtschaftswissenschaften und Statistik, Universität Konstanz, No. 180, Konstanz 1984

Gärtner, Annette/Vormann, Thorsten Der kartellrechtliche Zwangslizenzeinwand im Patentverletzungsstreit – *„Orange-Book-Standard“* und seine Folgen für die Praxis, Mitteilungen der deutschen Patentanwälte 2010, 440–444

Gall, Günter Die Patenterteilung an der Schnittstelle zwischen europäischer und nationaler Phase, GRUR Int. 1983, 11–20

Gassmann, Oliver/Bader, Martin Patentmanagement, 4. Auflage, Berlin Heidelberg 2017

Gebauer, Martin/Wiedmann, Thomas Zivilrecht unter europäischem Einfluss – Die richtlinienkonforme Auslegung des BGB und anderer Gesetze – Kommentierung der wichtigsten EU-Verordnungen, 2. Auflage, Stuttgart München Hannover Berlin Weimar Dresden 2010

Geiger, Ingmar Industrielle Verhandlungen, Wiesbaden 2007

Geißler, Bernhard Noch lebt die Äquivalenzlehre, GRUR Int. 2003, 1–9

Geradin, Damien Pricing Abuse by Essential Patent Holders in a Standard-Setting Context: a View from Europe, Antitrust Law Journal 2009, 329–357

Ders., Patent Assertion Entities and EU Competition Law, George Mason University Law and Economics Research Paper Series 16-08, 4. Februar 2016

Ders./Rato, Miguel Can Standard-Setting lead to exploitative abuse? A dissonant view on Patent Hold-Up, Royalty Stacking and the meaning of FRAND, European Competition Journal 2007, 101–161

Giuri, Paola et al. Inventors and invention process in Europe: Results from the PatVal-EU survey, Research Policy 2007, 1107–1127

Glais, Michel Les concepts des „rélevant market" et de „dépendance économique" au regard de l'article 86 du traite de Rome, Revue du Marché Commun 1987, 203–233

Godt, Christine Eigentum an Informationen – Patentschutz und allgemeine Eigentumstheorie am Beispiel genetischer Informationen, Tübingen 2007

Gordon, Wendy Jane Systematische und fallbezogene Lösungsansätze für Marktversagen bei Immaterialgütern, in: Ökonomische Analyse der rechtlichen Organisation von Innovationen, hrsg. von *Claus Ott* und *Hans-Bernd Schäfer*, Tübingen 1994, S. 328–369

Götting, Horst-Peter Gewerblicher Rechtsschutz – Patent,- Gebrauchsmuster-, Design- und Markenrecht, 10. Auflage, München 2014

Ders./Nordemann, Axel UWG – Handkommentar, 3. Auflage, Baden-Baden 2016

Gotzen, Marcel Gewerblicher Rechtsschutz und gemeinsamer Markt, GRUR Int. 1958, 224–229

Govaere, Inge The Use and Abuse of Intellectual Property Rights in E.C. Law, London 1996

Grabrucker, Marianne Die bösgläubige Markenanmeldung und das Löschungsverfahren, Mitteilungen der deutschen Patentanwälte 2008, 532–543

Grabitz, Eberhard/Hilf, Meinhard/Nettesheim, Martin Das Recht der Europäischen Union, Band I EUV/AEUV – 71. Ergänzungslieferung – Stand August 2020, München

von Graevenitz, Georg/Wagner, Stefan/Harhoff, Dietmar How to measure patent thickets – a novel approach, Economics Letters 2011, 6–9

Graf, Susan Improving Paten Quality through identification of relevant prior art: Approaches to increase Information flow to the Patent Office, Lewis & Clark Law Review 2007, 495–519

Graham, Stuart/Hall, Brownym/Harhoff, Dietmar/Mowery, David Patent Quality Control: A Comparison of U.S. Patent Re-examinations and European Patent Oppositions, in: Patents in the Knowledge-Based Economy, hrsg. von *Wesley Cohen* und *Stephen Merrill*, Washington D.C. 2003, S. 74–119

Granstrand, Ove The Economics and Management of Intellectual Property – Towards Intellectual Capitalism, Cheltenham (UK) Northampton (USA) 2000

Ders. Corporate Innovation Systems – A Comparative Study of Multi-Technology Corporations in Japan, Sweden and the USA, Paper submitted to the Dynacom project, Januar 2000, abrufbar unter: http://www.lem.sssup.it/Dynacom/files/D21_0.pdf

Greif, Siegfried Ausübungszwang für Patente Ökonomische Möglichkeiten und Grenzen unter besonderer Berücksichtigung der Entwicklungsländer, GRUR Int. 1981, 731–745

Groeben, Hans von der/Schwarze, Jürgen/Hatje, Armin Europäisches Unionsrecht – Vertrag über die Europäische Union, Vertrag über die Arbeitsweise der Europäischen Union, Charta der Grundrechte der Europäischen Union, Band 1–4, 7. Auflage, Baden-Baden 2015

Groß, Michael Der Lizenzvertrag, 12. Auflage, Frankfurt am Main 2020

Gruber, Stephan/von Zumbusch, Ludwig/Haberl, Andreas/Oldekop, Axel Europäisches und internationales Patentrecht – Einführung zum Europäischen Patentübereinkommen (EPÜ) und Patent Cooperation Treaty (PCT), 7. Auflage, München Basel 2012

Grün, Anselm Behinderungsmissbrauch durch strategischen Rechtsschutz, Baden-Baden 2006

Guellec, Dominique/van Pottelsberghe de la Potterie, Bruno The Economics of the European Patent System, Oxford 2007

Günther, Philipp/Beyerlein, Thorsten Kommentar Designgesetz, 3. Auflage, Frankfurt am Main 2015

Haedicke, Maximilian Kein Patent auf Leben? – Grundlagen des Patentrechts und der Schutz biotechnologischer Erfindungen, JuS 2002, 113–118

Ders. Innovationssteuerung durch Patente im Bereich der Biotechnologie, in: Geistiges Eigentum: Schutzrecht oder Ausbeutungstitel? – Zustand und Entwicklungen im Zeitalter von Digitalisierung und Globalisierung, hrsg. von *Otto Depenheuer* und *Klaus-Nikolaus Pfeifer*, Berlin Heidelberg 2008, S. 111–120

Ders. Patente und Piraten: Geistiges Eigentum in der Krise, München 2011

Ders./Timmann Henrik Handbuch des Patentrechts, München 2012

Häußer, Erich Schutzrechte als strategische Waffen im Wettbewerb, GRUR 1993, 211–218

Ders. Deutschland als Wirtschaftsstandort im Spiegel der Patentanmeldungen, Mitteilungen der deutschen Patentanwälte 1996, 97–104

Häußler, Karl Max Die Klarheit der Patentansprüche, GRUR 2013, 1011–1013

Hafner, Theodora Die kurze Patentdauer – Ein Unrecht am Erfinder, Mitteilungen der deutschen Patentanwälte 1981, 92–98

Haft, Klaus/Nack, Ralph/Lunze, Anja/Heusch, Clemens-August/Schohe, Stefan/ Joachim, Björn Unterlassungsgebote in Fällen der Verletzung von Rechten des Geistigen Eigentums (Q219), GRUR Int. 2011, 927–930

Ders./Reimann, Thomas Zur Berechnung des Verletzergewinns nach der „Gemeinkostenanteil"-Entscheidung des BGH vom 2. November 2000, Mitteilungen der deutschen Patentanwälte 2003, 437–445

Hagen, Hans von der Warum die Finnen zwölf Milliarden Euro zahlen sollen, Sueddeutsche.de, Artikel vom 10. Mai 2010, abrufbar unter: http://www.sueddeutsche.de/wirtschaft/patente-nokia-vs-ipcom-warum-die-finnen-zwoelf-milliarden-euro-zahlen-sollen-1.261098

Hall, Bronwyn/Helmers, Christian/von Graevenitz, Georg/Rosazza-Bondibene, Chiara A Study of Patent Thickets, Research commissioned by the Intellectual Property Office vom 30. July 2013, abrufbar unter: https://www.gov.uk/government/uploads/system/uploads/attachment_data/file/311234/ipresearch-thickets.pdf

Ders./Harhoff, Dietmar Post-Grant Reviews in the U.S. Patent System – Design Choices and Expected Impact, Berkeley Technology Law Journal 2004, 989–1015

Harabi, Najib Determinanten des technischen Fortschritts: eine industrieökonomische Analyse, in: Kreativität- Wirtschaft – Recht, hrsg. von *Najib Harabi*, Zürich 1996, S. 61–120

Harhoff, Dietmar/Engel, Christoph/Möschel, Wernhard Patentschutz und Innovation, Gutachten des wissenschaftlichen Beirats beim Bundesministerium für Wirtschaft und Technologie vom 24. März 2007, abrufbar unter: https://www.degruyter.com/view/book/9783110507966/10.1515/9783110507966-004.xml

Harte-Bavendamm, Henning/Henning-Bodewig, Frauke Gesetz gegen den unlauteren Wettbewerb (UWG), Mit Preisangabenverordnung – Kommentar, 4. Auflage, München 2016

Hartmann-Rüppel, Marco Compulsory Access to Intellectual Property and Network Facilities: „The Essential Facilities Doctrine as Applied to IP Rights and Physical Monopolies", World Intellectual Property Report 2007, 35–40

Hartz, Nikolaus Beweissicherungsmöglichkeiten im Urheberrecht nach der Enforcement-Richtlinie im deutschen Recht, ZUM 2005, 376–383

Hauck, Ronny Das Phänomen „Patent Privateering", WRP 2013, 1446–1454

Ders. „Erzwungene" Lizenzverträge – Kartellrechtliche Grenzen der Durchsetzung standardessenzieller Patente, NJW 2015, 2767–2770

Haupt, Iris Territorialitätsprinzip im Patent- und Gebrauchsmusterrecht bei grenzüberschreitenden Fallgestaltungen, GRUR 2007, 187–194

Hausmann, Hans-Christian Das Microsoft-Urteil: Zwischen Kartellrecht und gewerblichen Schutzrechten, MMR 2008, 381–385

Hayter, Earl The Patent System and Agrarian Discontent, 1875–1888, The Mississippi Valley Historical Review 1947, 59–82

Heermann, Peter Schadensersatz und Bereicherungsausgleich bei Patentrechtsverletzungen, GRUR 1999, 625–637

Heertje, Arnold/Wenzel, Heinz-Dieter Grundlagen der Volkswirtschaftslehre, 7. Auflage, Berlin Heidelberg 2008

Heine, Hermann Monopolistischer Patentmißbrauch, GRUR 1948, 170–175

Heinemann, Andreas Immaterialgüterschutz in der Wettbewerbsordnung: eine grundlagenorientierte Untersuchung zum Kartellrecht des geistigen Eigentums, Tübingen 2002

Ders. Compulsory Licences and Product Integration in European Competition Law – Assessment of the European Commission's Microsoft Decision, IIC 2005, 63–82

Ders. Kartellrechtliche Zwangslizenzen im Patentrecht Die Spundfass-Entscheidung des BGH vom 13. Juli 2004, ZWeR 2005, 198–206

Ders. Gefährdung von Rechten des geistigen Eigentums durch Kartellrecht? – Der Fall „Microsoft" und die Rechtsprechung des EuGH, GRUR 2006, 705–713

Ders. Standardessenzielle Patente in Normenorganisationen – Kartellrechtliche Vorgaben für die Einlösung von Lizenzierungsversprechen, GRUR 2015, 855–859

Ders. Sperrpatente und das Kartellrecht, GRUR Bayern Vortrag vom 07. Dezember 2017, abrufbar unter: http://www.grur.org/uploads/tx_meeting/2017-12-07-GRUR-Vortrag-Heinemann-PPP.pdf

Heinz, Karl Eckhart Das Patent im System der Eigentumsrechte, Mitteilungen der deutschen Patentanwälte 1994, 1–8

Heller, Michael/Eisenberg, Rebecca Can Patents Deter Innovation? The Anticommons in Biomedical Research, Science 1998, 698–701

Henningsson, Kristian Injunctions for Standard Essential Patents Under FRAND Commitment: A Balanced, Royalty-Oriented Approach, IIC 2016, 438–467

Hess-Blumer, Andri Patent-Trolls – eine Analyse nach Schweizer Recht, sic! 2009, 851–865

Heusch, Clemens-August Der patentrechtliche Unterlassungsanspruch, in: Festschrift für Wolfgang von Meibom zum 65. Geburtstag, hrsg. von *Christian Harmsen, Oliver Jan Jüngst* und *Felix Rödiger*, Köln 2010, S. 135–148

Heutz, Stefan Das Spannungsverhältnis zwischen den Immaterialgüterrechten und der kartellrechtlichen Kontrolle marktbeherrschender Unternehmen, Frankfurt am Main 2010

Heyers, Johannes Sector Inquiry Pharma – Pay-for-Delay, Sperrpatente und Europäisches Kartellrecht, Bonner Rechtsjournal 2011, 33–40

Ders. Chancen und Grenzen vertrags-, wettbewerbs- und immaterialgüterrechtlicher Instrumente gegen Missbrauch standardessentieller Patente, WRP 2014, 1253–1260

Hilty, Reto Schutzgegenstand und Schutzbereich – Überlegungen zur Formulierung von Patentansprüchen, in: Materielles Patentrecht Festschrift für Reimar König zum 70. Geburtstag, hrsg. von *Christoph Ann*, *Wilfried Anders*, *Uwe Dreiss*, *Bernhard Jestaedt* und *Dieter Stauder*, Köln Berlin Bonn München 2003, S. 167–216

Ders. The Role of Patent Quality in Europe, in: Technology and Contribution: Contributions in Honour of Hanns Ullrich, hrsg. von *Josef Drexel*, *Reto Hilty*, *Laurence Boy*, *Christine Godt* und *Bernard Remiche*, Brüssel 2009, S. 91–122

Ders./Slowinski, Peter Standardessentielle Patente – Perspektiven außerhalb des Kartellrechts, GRUR Int. 2015, 781–792

Hirsbrunner, Simon Neues aus Brüssel zum Verhältnis von Patent- und Kartellrecht: die AstraZeneca-Entscheidung der Europäischen Kommission, EWS 2005, 488–490

Hirsch, Hans Patentrecht und Wettbewerbsordnung, WuW 1970, 99–143

Höpfner, Clemens Die systemkonforme Auslegung – Zur Auflösung einfachgesetzlicher, verfassungsrechtlicher und europarechtlicher Widersprüche im Recht, Tübingen 2008

Höppner, Thomas Missbräuchliche Verhinderung „neuer" Produkte durch Immaterialgüterrechte – Zur Anwendung von Art. EGV Artikel 82 EG auf Lizenzverweigerungen, GRUR Int. 2005, 457–464

Hoeren, Thomas EuGH: IMS-Health mit Anmerkung Hoeren, MMR 2004, 456–460

Hötte, Daniel Antonius Die kartellrechtliche Zwangslizenz im Patentrecht, Münster 2011

Hofmann, Hasso Verfassung der Freiheit gegen Gentechnik?, in: Menschliches Leben – was ist das?: Humangenetik zwischen Markt, Moral, und Recht, hrsg. von *Adolf-Arndt-Kreis*, Berlin 2004, 63–72

Hohmann, Harald § 242 BGB und unzulässige Rechtsausübung in der Rechtsprechung des BGH, JA 1982, 112–117

Holland, Martin Bericht: Telekom zahlt Patentverwerter IPCom dreistellige Millionensumme, Heise-Online, Artikel vom 04. Juli 2013, abrufbar unter: http://www.heise.de/newsticker/meldung/Bericht-Telekom-zahlt-Patentverwerter-IPCom-dreistellige-Millionensumme-1911289.html

Holzapfel, Henrik Die patentrechtliche Zulässigkeit der Benutzung von Forschungswerkzeugen, GRUR 2006, 10–17

Horn, Wieland Patentverletzungsprozeß und Nichtigkeitsverfahren, GRUR 1969, 169–177

Horn, Wolfgang/Horn, Wieland Der Fortschritt und das Patentrecht, GRUR 1977, 329–337

Hsieh, Edward Mandatory Joinder: an Indirect Method for Improving Patent Quality, Southern California Law Review 2004, 683–704

Huber, Peter/Faust, Florian Schuldrechtsmodernisierung – Einführung in das neue Recht, München 2002

Hunt, Robert Patentability, Industry Structure, and Innovation, Journal of Industrial Economics 2004, 401–426

Imam, Ali How Does Patent Protection Help Developing Countries?, IIC 2006, 245–259

Immenga, Ulrich/Mestmäcker, Ernst-Joachim Wettbewerbsrecht, Band 1 EU/Teil 2 Kommentar zum Europäischen Kartellrecht, 5. Auflage, München 2012

Ders./Ders. Wettbewerbsrecht, Band 1 EU/Teil 1 Kommentar zum Europäischen Kartellrecht, 6. Auflage, München 2019

Ders./Ders. Wettbewerbsrecht, Band 2 – Kommentar zum Deutschen Kartellrecht, 6. Auflage, München 2020

Ingerl, Reinhardt/Rohnke, Christian Markengesetz – Gesetz über den Schutz von Marken und sonstigen Kennzeichen, 3. Auflage, München 2010

Isay, Hermann Patentgesetz und Gesetz, betreffend den Schutz von Gebrauchsmustern. Systematisch erläutert, 6. Auflage, Berlin 1932

Jabbusch, Wolfgang Begrenzung der konzentrationsfördernden Wirkungen des Patentschutzes durch Erweiterung des Instituts der Zwangslizenz, Köln Berlin Bonn München 1977

Jacob, Robin Patent Trolls in Europe – Does Patent Law Require New Barriers?, Vortrag für die GRUR Jahrestagung vom 23. Mai 2008, abrufbar unter: http://www.grur.org/fileadmin/daten_bilder/veranstaltungen/jahrestagungen/2008/GRUR_JT2008_Rede_Jacob_2008-05-23.pdf

Ders. Patents and Pharmaceuticals – a Paper given on 29th November at the Presentation of the Directorate-General of Competition's Preliminary Report of the Pharma-sector inquiry, 2009, abrufbar unter: http://ec.europa.eu/competition/sectors/pharmaceuticals/inquiry/jacob.pdf

Jaeger, Wolfgang/Kokott, Juliane/Pohlmann, Petra/Schroeder, Dirk Frankfurter Kommentar zum Kartellrecht – Mit Kommentierung des EU-Kartellrechts, des GWB und einer Darstellung ausländischer Kartellrechtsordnungen, Loseblattsammlung, 98. Aktualisierung 2020, Köln

Jänich, Volker Michael Geistiges Eigentum – Eine Komplementärerscheinung zum Sacheigentum?, Tübingen 2002

Ders. Sonderrechtsschutz für geschäftliche Methoden, GRUR 2003, 483–489

Jaffe, Adam The U.S. patent system in transition: policy innovation and the innovation process, Research Policy 2000, 531–557

Jakobs, Moritz Standardessentielle Patente und FRAND-Selbstverpflichtungen – Konkretisierung der kartellrechtlichen Maßgaben durch jüngste Kommissionsentscheidungen und die neuen Technologietransfer-Leitlinien, NZKart 2014, 394–399

Janicke, Paul Die Reform des U.S. Patentrechts im Jahr 2007, GRUR Int. 2007, 791–801

Janson, Bernd Patentstrategien und wettbewerbskonforme Reform des europäischen Patentsystems, Herzogenrath 2002

Janssens de Bisthoven, Nicolas Patent Trolls and Abusive Patent Litigation in Europe: What the Unitary Patent Package Can Learn From the American Experience?, Stanford-Vienna Transatlantic Technology Law Forum Working Paper No. 19, 2013, abrufbar unter: https://www-cdn.law.stanford.edu/wp-content/uploads/2015/07/janssens_wp19.pdf

Jarass, Hans/Pieroth, Bodo Grundgesetz für die Bundesrepublik Deutschland – Kommentar, 16. Auflage, München 2020

Jestaedt, Bernhard Patentrecht – Ein fallbezogenes Lehrbuch, 2. Auflage, Köln Berlin Bonn München 2008

Jestaedt, Dirk Der Lizenzerteilungsanspruch nach der BGH-Entscheidung „Orange-Book-Standard“, GRUR 2009, 801–805

Jones, Miranda Permanent Injunction, a Remedy by any other name is patently not the same: How *eBay v. MercExchange* affects the Patent Right of Non-Practicing Entities, George Mason Law Review 2007, 1035–1070

Jorns, Christine Europäische Missbrauchsaufsicht über Immaterialgüterrechte – Unter besonderer Berücksichtigung der „Essential-Facilities“-Doktrin, Baden-Baden 2007

Jung, Peter Die Zwangslizenz als Instrument der Wettbewerbspolitik, ZWeR 2004, 379–411

Kämper, Steffen Der Schadensersatzanspruch bei der Verletzung von Immaterialgüterrechten – Neue Entwicklungen seit der Enforcement-Richtlinie, GRUR Int. 2008, 539–546

Kaess, Thomas Die Schutzfähigkeit technischer Schutzrechte im Verletzungsverfahren, GRUR 2009, 276–281

Kannenberg, Axel Europäisches Patentamt bestätigt umstrittenes UMTS-Patent, Heise-Online, Artikel vom 22. Januar 2014, abrufbar unter: https://www.heise.de/newsticker/meldung/Europaeisches-Patentamt-bestaetigt-umstrittenes-UMTS-Patent-2093999.html

Kanter, Daniel IP and Compulsory Licensing on Both Sides of the Atlantic – an Appropriate Antitrust Remedy or Cutback on Innovation?, European Competition Law Review 2006, 351–364

Kantzenbach, Erhard Die Funktionsfähigkeit des Wettbewerbs, 2. Auflage, Göttingen 1967

Karbowski, Adam/Prokop, Jacek Controversy over the economic justification for patent protection, Procedia Economics and Finance 2013, 393–402

Katz, Avery The Effect of Frivolous Suits on the Settlement of Litigation, International Review of Law and Economics 1990, 3–27

Katz, Michael/Shapiro, Carl Network Externalities, Competition, and Compatibility, American Economic Review 1985, 424–440

Dies. Systems Competition and Network Effects, Journal of Economic Perspectives 1994, 93–115

Kaufer, Erich Patente, Wettbewerb und technischer Fortschritt, Bad Homburg 1970

Kellenter, Wolfgang Der FRAND-Einwand im Patentverletzungsprozess, in: Festschrift für Peter Mes zum 65. Geburtstag, hrsg. von *Michael Bergermann*, *Gereon Rother* und *Axel Verhauwen*, München 2009, S. 199–222

Ders./Verhauwen, Axel Systematik und Anwendung des kartellrechtlichen Zwangslizenzeinwands nach „Huawei/ZTE“ und „Orange-Book“, GRUR 2018, 761–771

Kessler, Tobias Das Märchen vom bösen Patenttroll, Mitteilungen der deutschen Patentanwälte 2011, 489–493

Keukenschrijver, Alfred Zur sachlichen Rechtfertigung des Vorbenutzungsrechts, GRUR 2001, 944–948

Kiebzak, Stephan/Rafert, Greg/Tucker, Catherine The effect of patent litigation and patent assertion entities on entrepreneurial activity, Research Policy 2016, 218–231

Kieff, Scott Property Rights and Property Rules for Commercializing Inventions, Minnesota Law Review 2001, 697–751

Ders./Wagner, Polk Testing Patent Protections, The Washington Times, Artikel vom 29. Mai 2006, abrufbar unter: http://www.washingtontimes.com/news/2006/may/29/20060529-110132-3365r/

Kiethe, Kurt/Groeschke, Peer Die sittenwidrige Markenanmeldung und die Rechtsschutzmöglichkeiten des § 1 UWG, WRP 1997, 269–274

Kilian, Wolfgang Entwicklungsgeschichte und Perspektiven des Rechtsschutzes von Computersoftware in Europa, GRUR Int. 2011, 895–901

King, John Patent Examination Procedures and Patent Quality, in: Patents in the Knowledge-Based Economy, hrsg. von *Wesley Cohen* und *Stephen Merrill*, Washington D.C. 2003, S. 54–73

Kirchner, Christian Patentrecht und Wettbewerbsbeschränkungen, in: Ökonomische Analyse der rechtlichen Organisation von Innovationen, hrsg. von *Claus Ott* und *Hans-Bernd Schäfer*, Tübingen 1994, S. 157–187

Kirsch, Christian IPCom scheitert mit Milliardenklage gegen Apple und HTC, Heise-Online vom 28. Februar 2014, abrufbar unter: http://www.heise.de/newsticker/meldung/IPCom-scheitert-mit-Milliardenklagen-gegen-Apple-und-HTC-2126898.html

Ders. UMTS-Standard: IPCom scheitert mit Patentklage gegen Nokia, Heise-Online vom 09. Juli 2014, abrufbar unter: http://www.heise.de/ix/meldung/UMTS-Standard-IPCom-scheitert-mit-Patentklage-gegen-Nokia-2252531.html

Kitch, Edmund The Nature and Function of the Patent System, Journal of Law & Economics 1977, 265–290

Klaka, Rainer Zur Verwirkung im gewerblichen Rechtsschutz, GRUR 1970, 265–274

Klees, Andreas Standardsetzung und „patent ambush" im US-amerikanischen und europäischen Wettbewerbsrecht, EWS 2008, 449–455

Klopmeier, Felix Ausführungszwang im Patentrecht – alte Lösung für neue Probleme?, CIPReport 2007, 40–47

Klos, Mathieu Zwangslizenz: Merck darf Aids-Medikament dank Hogan Lovells weiter verkaufen, JUVE, Artikel vom 01. September 2016, abrufbar unter: http://www.juve.de/nachrichten/verfahren/2016/09/zwangslizenz-merck-darf-aids-medikament-dank-hogan-lovells-weiter-verkaufen

Klostermann, Rudolf Die Patentgesetzgebung aller Länder, 2. Auflage, Berlin 1876

Knaak, Roland Die EG-Richtlinie zur Durchsetzung der Rechte des geistigen Eigentums und ihr Umsetzungsbedarf im deutschen Recht, GRUR Int. 2004, 745–750

Kochendörfer, Mathias Verletzerzuschlag auf Grundlage der Enforcement-Richtlinie?, ZUM 2009, 389–398

Kocka, Jürgen Geschichte des Kapitalismus, München 2013

Köhler, Helmut Rechtsnatur und Rechtsfolge der missbräuchlichen Geltendmachung von Unterlassungsansprüchen (§ 8 Abs. 4 UWG), in: Perspektiven des Geistigen Eigentums und Wettbewerbsrechts, Festschrift für Gerhard Schricker zum 70. Geburtstag, hrsg. von *Ansgar Ohly, Theo Bodewig, Thomas Dreier, Horst-Peter Götting, Maximilian Haedicke* und *Michael Lehmann*, München 2005, S. 725–734

Ders. Der „Mitbewerber", WRP 2009, 499–508

Ders./Bornkamm, Joachim/Feddersen, Jörn Gesetz gegen den unlauteren Wettbewerb – Preisabgabenverordnung – Unterlassungsklagegesetz – Dienstleistungs-Informationspflichten-Verordnung, 38. Auflage, München 2020

Köllner, Malte/Weber, Paul Rumour has it, Mitteilungen der deutschen Patentanwälte 2014, 429–438

König, Reimar Die Rechtsnatur der Patenterteilung und ihre Bedeutung für die Auslegung von Patentansprüchen, GRUR 1999, 809–817

König, Christian/Loetz, Sascha Bedeutung der Essential facilities-Doktrin für den Zugang zu Netzinfrastrukturen im europäischen Telekommunikationsrecht, EWS 2000, 377–384

Königs, Martin Technologietransfer nach dem Patentpoolkonzept – Untersuchung relevanter Vertragsklauseln im Lichte der neuen TT-Leitlinien, GRUR 2014, 1155–1162

Ders. Patentpools – Ökonomische und kartellrechtliche Untersuchung von Vertragsklauseln, Baden-Baden 2014

Körber, Torsten Kartellrechtlicher Zwangslizenzeinwand und standardessentielle Patente, NZKart 2013, 87–98

Körner, Eberhard Schadensausgleich bei Verletzung gewerblicher Schutzrechte und bei ergänzendem Leistungsschutz, in: Festschrift für Ernst Steindorff zum 70. Geburtstag am 13. März 1990, hrsg. von *Jürgen Baur, Klaus Hopt* und *Peter Mailänder*, Berlin New York 1990, S. 877–896

Kohler, Josef Handbuch des deutschen Patentrechts in rechtsvergleichender Darstellung, Neudruck der Ausgabe Mannheim 1900 mit dem Sach- und Schlagwortverzeichnis von *F. Rathenau* 1904, Aalen 1980

Koikkara, Sonia Elisabeth Der Patentschutz und das Institut der Zwangslizenz in der Europäischen Union, Tübingen 2010

Kolle, Gert Technik Datenverarbeitung und Patentrecht – Bemerkungen zur Dispositionsprogramm-Entscheidung des Bundesgerichtshofs, GRUR 1977, 63–74

Koppel, Oliver Patente – Unverzichtbarer Schutz des geistigen Eigentums in der globalisierten Wirtschaft, Beiträge zur Ordnungspolitik aus dem Institut der deutschen Wirtschaft Köln Nr. 48, Köln 2011

Korah, Valentine No Duty to License Independent Repairers to Make Spare Parts: The Renault, Volvo and Bayer & Hennecke Cases, European Intellectual Property Review 1988, 381–386

Kort, Michael Intellectual Property and Article 82 EC, in: Patents and Technological Progress in a Globalized World Liber Amicorum Joseph Straus, hrsg. von *Wolrad Prinz zu Waldeck und Pyrmont*, *Martin Adelmann*, *Robert Brauneis*, *Josef Drexl* und *Ralph Nack*, Berlin Heidelberg 2009, S. 157–175

Korth, Ulrich Entscheidungsbesprechung von BGH, Urteil vom 30. Mai 2008 – V ZR 184/07 (OLG Bremen, LG Bremen), ZJS 2008, 647–658

Krätzer, Adolf Der Ausführungszwang im Patentrecht – Kritische Untersuchungen mit besonderer Berücksichtigung der Praxis in allen Kulturstaaten, Berlin 1910

Kraft, Alfons Patent und Wettbewerb in der Bundesrepublik Deutschland, Köln Berlin Bonn München 1972

Kraßer, Rudolf Schadensersatz für Verletzungen von gewerblichen Schutzrechten und Urheberrechten nach deutschem Recht, GRUR Int. 1980, 259–272

Ders. Die Wirkung der einfachen Patentlizenz, GRUR Int. 1983, 537–547

Ders./Ann, Christoph Patentrecht, 7. Auflage, München 2016

Krieger, Albrecht „Innovation" im Spannungsfeld zwischen Patentschutz und Freiheit des Wettbewerbs, GRUR 1979, 350–354

Krieger, Ulrich Die Benutzungsarten, GRUR 1980, 687–691

Kröger, Bernd/Bausch, Thorsten Produktpiraterie im Patentwesen, GRUR 1997, 321–328

Krüger, Wolfgang/Rauscher, Thomas Münchener Kommentar zur Zivilprozessordnung mit Gerichtsverfassungsgesetz und Nebengesetzen, Band 1 §§ 1–354, 6. Auflage, München 2020

Ders./Ders. Münchener Kommentar zur Zivilprozessordnung mit Gerichtsverfassungsgesetz und Nebengesetzen, Band 2 §§ 355–945b, 6. Auflage, München 2020

Krusemarck, Philipp Die abhängige Schöpfung im Recht des geistigen Eigentums – Das abhängige Patent und die Werkbearbeitung im Vergleich, Tübingen 2013

Kühnen, Thomas Der kartellrechtliche Zwangslizenzeinwand und seine Berücksichtigung im Patentverletzungsprozess, in: Festschrift für Winfried Tilmann – Zum 65. Geburtstag, hrsg. von *Erhard Keller*, *Clemens Plassmann* und *Andreas von Falck*, Köln Berlin Bonn München 2003, S. 513–525

Ders. Rezension des Werkes von *Philipp Maume*: Der kartellrechtliche Zwangslizenzeinwand im Patentverletzungsprozess, Mitteilungen der deutschen Patentanwälte 2010, 258–259

Ders. Handbuch der Patentverletzung, 12. Auflage, Köln 2020

Kuhn, Tilman Preishöhenmissbrauch (excessive pricing) im deutschen und europäischen Kartellrecht, WuW 2006, 578–592

Kunz-Hallstein, Hans/Loschelder, Michael Richtlinie 2004/48/EG des Europäischen Parlaments und des Rates vom 29. 4. 2004 zur Durchsetzung der Rechte des geistigen Eigentums, GRUR 2005, 747–748

Kur, Annette/von Bomhard, Verena/Albrecht, Friedrich Beck'scher Online-Kommentar Markenrecht, 23. Edition, München 2020

Kurz, Peter Weltgeschichte des Erfindungsschutzes, Köln Berlin Bonn München 2000

Lamping, Matthias Patentschutz und Marktmacht, Köln 2010

Landes, William/Posner, Richard An economic analysis of copyright law, Journal of Legal Studies 1989, 325–363

Ders./Ders. The Economic Structure of Intellectual Property Law, Harvard 2003

Lange, Paul Marken- und Kennzeichenrecht, 2. Auflage, München 2012

Langen, Eugen/Bunte, Hermann-Josef Kartellrecht Kommentar, Band 1 – Deutsches Kartellrecht, 13. Auflage, Köln, 2018

Langen, Eugen/Bunte, Hermann-Josef Kartellrecht Kommentar, Band 2 – Europäisches Kartellrecht, 13. Auflage, Köln, 2018

Larenz, Karl Lehrbuch des Schulrechts, Band 1, Allgemeiner Teil, 14. Auflage, München 1987

Ders./Canaris, Claus-Wilhelm Lehrbuch des Schuldrechts – Zweiter Band, Besonderer Teil, 2. Halbband, 13. Auflage, München 1994

Laub, Christoph Patentfähigkeit von Softwareerfindungen: Rechtliche Standards in Europa und in den USA und deren Bedeutung für den internationalen Anmelder, GRUR Int. 2006, 629–640

Lehmann, Michael Eigentum, geistiges Eigentum, gewerbliche Schutzrechte Property Rights als Wettbewerbsbeschränkungen zur Förderung des Wettbewerbs, GRUR Int. 1983, 356–362

Leistner, Matthias Intellectual Property and Competition Law: The European Development from Magill to IMS Health compared to recent German and US Case Law, ZWeR 2005, 138–162

Leitzen, Mario/Kleinevoss, Tim Renaissance der patentrechtlichen Zwangslizenz? – Die Neuregelung des § 24 Abs. 2 PatG, Mitteilungen der deutschen Patentanwälte 2005, 198–205

Lemley, Mark Ex Ante Versus Ex Post Justifications for Intellectual Property, Chicago Law Review 2004, 129–149

Ders. Property, Intellectual Property, and Free Riding, Texas Law Review 2005, 1031–1075

Ders. Ignoring Patents, Michigan State Law Review 2008, 19–34

Ders. Are Universities Patent Trolls?, Fordham Intellectual Property, Media and Entertainment Law Journal 2008, 610–631

Ders. Software Patents and the Return of Functional Claiming, Wisconsin Law Review 2012, 905–964

Ders. The Suprising Resiliance of the Patent System, Texas Law Review 2016, 1–57

Ders./Melamed, Douglas Missing the Forest for the Trolls, Columbia Law Review 2013, 2117–2180

Ders./Moore, Kimberly Ending Abuse of Patent Continuations, Boston University Law Review 2004, 64–118

Ders./Risch, Michael/Sichelman, Ted/Wagner, Polk Life After Bilski, Stanford Law Review 2011, 1315–1347

Ders./Shapiro, Carl Patent Holdup and Royalty Stacking, Texas Law Review 2007, 1991–2045

Lenel, Hans Otto Ursachen der Konzentration unter besonderen Berücksichtigung der deutschen Verhältnisse, Tübingen 1962

Lerner, Josh/Tirole, Jean Public Policy towards Patent Pools, in: Innovation Policy and the Economy, hrsg. von *Adam Laffe*, *Josh Lerner* und *Scott Stern*, Cambridge (USA) 2007, S. 157–186

Lettl, Tobias Die Beeinträchtigung des Eigentums nach § 1004 I 1 BGB, JuS 2005, 871–879

Leupold, Henning/Pautke, Stephanie IMS Health vs. Microsoft – Befindet sich die Kommission bei kartellrechtlichen Zwangslizenzen (erneut) auf Konfrontationskurs mit dem EuGH?, EWS 2005, 108–115

Leychkis, Yan Of Fire Ants and Claim Construction: An empirical Study of the meteoric rise of the Eastern District of Texas as a preeminent Forum for Patent Litigation, Yale Journal of Law and Technology 2007, 193–233

Lichtenstein, Erich Der gewerbliche Rechtsschutz im internationalen Privatrecht, NJW 1964, 1208–1213

Liebenau, Diana/Zech, Herbert/Hofmann, Franz Das Recht an der Erfindung und das Recht auf das Patent – Eine Analyse der Rechtsstellung des Erfinders in der jüngeren Rechtsprechung des BGH, ZGE 2012, 133–154

Lieberknecht, Otfried Patente, Lizenzverträge und Verbot von Wettbewerbsbeschränkungen – Eine vergleichende Darstellung der Rechtslage in Deutschland, Großbritannien und den Vereinigten Staaten, Frankfurt am Main 1953

Lieberman, Marvin/Montgomery, David First-mover advantages, Strategic Management Journal 1988, 41–58

Liivak, Oskar/Penalver, Eduardo The Right not to Use in Property and Patent Law, Cornell Law Review 2013, 1437–1493

Lober, Andreas Die IMS-Health-Entscheidung der Europäischen Kommission: Copyright K.O.?, GRUR Int. 2002, 7–16

Loest, Thomas/Bartlik, Martin Standards und Europäisches Wettbewerbsrecht, ZWeR 2008, 41–57

Loewenheim, Ulrich /Meessen, Karl/Riesenkampff, Alexander/Kersting, Christian/Meyer-Lindemann, Hans Jürgen, Kartellrecht Kommentar, 4. Auflage, München 2020

Lüdecke, Wolfgang Lizenzgebühren für Erfindungen, Darmstadt 1955

Luginbühl, Stefan Das europäische Patent mit einheitlicher Wirkung (Einheitspatent), GRUR Int. 2013, 305–309

Maass, Tobias/Schmidt, Florian Die Entwicklung des EU-Gesundheitsrechts seit 2012, EuZW 2015, 85–92

Machlup, Fritz An Economic Review of the Patent System, Study No. 15 of the Subcommittee on Patents, Trademarks, and Copyrights of the Committee on the Judiciary United States Senate, 85th Congress, 2nd Session, Washington 1958

Ders. Die wirtschaftlichen Grundlagen des Patentrechts – 1. Teil, GRUR Ausl. 1961, 373–390

Ders. Die wirtschaftlichen Grundlagen des Patentrechts – 2. Teil, GRUR Ausl. 1961, 473–482

Ders. Die wirtschaftlichen Grundlagen des Patentrechts – 3. Teil, GRUR Ausl. 1961, 524–537

Magliocca, Gerard Blackberries and Barnyards: Patent Trolls and the Perils of Innovation, Notre Dame Law Review 2007, 1809–1838

Mangini, Vito Erfahrungen mit dem Begriff des Patentmißbrauchs in Nordamerika und Europa, GRUR Int. 1985, 787–805

Mankiw, Gregory/Taylor, Mark Grundzüge der Volkswirtschaftslehre, 7. Auflage, Stuttgart 2018

Manthey, Leslie/Unseld, Christopher Der Mythos vom contra-legem-Verbot: Vom Umgang des EuGH mit dem Verfassungsprinzip, DÖV 2011, 921–929

Matolcsy, Zoltan/Lianto, Tom The incremental information content of bond rating revisions: The Australian evidence, Journal of Banking and Finance 1995, 891–902

Maume, Philipp Der kartellrechtliche Zwangslizenzeinwand im Patentverletzungsprozess, Köln 2010

Ders./Tapia, Claudia Der Zwangslizenzeinwand ein Jahr nach *Orange Book Standard* – mehr Fragen als Antworten, GRUR Int. 2010, 923–930

May, Anthony The Impact of Bond Rating Changes on Corporate Bond Prices: New Evidence from the Over-the-Counter Market, Journal of Banking and Finance 2010, 2822–2836

Mayer, Richard/Butler, Jeffrey/Molnia, David Das US-Patent – Erwirkung und Durchsetzung unter besonderer Berücksichtigung der Rechtsprechung, 5. Auflage, Köln 2017

Mazzeo, Michael/Hillel, Jonathan/Zyontz, Samantha Explaining the „unpredictable"? An Empirical Analysis of U.S. patent infringement awards, International review of Law and Economics 2011, 58–72

Mazzoleni, Roberto/Nelson, Richard The benefits and costs of strong patent protection: a contribution to the current debate, Research Policy 1998, 273–284

McDonough III, James The Myth of the Patent Troll: An Alternative View of the Function of Patent Dealers in an Idea Economy, Emory Law Journal 2006, 189–228

Medicus, Dieter Naturalrestitution und Geldersatz, JuS 1969, 449–455

Ders./Petersen, Jens Allgemeiner Teil des BGB, 11. Auflage, München 2016

Meinhardt, Marcel Die Beschränkung nationaler Immaterialgüterrechte durch Art. 86 EG-Vertrag – Unter besonderer Berücksichtigung der Essential Facilities-Doktrin, Frankfurt am Main 1998

Meister, Herbert Praktische Erfahrungen mit dem neuen Markengesetz, WRP 1995, 1005–1013

Merges, Robert Intellectual Property Rights and Bargaining Breakdown: The Case of Blocking Patents, Tennessee Law Review 1994, 75–106

Ders. Transactional View of Property Rights, Berkeley Technology Law Journal 2005, 1477–1520

Ders./Duffy, John Patent Law and Policy: Cases and Materials, 7. Auflage, Newark 2017

Ders./Nelson, Richard On the Complex Economics of Patent Scope, Columbia Law Review 1990, 839–916

Merveldt, Moritz Graf von Der Ausschluss kartellrechtlicher Einwendungen im Patentverletzungsverfahren, WuW 2004, 19–25

Mes, Peter, Ist etwas faul im Staate D.? Gedanken zum patentrechtlichen Unterlassungsanspruch, in: Festschrift für Michael Hoffmann-Becking zum 70. Geburtstag, hrsg. von *Gerd Krieger, Marcus Lutter* und *Karsten Schmidt,* München 2013, S. 821–833

Ders. Patentgesetz – Gebrauchsmustergesetz, 5. Auflage, München 2020

Mestmäcker, Ernst-Joachim/Schweitzer, Heike Europäisches Wettbewerbsrecht, 3. Auflage, München 2014

Messina, Michele Article 82 and the New Economy. Need for Modernisation?, Competition Law Review 2006, 73–98

Metzger, Axel Schadensersatz wegen Verletzung des geistigen Eigentums gemäß Art. 13. Durchsetzungs-RL 2004/48, in: Schadensersatz im europäischen Privat- und Wirtschaftsrecht, hrsg. von *Oliver Remien,* Tübingen 2012, S. 209–231

Meurer, Michael Business Method Patents and Patent Floods, Washington University Journal of Law & Policy 2002, 309–339

Ders. Controlling Opportunistic and Anti-Competitive Intellectual Property Litigation, Boston College Law Review 2003, 509–544

Meyer, Will Entwicklung und Bedeutung des Property Rights-Ansatzes in der Nationalökonomie, in: Property Rights und ökonomische Theorie, hrsg. von *Alfred Schüller,* München 1983, S. 1–44

Miksch, Leonhard Die Wirtschaftspolitik des Als-Ob, Zeitschrift für die gesamte Staatswissenschaft 1948, 310–338

Miller, Clifford Magill: Time to Abandon the 'Specific Subject-matter' Concept, European Intellectual Property Review 1994, 415–421

Mittelstaedt, Axel Strategisches IP-Management, GRUR-Prax. 2014, 220–222

Möller, Mirko Das Ende der urheberrechtlichen Massenabmahnungen?, NJW 2011, 2560–2562

Möschel, Wernhard Recht der Wettbewerbsbeschränkungen, Köln Berlin Bonn München 1983

Monopolkommission Hauptgutachten der Monopolkommission II – Fortschreitende Konzentration bei Großunternehmen, Baden-Baden 1978

Morgan, Marc Stop Looking Under the Bridge for Imaginary Creatures: A Comment Examining Who Really Deserves The Title Patent Troll, The Federal Circuit Bar Journal 2008, 165–180

Müller, Tobias Malte/Laudonio, Aldo Die Bösgläubigkeit bei Markenanmeldung im Spiegel der neueren deutschen und italienischen Rechtsprechung, GRUR Int. 2012, 417–425

Müller-Graff, Johanna/Fischmann, Filipe Der Fall AstraZeneca: „Tool boxes" im Arzneimittelsektor – wer hat die besseren Werkzeuge und welche sind erlaubt? – Zum Urteil des Gerichts der Europäischen Union vom 1. Juli 2010, Rs. T-321/05, GRUR Int. 2010, 792–803

Müller-Stoy, Tilman Grundzüge des U.S.-amerikanischen Patentverletzungsverfahrens, GRUR Int. 2005, 558–566

Münster-Horstkotte, Alexander Das Trennungsprinzip im deutschen Patentsystem – Probleme und Lösungsmöglichkeiten, Mitteilungen der deutschen Patentanwälte 2012, 1–9

Murphy, Frances Abuse of Regulatory Procedures – the AstraZeneca Case: Part 2, European Competition Law Review 2009, 289–300

Ders./Liberatore, Francesco Abuse of Regulatory Procedures – the AstraZeneca Case: Part 1, European Competition Law Review 2009, 223–229

Nack, Ralph Die patentierbare Erfindung unter den sich wandelnden Bedingungen von Wissenschaft und Technologie, Köln Berlin Bonn München 2002

Nägele, Thomas/Jacobs, Sven Zwangslizenzen im Patentrecht – unter besonderer Berücksichtigung des kartellrechtlichen Zwangslizenzeinwands im Patentverletzungsprozess, WRP 2009, 1062–1075

Nettesheim, Martin Auslegung und Fortbildung nationalen Rechts im Lichte des Gemeinschaftsrechts, Archiv des öffentlichen Rechts 1994, 261–293

Neuburger, Benedikt Die Bewertung von Patenten – Theorie, Praxis und der neue Conjoint-Analyse Ansatz, Göttingen 2005

Neumeyer, Fredrik Die historischen Grundlagen der ersten modernen Patentgesetze in den USA und in Frankreich, GRUR Ausl. 1956, 241–252

Nieder, Michael Zwangslizenzklage – Neues Verteidigungsmittel im Patentverletzungsprozeß?, Mitteilungen der deutschen Patentanwälte 2001, 400–403

Ders. Die mittelbare Patentverletzung – eine Bestandsaufnahme, GRUR 2006, 977–983

Nirk, Rudolf Offene Fragen der Vorbenutzung, GRUR 2001, 984–989

Noel, Michael/Schankerman, Mark Strategic Patenting and Software Innovation, Journal of Industrial Economics 2013, 481–520

Noguchi, Yuki Government Enters Fray Over BlackBerry Patents, The Washington Post, Artikel vom 12. November 2005, abrufbar unter: http://www.washingtonpost.com/wp-dyn/content/article/2005/11/11/AR2005111101789.html

Ntouvas, Ioannis Unterlassungsanspruch bei Patentverletzung: neue Erkenntnisse des US Supreme Court, GRUR Int. 2006, 889–893

Obergfell, Eva Inés/Hauck, Ronny Lizenzvertragsrecht, Berlin Boston 2016

Oddi, Samuel Un-Unified Economic Theories of Patents – The Not-Quite-Holy Grail, Notre Dame Law Review 1996, 267–326

O'Donoghue, Ted A Patentability Requirement for sequential Innovation, RAND Journal of Economics 1998, 654–679

Ohly, Ansgar Geistiges Eigentum?, JZ 2003, 545–554

Ders. Zur Wirkung prioritätsgleicher Patente, Mitteilungen der deutschen Patentanwälte 2006, 241–246

Ders. Geistiges Eigentum und Wettbewerbsrecht – Konflikt oder Symbiose?, in: Wettbewerb und geistiges Eigentum, hrsg. von *Peter Oberender*, Berlin 2007, S. 47–67

Ders. Geistiges Eigentum und Gemeinfreiheit: Forschungsperspektiven, in: Geistiges Eigentum und Gemeinfreiheit, hrsg. von *Ansgar Ohly* und *Diethelm Klippel*, Tübingen 2007, S. 1–17

Ders. „Patenttrolle" oder: Der patentrechtliche Unterlassungsanspruch unter Verhältnismäßigkeitsvorbehalt? Aktuelle Entwicklungen im US-Patentrecht und ihre Bedeutung für das deutsche und europäische Patentsystem, GRUR Int. 2008, 787–798

Ders. Auf dem Weg zum Einheitspatent und zum Einheitlichen Patentgericht – Licht am Ende des Tunnels oder Tunnel am Ende des Lichts?, ZGE/IPJ 2012, 419–442

Ders./Sosnitza, Olaf Gesetz gegen den unlauteren Wettbewerb mit Preisangabenverordnung – Kommentar, 7. Auflage, München 2016

Olson, David On NPEs, Holdups, and Underlying Faults in the Patent System, Cornell Law Review 2014, 140–150

Omsels, Hermann-Josef Zur Unlauterkeit der gezielten Behinderung von Mitbewerbern (§ 4 Nr. 10 UWG), WRP 2004, 136–145

Oppenländer, Karl Heinrich Die Wirkung des Patentwesens im Innovationsprozeß, GRUR 1977, 362–370

Ders. Die Volkswirtschaftliche Bedeutung des technischen Fortschritts, in: Festschrift Hundert Jahre Patentamt, hrsg. vom *Deutschen Patentamt*, München 1977, S. 3–36

Ders. Patentschutz und Wettbewerb im Innovationsprozeß, in: Patentwesen, technischer Fortschritt und Wettbewerb, hrsg. von *Karl Heinrich Oppenländer*, Berlin München 1984, S. 47–75

Osenga, Kristen Formerly Manufacturing Entities: Piercing the „Patent Troll"-Rhetoric, Connecticut Law Review 2014, 435–479

Osterloh, Eilert Zur bösgläubigen Markenanmeldung, in: Festschrift für Eike Ullmann, hrsg. von *Hans-Jürgen Ahrens, Joachim Bornkamm* und *Hans Peter Kunz-Hallstein*, Saarbrücken 2006, S. 347–357

Osterrieth, Christian Patent-Trolls in Europa – braucht das Patentrecht neue Grenzen?, GRUR 2009, 540–545

Ders. Vom Innovationssprung zum inkrementellen Fortschritt: Was bleibt von der „erfinderischen Tätigkeit"?, in Wissen – Märkte – Geistiges Eigentum, hrsg. von *Stefan Leible, Ansgar Ohly* und *Herbert Zech*, Tübingen 2010, S. 69–78

Ders. Patentrecht, 5. Auflage, München 2015

Ders. Die Aufbrauchfrist im Patentrecht, in: Festschrift für Karl-Heinz Fezer, hrsg. von *Wolfgang Büscher* und *Jochen Glöckner*, München 2016, S. 1035–1048

Ders. Technischer Fortschritt – eine Herausforderung für das Patentrecht? Zum Gebot der Verhältnismäßigkeit beim patentrechtlichen Unterlassungsanspruch, GRUR 2018, 985–995

Palandt, Otto Bürgerliches Gesetzbuch mit Nebengesetzen, 80. Auflage, München 2021

Palzer, Christoph Patentrechtsdurchsetzung als Machtmissbrauch – der Zwangslizenzeinwand aus unionsrechtlicher Sicht, EuZW 2015, 702–706

Pennings, Anthony Microsoft and the IBM PC case study: the Deal of the Century – Writings on Digital Strategies, ICT Economics, and Global Communications, Artikel vom 01. November 2015, abrufbar unter: http://apennings.com/how-it-came-to-rule-the-world/microsoft-and-the-ibm-pc-case-study-the-deal-of-the-century/

Peukert, Alexander/Kur, Annette Stellungnahme des Max-Planck-Instituts für Geistiges Eigentum, Wettbewerbs- und Steuerrecht zur Umsetzung der Richtlinie 2004/48/EG zur Durchsetzung der Rechte des geistigen Eigentums in deutsches Recht, GRUR Int. 2006, 292–303

Pfaff, Dieter/Osterrieth, Christian Lizenzverträge – Formularkommentar, 4. Auflage, München 2018

Pfanner, Klaus Die Zwangslizenzierung von Patenten: Überblick und neuere Entwicklungen, GRUR Int. 1985, 357–372

Picht, Peter Standardsetzung und Patentmissbrauch – Schlagkraft und Entwicklungsbedarf des europäischen Kartellrechts, GRUR Int. 2014, 1–17

Picker, Eduard Der privatrechtliche Rechtsschutz gegen baurechtswidrige Bauten als Beispiel für die Realisierung von „Schutzgesetzen", Archiv für die civilistische Praxis 1976, 28–79

Ders. Buschbesprechung von *Gerhard Hohloch*: Die negatorischen Ansprüche und ihre Beziehungen zum Schadensersatzrecht, Archiv für die civilistische Praxis 1978, 499–501

Pierer, Heinrich von Patente – ein wichtiger Rohstoff der globalen Wissensgesellschaft, GRUR 1999, 818–819

Pietzcker, Rolf Richtlinien für die Bemessung von Schadensersatz bei der Verletzung von Patenten (71) Bericht erstattet im Namen der deutschen Landesgruppe, GRUR Int. 1979, 343–346

Pitz, Johann Patentverletzungsverfahren Grundlagen – Praxis – Strategie, 2. Auflage, München 2010

Pohlmann, Hansjörg Neue Materialien zur Frühentwicklung des deutschen Erfinderschutzes im 16. Jahrhundert, GRUR 1960, 272–282

Pokrant, Günther Zur missbräuchlichen Anspruchsverfolgung im Sinne von § 8 Abs.4 UWG, in: Festschrift für Joachim Bornkamm zum 65. Geburtstag, hrsg. von *Wolfgang Büscher, Willi Erdmann, Maximilian Haedicke, Helmut Köhler* und *Michael Loschelder*, München 2014, S. 1053–1061

Polinsky, Mitchell An Introduction to Law and Economics, 5. Auflage, Boston Toronto 2018

Posner, Richard Economic Analysis of Law, 9. Auflage, New York 2014

Postinett, Axel Nokia droht Milliardenklage, Handelsblatt, Artikel vom 30. Januar 2008, abrufbar unter: http://www.handelsblatt.com/unternehmen/it-medien/patentstreit-nokia-droht-milliardenklage/2916394.html

Prahl, Klaus Patentschutz und Wettbewerb, Göttingen 1972

Pretnar, Bojan Die ökonomische Auswirkung von Patenten in der wissensbasierten Marktwirtschaft, GRUR Int. 2004, 776–786

Ders. Patents and the Economic Incentive to Invent, in: Patents and Technological Progress in a Globalized World Liber Amicorum Joseph Straus, hrsg. von *Wolrad Prinz zu Waldeck und Pyrmont, Martin Adelmann, Robert Brauneis, Josef Drexl, Ralph Nack*, Berlin Heidelberg 2009, S. 841–852

Preu, Albert Richtlinien für die Bemessung von Schadenersatz bei Verletzung von Patenten, GRUR 1979, 753–762

Prosi, Gerhard Entspricht der Patentschutz noch den Wettbewerbserfordernissen?, WuW 1980, 641–647

Rahn, Guntram Patentstrategien japanischer Unternehmen, GRUR 1994, 377–382

Rantanen, Jason Slaying the Troll: Litigation as an Effective Strategy against Patent Threats, Santa Clara Computer & High Technology Law Journal 2006, 159–210

Rauh, Georg Andreas Die mittelbare Patentverletzung – Eine rechtsvergleichende Betrachtung, Köln 2009

Regelin, Frank Peter Das Kollisionsrecht der Immaterialgüterrechte an der Schwelle zum 21. Jahrhundert, Frankfurt am Main Berlin Bern Brüssel New York Wien 2000

Régibeau, Pierre/Rockett, Katharine Assessment of Potential Anticompetitive Conduct in the Field of Intellectual Property Rights and Assessment of the Interplay Between Competition Policy and IPR Protection, COMP/2010/16, November 2011, abrufbar unter: http://repository.essex.ac.uk/5789/

Reimann, Thomas/Hahn, Tobias Orange-Book – Ratgeber oder Buch mit sieben Siegeln?, in: Festschrift für Wolfgang von Meibom zum 65. Geburtstag, hrsg. von *Christian Harmsen, Oliver Jan Jüngst* und *Felix Rödiger*, Köln 2010, S. 373–394

Reimer, Dietrich Der Erschöpfungsgrundsatz im Urheberrecht und gewerblichen Rechtsschutz unter Berücksichtigung der Rechtsprechung des Europäischen Gerichtshofs, GRUR Int. 1972, 221–234

Reischle, Matthias Ausführliche Darstellung der ab 1. Januar 2004 geltenden Änderungen der PCT-Ausführungsverordnung, Mitteilungen der deutschen Patentanwälte 2004, 529–534

Reitboeck, Georg Das rechtliche Umfeld für (und gegen) nicht operative Patentinhaber in den USA – Ein Überblick über wichtige Entwicklungen der letzten Jahre, GRUR Int. 2013, 419–428

Reitzig, Markus/Henkel, Joachim/Heath, Christopher On sharks, trolls, and their prey – Unrealistic damage awards and firms' strategies of „being infringed", Research Policy 2007, 134–154

Ders./Ders./Schneider, Ferdinand Collateral damage for R&D manufacturers: how patent sharks operate in markets for technology, Industrial and Corporate Change 2010, 947–967

Richards, Kevin/Hickey, Kevin/Ward, Erin Drug Pricing and Pharmaceutical Patenting Practices, Congressional Research Service, 11. Februar 2020, abrufbar unter: https://fas.org/sgp/crs/misc/R46221.pdf

Richter, Rudolf/Furubotn, Eirik Grundtvig Neue Institutionsökonomik: Eine Einführung und kritische Würdigung, 4. Auflage, Tübingen 2010

Rippe, Klaus-Dieter Europäische und internationale Patentanmeldungen Praxis-Leitfaden, 3. Auflage, Köln Berlin Bonn München 2003

Risch, Michael Patent Troll Myths, Seton Hall Law Review 2012, 457–499

Ritter, Lennart/Braun, David European Competition Law – A Practitioner's Guide, 3. Auflage, Den Haag 2005

Rivette, Kevin/Kline, David Rembrandts in the Attic – Unlocking the Hidden Value of Patents, Boston 2000

Rixecker, Roland/Säcker, Franz Jürgen/Oetker, Hartmut/Limpberg, Bettina Münchener Kommentar zum Bürgerlichen Gesetzbuch, Band 2, Schuldrecht – Allgemeiner Teil I, 8. Auflage, München 2019

Ders./Ders./Ders./Dies. Münchener Kommentar zum Bürgerlichen Gesetzbuch, Band 3, Schuldrecht – Allgemeiner Teil II, 8. Auflage, München 2019

Roberts, Jeff How Chicago Is Beating Silicon Valley at the Patent Game, GIGAOM Research, Artikel vom 25. März 2012, abrufbar unter: http://gigaom.com/2012/03/25/419-how-chicago-is-beating-silicon-valley-at-the-patent-game/

Rogge, Rüdiger Schadensersatz nach Lizenzanalogie bei Verletzung von Patenten, Urheberrechten und anderen Schutzrechten, in: Festschrift für Rudolf Nirk zum 70. Geburtstag am 11. Oktober 1992, hrsg. von *Karl Bruchhausen, Wolfgang Hefermehl, Peter Hommelhoff* und *Herbert Messer*, München 1992, S. 929–947

Ders. Zur Aussetzung des Patentverletzungsprozesses, GRUR Int. 1996, 386–390

Ders. Zum Einfluss von Verfahrensvorgängen auf Auslegung und Bestimmung des Schutzbereichs eines Patents, in: Materielles Patentrecht Festschrift für Reimar König zum 70. Geburtstag, hrsg. von *Christoph Ann, Wilfried Anders, Uwe Dreiss, Bernhard Jestaedt, Dieter Stauder*, Köln Berlin Bonn München 2003, S. 451–463

Ronspies, Jeff Does David Need a New Sling?, The John Marshall Law Review of Intellectual Property Law 2004, 184–211

Rosenich, Paul Die Defensivpublikation – Schutz vor Patenttrollen und anderen Trittbrettfahrern, Mitteilungen der deutschen Patentanwälte 2014, 306–309

Rospatt, Peter von Die Bestimmung des Schutzbereichs von Patentansprüchen, die Maß- und Zahlenangaben enthalten, GRUR 2001, 991–995

Sack, Rolf Zum erweiterten Adressatenkreis des Diskriminierungsverbots, GRUR 1975, 511–522

Säger, Manfred Ethische Aspekte des Patentwesens, GRUR 1991, 267–273

Sandburg, Brenda Trolling for Dollars, The Recorder, Artikel vom 30. Juli 2011, abrufbar unter: http://www.therecorder.com/id=900005370205/Trolling-for-Dollars?slreturn=20160718121731

Sandrik, Karen Warranting Rightful Claims, Louisiana Law Review 2012, 873–922

Schade, Jürgen Rechte geistigen Eigentums und Auswirkungen auf den Wettbewerb: Ein Praxisbericht aus Sicht des Deutschen Patent- und Markenamtes, in: Wettbewerb und geistiges Eigentum, hrsg. von *Peter Oberender*, Berlin 2007, S. 69–75

Schäfer, Hans-Bernd/Ott, Claus Lehrbuch der ökonomischen Analyse des Zivilrechts, 5. Auflage, Berlin Heidelberg 2012

Schar, Markus Zum objektiven Technikbegriff im Lichte des Europäischen Patentübereinkommens, Mitteilungen der deutschen Patentanwälte 1998, 322–339

Schatz, Ulrich Ausübungszwang und Zwangslizenzen im Gemeinsamen Markt, GRUR Int. 1968, 273–286

Ders. Die Erschöpfung des Patentrechts im Recht der Mitgliedstaaten der Europäischen Wirtschaftsgemeinschaft und nach dem Vorentwurf eines Übereinkommens über ein europäisches Patent für den Gemeinsamen Markt, GRUR Int. 1970, 207–215

Schauwecker, Marko Nanotechnologische Erfindungen im U.S.-amerikanischen Patentrecht, GRUR Int. 2009, 27–37

Ders. Die Rechtssache Bilski und ihre Auswirkungen auf die Patentierbarkeit computerimplementierter Erfindungen in den USA (1. Teil), GRUR Int. 2010, 1–8

Scheffler, Dietrich Die (ungenutzten) Möglichkeiten des Rechtsinstituts der Zwangslizenz, GRUR 2003, 93–105

Schellhorn, Maximilian Der patentrechtliche Unterlassungsanspruch im Lichte des Verhältnismäßigkeitsgrundsatzes, Hürth 2020

Schick, Carl Zum Erfindungsbegriff von A. Troller, GRUR Int. 1984, 406–409

Schickedanz, Willi Sind 20 Jahre Patentschutz genug?, GRUR 1980, 828–832

Ders. Patentverletzung durch Einsatz von geschützten Bauteilen in komplex Vorrichtungen und die Rolle der Patent-Trolle, GRUR Int. 2009, 901–907

Schiuma, Daniele TRIPS und das Patentierungsverbot von Software „als solcher", GRUR Int. 1998, 852–858

Ders. Formulierung und Auslegung von Patentansprüchen nach europäischem, deutschem und italienischem Recht, Köln Berlin Bonn München 2001

Schmidtchen, Dieter Property Rights, Freiheit und Wettbewerbspolitik, Tübingen 1983

Ders. Die Beziehung zwischen dem Wettbewerbsrecht und dem Recht geistigen Eigentums – Konflikt, Harmonie oder Arbeitsteilung?, in: Wettbewerb und geistiges Eigentum, hrsg. von *Peter Oberender*, Berlin 2007, S. 9–46

Schneider, Jakob Menschenrechtlicher Schutz geistigen Eigentums, Stuttgart 2006

Schnelle, Ulrich Missbrauch einer marktbeherrschenden Stellung durch Patentanmeldungs- und -verwaltungsstrategien, GRUR-Prax. 2010, 169–173

Schröder, Gerhard Rede im Rahmen des Symposiums „Innovation und Geistiges Eigentum in Deutschland", BlPMZ 2004, 420–422

Schröer, Benjamin Einheitspatent – Überlegungen zum Forum-Shopping im Rahmen der alternativen Zuständigkeit nach Art. 83 Abs. 1 EPGÜ, GRUR Int. 2013, 1102–1109

Schröter, Helmuth/Jakob, Thinan/Klotz, Robert/Mederer, Wolfgang Europäisches Wettbewerbsrecht – Großkommentar, 2. Auflage, Baden-Baden 2014

Schroeter, Ulrich Ratings – Bonitätsbeurteilungen durch Dritte im System des Finanzmarkt-, Gesellschafts- und Vertragsrechts – Eine rechtsvergleichende Untersuchung, Tübingen 2014

Schüller, Alfred Property Rights, Theorie der Firma und wettbewerbliches Marktsystem, in: Property Rights und ökonomische Theorie, hrsg. von *Alfred Schüller*, München 1983, S. 145–183

Schulte, Hans-Jürgen Lizenzaustauschverträge und Patentgemeinschaften im amerikanischen und im deutschen Recht, Frankfurt am Main 1971

Schultz, Stefan Milliardenklage gegen Nokia: Finanzhaie zerfressen das Patentrecht, Spiegel-Online, Artikel vom 05. Februar 2008, abrufbar unter: http://www.spiegel.de/wirtschaft/milliardenklage-gegen-nokia-finanzhaie-zerfressen-das-patentrecht-a-532915.html

Schumpeter, Joseph Business Cycles – A Theoretical, Historical and Statistical Analysis of the Capitalist Process, New York 1939

Schwartz, David/Kesan, Jay Analyzing the Role of Non-Practicing Entities in the Patent System, Cornell Law Review 2014, 425–456

Schwarz, Claudia Rechtfertigen rechtsdogmatisch schwierige Fragen die Abschaffung von „Software-Patenten"?, GRUR 2014, 224–228

Schwarze, Jürgen/Becker, Ulrich/Hatje, Armin/Schoo Johann EU-Kommentar, 4. Auflage, Baden-Baden 2019

Scotchmer, Suzanne Standing on the Shoulders of Giants: Cumulative Research and the Patent Law, Journal of Economic Perspectives, Winter 1991, 29–41

Dies. Protecting early innovators: should second-generation products be patentable?, RAND Journal of Economics 1996, 322–331

Scott Morton, Fiona/Shapiro, Carl Strategic Patent Acquisitions, Antitrust Law Journal 2014, 463–495

Seckelmann, Margrit Industrialisierung, Internationalisierung und Patentrecht im deutschen Reiche 1871–1914 – Recht in der Industriellen Revolution, Frankfurt am Main 2006

Seitz, Claudia Klare Grenzlinie und Minenfeld – Die Marktmissbrauchskontrolle im Arzneimittelsektor nach dem AstraZeneca-Urteil des EuGH, EuZW 2013, 377–380

Dies. Pay-for-delay-Verträge in der pharmazeutischen Industrie – Rechtslage und offene Fragen nach dem Lundbeck-Urteil, EuZW 2016, 856–859

Sergheraert, Eric/Marques, David The rise of NPE litigation outside of the US and Germany as its hotspot, Mitteilungen der deutschen Patentanwälte 2019, 9–14

Shander, Barbara Punitive Damages – Addressing the Constitutionality of Punitive Damages in the Third Circuit, Villanova Law Review 1994, 1105–1133

Shapiro, Carl Systems Competition and Network Effects, Journal of Economic Perspectives 1994, 93–115

Ders. Navigating the Patent Thicket: Cross Licenses, Patent Pools, and Standard Setting, in: Innovation Policy and the Economy, hrsg. von *Adam Jaffe, Josh Lerner* und *Scott Stern*, Cambridge (USA) 2000, S. 119–150

Ders. Injunctions, Hold-Up, and Patent Royalties, American Law and Economic Review 2010, 280–318

Sichelman, Ted Commercializing Patents, Stanford Law Review 2010, 341–413

Siebert, Tilman/Pries, Thorsten Kartellrechtliche Marktabgrenzung im Pharma-Bereich, PharmR 2007, 147–152

Siebert, Wolfgang Verwirkung und Unzulässigkeit der Rechtsausübung – Ein rechtsvergleichender Beitrag zur Lehre von den Schranken der privaten Rechte und zur exceptio doli (§§ 226, 242, 826 BGB.), unter besonderer Berücksichtigung des gewerblichen Rechtsschutzes (§ 1 UWG), in: Arbeiten zum Handels-, Gewerbe- und Landwirtschaftsrecht, hrsg. von *Ernst Heymann*, Marburg 1934

Simensky, Melvin/Bryer, Lanning/Wilkof, Neil Intellectual Property in the Global Marketplace – Volume 1, Valuation, Protection, Exploitation, and Electronic Commerce, New York 1999

Slobodenjuk, Dimitri Pharmaindustrie weiterhin im Fokus der Europäischen Kommission: Ein Update aus Brüssel, PharmR 2015, 333–337

Slopek, David Defensive Publishing – Verbreitung, Funktion, Strategien, GRUR 2009, 816–820

Smeets, Roger Does patent litigation reduce corporate R&D? An analysis of US public firms, The State University of New Jersey – Management & Global Business Working Papers vom 28. April 2014, abrufbar unter: http://papers.ssrn.com/sol3/papers.cfm?abstract_id=2443048

Soergel, Hans Theodor Kommentar zum Bürgerlichen Gesetzbuch mit Einführungsgesetz und Nebengesetz, Band 2, Schulrecht I (§§ 241–432), 12. Auflage, Stuttgart Berlin Köln 1990

Sonnenberg, Marcus Die Einschränkbarkeit des patentrechtlichen Unterlassungsanspruchs im Einzelfall, Wiesbaden 2014

ssu/Reuters IPCom: Patent-Troll knöpft Telekom Hunderte Millionen Euro ab, Spiegel-Online, Artikel vom 03. Juli 2013, abrufbar unter: http://www.spiegel.de/wirtschaft/unternehmen/telekom-zahlt-hunderte-millionen-euro-an-patent-troll-ipcom-a-909323.html

Stauder, Dieter Die tatsächliche Bedeutung von Verletzungs- und Nichtigkeitsverfahren in der Bundesrepublik Deutschland, Frankreich, Großbritannien und Italien – Ergebnisse einer statistisch-empirischen Untersuchung, GRUR Int. 1983, 234–242

Staudinger, Julius von Kommentar zum Bürgerlichen Gesetzbuch mit Einführungsgesetz und Nebengesetzen, Buch 2 Recht der Schuldverhältnisse Einleitung zum Schuldrecht – §§ 241–243 (Treu und Glauben), Berlin 2015

Ders. Kommentar zum Bürgerlichen Gesetzbuch mit Einführungsgesetz und Nebengesetzen, Buch 2 Recht der Schuldverhältnisse – §§ 249–254 (Schadensersatzrecht), Berlin 2017

Ders. Kommentar zum BGB mit EinfG und NebenG, Buch 3 Sachenrecht §§ 985–1011 (Eigentum 3), Berlin 2013

Ders. Kommentar zum BGB mit EinfG und NebenG, Buch 2 Recht der Schuldverhältnisse §§ 255–304 (Leistungsstörungsrecht 1), Berlin 2014

Steinke, Tina Die Verwirkung im Immaterialgüterrecht – Eine rechtsvergleichende Betrachtung zum deutschen, schweizerischen und österreichischen Recht mit europarechtlichen Bezügen, Göttingen 2006

Stenvik, Are Protection for Equivalents under Patent Law – Theories and Practice, IIC 2001, 1–20

Stierle, Martin Das nicht-praktizierte Patent, Tübingen 2018

Ders. Der quasi-automatische Unterlassungsanspruch im deutschen Patentrecht – Ein Beitrag im Lichte der Reformdiskussion des § 139 I PatG, GRUR 2019, 873–886

Ders. Diskussionsentwurf eines Zweiten Gesetzes zur Vereinfachung und Modernisierung des Patentrechts – Ein erster Schritt in die richtige Richtung, GRUR 2020, 262–267

Stimmel, Ulrike Die Beurteilung von Lizenzverträgen unter der Rom I-Verordnung, GRUR Int. 2010, 783–792

Stjerna, Ingve Björn Die Voraussetzungen und Grenzen des patentrechtlichen Versuchsprivilegs, Mitteilungen der deutschen Patentanwälte 2004, 343–349

Stolleis, Michael Gemeinwohlformeln im nationalsozialistischen Recht, Berlin 1974

Stopper, Martin Der Microsoft-Beschluss des EuG, ZWeR 2005, 87–110

Strahilevitz, Lior Jacob The Right to Destroy, Yale Law Review 2005, 781–854

Straus, Joseph Zur Zulässigkeit klinischer Untersuchungen am Gegenstand abhängiger Verbesserungserfindungen, GRUR 1993, 308–319

Ders. Bedeutung des TRIPS für das Patentrecht, GRUR Int. 1996, 179–205

Ders. Patentanmeldung als Missbrauch der marktbeherrschenden Stellung nach Art. EGV Artikel 82 EGV?, GRUR Int. 2009, 93–106

Ders./Moufang, Rainer Hinterlegung und Freigabe biologischem Material für Patentierungszwecke, Baden-Baden 1989

Streinz, Rudolf EUV/AEUV Vertrag über die Europäische Union und Vertrag über die Arbeitsweise der Europäischen Union, 3. Auflage, München 2018

Ströbele, Paul/Hacker, Franz Markengesetz, 12. Auflage, Köln 2010

Stürner, Rolf Jauernig Bürgerliches Gesetzbuch mit Rom-I-, Rom-II-, Rom-III-VO, EG-UntVO/HUntProt und EuErbVO Kommentar, 18. Auflage, München 2021

Subramanian, Sujitha Different Rules for Different Owners – Does a Non-Competing Patentee Have a Right to Exclude? A Study of Post-eBay Cases, IIC 2008, 419–451

Suchy, Herbert Patentrestlaufzeit neuer pharmazeutischer Wirkstoffe, GRUR 1992, 7–13

Swedberg, Claire Round Rock Completes Licensing Deals With Majority of RFID Vendors, RFID Journal, Artikel vom 19. Dezember 2013, abrufbar unter: https://www.studio98test.com/ahmad-test/round-rock-completes-licensing-deals-with-majority-of-rfid-vendors

Taube, Monika Das Diskriminierungs- und Behinderungsverbot für „relativ marktstarke“ Unternehmen: wettbewerbs- oder individualschützende Funktion des § 20 Abs.2 GWB, Berlin 2006

Teichmann, Arndt Venire contra factum proprium – Ein Teilaspekt rechtsmißbräuchlichen Handelns, JA 1985, 497–502

Teplitzky, Otto Zur Frage der Rechtmäßigkeit unbegründeter Schutzrechtsverwarnungen – Zugleich eine Besprechung von BGH „Verwarnung aus Kennzeichenrecht“, GRUR 2005, 9–15

Ders. Wettbewerbsrechtliche Ansprüche und Verfahren – Unterlassung – Beseitigung – Auskunft – Schadensersatz, 12. Auflage, Köln 2019

Teschemacher, Rudolf Die Erteilung des europäischen Patents – Abschluß des Erteilungsverfahrens und Eintritt in den nationalen Bereich -, GRUR 1985, 802–809

Ders. Gesetzgeberische Maßnahmen zum EPÜ unter dem Motto *Raising the Bar*, VPP-Rundbrief Nr.2/2010, 61–70

Tetzner, Heinrich Patentschutz wesentlicher Grundstücksbestandteile, Deutsches Gemein- und Wirtschaftsrecht 1942, 44–45

Ders. Das materielle Patentrecht der Bundesrepublik Deutschland, Darmstadt 1972

Thalmann, Peter Der Fall Microsoft als Exerzierfeld eines „*more economic approach*“? – Zum Urteil des Gerichts erster Instanz vom 17.9.2007, Wirtschaftsrechtliche Blätter 2008, 153–162

Thum, Marcel Netzwerkeffekte, Standardisierung und staatlicher Regulierungsbedarf, Tübingen 1995

Thumm, Nikolaus/Gabison, Garry Patent Assertion Entities in Europe: Their impact on innovation and knowledge transfer in ICT markets, JRC Science for Policy Report 2016, abrufbar unter: https://publications.jrc.ec.europa.eu/repository/bitstream/JRC103321/lfna28145enn.pdf

Thur, Andreas von Naturalherstellung und Geldersatz, in: Jherings Jahrbücher für die Dogmatik des bürgerlichen Rechts Band 46, Jena 1904, S. 39–58

Thyri, Peter Immaterialgüterrechte und Zugang zur wesentlichen Einrichtung, WuW 2005, 388–399

Ticic, Nicolai Die bösgläubige Markenanmeldung als absolutes Schutzhindernis, Hamburg 2010

Timmann, Tobias Das Patentrecht im Lichte von Art. 14 GG, Tübingen 2008

Tönnies, Jan Defensivpublikationen – Der Dritte Weg zwischen Patentanmeldung und Geheimhaltung?, Mitteilungen der deutschen Patentanwälte 2014, 309–311

Tschammler, Deniz Patentstrategien im Fokus von Artikel 102 AEUV: Der Begriff des Machtmissbrauchs nach AstraZeneca, WuW 2013, 1071–1079

Tucker, Catherin Patent Trolls and Technology Diffusion: The Case of Medical Imaging, Massachusetts Institute of Technology (MIT) – Management

Science (MS) Working Paper vom 14. April 2014, abrufbar unter: https://pdfs.semanticscholar.org/8aa8/006b2736251e62a55f2dbed5115a35b16517.pdf

Turner, Donald Basic Principles in Formulating Antitrust and Misuse Constraints on the Exploitation of Intellectual Property Rights, Antitrust Law Journal 1984, 485–502

Turner, Julie The Nonmanufacturing Patent Owner: Toward a Theory of Efficient Infringement, California Law Review 1998, 179–210

Uhrich, Ralf Entwaffnung der „Patenttrolle"? Zur Einschränkbarkeit des patentrechtlichen Unterlassungsanspruchs im anglo-amerikanischen und deutschen Recht, ZGE 2009, 59–93

Ders. Stoffschutz, Tübingen 2010

Ullmann, Eike Die Verschuldenshaftung und die Bereicherungshaftung des Verletzers im gewerblichen Rechtsschutz und Urheberecht, GRUR 1978, 617–623

Ullrich, Hanns Lizenzkartellrecht auf dem Weg zur Mitte, GRUR Int. 1996, 555–568

Ders. Grenzen des Rechtsschutzes: Technologieschutz zwischen Wettbewerbs- und Industriepolitik, in: Geistiges Eigentum im Dienst der Innovation, hrsg. von *Gerhard Schricker, Thomas Dreier* und *Annette Kur,* Baden-Baden 2001, S. 83–124

Ders. Patente, Wettbewerb und technische Normen: Rechts- und ordnungspolitische Fragestellungen, GRUR 2007, 817–830

Ders. Patents and Standards – A Comment on the German Federal Supreme Court Decision Orange Book Standard, IIC 2010, 337–351

Ders. Patente und technische Normen: Konflikt und Komplementarität in patent- und wettbewerbsrechtlicher Sicht, in: Europäische Perspektiven des Geistigen Eigentums, hrsg. von *Matthias Leistner*, Tübingen 2010, S. 14–98

Ulmer, Eugen Die Entwicklung des gewerblichen Rechtsschutzes in internationaler Sicht, GRUR Int. 1966, 253–258

Unberath, Hannes Die richtlinienkonforme Auslegung am Beispiel der Kaufrechtsrichtlinie, ZEuP 2005, 5–42

U.S. Department of Justice and the Federal Trade Commission Antitrust Enforcement and Intellectual Property Rights: Promoting Innovation and Competition Report, April 2007, abrufbar unter: https://www.ftc.gov/sites/default/files/documents/reports/antitrust-enforcement-and-intellectual-property-rights-promoting-innovation-and-competition-report.s.department-justice-and-federal-trade-commission/p040101promotinginnovationandcompetitionrpt0704.pdf

Välimäki, Mikko A Flexible Approach to RAND Licensing, European Competition Law Review 2008, 686–691

Vaikhari, Rajkumar The Effect of Patent Trolls on Innovation: A Multi-Jurisdictional Analysis, Indian Journal of Intellectual Property Law 2008, 33–48

Verbruggen, Johann/Lõrincz, Anna Patente und technische Normen, GRUR Int. 2002, 815–829

Verhauwen, Axel Wer darf klagen? – Noch einmal: zur Aktivlegitimation im Patentverletzungsverfahren, GRUR 2011, 116–120

Viefhues, Martin Die Erteilung von Zwangslizenzen im europäischen Binnenmarkt, Mitteilungen der deutschen Patentanwälte 1995, 141–146

Viniol, Jeannette Zwangslizenzen an Patenten, Baden-Baden 2013

Wal, Gerard van der Article 86 EC: The Limits of Compulsory Licensing, European Competition Law Review 1994, 230–235

Walleser, Fritz Zur Rechtsnatur des Erfindungspatents, GRUR Int. 1963, 307–308

Ders. Das Patentmonopol in der Marktwirtschaft, GRUR 1963, 512–513

Warshofsky, Fred The Patent Wars – The Battle to Own the World's Technology, New York 1994

Watts, Linda Encyclopaedia of American folklore, New York 2007

Weck, Thomas Schutzrechte und Standards aus Sicht des Kartellrechts, NJOZ 2009, 1177–1188

Weiden, Henrike Aktuelle Berichte – April 2011, GRUR 2011, 309–310

Weitbrecht, Andreas/Mühle, Jan Europäisches Kartellrecht 2003–2008, EuZW 2008, 551–560

Weizäcker, Carl Christian von Rechte und Verhältnisse in der modernen Wirtschaftslehre Eugen von Böhm-Bawerk-Vorlesung, gehalten am 02. Dezember 1980 an der Universität Innsbruck, Kyklos 1981, 345–376

Wettach, Silke/Hohensee, Matthias Das dubiose Geschäft mit Patenten, Wirtschafts-Woche, Artikel vom 30. November 2013, abrufbar unter: http://www.wiwo.de/unternehmen/industrie/innovationen-das-dubiose-geschaeft-mit-patenten/9113486.html

Wieacker, Franz Zur rechtstheoretischen Präzisierung des § 242 BGB, Tübingen 1956

Wiedemann, Gerhard Handbuch des Kartellrechts, 3. Auflage, München 2016

Ders. Handbuch des Kartellrechts, 4. Auflage, München 2020

Wiedmann, Elke, Der Rechtsmissbrauch im Markenrecht, Konstanz 2002, Online-Publikation der Universität Konstanz, abrufbar unter: https://kops.uni-konstanz.de/bitstream/handle/123456789/3384/Wiedmann.pdf?sequence=1

Wielsch, Dan Wettbewerbsrecht als Immaterialgüterrecht, EuZW 2005, 391–396

Ders. Zugangsregeln – Die Rechtsverfassung der Wissensteilung, Tübingen 2008

Wild, Joff The cost of NPE disputes in the US and the $16.8 billion gap between RPX and Bessen & Meurer, Intellectual Asset Management Media, Artikel vom 10. Mai 2015, abrufbar unter: https://www.iam-media.com/defensive-aggregation/cost-npe-disputes-us-and-168-billion-gap-between-rpx-and-bessen-meurer

Wilhelmi, Rüdiger Lizenzverweigerung als Missbrauch einer marktbeherrschenden Stellung in der Gemeinschaftsrechtsprechung, WRP 2009, 1431–1445

Williamson, Oliver Comparative Organization: The Analysis of Discrete Structural Alternatives, Administrative Science Quarterly 1991, 269–296

Winzer, Wolfgang Der Lizenzvertrag – Patentlizenz- und Technologietransfervereinbarungen zwischen Unternehmen, München 2014

WIPO, The Surge in Worldwide Patent Application, Patent Cooperation Treaty (PCT) Working Group, Fourth Session June 6 to 10, 2011, Geneva, abrufbar unter: http://www.wipo.int/edocs/mdocs/pct/en/pct_wg_4/pct_wg_4_4.pdf

WIPO, World Intellectual Property Indicators 2019 – Economics & Statistics Series, abrufbar unter: https://www.wipo.int/publications/en/details.jsp?id=4464

WIPO, Studie über Technologietrends 2019 Zusammenfassung – Künstliche Intelligenz, 2019

Wirtz, Markus Der kartellrechtliche Zwangslizenzeinwand nach der Orange-Book-Standard-Entscheidung des BGH, WRP 2011, 1392–1405

Ders./Holzhäuser, Michael Der kartellrechtliche Zwangslizenzeinwand, WRP 2004, 683–694

Wolverton, Troy Patent suit could sting ebay – A loss in a legal tussle over patents could force the Net success story to hand over millions of dollars in royalties – and even change its auction format, CNet-Artikel vom 05. September 2002, abrufbar unter: https://www.cnet.com/news/patent-suit-could-sting-ebay/

Worm, Ulrich/Lorenz, Lennart Patent Thickets und andere Patentstrategien im Lichte der AstraZeneca-Entscheidung des Gerichts der Europäischen Union – T-321/05, Mitteilungen der deutschen Patentanwälte 2012, 301–306

Wright, Bradley C. Business Method Patents: Are there any Limits?, The John Marshall Review of Intellectual Property Law 2002, 30–56

Wündisch, Sebastian/Bauer, Stephan Patent-Cross-Lizenzverträge – Terra incognita?, GRUR Int. 2010, 641–649

Wurzer, Alexander IP-Management – Schlüsselkompetenzen in einer Wissensökonomie, GRUR 2008, 577–586

Wuttke, Tobias/Guntz, Peter Wie weit reicht die Privilegierung des Klägers durch das Trennungsprinzip?, Mitteilungen der deutschen Patentanwälte 2012, 477–485

Yu, Peter Currents and Crosscurrents in the International Intellectual Property Regime, Michigan State University Legal Studies Research Paper No. 02–12, 2004, abrufbar unter: https://papers.ssrn.com/sol3/cf_dev/AbsByAuth.cfm?per_id=245689

Zech, Herbert „Defensive Patentstrategien" und technischer Fortschritt im Wettbewerbsrecht – Einsatz von Sperrpatenten als Behinderungsmissbrauch?, ZWeR 2011, 312–332

Zhu, Sascha/Kouskoutis, Marcel Der patentrechtliche Unterlassungsanspruch und die Verhältnismäßigkeit – Die vollstreckungsrechtliche Lösung über die Anpassung des § 712 ZPO im Patentgesetz, GRUR 2019, 886–891

Ziedonis, Rosemarie Ham Don't Fence me in: Fragmented Markets for Technology and the Patent Acquisition Strategies of Firms, Management Science 2004, 804–820

Zimmerlich, Antje Der Fall Microsoft – Herausforderungen für das Wettbewerbsrecht durch die Internetökonomie, WRP 2004, 1260–1272

Zöller, Richard Zivilprozessordnung mit FamFG (§§ 1–185, 200–270, 433–484) und Gerichtsverfassungsgesetz, den Einführungsgesetzen, mit internationalem Zivilprozessrecht, EU-Verordnungen, Kostenanmerkungen – Kommentar, 33. Auflage, Köln 2020

Zweigert, Konrad/Kötz, Hein Einführung in die Rechtsvergleichung: Auf dem Gebiet des Privatrechts, 3. Auflage, Tübingen 2017

Zypries, Brigitte Rede im Rahmen des Symposiums „Innovation und Geistiges Eigentum in Deutschland", Blatt für Patent-, Muster-, und Markenamt 2004, 417–418

www.ingramcontent.com/pod-product-compliance
Ingram Content Group UK Ltd.
Pitfield, Milton Keynes, MK11 3LW, UK
UKHW022106051026
15623UKWH00003B/721

9 783631 851326